Ernst Günther Schenck

Nie mehr nach Hause?

Ernst Günther Schenck

Nie mehr nach Hause?

Als Wissenschaftler, Sträfling und Arzt 10 Jahre in sowjetischen Gefangenen-, Arbeits- und Besserungslagern

Impressum:

Ernst Günther Schenck
Nie mehr nach Hause?
Verlag S. Bublies, Koblenz, 1997

Gesamtherstellung: druck + text GmbH, Koblenz
Titelgestaltung: Studio Haneke, Dortmund
ISBN 3-926584-45-9
Es handelt sich um eine Neuauflage der
1986 im Verlag Bavarian Connection erschienenen Originalausgabe
"Woina Plenni".
Die Fotos wurden der Originalausgabe entnommen
sowie den folgenden Büchern:
Schwarz / Ratza, Zur Geschichte der deutschen Kriegsgefangenen des
2. Weltkrieges, Bd. IV und Bd. VI

Inhalt **Seite**

Ein Holländer am Hospital Peters des Großen

Nicolaas Bidioo war kaum dreißig Jahre alt, als er sich zusammen mit seiner jungen Frau im Jahre 1702 von Amsterdam aus auf den Weg machte, um in Rußland in die Dienste des gleichaltrigen Zaren Peter I. zu treten.

Der Holländer war an der berühmten Universität zu Leyden zum Doktor der gesamten Heilkunde promoviert worden und hatte unter dem Rektorat seines als Anatom bekannten Onkels Govaart Bidioo die Thesen verteidigt, mit denen er die Befähigung zur wissenschaftlichen Arbeit nachwies. Eben jenem Rector magnificus war der Zar begegnet, als er auf seiner berühmten Bildungsreise in den Jahren 1697 und 98 erstmals die Grenzen seines Reiches überschritt, westliche Länder besuchte und seinen unerschöpflichen Wissensdurst vor allem in Holland stillte. Er wollte sehen, lernen und Menschen finden, die Wissen und Künste nach Rußland verpflanzen und das widerspenstige, in Dumpfheit verharrende Volk dort nicht nur erwecken, sondern auch mitreißen konnten.

Der Nepote war augenscheinlich tüchtig, und so gereichte es dem Onkel nicht zur Unehre, daß er den moskowitischen Zaren auf ihn aufmerksam machte. Sechs Jahre lang, so lautete der Kontrakt, sollte der junge Doktor den russischen Herrscher begleiten und ihm als Leibarzt dienen. Der Zar mehrte in dieser Zeit sein Reich nach außen und führte Kriege in nördlichen und südlichen Ländern; im Innern schweißte er es mit harter Hand zur Einheit zusammen und beseitigte Träge, Unbotmäßige, Aufständische Bojaren und Strelitzen, die den Geist nicht erfaßten, der ihn erfüllte. Die Nachwelt nennt ihn Peter den Großen.

Bidioo war sein Wegbegleiter; er bewunderte seinen Herrn und blieb ihm bis über dessen frühen Tod im Jahre 1725 hinaus treu ergeben.

Der wilde, ungestüme, ja maßlose Selbstherrscher aller Reußen war mehr als nur Kraft- und Willensmensch; zu Zeiten zeigte er sich als empfindsamer Künstler.

Wie sehr diesem vielseitigen Zaren auch seine Militärhospitäler am Herzen lagen, bezeugt Vizeadmiral Villebois in seinem Bericht über die Gründung des Hospitals in St. Petersburg, neun Jahre nach dem Bau des Moskauer Krankenhauses:

Nachdem der russische Monarch endlich (1715) zur Erfüllung seines längst gehegten Vorsatzes, sein General-See- und Landhospital in Petersburg für kranke und unvermögende Matrosen und Soldaten einzurichten, gelangt war, ließ er an dem dazu bestimmten Vormittag zu diesem mit einer prächtigen Kirche zwischen beiden Hospitälern und zwei anatomischen Theatern an beiden Enden versehenen Gebäude an der Newa, wo die Newka sich von derselben scheidet, den Grund legen. Es geschah solches mit einer ansehnlichen Zeremonie in seiner eigenen und aller damals in Petersburg befindlichen See- und Landoffiziere, Minister und vornehmen Zivilbedienten Gegenwart. Er ließ den Platz dazu von der vornehmen Geistlichkeit einweihen und die Kanonen von der Festung und allen auf der Newa gelegenen Schiffen und Galeeren lösen. Bei der Verlesung der gewöhnlichen Gebete bezeugte sich der Monarch, wie bei allem Gottesdienst, andächtig und aufmerksam, und bei dem Beschlusse sprach er mit erhabener Stimme:

"Hier soll manchem braven Kerl Hilfe und Trost geleistet werden, daran es bisher gemangelt hat. Gott gebe nur, daß ihrer nie viele nötig haben mögen, hierher gebracht zu werden."

Zugleich befahl der Vater des Vaterlandes, seinen Befehl auszufertigen, daß bei diesen Hospitälern allezeit die erfahrensten Doktoren und geschicktesten Chirurgen gehalten und die gefährlich Kranken aus den Regiments- und Schiffslazaretten dahin gebracht und auf das sorgfältigste verpflegt werden sollten. Einem jeden Chirurgen sollten auch etliche Subchirurgi zugegeben werden, die ihm in den Krankenstuben an die Hand gehen und zugleich mehr lernen könnten. Hiernächst sollte beständig eine Anzahl junger Russen als Lehrlinge zugezogen werden, die neben dem Erlernen der lateinischen Sprache in der Anatomie, Physiologie, chirurgischen Operationen wie auch in der Kenntnis der medizinischen Materialien und deren Gebrauch unterrichtet und erstlich zu Subchirurgen und so weiter zu tüchtigen Wundärzten herangezogen würden.

Ober das Seehospital sollte das Admiralitätskollegium und über das Landhospital das Generalkriegskommissariat die Oberaufsicht führen, jedes aber besonders einer Generalsperson von seinem Kommando die Spezialaufsicht auftragen.

Auch Bidioo war mehr als lediglich Arzt; sicherlich kann man ihn nicht einen großen Gelehrten und Forscher nennen, aber jedenfalls einen guten Zeichner und Maler, Musiker, Architekten und sogar Theatermenschen. Gerade dies begründete die besondere Beziehung zwischen den beiden Männern. Der Zar blieb ihm geneigt, weil er mehr in ihm sah als nur den Leibarzt. Häufig genug, lehrt die Geschichte, benutzt ein Großer den Leibarzt lediglich als Alibi seinem Körper gegenüber, während er doch davon überzeugt ist, daß der Leib dem Willen zu dienen, nicht aber ihm zu diktieren habe. Vielleicht war es, was das rein Ärztliche betrifft, auch hier nicht anders; aber der Fortgang der Beziehungen deutet doch eben auch auf andersartige Bindungen.

Sechs Dienstjahre sind eine lange Zeit. Bidioo erfüllte sie, aber als Mann des Westens, des holländischen Amsterdam, befriedigten ihn Feldlager, Krieg und Machtkämpfe ganz und gar nicht. Er war, wie wir sehen werden, eine eher besinnliche Natur. Drum bat er nach Ablauf seines Kontraktes – er hatte inzwischen zwei Kinder – den Zaren, ihn in die Heimat zu entlassen.

Doch jener, der auch mit Freunden nicht gerade zimperlich verfuhr, ließ dies nicht zu, sondern entwickelte einen eignen Plan, um ihn in seinen Diensten halten und ihm zugleich eine für Rußland nützliche Aufgabe übertragen zu können.

Mit Ukas vom 25. Mai 1706 befahl er, am Ufer des Flusses Jauza, gegenüber der am Rande Moskaus gelegenen deutschen Vorstadt und nahe den Dörfern Pakrowskoe und Preobrazenskaia, angrenzend an seine Soldatensiedlung Lefortowskaja, ein Hospital zu errichten, das der Behandlung von Kranken, aber auch der Ausbildung von fünfzig Russen und Ausländern in Anatomie und Chirurgie dienen sollte. Bidioo machte er zum Leiter des Institutes und beauftragte ihn mit der Erstellung der Bau-, aber auch der Lehrpläne. Schon 1707 war das Spital als zweistöckiges Holzhaus mit zwei Flügeln erstellt und nahm das Lehrinstitut seine Tätigkeit auf.

Unter Schwierigkeiten, die zu Lebzeiten Bidioos niemals völlig behoben werden konnten, fand der Unterricht statt. Die Schwierigkeiten bestanden darin, daß die Schüler nicht über die erforderliche Vorbildung verfügten; sie verstanden, abgesehen von den Zöglingen der geistlichen Akademie, weder Latein noch Griechisch. Lehrbücher gab es nicht und nicht einmal hinreichend Papier zum Mitschreiben der Vorlesungen oder Anfertigen anatomischer Zeichnungen. So währte das Studium bis zum Abschluß etwa zehn Jahre, was Bidioo seitens der Aufsichtsbehörde und der ärztlichen Kollegen Vorwürfe und Unannehmlichkeiten eintrug. Jedoch hielt der sonst so herrisch-ungeduldige Zar weiterhin zu ihm und ließ ihn gewähren.

Bereits im Jahre 1721 wurde das erste Militärhospital Moskaus und des russischen Reiches durch Feuer völlig zerstört. Der Antrag Bidioos auf Errichtung eines größeren Krankenhauses aus Stein und an der gleichen Stelle wurde vom Zaren sofort genehmigt. Nach den Plänen des Arztes entstand es auf einer Terrasse über dem Jauzafluß, diesem mit der Front zugewandt und von einer Kuppel überkrönt, größer und schöner als zuvor. Zwei Jahre nach dem Tod des Zaren Peter wurde es eingeweiht. Bidioo leitete es bis zu seinem Tod in seinem Moskauer Stadthaus am 3. April 1735.

In der Folgezeit verloren Spital und Institut an Interesse; die Gebäude verfielen, und ein zweiter Brand vernichtete 1763 die Hospitalkirche und das anatomische Theater. Das so stattlich gewesene Hospital blieb Ruine bis zu dem Tage des Jahres 1797, an dem es der Soldatenzar Paul besichtigte und sich von dem allgemeinen Verfall so betroffen zeigte, daß er den sofortigen Neubau befahl. Bereits vier Jahre später präsentierte sich an der Stelle der Ruinen ein Monumentalgebäude, geeignet zur Aufnahme von dreizehnhundert kranken Soldaten. An Größe stand es demnach dem etwa um die gleiche Zeit in Wien im Auftrage des Kaisers Josef II. von Johann Peter Frank errichteten akademischen Krankenhause nicht nach.

Dieses Militärhospital nun überdauerte die Kriegs- und Revolutionsstürme des neunzehnten und zwanzigsten Jahrhunderts. Beim Brande Moskaus im Jahre 1812 blieb es unversehrt, und die Sowjetregierung beließ es nach der Oktoberrevolution 1917 in seiner Funktion.

Heute trägt es den Namen "Glawgospital Krasnii Armii imeni Burdenko", Haupthospital der Roten Armee, genannt nach Burdenko, und heute noch heißt das Stadtviertel, in dem es liegt, " Lefortowskaja".

Der bis in unsere Tage offensichtlichen Hinterlassenschaft der beiden Männer, Peters aus dem Hause Romanow und Nicolaas Bidioos aus der Stadt Amsterdam, entspricht eine geistig-künstlerische am gleichen Orte, die im Geheimen und Verborgenen nachzuwirken scheint.

Der Arzt erhielt sein Lehen und war darüber zeitlebens so glücklich wie ein halbes Jahrtausend vor ihm in der Stauferzeit des Heiligen Römischen Reichs Deutscher Nation ein Walther von der Vogelweide. Der Zar übereignete ihm nämlich ein kleines Grundstück, wie der Beschenkte berichtet. Aber dieses war wohl nur für russische Verhältnisse klein, umfaßte es doch Felder und Wiesen, die sich bis ans Ufer der Jauza erstreckten und unmittelbar an den Hospitalpark grenzten. Auf dem Teil des neuen Besitzes, der den Hospitalpark berührte, legte Bidioo einen Garten an – oder vielmehr, er zauberte ihn in jahrelanger Mühe aus kargem Erdboden zu solcher Schönheit und Harmonie empor, daß er für Moskau einzigartig wurde. Selbst den Zaren zog es vom Kreml aus immer wieder zu ihm hin. Er fuhr oder ritt von der Residenz aus einige Werst nordostwärts bis in seine Soldatensiedlung Lefortowskaja und war dann schon in der Anlage, in der er sich erging, gleichviel ob Bidioo anwesend war und ihn empfing oder nicht. Denn dieser Garten, der knapp hundert Meter breit war und sich drei- bis vierhundert Meter in die Tiefe erstreckte, mußte ihn an seine holländischen Lehr- und Wanderjahre erinnern, deren Freude und Erfahrungen in ihm bis in seine letzten Tage hinein lebendig blieben. Bidioo hatte es nämlich verstanden, so etwas wie den Garten eines holländischen Landsitzes nach Moskau zu versetzen. Daß man heute noch so viel über diesen Garten weiß, ja ihn bis in Einzelheiten genau kennt, obgleich er wahrscheinlich bald nach dem Tode seines Schöpfers, also vor langer, langer Zeit, entweder im großen Hospitalpark aufging oder zu Gebüsch und Unkraut verwilderte, verdanken wir einem merkwürdigen und glücklichen Zufall.

Vor wenigen Jahren nämlich entdeckte eine Amerikanerin, Frau Joung, beim Sichten des väterlichen Nachlasses einen Bogen, auf dem Bidioo gleichsam als Vermächtnis an seine Kinder niedergeschrieben hatte, welches Geschenk Gottes sein Garten ihm gewesen sei und welche unausgesetzte Freude er beim Verweilen in ihm empfunden habe. Er empfahl ihn ihrer weiteren Pflege, mindestens aber sollten sie ihn ständig vor Augen haben. Um ihnen dies, wenn sie ihn schon nicht selbst weiterhin erhalten könnten, zu ermöglichen, vielmehr aber doch sich selbst zur Freude, habe er seinen Garten von den unterschiedlichsten Aussichtspunkten aus gezeichnet und hinterlasse ihnen die Zeichnungen, damit sie für alle Zeit diese seine Schöpfung in Erinnerung behielten. Die Bilder, zwanzig an der Zahl, waren ebenfalls vorhanden und sprechen heute, nach mehr als zwei Jahrhunderten, zu uns, während wir von Kindern und Kindeskindern des holländischen Arztes in Moskau nichts mehr wissen. Sie sind verschollen.

Frau Joung übergab ihren Fund der Universität Leyden, an der Bidioo voreinst Student gewesen war, und wir verdanken dem Historiker D. Williamse eine Mappe: "The Unknown Drawings of Nicholaas Bidioo, Director of the first Hospital in Russia" (Voorburg/Netherlands – 1975), in welcher alle Zeichnungen wiedergegeben werden.

Sommer – nur Sommeransichten. Der russische Sommer ist so kurz, doch bleibt erstaunlich, was er brachte und bringt.

Die Zeichnungen Bidioos müssen wahrscheinlich in seinen letzten Lebensjahren entstanden sein, als die Anlage wohl schon zwanzig oder fünfundzwanzig Jahre alt war; denn die Bäume, zu Hecken gestutzt, waren bereits an fünf bis sechs Meter hoch. Alleen oder von Geäst überwölbte

Wandelgänge bildeten regelmäßige, das Ganze unterteilende Vierecke, die immer neue Ausblicke boten. Inmitten von Blumenrabatten stand in einem der Gevierte eine Datsche aus Holzstämmen, das Sommerhaus des Arztes, der in der deutschen Vorstadt ein weiteres Wohnhaus besaß. Hier draußen ging es einfach zu; eine überdachte Vorhalle mit Sitzen zu beiden Seiten und einem Tisch führte in die Datsche, die sich mit einer größeren Diele, einem Wohn-Schlafzimmer und Küche begnügte. Verließ man die vor Regen schützende Halle und wandte sich nach rechts, so führte der Weg zwischen zwei kleinen eingelassenen und umbrüsteten Seen, in denen man angeln konnte, hindurch. Ging man weiter zur Jauza, so konnte man einen leicht erhobenen und überdeckten Pavillon betreten und von einer Schanze aus den langsam fließenden Fluß betrachten. Zum Garten gehörte eine Bootslände, auf der ein als Dampfbad dienendes Holzhäuschen errichtet war. Nach dem Schwitzbad sprang man von hier ins Wasser; auch Schwimmer in dem eher gemächlichen Fluß, an dessen jenseitigem Ufer Vieh weidete und eine Kornmühle stand, sind gezeichnet. In größerer Entfernung waren die niedrigen Häuser der deutschen Vorstadt und des deutschen Marktes auf langsam ansteigender Ebene zu erblicken. Kuppeltürme von Kirchen überragten sie, und der Palast des Zarenlehrers und -günstlings, des Schweizers Lefort, erstreckte sich breit zwischen den dörflichen Hütten. Wandte man sich vom Fluß zurück und ging durch die Länge des Gartens, dann kam man zum Wirtschaftshof mit Stall, Scheune und Bedienstetenwohnungen. Von hier aus fuhr man zur Stadt, und hier standen Kutschwagen und Pferde des Arztes.

Der Weg jedoch, den Bidioo täglich ging, führte von seiner Datsche aus ebenfalls nach rechts, an den Teichen vorbei weiter zu einer kleinen Triumphpforte. Öffnete und durchschritt er sie, so befand er sich schon im Park seines Hospitals. Ein eigner schmaler Weg führte ihn dorthin, wo er untersuchte, heilte und lehrte. Wie oft mochte Bidioo hier her- und hingegangen sein!

Auch zur Winterszeit könnte man in Rußland im Freien sitzen; jedoch sind Fausthandschuhe zu plump und unförmig, als daß man einen Stift zu halten und auf einem Bogen zu zeichnen vermöchte. So finden sich, wie gesagt, keine Winterbilder des Bidiooschen Gartens, nichts vom blattlosen Baumgeäst, von hoher Schneehaube auf dem Datschendach. Keine Krähen, die gerade dann in unzählbarer Schar über den Bäumen kreisen.

Im Sommer jedoch, da werden die Bilder mit Leben erfüllt: im Wirtschaftshof Pferde, Wagen, Hühner, Reiter in der Allee, Hunde, Pfauen, ein von einem Ziegenbock gezogener Wagen mit Kindern, an der Angel zappelnde Fische, Gärtner, eine Hausfrau vor der Datsche ihre Hühner fütternd, Mägde in der Küche, Damen und auch der behaglich im Sessel sitzende Herr beim Rauchen seiner Pfeife. Am Springbrunnen lebendes, im Winde verwehendes Wasser und allenthalben in Blumenrabatten und Heckennischen Statuen griechischer und römischer Göttinnen und Götter. Einer Artemis, in vier Ansichten abgebildet, schien die besondere Liebe Bidioos gehört zu haben. Sie stand neben einem schmalen Windhund, der sich an ihren Rock schmiegte, inmitten eines Rondells auf hoher Säule, weniger jungfräulich-straff, als russisch-holländisch matronenhaft gerundet.

Heitere Götterwelt am Rande Moskaus, der Stadt der Altgläubigen und Strelitzen!

Dies alles und das Wohlgefallen des Zaren am westlichen Werk bestätigt nochmals die Verbindung zwischen den beiden Männern, die tiefer begründet war als die des Zaren zum Leibarzt, dem Instrument seiner Leibespflege.

Es gab, sagte man damals, wenig Feste und vom Zaren ausgerichtete Theateraufführungen, an welchen der Künstler, Maler und Musiker Bidioo nicht als Anreger und Gestalter maßgeblich beteiligt war. In den mannigfachen Künsten, die der eine seinem Volke nahezubringen versuchte, um es an Europa heranzuführen, und die den anderen in die holländische Heimat zurück versetzten und von dieser nach Hellas führten, trafen sie sich – vielleicht, um zu schwärmen.

Ohne Skrupel pflegte der Zar sich eines jeden zu entledigen, dessen er überdrüssig wurde – und über den Spitaldirektor Bidloo scheint es viele Beschwerden gegeben zu haben – aber an ihm hielt er bis zu seinem Tode fest, und der Holländer sah, bis er selbst starb, in ihm seinen wahren und einzigen Herrn.

Zwei Jahre nach dem Tode Peters führte Bidioo 1727 im Saale seines Hospitals zu Ehren des Verstorbenen das Schauspiel "Ruhm Rußlands" auf, in welchem Neptun, Mars und Pallas Athene die Größe des Zaren priesen. Dem Geiste Hellas', der sich über das Abendland machtvoll ausgebreitet hatte, wurde gehuldigt.

Und wenn sich auch seither, wie beschrieben, alles von Grund aus veränderte, so muß an dieser Stelle, an diesem Orte dennoch ein Hauch des Vergangenen und einstmals Gewesenen haften geblieben sein.

Man vermöchte sonst nicht zu begreifen, daß dank einer merkwürdigen Konstellation menschlicher Verhältnisse gerade hier Hellas nach fast zwei

Jahrhunderten nochmals aufgerufen und zu Wort und Wirklichkeit, zu Erkenntnis und Lehre verdichtet wurde.

Zeitenlos schweifend . . .

Über zwanzig Jahre waren seit der Rückkehr aus sowjetischer Kriegsgefangenschaft vergangen, als ich von dem Buch erfuhr, von dem ich soeben berichtete, und es sogleich erstand.

Beim Lesen und Betrachten begriff ich mit einem Schlage, daß ich als einsamer Gefangener in ebendiesem Krankenhause ein und einhalb Jahre untergebracht gewesen war, hatten mir doch russische Ärzte damals gesagt, dieses Hospital, jetzt das militärische Hauptlazarett mindestens Moskaus, wenn nicht des ganzen Reiches, das den Namen des Marschalls und Helden der Sowjetunion Burdenko, "imeni Burdenko", trug, sei von Peter dem Großen gegründet worden.

Der "Große Vaterländische Krieg" hatte die vorrevolutionäre Ära wieder zu Ansehen und Ehren gebracht, und so durfte man, sogar mit Stolz, wieder auf diesen Zaren hinweisen und ihn in den derzeitigen Ruhm einbeziehen.

Auf einem Stadtplan Moskaus aus dem Jahre 1893 fand ich die Gebäude nahe dem Jauza-Fluß als Militärlazarett angeführt und mit dem dazu gehörigen Park so dargestellt, wie ich sie fest in Erinnerung hatte. Hingegen war auf einem neuen Plan aus der Nachkriegszeit der Krankenhauskomplex nordostwärts des Kreml nicht mehr namentlich gekennzeichnet. Aber man konnte ihn an Hospitalstraße und Lefort-Platz in der einfarbigen Darstellung des Häusermeers vermuten, das in den vergangenen dreißig Jahren dort wohl entstanden sein muß.

Bei dieser Entdeckung stieg in mir mit sprengender Gewalt die Erinnerung an die Zeit von Juni 1946 bis Ende November 1947 wieder auf, als ich als einziger deutscher Kriegsgefangener wissenschaftliche Fragen in einem sowjetischen Militärkrankenhaus bearbeitet hatte.

Müde, krank, verzweifelt, zersetzt und erregt, niedergestürzt und aufgebrochen mußte ich mich zugleich, ohne irgend etwas von daheim erfahren zu können, mit dem Schicksal des untergegangenen armen Vaterlandes auseinandersetzen.

Tagsüber hatte ich sachlich, anscheinend unbewegt und kühl, fremd vor den anderen und wie durch eine Glaswand von ihnen geschieden, im Laboratorium zu arbeiten. Abends, nachts, frühmorgens jedoch war ich, untergebracht in einer Abstellkammer der Station, mit mir selbst allein, beschwor wie im Rausch Gestalten und drängte mein, nein unser aller

Deutscher Leben, Sterben, Untergang und ersehntes Neuerstehen in Gleichnisse.

Zwischen Sonnenuntergang und -aufgang fühlte ich mich Moiras Griffen ausgesetzt; vor Kälte ließen sie mich erschauern, zu anderen Stunden wieder fiebern. Ich schaute Verhältnisse, Gestalten und Mächte, die von Hellas her zu mir drangen. Warum gerade von dort? Ich weiß es nicht ... Aber sie erschienen, und ich schrieb sie auf mühsam gestohlenem Papier wie ein Verschwörer nieder. Fünfzehn Monate lang, und, nachdem man einen kranken Mann, der nichts Wissenschaftliches mehr brachte, zurück und ins Lager abgeschoben hatte, verebbend noch einige Monate weiter.

Niemals zuvor, niemals nachher waren mir Hellas und seine olympisch-menschlichen Gestalten so gegenwärtig und eigentümlich wie dort.

Nachdem ich die Niederschriften durch alle Gefährdungen bewahrt und gerettet hatte, vergaß ich sie.

Jedoch soll davon an anderer Stelle die Rede sein.

Was mich jetzt beim Studium des Buches und seiner Bilder ergriff und erschütterte, war die Entdeckung, daß ich auf einem Boden gestanden hatte, auf dem zweihundert Jahre zuvor olympische Götter gelebt hatten und ihnen gleichermaßen in einer Weise gehuldigt worden war, wie ich Einsamer es ebenfalls tat, nein tun mußte.

Man möchte fast meinen, daß Hellas an dieser Stelle der alten Stadt Moskau im Verborgenen weitergelebt hatte und dank einer merkwürdigen Konstellation menschlicher Verhältnisse nach Generationen nochmals aufgerufen, zu Wort und Wirklichkeit, zu Erkenntnis und Lehre verdichtet wurde.

Zu Moskau auf der Schanz am Flusse Jauza! – Auch hier waltet Moira als Schicksal, als Macht und Verhängnis. Zeitenlos schweifend.

Ein Deutscher im Haupthospital der Roten Armee

Eine für Lastwagen bestimmte Garage der am Rande der Stadt Frankfurt an der Oder gelegenen Horn-Kaserne war zu einem Lager im Lager umgerüstet und mit einem drei Meter hohen Stacheldrahtzaun umgeben worden. Hier hausten im Winter 1945/46 mehr als dreihundert deutsche Stabsoffiziere enger zusammen als Hühner in einem Stall. Zweimal täglich wurde eines der Tore geöffnet, und die Gefangenen durften sich, während Suppe, Brot und Tee von außen hineingereicht wurden, für eine halbe Stunde in den kleinen Auslauf zwischen Garage und Zaun drängen. Sie standen dann in tiefem Schlamm; denn Schneematsch, Urin und einige hundert Schuhe, die unablässig in Bewegung blieben, damit die Füße warm wurden, hatten den Erdboden zu einem schmutzig-braunen Brei werden lassen. Die Männer waren abgezehrt und schauten, während sie die Schultern fröstelnd hochzogen, die Hände in den Taschen der Sommermäntel vergraben, aus großen Augen ausdruckslos durch die Drähte hindurch in den Kasernenbereich, in dem sich Tausende anderer Gefangener freier als sie bewegen durften. Jeder Versuch einer Verbindungsaufnahme wurde von den Posten mit drohendem Zuruf unterbunden. Er wurde auch dann verhindert, wenn sich die Garagengefangenen am frühen Morgen gemeinsam auf den Weg zur Toilette und Waschanlage machten. Eine Kette von Soldaten begleitete die Kolonne, und die Insassen des Kasernenblocks, in dem die Zugebrach-ten sich kurz wuschen und in drängender Eile ihre Bedürfnisse erledigten, blieben während dieser Zeit eingeschlossen. Bei den "Freieren" handelte es sich um einfache Soldaten oder niedrigere Offiziersgrade, denen man keine potentiellen militärischen Führungsqualitäten zutraute und die deshalb weniger gefährlich erschienen.

Ihnen allen war jedoch das Eine gemeinsam, daß sie auf einen Platz in Rußland und einen Zug, der sie dorthin bringen würde, warteten.

Eine große Zahl solcher Plätze schien eines schönen Märztages freigeworden zu sein. Denn anstelle des erwarteten Kommandos, die Kolonne – die Träger der Parascha, des überschwappenden Urinfasses, wie immer an der Spitze – solle sich formieren, kam der unerwartete Befehl zur umge henden Räumung der Garage.

Die Gefangenen hatten mit allen ihren Sachen anzutreten. Sie hasteten aufgeregt durcheinander, auch auf sowjetischer Seite machte sich Nervosität breit. Die Transportstunde hatte uns geschlagen.

Nur wenig später standen die ihrer Elendsbehausung Beraubten unter nieselndem Schneeregen nackt auf dem Exerzierplatz.

Jeder hatte seine Decke auf dem Boden ausbreiten, die Reste der Habseligkeiten und alle Kleidungsstücke darauf deponieren müssen. Schwerbewaffnete in Winterbekleidung hatten das Geviert umstellt, mit ihren Hunden patrouillierten andere außerhalb dieser Absperrung, und Unbewaffnete machten sich daran, die spärliche Habe der Nackten zu dezimieren.

Sie rückten von Mann zu Mann vor, filzten gründlich und trieben die Geschafften mit "dawai" an, sich schleunigst anzuziehen. Gruppenweise rückten sie um die Ecke eines Häuserblocks – und da wiederholte sich das gleiche Spiel. Nackt ausziehen, alles auf die Decke werfen, Rucksäcke umstülpen. Oh Wunder! Sie grapschten noch immer etwas für sie Brauchbares oder anscheinend Gefährliches heraus.

Alles schien vorüber, da bemerkte man erst, daß es auch im Lazarett Ärzte höheren Ranges gab. Sie wurden schleunigst herbeigeschleppt und der gleichen Prozedur unterworfen. Die Inventarisierung und Katalogisierung des derart vorbereiteten, noch schwach lebenden menschlichen Gutes und schließlich die Einzelidentifizierung beanspruchte weitere Stunden und kostete die sowjetischen Offiziere des Sicherheitsdienstes manchen Schweißtropfen. Die Ausgezählten hockten entleert auf Rucksäcken oder lagerten auf durchnäßten Decken. Es war gleichgültig, ob man sich jetzt des weiteren erkältete, da man körperlich und seelisch ohnehin bis ins Herz hinein fror.

Dann kamen sie mit Tee und einem Stück Brot für jeden als Marschverpflegung. Die Transportvorkehrungen waren abgeschlossen.

Die Posten drängten mit Gewehren und Hunden die Reisenden zusammen, und ein dunkler Menschenblock rückte nachmittags durch das Lagertor ab. Erst als sie draußen waren, wurden die bis dahin verschlossen gehaltenen Türen der einzelnen Kasernengebäude und -unterkünfte geöffnet. Die Verbliebenen fanden sich erregt und aufgebracht zusammen; sie hatten erfahren, was ihnen bevorstand.

Von einem Vorhang verborgen, hatte ich aus einem Fenster des Lazaretttraktes, das den Ausblick über das Lagertor hinweg erlaubte, traurig den Abmarsch der Gefährten beobachtet. Der Zug verlor sich in Dämmerung und Dunkelheit; über wie vielen würden im unbekannten Lande die Wellen zusammenschlagen, wie weiland über den Israelis beim Zuge durch das Rote Meer!

Neben ihnen hatte ja auch ich einige Wochen auf der Stange im Hühnerstall gehockt, bis sie mich zum Dienste im Lazarett herausgegriffen hatten, weil es an deutschen Ärzten fehlte. Auch mich hatte man vormittags zur Filzung hinuntergeholt, wobei es zu einem Zwischenfall kam. Keineswegs ganz in mein Schicksal ergeben, hatte ich im Haufen der anderen gehockt und alle Prozeduren der Ausweidung über mich ergehen lassen, als man plötzlich meinen Namen rief und ich zum sowjetischen Kommandanten gebracht wurde. Der Kapitän mit seiner blaugerandeten Mütze saß am Schreibtisch, sah mich von unten herauf unschuldig an, gab sich völlig überrascht und fragte: "Du willst auch in die Sowjetunion?", worauf ich wütend erwiderte: "Ich will nicht, ich muß ja." Begütigend oder eher vertraulich lächelnd, meinte er hingegen: "Nein, nein, du gut arbeiten im Lazarett, dort weiterarbeiten."

So taumelte ich dann zu meinem Platz zurück, nahm den belassenen Haberest unter den Arm, verabschiedete mich von den Nächstsitzenden, die zu niedergeschlagen waren, um noch Neid empfinden zu können, und kehrte unter dem Schutze eines Postens benommen, aber mit schlechtem Gewissen auf die Station zurück.

Vierzehn Tage verblieben mir dort noch, dann stand morgens plötzlich ein Unterleutnant mit drei Mann unter Gewehr vor meinem Bett, ließ kaum Zeit zum Zusammensuchen meiner Sieben- oder, genauer gesagt, noch Viersachen und eskortierte mich zunächst in eine Zelle am Lagertor. Abends erst kamen alle vier wieder, nahmen mich in die Mitte, und wir marschierten zum Bahnhof. In der Dunkelheit einer Unterführung gelang es mir, einen Brief, den ich einige Tage zuvor vorsichtshalber geschrieben und unter das Hemd gesteckt hatte, unbemerkt fallen zu lassen. Ich schickte ihm ein Stoßgebet nach, daß ein Mensch ihn aufheben und eine Post ihn befördern möge. Nach etwa einem halben Jahr langte er bei den Angehörigen an und war sogar frankiert worden. Dies ereignete sich am 11. März 1946, dem 76. Geburtstag meines Vaters, von dem ich seit Mai 1945 nichts mehr gehört hatte. Der Schnellzug nach Moskau stand auf dem Bahnsteig; Plätze darin waren durch Prikas für meine ständigen Begleiter und mich reserviert worden. Die Strecke war bis Berlin hin auf die russische Breitspur umgestellt, und so bestiegen wir das Abteil eines Waggons, das anstelle des deutschen Gepäcknetzes die Annehmlichkeit eines breiten Bettes bot. Diese schöne Lagerstatt wurde mir zugewiesen; zwei Posten nahmen ihre Plätze an der Tür ein und sicherten sie gegen einen Ausbruchsversuch, der dritte und der Unterleutnant erfüllten die gleiche Aufgabe auf den Fensterplätzen.

Ausreichenden Proviant verpackten sie auf den Mittelplätzen, wobei sie besonders Sorge auf einen großen Sack mit Weißmehl verwandten, das sich auf allen Bahnhöfen als hochbegehrtes Tauschgut erwies. Der Unterleutnant sprach ein wenig deutsch, war Musiker, schwärmte von Tschaikowski und der Geige, die er in Berlin gefunden hatte und nach Moskau, nach Hause bringen wollte. Der Befehl, einen einzelnen Deutschen direkt in die Hauptstadt zu bringen, war für die vier allem Anschein nach ein wirklicher und weidlich ausgenutzter Glücksfall. Sie wurden während der dreitägigen Fahrt immer umgänglicher, verpflegten mich gut aus ihren Beständen und nahmen mich sogar einmal in den Speisesaal eines unzerstörten weißrussischen Bahnhofs mit.

Ich wurde dort von der Menschenmasse neugierig, aber nicht unfreundlich beäugt und erhielt das gleiche Essen wie alle anderen.

Sehr früh am Morgen des vierten Tages kamen wir am weißrussischen Bahnhof Moskaus an; er lag in tiefem Schnee, und Eisberge häuften sich zwischen den Geleisen. Menschengewimmel auf den Bahnsteigen; in ihm verschwanden die Posten spurlos, auch der Unterleutnant trug den bisher sorglich gehüteten Geigenkasten nicht mehr unter dem Arm. Man verstand sich auf die Kunst des Wegzauberns.

Der junge Offizier war nunmehr für mich allein verantwortlich und militarisierte sich zusehends. Er bugsierte mich aus dem Bahnhof und über Harsch und Schmutz zur Untergrund- und Vorortbahn. Während es allmählich hell wurde, flogen wir an Häusern und Datschen der Vorstädte vorbei; einige aus dicken Stämmen bestehende, mit schöngeschnitzten Verzierungen, blieben mir in Erinnerung. Es ging wohl zwanzig Kilometer weit – nach Krasnogorsk, wie ich später erfuhr, wo wir ausstiegen. Selbander wanderten wir meinem zukünftigen Aufenthaltsort entgegen, der nach wenigen Kilometern sichtbar wurde und an dem die Straße endete. Während des Marsches wurde mir unter dem Rucksack, weniger wegen dessen Schwere als wegen eigener Schwäche, der Atem knapp, und das Herz schlug Generalmarsch. Meine Leistungsfähigkeit war nicht mehr groß.

Am Nebentor des von doppeltem Stacheldrahtzaun und einer Bretterwand umgebenen Lagers, über dessen Hauptportal ein riesiger roter Stern herrschaftlich prangte, lieferte der Unterleutnant, nunmehr nur Soldat, zunächst einige Akten und sodann seinen Deutschen ab. Er blieb draußen vor dem Tor; mich und meine Sachen musterten drinnen in einer Separatkammer zwei Sergeanten sorgfältig, ehe sie mich einem Läufer, der früher einmal deutscher Major gewesen war, überantworteten.

Zwei Tage nach meiner Einlieferung trafen die dreihundert Garagengefangenen aus Frankfurt ein; ich stand, als sie durch das Tor zogen, auf der Lagerstraße und salutierte. Sie staunten, und einige verziehen mir die scheinbare Bevorzugung, zu der ich, ohne zu wissen warum, gekommen war, niemals.

Sie schien, gottlob, hier ihr Ende gefunden zu haben; denn wir alle wurden in der gleichen Baracke, inmitten der zwangsweise noch weiter zusammenrückenden grauen Masse, der "misera plebs" der im Augenblick nicht Interessierenden, untergebracht. Die Neulinge erhielten die schlechtesten Plätze des nunmehr von Menschen überquellenden Barackengroßraumes zugewiesen und konnten nur in dem Maße auf bevorzugtere Stellen aufrücken, in dem andere von diesen verschwanden. Und das war in diesem Lager recht häufig der Fall.

Jedoch schien uns unsere Lage bei aller Not zumindestens deshalb relativ erträglich, weil es in das Frühjahr und den Sommer hineinging.

Das Lager Krasnogorsk bei Moskau oder 27/2, in welchem wir uns nunmehr befanden, stellte unter den weit über dreitausend Kriegsgefangenenlagern der Sowjetunion insofern etwas Besonderes dar, als es einmal Sammelstelle und Wartesaal für diejenigen abgab, die für die Staatsgefängnisse Lublianka, Butirka u.a. vorgesehen waren, und zum anderen, weil man hier Fachkräfte und Spezialisten hortete, die nach und nach einzeln oder in Gruppen zur Arbeit in Fabriken und Instituten weitergereicht wurden. Aber mehr noch; dieses Lager war zugleich Zentrale des Nationalkomitees "Freies Deutschland", wenigstens soweit es sich um geworbene Soldaten und Offiziere handelte, während die gleichfalls dazugehörenden kommunistischen deutschen Politiker in Moskau residierten. Von hier aus wurden Aktivisten und Propagandisten in andere Lager geschickt.

Nach Auflösung des Komitees, mit welchem Uneinsichtigen vorgegaukelt worden war, sie könnten über das Schicksal Deutschlands in Freiheit mitentscheiden, wurde in Krasnogorsk schließlich die "Allunions-Antifa-Schule" eingerichtet, deren Zöglinge nach bestandenem Examen nach Ost- und auch Westdeutschland heimgeschickt wurden; auch zog man die für die Ostzonenregierung vorgesehenen Ministrablen zeitweise hier zusammen und behandelte sie als bewährte Freunde.

Der Mann aus der grauen Masse nannte den Barackenteil, in dem diese Bevorzugten abgeschieden wohnten und großzügig verpflegt wurden, die "Pension Judas Ischariot". Die Rangordnung innerhalb dieser so unterschiedlich zusammengewürfelten Lagerbelegschaft stellte sich so dar, daß einer um so besser wohnte, je lieber er den Sowjets war.

Eine eigene Abteilung des Lagers, in dem unter Aufsicht "zuverlässige" deutsche Gefangene arbeiteten, fungierte als zentrale Auskunftstelle der Sowjetregierung über das Schicksal Vermißter. Aus aller Herren Länder kamen Berge von Briefen mit besorgten Anfragen hier zusammen. Sie wurden wohl registriert und von Sammlern ihrer Marken beraubt, aber in der Regel – weil dies zu jener Zeit gar nicht möglich war – nicht bearbeitet und nicht beantwortet. Dies ging so an die zwei oder drei Jahre; dann wurden alle Briefe, – sie füllten mehrere Räume – vernichtet und verbrannt. Jedenfalls gelangten sie nicht in das "Zentralarchiv für Kriegsgefangene", das von deutschen Kriegsgefangenen im Nachbarlager 27/1 bis 1949 errichtet wurde.

Schließlich hatte dieses Lager auch so etwas wie einen Flair der großen Welt, lebten doch neben und unter den Deutschen Japaner, Ungarn, Rumänen und in einem durch eine hohe Bretterwand abgeteilten Sonderbezirk Diplomaten und Angehörige beiderlei Geschlechts großer polnischer Adelsfamilien. In Erinnerung bleibt jener japanische Generaloberst, der seinem Adjutanten einige Barthaare übergab, ehe er in die Lubljanka gebracht wurde. Er selbst tauchte niemals mehr auf, aber jene Haare werden seinen Leib im Familienschrein anwesend bleiben lassen.

Obgleich sich einige hochdekorierte Generäle als Pazifisten, Geistliche als Atheisten, NS-Funktionäre als Kommunisten und Widerständler bekannten, blieb doch mehr als die Hälfte der über siebenhundert Insassen bei der ihrer deutschen Fahne beraubten Stange, war graue Masse und wollte das, so sehr der Hunger auch rumorte, bleiben. Sie verweigerten sich der Umschulung und Anpassung.

Mir gelang es nicht, mich als Grundel unter Grundeln in den Schlamm zu wühlen und zu verstecken. Zwar ließ man sich Zeit mit mir, aber man hatte sich meiner nicht umsonst angenommen und mir die Möglichkeit einer Fahrt im Moskau-Expreß nicht ohne Absicht geboten. Etwa zwei Monate lebte ich ungesucht auf einer Barackenpritsche und verbrachte mit Meinesgleichen mehr Leid als ein wenig Freud. Dann schienen meine Papiere die erforderlichen Wege gemacht und Stempel bekommen zu haben; die politische Abteilung kescherte mich aus dem Pulk heraus. Die Verhöre jagten sich, ohne sich aber um gefährlich Politisches zu drehen. Vielmehr wollten die neugierigen Frager genaue Angaben über meine wissenschaftliche Tätigkeit; sie quetschten mich wie eine Zitrone aus – mehr als es vormals mein landeseigener Diktator hatte tun lassen –, interessierten sich für internationale Verbindungen, die für uns Deutsche dürftig genug gewesen waren, und waren schließlich hocherfreut, als sie von meinem Briefwechsel und Sonderdrucktausch mit russischen Gelehrten erfuhren. Ich hatte zunächst für vorteilhaft gehalten, davon zu sprechen, wurde aber zurückhaltend, als sie nach nebensächlichsten Dingen fragten und meine Aussagen anscheinend auch zur Beurteilung der politischen Zuverlässigkeit meiner Briefpartner benutzen wollten. Jedes Ding hat eben seine zwei Seiten, und die Hinterseite schien hier nicht selten die wichtigere.

Wären die Gefangenschaftswelt, der Eifer zweier Vernehmungsoffiziere und ihrer Dolmetscher, die sich im Schweiße ihres Angesichts mühten, meine zum Teil recht fachlichen Aussagen ins Russische umzuwandeln, nicht so gefährlich real und zugleich unbegreiflich erschienen, so hätte sich der durchaus unzulänglich bekleidete Dystrophiker, den sie Stunde um Stunde in die Zange nahmen, wohl als interessante Persönlichkeit vorkommen können.

Zwei Wochen, in denen ich die gleichen Fragen wiederholt vorgelegt bekam, dauerte der Repetitionskurs in Sachen meines Gelehrtenlebens, dann wurde er ebenso abrupt abgebrochen, wie er begonnen hatte. Ich verlor mich wieder in der Masse meiner Landsleute und wäre am liebsten ganz verschwunden. Aber kein Gefangener verschwindet ganz – es sei denn, er stirbt.

Viele holzfasergehärtete Blätter, in kyrillischer Schrift beschrieben, den EGS Günther Rudolfowitsch betreffend, fanden ihren Weg nach Moskau, wurden in Kommissionen diskutiert und führten im Juni 1946 schließlich zu dem Ergebnis, daß sich ein General in die von Birken umgebene Kommandantur-Datscha außerhalb des Lagers Krasnogorsk fahren und den besagten Kriegsgefangenen vor sich bringen ließ. Er betrachtete ihn nicht unfreundlich von allen Seiten und von oben bis unten, stieß sich anscheinend nicht an seiner mehr als defekten Kleidung, fand über den Dolmetscher einige irgendwie seither ungewohnte anerkennende Worte und schickte ihn mit der Bemerkung "quatit" – das heißt: es genügt – wieder hinaus.

Wenige Tage hernach kam schon der Läufer: "Professor, dawai, mit allen Sachen ans Tor!" Ein Abruf, der damals für viele Insassen von Krasnogorsk 2 nicht ungewöhnlich, hinsichtlich seiner Aussichten aber völlig ungewiß war. Kameraden, die dem atemlos und aufgeregt zum Tor Hastenden das Geleit gaben, meinten tröstend, es harre seiner bei fabelhaftem Essen eine erfreuliche Zukunft, waren davon aber ebensowenig überzeugt wie der

Gerufene selbst. Nach allgemeiner und sich immer wieder bestätigender Erfahrung stand die Lublianka näher ins Haus. Die Untersuchung von Körper und Rucksack in der Wache beschränkte sich auf Prüfung einer etwaigen Mitnahme lagereigener Unterhemden und -hosen. Sie fiel negativ aus. Mein Abgang wurde registriert, und der Diensthabende geleitete mich fürsorglich auf den Lagervorplatz, wo mich ein Oberstleutnant übernahm und in eine schwere schwarze Limousine einsteigen hieß.

Aus einem solch vornehmen Transportgerät konnte man, zumal neben dem Fahrer ein Posten saß, noch nichts schließen. Man kann zwar, aber man braucht nicht unbedingt sogleich mit dem Hammer zuzuschlagen, wenn man sein Lamm töten will, man kann es auch zur Schlachtbank bringen, indem man es am Hals krault.

Aber zunächst fuhren wir erst einmal los und ließen das Lager hinter uns. Auf der gleichen Straße, auf welcher ich ein Vierteljahr zuvor heranmarschiert war, sauste ich nun, an der Seite eines sowjetischen Oberstleutnants bequem im Fond eines Dienstwagens sitzend und den Rucksack zwischen den Beinen geklemmt, wieder in die Allunions-Hauptstadt zurück. Ich war jetzt weniger unruhig-ängstlich, wofür es gegebenenfalls immer noch Zeit sein würde, als erwartungsvoll-neugierig. Im Einzelnen empfand ich nichts; alles glitt an mir vorüber. Ich vermerkte nur: die schmale staubende Landstraße, an deren Rande zahllose ärmlich gekleidete Menschen mit eigentümlich rollendem Steppengang der Stadt zustrebten, ging ganz allmählich in eine breite, gerade Avenue über, die von fünf- und sechsstöckigen Häusern begrenzt wurde. Alles schien mir grau, die mehr verzierenden als stützenden Säulen an den Fronten ragten nicht selten erst vom vierten oder fünften Stockwerk zum Dach empor. Wir fuhren durch das Herz der Stadt über den Roten Platz unterhalb der roten zinnenbewehrten Mauer des Kreml entlang. Ich sah das schwarz-marmorne Lenin-Mausoleum, vor dem eine lange bunte Menschenschlange anstand, das Spaski-Tor, die Zufahrt der Mächtigen, und, den Platz abschließend, die vielgekuppelte, goldgedeckte und potraireiche Basiliuskirche.

Wir bogen vom Kreml ab hinunter zur Moskwa, die wir überquerten. Nun sah alles anders aus, enge Straßen, Reihen ungepflegter niedriger und kleiner Häuser. Glanz verblaßte zu Ärmlichkeit und Verfall.

Der Oberstleutnant sprach ein wenig deutsch und sagte fast entschuldigend, als wolle er diesen Eindruck verwischen: "Auch hier bald hohe Häuser in Stein, neue Brücken, und Moskwa wird schöner Fluß in schönem Bett." Stalins Sieg im Großen Vaterländischen Krieg wird's möglich machen!

Etwa eine Viertelstunde lang ging es in dieser Art durch dichtbewohnte Vorstädte, dann begann die Stadt sich wieder zu öffnen. Eine karge Anlage um eine grüngedeckte Kirche herum. Sie arbeitete; denn in den geöffneten Türen standen Frauen und Kinder, auch einige junge Männer, und innen brannten Kerzen. Weihrauch über dem Rasen, über den Wegen, auf denen Kinder spielten, von Babuschkas, die ihnen von Bänken her zuschauten, beschützt und bewacht.

"Bald dort", sagte der Oberstleutnant; wir fuhren um die Anlage herum und hielten auf ein langgestrecktes, zweistöckiges Gebäude zu, das seinen Charakter als Krankenhaus nicht verbergen konnte. So war damals in Wien, Paris, in München und Berlin auch gebaut worden, als sie alle ihre Kranken unter einem Dach unterbringen wollten und die Spezialisten noch nicht nach eigenen Häusern und abgetrennten Kliniken trachteten. Ein Fenster neben dem anderen in langer Reihe. Keines vergittert; der häßliche grau-grünliche Tarnanstrich konnte der Schönheit des Klassizismus nur wenig anhaben. Tiefes Aufatmen bei mir – ein solches Haus konnte keine Lubljanka, nicht die Butirka sein.

Als wir hielten, sehe ich, daß der breiten Straßenfront eine ebensolche in die Tiefe entsprach; die Einfahrt lag nahe dem Trakt in einer hohen, übertünchten Ziegelmauer, die sich weiterhin zu erstrecken und ein großes Areal zu umfassen schien. Bäume aller Art ragten hinter ihr auf und wiesen das ummauerte Gelände als Parkanlage aus. Sommertag – Sonnentag; ich empfand kreatürliche Leichtigkeit, animalische Freude.

Die Einfahrt war wirklich eine Einfahrt; man konnte durch den Torbogen eine Straße erblicken, die an der Hausfront entlang führte und auf der sich viele Männer in Krankenkleidung ergingen. Selbstverständlich, – warum waren wir denn in der Sowjetunion – war diese Einfahrt mit einer Schranke verschlossen, und selbstverständlich stand ihr zur Seite auch ein Wachhaus, das die Kontrolle aller Ein- und Ausgänge garantierte.

Der Oberstleutnant besitzt einen Passierschein; die Schranke hebt sich, und die schwarze Wolgalimousine rollt vor ein doppelgeflügeltes, unter einem von zwei Säulen getragenen Vordach liegendes Schloßportal und hält. Der Posten springt heraus und richtet seine Maschinenpistole auf mich; der Offizier bedeutet mir, ich sei am Ziel, steigt auf der linken Seite aus, läuft schnell um den Wagen herum und stellt sich dicht neben mich, während ich rechts herausklettere und meinen Rucksack aufklaube. Dann schiebt er mich, als wolle er einen Fluchtversuch verhindern, zwischen den Säulen zwei, drei breite Stufen hinauf zur Tür.

Eine Frau innen hat durch die Scheiben geschaut und öffnet einen der breiten Flügel.

Der Oberstleutnant verschwindet ohne ein weiteres Wort; die Überführung war gelungen.

Ich, der Mann, der hierhin geliefert werde, empfinde nicht einmal Neugierde, registriere lediglich, wie ein Photo- oder Filmapparat, Bilder. Zu diesem Zeitpunkt bin ich 41 Jahre alt und bei einer Größe von 184 cm 56 kg schwer. Meine Bewegungen sind schwerfällig, weil die Unterschenkel, wenn auch durch Wickelgamaschen eingeschnürt, und Füße stark geschwollen sind. Wie ein Karawanentier schleppe ich einige Liter Wasser unnütz mit mir herum. Das Gesicht ist eingefallen-hager, und die Augen hinter der einfachen Schießbrille, die ich als einzige bis hierher habe retten können, liegen tief in den Höhlen, Backenknochen stehen über bleiche Wangen, die durch mehrere Tage alte Bartstoppeln ein schmutziges Aussehen erhalten, hervor. Das Antlitz ist fast erstarrt und zeigt kaum noch Mimik, lediglich der Blick ist argwöhnisch-wachsam. Über der rechten Schulter trage ich an einem Riemen, da der andere gerissen war, einen schmutzigen, schlaffen Rucksack; ich stecke in einer vielfach zerfetzten und notdürftig von mir selbst immer wieder geflickten dünnen Sommeruniform ohne Rangabzeichen. (Sie zu tragen, wurde schon im November '45 verboten, und unter tätiger Mitwirkung russischer Soldaten waren alle Uniformen von ihnen und den Auszeichnungen entschlackt worden.) Der lange und schäbige, von einem Toten übernommene Landsermantel stellt meine bislang tauglichste Erwärmungsquelle dar. Die Mütze ist zerschlissen, und das Schuhwerk besteht aus mit Bindfaden zusammengehaltenen Füßlingen aus Leinen mit Holzsohlen. Sie verhindern längeres und schnelleres Gehen. Alles in allem stelle ich ein würdiges Partikel der anonym-grauen Gefangenenmasse dar.

Und nun finde ich mich in einem Foyer, in einer prächtigen Empfangshalle, in der es Marmorsäulen gibt, Messingklinken an den Türen, Sessel, Stalins Bild und Palmen in Kübeln.

Die Frau weist nach oben; wie in Trance ziehe ich mich etwas mühsam an einem kunstvoll geschmiedeten Handlauf Marmorstufe um Stufe, deren Mitten ein roter Läufer schmückt, hinauf. Die Fenster sind so groß und so hoch, haben Bögen und alles ist hell, ist weiß. Eine Doppeltür im ersten Stock führt auf die Station. Die Frau ist hinter mir die Treppe hinaufgestiegen, klinkt jetzt die Tür auf und führt mich in den Aufnahmeraum. Ein Tisch steht bereit, auf den ich bis auf die Unterwäsche alles ablege, was ich bei mir habe. Sie nimmt mein Hab und Gut an sich, und ich bekräftige, wie dies in der Sowjetunion allgemein der Brauch ist, durch eigenhändige Unterschrift, daß ich es sei, der dies alles abgab. Nach Abschluß des Hoheitsaktes heißt sie mich mittels Handbewegung in ein Badezimmer mit zwei Wannen mitkommen, in deren eine sie, Aufnahmebeamtin und Badefrau in einer Person, die Temperatur mit dem Handrücken prüfend, Wasser einlaufen läßt.

Als ich das knappe Unterhemd und die viel zu kurze Unterhose aus Nessel ausziehe, deren Bändel an den Unterschenkeln tiefe Einschnürungsfurchen hinterlassen, schaut sie nicht gerade zu, ist aber optisch doch recht daran interessiert mitzubekommen, wie sich ein Deutscher im Bade ausnimmt. Zum ersten Male seit weit über einem Jahr steige ich wieder in eine Wanne und habe einige hundert Liter heißen Wassers ganz für mich. Bisher hatte ich mit einer Rotte anderer einmal monatlich in die Banja trotten dürfen, wo wir eingangs die Unterwäsche abgaben und uns am Sergeanten vorbei in einen überhitzten Raum drängelten. Dort bekam ein jeder einen Klacks grüner Schmierseife in die hohle Hand gedrückt. Wir verrieben sie über den ganzen Körper, und dann balgten sich fünfzig, sechzig Nackte um einen Warmwasserstrahl aus der Brause an der Decke, um einen Zuber oder eine Kelle heißen Wassers in steter Befürchtung, das warme Wasser reiche nicht und der menschenfreundliche Bademeister ginge allzufrüh zum eiskalten über. Anschließend Abtrocknen mit dem einen, kleinen Handtuch, das doch nicht trocknete. Darauf warteten wir ausgekühlt und frierend im Vorraum, bis der Desinfektionsofen geöffnet und die nunmehr vielleicht wanzenfreie Unterwäsche herausgeworfen wurde. Sie war wunderbar heiß, was einer in die Hände bekam, zog er auch an, mochte es zu lang sein oder zu kurz. Man hatte wenigstens etwas am Korpus, und wer leer ausging, schimpfte sich warm.

Jetzt aber strecke ich mich behaglich in der Wanne, die blaß-bläuliche Haut auf Brust, Leib und Schenkeln ist viel zu weit geworden und wie Elefantenhaut quer und längs krakeliert. Hornhaut, die nicht hatte abgeschilfert werden können, hatte nachwachsende Härchen wie unter Schollen eingeschlossen. Ich scheuere mich, und das ist wie eine Befreiung von juckenden Mauern. Dann drükcke ich prüfend auf Schienbein und Knöchel – tiefe Dellen. Allerhand Wasser-Ödeme, medizinisch ausgedrückt, meine ich bei mir. Das Aussteigen ist beschwerlich; ich wickele mich in ein bereitgelegtes weißes Laken, reibe mich trocken und setze mich, vom Reinigungstun atemlos geworden, mit rasendem Herzklopfen auf eine Bank im hellgekachelten Raum.

Wenig später erschien die Betreuerin mit einem rosagestreiften Pyjama und führte ihren gereinigten Pflegefall über den breiten und hohen Stationsgang in ein Krankenzimmer, das mir ungewohnt und mehr als fürstlich vorkam. Allein gelassen, legte ich mich völlig übermüdet, aber vor Abspannung hell wach auf das Bett. Das Fenster stand offen, und ich vernahm erst jetzt – bisher schien mir die Welt geschwiegen zu haben –, daß es draußen im Park laut und fröhlich herging. Männergesang, Vorsänger und Chöre, Balalaika, Handharmonikaspiel, sich entfernend, sich wieder nähernd. Lieder, der Refrain. Das „Leberwurstlied"! Wieder, auch hier stand es also in Ansehen. Angebrannte Dörfer, auf die Regen herabrutschte, Steppe, über der der Benzindunst der Lastwagen schwamm, Lager, deren Mief aus Schmutz und Armut sich in allen Poren festsetzte. Überall dieses Leberwurstlied; es versenkte mich, den noch Lebenden, in unentrinnbar Gewesenes.

Ich schloß die Augen; die Luft, die ich atmete, roch anders – nach Medizin, Jodoform, Verbänden, Krankheit. Sie war mir seit Jahrzehnten vertraut und Heimat. Ich wendete den Kopf zur Wand.

Sie ließen mir Zeit. Erst nach zwei Stunden brachte ein Mädchen das Abendessen auf einem Tablett – nicht Kohlsuppe oder Gerstenkascha, nein, weißes Brot, ein großes Stück Salzfisch, Winograd, Saft mit Rosinen. Daß ich wenige Tage später als Aschenputtel in einen Abstellraum der Station umquartiert und meine Kost auf ein geringes Maß und höchste Einfachheit reduziert wurde, machte mir nichts aus, da ich gegen Bevorzugung und Luxus ohnehin mißtrauisch geworden war und Ehrgeiz wie Ansprüche auf dem weiten Feld zwischen Berlin und Moskau wie manch einer weiland seine Armeen stückweise verloren hatte. Auch hier war ich doch für mich allein, und das wußte ich zu schätzen.

Derart also vollzog sich mein Eintritt in das sowjet-wissenschaftliche Leben, in dem ich für ein und einhalb Jahre integriert blieb. Grund meiner Einvernahme war, daß ich mich seit Jahren mit Ernährungsfragen beschäftigt und in der Deutschen Wehrmacht als Ernährungswissenschaftler eine gewisse Bedeutung gehabt hatte. Ich selbst hatte hiervon nie gesprochen und in unserer Lage stets Schweigen für den besseren Teil der Klugheit gehalten. Aber andere hatten meinen Namen erwähnt, und da es Stalin im Jahre 1945 noch für gut befand, Kriegsgefangene mit besonderen Kenntnissen in ihrem Fachgebiet einzusetzen und zum größeren Ruhm der siegreichen Sowjetunion arbeiten zu lassen, war man auch auf mich verfallen.

Die Arbeitsstätte, zu der man mich gebracht hatte, war die klinische Abteilung des Ernährungsinstitutes der Roten Armee (Institut pitanije

Krasneia Armii), welcher abseits vom Zentralinstitut im Haupthosp. Roten Armee, genannt nach Burdenko (Glawgospital Krasnii Armli, . Burdenko) eine Krankenstation zur Verfügung stand. Dieses Hospital w vom Zaren Peter dem Großen gegründet und lange nach seinem Tode – wann, wußte hier keiner mehr – zu seiner derzeitigen Größe ausgebaut worden. Es bot Raum für schätzungsweise mehr als tausend kranke Soldaten aller Dienstgrade. Obgleich die Rote Armee viele Frauen in ihren Reihen hatte, sah ich doch nur Männer, bis auf eine Frau Marschall, die mehrere Wochen lang wie ein stolzer Schwan in langem Seidenkleid, verehrungsvoll gegrüßt, im Park wandelte. All dieses erfuhr ich nicht direkt, weil keiner der wenigen, die einige Worte mit mir wechselten, derlei Geheimnisse an einen potentiellen Feind weitergeben wollte. Aber ich machte es nach und nach selbst aus, indem ich viele andeutende Bruchstükke zu einem Ganzen zusammensetzte. Während dieser Zeit meiner Tätigkeit wurde ich von den Russen geprüft und prüfte mich selbst. Nach ihrem Ablauf hatte ich vor mir bestanden, aber bei den Sowjets versagt.

Diese nahmen die Gelegenheit wahr, um zu studieren, was für ein deutsches Wesen dieser Mann war – und das war wohl von Anfang an für sie wichtiger als die Ergebnisse der Untersuchungen, die ich ihnen vorlegte. Sie nahmen sie wohl entgegen, beurteilten aber eher mein Gesamtverhalten.

Etwa ein Jahr lang mochte ich gearbeitet haben, da fragte mich der Politoffizier wie nebenbei, ob ich wohl nach Berlin gehen wolle, um dort bei der Wiederherstellung normaler Ernährungsverhältnisse der Bevölkerung behilflich zu sein. Er lockte mit einer Reihe verheißungsvoller Versprechungen. Ich wollte und ich konnte nicht über meinen Schatten springen. Ich erwiderte, als Kriegsgefangener müsse ich bei Kriegsgefangenen bleiben, solange es solche gebe – und es gebe Unzählige, denen es im Augenblick nicht nur viel schlechter ging als mir selbst, sondern auch als jeder Zivilbevölkerung. "Also nein?" "Nein!"

Anstelle der angebotenen Mitarbeit Verweigerung, das führte zu augenblicklicher Verfremdung; es entstand eine gläserne Wand, die mir nur liebsein konnte. Zwar ließ man mich experimentell weiterarbeiten, aber allgemein verlor jeder jedes Interesse an mir. Als ich einige Monate später ernstlich erkrankte, trieb man mich zum Abschluß meiner Untersuchungen, drängte zur Niederschrift der Ergebnisse und beeilte hektisch deren Übersetzung ins Russische. Dann schaffte man mich wieder dorthin, von wo man mich hergeholt hatte.

Doch dies heißt den Ereignissen vorgreifen.

den Gedanken doch; denn alle Voraussetzungen zum Gelingen einer Flucht wie Gesundheit, passende Kleidung, Kenntnis der Sprache fehlten mir. Körperliche Schwäche war das unzerreißbare Band, das mich festzurrte.

Ernüchtert löste ich mich von einem Traum, wandte mich ab und irrte, als sei er ein Labyrinth, durch den Park, der sich nach der Essens- und Ruhezeit nach und nach wieder mit Gruppen fröhlicher Soldatenpatienten füllte. Sie spazierten Arm in Arm in wegfüllender Breite, sangen, tanzten, ließen sich fotografieren – und waren dem Kriegstod siegreich entkommen.

Meine Wanderungen wiederholte ich von da an täglich; sie führten mich an die Einfahrtsschranke, durch welche ich auf eine Stadtstraße und ziviles Leben schaute, aber auch in den inneren Bezirk des Hospitals, eine weite gärtnerische Anlage, die vom Hauptgebäude und zwei fast gleich großen Flügeln umgriffen wurde. Inmitten eines Rondells sprang ein Brunnen; von Ruhebänken aus konnte ich den Wasserstrahlen und fallenden Tropfen zuschauen. Mannigfache Geräusche, wie sie zu einem großen Betrieb gehören, verdichteten sich an dieser Stelle. Hier lagen in einem Erdgeschoß die Versorgungsquelle der Angestellten, das stets menschenumdrängte Magazin und etwas weiter der prächtige Eingang zum Klub- und Kinosaal, der vielleicht einmal Hospitalkirche gewesen sein mochte. Wenn ich von dieser Stelle wegging, mich rechts hielt, gelangte ich auf die Zentralallee zwischen Seitenflügel und Park, auf der ich angefahren worden war, und hatte ihr gegenüber den Blick auf die Apotheke, in der es stets lebhaft herging und in deren einem Saal wie in einer Schulklasse etwa zwanzig Mädchen und Frauen mit weißen Hauben saßen und mit flinken Fingern unentwegt Pülverchen auf kleine Papiere streuten, diese falteten und verschlossen, indem sie die Längsseiten ineinander schoben. Ich stand oftmals längere Zeit draußen an einem der Fenster und schaute mit einer gewissen Rührung zu. Mit solchen Medikamentenbriefchen hatten auch wir es einmal zu tun gehabt, bis die Zubereitung der Arzneimittel den Apothekern abgenommen worden war und Fabriken Unzahlen von Tabletten in Röhrchen rollen ließen. Unmittelbar neben der Apotheke lag die Pathologie, an der mir vor allem der alte General mit weißem Vollbart auffiel, der allmorgendlich zu gleicher Zeit in deren Tür – ich vermerkte es vom Fenster meiner Kammer aus – verschwand. Nachmittags, wenn ich meinen Spaziergang antrat, begegnete er mir ebenso pünktlich, und wir grüßten einander höflich.

War ich nämlich zunächst fast allein zur Mittagszeit herumspaziert, so änderte sich dies, als ich mit der Arbeit im Laboratorium begonnen hatte. Dann kam ich erst nach Arbeitsende dazu und mußte mich ins volle

Gewimmel stürzen; nicht selten fand ich überhaupt keine Ausgehkleidung mehr vor und ging dann, wie manch andrer, unverkleidet im Pyjama.

Man kannte mich, den Deutschen, allmählich. Ich spazierte schweigend, manchmal mit einem Lächeln Platz erbittend, aber nie Annäherung suchend unter den Angehörigen verschiedenster Stämme des Vielvölkerstaates. Wir gingen aneinander vorbei, und sie verstanden wohl, daß sich hier ein Besiegter in sich selbst zurückzog und ihn weniger Hochmut als Verlassensein zurückhaltend erscheinen ließ. Und wenn sie auch manchmal auffordernd oder triumphierend auf mich blickten, so achteten sie doch mein Fremdbleibenwollen.

Zu jeder Zeit, in der ich draußen war, durchflutete mich der Gedanke: Was wollte ich noch, was sollte ich noch? Wurde die Tristesse der Sommertage zu groß, dann suchte ich meinen Arbeitsplatz an der Schanze auf, der, weil etwas feucht und düster im Schatten gelegen, von den fröhlichen Kranken gemieden wurde. Da sah ich dann im Laufe der Wochen, wie die Wiese vor mir allmählich zum Holzplatz wurde. Tag um Tag fuhren Lastwagen an und luden Stämme, Stangen, Prügel, Baumstümpfe ab. Es waren wunderbare Bäume unter denen, die hier zusammengeworfen wurden, manche mit einem Durchmesser von wohl über einem Meter und alles, worüber ein Tischler sich freute: wie Eichen, Fichten, Linden oder rötliche Lärchen. Quadratmeter um Quadratmeter der Wiese wurde bedeckt. Der Nachschub hielt bis in den September hin an. Taiga und karelische Wälder schütteten einen unermeßlichen Reichtum aus.

Der Verwaltungswinter begann mit dem ersten Oktober.

Pünktlich an diesem Tage wurde das Freiluftbekleidungs-Sortiment ausgetauscht. Anstelle des bisherigen traten Wattejacken und -hosen, Pelzmützen und hohe, wattegefütterte Filzstiefel – Kulaikas und Walinkis.

Von da an sah der Dünnste wohlgenährt aus, wenn er bärenhaft die Treppe hinuntertapste und sich in die bald einsetzende und schnell zunehmende Kälte wagte. Im Park wurde es immer stiller; denn zur Winterzeit wird der Russe zum Stubenmenschen, wenn es nicht seine Pflicht ist, draußen zu sein und jedem Minusgrad zu trotzen. Das war hier nicht der Fall, und so hatte ich den Park immer mehr und länger für mich. Man ließ mich weiterhin unbewacht hinaus. Bald stampfte ich durch tiefen Schnee zu meinem Aussichtsplatz, wo ich dann feststellte, daß der abgelagerte Wald das Heizmaterial für das Hospital abgab. Sooft ich schaute, waren jetzt dick vermummte Männer an ihm beschäftigt, die die Stämme mit Handsägen in meterlange Stücke zersägten und mit ihren Äxten zu Scheiten zerschlugen.

Sie schichteten sie auf Wagen oder auf Schlitten, wie es gerade erforderlich schien. Pferde standen mit hängenden Köpfen neben den Fahrzeugen, manchmal schnaubten sie oder schüttelten das Fell, bis der frische Schnee abfiel. War die Last ausreichend, dann trieb sie Peitschenknall und rauher Ruf an, sich endlich wieder in die Sielen zu legen. Ich beobachtete fasziniert, wie alles, was zur Sommerzeit von weither angefahren und hier hoch und dicht abgelagert worden war, nun emsig aufgearbeitet und stückweise vor die Öfen des Hospitals gekarrt wurde. Als im Jahre drauf der letzte Schnee verging, war die weite Fläche wieder bis auf einige verlorene Stämme leer. Ein Wald war zu Wärme und Rauch geworden.

Mit zunehmendem Herbst dämmerte es immer früher; eine Sonne, so bleich wie der Vollmond, versank schon nachmittags hinter dem Horizont. Fiel Schnee, so fiel er in schweren Flocken, und ungezählte Krähen sammelten sich über den blattlosen, kahlragenden Bäumen des Parks. Hunderte zogen kreischend und krächzend ihre Kreise, ließen sich auf den obersten Ästen nieder, wurden durch irgend etwas erneut aufgetrieben und verschmolzen nach und nach mit dem Nachtdunkel. Drüben glommen in den Fenstern der Datschen kleine Lichter auf. Die Vögel kamen nach und nach zur Ruhe. Ich ging in das Haus, die Kammer zurück, hatte zu bedenken, wie man sehen wird, und schrieb. In der Frühe weckten mich wiederum die Krähen, wenn sie sich von den Ästen hoben und sich ihre Schwärme krächzend auflösten. Schwere Wolken, Schneefall, brausender Wind, Urkälte – nichts hinderte sie am abendlichen Einfall, morgendlichen Abflug. Und mochte der Winter dann auch so sein, wie er wollte – ich machte täglich den Gang zur Schanze und zum Ausblick, von dem ich auf Breughelsche Lebendigkeit schaute.

Beurteilt nach dem Zustand, in dem ich mich zuvor befunden hatte, lebte ich jetzt in ungemessener Freiheit. Ja, man schien, wenn ich nur wollte, bereit, mich immer mehr zu integrieren, als man mich eines Tages fragte, warum ich nicht in den Klub hinüberkäme, in dem doch an jedem Nachmittag Kinovorstellungen stattfänden. Ich blickte fragend auf. Erlaubnis wurde stets in Frageform gekleidet, so daß man dastand, als habe man etwas versäumt. Daraufhin ging ich mehrere Male in den großen Fest- und Kinosaal des Klubs und war wiederholt von Filmen, die in Sibirien, an seinen Riesenflüssen und in der Tundra spielten, sehr beeindruckt, aber dann nahmen nach einem unerklärbaren Ratschluß der Regierung Propagandastücke überhand, in denen sich der russische Soldat edel, klug und schön, der Deutsche widerlich-dumm, schlecht und feige zeigte. Ich konnte mich durch schweigendes Zusehen damit nicht einverstanden erklären, deshalb stand ich eines Tages während einer solchen Vorführung auf und ging. Der Deutsche ging!

Schon am nächsten Tag kam der Politoffizier, der sonst etwa alle Monate seine Runde machte, zu mir und fragte nach dem Grund des auffälligen und demonstrativen Aufbruchs. Ich antwortete, die Deutschen seien nicht so schlecht und nicht so dumm gewesen, wie sie jetzt regelmäßig dargestellt würden, und ich würde niemals wieder in den Klub kommen, um nicht neuen Beleidigungen meines Volkes ausgesetzt zu werden. Der Offizier ging; niemand kam auf den Vorfall zurück. Ich glaube, daß man mich verstanden hatte. Die Eisschicht zwischen den anderen und mir wurde erneut dicker. Ich befragte mich, ob auch wir in gleicher Weise Gegner nach dem Kampfe beschämt hätten. Die Herren Goebbels und Streicher allemal, und auch von Soldaten wußte ich, die in Griechenland am Klidipaß gefangene Engländer verspottet und ihrer Auszeichnungen entledigt hatten. Als aber wenig später die griechische Armee kapitulierte und Tausende von Soldaten aus ihren Stellungen auf die Straße strömten, da nahmen wir, so viele, wie wir nur konnten, auf den Fahrzeugen der Division nach Süden mit, damit sie schneller nach Hause zurückkämen. Zugleich stieg in mir auch die Erinnerung an den Waffenstillstand in Frankreich auf, als wir in der Stadt, in der wir biwakierten, dicht gedrängt um den Radioapparat des Kommandeurs standen, um uns nichts von den Vorgängen in Compiègne, wo der Vertrag unterschrieben wurde, entgehen zu lassen. Wie auf ein Zeichen gingen bei allen Geschäften die Läden quietschend und kreischend herunter, vor den Fenstern erschien die Trikolore, mit Trauerflor umwunden, auf Halbmast. Schweigend gingen ernste deutsche Soldaten an betrübten französischen Bürgern vorüber und achteten ihren Schmerz. Auf dem Marktplatz standen dicht an dicht die großrädrigen Wagen der Flüchtlinge. Ein Cure hatte den deutschen Truppenarzt zu einer jungen tieftraurigen Frau mit angstvollen, tränenfeuchten Augen gebeten. Sie blieb völlig abweisend; man konnte ihr nicht helfen.

Als der Geistliche fragte, ob sie jetzt wohl wieder in ihr Dorf zurückkehren sollten, sagte ich, sie sollten es auf alle Fälle; denn die panische Flucht sei unnötig gewesen und habe sie in größere Gefahr gebracht, als wenn sie die Kriegsmaschine an sich hätten vorbei rollen lassen. Der alte Herr seufzte.

Ich hatte entsetzliche Angst vor den wilden Deutschen in französischen Augen gesehen und sie nur einmal beheben können, als ich einer alten Bäuerin, die zitternd am Herd stand und zusah, wie Soldaten vor dem Fenster der Küche eines ihrer Kälber schlachteten, den Arm um die Schulter legte, meine französischen Brocken zusammenkratzte und tröstend sagte:

"Grande mère, grande peur." Ich schüttelte sie sanft und sah sie an. Da mußte sie lächeln und atmete tief. Hernach fielen wir in bester Übereinstimmung in die ungemachten Betten des besagten Bauernpaares. Wir hatten drei Tage nicht geschlafen und kaum gegessen. Blitzkrieg.

Nein, man konnte den Russen diese Filme nicht verdenken, aber ich durfte sie auch nicht hinnehmen.

Unzählige Stunden also einsamer Gänge, einsamen Schauens während vieler Monate. Sie waren nicht leer, nicht tot, sondern erfüllt, bemüht und voller Anstrengungen. Wir werden ihre Frucht aufdecken. Doch soll zunächst damit fortgefahren werden, den äußeren Ablauf der Vorgänge zu schildern, die das innere Geschehen überlagerten.

Wie wir schon sahen, war mein Umzug vom Lager in das Hospital ziemlich eilig vor sich gegangen. Die Amtsuhr ging einen gemäßigteren Gang, und es dauerte fast drei Wochen, in denen ich, wie bereits dargestellt, das allgemeine Terrain zu sondieren begann, bis schließlich die obrigkeitliche Genehmigung eintraf, den überstellten, listenmäßig als krank definierten Gefangenen zu einem wissenschaftlichen Arbeiter werden zu lassen. Nach Eingang dieses Schreibens wurde eine Schwester in meine Abstellkammer geschickt und ich zum Abteilungschef beordert. In einem mit Schreibtisch und mehreren spitzengarnierten Sesseln behaglich eingerichteten Dienstzimmer stand ich vor dem Bilde Stalins und vier sowjetischen Offizieren. Dies waren, wie ich im Laufe von Monaten herausbrachte, der Oberst Professor Markoff als Abteilungsleiter, der Oberstleutnant Dr. Nathanson als physiologischer Chemiker, der Arzt (wratsch) und Oberstleutnant Lindenbraten, der mein überführender Mentor gewesen war, und die Kapitänin Petersilie, Leiterin des klinisch-chemischen Laboratoriums dieser klinischen Ernährungsabteilung.

Der Oberst eröffnete mir, ich würde im Laboratorium wissenschaftlich arbeiten. Als ich nickte, schob der Arzt Lindenbraten mir einen Stuhl zu und sagte: "Saditze".

Hier arbeite man, fuhr der Oberst fort, mit nieren- und leberkranken Menschen und untersuche die heilende Wirkung von Eiweiß, insbesondere Kasein, auf den Krankheitsprozeß. Hierzu solle ich die erforderlichen Harnanalysen durchführen. Man beabsichtige aber auch entsprechende tierexperimentelle Untersuchungen und wisse, daß ich mich mit solchen auskenne. Ich solle einen Forschungsplan ausarbeiten und meine Vorschläge möglichst bald vorlegen. Man werde sie prüfen. Falls sie brauchbar seien und genehmigt würden, würde ich mit ihrer Durchführung beauftragt werden. Ich könne nur deutsch schreiben, sagte ich, dem die Ausführungen des Obersten von Dr. Nathanson und Herrn Lindenbraten gemeinsam übersetzt wurden. Das mache nichts, erwiderte Markoff, man werde sie ins Russische übertragen. Zuvorkommend wies er auf einen Berg von Aktenmappen, der vor ihm auf dem Schreibtisch lag. "Dies sind Arbeitspläne unserer Abteilung, dreiundzwanzig – und zwölf wurden von der Kommission bereits genehmigt. Es werden Kandidatenarbeiten sein."

Währenddessen hatte Lindenbraten einige Aktenbögen aus einer Lade genommen, sie sorgfältig mit einem Federhalter rot numeriert und dem neuen Mitarbeiter überreicht.

"Schreiben Sie die Arbeitspläne auf diesen Bögen nieder und geben Sie die unbenutzten wieder ab." Ich griff erfreut nach schönem deutschen Kanzleipapier.

Markoff sah mich an und fragte: „Professor, Sie haben den Nobelpreis – " Ob er "Sie" sagte oder ob nur die Dolmetscher die Anrede transportierten, daran vermag ich mich nicht zu erinnern, doch ich mußte lachen, und die Glasscheibe zwischen uns bekam einen feinen Sprung: "Nein, welche Überschätzung. Soweit habe ich es nicht gebracht."

Mir kam vor, als habe es sich um eine Fangfrage gehandelt. Sie blickten einander schweigend an, und ich konnte nicht ausmachen, ob enttäuscht oder befriedigt. "Nu da", wandte Markoff sich an Frau Petersilie, "zeigen Sie dem Professor den Platz im Laboratorium, an dem er arbeiten wird."

An ihrer linken Seite ging ich zur Station zurück, und es ergab sich, daß das Laboratorium meiner Kammer fast gegenüber an der Seite zum Innenhof hin gelegen war. Mir war das Sofa, das neben der Doppeltür stand und auf dem Kranke mit der Urinflasche in der Hand morgens dichtgedrängt zu sitzen pflegten, bereits aufgefallen. Jetzt erfuhr ich, daß sie auf die Blutentnahme gewartet hatten.

Als wir eintraten, bot sich mir ein großer, heller Raum, der früher wohl ein Mehrbettzimmer gewesen war und seine neue Verwendung offenbar erst vor nicht langer Zeit gefunden hatte. Eine Reihe von Labortischen standen längs und quer, ein Abzug war in die kürzere Querseite eingebaut, an der gegenüberliegenden stand in einem Verschlag der Schreibtisch der Leiterin. Eine junge Ärztin sah mir verständnisvoll entgegen, zwei junge Laborantinnen trotzig. Frau Petersilie wies mir einen Arbeitsplatz an, der mich als inzwischen kundigen Gefangenen voll befriedigte. Hinter mir lag das Fenster, so daß niemand unvermutet hinter meinem Rükken auftauchen konnte. Durch ein mit Flaschen vollgestelltes zweietagiges Regal hatte ich

Durchblick zur Tür und Überblick über den gesamten Raum, während ich gerade eben dadurch gedeckt wurde und Zeit hatte, Vorkehrungen zu treffen, bis jemand neben mir stand.

Die Kapitänin Petersilie regierte ihr Reich, wie ich im Laufe der Zeit zu meiner Befriedigung feststellte, vornehmlich vom Schreibtisch aus. Wenn sie morgens kam, den Uniformrock ab- und den Laborkittel angelegt hatte, ließ sie sich sogleich nieder, wälzte Papiere und Bücher, nahm die Analyseergebnisse entgegen und machte niemals Anstalten, in die Tätigkeit der Laborantinnen einzugreifen, sie zu überprüfen oder gar selbst Hand beim Analysenbetrieb mit anzulegen. Sie formulierte aus den Zahlenkolonnen Berichte, unterzeichnete sie und reichte sie weiter. Pünktlich mit Dienstende gab sie ihren Arbeitsstuhl frei.

Das Laboratorium selbst war so eingerichtet wie jedes andere Kliniklabor zu jener Zeit in aller Welt, mit Wasser-, Gas und Elektrizitätsanschluß an jedem Arbeitsplatz. Der Wasserdruck war freilich sehr niedrig, und man erhielt mit der Wasserstrahlpumpe kaum hinreichendes Vakuum, um Niederschläge abzunutschen. Aber Kjeldahl-Gestelle für die Stickstoffbestimmung standen im Abzug; Hagedorn Jensen-Batterien für die Blutzuckeranalyse, ein Polarmeter, einfache Colorimeter, Tritiergestelle, Gasanalyseapparate nach van Slyke, Destilliergefäße, Bechergläser, Schalen, Glaskolben, Stative und das ganze sonstige Alltagszubehör waren vorhanden. Man konnte arbeiten und die erforderlichen Untersuchungen durchführen.

Petersilie und der hinzukommende Lindenbraten zeigten sich befriedigt, daß ich die Geräte zu benennen und richtig anzufassen wußte. Sie erklärten, das Labor sei, wie auch die klinische Ernährungsabteilung, erst vor kurzer Zeit eingerichtet worden. Den Laborantinnen fehle die nötige Arbeitsroutine, und ich möge sie deshalb, bis ich mit eigener Untersuchung begänne, in der Bedienung der Apparate unterweisen und ihnen die erforderliche Sicherheit vermitteln. Wissenschaft kenne keine Grenzen, und Apparaturen könne man ohne besondere Sprachkenntnis durch Vorweisung erklären. Ich sagte, ich wolle gerne behilflich sein, und fand auch bald heraus, weshalb das Labor erst vor kurzem eingerichtet worden sein konnte. An den Apparaten angebrachte Schilder verrieten, welche deutschen Firmen die Geräte hergestellt und in welchen deutschen Instituten sie vorher gestanden hatten. Fast gerührt entdeckte ich an der Kupferzentrifuge das Herstellungszeichen des Meisters Runne aus Heidelberg. Mit wenigen Gehilfen baute der alte Mann in einer kleinen Werkstatt besonders zuverlässige Präzisionsmaschinen, die er sich nur schwer vom Herzen riß. Seinen

Erzeugnissen war er so stark verbunden, daß er alljährlich eine Rundreise zu ihnen machte. Wehe den Besitzern, wenn eines nicht ordentlich in Schuß gehalten und gepflegt worden war. Die Augen seines Raubvogelgesichts blitzten, während er die Sünder beschimpfte und sie zugleich beschwor, in Zukunft alles Erforderliche zu tun, damit die Zentrifugen möglichst lange intakt und brauchbar blieben. Er war noch einer, der für die Ewigkeit arbeitete, und wohl auch einer, der seinen Handarbeiten selbst bis nach Moskau nachgereist wäre.

Die beiden Gasanalysenapparate, die recht repräsentativ in der Nähe meines Platzes aufgestellt waren, sah ich mit schiefen Augen an. Man hatte offensichtlich noch nicht mit ihnen gearbeitet; noch war kein Quecksilber in den Manometern. Wenn es nach mir ginge, würden sie auch unbenutzt bleiben, denn der Gebrauch des Octylalkohols, den man bei der Analyse benötigte, war mir von jeher äußerst zuwider. So erklärte ich gestenreich, auf welche Feinheiten es ankomme, wenn man hiermit richtige Werte erhalten wolle.

Ich hatte mich umgeschaut und war mit dem, was auf mich zukam, einverstanden. Zwar lag die Zeit, in der ich Tag um Tag viele Stunden lang im Labor gearbeitet hatte, inzwischen über zehn Jahre zurück; aber es gibt Dinge, die man so wenig verlernt, wie das Gehen.

Und so begann am nächsten Morgen mein neuer Alltag – übrigens für einen Laborbetrieb recht spät um neun Uhr. Dann erst erschien die erste Laborantin, holte sich die Schlüssel zu dem normalen und einem Sicherheitsschloß und öffnete. Darauf wurde durchgehend bis 16 Uhr gearbeitet, aber bereits eine Viertelstunde vor Dienstschluß begann die umständliche Sicherheitszeremonie zur Brandverhütung; die Stecker wurden herausgezogen und die Gas- ebenso wie die Wasserhähne einzeln auf "Zu" geprüft. Die Kapitänin trieb ihre Mitarbeiter vor sich durch die Tür, überblickte mit gerunzelter Stirn den verlassenen Raum, schnupperte nach einem Mißgeruch, schloß umständlich zu und hinterlegte die Schlüssel im Zimmer der Stationsschwester, nachdem sie das Schlüsselloch noch mit Wachs und einem Fünf-Kopeken-Stück versiegelt hatte. Nur in Ausnahmefällen wurde länger gearbeitet, doch sollte sich in dem Raum, in dem giftige und gefährliche Chemikalien lagerten, niemals ein Einzelner aufhalten – vor allem natürlich der Deutsche nicht!

Sonntag war Ruhetag, und so standen am Montagmorgen Batterien von Uringläsern vor der Labortür aufgereiht, nicht zum Vorteil ihres Inhalts. Zeigten dann doch die Sonntagswerte gewöhnlich Abweichungen, die aber nicht besonders ernst genommen, sondern rechnungsmäßig und unbefangen an die vorhergehenden und nachfolgenden angepaßt wurden.

Alle Patienten der 60-Betten-Station gehörten, wie gesagt, zur klinischen oder therapeutischen Abteilung des Armee-Ernährungsinstitutes und waren somit Versuchspersonen. Das Interesse des Labors galt ihren Ausscheidungen und ihrem Blute. Die Blutentnahmen waren Sache des Oberstleutnants Lindenbraten, der sie mit großem Aufwand und fast Chirurgencharme vornahm. Die Veränderungen der einzelnen Blut- und Harnkomponenten, die sich unter der Behandlung ergaben, wurden routinemäßig mit Labormethoden verfolgt, und jeder einzelne dieser zumeist chronisch Kranken wurde oft über Monate hin beobachtet.

Zunächst kümmerte ich mich auftragsgemäß um die Handfertigkeit der beiden Laborantinnen, deren Interesse an den alltäglich zur Untersuchung antretenden jungen Männern erheblich größer war als an dem, was sie Mann für Mann in ihren Gefäßen anlieferten. Aber sie waren gutwillig und die Kapitänin von ihrem Schreibtisch aus mit wachsamem Auge streng und mit einer Rüge zum richtigen Zeitpunkt bei der Hand. Ich lehrte sie die notwendige Genauigkeit bei der Füllung von Pipetten und der Absolvierung von Analysengängen und drang darauf, daß sie bei der Sache blieben, auch wenn sich herumsprach, daß es im Magazin Heringe gebe, und sich, wer von den Angestellten nur konnte, schleunigst auf den Weg dorthin machte.

Unübersehbar war ihre Angst vor pathologisch erhöhten oder krankhaft erniedrigten Werten, wenn sie sie zu verantworten hatten. Das von Jugend auf in jeden guten Sowjetrussen eingeimpfte Schuldgefühl erwies sich stärker als der Wahrheitsdrang. In keinem Falle wollte man bei Aufdeckung eines Fehlers als Schuldiger dastehen, und so wurden abnorme Werte in aller Naivität auf Nochnormalität reduziert oder zur Unbedenklichkeitsgrenze erhöht, wo sie dann kein besonderes Aufsehen erregten oder Nachprüfungen erforderlich machten. Die Verständigung zwischen uns blieb auf Wortbrocken, Gesten und Mimik beschränkt. Ich blickte ausdrucksvoll mahnend oder vorwurfsvoll, wenn ich sie bei einer Beschönigung oder Benutzung des "quantitativen Bleistiftes" ertappte, und sie schoben mir mit unschuldigem Evalächeln schwierige Analysen zu, die sie vorgeblich noch nicht einwandfrei verrichten konnten. Auch der Kapitänin war an einem Erfolg gelegen, mit dem sie sich selbst in ein gutes Licht rücken konnte. Als sie bemerkte, daß in die Arbeit eine gewisse Ruhe und Stetigkeit kam, war sie bestrebt, aus dem Übergangs- ein Dauerstadium, d.h. mich zum Laboranten und Helfer im allgemeinen Dienst zu machen.

Sie insistierte immer eindeutiger in dieser Richtung, bis mir eines Tages der Geduldsfaden riß, ich meine wenigen russischen Kampfworte sammelte und ihr mit zorniger Miene erklärte, ich sei kein Laborant und wolle hier einen solchen nicht abgeben. Sie reagierte auf den Ausbruch mit demonstrativer Freundlichkeit. Auch Oberstleutnant Lindenbraten trat begütigend an meinen Arbeitsplatz und erzählte, er mache hier ebenfalls wie Frau Petersilie eine Kandidatenarbeit und sei an guten Ergebnissen interessiert. Im übrigen sei er ein "Nordmann" und stamme von weit oben her aus den nördlichen Gefilden der Sowjetunion. Man muß begreifen, daß das wichtigste im Russischen, sicherlich aber im Sowjetischen, nicht direkt gesagt wird.

Glücklicherweise ließ mich Oberst Markoff wenig später rufen und eröffnete mir, der General habe auf Grund eines Kommissionsbeschlusses meine eingereichten Arbeitspläne genehmigt. Man erwarte von mir noch eine Aufstellung der benötigten Geräte und der erforderlichen Anzahl von Ratten. Dann müsse ich umgehend mit den Untersuchungen beginnen.

Die Tür zur inneren Freiheit öffnete sich um einen Spalt weiter; sie war schon zuvor aufgesprungen, als ich, dem jedes Blatt Papier vorgezählt wurde und der ich das Beschriebene abgeben mußte, bei einem meiner Forschungsgänge in der klemmenden Schublade eines abseitigen Schrankes eine etwa einen halben Meter breite Rolle rötlichen Pauspapiers, wie Architekten es benutzen, aufgestöbert, es bedenkenlos an mich genommen und in einem Winkel meiner Abstellkammer verborgen hatte. Abends, in der allgemeinen Ruhezeit, zerteilte ich es mit einem stumpfen Skalpell aus dem Labor mühsam in fünf etwa gleichbreite Rollenstücke und hatte damit Papier in vorerst ausreichender Menge. Auf Federhalter, Federn, Tinte und Bleistiftstummel achtete man weniger sorgfältig, so daß ich hiervon einen gewissen Vorrat hamstern und auf verschiedene Verstecke verteilen konnte. Kam es irgendwann zu einer Filzung, vor der man nirgends sicher war, so würde voraussichtlich nicht alles verloren gehen. Dieser gelungene "Mundraub" hob meine Zuversicht.

Ein Teil der vorgesehenen Untersuchungen ließ sich ohne Schwierigkeiten in die laufenden Analysegänge einführen und erforderte keine weiteren Aufwendungen.

Etwas Neuartiges stellten aber die Tierversuche mit Ratten dar. Ich forderte einige der allgemein üblichen Rattenkäfige an. Sie wurden nicht geliefert, sondern man meinte, ich sollte Vorschläge machen, wie ich sie mir dächte. Entsprechend würden sie in der Institutswerkstatt angefertigt werden. Flaschen von fünf oder zehn Liter Inhalt gab es in ausreichender Zahl, und so schlug ich vor, einige davon mit einem Diamanten in der Mitte zu sprengen. Den Flaschenhals könne man mit einem Korken verschließen, durch den ein Abflußröhrchen zu führen wäre. Setze man innen, wo die Verjüngung zum Halse hin beginne, ein feinmaschiges Drahtnetz ein und verschlösse die obere offene Seite ebenfalls mit einem Deckel aus dem gleichen Drahtnetz, dann habe man einen ausreichenden Käfig, wenn man diesen präparierten Flaschenteil auf einen höheren Dreifuß setze. Ich machte Zeichnungen dazu. Und wirklich erhielt ich nach einiger Zeit zehn Käfige dieser Art, die sich als brauchbar erwiesen und das vollständige Auffangen des Rattenurins gestatteten, wenn man unter das Abflußröhrchen einen Meßzylinder stellte. Mehrere schöne weiße Ratten wurden mitgeliefert und einzeln in ihr Haus gesetzt, in das sie sich bald eingewöhnten und in dem es ihnen relativ gut zu behagen schien.

Ich hatte die künstliche Erzeugung einer Nierenentzündung bei Ratten vorgeschlagen und weiterhin dargelegt, daß ich untersuchen wolle, wie sich bei diesen kranken Tieren ein unterschiedlich hoher Anteil an Kasein im Futter auswirken werde. Theoretisch mußte es ihnen um so schlechter gehen, je mehr Eiweiß sie erhielten.

Der Japaner Masugi hatte den Weg zur Erzeugung dieser Nierenkrankheit als Überempfindlichkeitsreaktion angegeben, und ich verfuhr danach. Spritzt man nämlich Kaninchen mehrmals einen Brei aus Rattennieren in die Bauchhöhle, dann entwickeln sie in ihrem Blut Gegenkörper gegen Rattennieren. Spritzt man sodann im zweiten Zuge das von derart vorbehandelten Kaninchen gewonnene Blutserum wiederum in Rattenvenen, dann werden die so behandelten Tiere nierenkrank.

Man lieferte mir für diese Vorarbeit zwei zusätzliche Ratten und zwei Kaninchen, die ich in Abständen entsprechend behandelte. Die Kaninchen, unter einem Labortisch in einer Kiste untergebracht, wurden alsbald zum Gegenstand allgemeiner Zärtlichkeit, lebten aber leider nur so lange, bis sie ihr Blut hergeben konnten. Dann erlagen sie, weil ich nicht alle für eine völlige Sterilität erforderlichen Kautelen anwenden konnte, einer Bauchfellentzündung. Zum Beweis, daß sie tot waren und dem vorgesehenen Zweck gedient hatten, mußten Ohren und Hinterläufe an die Verwaltung zurückgegeben werden.

Die Tierpflege oblag verständlicherweise, da ein Laborant für die Abteilung nicht vorgesehen war und die Mädchen sich vor der Schmutzarbeit ekelten, mir als dem Experimentator. Sie bot mir nun die Möglichkeit, meinen Freiheitsraum wiederum ein wenig auszudehnen und die Tür der Eigenverfügbarkeit noch ein wenig weiter zu öffnen. Zwar pochte ich zunächst vergeblich darauf, daß Tierpflege keine Dienststunden kenne und ich deshalb über den Laborschlüssel verfügen müsse, um frühmorgens und spät abends nach den Ratten sehen zu können. Der Deutsche zu ungewohnter Stunde allein bei der Arbeit – dies erschien den Verantwortlichen zu gefährlich. Wollte ich mir etwas antun oder gar Gifte an mich nehmen und Morde auf der Station vollbringen?

Das Mißtrauen überwog, und ich konnte mich nicht durchsetzen, bis mir die Tiere selbst zu Hilfe kamen. Beim Betreten des Labors fanden wir nämlich eines Morgens die Urinsammelröhrchen umgestoßen und ausgelaufen, unsere Ratten in den Käfigen unruhig und bei der Fütterung aggressiv. Kotballen lagen in der Nähe herum, und es war augenscheinlich, daß Störenfriede, welche den domestizierten und degenerierten Artverwandten nicht zugetan waren oder sie in Liebe begehrten, nächtens bemüht gewesen waren, sich an sie heranzumachen. Damit war die Durchführbarkeit der Arbeit in Frage gestellt, und man überließ mir unter wiederholter Betonung, daß man mir ungewöhnliches Vertrauen erweise, den Schlüssel auf Probe, damit ich nachts kontrollieren könne.

Gegen 11 Uhr raffte ich mich dann auch auf, tastete mich über den dunklen Flur zum Labor hinüber, schloß leise die Tür auf, griff durch einen Spalt blitzschnell zum Schalter und sah die Wilden vor den Zahmen. Kleinere graubraune Ratten verschwanden blitzschnell, doch ein großer Bock – einer von denen, vor welchen selbst altgediente Kater Respekt haben – war mit den hinter Glas agierenden weißen Genossen allzusehr beschäftigt, als daß er sie schon verlassen wollte. Er dachte auch nicht einmal an Flucht, sondern wandte sich fauchend gegen mich, ehe er vom Regal mit den Käfigen sprang. Auch heute hatte er unter Gläsern und Röhrchen bereits Unheil angerichtet und sie reihenweise beiseite geräumt. Als er auf den Boden sprang, pfiffen die zurückbleibenden Tiere ängstlich oder erfreut. Ich vermochte ihre Empfindungen nicht auszumachen, sondern vertrieb den Feind mit Stampfen und Schimpfen, das sicherlich ziemlich erschrocken klang.

Mein Bericht hierüber bewirkte, daß ich mich auch weiterhin auf Lauer legen und eine mit einem Stückchen Speck bewehrte Rattenfalle plazieren durfte. Fallen gab es genug im Hospital. Schon die nächste nächtliche Inspektion zeitigte einen Erfolg. Der große Rattenbock lag halb betäubt auf dem Boden neben einer Blutlache; die Falle hatte ihm beim Zuschlagen den Kiefer zerschlagen. Er schniefte stark, während meine zehn Versuchstiere, die noch nicht krank waren und es noch nicht sein konnten, in den Flaschenkäfigen hin und her, hinauf und herunter sausten. Die Ratte versuchte mich anzugreifen. Vor einem Besen, der ihm mehr ängstlich als mutig entgegengestreckt wurde, verließ ihn jedoch die Lust dazu, und er entfloh. Ehemals großdeutsche Nachttische und Besenschränke, die hier mit Gläsern und Reagenzien gefüllt waren, schützten ihn nur kurz. Mit wachsendem Jagdeifer, aber auch immer kurzatmiger werdend, stocherte ich ihn aus seinen Schlupfwinkeln heraus, bis ich ihn schließlich zwischen Tisch und Stuhl mit einem Kantenschlag erledigen konnte. So war ich wirklich zu einem Labormörder geworden, und Wilhelm Busch hätte seine Freude daran gehabt.

Die Demonstration des Blutflecks und der Strecke bekräftigten meine erste Angabe, und man überließ mir die Verfügungsgewalt über Schlüssel und Labor zunächst für einige Tage, dann aus Nachlässigkeit oder Vergeßlichkeit, wie das so häufig ist, für immer. Erst an den Volksfeiertagen des 1. Mai und der großen Oktoberrevolution erinnerte man sich wieder. Denn dann wird in der ganzen Sowjetunion und natürlich mit besonderer Sorgfalt dort, wo potentielle Verbrecher als Arbeiter gehalten werden, alles Scharfe, Spitzige, Schneidende und Giftige unter besonderen Verschluß gebracht und plombiert, damit niemand an sich oder andere Hand anlegen kann. Man läßt es, um solches zu verhüten, nicht an Sorgfalt fehlen.

Aber da hatte man sich schon so sehr an den Schlüssel in meiner Hand gewöhnt, daß man ihn mir ohne Umstände nach den Festtagen wieder aushändigte.

Seitdem hielt ich mich mit Ausnahme der Nachmittagsstunde, während der ich im Garten lustwandelte, von 8 Uhr morgens bis abends im Labor auf, saß zum und nach dem Abendessen in meiner Kammer und machte nachts, drüben, nochmals einen Abschreckungsversuch.

Dabei drang ich immer tiefer in die Geheimnisse einer Forschungsstätte ein, die sich wesentlich von der aus der Heimat bekannten unterschied.

Schon das Beibringen der benötigten Chemikalien verlief nicht ohne Schwierigkeiten oder vielmehr unter Ablauf eines bestimmten Rituals, für dessen Gestaltung und Durchführung die Laborantin Tamara zuständig war, während Kapitänin Petersilie beim Erscheinen des alten, die Gläser, Tüten und Flaschen anliefernden Petrow stets mit ihren Papieren und Büchern so sehr beschäftigt war, daß sie nichts andrem Aufmerksamkeit schenken und also für etwaige kleine Unregelmäßigkeiten nicht verantwortlich gemacht werden konnte. Es war nämlich dringend erforderlich, Petrow, damit er auch in der folgenden Woche wiederum anliefere, bei guter Laune zu halten, ober besser, ihn in eine solche zu versetzen. Deshalb griff Tamara jedes Mal, wenn er erschien, gastlich lächelnd zu der Flasche, in der er den mit Methylenblau denaturierten Spülalkohol brachte, und füllte ein Viertelliter-Becherglas halbvoll. Herr Petrow knurrte Zufriedenheit, schritt zum Wasserhahn, ließ das Glas vollaufen und leerte es in einem Zuge. Mit einem fröhlichen "Doswidania" verabschiedete er sich, und die nächste Chemikalienernte war wieder einmal gesichert. Die Beobachtung, daß in der humanen Sowjetunion, das Triebe und Bedürfnisse seiner neuen Menschen kennt und versteht, Alkoholvergällung lediglich mit einem Urin verfärbenden, ansonsten unschädlichen Farbstoff vorgenommen wird, war schon eindrucksvoll; denn im von Monopolen beherrschten Deutschland verwendet man zu dem gleichen, Alkohol verbilligenden Zweck schlechtschmeckende und sogar gesundheitsschädliche Ingredienzen, die den Genuß an einem hochprozentigen Destillat realiter verekeln. Die sonstigen angebrachten Chemikalien selbst stammten zum wesentlichen Teil aus unserem Westen, hatten unter langem Transport und ungeeigneter Lagerung oftmals erheblich gelitten, erwiesen sich jedoch, da es nichts Besseres gab, semiquantitativ verwendbar. Ansonsten herrschte genaueste Genauigkeit. Trat Frau Petersilie einen Urlaub an, so übergab sie Tagszuvor Herrn Lindenbraten mit hingebungsvoller Gründlichkeit Stück um Stück des Inventars, Glas um Glas, Stativ um Stativ, Klemmer um Klammer. Nach Urlaubsende wiederholte sich das Spiel als Rückübergabe. So vergingen unter Beteiligung der ganzen Belegschaft zwei Tage mit ernsthaftem Zählen und Notieren.

Einmal jährlich erfolgte, wie in der ganzen zivilisierten Welt üblich, Generalinventur. Hier war sie jedoch feiner konstituiert und erstreckte sich nicht nur auf die vorhandenen, sondern auch auf die gewesenen Bestände, indem der Nachweis erbracht werden mußte, daß alle als zerbrochen gemeldeten Gefäße auch wirklich zerbrochen waren. Bruch ist in einem Labor etwas Unvermeidliches, weniger eingeführt ist die Scherbensammlerei. Sie erfolgte in einer Kiste unter dem Abzug, in die alle anfallenden Scherben nach Möglichkeit so versenkt wurden, daß sie sich mit ihrem Gegenpart wieder zu einem Ganzen zusammenfügen ließen. Rand mußte zu Rand passen. Gegen Jahresende erschien dann ein Oberstapotheker nebst Gehilfen und rekonstruierte den Abfall. Was sich einigermaßen als zerbrochen nachweisen ließ, ging zu Lasten des allgemeinen Laboretats; spurlos Verschwundenes mußte derjenige bezahlen, der sich zuletzt mit ihm beschäftigt hatte. Vertrauen ist gut, Kontrolle ist besser!

Leben jedoch ist auch in Scherbenhaufen möglich, und so verteidigte bei einer dieser Inventuraufnahmen ein Rattenpaar mit Heftigkeit sein Nest, das es sich ausgerechnet in dieser Kiste eingerichtet hatte. Frau Petersilie war beschämt. Ich dachte ohne Spott, daß ein jedes Volk sich selbst gemäß leben und arbeiten müsse, und paßte mich dem Reglement an. Es störte mich nicht.

Die beiden jungen Laborantinnen, Mädchen offenbar ohne heraushebenden militärischen Rang, verrichteten die tägliche Arbeit mit atheistischem Leichtsinn, sofern es einen solchen überhaupt gibt, und ohne tieferes Interesse, weshalb sie, wie bereits gesagt, durchweg normale Analysenwerte produzierten, die ihre Arbeit nicht auffallen ließen. Sie waren wie Milch und Blut, freilich, wie mir erst geraume Zeit später aufging, mehr wie Fleisch und Blut – und als Wesen solcher Art bemächtigten sie sich des Labors zeitweise auch nach Dienstschluß. Als ich nämlich eines warmen Sommertages spätnachmittags hinein wollte, hinderte mich ein kranker, aber frohgestimmter Soldat, der als Posten auf dem Sofa neben der Tür saß, daran; lachend wies er mich ab: "Njemetz, njet – Tamara!" Dabei schlug er mit der flachen Linken mehrmals auf dem zu einem Kreis gekrümmten rechten Daumen und Zeigefinger. Dieses Verkehrszeichen ist international verständlich. Er strahlte auch derart sinnenfroh, daß ich schließen konnte, er würde seinen Posten in Bälde mit dem Platz seines bereits in Aktion befindlichen Vorgängers tauschen. Ich wünschte erheitert "wse karacho", machte noch einen Spaziergang zu meiner Schanze, verfolgte auf der Ausfallstraße aus der Stadt zur Rechten eine Autokolonne und fand dann später den Weg zum Labor frei.

Von größerem Gewicht als jene Nebentätigkeit war die der Ärzte, die, wie ebenfalls bereits erwähnt, an ihren Kandidaten-Arbeiten saßen. Hierzu sei bemerkt, daß Kandidaten-Arbeiten etwa deutschen Doktorarbeiten entsprechen, während russische Doktorarbeiten etwa deutschen Habilitationsarbeiten gleichzustellen sind. Jedweder, der sich um einen akademischen Grad bemühte, hatte einen präzisen und speziellen Arbeitsplan einzureichen, in welchem, abgesehen von der genau umschriebenen Thematik, die voraussichtliche Dauer der Untersuchungen, der Bedarf an Geräten und Apparaturen, eine Übersicht über die anfallenden Kosten und der Zeitpunkt des schriftlichen Abschlusses anzugeben war.

Jeder hatte sich dieser ersten Aufgabe, wie ich verfolgen konnte, mit großer und langanhaltender Sorgfalt unterzogen; denn sie kam dem allgemein erkennbaren Hang, möglichst viel Zeit am Schreibtisch zu verbringen, sehr genau entgegen. Man machte Zeichnungen der Apparaturen, Schemata des vorgesehenen Arbeitsganges, wälzte zahlreiche Bücher, diskutierte den Text, der schließlich säuberlich niedergeschrieben und, zu einem Opusculum gebunden dem Institutsdirektor übergeben wurde. An welche Kommission dieser das Werk schließlich weiterleitete, war nicht zu eruieren. Offenbar gab es in einer Akademie oder in einem Ministerium eine Planungsabteilung, welche Perspektivpläne für die einzelnen Fachgebiete erstellt hatte und die von der Peripherie aus eingehenden Arbeitsvorschläge jeweils nach diesen auf ihre Eignung hin beurteilte. Der Weg von Alpha nach Omega war anscheinend lang, verlief nicht immer geradlinig und mündete nicht selten in eine Sackgasse, was besagt, daß die eingelaufenen Vorschläge abgelehnt wurden oder umgearbeitet werden mußten. War jedoch Billigung erfolgt, dann stand wenigstens in diesem Institut, das Ernährungsprobleme zu behandeln hatte, vor dem Arbeitsbeginn das Gerangel um Geräte, Chemikalien und geeignete Patienten. War auch dieses durchgestanden, dann war bei der Bearbeitung strengste Observanz nötig, mit anderen Worten, der wissenschaftliche Bearbeiter durfte keinen Fingerbreit von dem Pfade abweichen, den er selbst vorgezeichnet hatte. Mir wollte dies nicht einleuchten; kam es einmal zu einem Gespräch über die Arbeiten, die freilich weitgehend als Geheimsache galten, dann argumentierte ich, man müsse doch einer sich plötzlich auftuenden Goldader nachgehen und in einem solchen Falle auch vom Plan abweichen können. Dieser Gedanke wurde jedoch erschrocken abgelehnt; zunächst komme die Planerfüllung, und neue Probleme, die sich während der Arbeit ergäben, erforderten eben neue Vorlagen und deren Genehmigung.

Anstehende Arbeitsvorhaben liegen gesammelt beim Direktor und können vorgewiesen werden, wenn es, wie oft genug, um die Frage der wissenschaftlichen Produktivität einer Abteilung geht. Mit der handwerklichen Bearbeitung eines Projektes hat es aber, wie bereits angedeutet, seine Schwierigkeit; sie steht hinter der theoretischen weit zurück. Soweit ich ermitteln konnte, waren von den 24 zur Zeit meiner Tätigkeit im Institut genehmigt vorliegenden Anträgen drei erst wirklich in Angriff genommen, die anderen aber aus Materialmangel, oder weil sich die zuständigen Projektväter lieber dem Literaturstudium als der analytischen Manufaktur hingaben, noch gar nicht in Gang gebracht worden.

Die Tätigkeit mit der Feder wurde der am Labortisch oder im Experimentierraum ganz erheblich vorgezogen; so erschien der Nordmann Lindenbraten täglich nur für etwa eine Stunde, machte Blutentnahmen, unterhielt sich jovial mit den Angestellten, schaute auch mir freundlich eine

Weile lang zu und verschwand dann zur Literaturarbeit. Ähnlich verhielt sich Frau Petersilie, der bei ihrer Niederschrift von Literaturauszügen bereits die Nachbarschaft der Laborantinnen genügte.

Für mich Außenstehenden war es eine ungewöhnliche Beobachtung zu verfolgen, wie sich die Wissenschaftskollegen mit ungeheurem Interesse jeder neuen Fragestellung zuwandten, sie ausgiebig diskutierten und einen Soll- und Mußplan festlegten. War die Sache bis hierhin gediehen, dann hatte sie schon an Interesse verloren, und ein noch erfolgversprechenderes Neues wurde mit Lebhaftigkeit ans Tageslicht gehoben, um den gleichen Weg zu nehmen. Die häufigen und unvermuteten Kontrollen dienten also offenbar dem Zweck zu verhüten, daß allzuviel lediglich zerredet und praktisch nicht in Angriff genommen wurde.

Lediglich die junge wratscha (Ärztin) Lisawetta Kuranowa war eifrig mit eigenen Analysen beschäftigt und erinnerte mich an eigene Doktorandinnen. Offenbar ohne die Vorrechte und Vergünstigungen eines militärischen Ranges, war sie schmal, blaß und sichtlich ausgehungert. Ich war ihr manchmal behilflich, und sie legte mir gelegentlich ein Stück Brot verstohlen auf den Platz, was mich beschämte, das ich jedoch nicht zurückweisen durfte. Sie verschwand nach einigen Monaten, weil sich ihre Hoffnung, mit ihrem Mann zusammen in Moskau arbeiten zu dürfen, nicht erfüllte. Junge Akademikerpaare hatten sich in der Provinz zu bewähren.

Was den Russen billig war, schien auch mir recht; ich entdeckte, daß auch ich mehr Literaturlücken als Stellplätze für spezielles Wissen hatte, und gab dies zu erkennen.

Erstaunlicherweise zeigte man dafür Verständnis. Und dieses führte dazu, daß eines Tages eine junge Ärztin in Uniform mit einem Koppel um die Taille, an dem sie in einer Tasche eine große Pistole trug, erschien. Sie forderte mich auf, mich ausgehfertig zu machen und mitzukommen. In aller Eile zog ich im Vorraum alles Erforderliche über meinen Pyjama und marschierte mit ihr los. Nach umfänglicher Prüfung der Legitimation wurden wir aus dem Hospitalbereich entlassen und gingen auf der vom Park aus oftmals beobachteten Chaussee in die Stadt hinein.

Frühherbst. Draußen verlegten die Frauen einer Arbeitskolonne Straßenbahnschienen und schleppten schwer, während der Brigadier am Straßenrande sitzend seine Papirossy rauchte und sich mit ihrer Arbeit unzufrieden zeigte.

Lastkraftwagen fuhren dicht an dicht vorüber und hinterließen ihren charakteristischen Geruch; sie wirbelten Staubwolken auf, die sich auf das

Grün der kleinen Anlage, die mir bereits bei meiner Ankunft aufgefallen war, niedersetzten. Das gleiche Bild wie damals, arbeitende Kirche, spielende Kinder, behütende Babuschkas. Alles flimmerte. Wir gingen zwischen ihnen hindurch, bogen in eine ruhige Nebenstraße ein und waren nach einigen Minuten am Ziel.

Vor einem großen Patrizierhaus faßte sie mich am Arm und sagte: "Stoi, Institut". Wir standen vor dem Hauptinstitut für Ernährung der Roten Armee. Auch hier Wachposten am Eingang und sorgfältige Kontrolle des von der Ärztin vorgewiesenen Papiers. Drinnen war es dunkel und kühl; hinter meiner Führerin stieg ich eine geschwungene Treppe bis zum ersten Stock hinauf. Die Bücherei, die wir betraten, erstreckte sich über mehrere Räume.

Die Ärztin spreizte vier Finger; so viele Stunden könne ich hier arbeiten, dann würde sie mich wieder abholen, brachte sie damit zum Ausdruck. Sie ging und schloß mich von außen ein. Kein sonstiger Benutzer außer mir. Ich schaute mich glücklich um. Etwas Selbstverständliches wurde zum Erlebnis. Wiederum hatte ich Freiheit dazugewonnen.

Schwarze Buchrücken in braunen Regalen ließen die Räume auch in der Mittagsstunde würdig-dunkel erscheinen. Ich orientierte mich, ging an den Reihen entlang, reckte mich, bückte mich und strich mit dem Zeigefinger über die goldgedruckten Titel. Neben den in Raummitte stehenden Arbeitstischen lagen in Fächern die neuesten Hefte russischer Zeitungen, auf Kriegspapier gedruckt, aus. Ich bemühte mich um Entzifferung der Titel, aber russische Literatur, die die Vorderräume füllte, war nicht das, was ich suchte. Abseits in einem Nachbarzimmer stand die englisch-amerikanische Ernährungsliteratur der vergangenen fünf Jahre, ganz offensichtlich im Rahmen des Pacht- und Leihvertrages zwischen den Alliierten zur Verfügung gestellt. Stöbernd griff ich nach einigen Bänden, aber mir stand der Sinn nach Vertrauterem. Ich sah die Treppe, die zur Empore im größten Raum führte, und stieg hinauf. Alte, überlebte Bücher, dann jedoch in einem Winkel breit und hoch gestapelt und nur erst zum Teil geordnet, endlich deutsche Bücher und Zeitschriften: Die "Biochemische" der Hoppe-Seyler, Pflügers Archiv. Die großen Standardwerke: der Bethe-Bergmann mit seinen mehr als zwanzig Bänden mit den charakteristischen Lederrücken, die Handbücher der Anatomie mit den klassischen Beiträgen über die tierische Zelle. Daneben ein unordentlicher Berg von Lehrbüchern, Monographien, Broschüren. Fundgrube für einen armen Mann.

Ich hockte mich nieder, griff nach diesem und jenem, schlug die Seiten hier auf und dort. Ich konnte vor Freude gar nicht systematisch suchen, sondern war benommen oder vielmehr vor so viel hochprozentiger Heimat wie im Rausch. Anscheinend war ein großer Bücherschub auf einmal hier angebracht; denn noch waren die Herkunftssignen nicht entfernt worden. Da stand:

"Universität Breslau" – "Physiologisches Institut Wien" – "Institute der Hochschulen zu Danzig und Posen". Gerettetes und wenigstens an eine geeignete Stelle verbrachtes Beutegut. Die Bücher waren Gefangene gleich mir; das rührte mich an. Ich machte mich daran, in den Buchberg wenigstens so etwas wie eine gewisse Ordnung zu bringen. Aber ich hielt es nicht durch und las mich fest. Einige Werke, die mir wichtig waren, legte ich beiseite und hoffte, sie mit hinüber nehmen zu können. Mit Erstaunen betrachtete ich ein eignes Buch, das sich als Fremdling so weit in den Osten verirrt hatte, und mit Verwirrung einen Bericht über die Behring-Feier 1940 in Marburg, das ich noch nicht gesehen hatte.

Unter den Bildern der Teilnehmer fand ich auch das des Vaters.

Die Stunden vergingen über dem Greifen und Betrachten im Fluge. Als die Tür aufgeschlossen und ich zu der erst jetzt in Erscheinung tretenden Bibliothekarin geführt wurde, trug ich unter beiden Armen, kaum daß ich sie halten konnte, die Bücher, die ich mir zum Studium ausgesucht hatte – die wenigsten handelten von der Ernährung. Man überließ sie mir für einige Wochen. Der Rückweg mit dieser Last strengte mich außerordentlich an– aber ich fühlte mich glücklich.

Von da an wiederholte sich der Ausflug an der Seite der großen, blonden und bewaffneten Ärztin alle fünf bis sechs Wochen. Die Bibliothek kannte ich schließlich in ihrem außerrussischen Teil ganz genau; niemals gelang es mir jedoch, einen Einblick in das Institutsleben zu nehmen, das sich in diesem und den Nachbargebäuden, wo sich die sonstigen experimentellen Abteilungen und die Leitungen befanden, abspielte. Die Posten ließen mich und meine Begleiterin zwar immer ein, aber einmal drinnen, mußte ich direkt und ohne Abweichung in die Bibliothek, in der ich jedesmal eingeschlossen wurde und niemals andere Benutzer vorfand. Bald hatte sich herumgesprochen, daß ich viele Bücher las, und so nahm mich Kapitänin Petersilie in einer ihrer weichen Stunden einmal auch in die Krankenbücherei des Hospitals mit. Diese war in vielen Landessprachen reichhaltig ausgestattet und es war natürlich, daß man auch eine große Anzahl kostenlos eingekaufter deutscher Bücher vorrätig hatte. Diese freuten sich auf einen Leser, und ein mitleidiger Bibliothekar ließ mich Einsicht nehmen. Ich war begeistert, als ich auf die Musikbibliothek des Billroth-Schülers und vormaligen Breslauer Chirurgen von Mickulicz-Radetzki stieß. Der ganze berühmte Wiener Musikerkreis aus der Zeit von 1850 bis 1900 war mit seinen Büchern, Tagebüchern, Briefen und Kritiken vertreten. Ich begann bei Robert und Clara Schumann zu lesen und hörte mit Billroth, Brahms und Hanslick auf. Die Stunden, in denen ich spätabends fast tödlich ermüdet auf meinem Bettgestell lag, erhielten Erfüllung.

Inzwischen zeitigten meine Untersuchungen ihre ersten Ergebnisse. Die Ratten bekamen, wie erwartet, ihre Nierenschädigung, und es konnte deutlich gemacht werden, daß diese um so schwerer war, je höher der Eiweiß-Kaseingehalt ihres Futters war. Bei einem Minimum zeigten sie sich kaum krank, bei einem Maximum war der Harn stark blutig, und die Tiere starben binnen weniger Tage. Dies bestätigte die medizinische Lehrmeinung, daß man Kranken mit Nierenentzündung Eiweiß nur sparsam zuführen dürfe.

Die Untersuchungen an den unterschiedlich ernährten Gruppen von Patienten zogen sich indessen über Monate hin; hier konnte man erst nach Abschluß der Behandlung und nach Zusammenstellung fast unübersehbar vieler Analysenwerte zu der angestrebten Erkenntnis kommen.

Infolge der Beschäftigung mit den kranken Soldaten entstanden einige Beziehungen, die mir in Erinnerung blieben. So diejenige zu einem jungen jüdischen Unterleutnant, der sich als schwärmerischer Verehrer Deutschlands auswies und bat, ich solle ihm eine Bibel geben. Natürlich hatte ich keine, worauf er mir erklärte, er habe bei seinem Einsatz in Königsberg viele Bibeln gesammelt und nach Rußland heimgebracht. Er sprach mich stets als "gnädiger Herr" an, und als ich lächelnd meinte, eine solche Anrede sei in Deutschland nicht gebräuchlich und er solle sie nicht verwenden, entgegnete er, er habe sie aber doch in Moskau von seiner Sprachlehrerin, einer sehr alten Frau Lieven, gelernt. Ich dachte bei mir, es könne sich bei ihr vielleicht um ein Mitglied der alten baltischen Fürstenfamilie gehandelt haben. Als der junge Offizier bat, ich möge ihm doch etwas von Deutschland erzählen, erklärte ich mich dazu bereit. Doch es kam nicht dazu. Als wir beide in meiner Abstellkammer nebeneinander hockten, wurde die Tür aufgerissen, und mit zwei anderen Uniformierten erschien die Oberschwester, beschimpfte den jungen Mann gestenreich und befahl ihm, zu verschwinden und den beiden zu folgen. Er tauchte nicht wieder auf. Von da an wußte ich, wer hier das Sagen und auf der Abteilung für die Reinheit der kommunistischen Lehre zu sorgen hatte.

Ähnliches wiederholte sich, jedoch unter einem anderen Vorzeichen, als mich ein Oberstleutnant mit freundlichen Worten in sein Zimmer bat. Er meinte es offenbar gut, als er mich aufforderte, seine nur halbverzehrte

Mahlzeit aufzuessen, und verstand meine Weigerung nicht. Mit einem abrupten Übergang von Freundlichkeit zu Wut spuckte er plötzlich vor mir auf den Boden, stampfte auf den Speichel und begann laut zu zetern: "Ephraei, Ephraei – kaputt, kaputt!" Mehr verstand ich von seinem Schreien nicht, aber wiederum war die Oberschwester schnell zur Stelle, griff den Wütenden, warf ihn aufs Bett und brachte ihn mit lauten Worten zur Ruhe. Dann riß sie mich mit sich – ich solle in mein Zimmer, sofort. Ich ging.

Meine Tätigkeit war auf das Laboratorium beschränkt. Man sah es ungern, wenn ich über die ganze Station oder gar in eine Krankenstube ging, und ich hielt mich daran. Eines Tages nun fiel mir auf, daß sich einige Namen auf den Uringläsern auffallend deutsch ausnahmen – kyrillische Schrift hin, kyrillische Schrift her. Ich hörte mich in aller Unschuld um und bekam schließlich heraus, daß sich abseits der Russenstation noch ein einzelnes Krankenzimmer befand und daß darin sieben deutsche Kriegsgefangene lagen. Sie waren hochgradig unterernährt aus einem Moskauer Arbeitslager hierher gebracht worden, und es sollte an ihnen untersucht werden, wie sich ihr Stoffwechsel bei der Wiederauffütterung verhielt – eine Fragestellung, die in den Arbeitsbereich des Institutes fiel. Eine Verbindung zu ihnen konnte aber erst in der letzten Woche des Jahres 1946 hergestellt werden. Dies war einer rätselhaften Krankheitswelle zu verdanken; denn gerade in den Tagen, in denen alle Welt Weihnachten feiert, erkrankten auffällig viele Schwestern, Putzfrauen und Ärzte des sowjetischen Personals und mußten einige Tage dem Dienst fernbleiben. Das Defizit verschlechterte zwar die Betreuung und Beobachtung der Patienten, ermöglichte aber die Kommunikation zwischen uns Deutschen.

Eines Abends kam in der Dunkelheit ein Dystrophiker zu mir geschlichen und bat, ich möge ihm und den anderen Kameraden auf der Stube eine elektrische Kochplatte besorgen, wie sie im Laboratorium doch sicherlich vorhanden sei. Sie wollten etwas kochen. Ich holte sie, schlich meinerseits durch die Nachtstille an den geschlossenen Türen der Stuben vorbei dorthin, wo ich bei schwachem Licht die Sieben beisammen fand. Sie saßen auf einem Bettgestell eng nebeneinander und hatten einen großen grauen Kater zwischen sich. Sie streichelten ihn, und er ließ es sich schnurrend gefallen.

Das Kaseinpulver, das sie täglich als Medizin erhielten, sei ihnen zum Erbrechen zuwider, sagte einer, und ich konnte dies verstehen. Lautlos verschwand ich und drückte mich an der Wand entlang weg und in meine Kammer, wo ich mich in eines meiner Bücher versenkte, ohne ihm aber irgendwelche Aufmerksamkeit schenken zu können; denn es war leicht zu erraten, was die Kameraden drüben inzwischen trieben. Die Kochplatte war keine der heißesten, und so währte es geraume Zeit, bis mich Schwaden eines süßlichen Geruches beunruhigten. Ich hatte Angst, spitzte die Ohren und erwartete, daß die Nachtschwester oder ein zur Toilette wandelnder Patient den ungewohnten Geruch schnüffelnd auffinge und Alarm schlüge. Aber nichts dergleichen geschah, obgleich der Geruch sich verdichtete und im Raume hängen blieb.

Lange nach Mitternacht, ich konnte bei Gott nicht schlafen, strebte ich auf leisen Sohlen wieder hinüber und fand die Mannschaft gesättigt und bei bestem Wohlbefinden. Für mich hatten sie das Stück eines Oberschenkels aufgehoben, aber ich lehnte ab. "Katzein ist besser als Kasein, auch ohne Salz", sagte ein Bebrillter.

Die Anziehungskraft unserer deutschen Männer auf das Tier blieb mir ebenso unerklärlich wie die Herkunft ihres Kochtopfs. Erleichtert nahm ich die Platte an mich und erhielt als Zugabe die abgenagten, warmen Knochen, säuberlich in das Fell verpackt. Dann verschwand ich lautlos, stellte das Gerät an seinem Platz im Labor und versenkte das Knochenbündel tief in einem großen Faß, das einer anderen Station als Abfallgrube diente. Das Verschwinden des allgemein bekannten Magazinkaters wurde niemals geklärt, aber von der Besitzerin nur langsam verschmerzt.

Die Stickstoffausscheidung im Harn der Sieben veränderte sich nur in geringem Maße; denn sie konnten während einiger Tage auf das Kaseinpräparat verzichten und es in die Wasserleitung spülen, aber aus Vorsicht egalisierte und schönte ich die Werte ein wenig. – Forschen ist gut, helfen ist besser.

Dies war das einzige Mal, daß ich mit ihnen in Verbindung hatte treten können. Nach und nach verschwanden ihre Namen von den Urinflaschen. Sie waren einer nach dem anderen in dem Maße, wie sich ihr Zustand besserte, in ihr Lager zurückgebracht worden.

Einige Monate später, im Frühjahr 1947, kam ein Arbeitskommando von etwa hundert deutschen Kriegsgefangenen in das Hospital; es wurde in einem Erdbunker nahe der Apotheke untergebracht, und es ergab sich für mich zum ersten Male wieder die Möglichkeit zu einem engeren Kontakt mit Landsleuten, auch wenn dieser immer nur verstohlen erfolgen konnte.

Die Männer sollten Renovierungsarbeiten in großem Maßstab vornehmen, und ihre erste Aufgabe bestand in der Entfernung der Tarnfarbe von der Fassade des Hospitals. Da standen sie nun auf langen Holzleitern mit dem Sandstrahlgebläse in der Hand, und langsam erschien unter dem häßlichen

Graugrün das ursprüngliche Sandsteinkolorit. Die Kranken standen unten und schauten zu, wie oben der Sandstrahl gegen das Mauerwerk sprühte und den Mann mit der Pistole einnebelte, bis er nicht mehr atmen konnte und abgelöst wurde. Stück um Stück wurde gereinigt, und die Fassade erhielt dadurch einen festlichen, fast heiteren Charakter.– Aber alle Kameraden waren ausgehungert, eine ganze Anzahl lag arbeitsunfähig krank mit Ödemen auf der Pritsche im Bunker, der lediglich eine Erderhebung darstellte und keine Fenster hatte. Bald stahl ich mich fast täglich zu ihnen hinein; zwar konnte ich ihnen das wichtigste Medikament, eine zusätzliche Verköstigung, nicht besorgen, aber einige Erleichterung bringen, wenn es mir gelang, Arzneimittel aus Stationsbeständen zu stibitzen. Auch konnte ich die behandelnde russische Ärztin, die sich gewissenhaft um die Kranken dieses kleinen Lagers bemühte, veranlassen, aus einer Apotheke in Moskau für einen Herzkranken bestimmte Medikamente zu besorgen, die einen guten Erfolg zeitigten und den Eifer der Ärztin dadurch verdoppelten. Die Gefangenen bewegten sich bald ziemlich frei innerhalb des Hospitalgeländes und verrichteten manche zusätzlichen Hilfsarbeiten. Bald hatten sie auch ein Tauschmittel gefunden, mit dem sie ihre Verpflegung erheblich verbessern konnten. Im Dachstuhl stießen sie nämlich auf eine Unmenge von Balken, die offensichtlich keinerlei statische Funktion ausübten. Mit Vor- und Umsicht wurden im Verlaufe von Wochen erhebliche Mengen herausgesägt und zu handlichen Brennholzscheiten verarbeitet. Mit einem Bündel in der Hand wanderten die Tüchtigen sodann zu den Stationsküchen, die einen eignen Eingang hatten, und verhökerten die hochbegehrte Mangelware gegen Essensreste an Köchinnen und Putzfrauen. An der Bedachung zeigte sich kein Schaden; die Zimmerleute Peters des Großen hatten überdurchschnittlich viele Verstrebungen angebracht.

Auch ich hatte von dieser Verbindung Vorteile, die für mich von großer Bedeutung waren. Zunächst nämlich fertigten Tischler, die in einer provisorischen Werkstatt mit der Renovierung von Möbeln beschäftigt wurden, einen Holzkoffer mit doppeltem Boden für mich an. Er war braun angestrichen, hatte einen Griff aus starkem Draht, war verschließbar und hatte zwei Bodenplatten, zwischen denen ein Hohlraum von etwa vier bis fünf Zentimeter Tiefe lag. Das untere Brett konnte man hinaus- und hineinschieben, was mit Vorsicht und langsam geschehen mußte. Nun hatte ich für meine Aufzeichnungen einen einigermaßen sicheren Platz. Dieser Koffer begleitete mich durch alle Fährnisse der Gefangenschaft und spätere Gefängnisaufenthalte. Selbst von erfahrenen Filzern wurde sein Geheimnis nicht entdeckt.

Meine Sorge galt, wie man sieht, der Sicherstellung der Niederschriften, die ich damals anzufertigen begann und die im Laufe der im Hospital verbrachten Monate einen erheblichen Umfang annahmen. Ehe ich den Koffer besaß, lebte ich in ständiger Furcht, bei einer immer möglichen und zu erwartenden Durchsuchung meines Raumes würden die im Bett und in einigen Ecken versteckten Schriftsachen gefunden und weggenommen werden. Nach einem erneuten Fund von Schreibpapier schrieb ich deshalb das bisher Verfaßte nochmals ab, band das Duplikat zu einem Konvolut zusammen und gab dieses einem Kameraden mit, dessen Brigade außerhalb des Hospitals beim Hausbau eingesetzt wurde. Er versprach, es irgendwo unterzubringen und es mir zurückzugeben, sobald ich es wieder haben wolle.

Aber wie in der Sowjetunion das Schicksal zu spielen pflegt: Von einem Tag zum anderen wurde das Außenkommando abgezogen. Seitdem ruht im 7. Stockwerk eines Moskauer Hochhauses irgendwo in einem Heizungsschacht ein Bündel von Schriften, wenn es nicht inzwischen dem Feuer oder Wasser zum Opfer fiel.

Wir blieben bis zum Herbst 1947 zusammen, dann begann wieder einmal der große Umbruch; einige Kränkere kamen in einen Heimattransport, die Mehrzahl in die Kohlenbergwerke des Donezbeckens. Der Kommandoälteste, ein junger Leutnant, kehrte Ende des Jahres heim und übermittelte meinen Eltern die ersten Grüße, die sie seit 1945 erhielten; ja er schickte in seinem Brief sogar einige Zettel mit, auf die ich einige Ergebnisse meiner Eigenuntersuchungen niedergeschrieben hatte. Damals war die geringe Habe der zumeist hungerkrank Heimkehrenden noch unverdächtig – wie sie auch selbst – und wurde kaum durchgeforstet.

Der hochgradige Hungerzustand, in dem ich seit Sommer 1945 lebte und in dem ich nach Lage der Dinge noch längere Zeit verbleiben würde, begann mich immer mehr zu interessieren; denn der wesentliche Teil meiner wissenschaftlichen Arbeiten hatte schon früher dem Studium des Hungers gegolten, und ich hatte mehrere Selbstversuche durchgeführt. Erster Anlaß zu dieser Anteilnahme waren die Hungerjahre in und nach dem Ersten Weltkrieg gewesen, die ich in den Entwicklungsjahren miterlebt hatte und durch die ich ebenso wie durch die Niederlage, Flucht des Kaisers und Entstehung der Republik sehr bewegt worden war. Folgerichtig hatte meine Tätigkeit während des Zweiten Weltkrieges von Anfang an der Verhütung einer zweiten deutschen Hungersnot gegolten, und dank der Stellung, die ich innehatte, konnte ich auch überall dort mehr oder weniger wirksam eingreifen, wo die Ernährung unzureichend war oder wurde. Deshalb, so dachte ich, sei ich auch jetzt geradezu verpflichtet, die hier im Labor so einmalig gebotene Gelegenheit zur Weiterführung der Untersuchungen am Schopfe zu greifen, zumal mir die Routinearbeit nach einem Jahr allmählich nicht nur langweilig, sondern geradezu zuwider geworden war. Bei der Beaufsichtigung meiner Arbeiten war man allmählich so unaufmerksam geworden, daß es sehr wohl möglich sein mußte, in die Unzahl von Analysen, die ich täglich durchführte, auch die der eigenen Ausscheidungen einzuschmuggeln und somit das eigene Stoffwechselverhalten zu studieren.

Kliniker, der ich war, bemühte ich mich zunächst um eine Darstellung meiner Lebenssituation, indem ich alles mir wesentlich Erscheinende in Verhalten und Befindlichkeit systematisch niederschrieb.

Danach läßt sich folgendes allgemeines Bild zeichnen:

Bei mengen- und kalorienmäßig fast gleichbleibender Ernährung war die Lebensweise absolut einförmig. Anregungs- oder Genußmittel gab es nicht, abgesehen von Coffeinlösung, die aus beiseite gebrachten Ampullen gelegentlich entnommen wurde.

Weitgehende Isolierung, keine Beziehung zu anderen Menschen außer zeitweise zu Mitgefangenen, keine Möglichkeit, Post abzuschicken oder zu erhalten.

Aufstehen morgens um 6 Uhr oder früher, Tagesbeginn mit Niederschriften, Arbeit im Laboratorium von 8 bis 16 Uhr, anschließend Spaziergang im Park, abends wissenschaftliche Lektüre und Anfertigung von Exzerpten des Gelesenen, nochmalige Kontrolle im Labor und Versorgung der Versuchstiere. Schlaf etwa ab 23 Uhr. Keine Sonntagspause, Essenszeiten 7, 13 und 18 Uhr, Getränke um 6, 16 und 19 Uhr.

Das Hungergefühl wechselte erheblich; es fehlte nicht selten völlig, war zu anderen Zeiten stark ausgeprägt und dann mit geringerer Leistungsfähigkeit verbunden. Öfters ging eine Gewichtszunahme, wahrscheinlich infolge Flüssigkeitsretention, mit Verminderung des allgemeinen Leistungsvermögens und starker Müdigkeit einher. Das Schlafbedürfnis war ebenfalls unterschiedlich; monatelang bestand wiederholt eine geradezu tödliche Mittagsmüdigkeit, der nicht nachgegeben werden konnte, die dann aber wieder von Abend- und Morgenmüdigkeit abgelöst wurde. Die Befindlichkeit blieb immer gestört. Die Blutarmut war erheblich, und mit dem Blutdruck konnte man auch keinen Staat mehr machen. Abgesehen von Kollapserscheinungen und Atembeschwerden wurde ein starkes und gleichmäßiges Schweregefühl im Oberbauch empfunden, wobei die Leber besonders abends vergrößert getastet und erhebliche Unterschenkel- und

Fußschwellungen festgestellt wurden, eine Folge davon, daß ich durchweg stehend arbeitete. Dazu wiederholten sich Schwindelanfälle, Leeregefühl – und Schmerzen im Hinterkopf, die sich jedoch nach Einnahme der Mahlzeit besserten. Migräneanfälle mit Erbrechen waren häufig.

Mit Januar 1947 beginnend traten sehr starke Brustschmerzen mit Husten und Rippenfellbeschwerden auf, so daß ich an eine Lungen- oder Brustgeschwulst dachte. Ich begann zu fiebern, ließ es aber dahingehen; ab August war die Erkrankung nicht mehr zu verheimlichen, und man stellte bei einer Röntgenuntersuchung eine ziemlich ausgebreitete rechtsseitige Tuberkulose fest. Man begegnete mir von da an aus Furcht vor Ansteckung mit verstärkter Zurückhaltung; jedoch sollte ich meine Arbeiten abschließen.

Die körperliche Kraft war und blieb gering. Schon nach leichten Anstrengungen kam es zu heftigem Herzklopfen und Atemnot; die Spaziergänge waren deshalb, besonders in der schweren Winterkleidung, anstrengend, zu schnellen Bewegungen reichte die Kraft nicht aus.

Die geistige Leistungsfähigkeit variierte in Perioden von etwa acht Wochen Dauer; bei Morgenfrische blieb sie auch tagsüber gut, bei Morgenmüdigkeit gering. Von der jeweiligen psychischen Situation wurde sie anscheinend kaum beeinflußt.

Das Vermögen zur Aufnahme von Gedankengängen blieb während aller Monate ziemlich gleich; täglich wurden, wenn auch oft unter starken Unlustgefühlen, 150 bis 200 Seiten wissenschaftlicher Literatur durchgearbeitet und in ihren wesentlichen Inhalten exzerpiert.

Demgegenüber erlahmte etwa vom 2. Quartal 1947 an das anfänglich beherrschende Interesse an schöpferischer Tätigkeit sowie Kraft der Phantasie und der zunächst wie ein Rausch zwanghaft über mich kommende Drang, die Erzählungen niederzuschreiben, die den weiteren Inhalt dieses Buches bilden. Von da an mißlangen Darstellungsversuche, und nach passenden Begriffen mußte quälend schwer gesucht werden. Die Ausdrucksweise wurde, wie bei Hungernden und Dystrophikern immer wieder festgestellt werden kann, umständlich und weitschweifend.

Die Jahreszeiten machten sich hinsichtlich des Leistungsvermögens bemerkbar; zur Frühlings- und Sommerzeit drängte es mich fast stets schon um 1/2 5 Uhr zur Arbeit am Schreibplatz. Mit der echten Leistung stimmte aber, wie beim Vergleich des Niedergeschriebenen mit der eigenen Befindlichkeitsbeschreibung später ermittelt wurde, die damalige Selbsteinschätzung keineswegs überein. Bald wurde sie zu gut, bald zu schlecht beurteilt. Unlust, Ermüdung, Stimmungslage störten die Objektivität. Auch im Affekt- und Gemütsleben gab es Sprünge zwischen Überempfindlichkeit und Stumpfheit.

Geistiges und körperliches Leistungsvermögen gingen durchaus nicht parallel; an Tagen erhöhter schöpferischer Kraft wurde oft eine sehr ausgeprägte körperliche Schwäche konstatiert, und auch das Gegenteil war wiederholt der Fall.

Soweit die subjektive Seite meines Falles.

Zur Feststellung, inwieweit ich wirklich und objektiv hungerte, war eine Analyse meines täglichen Essens erforderlich, die ich zweimal vornahm. Dabei verfuhr ich so, daß ich von allem, was ich während je einer Periode von drei Tagen erhielt, immer einen Zehnten abzweigte und auf dem Wasserbade völlig eintrocknete. Da derlei Maßnahmen nicht zum Institutsprogramm gehörten, mußte ich die Trocknungsprozedur nachts unter dem Abzug vornehmen. Dies gelang unbemerkt. In dem Trockenrückstand konnte ich nun im Rahmen meiner Allgemeintätigkeit recht einfach den Fett-, Kohlehydrat- (Stärke-, Zucker-) und Eiweiß- sowie Kochsalzgehalt ermitteln und auf die ganze verabreichte Nahrung umrechnen. Es stellte sich heraus, daß mein Essen täglich nur etwa 1250, anstelle der erforderlichen 2500 bis 3000 Kalorien, und ebenfalls viel zu wenig Eiweiß, besonders tierisches, enthielt. Ich konnte mich also als Hungernden bezeichnen. Dagegen war die Kochsalzzufuhr wesentlich überhöht, und dies ist ein deutliches Kennzeichen einer jeden Mangelernährung, in welcher das Salz fast immer das einzige Gewürz darstellt. Eine Untersuchung des Vitamingehaltes der Speisen war mir nicht möglich.

War ich ein Hungermensch, dann mußte dem Zustand auch die Art und Höhe der Ausscheidungen entsprechen. Dies untersuchte ich 26 Tage lang, was keinerlei Schwierigkeiten bereitete, da ich die dazu erforderlichen Analysen ohnehin jeden Tag durchführte. So kamen zu der Batterie der zu erledigenden Flaschen einige zusätzliche hinzu.

Ich fand, daß ich an Körpersubstanz verlor, also allmählich und stetig abbaute, und daß mein Organismus sich bei alledem wie ein Filter verhielt. Mangelnahrung ist stets fast flüssig; ich erhielt täglich, alles in allem genommen, wohl an und über drei Liter Flüssigkeit und schied etwa die gleiche Menge wieder aus. Täglich kamen zwischen 2,5 und bis 5 Liter zusammen. An manchen Tagen hielt ich zurück, an anderen schied ich im

Überschuß aus, und dies ging immer einher mit Befindlichkeitsschwankungen und Störungen der Herz-Kreislauffunktion.

Es schlossen sich einige weitere Selbstversuche ähnlicher Art an, die mich stark beschäftigten, die aber in diesem Zusammenhang nicht mitteilenswert erscheinen.

Das Gelingen dieser Versuche ließ mich kühner werden. Zahlreiche Biochemiker der ganzen Welt – und auch ich als einer von ihnen – hatten sich von Beginn des Krieges an bemüht, das Blut der Schlachttiere für die menschliche Ernährung nutzbar zu machen. Denn viele hunderttausend Tonnen des roten Lebenssaftes flossen ungenutzt in die Gullys der Schlachthöfe; er verdarb zu schnell. Ich hatte auf alte baltische Blutgerichte zurückgegriffen und sie bei der Truppe einzuführen versucht. Doch dies mißlang wegen der dunklen Farbe der Speisen. Man würde Erfolg haben, wenn man den roten Blutfarbstoff entfernen und das Bluteiweiß als weißes haltbares Pulver gewinnen könnte. Eiweiß ist das Gold der Hungernden; es allein garantiert den Erhalt der Körpersubstanz. Ich hatte einen Weg gefunden, aber noch nicht zur Reife entwickelt. Erst jetzt kam mir der Gedanke, wie es gelingen könnte, und ich brannte auf einen Versuch, die Richtigkeit meiner Vorstellungen nachzuprüfen. Blut hatte ich nicht zur Verfügung, aber Nadeln und eigene Adern.

Eines Sonntags, an dem die Forschung ruhte und sich Ärzte und Laboranten nicht zeigten, machte ich mir einen Aderlaß und stellte anschließend mit größtmöglicher Schnelligkeit die erforderlichen Manipulationen an. Mit köstlicher Freude vermerkte ich, daß beim Eintropfen des Blutes in ein großes Becherglas mit angesäuertem Azeton schneeweißes Eiweiß ausflockte, während der Blutfarbstoff das Azeton braunrot verfärbte. Auf einer großen Nutsche filtrierte ich den Niederschlag ab, wusch ihn nach, trocknete und füllte die weiße Substanz voll Stolz in eine Pulverflasche. Es ging, es ging!

Über die Kosten des Verfahrens machte ich mir damals keine Gedanken. Wenn ich in den nächsten Tagen alleine war, holte ich meine Flasche heraus, schüttelte das feine, staubende Pulver und fühlte mich als Entdecker.

Doch dann überlegte ich, daß ich ja selbst in einem bedenklichen Eiweißdefizit dahinlebte und die eigene Körpersubstanz dringend benötigte. Daraufhin löste ich mein Produkt in Wasser auf und schluckte in einem Anfall von Autokannibalismus oder Selbstfresserei den Trank hinunter. Er war sauer und zog mir den Mund zusammen.

Dergestalt also agierte ich während der einundeinhalb Jahre meiner Tätigkeit im Institut auf der Bühne des Laboratoriums und der Station. Ich erledigte die Aufgaben, die mir unter eigener Mitwirkung gestellt worden waren, ging unbemerkt in der Kulisse eignen Dingen nach und verbrachte hiermit unliebe lange Tage. Dabei erschien ich wohl nach außen hin ganz ausgeschöpft und bis zum letzten beansprucht, zumal ich in keiner Weise das Bild eines gesunden Mannes bot und man mir nicht zutraute, daß ich Kraft aufbringen könnte, mich in weitere Geheimnisse zu verstricken. Hatte man mir nicht eine angemessene Tätigkeit und Umgebung zugewiesen und damit mehr als genug getan, mich am Leben zu erhalten? So erschien es, und so mußte es den Russen mit Recht erscheinen; denn ich lebte in wesentlich besseren Verhältnissen als die Masse meiner mitgefangenen Kameraden. Ich konnte dies wohl beurteilen, hatte ich doch lange genug ebenfalls ein Stück Menschenmasse und Abraum Mensch abgegeben.

Dennoch war das Eigentliche, daß mich weiter leben hieß, etwas völlig anderes, das sich hinter der Bühne abspielte. Ich war ein zweigeteilter Mensch.

In meiner Kammer geriet ich über das Geschehene und Gewesene in einen Monolog, der mich wortlos umtrieb wie niemals etwas zuvor und danach. Der Krieg hatte mir in meiner Tätigkeit nie einen Sieg gebracht, sondern stets nur, je länger er währte, weitere Lasten und neue Sorgen, die mich zunehmend erdrückten, da es immer weniger und zuletzt überhaupt keine Lösungen für sie gab. Nun spürte ich am eignen Leib und tausendfach mehr an den um mich Zusammengedrängten das furchtbare Ende eines Beginns, an dem ich zunächst halbherzig, dann überzeugter teilgenommen hatte; ich spürte die Folgen von Vermessenheit und hatte den ungeheuren Sturz aus allernächster Nähe mit angesehen und getragen. Was sollte danach noch werden? Die zerstörenden Mächte waren unsere Geschöpfe, und diese Geschöpfe machten uns zu ihren Knechten. Wir erlagen ihnen und verhalfen uns selbst zu unserem Unglück. Konnten wir Niedergeschmetterten uns jemals wieder erheben? Und richteten wir uns auf – dann wie? So, als hätten wir lediglich schuldlos einen Stolperfall getan – oder so, daß wir erkannten, wie sehr wir alle ihn selbst verschuldet hatten und wie sehr es notwendige Pflicht war, verwüstete Welt und Umwelt noch einmal ins richtige Gewicht zu bringen? Alle waren wir zunächst sprachlos geworden; als wir wieder sprechen lernten, war den meisten Vorhergegangenes wie ausgelöscht. Wo wir geendet hatten, konnten wir nicht mehr beginnen; wollten wir weiterdenken, so mußten wir Geschehenes und

Widerfahrenes "ins Gleichnis" setzen und uns aus dem Gleichnis zur Erkenntnis verhelfen lassen.

Gedanken solcher Art waren es, die mich, als der erste Schock vorüber, derart verfolgten, daß die durch sie bewirkte Erregung fast eher mein Leben bedrohte, als Hunger und vielfältige Krankheit es wirklich taten. Ich wollte niederschreiben, was mich marterte, doch dies war schier unmöglich. Die "misera plebs" verfügte nicht über Papier, nicht über Stifte. Deshalb bedeutete der Fund und die bedenkenlose Aneignung einer Rolle Pauspapier, von der ich schon sprach, Lebensrettung und die eigene abseitige Kammer schon Erlösung.

Hier konnte ich schreibend Ordnung bringen, Konflikte lösen, Klärung finden und mich von dem entlasten, was mich entsetzte und fast wahnsinnig gemacht hatte. Der Sturm dauerte viele Monate; ich durchmaß Haß, Hybris, Liebe und war fromm. Mir war, als habe Gottvater selbst die Wolken gebannt und mir den Blick auf Letztes im Menschen eröffnet. Er lieh mir hierzu nicht Christus, sondern Götter und Menschen des großen Hellas. Warum gerade sie erwählt wurden, blieb mir verborgen – deshalb etwa, weil auch ihre Götter Menschliches mit Leidenschaft und in Wirklichkeit austrugen? Ich fühlte mich gezwungen, nach innen zu greifen; ich rang um sie in äußerster Erregung, der eine Erschöpfung ohnegleichen folgte, als ich ihre reinigende Kraft voll erfahren hatte. Sie entließen mich, nicht etwa ich sie, und ich fühlte mich ausgeleert, zugleich jedoch befreit. Das Geschehene war entmannt worden, Nebel wallten, und ich wurde krank.

Die Niederschriften solch bewegender Dinge waren wohl das gefährlichste Nebenbei, das ich in Moskau betrieb. Daß wissenschaftliche Bücher exzerptiert wurden, ging dahin. Hierfür hatten sie mir abgezählte Blatt Papier anvertraut. Hätte man die Tabellen mit den anläßlich der beschriebenen Selbstversuche ermittelten Werte gefunden, man hätte wohl unangenehme Verhöre angestellt und mir mindestens Geheimnisentwendung vorgeworfen. Aber Rollen mit Texten, Namen von "Tarnfiguren", mikroskopisch kleine Schrift! Deren Entdeckung wäre eine Angelegenheit von politischer Brisanz gewesen und hätte gesammeltes und latentes Mißtrauen zu voller Glut angefacht. Ich wäre in die Maschinerie der Geheimpolizei geraten und irgendwie und -wo zerstückelt worden. Gerade weil ich mich reinigte, wollte ich leben. So gering die Aussichten auf ein glückliches Ende meines labyrinthischen Weges auch sein mochten, ich wollte meine Rollen, zu welchem Zweck auch immer, und damit also auch mich nach Hause bringen.

Stand ich am Arbeitsplatz, um abzuwägen, zu destillieren, filtrieren und analysieren, machte ich meinen täglichen Gang, dann war ich unausgesetzt von Schemen begleitet und dabei, ihnen Atem einzuhauchen und Körperlichkeit zu verleihen. Sie waren unaufhörlich um mich herum; morgens rissen sie mich vom Lager, im Sommer, wenn die ersten Sonnenstrahlen in mein Zimmer fielen, im Winter, wenn die Krähen krächzend von den Bäumen aufstoben. Das war die Zeit, in der ich schreiben konnte. Noch in Unterhemd und -hose, der Nachtbekleidung des Gefangenen, schob ich meinen Schemel so an den Nachttisch, daß ich mit dem Rücken gegen die Tür sitzen konnte, und begann das tägliche Werk. Vorsicht auch um diese Stunde war erstes Gebot; denn immer wieder rieb sich eine Nase an der Klinke, schaute ein Auge durch das Schlüsselloch. Beobachteten sie mich dann, sahen sie lediglich einen gekrümmten Rücken, hochgezogene Beine und im Schein einer schwachen Lampe einen über Bücher geneigten Kopf. Solches schien unverdächtig, Bücherstudium des Gefangenen in der Frühe lobenswert, kostete es doch keine Arbeitszeit am Tage im Labor.

Jede Rolle, die ich, wie gesagt, mühsam zugeschnitten hatte, war schmal, aber etwa eineinhalb Meter lang, was mir die treffliche Möglichkeit bot, sie wie etwa eine Thorarolle zu beschreiben. Auf der kleinen Tischplatte lag dicht zusammengerollt der bereits beschriftete Teil dann vor mir, als kurzes Stück, über ein geöffnetes Buch sich erstreckend, das gerade zu beschreibende und in meinem Schoß locker gerollte noch unbeschriebene Ende. Kam plötzlich, wie nicht selten geschah, ein Visitant, dann hatte ich von dem Augenblick an, in dem er die Tür aufriß, bis zu dem, in dem er hinter mir stand und mir über die Schulter schaute, stets doch hinreichend Zeit, das Ganze in den Schoß zu räumen und die Unterarme breit über den Tisch zu legen, während ich die Brust an die Tischkante drängte. Harmlos oder auch über die frühe Störung eines gering Bekleideten indigniert, hob ich den Blick anscheinend von einem Buch, schaute den Eingetretenen an und hatte damit Erfolg. Er pflegte "nu karascho" zu sagen und ging. – Mein Papiervorrat war gering, drum schrieb ich in schon fast mikroskopisch kleiner Schrift, füllte dennoch Rolle um Rolle, bis weder auf der Vorder- noch auf der Rückseite freier Platz blieb. Diejenige, die gerade an der Reihe war, trug ich tagsüber unter dem Hemde am Leib, nachts legte ich sie unter den Strohsack des Bettes. Beschriebenes verschwand im Geheimfach des Holzkoffers. Dieses zu öffnen, erforderte besondere Vorsichtsmaßregeln und konnte nur zu den Zeiten erfolgen, in denen die Station erfahrungsgemäß personalfrei war oder sich die Nachtschwester auf einer anderen befand.

Ich beschrieb während dieser Zeit zwölf solcher Rollen auf beiden Seiten, und mein geheimes Tun blieb gefährlich, aber unentdeckt.

Die Abreise aus dem Haupthospital der Roten Armee in Moskau vollzog sich an einem schmutzigen Novemberabend des Jahres 1947 weit weniger spektakulär als seinerzeit an dem schönen Juninachmittag 1946 die Anreise im Fond einer schweren Limousine zur Seite eines höheren Offiziers.

Meine Erkrankung war zur Kenntnis genommen worden; man konnte weiterhin nicht mehr viel von mir erwarten und drängte mich zum Abschluß der Untersuchungen. Dieser zog sich etwa ein Vierteljahr hin. Auf nunmehr reichlicher zugeteiltem Papier schrieb ich zahllose Analysewerte übersichtlich in Tabellen zusammen, verfaßte einen Text dazu und hatte schließlich drei vollständige Arbeiten vor mir liegen. Dr. Nathanson kam jetzt täglich vom Hauptinstitut herüber; wir übertrugen meine Niederschrift Satz für Satz ins Russische und hatten unendlich zu diskutieren, bis nach Ansicht des Übersetzers das sinnentsprechende Wort gefunden worden war. Nach Abschluß dieser schwierigen Arbeit nahm er seine russische sowie meine deutsche Fassung und verabschiedete sich kurz. Für ihn war die Sache erledigt.

Auch für mich; als ich meine Bücher in die Bibliothek zurückbrachte, lieh man mir keine weiteren mehr aus, und so traf auch ich meine Maßnahmen. Noch in der gleichen Nacht verstaute ich alle mir an das Herz gewachsenen Texte im Geheimfach des Koffers, legte aber die Bögen mit den Exzerpten aus den wissenschaftlichen Büchern sorgfältig geordnet auf den Nachttisch; sie sollten meine Schreibarbeit erklären und einen Verdacht auf etwaige Geheimniskrämerei nicht aufkommen lassen. Einige Tage noch hielt ich meine bisherigen Lebensgewohnheiten bei, dann standen, wenn auch erwartet, so schließlich doch unvermutet, zwei Posten vor mir. Es war eine Stunde nach Dienstschluß, niemand aus dem Labor war noch anwesend; so brauchte auch keiner sich zu verabschieden. Der Stationsflur wurde leer gehalten, der Abtransport erfolgte unauffällig. Die beiden Soldaten sahen mißtrauisch die beschriebenen Blätter durch, ließen mich meinen Koffer öffnen und als meine einzige Habe den "Kulturbeutel" hineinlegen. Ich sah mich in der bisherigen Herberge nochmals um und ging. Sie nahmen mich sorglich in die Mitte und brachten mich zur Wäschefrau, die mir die vor 11/2 Jahren deponierten Sachen herausgab. Aus dem Pyjama stieg ich in meine alte, modrig riechende Uniform um und spürte zum ersten Male wieder derbe Holzbretter unter den Sohlen. Den zerrütteten Rucksack warf ich über den Rücken, gab noch einige Wäschestücke und Lappen in den nunmehr gefüllten Koffer und ging die geschwungene, breite Treppe hinunter zwischen den beiden Säulen hindurch in die kalte Nacht.

Schneeflocken stoben. Der abgeblendete Gefängniswagen stand direkt vor dem Portal. Ein Begleiter öffnete die rückwärtige Tür, schleuste mich in den Mittelgang und öffnete eine der seitlichen Zellen, in die er mich mitsamt meinem Gepäck stieß. Er schloß ab, und ich ertastete in völliger Dunkelheit einen schmalen, eben ausreichenden Sitz. Stehen konnte ich kaum, so drehte ich mich um und ließ mich auf das kalte Blech nieder.

Wir fuhren an, hielten am Tor und fuhren weiter in die Stadt hinein. Nach einer Viertelstunde hielten wir nochmals, kreischend öffneten sich die Flügel des Tors, der Wagen reversierte und fuhr rückwärts über holprigen Boden irgendwo hinein. Die Hintertür wurde geöffnet, der im Mittelgang stationierte Posten sprang hinaus. Offenbar befanden wir uns im Hof eines Gefängnisses. Rauhe Stimmen draußen mit dumpfem Nachhall wie aus einem Gewölbe. Ich glaubte, nun ginge es wohl an mich. So viele nur vom Gesichtspunkt des Gefangenen her legale Handlungen hatte ich begangen und wußte nicht, wie viele davon zur Kenntnis der Russen gelangt waren. Sie mochten sie bisher lediglich registriert haben, um ihr Wissen jetzt, nachdem ich ihnen nicht mehr nützlich war, auszuspielen und mir einen Prozeß zu machen.

Ich wartete auf den Schließer, aber der hatte bei mir nichts zu tun; er schloß eine andere Zelle auf. Angetrieben mit "dawai, dawai" und "huisnim" stolperte ein Mann herein, sein Gepäck klapperte gegen die Seitenwand. Ich räusperte mich, was einen Kolbenschlag gegen meine Tür einbrachte. Von ihm kein Wort; war er ein Deutscher, ebenfalis ein Kriegsgefangener?

Umständlich und vorsichtig steuerte der Wagen offenbar durch einen Durchgang. Nochmals halt, wieder drehte sich draußen ein Tor in den Angeln. Dann ging es mit zunehmender Beschleunigung über eine glatte Straße.

Oben hinter mir war ein vergittertes Fensterchen; durch es hindurch fielen Licht und Schatten, Licht und Schatten in schnellem Wechsel auf die schwarze Tür vor mir. Die Straße draußen schien beleuchtet. Dann wurde es wieder dunkel, die Bahn holprig. Anscheinend fuhren wir nun über Land. Ich saß in der engen Zelle eingezwängt, wurde hierhin und dorthin gestoßen, fror und verlor in halber Ohnmacht das Gefühl für die Zeit. Dann waren wir plötzlich da und wurden hinausgelassen. Scheinwerferlicht blendete mich, bis ich erkannte, daß ich mich vor dem Lager befand, aus dem man mich in so feudaler Weise abgeholt hatte. Mein Fahrtgenosse trug einen buschigen schwarzen Bart; er kam aus der Butirka und war vormals ebenfalls aus diesem Lager Krasnogorsk abgeholt worden.

Wir wurden übergeben, unser Empfang bescheinigt. Die Wache filzte nicht eben gründlich, und der Kommandant wies mich, da ich nicht aus dem Gefängnis, sondern von einer Arbeitsstelle hergebracht wurde und somit eine positive Figur war, in ein Zimmer des Lageraktivs ein. Die dort wohnenden Offiziere fielen über mich her wie Reporter über einen Filmstar. Obgleich es mich nach dem langen Schweigen drängte zu sprechen, war ich zu meinem Glück zu müde, um viel zu erzählen. Sie wollten mich vornehmlich politisch ausholen, und vielleicht hatte ich in erster Begegnungsfreude zu viel von meiner Meinung preisgegeben. Was ich gesagt hatte, wurde mir zwei Jahre später bei Verhören vorgehalten. Hinwiederum erfuhr ich an jenem Abend erstmals, wenn auch marktgerecht ostdeutsch glossiert, was sich während der achtzehn Monate meiner Hospitalabgeschiedenheit in unserem Deutschland ereignet hatte.

Nur eine Nacht verblieb ich in dieser Stube; nach der ärztlichen Untersuchung am nächsten Morgen wurde ich sofort in das Lagerhospital eingewiesen und blieb dort vier Monate. Mein Koffer verschwand im Magazin und war dort gegen alle Durchsuchungsüberfälle gefeit. Die Aktivisten waren noch im Dezember zum großen Teil weggekommen und allem Vernehmen nach in der Heimat.

Isolierstation

Von November 1947 über Weihnachten und Neujahr hatte ich bis zum Februar 1948 drei Monate lang im Isolator gelegen, ungewiß, ob ich noch leben wollte oder doch eher ein Ende absehen und sterben sollte.

Bett an Bett, ohne irgendwelche Einrichtungen sonst, verbrachten wir zu zehnt Stunden, Tage und Wochen, ohne viel voneinander Notiz zu nehmen, in einer kleinen Stube der Sanitätsbaracke, die vom allgemeinen Lager streng geschieden war. Nichts dort kam an uns, nichts von uns an die draußen. Auch tagsüber lebten wir wie in einer Grotte in stetem Halbdunkel; denn die Fugen des einen kleinen Fensters waren wintershalber mit Streifen aus dem Papier der Prawda und Zellstoff abgedichtet. Dazu hatte man den Raum zwischen den Doppelscheiben mit Sägemehl so gefüllt, daß allein das mit einer Lüftungsklappe versehene vierte Viertel frei blieb. Unsere Atemschwaden hatten das Holzmehl feucht werden, die Außenkälte sie zu einer festen Masse zusammenfrieren lassen. Grün-gelb-bräunliche Streifen markierten die Grenzen zwischen feucht und relativ trocken. Einmal täglich wurde des Morgens die Lüftungsklappe für eine Weile aufgestoßen, dann wehten die Nebel unserer Atmungsluft hinaus, ohne daß die Frische des Frostes einen Weg zu uns fand. Jedoch blieb für Lufterneuerung gesorgt, da es vom Gang her ständig durch die Türspalte zog. Die gekalkten vier Wände waren von dem schmutzigen Weiß, wie es sich in Abstellkammern findet, in die man immer nur hineinschiebt, ohne jemals etwas herauszuholen. Von der Decke herunter baumelte an zwei Drähten eine kleine, schon schwärzlich angehauchte Kohlenfadenbirne schirmlos und spendete weniger Helle, als daß sie Sehnsucht nach Licht erweckte. Neben die Tür war der Ofen hingemauert; er war mit einer Gußeisenplatte abgedeckt und wurde vom Flur her geheizt.

Wie schön hätte sich manchmal eine glühende Ofenplatte ausgemacht, auf der man Tee hätte kochen können! Aber mehr Holz, als daß sie lediglich warm wurde, konnte selbstverständlich für Gefangene, die nicht arbeiteten, sondern im Bett lagen, nicht zugeteilt werden. Eine Stunde lang knisterte und fauchte es morgens, und diese Geräusche allein waren für die kranken Männer wie ein "Placebo" gegen die Eiseskälte des Winters, der über das Lager herrschte.

Wenigstens lag jeder in einem eigenen schmalen Eisenbett auf einer von ungezählten Vorbenutzern zusammengelegenen und verhärteten dünnen Strohmatratze. Wir hatten knappe Nesselhemden und allzu kurze Unterhosen an und krümmten uns unter einer dünnen, steifen Decke wie Kinder im Mutterleib. Die spitzen Knie wurden hochgezogen, um den Bauch zu wärmen und so vor beschwerlichen Durchfällen zu schützen, das rauhe Kinn preßten wir unter der Decke so fest wie möglich an die Schenkel und schlugen die Arme um die Brust, wenn wir sie nicht gebrauchen mußten, um die allzu knappe und kurze Decke über den Rücken zu ziehen und den Kälteeinbruch von dort abzuwehren. Auf diese Weise hielten wir die Wärme, die wir noch zu bilden vermochten, zu eignem Nutzen und Vorteil eng bei uns zusammen. Bei soviel lebenserhaltender Tätigkeit blieb nicht viel Zeit für den Nachbarn, der sein Eigenöfchen in gleicher Weise versorgte, bediente und regelte. Wir froren Stein und Bein. Nur bei den Mahlzeiten, wenn man den Holzlöffel unter der Matratze herausangelte, sich aufsetzte und den dargereichten Napf mit Suppe oder Kascha sorgfältig leerte und mit Hilfe eines Brotstückes säuberlich auswischte, oder dann, wenn man den heißen Teebecher zwischen den Händen wie ein Geschenk genoß, das man an Stirn, Wange, Brust und Leib führen konnte, wandte man den Kopf zur Seite und fand ein paar Worte für den Nebenmenschen.

Der zu Schaden gekommenen Lunge wegen hatte ich viel zu husten und brachte es sogar fertig zu fiebern, obgleich die Temperaturerhöhung sich mäßig anließ, weil ich nicht mehr viel Brennstoff aufzuweisen hatte.

Immer wieder schüttelte mich schnell aufkommender Frost; dann kroch ich, so gut ich vermochte, noch mehr in mich hinein und wurde zu einem ungeformten Paket, dessen Konturen sich unter der Decke als nur schwache, zitternde Erhebung abzeichneten. War das Fieber nach einiger Zeit auf seinem Höhepunkt angelangt, begannen Stirn und Haare feucht, der ganze Körper naß zu werden und ich mich trotz alledem dann warm, seltsam wohl und erleichtert zu fühlen, dann drehte ich mich auf den Rücken, streckte mich, daß das Eisengestell knarrte, und sah zur Decke hinauf, wo der Faden unseres Birnchens glühte. Das kleine Handtuch, mit dem ich den Schweiß abwischte, war bald durch und durch naß zum Lappen geworden; schließlich trocknete ich vor mich hin und dämmerte bis zum neuen Frost in den Schlaf hinüber.

Der Arzt, gefangen gleich uns, kam zweimal täglich, fühlte die Pulse, maß die Temperaturen, hatte keinerlei entsprechende Medikamente und setzte also alle Hoffnung auf das Essen, das etwas reichhaltiger war als im Lager, und die Ruhe, die wir in unserer Abgeschlossenheit ja hatten. Zur Zählung brauchten wir nicht aufzustehen und uns neben Arzt und Sanitäter an die Wand des zugigen Gangs zu lehnen und zu warten, bis das Zählkommando und der Wachoffizier auf ihrer Runde schließlich zum Krankenrevier gelangten. Sie kamen in die Krankenstube, ertasteten, ob unter der Decke ein noch warmer Körper steckte, und machten ihren Zählstrich auf das Holzbrett. Die unentwegte Jagd nach Kriegsverbrechern machte hier Halt; der Isolator war wie ein Asyl, und mehr an Hilfe vermochte wohl keine hiesige Macht zu geben. Auf derartige Weise bemüht, das Lebensflämmchen brennend zu halten, empfand ich in Stunden doch immer wieder, daß Leben mehr, stärker war als Vegetieren.

Nachts zumal weckten, rissen mich Gedanken, Träume, jähe Erkenntnisse hoch und bemächtigten sich meiner mehr als quälend, ohne doch fiebergezeugte Phantasien zu sein. Zu bannen und zu neutralisieren, aus der Empfindung heraus und in die Sache hineinzu nehmen waren sie nur dann, wenn ich das Bedrängende niederschrieb. Drum war ich glücklich, daß ich unter dem Kopfstück der Matratze in einem kleinen Brotbeutel auch einige zerknitterte Heftseiten und einen Bleistiftstummel hatte bewahren können. Zerrte es nachts, während man rundum schnarchte und sich wälzte, immer stärker an meinem müden Hirn, strömten Fetzen von Sätzen und Gedanken, die nahekamen und wieder entwichen, die sich drehten, formten und an mein Herz pochten, dann kam es immer stärker zum Widerstreit zwischen Geist und vegetativer Schwäche. Ersterer gewann nicht immer, aber wenn er es tat, dann löste ich mich zögernd und allmählich aus der wärmehaltenden Verkrampfung, streckte Hand und Arm unter der Decke hervor und griff, selbst hier noch mißtrauisch, um Geräuschlosigkeit bemüht, nach dem Beutel unter der Matratze, um ihm Papier und Stift zu entnehmen. War es geglückt, ohne daß einer erwachte, dann legte ich das Blatt in den Lichtschimmer, der durch das gläserne Oberfenster der Stubentür gerade auf meinen Bettrand fiel. Seitlich liegend kritzelte ich auf den Zettel, dem der eiserne Rand als schmale Unterlage diente, was mir zukam, ohne sehen zu können, wie und wo ich schrieb. Eine Zeile war nicht einzuhalten, und griff ich nachts mehrmals zu meinem Gedankenanker, so schrieb ich bald von dieser, bald von jener Seite, von oben und von unten, ohne die schwachen Schriftzeichen im Halbdunkel entziffern zu können. Wenn ich am Tage das Hingeworfene bei etwas besserem Licht zu deuten suchte, so zeigte sich ein oft unentwirrbares Durcheinander von Zeilen und Worten, die sich Kopf auf Kopf kreuzten und überlagerten – rätselhafte Bruchstücke, die kaum wieder zu einem Ganzen zusammenzusetzen waren, zumal ich das Papier in bergender Hand halten mußte. Das einmal Niedergeschriebene entfiel mir sofort; ich war von ihm entleert und schlief bis zum nächsten Gedankensprung wieder ein. Das Nichtentzifferbare war nicht mehr herstellbar. Was mich also dermaßen bedrängte – ich weiß es nicht mehr. Allein daß das Bedrängende als lebenserhaltende Kraft wirksam war, das blieb mir in Erinnerung.

Geschautes, Erkanntes ging im Wirrwarr verloren, und ich trauerte längere Zeit darum, doch vermute ich, daß es aus dem einmal gelegten Urgrunde in spätere Gedanken und Überlegungen als scheinbar erstmalig neu schließlich wieder einging.

Wahrscheinlich hatte jeder meiner kranken Gefährten einen Lebensfaden solcher Art, den er bei sich verborgen hielt, weil der Hunger Körper- und Seelenbereiche einengte und vom Teilnehmen wie Teilhaben ausschloß. Zudem blieb jeder, der bisher überlebt hatte, auf mißtrauender Hut.

Dennoch gab es einige Gemeinsamkeiten für alle Kranken, insbesondere jene quälende des Badeganges, der eine Winterprozession verursachte, zu der keiner wollte, aber jeder mußte. Ertönte vom Flur her der rauhe Ruf "banja, banja" in die Stuben, erschien gar die Feldscherin, um Hygiene zu verifizieren, dann taumelten bei uns, aber auch in den beiden anderen Stuben des Isolators Männer, die wir schon gar nicht mehr kannten, aus den Bettgestellen, fischten nach den Holzpantinen, zogen wie Bauernmädchen, die ihre Haare mit den hochgeschlagenen Röcken vor dem Regen schützen, die Decken über den Kopf und sammelten sich auf dem Gang. Einmal in der Woche standen wir so und warteten auf den eisigen Windstoß, der uns anfuhr, wenn die Doppeltür geöffnet wurde. Das hieß "hinaus", und wir warfen uns ins Freie. Zwischen Schneemauern zu beiden Seiten rutschten und tolpatschten wir auf glattem, kaum fest an die Füße gebundenem Holz über Eis und Eisgebirge hinweg oder stapften bei Tauwetter in Bäche, Matsch und Tümpel.

Der Himmel war grau verhangen, vielleicht fiel auch dichter Schnee, jedenfalls durchbohrte uns die Kälte, und wir taumelten, der ungewohnten Tageshelle wegen halbblind, hügelab, hügelauf zum Badehaus hinüber, aus dessen offener Tür weiße, wärmeverheißende Schwaden walkten. Links hinab lagen die Baracken, aus denen wir stammten, eingeschneit bis über die Fenster und wie unbelebt. Ab und zu nur verirrte sich einer von dort in unsere Nähe, um tastend festzustellen, wen es noch gebe, wen er kenne. "Der ist noch da, der lebt noch!"

An den Fenstern der Aktivistenbaracke, an der wir entlang mußten, prangten keine Eisblumen, und der Rauch wirbelte aus den Schornsteinen. Aber wie auch immer, hier und dort, wir hatten nichts an als kurzes Unterhemd und kurze Unterhose, die empfindliche Mitte des Leibes, die Unterschenkel waren nackt. Wenn schon die Posten auf den Wachtürmen in ihrer Wattevermummung erstarrt schienen! Beklemmend lange Strecke; endlich umfing uns der undurchsichtige Dampf des Badehauses und bald die brütende Hitze des geöffneten Desinfektionsofens.

Wie schnell alle ganz nackt waren und die Wäsche abgeworfen hatten! Gedränge im Waschraum und Badefest mit einem Klecks Schmierseife, einem Zuber und einer Gemeinschaftsbürste, mit heißer Brause, unter der sich sechs und zehn Männer um einige Wasserfäden balgten, bis das Kontingent verbraucht war und ein eiskalter Strahl die Badenden auseinander trieb. In der Hitze trocknend, wartete man dann auf der reinen Seite des Desinfektionsraumes, daß der kühne Banjakamerad die Ofentür öffne, in die Hitze hineinsteige und das Wäschezeug ausräume. Hastig griff ein jeder nach dem, was vor ihm zu liegen kam, zog es über und war wieder gekleidet. Auf glitschigen Sohlen rutschten wir aus der Wärme in die Kälte und aus ihr heraus in das gewohnte Bett. Trotz Mißbehagen schließlich Wohltat und nicht mehr vielfach tödliches Ereignis wie noch zwei Jahre zuvor, als viele einen solchen Gang nicht überleben konnten.

Die Dezimierung verlief bereits langsamer, nicht mehr der Dritte, nur mehr etwa jeder Fünfzigste wurde noch gefordert.

Strapazen solcher und ähnlicher Art waren meine Bazillen wider Erwarten weniger gewachsen als ich selbst. Sie nahmen an Energie ab, und mein Zustand besserte sich. Noch war ich allenthalben faltenreich, und die Schulterblätter standen hervor wie die Flügel eines nicht ganz flugfähigen Engels, aber die Fieberfröste ließen nach, und die Temperaturkurve näherte sich der zugelassenen Normal-Linie.

Ohne daß es begründbar gewesen wäre, lag irgendwie Frühlingsahnung in der Luft. So eisig, so stürmisch es blieb – die Tage veränderten sich irgendwie, und die Sonne schien sich nach und nach herauszuputzen und Glanz anzusetzen. Drinnen in der Stube wurde es trüber und schwerer erträglich als draußen, und wir ertappten uns dabei, daß wir öfter die Betten verließen, auf dem Flur herumstanden und zwischen den Türen verweilend auf die Lagerstraße schauten, wo es allmählich lebhafter zuging und Männer mit Schneeräumen und Eishacken beschäftigt waren. Wir unterhielten uns öfter und länger miteinander. Auch der Bär erwacht zunächst nur stundenweise und kriecht nach einer Weile wieder in die Höhle zurück. So auch wir, durch ungewohnte Bewegungsfreude alsbald ermüdet.

Keiner sprach davon, aber wir wußten mit Sicherheit, daß unsere Art der Überwinterung bald ihr Ende finden würde.

Und so war's.

Eines Morgens stürmte der Sanitäter in die Stube und rief: "Alle aus den Betten, fertigmachen zur Kommissionierung!" Wir krochen aus den Schutzhöhlen, reckten uns, zogen die Hemden zusammen, die Unterhosen mit der Hand hoch und trotteten in das Behandlungszimmer, in dem die aus sowjetischen Lagerärzten, Feldscheren und dem Arbeitsoffizier bestehende Kommission bereits versammelt war.

Meine Dürftigkeit unterschied sich nicht von der der anderen hinter und vor mir. In dem uns bereits vertrauten Kommissionierungsritus ließen sie uns an sich vorbeigehen, drehten und wendeten uns. Wir ließen die Hosen herunter, sie prüften die Schlaffheit des Hinterteils. Meine Lunge horchten sie von vorne und hinten ab; ich mußte demonstrativ husten, damit sie die verbliebenen Rasselgeräusche beurteilen konnten.

Dann sahen sie einander an, tuschelten miteinander, faßten – nicht immer einhellig – einen Beschluß und befanden: "Die einen bleiben, die anderen gehen ins Lager zurück." Und wie üblich in diesem großen und merkwürdigen Lande halbierte man, weil solche Gleichteilung der sozialistischen Gerechtigkeit am ehesten genüge zu tun schien.

Ich war's zufrieden, daß ich zu den Hinauskommissionierten gehörte und mich beim Lagerkommandanten zu melden hatte, um mir einen Platz in einer Baracke zuweisen zu lassen.

Aus dem Magazin bekam ich den zerschlissenen und unnützen, weil fast leeren Rucksack, vor allem aber den wertvollen Holzkoffer wieder, in dessen doppeltem Boden meine Aufzeichnungen den Winter in relativer Sicherheit verbracht hatten. Die zerfledderte, vielfach geflickte Uniform paßte noch. So wieder zur Einordnung in das Lagerleben bereit, standen wir bald in der Aktivistenbaracke vor der Tür des Kommandanten, der uns nicht in sein Zimmer hineinließ, sondern als gar nicht sehr willkommene Neue recht von oben her abfertigte.

Der Tapferkeitsoffizier und ehemalige Oberstleutnant Koppenhagen war, wie man sagte, kein übler Vorgesetzter gewesen, aber Mitläuferschaft und Vertrauensstellung hatten ihn verändert. Er stand vor uns in einem Zwischending von Uniform, das einerseits seinem früheren Dienstrang, andererseits seiner Position im Lager entsprach. Knapp taillierte Jacke, Reithose, lebenslänglich zu einem Kavalleristen gehörig, deutsche Feldmütze mit sowjetischem Zuschnitt. Ob er an dieser die schwarz-weiß-rote Kokarde der Angehörigen des "Nationalkomitees Freies Deutschland" führte, entfiel mir. In der Lagerschneiderei hatte man diese Dienstkleidung aus den besten Stücken anderer enteigneter Uniformen eigens für ihn gefertigt. Koppenhagen war, wie gesagt, kein unebener Mann. Obgleich er als Vertrauensmann der politischen Abteilung über jeden irgendwie herausragenden Lagerinsassen einen Bericht zu erstellen hatte, sagte man ihm keine Denunziation nach. Jedoch schien er jeden, der sich nicht zu arrangieren und auch aus mißlicher Lage Honig zu saugen verstanden hatte, als dümmlich zu verachten, wenn auch mit einem gewissen Untergrund von Respekt oder, besser gesagt, auf der Hut bleibender Vorsicht.

Uns Hinauskommissionierte, zehn Mann an der Zahl, denen er Unterkunft anzuweisen hatte, schaute er wie lästige Bittsteller an, denen er keinen Einblick in sein wohlgewärmtes Einzelzimmer ermöglichen wollte. Als Angehöriger der gehobenen Gefangenenlaufbahn war er ausreichend bis wohl ernährt. Und dieser Gegensatz zwischen uns verstärkte die Distanz und sein abfällig-abschätzendes Mißbehagen. Er musterte uns ungerührten Auges und ging in seine Stube zurück, um die Einweisungszettel zu schreiben. Vor Zeiten wäre er vor einigen dieser jetzt Elenden in Habachtstellung erstarrt, jetzt ließ er sie vor geschlossener Tür warten. Aber was soll's; wir froren allzumal.

Mit den wichtigen Anrechtsscheinen auf einen Pritschenplatz in der Hand stapften wir aus der oberhalb der Zentralavenue gelegenen Funktionärsbaracke, in deren Stuben es eine Schreibmaschine, Zeichentische und vor allem viel Wärme gab, wechselten über die zum Tore führende Lagerstraße und glitschten, schlampten und grätschten sodann zwischen Schneemauern auf einem eisglatten Trampelpfad zu den Baracken hinunter, die grau, lang und niedrig vor dem reifbedeckten Stacheldrahtzaun und dem blattlosen Geäst des jenseitigen Birkenwäldchens ins allgemeine Winterweiß eingebettet ruhten. Die kleinen Seitenfenster waren zugestopft und blind, ein dünner Rauchfaden entstieg dem Schornstein am vorderen und hinteren Barackenende. Der kurze Weg war uns Ungewohnten mühsam; er ließ die Beine zittern, das Herz rasen. Im Windfang empfing uns vertrautes Milieu, Dunkel, Mief, die am Morgen mühsam entleerte Urintonne. Beim Öffnen der inneren Tür beschlug meine Brille. Feuchte Schwaden von drinnen schlugen sich auf mich, den Abgekühlten, und meine Kleidung nieder. Ich sah nichts, bis ich mit einem Finger den Beschlag von den Gläsern abgewischt hatte, und auch dann nur wenig. Draußen war's Wintermittag gewesen, hier lastete es stärker als Abenddämmerung; undeutlich, wie im Nebel verscheucht, brannten an der Decke einige klägliche elektrische Birnchen.

Als wir Neuen wie Bittsteller am Eingang verharrten, um den Barackenältesten auf die Zugänge aufmerksam zu machen, empfand ich nicht Behagen, keineswegs Behagen oder gar Wohlsein, sondern allenfalls Zufriedenheit. Hier war ich bereits gewesen, hierhin kam ich zurück und hierher gehörte ich; die Zeit, die man mir als dubiose Bevorzugung hätte anrechnen können, war vorüber. Man hatte mich geprüft und abgeschrieben. Der Kommandant legte mich nicht in ein Funktionärsbett, sondern wies mir einen Pritschenanteil in der Dystrophikerbaracke zu, und so war ich wieder unter meinesgleichen.

Das inzwischen so sehr in die Ferne gerückte Moskau würde mich, so hoffte ich, unbehelligt dort liegen lassen, wohin man mich gleich legen würde. Kurzatmig hustete ich in den Brodem hinein, meine Augen schärften sich allmählich, und ich sah nun, wie menschenvoll der Raum war. Um den einen Tisch, über dem es immerhin am hellsten war, saßen sie dichtge-drängt und taten etwas, am Ofen waren andere dabei, klebriges Brot zu rösten und zu dörren.

Daß durchnäßte Wickelgamaschen und Leinwandstrümpfe am Rande der Eisenplatte brutzelten und nicht eben angenehm rochen, störte sie ebensowenig wie der dichte Vorhang von Wattejacken, Hosen und Hemden, die man in Ofennähe gebracht hatte, in der Hoffnung, auch sie möchten etwas von ihrer Feuchtigkeit abgeben und angenehmer wieder anzuziehen sein. Aber es gab mehr Bekleidungsstücke als Platz in Ofennähe, und so hing der ganze Raum voll davon als anmutig bergende Kulissenlandschaft, in welcher Gnome wuscheln und geheimnisvoll wispern. Es lebten hier an zweihundert Männer, von denen man auf diese Weise kaum etwas bemerkte.

Vom Mittelgang aus zu beiden Seiten hin reihten sich die Lagerstätten als dreifach gestapelte Pritschengestelle. Die Baracke war nicht hoch, und so reichte der Abstand von Fach zu Fach gerade so weit, daß man hineinkriechen, kaum aber dazu, daß man sich auch aufsetzen konnte. Jeder Gestellkomplex war zwei bis zweieinhalb Meter lang, dann kam jeweils ein Ein- und Ausschlupfraum von etwa einem halben Meter. Die Holzpritschen waren gut bestückt, auf jeder Etage eines jeden Gestells konnten matratzenlos sechs bis acht Mann ruhen, wenn auch nicht schlafen, nicht nur weil die Unterlage eben brettern war, sondern auch, weil man mehr als beengt lag und nachts nur gemeinsam die Lage wechseln und sich von links nach rechts oder von rechts nach links wenden konnte. Alle hatten sich daran gewöhnt und die Wendungen funktionierten, wenn auch nicht immer ohne Stöhnen und Klagen.

Was machte es schon aus, daß unter solchen Umständen keiner ausreichende Nachtruhe fand! Außer fälliger Lagerarbeit war nichts zu tun, und so konnte sich ein Großteil der zumeist älteren Gefangenen auch am Tage auf das letzte Stück beinahe freien Raumes zurückziehen, auf der er einen immer gefährdeten Anspruch zu haben glaubte. Von meinem Warteplatz aus sah ich einige da oben liegen; sie hatten sich in ihre schäbige Decke gehüllt und teilnahmslos verkrochen, andere hingegen lagen auf dem Bauch und sahen aus ihren Fächern denen da unten an Tisch und Ofen zu, die wie sinnlos taten und werkten. Alles war weniger Unterkunft als Unterstand oder gar Schließ-, Verschlußfach für Gefangene.

Der Barackenälteste hatte neben anderen am Tisch gesessen und mit einem Glasscherben Zeichen von einem Holzbrett abgekratzt. Man hatte ihn auf uns aufmerksam gemacht, und nun trat er mißmutig schnauzend zu uns. Er wisse nicht, was sich die da oben dächten, wenn sie immer noch mehr Leute in die bereits übervolle Baracke hineinquetschten. Er müsse uns ja aufnehmen; und selbst wenn wir schon einmal hier gewesen seien, hätten wir ganz von vorne, das heißt direkt neben der Tür anzufangen und uns nach und nach in dem Maße, wie andere abgeholt würden, in das wärmere Barackeninnere hineinzuarbeiten. Ich bekam einen Platz auf der obersten Etage und besaß nun als Existenz- oder Bewegungsminimum eine Fläche von 175 cm Länge und unabgegrenzt von 50 cm Breite.

Ich wurde zum Glied eines Elendsorganismus, von dem keines auf Kosten eines anderen lebte; wenn übermäßiger Drang den einen oder anderen nachts aufstöhnen und von der oberen auf die mittlere und untere Lade heruntertasten und zum Urinfaß im Windfang taumeln ließ, so bedurfte es nach getanem Ablassen wieder oben nur eines sanften Drucks des vor Kälte Zitternden, daß der Nachbar die ins Leere ausgebreiteten Beine an sich zog, bis er gleiche Nachsicht erfolgreich beanspruchte.

Dazu wilde Träume um sich schlagender Geängstigter!

Die am Tisch postierte Nacht- und Feuerwache eilte hierhin und dorthin, um Gequälte zu wecken und einigermaßen zu sich selbst zu bringen.

Nicht lange Zeit – dann hatte ich mich wieder hineingefunden und verrichtete in der Reihe der anderen die verlangten Gemeinschaftsarbeiten.

Über die Schwierigkeit, eine Bekanntschaft zu machen

Während kurzer Tage und kalter Monate war ich mir wintersüber wie ein entlaubter, für sich stehender Baum vorgekommen – ein durch Stürme gefährdeter und nur darum nicht gefällter, weil er seine Kraft im innersten Kern versammelte und den Erdmächten anvertraute.

Nunmehr nahte ein Frühling, und Äußeres fand Eingang; mit einem Male empfand ich mich nicht mehr als abgestorben und verdorrt, sondern trieb von irgendwoher einige Knospen. Sie entfalteten sich ungewöhnlich, nicht als Boten zukünftiger Tracht, da nichts auf Reife und Frucht deutete, sondern geheimnisvoll mit der Vergangenheit verschränkt als Rückweisungen auf wunderbar Gewesenes und unerhört Geschehenes. Am Gezweig entstanden erste Blüten; sie verlangten nach Befruchtung und Bestäubung, forderten Erinnerungen heraus, und ich suchte sie.

Durch solche Bereitschaft vorbereitet, wurde drum meine Aufmerksamkeit lebhaft erregt, als sich vor meiner Pritsche zwei über die Stadt Münster und das Münsterland unterhielten und dabei von einem Professor sprachen, der vor einigen Wochen in das Lager eingeliefert worden sei. Er sei von dorther. Einen aus dieser Stadt hatten wir sonst nicht im Lager, und gerade an sie banden mich schöne Erinnerungen. Mitten im Ersten Weltkrieg war mein Vater im Jahre 1916 aus Breslau dorthin versetzt worden; meine Schulzeit hatte ich dort verbracht, als wir alle arm und klein waren, hungern mußten und Laub sammelten mit der Aufgabe, es an den Darren abzuliefern, damit die Pferde vor den Kanonen im Felde Heu hätten. In Münster hatte ich in den besseren Jahren nach Ende der Inflation, in der man für Billionen Mark kaum ein Brot hatte kaufen können, mit dem Studium begonnen und die ersten Examina abgelegt. Schließlich hatte mich der Beruf in Süddeutschland eingefangen, und seit 1934 hatte es nur noch zu flüchtigen Besuchen in der vertrauten Heimatstadt gelangt. Sie war in die Ferne gerückt gewesen und erstand auf einmal wieder vor mir.

Ich fragte die beiden aus und erfuhr, daß dieser Professor aus Tscheliabinsk gekommen und drüben in Baracke 1 untergebracht sei – einer wie wir, das Gegenteil eines Aktivisten.

"Die Russen haben ihn anscheinend stark hergenommen", sagten sie, "weil er trotz der strengen Verbote heimlich doch die Messe gelesen hat und eine 'konspirative Gruppe' bildete. Jetzt werden sie ihn wohl bald in die Butirka befördern, obgleich er eher in das Lazarett gehört."

Ich dachte, ich müsse diesen Mann sprechen, stieg von meiner Pritsche, machte mich im Maße der beschränkten Möglichkeiten eines Expropriierten "landfein" und auf den Weg in die Nachbarbaracke. Die Schneewälle draußen tauten ab, und die Trampelpfade von Unterkunft zu Unterkunft glichen eher Wasserstraßen, aber die Mittagsluft erfrischte und roch nach Jahresanbruch.

Bald tauchte ich drüben in den dunstigen Windfang ein und fand mich nach Öffnung der Innentür in einem ebensolchen dunklen und trostlosen Raum, wie ich ihn soeben verlassen hatte. Nicht anders als bei uns war er mit Männern vollgepfropft.

Ich fragte mich nach Professor Kühle durch und stand schließlich ganz im Hintergrunde der Baracke vor zwei Männern, die jeder auf einem Hocker unter einem Fenster saßen und sich damit beschäftigten, Löcher in ihren Fußlingen zu stopfen. Wie das so üblich geworden war, stellte ich mich nach gemurmeltem Gruß als schweigenden Zuschauer neben sie und wartete. Sie waren angestrengt tätig, beugten sich tief über die Arbeit und zogen mühsam starke Nadeln, die einem Segelmacher hätten entwendet sein können, mit dickem Faden durch die derbe Zeltplane, aus der dazumal solche Fußlinge bestanden. Die Flecken, die sie auf die durchgewetzten Stellen aufsetzen wollten, stammten – waren entsprechende Beziehungen vorhanden – wohl aus der Höhle des Lagerschneiders, ansonsten waren sie etwa gegen ein Stück Brot getauscht worden. Die Fußlinge selbst, stellte ich mit Befriedigung fest, hatten so wenig Form und Gestalt wie meine eigenen selbstgemachten und schützten also wohl auch vor direkter Nässe. Wichtiger aber war, daß sie dem Strick, mit dem die Bretter unter die Füße gebunden wurden, besseren Halt boten als die bloße Haut und beim Gehen und Rutschen weniger schmerzten. Einen Fingerhut hatten die beiden auch nicht, und so stachen sie sich immer wieder schmerzhaft. Leute, Männer wie ich!

Ich sah auf ihre grauen, faltigen Gesichter nieder, dystrophiegealterte Mienen, von tiefem, abwesenden Ernst erfüllt, der seine Ursache nicht allein in der Arbeitsmühe hatte. Auch sie trugen unter dem zerknitterten und schäbig gewordenen Uniformrock ohne Schulterstücke nur das armselige, knopflose Leinenhemd der sowjetischen Gefangenenausstattung. Es ließ den Hals frei, und der trat zum Hinterkopf hin lang hervor; die Wirbelsäule zeichnete sich deutlich ab, und die Nackenmuskeln beiderseits waren zu dünnen, flachen Bändern zusammengeschmolzen. Es mußte sie anstrengen, den Kopf zu halten, und es hätte besser zu ihnen gepaßt, wenn sie ihn auf die müden Hände, die Tuchfetzen hätten herabsinken lassen. Beide spra-chen nicht miteinander; der anscheinend Ältere von ihnen, dessen dunkles Haar noch dicht und glatt war, sah wohl einmal auf und zu mir hin, musterte mich durch die Schießbrille, die er wahrscheinlich als einzige noch gerettet hatte, widmete sich aber sogleich wieder seinem Lappen. Sein Aufblick zeigte nicht Aufforderung, eher Zurückweisung, die er auch dadurch ausdrückte, daß er sofort seine Näharbeit wieder aufnahm. Geist-liche wurden gehetzt, und man setzte dunkle Gestalten in unterschiedlicher Verkleidung auf sie an. Unter den Augen hatte er, wie ich mit einem Blick erfaßte, schwere, blaß-bläuliche Tränensäcke, Zeichen von Wassersucht, scharf wie bei Dante ragte eine schmale Nase, und die Lippen bildeten ein messerscharfes Band. Für unsere Verhältnisse war er ausnehmend gut rasiert. Hingegen wirkte der Gefährte neben ihm irgendwie schemenhaft, allgemeiner, zudem ängstlich; denn er setzte sich alsbald so, daß er mir den Rücken zuwandte.

Und daß ich sie nicht ohne Umschweife angesprochen hatte, bezeugte, daß ich weder als Läufer der Kommandantur, noch irgendwie im Auftrage des Lageraktivs dastand. Dennoch wurde mir die Aufnahme des Gesprächs nicht erleichtert; denn offensichtlich wollte ich ja etwas und es lag an mir zu beginnen. – Derart konnte man aneinander vorbeileben, was in unserer da-maligen Lage nicht selten das Beste war.

Schließlich entschloß ich mich und brach das Schweigen:

"Darf ich Sie fragen? – Ich suche Professor Kühle und würde ihn gerne sprechen."

"Er spricht uns wenigstens nicht mit Du an", bemerkte der Brillenträger zu seinem Arbeitskameraden und sodann zu mir: "Ich heiße Kühle."

Ich war kurzatmig geblieben und stieß hervor: "Ich wollte Sie begrüßen. Ich heiße Schenck, bin aus der Nachbarbaracke."

Er erstarrte fast in Ablehnung und die Worte tropften langsam, abfällig von seinem Munde: "Jener Professor Schenck, der in Moskau arbeitete? Das sprach sich schon bis zu uns herum."

Flüchtig gab er mir die Hand, deutete auf den Nebenmann und stellte vor: "Dekan Meinzel, vormals Divisionspfarrer. Was wollen Sie?"

Ich stützte mich auf meinen Stock: "Man erzählte mir, Sie seien aus Münster?"

Er sah mich unwillig an: "Wer? Habe dort gelebt, einmal, vor Jahren. Jetzt, Menschenskind, hause ich hier. Gott sei's geklagt. Dieses Hitlers wegen. Und wer weiß, wie lange noch! Ja, vor zehn, zwölf Jahren war ich einmal in Münster zu Hause – eine Zeit, an die man gerne zurückdenken kann. – Schenck – Sohn des Chemikers?"

Ich bejahte, und er rief: "Bei dem hörte ich Vorlesungen, heimlich als junger Kaplan. Damals, als ich bei Donders und Meinerz studierte und promovierte. Bei Ihrem Vater das große Chemiekolleg, bei Benecke Botanik. Ich war neugierig auf die Naturwissenschaft und bin es geblieben."

Trotz der aufkommenden Erinnerung blieb er ablehnend: "Sie gingen nach Moskau und arbeiteten dort – welchen Nutzen hatten Sie davon?"

Er musterte Kleidung und Gestalt, die nicht von einem gehobenen Gefangenenstatus zeugte:

"Invalide?"

"Ja, ich kam krank zurück, lag den Winter über im Isolator und robbe mich nun drüben in Baracke 2 allmählich wieder an das Tageslicht."

Seine Vorsicht ließ ihn eiskalt bleiben; denn selbst in der Schar der Generäle oder ehemaligen Nationalsozialisten hatte der NKWD, hatten die "Blauen" ihre einsatzbereiten Spitzel.

"Sie haben für die anderen gearbeitet – ein Sohn von Schenck." Sein Nachbar merkte bei dieser Abfuhr nicht einmal auf, aber mein Gesicht rötete sich vor Zorn, und ich ging mit einem mehr als knappen Gruß.

Austausch von Erinnerungen an Münster gab es nicht. Vielmehr hatte er mir, indem er, ohne es auszusprechen, unterstellte, ich hätte mich denen angebiedert und sei nun auf dem Wege, ihr Werkzeug zu werden, einen schmerzhaften Peitschenhieb versetzt.

Erst als ich mich nach Verlassen der Baracke auf einem Wege ertappte, den ich sonst, weil er an den Unterkünften des Lageraktivs und der sowjetischen Kommandantur entlang ging, zu meiden suchte, beruhigte ich mich nach und nach. Anders als die Pfade, die wir gewöhnlich zu stapfen hatten, war er breit und vom Schnee, der sich freilich zu seinen Seiten als meterhoher Wall auftürmte und langsam, ganz langsam zum ersten Mai hin abschmolz, völlig geräumt.

Nirgends schon lebendiges Grün. Nur die grünen Vorhänge an den beiden Fenstern jener Stube, in der der "Blaue" seine Vernehmungen vornahm oder seine Vertrauensleute anhörte, waren wie stets zugezogen und mit Sorgfalt abgedichtet. Erregend Geheimnisvolles spielte sich dort drinnen ab, dort wurde gewürfelt – und die Würfel, die fielen, waren wir – weniger schon die, die in den besseren Baracken Betten hatten und denen ich also irgendwie zugerechnet zu werden schien, als diejenigen aus der Massenhausung, in der doch auch ich vegetierte.

Ich war ein Nirgendwo und Allüberall – Kühle aber, und das begriff ich während dieses Irrgangs, ein erklärter Feind der Sowjets und das Zentrum einer von ihnen nicht zu beherrschenden Gegenkraft. Also mußte Rotrußland ihn, wie vor ihm schon andere, die in irgendwelchen Zellen irgendeines Großgefängnisses verkamen, in das wirre Netzwerk von Lüge, Verleumdung und Beschuldigungen verstricken, in dem er als eingespeicheltes und eingewickeltes Opfer schließlich ausgesaugt und abgestorben, also ungefährlich, hängen blieb. Sie waren an ihm, um ihn zur Strecke zu bringen, und er wußte es. Also war es ganz natürlich, daß er, der Angriffe genügsam erlebt hatte, jeden neuen, noch nicht auf Verläßlichkeit abgeklopften Zukömmling schnell, energisch und endgültig abzuschütteln bemüht war.

Niedergeschlagen und beschämt, betroffen und enttäuscht erkletterte ich nach diesem mit einiger Freude und Erwartung begonnenen Gang meinen Pritschenplatz und verfiel in unruhige Träume.

Niemals und bei niemandem wollte ich Solches wiederholen; Erinnerungen mußten ein kostbarer, aber verschlossener und nicht vermehrbarer Schatz bleiben.

Derart nahm meine Bekanntschaft mit Heinrich Kühle ihren Anfang. Sie ließ sich zunächst, wie ersichtlich, gar nicht gut an. Wider Erwarten vertiefte sie sich aber doch allmählich zu einer ernsthaften, bis zu seinem, des Älteren Tod anhaltenden Freundschaft unter Männern, die von ganz unterschiedlichen Ausgangsstellungen her schließlich in die gleiche Lebenslage und -misere geraten waren.

Zählappell

Als zur namenlosen Masse gehörende Kriegsgefangene verfügten wir im Lager Krasnogorsk, 27/2, etwa zwanzig Kilometer vor der Reichsresidenz Moskau, über insgesamt zwei Uhren – Sonnenuhren, von kundigen Handwerkern aus unserer Mitte mit vorläufiger Billigung der Kommandantur an den Stirnseiten zweier Baracken angebracht und mit Stundenziffern versehen. Davon, daß diese "Instrumente" zuverlässig und genau arbeiteten, konnte nicht die Rede sein; Sonnentage, an denen sie die Zeit lautlos anschatteten, waren nicht übermäßig häufig, und eine in niedrig-flachem Boden knapp über den Horizont steigende Herbst-, Winter- und Frühlingssonne erreichte den stundenweisenden Schrägstab schon gar nicht.

Dahinvegetieren gehörte zu unserem Gefangenenleben, und niemand nahm darum Anstoß an den Ungenauigkeiten der Tagesgestaltung – am wenigsten die russischen Wächter, welche überzeugt waren, es genüge vollkommen, wenn s i e die Zeitweiser abgäben. Zumal eine richtige Uhr im Besitz eines Mannes innerhalb des Stacheldrahtzaunes diesen mehr als verdächtig machte. Konnte doch ein unverbesserlicher Schlaukopf mit ihrer Hilfe die Himmelsrichtungen ausmachen und mußte somit Fluchtgedanken hegen. Zwar einer weniger, wenn's ihm gelang – nu karascho – es gab genug davon – aber einer aus d i e s e m Lager entflohen! Mehr als Fatalität – ein Verhängnis, das in unliebsamer Weise Moskaus Aufmerksamkeit auf einen armen Kommandanten und mitschuldig gemachte Nachgeordnete lenken würde. Darum also Behebung aller Uhren; Sonnenuhren – nun ja – dagegen würde selbst das gefürchtete Väterchen nichts einwenden – und man muß ihnen ein Spielzeug lassen, das Laune erhält.

Jedoch, es gab dienstliche, an eine feste Stunde gebundene Verrichtungen – und zu ihnen gehörten morgens und abends die Appelle, welche zur Ermittlung der unversehrten Gesamtheit jedes zauninternen männlichen respektive weiblichen Kontingentes zwingend vorgeschrieben waren.

Irgend eine unklare Vorstellung von Gleichberechtigung machte, daß die draußen sich der Mithilfe der von drinnen versicherten. So stapfte denn auch in der Nachmittagsstunde eines Apriltages, an dem man selbst die Vernehmung im überheizten Zimmer eines Politoffiziers dem Aufenthalt unter der freien sowjetischen Himmelglocke vorgezogen haben würde, ein einsamer, armseliger Mann zum Lagertor. Langjährige Wiederholung täglichen Trotts hatte bei ihm die Empfindung dafür geschärft, daß Zählungszeit sei. Sie hatte ihn unruhig werden lassen, von der Pritsche hochgetrieben; und die Wattejacke überziehen lassen. Er drückte die Kappe ins Gesicht und nahm das Zeichen seiner Aufgabe, den Eisenstab, unter den Arm. Noch ein Schnuppern unter der Tür nach Helligkeit und Wetter. Es mußte an der Zeit sein. Er warf sich gegen die Schnee- und Regenschwaden, zog sich zusammen, wie die Quecksilbersäule im Fieberthermometer bei 35° C, und balancierte über Pfützen und Eisbrocken zu seiner Einsatzstelle nahe der Wache. Er war wohl etwas zu früh dran, was immerhin besser war als zu spät, trieb sich drum frierend und Aufmerksamkeit heischend in der Nähe des verriegelten, verrammelten und verketteten Lagertores herum, bis dicht neben ihm ein kleines Fenster aufgestoßen wurde, das gerade einem Gesicht und einem scheuchendem Arm Platz bot. Irgend etwas wurde gerufen. Der kleine Läufer verstand. Es war sein Zeichen; eilig setzte er sich in Bewegung und trabte, ohne noch auf Matsch und Schlamm zu achten, auf der großen Lagerstraße, die beidseitig von den Ehrentafeln für nacheiferungswürdige Aktivisten und den Schildern mit Losungen flankiert wurde, wohl siebzig, achtzig Meter weit zu jenen beiden Birken, zwischen deren Stämmen das meterlange Stück einer Eisenschiene hing. Dieser Glocke galt's. Er zog die Hände aus den Taschen, griff nach dem Eisenstab unter der Achsel und schlug auf die Schiene ein. Immer versuchte er, einen neuen Rhythmus zu finden, und niemals gelang es ihm. Aber der derart hervorgerufene scheppernde Klang verbreitete sich über das ganze Lager, blieb jedoch zunächst ohne Auswirkung; es war kein Vergnügen – zum tausendsten Male keines – zur Zählung heraus zu müssen. Wohl trat hier und dort ein Barackenältester sichernd unter die Tür seiner Unterkunft, ohne sie zu verlassen. Männer, die auf den Latrinen gehockt hatten, hasteten in die menschenwarmen Behausungen zurück. Während die Schiene noch angeschlagen wurde, schien das Lager zu erstarren; lauernde Stille herrschte, und es wurde deutlich: Man wollte nicht zur Zählung hinaus.

Der deutsche Lagerälteste machte sich auf den Weg zur Wache, um über eine Zählung in den Baracken zu verhandeln. Er hatte keinen Erfolg; ein Wächter beschimpfte ihn vom Fenster her und wies unmißverständlich mit dem Arm nach oben.

"Auf dem Appellplatz oben auf dem Berge antreten", bedeutete die Bewegung. Man mußte sich fügen. Lagerdienste und Aktivisten bemühten sich nunmehr, die Widerstrebenden möglichst schnell aus den Baracken weg und den Hügel hinauf zu bringen. Murrend und schimpfend schoben die Gefangenen sich durch die engen Windfänge der Eingänge und kletterten die glitschigen Stufen hinunter in das volle Wetterungemach. Wie nämlich die Palazzi eines glücklichen Venedig ruhten auch diese Hütten auf erhöhenden Pfahlrosten, die sie der Fäulnis entzogen. Während die Leute herausstolperten und quollen, drückten und zeterten die Ältesten hinter ihnen. Mühsam leerten sie ihren Barackenteil, kontrollierten die auf den Pritschen verbliebenen Kranken und Nachtwächter und stellten sich schließlich unter den Eingang ihrer Bleibe in Erwartung des Dijurnis, dem sie Meldung erstatten mußten. Erfahrungsgemäß hatten sie jetzt Zeit genug; der eine oder andere drehten sich aus dem Papier der "Prawda" eine Machorkazigarette.

Währenddessen hatten die Lagerwege sich dicht gefüllt; jede Barackenhälfte hatte an zweihundert Mann ausgepreßt; der kläglich Einzelne verlor sich in einer trostlosen Masse, die sich in Nässe, Wind, Regen und Glitschlehm steil zum Appellplatz hinaufquälte. Die Wärme der Unterkünfte, die sie in der Bedrängnis noch zwischen sich hatten halten können, entschlüpft in dem Maße, wie die Schar sich nunmehr zum Zuge auseinanderzog und verwirrte. Wer noch Schuhe trug oder wenigstens Stücke alter Autoreifen unter die Sohlen gebunden hatte, kam schneller bergan als die lediglich auf Brettern rutschenden Anderen. Die balancierten über Schlamm, glitten über Gefrorenes, ruderten, ums Gleichgewicht bemüht, mit den Armen, kamen ins Schwitzen und versuchten durch ermüdendes Zehenspiel, die Kordeln, an denen die Bretter hingen, auf dem Fußrist zu behalten. Entglitten sie, rutschten die Bretter bergab, und man mußte ihnen nach oder barfuß weiter hinauf. Glücklich, wer einen Stock oder Ast hatte, sich vorwärts- und hinaufzuschieben, oder einen Gefährten gewissermaßen als Partner einer Seilschaft.

So schoben, drückten und stemmten sie sich, bis sie alle wieder einmal oben waren. Der kleine Weg von knapp zweihundert Metern hatte sie aufs äußerste angestrengt, und manche hatten mehr als eine Viertelstunde dazu benötigt. Sie standen mit fliegenden Pulsen und nach Luft ringend auf dem Platz. Wer geschwitzt hatte, fror nun doppelt.

Das "Offizierskorps" des Lagers war versammelt – es zählte Greise, Blinde, zu Krüppeln Geschossene unter den Vielen, einstmals gesunde Hierhergeratene. Noch trug man so etwas wie eine Uniform; aber die Offiziersröcke waren inzwischen weggenommen und durch irgendwelche Fetzen von irgendwoher ersetzt worden. Die Hosen waren vielfach geflickt oder mit derben Flicken besetzt, damit sie stellenweise besser wärmten. Feldkäpis nutzten um eine Jahreszeit nicht, in welcher andere noch Pelzmützen trugen.

Einige Zeit verging; schließlich stand das Aufgebot der Geschlagenen in Gliedern zu fünft auf dem Platze, dessen eine Hälfte es füllte. Der Wind peitschte seinen Schneeregen durch die Reihen Dämmerung, kündigte sich an, und es herrschte jenes Übergangswetter, das mehr Opfer forderte als der kalte Winter selbst. Bis in den Kern ihres Leibes durchfroren, hielten sie sich aneinander aufrecht, ein Männerkonglomerat, vor dem selbst die mißtrauischste Gewahrsamsmacht eigentlich keine Angst zu haben brauchte und doch unentwegt noch hegte.

Jetzt erst setzten sich unten die Bewohner der kleineren Steinbaracken, die als Aktivisten und Spezialisten zu zwölft oder fünfzehnt in Zimmern mit echten, wenn auch Stockbetten wohnten, in Bewegung. Sie nutzten der großen Sowjetunion durch Wort und Werk und wurden aus der Masse der anderen herausgehoben, solange es rätlich erschien. Wann solche Bevorzugung ihr Ende nahm, wußte niemand von ihnen, und so genoß jeder, ohne Rücksicht auf andere, den Augenblick und was dieser ihm an besserer Verpflegung und Bekleidung bot. Sie trugen ihre Filzstiefel, Wattejacken, -hosen und Pelzmützen, und es bereitete ihnen keine Schwierigkeiten, den Appellplatz zu erreichen, auf dem sie die dritte und vierte Seite des Vierecks einzunehmen hatten. Lieber aber drängten sie sich zunächst an geschützteren Stellen zusammen, hatte man doch voraussichtlich länger zu warten, bis die Zähler wirklich an Ort und Stelle erschienen. Aus der Mitte dieser seiner Kollegen löste sich jetzt der Sprecher des Aktivs und bestieg, wie jeden Tag, den ihm als Rostra dienenden Erdhügel. Es war Herr Havemann, der Bruder eines damals in hohen politischen Ehren stehenden Berliner Naturwissenschaftlers, was ihm Ansehen und einige Macht verlieh. Seiner langen und besonders dünnen Beine wegen hieß er der "Marabu", und wie ein solcher stand er erhaben über der Masse und verbreitete die täglichen Nachrichten aus "Prawda/ lswestija", dem "Neuen Deutschland" und der Zeitung des "Nationalkomitees Freies Deutschland" mit seiner schwarz-weiß-roten Umrandung. Nicht daß die Verlesung hätte hilfreich sein sollen. Die Mitteilungen waren ausgewählt und enthielten vor allem das, was kränkte, beleidigte, entehrte. Dies war seit Jahren so, und so hörte dann auch keiner mehr hin, es sei denn, daß er sich vielleicht mühte, den unausgesprochenen Dingen nachzuspüren und Schlüsse aus ihnen zu ziehen, die vielleicht ermutigen konnten.

Die meisten jedoch waren todmüde und starrten gleich erschöpften Panjekarrengäulen mit gesenkten Köpfen vor sich auf den Boden. Hin und wieder kamen Frostschauer über sie, dann schüttelten sie sich und stampften mit den Füßen auf die Erde.

Heute gab's draußen nichts zu sehen. An anderen, schöneren Tagen jedoch hatte man von der Anhöhe einen Blick über das Lager hinaus ins Freie. Jenseits der begrenzenden Bretterwand und des breitgestaffelten mehrfachen Stacheldrahtzaunes nämlich breitete sich der See, – unerreichbares Wunschgebilde sommerlichen Abkühlungsdranges, wenn dort Muschiks ruderten und sich Pärchen im begrenzenden Kiefernwäldchen lärmend vergnügten. Im Wasser unterzutauchen, vermittelte das Gefühl frei zu sein. Und so saß zur Sommerszeit so mancher Gefangene an hellen Abenden an der Baracke und grübelte, ob es wohl möglich sei, sich unter den Zäunen hindurch zum Wasser hin zu graben. Unklaren Gerüchten zufolge sollte es im Ersten Weltkrieg einmal versucht worden und gelungen sein. Aber zu unserer Zeit blieb es beim Träumen und Erwägen. Die Sommers auf dem kahlen Boden lagen, so nahe am Zaune, wie es irgend ging, ohne daß die vom Wachturm herunterschossen, waren für solche Taten zu müde und für derlei Arbeit zu schwach. Sie sahen lediglich, daß Wolken über das Wasser strichen und daß die Wellen sie zu Scheingebilden verzerrten.

Zu denen, die so den Hügel täglich hinauf mußten, gehörte Kühle, gehörte auch ich.

Man kam zum Augenblick zurück; Havemann las noch immer. Der See trug eine stumpf gewordene trübe Eisdecke; sein Anblick verstärkte die Empfindung des Naßseins und Frierens. Schöner Kälteschlaf!

Der Zusammensinkende bekam einen Stoß vom aufmerksamen Nachbarn, und um wachzubleiben, blickte er nun nach der anderen Seite, nach rechts hinüber, um dort zu registrieren.

Auf der anderen Seite vor Torhaus und doppeltürigem Brettertor, über die sich ebenfalls ein Stacheldrahtverhau wälzte, lief die Landstraße, die zum Lager hin oder von ihm hinweg führte, wie man es gerade nahm. Jeder heute hier oben hatte sie begehen oder befahren müssen, und sie war immer weiß – im Sommer vom Staub, im Winter vom Schnee. Jetzt lag sie still und menschenleer, kein Leben in den Holzdatschen beiderseits, in denen die Wachmannschaften und ihre Familien wohnten, kein Leben auch in den kleinen Steinhäusern, zu denen man unter starker Bewachung geführt wurde, um von unangenehmen Leuten in unangenehmer Weise ausgefragt zu werden. Von dort ging's immer weiter und bis nach Moskau.

Havemann hatte murmelnd geendet; man hatte ihn unterbrochen und zunehmend stärker gemurrt; denn die Zählung verzögerte sich.

Viele hundert Augenpaare wandten sich in Richtung der Wache und erkannten die Ursache. Außen am Tore wurde gelärmt, ein mit einer Plane verdeckter LKW war dicht an den Eingang gefahren. Zwei Russen sprangen aus dem Führerhaus und riefen die Wache heraus. Wurden jetzt Neue gebracht, so mußten sie, selbst wenn sie todkrank waren, bis zum Schluß der Zählung draußen warten. Es waren Neue, die aber das Glück hatten, noch hereingelassen zu werden. Die Wagen fuhren ab. Manch erschrecktes Herz oben kam langsam zur Ruhe. Es wurde niemand, man wurde selbst nicht abgeholt!

Einen weiteren Aufschub schien es nicht mehr zu geben. Die Tür der Wachstube wurde aufgestoßen; der Dijurni, Offizier vom Dienst, trat von zwei Sergeanten begleitet heraus, und der deutsche Lagerälteste, der ebenfalls zwei Läufer zu seiner Unterstützung und den Offizier von hier aus zu begleiten hatte, meldete das Lager angetreten.

Auf dem Hügel orientierte man sich schnell: der kleine Kapitän; man würde bei der Zählung voraussichtlich keine besonderen Schikanen zu erwarten haben.

Wie die Routine es verlangte, wandte sich die Gruppe der Zähler zunächst nach rechts zur "extraterritorialen" Zone, die durch eine hohe Bretterwand von den anderen Baracken abgesondert, doch innerhalb des Lagerrayons lag. Mit voller Faust schlug der Kapitän gegen die einmannbreite Eingangstür, und es ward ihm aufgetan. Er zwängte sich mit seinen zwei Leuten hinein; die Deutschen blieben draußen. Es mußte Geheimnis bleiben, wer dort gezählt wurde. Aber man wußte ziemlich genau: Drinnen befanden sich Diplomaten verschiedener Länder, mit denen sich die Sowjetunion im Kriegszustand oder, was vielleicht auf mehr herauskam, im ideologischen Gegensatz befand. Also Spanier, Japaner, Südamerikaner, Angehörige des polnischen Hochadels, die sich vor den Deutschen zu den Russen gerettet hatten. Aber auch Angehörige des deutschen diplomatischen Dienstes aus der Mandschurei sollten unter ihnen sein. Einiges ließ der deutsche Lagerarzt, der manchmal hinübergeführt wurde, unter dem Siegel der Verschwiegenheit wissen. Manchmal auch klangen Frauenstimmen zu uns herüber, und gelegentlich flog ein um einen Stein gewickeltes Papierchen zu uns oder von uns zu ihnen. Heimlich wurden Namen und Nachrichten ausgetauscht. Je mehr Menschen der Aufenthalt anderer Gefangener bekannt wurde, desto weniger konnten sie spurlos verschwinden.

Bald erschien der Kapitän mit seinen Trabanten wieder, eilte durch die leere Hauptlatrine zur ersten Baracke, vor der der Älteste meldete. Die Zählerschar verschwand im Eingang; einige Männer, die nach Ansicht des Dijurni nicht krank oder schwach genug waren, um in der Baracke bleiben zu dürfen, wurden herausgescheucht. Das Gleiche wiederholte sich in der anderen Dystrophikerbaracke. Mit einer gewissen Schadenfreude beobachteten die oben am Hügel die Bemühungen der Gescheiterten, den Abhang heraufzukraxeln und wieder Anschluß zu finden.

In den Aktivisten-Baracken war hingegen keiner obstinat gewesen und ohne vorweisbare Begründung zurückgeblieben. Nun überquerte die Schar die Lageravenue und besuchte die breitgelagerte Baracke der "allsowjetischen Antifaschule", in welcher den Besten der Besten, der Elite der kriegsgefangenen Deutschen, nunmehr von Dozenten der "Moskauer Parteischule" der letzte Schliff vor ihrem Einsatz in der Heimat gegeben wurde. Sie alle hatten sich schon zwei bis drei Jahre lang im Aktiv eines Lagers im weiten russischen Raum bewährt und trotz aller Selbstbezichtigungen das Fegefeuer regionaler Politkurse überstanden.

Bei bewährten Antifaschisten, die fast zu Towarischi geworden waren, konnte man Vertrauen, fast schon Freundschaft zeigen; zudem wurde hier sozialistische Wissenschaft im Sinne Stalins und Lenins verkündet. Die Zählung verlief also diskret, man schaute in die einzelnen Klassen und ließ sich von einem deutschen Hilfsassistenten die einzelnen Zahlen ohne Nachkontrolle "um Himmels willen" flüsternd vortragen. Jeder Zähler setzte sie, wie die schon vorher gesammelten auf sein Holzbrett. Der Weg führte weiter zu Speisesaal und Küche. Die Köche stellten sich wohlgenährt in schmucken weißen Jacken, mit hohen Mützen ausgestattet, der Zählung zur Verfügung, genauer als sie wurde die Reihe der hinter ihnen im Dunst des Kesseldampfes stehenden, jämmerlich hinter schmutzigen, großen Schürzen verschwindenden Schälsoldaten abgehakt. Den Kopf aus dem Schalter steckend, ansehnlich vor den Macht verleihenden gefüllten Brotstellagen, präsentierten der Brotschneider und sein Gehilfe ihre Messer. Der Küchenchef begab sich wieder an sein Geschäft; die Zähler machten eine Kehrtwendung, und wie in einem Wetterhäuschen erschienen nun mehlbestaubt und noch mit Teig an den Armen die kräftigen Bäcker in hellen Linnenschürzen. Sie buken Brot unterschiedlicher Qualität für Russen und Deutsche, Männlein und Weiblein. Der Brotwagen stand draußen, und dessen Kutscher ließ den Dampf aus den Nüstern seines Pferdes, eines Schimmels, wärmend über sein Gesicht streichen. Bei jedem Atemzug des mächtigen Tieres entstieg ihnen eine im Winde schnell verstreichende Wolke. Die Gedanken mancher hingen an ihm, war es ja doch auch ein Gefangener; denn derartige Pferde mit solch gewaltigem Kopf und so starker Vorhand gab es hierzulande sonst nicht. Es mochte sich einst vor einer Kanone in die Sielen gelegt und sie durch Schlamm und Schmutz vorwärts gezogen haben, aber Deutschland würde es mit Sicherheit niemals wieder erreichen. Man beklopfte den Schimmel, wenn man in seine Nähe kommen konnte, mit wehmütiger Zuneigung und einem leisen Lächeln; denn er hatte keinen Schwanz mehr. Dessen Haare waren nach und nach bis auf die Schwanzgrube ausgerupft worden, um später in eigengemachten Rasierpinseln nützliche Auferstehung zu feiern.

Vorbei an der NKWD-Datsche, vor der zwei Läufer winkend auf sich aufmerksam machten, stapfte die Gruppe zu Banja und Wäscherei, überquerte wiederum die Avenue und gelangte zum Lazarett. Hier meldete als Vertrauensmann der Hauptsanitäter, der mit Krankenpflege niemals etwas zu tun gehabt hatte. Im schmalen, dunklen Flur standen Arzt, Sanitäter, Lazarettköche und nicht bettlägrige Kranke. Aber dann wurde Bett um Bett untersucht; denn durch die Träume eines jeden Zählers geisterte der künstliche Kissenmann, der einem anderen Mann die Flucht ermöglichte.

Oben auf dem Appellplatz fror man indessen immer mehr, und es trübte sich bei bleibendem Schneewehen zunehmend stärker ein, als der Kapitän jetzt zu den "Leuten des Herrn Bolz" trat und sie höflich begrüßte. Generalarzt Schreiber meldet kollegial mit Handschlag. An dreißig gutgekleidete Männer standen in lässiger Haltung vor dem Eingang ihrer Barackenwohnungen und überließen die Feststellung ihrer Menge dem Zähl- und Additionsvermögen der Wachtiere. Es war Brauch aus Kollegialität, jedoch nicht Pflicht, daß sie heraustraten.

Kaum war der Kapitän mit seiner Begleitung vorbei, wandten sie sich und verschwanden zum Abendessen in ihrem Kasino. Ordonnanzen, Hauptleute und Majore unter ihnen, begierig auf die Brösel vom Tische der Herren, trugen das in der Lazarettküche bereitete Sonderessen auf. Ihm lag doppelte Generalsverpflegung zugrunde, und beste "Produkte" wurden eigens für es aus Moskau herbeigefahren. Sollten doch die Herren zufrieden sein. Das "Pensionat Judas Ischariot" ließ es sich wohlergehen. Landser, Offiziere unterschiedlicher Dienstgrade, Generäle, einsgeworden zu überzeugten und bewährten Kommunisten, hatte man hier in der Absicht zusammengebracht, sie als Funktionäre der von Herrn Bolz im Auftrag der sowjetischen kommunistischen Partei gegründeten, mittelständischen nationaldemokratischen Partei zu günstiger Zeit in die Sowjetzone zu schicken. Ihnen war die Aufgabe zugedacht, ehemalige Nationalsozialisten, Soldaten, Konservative, Beamte um sich zu sammeln und indirekt zu Gefolgsleuten Ulbrichts zu machen.

Hierüber war man allseits orientiert; denn Herr Bolz, bis 1933 Jurist in Breslau, Emigrant und später Mitglied der kommunistischen Allunionspartei, in diesen Jahren Chefredakteur der Kriegsgefangenenzeitung und später einmal Außenminister Ostberlins, hatte sich auf seinen neo-bürgerlichen Auftrag wohl vorbereitet, indem er Gespräche mit Gefangenen aller Schichten führte. Die von ihm hierbei als zur Mitarbeit geeignet Befundenen waren von einem Tag zum anderen dem Nichts der Gefangenschaft enthoben und an dieses "Tischlein deck dich" gesetzt worden. Sie waren, bis auf wenige, nicht mehr geneigt, es unbenutzt stehen zu lassen.

Sie wohnten jetzt dort, wo noch wenige Wochen vorher die mehrfache Anzahl japanischer Offiziere, von der grauen Masse der Deutschen hochgeachtet, gehaust hatte. Eine Verständigung mit ihnen war kaum möglich gewesen, aber man hatte einander gegrüßt, wie es das Offiziersreglement seit jeher vorsah, und das hatte selbst den Elendsten Würde verliehen. Sie zeigte sich in jenem Augenblick in besonderer Weise, als ihr greises Oberhaupt, ein Generaloberst, zur Butirka weggebracht wurde. Fast alle begleiteten ihn zum Tor, wo er einem jungen Offizier einige Haare seines Bartes übergab, damit er sie eines Tages in den heimischen Ahnenschrein lege, vor dem er selbst sich niemals mehr werde neigen können. Man erfuhr nie wieder etwas von ihm, aber auch Deutsche hatten sich wie Japaner tief verbeugt und die Hände auf die Knie gelegt, als die Posten ihn durch das Tor hinaus stießen.

Der Kapitän war inzwischen hinter dem Hügel außer Sicht gekommen. Abseits lag dort der Karzer mit einigen Insassen, bereits alten, früheren Ortskommandanten russischer Städte, die aller Wahrscheinlichkeit dort isoliert blieben, bis sie zur Überzeugung gelangt sein würden, die ihnen vorgehaltenen Untaten wirklich begangen zu haben. Dann waren sie reif zur Aburteilung.

Währenddessen wandte sich die allgemeine Aufmerksamkeit dem Oberleutnant Elperin zu, der aus der NKWD-Datsche trat und zur Wache eilte. Er sprach ein ausgezeichnetes Deutsch, und man munkelte, er sei vor dem Kriege in der Berliner Sowjetbotschaft aufgewachsen. Voraussichtlich würde er in der Dunkelheit wiederkommen. Die Nacht war seine Zeit, in der er die Männer aus dem Karzer vernahm oder etwelche in den Baracken aus dem Schlaf reißen und vorbringen ließ.

Schneller – denn nun wurden bereits die Lagerscheinwerfer eingeschaltet und die Wachhunde an die Laufketten gelegt – eilten die Zählmänner zu den Handwerkern. Vor dem Werkstatteingang schwang ein Schneider sein Bügeleisen, um seine Holzkohlenglut anzufachen. Drinnen arbeiteten andere an Offiziersuniformen und Gesellschaftskleidern; Schuster saßen über Stiefeln und Stiefeletten. Kostbare Stoffe aus Japan und Deutschland, bestes Leder von irgendwoher stand zu ihrer Verfügung. Hohe Offiziere kamen zur Anprobe; mit seiner Kollektion fuhr der Chefschneider – so flüsterte man – im Wagen eines Generals oder gar Marschalls nach Moskau hinein. Er hatte Geld und rauchte teure Zigaretten. Was wollte da ein kleiner Kapitän, der froh sein sollte, wenn man sich zu einer Änderung an seiner Uniform herabließ, schon ihnen, den Handwerkern. Er war zum Zählen da, sie nicht zum Gezähltwerden. Top.

Der Russe gab sich mit der flüchtig hingeworfenen Stärke zufrieden. Keiner betrat die Handwerkstuben mit ihren unvorstellbaren Schätzen.

Der Kapitän schob, ein Zeichen, daß er ärgerlich und müde war, die Mütze auf den Hinterkopf. Wenn die Zahl hier vielleicht nicht richtig war, oben bei der Masse mußte sie schließlich stimmen. Es war fast dunkel, als er endlich auf dem Appellplatz anlangte.

Havemann, der noch auf seiner Rednerbühne gestanden, aber auf einige böse Fragen keine Antwort gefunden hatte, verschwand in der Aktivistenkompanie. Männer, die sich ungeachtet aller Kälte und Nässe auf die Erde gesetzt hatten, rappelten sich mühsam auf. Man formierte eine zählbare Gliederung. Ordnend eilten die Läufer voraus, vorzählend folgten die Sergeanten, nachzählend Kapitän und Lagerältester: On, dwa, tri ... schest, sam ... eins, zwei, drei ... sechs, sieben ...

Im Schlaglicht eines Scheinwerfers traten sie dann zusammen, tuschelnd addierten sie die Zahlen auf ihren Brettern und verglichen. Es sah nicht so aus, als ob man einig würde. Unruhe und Angst vor Wiederholung der ganzen Prozedur überkam alle.

Der Lagerälteste sah in das Dunkel hinüber. Ihm war warm, er war gut gekleidet. Er verachtete diese noch nicht aufgearbeitete, nutzlose Restgefangenenmasse, die es nicht verstanden hatte, es sich erträglich zu machen, und die weder positiv zur Sowjetunion stand noch schon verurteilt war. Aber er war nicht grausam und fühlte, wie erschöpft die Leute bei diesem Wetter und nach der Wartezeit in Wind und Schnee waren. Auch war er klug genug zu bedenken, daß er jederzeit wieder von seinem Posten hier zu jenen dort hinuntergestoßen werden konnte.

So machte er sein Kunststück und brachte die fehlende Zahl irgendwoher aus seiner Aufstellung zum Vorschein. Der Kapitän, nicht mehr besonders kritisch aufgelegt, ließ es gelten.

Abschließendes Getuschel, ein Nicken.

"Wegtreten."

Die Zählung war erfolgreich abgeschlossen.

Wesentlich schneller als hinauf glitt die Männermasse wie eine Lawine sich vom Hang lösend, rutschend, stoßend und sich behindernd, sich ausbreitend und an den Barackeneingängen sich wieder stauend, erleichtert und wiederum schimpfend in die Unterkünfte zurück.

Der für alle Zukunft unvergeßliche, überstandenes Elend zurückbeschwörende Dunstmief verstärkte sich, als mit den ungewaschenen Jacken, Hosen und Mänteln jetzt die Kälte in die Räume kroch. Man drängte sich um die Eisenöfen, auf deren Platten die in den Baracken Gebliebenen bereits Brot geröstet und Tee gewärmt hatten. Zwar hatten sie die besten Trockenplätze besetzt, aber sie hatten zum richtigen Augenblick gut eingeheizt. Wärme bedeutete so etwas wie Glück; sie trieb die Nässe aus der Kleidung, aus den Haaren. Die Luft wurde zum Schneiden dicht, und man mußte dies täglich mitgemacht haben, um eine gewisse Art von Behaglichkeit in sich aufsteigen zu fühlen.

Tee- und Brotholer kamen mit den Abendrationen, und das Ritual der ausgezirkelten Verteilung nahm seinen Gang.

In den so unterschiedlichen Unterkünften des Lagers ging der Tag auf verschiedene Weise zu Ende. Die Antifa-Schule beschloß ihn mit der "Internationalen", die "Pension Judas Ischariot" ging gutbürgerlich zu Bett, und bei der grauen Masse war es wie allemal. Der Wächter saß unter einer baumelnden und trübe flackernden Glühlampe am Tisch in der Mitte. Vor und hinter ihm schliefen, drei Pritschenetagen hoch, die Gefangenen auf hartem Holz. Jeweils zwei hatten zusammen eine Decke, alle in einer Reihe lagen so dicht nebeneinander, daß sie ihre Zwangslage nur gemeinsam ändern konnten. Stöhnen, unter Mützen erstickte Schreie hier und dort. Trieben die Ratten es zu arg, dann schlug der Wächter mit dem Stock gegen den Tisch, und sie hörten für eine Weile auf zu rascheln und zu pfeifen.

In den Öfen lag nur noch wenig Glut, aber die dünstenden Leiber wärmten nunmehr den Raum. Hungerkrankheit steigerte die nächtlichen Bedürfnisse zu imperativem Drang; Schlaftrunkene schoben sich über Leiber Schlafender, stiegen die Stellagen hinab und taumelten zur Latrine oder zu dem morgens bis zum Rande gefüllten Faß. Beim Hinein oder Heraus wurde die ganze Reihe aufgestört, aber von fast tödlicher Müdigkeit umfangen ertrug ein jeder Unvermeidliches.

Mit Sicherheit kam irgendwann nachts der Läufer eines Kommissars und ließ sich vom Wächter den Schlafplatz irgend eines zeigen. Der Wolf holte sich aus der Mitte der Herde ein Schaf, und untergründige Angst wußte – keiner war gegen den Griff gefeit. Sie hier nicht, die Großen dort drüben nicht.

Ein Vortrag

Im schmutzigen, verkrusteten Lagerkessel garten die Gefangenen dem Frühling und Sommer 1948 entgegen. Die Witterungsunbilden nahmen nach und nach ab, aber das Feuer unter dem Topf wurde weiterhin sorgfältig unterhalten, der Brei immer wieder geprüft und abgeschmeckt. Fettaugen, mit dem Paprika dialektischer Belehrung gewürzt, nahmen die rote Farbe an. Die Zöglinge der Allunions-Antifa-Schule begriffen den wissenschaftlichen, die Bewohner der "Pension Judas Ischariot" den praktischen Sozialismus und erhoben beides zur Konfession. Was gesichert rot erschien, driftete, sofern es bei unvermutetem Umrühren nicht wieder an die Oberfläche verschwand, an den Kesselrand, wo es zu weiterer Verwendung abgeschöpft wurde.

In der "Pension Gulag" brauchte sich niemand wegen irgendwelcher Silberlinge aufzuhängen; jeder Ischariot gelangte in das sowjetzonale Gebiet, in dem ihm bald eine Schlüsselstellung eingeräumt wurde. Der eine oder andere, von dem noch zu sprechen sein wird, hatte vortrefflich geheuchelt und wechselte alsbald auf die andere Seite. Mit den Schülern hatte man, ehe sie in der Heimat die demokratischen Kräfte stärken durften, zunächst etwas anderes vor. Sie wurden als Gewürz oder Hefe auf die anderen Lager in der großen Sowjetunion verteilt. Noch gab es ja über 3000 von ihnen.

Denjenigen aber, die der Brei waren, und auch allen, die aus Moskauer Gefängnissen hinzugeliefert wurden, machte das Besteigen des Appellhügels trotz aller Schwäche nach und nach geringere Mühe. Hingegen wurde der Aufenthalt in der erstickend-feuchten Barackenluft um so unerträglicher, je wärmer es wurde, und die Wanzenplage wurde unausstehlich, obgleich unendlich viel Ungeziefer zerquetscht wurde und das Blut, das es Schlafenden abgesaugt hatte, überall braunrote Flecken bildete. Wenn das Wetter es irgend zuließ, war man im Freien. Tändelnd, mit Nichtigkeiten beschäftigt, lagen die einen vor den Behausungen, während andere sich aufmachten und wie Bären im Zwinger unablässig die gleichen Wege durchliefen, zur Höhe hinauf, wo sie blicklos verweilten, auf Pfaden sodann, die die Wachposten gerade eben zuließen, am Zaunwerk entlang, einzeln, zu zweit oder dritt, einer hinter dem anderen, lange Zeiten wortlos, seiten sich zu einem Gespräch gesellend, bis endlich die Zeit zur Zählung und zum Essenfassen heranrückte.

Nächtliches Aufstöhnen allenthalben, Schweißausbrüche, wilder Harndrang, Abwehr von Ratten und Ungeziefer. Sichern des Brotrestes vor den diebischen Nagern. Wer biß zuerst, wer schlug zuerst zu?

Es gab Sonne und Wärme, aber Schlamm auch und Regen, ungeheure Wolkengebilde stürmten von Horizont zu Horizont mit Blitz, Donner und Hagelschlag. Und dazu gab es das Paar roter Milane, das fast täglich über dem Lager kreiste und dann abflog, wohin es wollte.

Ich hatte mich im Moskauer Hospital ans Alleinsein, das mit Isolation von den Schicksalsgefährten nichts zu tun hatte, zu sehr gewöhnt, als daß ich es nach der Entlassung hätte aufgeben wollen. Also bewarb ich mich, kaum daß ich einige Tage in der Barackenenge verbrachte hatte, um den von keinem begehrten, mir jedoch wie auf den Leib zugeschnittenen Posten eines Nacht- und Feuerwächters. Nach Prüfung meiner Vertrauenswürdigkeit erhielt ich ihn auch zugesprochen und hatte diesen Posten mit Ausnahme jener Monate, in denen Lungenkrankheit sich wieder rührte und mich ins Lazarett zwang, an die zwei Jahre lang inne.

Von Mitternacht bis zum Morgenwecken wanderte ich nun durch das Lager, achtete auf jeden Schornstein, starrte die auf den begrenzenden Wachtürmen dösenden Posten an, ließ mich von den Kettenhunden anbellen, besuchte frühmorgens die Heizer von Wäscherei und Küche und konnte mir meine Wege einrichten, wie ich wollte. Dabei lernte ich die russische Nacht aller Jahreszeiten in ihren vielfältigen Schattierungen kennen. Unendlich oft sah ich – so weit in den Osten verschlagen – die Sonne noch weiter ostwärts aufgehen, stand ich für mich auf dem Appellplatz und sah von oben auf die nahen und ferneren Baracken hinunter, in denen eng aneinander so viele Bedrückte auf Holzpritschen schliefen und unruhig träumten.

Frühjahrszeit – da kamen warme Winde, die die Kiefern jenseits des Zaunes zum Rauschen und inmitten des Lagers die Birken zum Knospen brachten. Schier vernichtende Winter, wenn ich in dem wohl zwölf Kilogramm schweren Pelzmantel, der Dienstbekleidung war, im Schneesturm zwischen den Baracken umherirrte, weil die Schneewächten sich immer neu türmten und die Spuren des vorherigen Rundganges schnell verweht waren.

Während weniger Monate wehte damals der Geist nochmals über mich hin, wie er es im Moskauer Hospital getan hatte. Aus erregtem Herzen entstanden die an die in Dumpfheit zusammengedrängten Kameraden gerichteten Abgesänge. Wie die Verse mir kamen, kritzelte ich sie flüchtig unter einer Lampe auf einen Zettel. Meist fügte sich etwas Neues, Bedrängendes hinzu.

Am Tage übertrug ich das Niedergekritzelte heimlich in ein Heft, das ich am Leibe bewahrte. Gefahr, dieses bei einer Durchsuchung abgenommen zu bekommen, bestand immer, und so wiederholte ich das Entstandene Nacht für Nacht aus dem Gedächtnis und benötigte immer längere Zeit zur Wiederholung. Es wuchs, und ich war glücklich dabei.

Schließlich verließ mich die schöpferische Kraft, erlahmte zu quälendem, ergebnislosem Zwang, dann zum kläglichen Nichtmehrkönnen. Ausgeleert und niedergeschlagen stapfte ich von da an die Runden, und Wiederholen wurde zur lästigen, wenn auch bleibenden Pflicht. Wie dichter Nebel umgab mich Trostlosigkeit; ich fühlte mich fortan elend, und das Bestehen der Wache bereitete mir Mühe. Die Sperre löste sich erst wieder, als mich wissenschaftliche Fragen drängten.

Doch damals warf ich mich ausgekühlt und erschöpft auf die Brettstatt, wenn Weckenszeit für die anderen war, zog die dünne Decke über den Kopf, vernahm kaum noch die von zweihundert Mann erzeugten Geräusche, schlief jedoch nie tief und wirklich. Mittags gliederte ich mich in das Barackenleben ein.

Eines Abends lag ich auf der Pritsche und döste, da ich bis zum Wachantritt noch hinreichend Zeit hatte, vor mich hin, da zupfte mich einer am Fuß, und als ich abwehrte, rüttelte mich der Läufer: "Sofort zu Elperin – Vernehmung."

Ich schluckte und schreckte auf; das so labil gewordene Herz klopfte bis zum Halse, und das ungute Gefühl, das jeder zum Verhör Gerufene kennt, durchschlug mich.

Hose, Jacke, Mütze – in fieberhafter Eile fertiggemacht, Mitteilung an den Barackenwärter, daß ich meinen Vorgänger voraussichtlich erst später als zum festgesetzten Zeitpunkt ablösen würde – und dem Läufer nach zur Datsche auf halber Hügelhöhe, in der die Politoffiziere des NKWD, wenn sie abends aus Moskau zur Arbeit eintrafen, residierten.

Elperin ließ mich nicht, wie sonst üblich, längere Zeit warten, um mich nervös und unsicher zu machen, auch saß er alleine in seinem Zimmer, ohne Protokollführer. Auffallend freundlich, fast zuvorkommend sprach er mich in seiner Stiefmuttersprache deutsch an, die er – der Fama nach – vor dem Kriege in der Berliner Sowjetbotschaft gelernt haben sollte.

Vernehmungen in der Sowjetunion haben ihr eigenes wohl eingespieltes Ritual, aber Elperin benutzte es nicht.

"Sie haben in Moskau gearbeitet?" stellte er fragend fest, und ich ging, böser Vermutungen voll, sofort in Habacht-Stellung, wenn auch registrierend, daß er mich nicht mit "Du" angesprochen hatte.

Wider Erwarten hatte er es jedoch nicht auf mich und meine dortige Tätigkeit abgesehen, sondern sein Interesse galt den Ärzten Petersilie, Nathanson, Lindenbraten, dem Obersten Professor Markoff. Wie sie gearbeitet, was sie miteinander gesprochen hätten, ob sie häufig abwesend gewesen seien?

Aber was sollte ich von ihnen wissen? Ich preßte kaum ein Wort heraus und sagte: "Russisch verstehe ich wirklich nicht." Er tat sehr erstaunt – ja, ob ich in den zwei Moskauer Jahren die russische Sprache denn nicht erlernt hätte? – Ich sagte: "Wie denn, wenn alle ihr Deutsch an mir erproben wollten?"

Er schien verstimmt, sagte dann jedoch plötzlich: "Sie sind doch Wissenschaftler, Arzt und mehrfach ausgezeichnet. Man hat die Pflicht, Wissenschaft zu verbreiten – wenigstens tut man das bei uns in der Sowjetunion, wo das ganze Volk an den Errungenschaften der Wissenschaft teilnimmt. Warum haben Sie im Lager noch keinen Vortrag für die Gefangenen gehalten?"

Wieder einmal der in einen Vorwurf gekleidete Auftrag, etwas zu tun. Ich zuckte mit den Schultern.

Er sah vor sich hin, sagte abschließend "nu da" und entließ mich noch rechtzeitig zum Antritt der Wache.

Eine ganze Nacht lang hatte ich Gelegenheit darüber nachzudenken, weshalb er mich zu sich bestellt hatte und worauf es ihm wirklich angekommen war.

Bald erfuhr ich es; denn wenige Tage später erschien eine der Größen des antifaschistischen Lageraktivs. Er sprach davon, daß man daran denke, neben der politischen und kulturellen Vortragsreihe jetzt auch eine wissenschaftliche aufzuziehen, um die Erkenntnisse der fortschrittlichen Forschungen unter den Gefangenen zu verbreiten. Da man wisse, daß ich in einem Moskauer Institut gearbeitet habe, um aus den Erkenntnissen der sowjetischen Medizin Gewinn zu ziehen, wolle man, daß ich den ersten Vortrag der neuen Reihe in zwei Wochen nachmittags im großen Speisesaal vor der ganzen Belegschaft halte.

Mein Hinweis auf Krankheit und Wachdienst genügte nicht zur Ablehnung. Hatte Elperin mir gegenüber in Frageform nur einen Vorschlag gemacht, so hatte er, nachdem er mich von Angesicht zu Angesicht gesehen hatte, dem Aktiv offenbar einen strikten Befehl gegeben.

Der "Kamerad" vom Aktiv blieb hartnäckig, weil er meine Zusage haben mußte, und drohte versteckt mit verschiedenen Dingen, die man wisse. Zwar wußte ich nicht, was sie alles wußten, aber mir war daran gelegen, daß sie möglichst wenig von dem erfuhren und verbreiteten, was ich alles wußte. So mußte ich also ran, konnte mich dem Auftrag, der sehr wohl eine Falle sein konnte, nicht länger verwehren und mußte nur alles daransetzen, mich einwandfrei, ja ehrenhaft aus der Affäre zu ziehen.

Mit solchen Vorträgen hatte es nämlich folgende Bewandtnis: Ihr Besuch war für jeden hinter dem Stacheldraht Pflicht, das Aktiv veranstaltete sie zwar, aber hinter und über ihm stand sehr deutlich die politische Abteilung. Welchen Wert man auf die Umerziehung der Gefangenen gerade im Lager Krasnogorsk legte, zeigte sich daran, daß man die politische Aufklärung nicht dem Lageraktiv überließ, sondern immer wieder noch in Moskau residierende deutsche Kommunisten oder deutsch sprechende Politologen wie etwa den Professor Janssen beibrachte. Aber wer auch immer sprach, keiner unterließ es, die Deutschen und ihre ganze Geschichte der letzten Jahrhunderte als verbrecherisch zu entlarven, um, wenn dies hinreichend geschehen, die Größe und Macht der Sowjetunion wie auch deren brüderliche Hilfe für alle Gestrauchelten und in die Irre Gegangenen in den roten Himmel zu heben.

Jeder Vortrag war also ein Kolbenschlag gegen Würde und Selbstbehauptungswillen derjenigen von uns, die dem siegreichen Banner nicht folgen konnten und wollten. So sah man jedem Vortrag mit Widerwillen, ja geradezu mit Angst vor den Schlägen entgegen.

Da ich nun zu den Unbelehrbaren gehörte, wollte wenigstens ich, wenn ich schon um das Reden nicht herumkam, die Keule unbenutzt lassen und eher etwas tun, Gleichdenkenden den Rücken zu stärken. Ich sah eine Möglichkeit. Im Moskauer Institut hatte ich zahlreiche Autobiographien und Lebensbeschreibungen von Forschern gelesen, so daß ich mich in der Entwicklung der Heilkunde der neueren Zeit ganz gut auskannte. So wählte ich das Thema:

"Pawlow und die Entwicklung der Medizin in den letzten hundert Jahren".

Pawlow erwies sich als Schutzpatron, und niemand verlangte Einblick in meine Notizen, obgleich man mir zur Abfassung eines Manuskriptes Schreibpapier zur Verfügung gestellt hatte. Daß man nicht zensierte, konnte Großzügigkeit, konnte auch eine Falle sein. Das würde sich später herausstellen; im Augenblick konnte ich jedenfalls sagen, was ich mir zu sagen vorgenommen hatte.

Kritisch, neugierig kam das Aktiv, ablehnend, mißtrauisch rückte die graue Masse in den Saal. Ich wußte, was sie dachte: Pawlow, der große russische Renommierforscher, also wieder einmal das Thema; deutsche Medizin hinter der sowjetischen hundert Jahre zurück.

Doch ich erzählte, daß P a w l o w mehrere Jahre bei einem der berühmtesten Physiologen seiner Zeit, Carl L u d w i g , in Leipzig studiert und bei ihm seine nachher so bekanntgewordene Operationstechnik an Hunden geübt und entwickelt habe. Dann aber begleitete ich den Russen nicht nach Leningrad vulgo Petersburg zurück, um sein dortiges Lebenswerk zu würdigen, sondern blieb in Deutschland. Ich reiste zunächst nach Bonn, um auf Johannes M ü l l e r , den Lehrer der großen Physiologengeneration aufmerksam zu machen, zu der Carl L u d w i g ebenso gehörte wie der durch seine Schlagworte und Vergleiche berühmte D u B o i s R e y m o n d in Berlin. Natürlich ging ich von dort zu Robert K o c h , dem Entdecker des Tuberkulosebazillus, und dem großen Rudolf V i r c h o w über, dem Pathologen und freiheitlichen Politiker, dem Gegenspieler des Kanzlers Bismarck. Er hatte ein halbes Jahrhundert früher in Würzburg mit dem Kliniker Johann Lukas S c h ö n l e i n zusammengearbeitet, der niemals ein Buch, nur eine wissenschaftliche Arbeit geschrieben und doch die Form der Klinik allein durch seine Visiten und Vorlesungen für Jahrzehnte geprägt hatte. Ich liebte ihn in gleicher Weise, wie ich den Holländer Professor Beil verehrte, der als Typhuskranker 1813 die preußischen Militärlazarette inspizierte, bis er der Krankheit erlag.

Die Kinderseuche Diphtherie wurde erwähnt und der Geheimrat v o n B e h r i n g in Marburg, der die erste Waffe gegen sie und später solche gegen andere Infektionskrankheiten geschmiedet hatte. Nahebei lag Frankfurt am Main, wo Paul E h r l i c h , unermüdlich Farbstoffe kombinierend, schließlich das Salvarsan entdeckt und die Chemotherapie begründet hatte. Ein Sprung von dort nach Münster in Westfalen und Elberfeld, wo in Fortsetzung der Arbeiten Ehrlichs Gerhard D o m a g k kaum zehn, fünfzehn Jahre, ehe wir in Gefangenschaft gerieten, die Wirkung der Sulfonamide erkannt und damit, wie ich meinte, zum neu aufkommenden englisch-amerikanischen Penizillin aus der gleichen Zeit Ergänzung und Widerpart gefunden hatte. Wien blieb nicht aus, in dem B i l l r o t h , Freund von Johannes Brahms und dessen Quartettgenosse, erste Operationen am Magen gewagt hatte, nicht auch Straßburg, aus dem Bernhard N a u n y n fast wie eine Sonne auf die Internisten strahlte. Mit

S a u e r b r u c h ging es von Breslau über Zürich und München wiederum nach Berlin, wo er mit August B i e r lange Jahre ein weltweit bewundertes Chirurgenduett bildete.

Zurück nach München, wo der Internist Friedrich von M ü l l e r , liebevoll Friedrich der Große genannt, seine letzten Lebensjahre verbrachte. Noch manche Namen, manche Städte, und zuletzt Heimkehr nach Heidelberg zu den eigenen Lehrern, dem Eiweißforscher und Nobelpreisträger Albrecht K o s s e l , der, wenn man von seinen Leistungen sprach, bis in sein hohes Alter errötete, und Ludolf von K r e h l , dem für mich größten Arzt und Kliniker, den ich gesucht hatte und bis zu seinem Tode 1937 gefolgt war. Wege in die Vergangenheit, plötzlich abgebrochene Würde je einer in Deutschland – würden wir jemals eine Fortsetzung finden?

Ach ja, meinte ich, Deutschland ist noch niemals gestorben.

Veranstaltungsende; wir schlurften in den heilen Nachmittag hinaus, wo die Masse sich in zwei Ströme teilte. In dem einen stapfte ich ermüdet – ich wollte noch nicht sprechen, noch nicht angesprochen werden – zur Baracke hin, kroch nach Zählung und Essen auf die Pritsche und schlief bis zum Antritt der Wache.

Noch während ich sprach, hatte es verschiedentlich gescharrt und gemurrt; die Schüler der Antifa hatten Stoff zur Diskussion gesammelt und deuteten nun das Gehörte nach marxistischen Gesichtspunkten politisch aus. Das Ergebnis ihrer Diskussion fand zwei Tage später seinen Niederschlag in einem Anschlag am schwarzen Antifa-Brett, das der Fixierung aller Errungenschaften des politischen Lagerlebens diente.

Nach Strich und Faden wurde ich widerlegt, blieb Faschist und unbelehrbarer Reaktionär, erwies mich sogar als Monarchist, der es gewagt hatte, den Namen eines Friedrich des Großen, des preußischen Urimperialisten, in den Mund zu nehmen. Verbalinjurien und Verdächtigungen häuften sich, und der Autor kam zum Schluß, wie recht, ja wie sehr recht die große Sowjetunion daran tue, solche sogenannten Wissenschaftler vom Boden Deutschlands fern zu halten. Sie verdienten es nicht, ihn jemals wieder zu betreten, und wenn sie aus übergroßer Milde doch entlassen werden sollten, so würden solche Verbrecher dann dort ihre Richter finden. Die neue deutsche Volksdemokratie verstehe sich zu schützen.

Der Verfasser des Artikels nannte sich Rocholl, er war Dr. med., also Arzt und einer der aktivsten Assistenten der Antifa-Schule. Nachts konnte ich die Anschläge am Schwarzen Brett wegen der Dunkelheit nicht lesen, und tags zog es mich nicht zu ihnen hin. So erfuhr ich erst durch Kameraden, daß gegen mich offenbar etwas im Gange sei und ich Schwierigkeiten zu erwarten hätte. Ich ging hin, las und wurde im Maße meiner dystrophischen Möglichkeiten wütend und erregt. Vorsichtig, um keine Heftzwecke, die eine Kostbarkeit darstellte, zu verlieren, löste ich das Blatt und ging mit ihm zum deutschen Aktivleiter Koppenhagen, um Protest einzulegen. Der äußerte zunächst einmal Überraschung und Befremden, weil ich es gewagt hätte, einen amtlich genehmigten Anschlag zu stehlen. Meine Beschwerde könne er jedoch nicht annehmen, da es sich um eine Auseinandersetzung mit der Antifa-Schule handelt. Die unterstehe ihm nicht, und ich solle mich an den Politoffizier wenden. Das Blatt nahm er mir ab.

Mir blieb eine Nacht zur Überlegung; als ich das Schriftstück morgens wieder am Brett fand, ließ ich mich vom Läufer beim Politoffizier, dem Kapitän Kusnezow, melden.

Dieser unterbrach sein Spiel mit einem elastischen Lineal nicht, hörte aber aufmerksam zu und war sehr freundlich. Bedauernd meinte er, da es sich um eine Auseinandersetzung unter Deutschen handele, könne er – "Du verstehst" – selbst nicht eingreifen. Wir müßten das schon unter uns ausmachen. Mit dem liebevollen Hinweis, ich solle mich in Zukunft besser auf etwaige Vorträge vorbereiten, Sachverständige zu Rate ziehen und im Kollektiv arbeiten, wollte er mich zur Tür hinausbringen.

Aber ich hatte noch einen Einfall und entgegnete, wenn das so sei, dann würde ich mich in Zukunft in keinem Raum mehr aufhalten, in dem Dr. Rocholl zugegen wäre. Um Unannehmlichkeiten zu entgehen und sie nicht öffentlich bereiten zu müssen, sähe ich mich hierzu gezwungen. Mit wesentlich herabgeschraubter Freundlichkeit wies Kusnezow auf die Tür.

Welch großes Los ich mit dieser momentanen Entscheidung gezogen hatte, ging mir erst nach und nach auf. Rocholl als eifriger Antifa-Mann und wahrhaft überzeugter Kommunist fand sich bei jeder politischen Veranstaltung ein, an der, wie bereits gesagt, alle Gefangenen pflichtgemäß teilzunehmen hatten. Erschien er nun im Kreise seiner Genossen, dann stand ich sogleich auf, griff nach meinem Hocker und ging "heim". Vor den Kontrollen, die durch die Baracken streiften, entwich ich auf die Latrine. Auf diese Weise vermied ich viele indoktrinierende Vorträge und entging der vollen Kraft der Umerziehung zum Sozialismus kommunistischer Prägung. Den ganzen Sommer lang lief das Spiel zu meiner vollen Zufriedenheit, dann verschwand Rocholl über Nacht aus dem Lager.

Wie sich herumsprach, hatte er bei einer jener Selbstkritiken, die von jedem Antifa-Schüler und zumal von den für den Verwendung in Deutschland vorgesehenen immer wieder verlangt wurden, dem gnadenlosen Nachfragen seiner Klassengenossen nicht standgehalten und bekannt, im Kriege aus einem Sanitätspanzer auf verwundete Russen geschossen zu haben. Sein flehentliches Bitten um Verzeihung, da er sich doch völlig geändert und Stalin und Lenin ergeben habe, half nichts. Der Panzer hatte das Zeichen des Roten Kreuzes getragen. Das Kreuz war zwar unwichtig, aber Rocholl hatte das Blutrot des Sozialismus durch Erschießung von Sowjetbürgern geschändet. Er verschwand in einem der zur Verfügung stehenden Staatsgefängnisse und soll sechs Jahre später als Verurteilter wieder aufgetaucht sein.

Merkwürdigerweise blieb das Spektakel für mich ohne Folgen, obgleich ich damit gerechnet hatte, mindestens meinen Posten als Nacht- und Feuerwächter zu verlieren. Jedoch behielt ich ihn, bis ich wieder ins Lazarett mußte.

Bis heute ist mir nicht klar, was Elperin eigentlich im Schilde geführt hatte: sollte ich seine Leute belasten, wollte er – weitausgreifend – mir eine Falle stellen?

Schreiben und Bewahren

Der Analphabet, zumal der mit Herrschaftsfunktion, sieht ungern einen schreiben, handelt es sich bei ihm doch, wie die Vorgesetzten unentwegt einprägen, zumeist um einen schlechten Menschen, der es darauf anlegt, Unannehmlichkeiten zu bereiten und eine Revolution vorzubereiten.

Also: Schreibverbot und Jagd auf alles Beschriebene!

Der Gebildete hingegen schreibt gerne, auch wenn es nur um Protokolle, Rapporte und Listen geht, und achtet im Geheimen auch eine schlechte Kreatur hoch, die sich schriftlich geschickt ausdrückt und Worte gut zu setzen vermag. Aber – Heiliges Moskau und großer Vaterländischer Krieg!

Woher Papier nehmen? Mit den wenigen Blättern, die das Magazin herausrückte, kommt man im Dienstbetrieb nicht aus. Ist man mithin nicht verpflichtet, auf diejenigen zurückzugreifen, die sich auch im zweiten Nachkriegsjahre noch bei den Gefangenen ausheben lassen?

Also: Papierverbot und Einziehung aller irgendwie beschreibbaren Bögen.

Analphabeten und Schreibtüchtige waren unter dem Lagerpersonal in etwa gleicher Anzahl vorhanden. Sie arbeiteten Hand in Hand.

Wagte ein Ausgeplünderter sich auf den Beschwerdeweg und verlangte Abgenommenes zurück, so dokumentierte der Kulturoffizier seine bis ins Einzelne gehende Kenntnis der deutschen Literatur mit dem Zitat des großen Klassikers, das da lautet: "Ich schnitt es gern in alle Rinden ein", und verwies auf Brettchen und Bleistiftstummel, die es überall gab, und Glasscherben, mit denen das Festgehaltene wieder abgekratzt werden konnte.

Auch ich gehörte zu den Schreibern und war, wenn man die Maßstäbe unserer Bewacher anlegt, ein schlechter, verdächtiger und gefährlicher Mensch, da ich mir auf unredliche, ja kriminelle Weise einen Vorrat sowjetischen Papiers besorgt hatte und ihn beschrieb und verschrieb.

Im Moskauer Institut mochte das ja noch irgendwie hingegangen sein; aber im Lager Krasnogorsk hatte man auf jeden Einzelnen, also auch auf mich, ein wachsames Auge. Die Maske, die ich trug, saß lose und man würde sie mir vom Gesicht reißen – nicht in ein paar Tagen, wahrscheinlich auch nicht in einigen Wochen, aber sicherlich in einem der Jährchen, die man in Genüge zur Verfügung hatte.

Blickt man von diesen Erfahrungen auf die Väter der Sowjetunion zurück, so mußten wir die Verbannten Lenins und Stalins wahrlich beneiden. Denn ihnen hatte die zaristische Ochrana nicht verboten, mit den Gesinnungsgenossen zu korrespondieren und ihre dem Alexander und Nikolaus feindlichen umstürzlerischen Werke auf den Markt zu bringen.

Kann das Damals und Jetzt die dem Papier innewohnende Macht augenscheinlicher machen?

Dieser Art von Unterdrückung wollte ich mich auf keine Weise fügen; sie führte vielmehr dazu, daß ich mich um so fester an meine Blätter klammerte und ihnen eine Bedeutung zuzulegen begann, die ihnen, im Nachhinein gesehen, im Grunde gar nicht zukommen konnte. Ihre Erhaltung wurde zur Lebensaufgabe, ich setzte mich ihretwegen mancher Gefahr aus, auch der der Absonderung von den Leidensgefährten. Aber dem Niederschreiben und Bewahren des Niedergelegten verdanke ich sehr wahrscheinlich doch auch das geistige und körperliche Überleben. Kaum ein Tag während eines Zeitraumes von zehn Jahren, an dem ich nicht wie ein scheuer Vogel auf Sicherung bedacht war.

Da es sich hier aber um etwas handelt, was außerhalb des Gefangenenalltages lag, geschieden auch von anderen entscheidenden Erlebnissen, die wie Inseln aus einem gleichmäßig stürmischen Wellenschlag emporragen, sollte ich im Zusammenhang abhandeln, wie es möglich war, die Aufzeichnungen von hier an fortzuführen, zu erweitern, sie über Jahre hin mit Erfolg zu verbergen und vor Wegnahme und Vernichtung, mich vor der mit einer Entdeckung verbundenen Gefahr zu schützen.

Die Gefahr ging nicht allein von den Russen aus, sondern bedauerlicherweise gerade von den Spitzeln aus den eigenen Reihen, die von den sowjetischen Politoffizieren angeworben und auf einzelne "potentielle Feinde der SU" angesetzt worden waren. Selbstverständlich konnten sie die ihnen als "Objekt" zugewiesenen und in ihrer Nachbarschaft Untergebrachten wesentlich eingehender beobachten, als es den sporadisch auftauchenden Filz- und Plünderungskommandos möglich war.

Da sich andererseits unter den Verdächtigen binnen kurzem herumsprach, welcher "Kamerad" immer wieder in der Türschleuse der Politbaracke verschwand, ein Zettelchen in den Briefkasten schob oder sogar persönlicher Berichterstattung gewürdigt wurde, konnte man sich entsprechend vorsehen.

Mit dem Spitzelunwesen war es schließlich vom Jahre 1950 an vorbei, als alle noch verbliebenen Gefangenen, darunter überaus viele ehemalige

Aktivisten, zum Tode oder zu 25 Jahren "Arbeits- und Besserungslager" verurteilt worden waren.

Bis dahin mußte man jeden Schritt vorsichtig setzen, beim Verstecken behende sein und durfte auf die anscheinende Sicherheit eines Ortes niemals vertrauen.

Die Filzkommandos erhielten Tips und wurden fündig; es herrschte ein steter Stellungskrieg, der – abgesehen vom Geschriebenen – um Messer, Rasierklingen, Uhren, Eheringe und selbstgefertigte Spielkarten ging und von der einen Seite verstohlen und schweigend, von der anderen mit Gebrüll geführt wurde. Wie und wo ich jeweils das Meinige unterbrachte, kann ich gar nicht mehr angeben; ich verteilte auf mehrere Stellen und machte das Geheimfach im Kofferboden leer; erst wenn eine Verlegung drohte, rettete ich alles in fliegender Eile wieder dort hinein.

Bei diesen steten wieselhaften Bemühungen hatte ich im Ganzen Glück; zwar wurde bei einer unvermuteten Visitation des Krankenreviers, in dem ich gerade lag, ein Teil der Niederschriften im Strohsack unter mir gefunden und mitgenommen. Einmal von der Pritsche geworfen, verfolgte ich höchsterregt, wie man mein Päckchen zusammen mit anderen Fundsachen in einem Sack wegbrachte und diesen in der unbetretbaren Zone zwischen innerem und äußerem Lagertor ausschüttete. Da lag mein Gut, und es war klar, daß es alsbald zusammen mit der anderen Tagesbeute in Flammen aufgehen würde. In der Krankenbekleidung, Leinenhemd und -hose, aber barfuß übertrat ich das Verbot, kletterte aus dem Fenster und angelte mir mit einem Stock aus der verbotenen Zone mein Bündelchen wieder zurück. Es war vollständig, und lediglich die unbeschriebenen Blätter fehlten schon. – Der Posten auf dem Wachturm war gutmütig; er drohte, schoß aber nicht.

Einem anderen Teil der Schriften widerfuhr anläßlich einer Strafaktion gegen Wanzen und Ratten, die uns allsommerlich böse plagten und, abgesehen davon, das Hygieneempfinden der Lagerärztin störten, ein würdigeres Schicksal. Räumung und Begasung der Baracken wurden urplötzlich befohlen, und es gelang mir nicht mehr, an ein verstecktes Heft heranzukommen. Einen Sommertag unter freiem Himmel waren wir mit der Entwanzung der Decken und Kleider beschäftigt. Außerdem brannten wir die Schlupflöcher und Niststätten der Plagegeister in den mühsam herausgeschleppten Holzpritschen aus. An der Baracke wurden Türen und Fenster mit Werg abgedichtet; vier vertrauenswürdige Männer erhielten je eine Gasmaske, ließen den Inhalt zweier von Posten bewachter Chlorgasbomben in das sonst naturbelassene Hausinnere strömen und auf Totes wie Lebendes einwirken.

Nach einer Nacht unter Mondenschein und Sternenglanz betraten wir nach gründlicher Lüftung am nächsten Morgen voller Neugierde die entseuchten Räume. Wanzenleiber, zu grobem Staub geworden, bedeckten den Boden, und rotbraun verfärbte Ratten, die aus ihren Löchern geflüchtet waren, lagen starr und steif zwischen den Beinen von Schemeln und Tischen. Es waren viel mehr, als zu vermuten gewesen war. Die Eisenhaken an den Wänden waren rostig und feucht, Lappen morsch und brüchig geworden. Als ich mein Heft unter dem gelockerten Dielenbrett herausholte, zerfiel mir das Papier wie Zunder in der Hand.

Mit Verlusten mußte zu jeder Zeit gerechnet werden. Deshalb hatte ich begonnen, mir das einmal Geschriebene einzuprägen und jeden Tag eine bestimmte Anzahl von Seiten durchzuarbeiten, weshalb ich die an der Reihe befindlichen Blätter immer unter dem Hemd am Körper bei mir trug. Trotz oftmals starker Unlust und nicht selten fast tödlicher Müdigkeit, nur selten freudig, weil angeregt, quälte ich mir mein tägliches Pensum ab. Daß ich es zumeist leistete, war sicherlich Folge der hungerbedingten Erstarrung und Einengung des Persönlichkeitsgefüges; denn das Repetieren und Durchdenken wurde geradezu Lebensinhalt. Hatte ich einmal Zeit verloren – durch Verlegung in ein anderes Lager oder ins Gefängnis, durch Verurteilung, Erkrankung oder den Transport von Moskau nach Sibirien, so war ich bestrebt, den Zeitverlust durch Vornahme einer größeren Seitenzahl baldmöglichst auszugleichen. Deshalb gelang mir nach dem Verlust der Aufzeichnungen die Rekonstruktion und erneute Niederschrift einiger maßen leicht.

Auch rief ich mir alles, was ich mit so großer Leidenschaft und Ergriffenheit im Moskauer Institut niedergeschrieben hatte, nach Form und Inhalt immer wieder ins Gedächtnis zurück. Aber Gestalten und Bilder, die ich drei Jahre zuvor geschaut und geschaffen hatte, verloren immer mehr an Farbe und Lebendigkeit. Die schöpferische Kraft auf diesem mir vordem so fernen Darstellungsfeld erlosch; es wurde nunmehr zum historischen Bestand meines so sehr veränderten Lebensweges.

Statt dessen traten wissenschaftliche Fragen, denen meine Überlegungen von Jugend an gehört hatten, wieder in den Vordergrund. Sie erwuchsen auf dem Boden dessen, was ich während der Moskauer Institutszeit in vielen Büchern hatte lesen können. Einer, der Forscher sein will, muß zur Förderung seiner Erkenntnis jedwede Möglichkeit und Situation ausnutzen, und so bemühte auch ich mich, Honig aus der Steppenblume steter

Gefährdung zu saugen. Bald nämlich stellten sich neue Einfälle beim Durcharbeiten des Geschriebenen ein, die ich dem Manuskript anfügte und, als ihr Strom sich mehrte, numerierte und datierte. Denn ich wußte, daß unser Leben allezeit in einen Rhythmus eingebettet ist, den ich möglicherweise durch solche Festlegungen über Jahreszeiten und Jahre hin verfolgen konnte. Außerdem wollte ich erfahren, ob und wie die geistige Leistungsfähigkeit durch ein derartiges Gefangenenleben unter extremen Verhältnissen beeinflußt, das heißt gefördert oder gehemmt würde. Sollte ich einst heimkehren und meine Hefte auswerten können, so würden Numerierung und Datierung Anhaltspunkte liefern.

Hierbei wuchs das Konvolut in seinem wissenschaftlichen Teil von Ende 1945 bis zum Dezember 1955 auf 4200 Nummern, und das Memorieren dauerte schließlich drei bis vier Monate. Hatte ich eine Umwälzung geschafft, so begann ich gleich wieder von vorne, allenfalls gab ich mir als Weihnachtsgeschenk acht bis zehn Tage frei.

Während dieser Arbeitsjahre erstreckte sich mein Interesse, durch Lektüre und frühere eigene Untersuchungen befruchtet, auf eine ganze Reihe biologischer und medizinischer Fachgebiete. Der geistige Scheinwerfer beleuchtete bald dieses, bald jenes stärker und erweckte es zu pulsierendem Leben. Entstand hierdurch der Anschein von Dilettantismus und geistiger Konfusion, so konnte mir dies nur recht sein, machte er doch mißtrauischen und neugierigen Spionen, falls ihnen diese Sachen in die Hand fielen, ein Verständnis unmöglich.

Die Einfälle entstanden durchaus nicht unmittelbar beim Studium der Bücher oder leise lesendem Mitsprechen des Geschriebenen, sondern nachträglich während des Schweigemarsches zum Arbeitsplatz, während der körperlichen Arbeit selbst oder besonders häufig während meiner Tätigkeit als Feuerwehrmann, in der ich Nacht für Nacht alleine sieben bis acht Stunden lang durch das Lager wanderte und keine Ecke auslassen durfte. Ich konnte sie nur ganz selten unmittelbar nach ihrem Auftauchen schriftlich fixieren, sondern memorierte sie so lange, bis ich Gelegenheit fand, sie zu notieren. Oft genug mußte ich sie bei halbem Licht hinkritzeln und konnte die ineinander verlaufenden Zeilen morgens nur mühsam entziffern und unter Schwierigkeiten für die Eintragung in das Heft rekonstruieren. Die einmal fixierten Einfälle verschwanden sofort, waren von diesem Augenblick an in meinem Gehirn gelöscht.

Verbot und Beschränkung der Schreibtätigkeit, die die Ideenbildung unterdrücken sollten, erwiesen sich mithin in meinem Falle geradezu als ungeahnte Förderungsmittel. Wären meine Papiere nicht bedroht gewesen, so hätte ich sie stets einfach weggelegt. Da sie aber gefährdet blieben, arbeitete ich sie unentwegt aufs neue – und oft genug wie ein ganz Neues – durch.

Dieses unentwegte, mit aller verbliebenen Leidenschaft betriebene Durchdenken bildete die Vorstellungen weiter. Sie reiften allmählich und in dem Maße, wie sich neue Verbindungen knüpfen ließen, neuartige Zusammenhänge ersichtlich und angelernte Grundvorstellungen aufgegeben wurden. Einige Male entwickelten sich über längere Zeiten hin Fehlvorstellungen, die große, ja gewaltige Erkenntnisse darzustellen schienen, bis auf einmal, blitzartig, ein Fehler im Fundament offenbar wurde und eine anscheinend neue Welt in sich zusammenfiel und Trümmer hinterließ, die dann im Zorn ebenfalls zerschlagen wurden.

Dies alles verlief nicht ohne heftige emotionelle Beteiligung, die höchstes Glücksgefühl wie auch fast vernichtende Niedergeschlagenheit kannte; die Sinnlosigkeit eines Lebens, in welchem weder Trauer noch Freude Raum fanden, trat dann an einen gehetzten Menschen fast vernichtend heran. Er wollte nicht mehr und mußte doch. Nach einiger Zeit verschwand das Mißlungene und tauchte zunächst ein Anderes herauf, an dem man sich versuchen mußte.

Bei anderen Problemen schwanden Affekt und Affinität in dem Maße, in dem sie ausgereift schienen und über anderen vergessen werden konnten.

Diese und die weiteren Aussagen wurden erst dadurch möglich, daß ich schließlich doch nach Deutschland heimkehrte und wider Erwarten auch alle meine Aufzeichnungen mitbrachte. Ihre Auswertung, weniger nach den umfangreichen Inhalten als nach der Art der Produktivität, gibt uns ein Bild von den wechselnden Gezeiten des schöpferischen Gestaltungsvermögens und vermittelt uns einen Einblick, wie dieses wächst, sich ordnet, erlischt und in Abhängigkeit von andersartigen, fremden Geschehnissen steht. Wenn ich hierüber an dieser Stelle berichte, so greife ich zwar dem Gang meiner Darstellung vor und deute vom Jetzt aus, was damals im Hirn eines Mannes ablief, über dessen Herz und Seele, über dessen damalige Auseinandersetzung mit dem Schicksal Deutschlands und der Deutschen wie auch mit dem kleinen eigenen aber kein verfremdendes Werk Auskunft geben kann.

Natürlich ist die Beurteilung der geistigen Leistungsfähigkeit lediglich nach der Einfallshäufigkeit oder der Größe eines Ideenflusses ein ziemlich rohes Verfahren, wenn über den Wert der jeweiligen Einfälle keine Aussage gemacht werden kann. Und das war hier nach Lage der Dinge nicht möglich, zumal es kaum ein Kriterium für den Wert einer Eingebung im Augenblick ihres Aufscheinens gibt. Sie ist in jedem Fall erleuchtend. Im Allgemeinen zogen aber vermeintlich große Einfälle, gleichviel ob sie sich im Nachhinein als bleibend richtig erwiesen oder schließlich als Luftschlösser zerplatzten, zumeist auch eine größere Anzahl ergänzender und erweiternder nach sich, so daß in die Zeiten größerer Ideenhäufigkeit wohl auch die wesentlicheren Erkenntnisse gefallen sein dürften.

Während einer Beobachtungszeit von 128 Monaten, die unter abnormen und extremen Lebensverhältnissen verbracht wurden und in der nur im zweiten und dritten Gefangenschaftsjahr das Studium von Büchern 21 Monate lang möglich und gestattet war, begann sich die wissenschaftliche Phantasie erst etwa 24 Monate nach Gefangennahme aus den eingefahrenen Geleisen gewohnter und überkommener Vorstellungen zu lösen und an Tore zu pochen, die jetzt erst sichtbar wurden. Die hierdurch ausgelöste Produktivität hielt etwa 70 weitere Monate an und bemächtigte sich zunächst mit Zweifel und Angst, danach aber wie selbstverständlich bisher ungedachter Erkenntnisräume. Nach dieser Zeit fiel sie im Laufe eines Jahres allmählich ab und erlosch in den letzten zwei Gefangenschaftsjahren beinahe vollständig. Zu gleicher Zeit schwand die innere Beteiligung und erlahmte der Drang, sich mit wissenschaftlichen Problemen weiterhin zu befassen. Der Brunnen schien ausgeschöpft, gleichwohl wurde aber die "Umwälzung“ der Schriften, jetzt mehr aus Pflichtgefühl als aus wirklicher Anteilnahme, beibehalten. Dies alles geschah im Zustande der chronischen Dystrophie bei einem Untergewicht von 20-40 Prozent und beständiger Lebensgefährdung durch schwere Krankheiten wie Tuberkulose, Ruhr, Lähmungen und Gelbsucht sowie durch die stete existentielle Bedrohung seitens der sowjetischen Gewahrsamsmacht.

Die Ablösung von altgewohnten Gedankengängen ergab sich aus Kombinationen, die sich zu neuartigen Strukturen fügten. Vielfach wagte ich zunächst nicht einmal, sie zu denken; doch umspielte ich sie versuchend mit immer anderen Vorstellungen, bis das Gedankengebäude dann plötzlich gefestigt und für den kritischen Zweifler tragfähig vor dem inneren Auge stand. Dies erfolgte keineswegs in kontinuierlichem Gang, vielmehr verschwanden Probleme, die mich lange Zeit stark beschäftigt hatten, aber unlösbar erschienen, von anderen verdrängt wieder für Monate aus dem Gedächtnis, bis sie plötzlich doch wieder im Mittelpunkt des forschenden Interesses auftauchten und früher vergeblich gesuchte Lösungen sich wie selbstverständlich anboten.

Die Einfallshäufigkeit war im siebenjährigen Durchschnitt stets am größten an den Umschlagszeiten vom Winter zum Frühling, von März bis Mai, und vom Herbst zum Winter im Oktober. Die niedrigsten Werte wurden in den Wintermonaten Januar und Februar festgestellt. Der tägliche Leistungshöhepunkt lag während der Tätigkeit 1946/47 im Moskauer Institut bei absolut gleichförmiger Tageseinteilung und im nüchternen Zustand morgens zwischen halb fünf und sechs Uhr dortiger Zeit.

Dämpfend erwiesen sich weniger körperliche als geistige Beanspruchung; denn bei anstrengender manueller Tätigkeit, die mit langen Märschen in Kolonne und erheblichen klimatischen Belastungen einherging, bei der man aber unbelastet von Verantwortung lebte, war trotz starker chronischer Erschöpfung die geistige Leistungsfähigkeit befriedigend. Sie ließ jedoch zu Zeiten anstrengender und verantwortungsvoller ärztlicher Tätigkeit stark nach, bei der zwar erheblich bessere Lebensbedingungen herrschten, man aber kaum zur Ruhe kam.

Merkwürdigerweise wurde die Produktivität durch die stark schwankenden Stimmungslagen, wie sie Krankheiten, Gefängnisaufenthalt, Verurteilung, Transport oder die anscheinend zunehmende Aussichtslosigkeit eines glücklichen Endes der Gefangenschaft zwangsläufig nach sich zogen, auffallend wenig beeinflußt und fiel auch zu Zeiten schwerster Depressionen nur unerheblich ab. Aus einer seltsamen Trotzreaktion wurde sogar zwei Monate nach der Verurteilung zum Tode wie im Fieber eine Zusammenfassung des zuvor Gedachten und Erkannten, die eine Welle weiterer Ideen nach sich zog, zu Papier gebracht.

Es waren seltsame Erfahrungen, die unter solchen Umständen gemacht wurden und die in einer Zeit fast widersinnig erscheinen, die die Worte "sofort" und "schnell" so ausdrücklich auf ihr Banner schreibt. In Millionstel-Sekunden ermitteln Wissenschaftler und Rekordler heutzutage Werte, vergleichen sie ebenso schnell mit anderen, lassen sie fast schon im gleichen Augenblick ausdrucken, um sie als neueste Erkenntnis ohne Verzögerung überallhin zu verbreiten. Aber Verkünden heißt noch nicht Begreifen; Bekanntmachung ist noch nichts Endgültiges.

Größere Erkenntniszusammenhänge scheinen sich vielmehr oftmals erst dann aufzutun, wenn ein Forscher, der täglichen Pflicht- und Berufsarbeit enthoben, lange Zeit hindurch unter gänzlich veränderten Verhältnissen lebt.

Er sollte dies mindestens zwei Jahre lang tun, aber schon über einen ausreichenden Bestand an Kenntnissen, an Kritik und Selbstkritik sowie an selbsterarbeiteten Fakten verfügen.

Geisteswissenschaften mag dies geläufig sein, aber denjenigen, die ihre Erkenntnisse aus Zahlen, Daten und Analysen ziehen, wissen in der Regel allzuwenig von solchen langfristigen inneren Reifungsvorgängen, die ihre Ergebnisse in einen größeren Zusammenhang bringen könnten.

Überlegungen solcher Art konnten jedoch erst angestellt werden, als die Jahre der Gefangenschaft hinter mir lagen und ich die Möglichkeit hatte, meine Niederschriften auszuwerten. Bis es dazu kam, mußte ich erst einmal in die Heimat zurückgekehrt sein und meine Papiere gerettet haben.

Die gefährlichste, weil gründlichste und rücksichtsloseste Durchuntersuchung erfolgte vor der "endgültigen" Entlassung in Brest-Litowsk, wo die Heimkehrertransporte aus den russischen Breitspurwaggons in die schmäleren des mitteleuropäischen Schienennetzes umgeladen werden. Hier bot sich nochmals eine Gelegenheit zur Enteignung verräterischen Gedankengutes und damit zur Entlarvung unversöhnlicher Feinde der Sowjetunion. Wir hatten in dieser Beziehung hinreichende Erfahrungen gemacht, über die ich bereits berichtete, aber die Erzählungen der Gefangenen, die schon früher aus unterschiedlichen Gründen an der Grenze angehalten, erneut festgenommen und zum weiteren Abdienen ihrer Verbrechen neuerlich in das Innere der Sowjetunion zurückgebracht worden waren, übertrafen alles, was wir bereits erlebt hatten.

An dieser Grenze, am Schlagbaum zur Freiheit, entging nichts dem Blick und Zugriff geschulter und erfahrenster Fahnder, die aus Nähten, Koffern, Mützenrändern, Gipsverbänden oder Krückstöcken auch das kleinste Stückchen Konterbande herauszuholen wußten. Alles war ihnen verdächtig, und sie erregten Furcht bis tief in das rote Land hinein.

Wer wollte sich der von ihnen ausgehenden Gefahr aussetzen! So vernichteten die Geängstigten, wenn sie zum Heimtransport aufgerufen wurden, selbst letzte Bilder der Angehörigen, wenn deren Namen auf der Rückseite geschrieben standen.

Im Dezember 1955 näherten auch wir uns jener berüchtigten Stelle, an der es für jeden um Heimkommen oder ein zu diesem Zeitpunkt wahrscheinlich endgültiges Verschwinden im sowjetischen Riesenreich ging. Wir Allerletzten, die nach Bulganins Ausspruch zu Adenauer kein menschliches Antlitz mehr trugen, sondern Verbrecher waren, wie die Welt sie noch niemals gesehen hatte, waren samt und sonders aufs höchste beunruhigt und zitterten dem Augenblick der letzten Sichtung entgegen. Wir erwarteten nichts Gutes mehr – oder immer noch nicht –, hatte man uns doch allesamt, nachdem wir auf dem Heimwege bereits die Strecke vom Ural bis westlich Moskau durchfahren hatten, in einer Nachtaktion aus dem Zuge geholt und wiederum in ein streng bewachtes Lager gesperrt. Wiederum saßen 600 Männer, von denen hier noch einige zur "Personal"-Überprüfung abgeholt wurden, verzweifelt fest, weil Adenauer angeblich sein den Sowjets gegebenes Wort nicht gehalten habe, und wußten nicht, was geschehen würde. Wir hatten, wie man mitteilte, den Status von "freien, aber zurückgehaltenen deutschen Staatsbürgern", über deren zukünftiges Schicksal nunmehr lediglich das Verhalten der Regierung der Bundesrepublik entscheide.

Ich war der Arzt dieses Transportes und hatte während der acht Wochen erneuter Festsetzung verständlicherweise sehr viel Arbeit. Deshalb konnte ich mir um meine Papiere auch erst Gedanken machen, als uns die Mitteilung überbracht wurde, die Hemmnisse seien beseitigt und wir führen jetzt wirklich heim.

Vor meinem inneren Auge erwuchs die gefährliche Grenze zu unüber-steigbarer Höhe. Sollte ich es allen anderen nachtun und jetzt noch alle Schriftsachen im eisernen Kanonenofen der Revierstube verbrennen oder darauf vertrauen, daß mir weiterhin gelingen werde, was mir bislang immer gelungen war? Ich konnte keinen Entschluß fassen; bald überwog die Angst, dann wieder Hoffnung und Zuversicht. Jedenfalls zerschlug ich den Holzkoffer mit dem doppelten Boden und überantwortete ihn dem Feuer. Für die Papiere nähte ich in aller Heimlichkeit einige Säckchen aus der Wachstuchunterlage des Untersuchungsbettes. Es handelte sich allein um meine Sache und im ungünstigsten Falle auch allein um mein Verbrechen, für das es Mitwisser nicht gab. So blieb ich beweglich und konnte mich den Erfordernissen des jeweiligen Augenblicks anpassen.

Bei der Verladung übernahm ich wieder den Krankenwaggon, den ich mit etwa zehn kranken Kameraden und den Sanitätern teilte. In ihm führten wir auch alles an Decken, Zellstoff, Verbandsmaterial, Schienen, Schüsseln und Medikamenten mit, die uns in befriedigender Menge vom Urallager aus mitgegeben worden waren. Bei jedem Halt sprangen wir aus dem Waggon und liefen am Zuge entlang, um unsere 600 Mann zu versorgen. Sie waren alle grenzenlos aufgeregt, einige dem Selbstmord nahe, andere von Herzbeschwerden und Darmkrämpfen geplagt oder vom Fieber geschüttelt. Wir waren unentwegt beschäftigt, und ich konnte bald nicht mehr aus eigener Kraft in die Waggons hinaufklettern. Bemühte Hände der Kameraden mußten mich heraufziehen, der Sanitäter mich von hinten her schieben und mich nach getaner Arbeit wieder auf den Schotter des Geleises hinunterlassen. Es blieb nicht viel zu denken; Tage und Nächte des letzten Teils der Heimreise forderten ihren vollen Tribut. Und so handelte ich, als wir in Brest-Litowsk an die Rampe fuhren, alle Waggons völlig ausräumen mußten und die Suchkohorten heranstürmten, nicht nach einem Plan, sondern nach Eingebung und Erfordernis des Augenblicks. Am anderen Geleise der Rampe stand der noch verschlossene Güterzug, der uns nach Deutschland bringen, aber erst nach der Gepäckkontrolle freigegeben werden sollte. Auf dem Bahnsteig, der von Soldaten beiderseits hermetisch abgesperrt war, drängten sich unsere Männer mit ihrem geringen Gepäck; aber Matratzen, Decken, Kochgerät, Kohlenkiste und Schaufeln, Töpfe und Näpfe, die sämtlich mitgenommen wurden, lagen auf der Erde bunt durcheinander. Die Fahnder nahmen sich eines Jeden an und rückten allmählich auf uns zu, die wir in diesem schon unübersichtlichen Trubel das größtmögliche Durcheinander veranstaltet hatten.

Meine Kranken lagen nebeneinander auf ihren Tragen; vor und hinter ihnen hatte ich entfaltete Decken, Säcke mit Verbandsmaterial, Wäsche, Kleidungsstücke und was es sonst alles in einer Revierstube gibt, hingeschichtet. Ein nach Höhe und Breite umfangreicher Textilberg erhob sich. Sie wühlten ihn verärgert durch und nahmen sich der Kranken und ihrer Tragen und unserer Rucksäcke an. Ich war beim Wegräumen des sowjetischen Staatsgutes hilfreich tätig und fügte nach Möglichkeit, daß sie den Überblick über bereits Gefilztes und noch Unerledigtes verloren. Zugleich schrie ich, sie sollten vorsichtig sein, und rief immer wieder das so wirksame "Tb".

Sie drängten weiter, und wir konnten schließlich von der Kälte und Nässe des Bahnsteigs weg in den neuen Zug einziehen und einräumen, den Kanonenofen anheizen und der weiteren Dinge harren.

Noch konnte ich nicht aufatmen; denn sowjetische und polnische Offiziere stiegen von Waggon zu Waggon, übergaben und übernahmen stückweise deutsche Kriegsgefangene. Dann wurden die Türen zugeschoben und verriegelt; im Waggon war es stockfinster, aber der Zug fuhr an, langsam ging es über eine Brücke; der Pruth wurde überquert. Wir waren in Polen, Sowjetrußland hatte uns aus der Hand gegeben.

Ich tastete an den Säcken herum und spürte zwischen Binden und Zellstoff hier ein Päckchen, dort ein Päckchen. Ich ließ sie, wo sie waren, bis wir in Deutschland ankamen.

Der Freund

Nach dem mißglückten Versuch, den Professor Kühle kennenzulernen und mit ihm über Münster zu sprechen, hatte ich ihn kaum noch gesehen. Die Insassen der beiden Baracken lebten nebeneinander her, und es bestand wenig Verkehr zwischen ihnen. Man scheute Treffen an Stellen, die nicht übersehbar waren, und Gespräche in der Nähe von Menschen, die man nicht kannte.

Die unsichtbare Grenze verlief sich im wahrsten Sinne des Wortes lediglich an den Trampelpfaden, die allen gehörten; denn auf ihnen, die in gehöriger Entfernung vom Stacheldraht und Wachtürmen während Hunderter von Tagen entstanden waren, gingen wir alle wie die Bären am Käfiggitter in der Runde, weil wir hier, wie immer wir es wollten, alleinsein und unseren Gedanken nachhängen oder unter wenigen Augen – außer deren der Beobachter – vertraulich miteinander reden konnten. Zudem war Gehen nützlich, es minderte die oft fast tödliche Müdigkeit der Hungernden. So folgten oder begegneten sich Einzelne in langen Reihen.

Wenn ich mich vom Wächtergang erholt hatte, ging ich, weil ich nicht nur an der Nacht, sondern auch am Taglicht Anteil haben wollte, meine ein bis zwei Stunden und begegnete dabei wiederholt Kühle, den ich kurz zu grüßen pflegte. Er ging beschwerlich und auf einen Stab gestützt; seine schmalen Lippenränder waren blau, die Farbe des Gesichts von der durchsichtigen Blässe des Wassersüchtigen; er atmete schnell und mühsam und blieb, kurzatmig, immer wieder stehen.

So ging ich eines Tages – einige Wochen, nachdem ich mit dem Vortrag meinen Ärger gehabt hatte – hinter ihm, holte ihn ein und wollte, wie immer mit knappem Gruß, an ihm vorbeiziehen. Aber als ich neben ihm war, faßte er mich am Ärmel, zwang mich zum Stehenbleiben und sagte mühsam:

"Herr Kollege! Zunächst hatte ich es für einen besonders schlauen Trick unserer Gastgeber gehalten, daß man Sie einen Vortrag mit etwas Opposition drin halten ließ. Vertrauenerweckend! Aber hintennach haben Sie mit den Herren der Schule so große Schwierigkeiten gehabt, daß ich jetzt meine, Sie wollten uns ehrlich etwas sagen, und es steckte nichts Abgefeimtes dahinter. Inzwischen sprach sich bei uns herum, daß Sie mit der Antifa nichts zu tun haben." Sehr überrascht wandte ich mich ihm zu, und er gab mir die Hand. Sie zitterte, und ihre Finger waren kalt. Mit einem stillen Lächeln in den Augenwinkeln musterte er mich. Der Unmut, den ich ihm gegenüber bisher verspürt hatte, verschwand, und wir gingen, einer auf den anderen Rücksicht nehmend, auf dem schmalen Pfad nebeneinander weiter.

"Ja", sagte er und knüpfte, als sei nichts gewesen, an den kurzen Gesprächsanlauf an, den wir vor Monaten genommen und den er von sich aus kurz abgebrochen hatte: "Ich kam von Duderstadt und habe viel herumstudiert. Aber meine erste geistige und geistliche Heimat wurde dann das westfälische Münster."

Von den anderen Gehern immer wieder überholt und im Gespräch unterbrochen, gingen wir langsam einmal, dann ein weiteres Mal um das Lagergeviert herum. Im Grunde sprachen wir kaum schon miteinander. Es blieb zunächst beim gemeinsamen Sinnen, Zurückerinnern, durch wenige Worte in eine gleiche Empfindungsrichtung gelenkt: die alte Wieder-täuferstadt, Prinzipalmarkt mit den Bogen, Rathaus und Stadtweinhaus, Kiepenkerl, Lamberti- und Überwasserkirche, Meervelder Hof, Domplatz mit den Kurien, schließlich der Dom, weitgehend zerstört, wie er durch mich jetzt erfuhr, und mit ihm die Linden, in deren Schatten die Bauersfrauen aus dem Münsterland die Wochenmärkte abhielten, zerbombt, zersplittert, niedergeschlagen.

Er blitzte mich von der Seite an, wobei er seine Lippen nicht zusammenpreßte, sie bildeten vielmehr, sprach er von sich aus, einen fast messerscharfen Strich.

"Dieser Krieg, dieser Hitler! Und wie es jetzt dort auch aussehen mag; ich kann mein Herz daran noch erwärmen. Ich sehe nicht Ruine, rieche nicht Brand; vielmehr steht mir die überwältigend schwere Gestalt des alten Jostes, unseres Germanisten, vor Augen. Angetan mit breitwallendem schwarzen Schlapphut, unter dem weißes Haar lang in den Nacken hinunterfällt, wandelt er neben meinem Lehrer, dem zierlichen Prälaten Mausbach, vom Universitätsgebäude quer über den Domplatz in Richtung Rathaus und Prinzipalmarkt; beide so in ihr Gespräch vertieft, daß sie die ehrerbietigen Grüße der Studenten und Konviktler kaum wahrnahmen. Mit weitausholenden Bewegungen und den schweren Leib schwenkend, manchmal den Hut zu Hilfe nehmend, dröhnte der eine, leise und pointiert diskutierte der andere. Erdgeruch der Gemüse, Blumenduft, Dampf des frischen Brotes, deftiger Käse – der ganze belebte Markt ging in ihre Gespräche ein, bestätigte sie und die Kraft ihres westfälischen Erbes, das sie und manch andere dieser Professoren zu den Originalen machte, als die sie bis heute in uns leben. Verwurzelte Wissenschaft. Wir Mageren erfreuten uns an der grollenden Replik des alten Jostes, als er in fröhlichstudentischer Runde mit einem Faß verglichen wurde. ('Ein Faß ist von Reifen umgeben, ich aber bin von Unreifen umgeben.') Und der vormals priesterliche Zoologe Landois – und – der tolle Bomberg."

Es verging wohl eine Stunde schöner Verfremdung der mehr als trüben und sich träge hinziehenden Gegenwart, dann brachte ich den durch Sprechen und Gehen ermüdeten Mann an den Eingang seiner Baracke. Wir verabredeten kein weiteres Zusammentreffen, aber es ergab sich immer wieder wie von selbst, wurde von Tag zu Tag selbstverständlicher und wenigstens mir zu einem immer stärkeren Bedürfnis. Ganz natürlich erweiterte sich unser Gesprächsstoff vom Erinnerungsbehafteten zum Gegenwärtigen, vom Allgemeinen zum Persönlichen, wenn freilich vornehmlich auf meiner Seite Einiges ausgeklammert blieb, was erst Jahre später, als einige Höllenwege letzte Mißtrauensvorbehalte weggeschürft hatten, ausgesprochen werden konnte.

Mich beglückte, daß er mir vertraute, als er von sich zu berichten begann – vielleicht um dergestalt zu zeigen, daß er mir nicht mehr mißtraue.

"Abgesehen davon," führte er sich ein, "daß ich bereits zu einer Zeit, als es unsere Aktivisten noch samt und sonders waren, kein Freund von Hitler war, bin ich jetzt ungefähr alles, was man hier nicht sein darf, will man in die gehobene Gefangenenlaufbahn aufsteigen. Zuerst einmal vor dem Ersten Weltkrieg, 1911, Theologiestudent an der deutschen Karls-Universität in Prag und dort, ganz schön mehr als Deutscher denn als Theologe, an den Straßenkämpfen mit den tschechischen Sokols beteiligt. Der Weg von dort zum Stoßtruppführer im Ersten Weltkrieg war nicht weit. Als das vorbei war und wir nach 1921 auch mit den Kommunisten im Ruhrgebiet nichts mehr zu tun hatten, da begannen endlich in Münster die Jahre des Lernens, auch die des Lehrens. Ich, der junge Pfarrer, drückte mich in vielen Vorlesungen herum und betrieb – auch bei Ihrem Vater – Chemie, Botanik, Zoologie. Die Naturwissenschaften begeisterten mich, führten mich aber nicht von meinem Wege ab. Ich begriff sie gläubig. Jedoch, sie traten in den Hintergrund, als ich meinen wissenschaftlichen Lebensinhalt fand, Albertus Magnus. Dessen Spuren folgte ich – im wahrsten Sinne des Wortes – in den zwanziger Jahren, als ich, junger Privatdozent und Kaplan, ausgestattet mit Photoapparat und Spezialfilm, durch Klöster und Archive Spaniens und Italiens wanderte, wo ich, den Staub der Jahrhunderte einatmend und aushustend, große und beglückende Ausbeute machte. Wieder zu Hause, zunächst in Münster, dann in München und schließlich in Braunsberg, hatte ich jahrelang mit der Entzifferung meiner Dokumente zu tun. Es war schon eine Kunst, sich in sie hineinzulesen. Aber nur wer lesen kann, kommt zu Deutung und Erklärung. "

Er berichtete von seinem fast abgeschlossenen Manuskript, das, wie er meinte, mit aller seiner sonstigen Habe 1945 bei der Besetzung Ostpreußens durch die Russen mitsamt Dom und Kurien Braunsbergs verbrannt war. Er erwähnte ziemlich gleichmütig, was manchen anderen – auch mich, wäre es mir widerfahren – zur Verzweiflung gebracht hätte; doch stand er jetzt wohl unter einem anderen Zeichen als zu jener Zeit, in der forschendes Denken ihn völlig erfüllt hatte.

Aber Schatten standen schon längst über ihm. Er war gegen Hitler und behielt dies nicht bei sich.

"Als das Dritte Reich ausbrach, lehrte ich an der Universität München. Wir fanden uns als Gegner; wie oft doch wurden wir von den Braunen durch die Stadt gehetzt, kaum daß wir es schafften zu entkommen. Jesuitenpater Rupert Mayer, der in der Michaeliskirche tapfere Predigten hielt, Professor Huber waren meine Freunde. Beide wurden im Kriege dann hingerichtet, aufgehängt. Wäre ich nicht 1937 von München an die Katholische Akademie Braunsberg in Ostpreußen berufen worden, sozusagen in ehrenvolle Verbannung, ich hätte ihr Schicksal wahrscheinlich geteilt." Ich blickte ihn an, sagte aber nichts; denn von dem, was er erzählte, hatte ich nichts gehört, obgleich ich seit 1938 im Krankenhaus München-Schwabing tätig war. Lediglich vom Tode der Geschwister Scholl wußte ich und hatte ihren Aufstandsversuch für Verrat gehalten.

Früher wären wir sicherlich kaum zueinandergekommen; hier aber wuchs meine Achtung vor diesem Manne, der heute den Russen zeigte, was er den Nationalsozialisten sicher einmal gezeigt hatte. Er stapfte neben mir über die nasse Erde. Nach einer Weile fuhr er entspannt fort:

"Ach, dieses Braunsberg, glückliche Zeit dortiger Pfarrherrschaft, die wenigen, in der Erinnerung fast zu Tagen verkürzten Jahre vor Beginn des neuen Krieges. Dieses Ostpreußen, der wunderbare Dom, meine Wohnung in einer Kurie, Besitzer eines Gartens, in dem ich an meinen Pflanzen Züchtungsversuche machte und auf den Spuren Gregor Mendels wandelte. Einmal wöchentlich fuhr ich in das botanische Universitätsinstitut von Königsberg und studierte. Blumen sollten mir dazu verhelfen, einen Schleier der Schöpfung zu lüften.

Dies das eine, das andere: der Westfale erkannte den von Westfalen geprägten Geist des Deutschen Ordens im Ermlande; doch, wenn auch angesiedelt im Ostraum des Reiches, vergaß ich Wien nicht – für mich stets dessen

Mittelpunkt, selbst wenn man damals seine Krone nach Nürnberg versetzten wollte."

Sehr nachdenklich sagte er:

"In Braunsberg vergaß ich dann fast, was mich in München wenige Zeit zuvor bis ins Innerste erregt und beschäftigt hatte. Fernab vom eiligeren Strom der Großstädte dieses Dritten Reiches und seiner umgemodelten Universitäten siedelte ich fast körperlich in meiner Katholischen Hochschule. Außerhalb und jenseits wollte ich schaffen, als Priester wirken, mein Wissen vertiefen und ausbreiten auf eingegrenztem Raum."

Er schaute zur Erde, in deren Nässe seine Holzsandalen einsanken und sich beim Schreiten jeweils nur mit einem schmatzenden Geräusch lösten. Lächelte er? Nein – er stieß den Stecken durch den Schlamm bis ins Feste, hob den anderen Fuß und setzte das Sandalenbrett auf das etwas festere Grün zur Seite des Pfades.

"Da kam der befürchtete Krieg; ich rückte als Feldgeistlicher mit aus, selbstverständlich. Hitlers Krieg, aber Volkes Not. Schließlich war ich Armeepfarrer an der Mittelfront Rußlands. 1944 ging's dort für uns zu Ende, und Urlaub hatte ich kaum gehabt. Erst als Gefangener hörte ich im späten 1945 vom Untergange Preußens, von Vertreibung, Mißhandlung, Schändungen und Elend, von zu erwartender Plünderung und Brandschatzung meiner alten Stadt, in der alles Dortige, und darunter das Meinige, dahinging. Niemals werde ich es wieder erreichen und habe doch Sehnsucht danach."

So berichtete er von dem Seinigen; ich schwieg von dem so ganz andersartigen Meinigen. Die Sperre war zu stark. Ich führte ihn zu seiner Baracke, stampfte zu der meinen hinüber, warf mich auf die Pritsche und wartete auf die Stunde meines Nachtdienstes.

Während der folgenden dunklen Stunden hatte ich darüber nachzudenken, weshalb mich Worte und Art Kühles gefangen genommen hatten, einmal wohl deshalb, weil er von einem völlig anderen Standpunkt als ich zum gemeinsamen Heute gekommen war, dann aber auch, weil er kurz und klar über sich wie über einen Dritten erzählt, gleichsam eine referierende Lebensbeschreibung abgegeben hatte.

In der Baracke wurde unter den in der Dystrophie vorschnell alternden Männern viel, ja eigentlich unentwegt gegreint, breit dahingeredet und geklagt. Hingegen hatte Kühle Bilanz gezogen, einmal mehr eher für sich als für mich, das lauschende Ohr. Eines Tages würde er mich vielleicht zu einem Vertrauten machen und über die Folgerungen sprechen, die er schließlich gezogen hatte.

Bei einem der nächsten Treffen zeigte er sich von einer völlig anderen Seite, als er fragte, ob ich Mörikes Gedichte kenne, die musikalischsten, die es gebe. Ich erinnerte mich aus Vorzeiten an einige, aber er skandierte mir lächelnd das ihm liebste, ein "Jägerlied" vor, dessen erste Zeile ihm in besonderem Maße gefalle:

"Zierlich ist des Vogels Tritt im Schnee, / wenn er wandelt auf des Berges Höh / zierlich schreibt Liebchens zarte Hand, / schreibt ein Briefchen mir in ferne Land./ In die Lüfte hoch ein Reiher steigt, / dahin weder Pfeil noch Kugel fleugt: / Tausendmal so hoch und so geschwind / die Gedanken treuer Liebe sind."

Mörike und Reinhold Schneider, Freund in Freiburg, waren als Poeten seine Meister. Er versuchte sich an ihnen und schrieb in langen Stunden formvollendete Sonette nieder, die er einigen Wenigen zum Lesen gab, ehe er die zerknitterten Blätter schließlich im Ofen verbrannte.

Beim Gespräch über die Sonette fand ich heraus, daß er seit längerer Zeit einen Kreis jüngerer und älterer Gefangener locker um sich gesammelt hatte, welche es ihrerseits als ihre Aufgabe betrachteten, ihn zu schützen. Über die Konfessionsgrenze hinweg war er ihnen ein geistiger Führer und auch ein geistlicher. Ungeachtet aller strengen Verbote und der Gefährdung durch viele wachsam auf ihn gerichteten Augen las er doch zu irgendeiner Zeit an irgendeinem Ort die Messe und nahm die Beichte ab.

Seine Vertrauten waren hier und dort im Lager beschäftigt, an Schreibtischen, am Zeichenbrett, in den Werkstätten. Sie besorgten ihm ab und zu Papier und Federn; so konnte er mit feiner Schrift, die nicht nur wegen des Papiermangels sehr klein war, die Gedichte niederschreiben, sie herumgeben und später, wie bereits gesagt, vernichten.

"Falls ich nach Hause komme", ereiferte er sich wohl auch einmal bei einem unserer Gespräche, "dann schreibe ich die Briefe nieder, die ich auf der Pritsche abfasse, wenn mein Obermann nachts Bäume sägt. Ich wüßte schon, was ich Bismarck und Luther, Marx oder Goethe zu sagen hätte und um was es gehen würde, dürfte ich mit Thomas von Aquin, dem Kardinal von Cues oder gar mit Albertus diskutieren."

Er blieb allezeit zu krank, als daß er sie zu Hause noch hätte aufzeichnen können, aber in den Monaten damals waren Gespräche über seine Briefpläne Arznei für ihn:

"Können Sie sich vorstellen, daß ich den Marx schonen und dem Goethe nicht einige Wahrheiten sagen würde? Mit Luther m u ß ich mich auseinandersetzen; er hat uns getrennt, aber was bedeutet sein theologischer Protest, zumal ihn die weltlichen Mächte jener Epoche zu ihren sehr irdischen Zwecken benutzten, doch im Widerschein des Rufes Saecula Saeculorum? Und Bismarck? Ein Mann, um den ich nicht herumkomme; seit meiner großdeutschen Studentenzeit geht es mir abseits der Theologie um das preußisches Kaiserreich. Denk ich daran, dann möchte ich heute noch in die Hofburg nach Wien aufbrechen, um in der Schatzkammer die Kaiserkrone des Heiligen Römischen Reiches Deutscher Nation zu ehren. Unter den derzeitigen Umständen hoffnungslose Unterfangen eines Romantikers, der Ihnen hier komisch vorkommen wird."

Derart zusammenhängend, wie hier verzeichnet, gingen die Gespräche nicht zu oft vor sich. Oft ging es lediglich um Lagerangelegenheiten, um sich türmende, gewaltig erregende Gerüchte, oft blieben wir wortkarg, weil ermüdet oder bis in den Seelengrund hinein niedergeschlagen. Zwischen Stunden tieferen Einverständnisses oder auch heiterer Gegensätzlichkeit gab es weit mehr leere, kaum ausfüllbare, in denen Schweigen herrschte. Hungernde sind nun einmal müde und immer schwach, ihre Denkapparate schwer beweglich, und mit Ausnahme etwa eines Boethius sind sie, weil sie absickernde Lebenskräfte festhalten müssen, keine Philosophen. Er, der im Formulieren von Gedanken wesentlich geschickter war als ich, der hierbei immer etwas Unbeholfene, wurde nach und nach immer mehr zu einem Halt, obschon in den ersten Wochen unseres Kennenlernens in jenem Sommer 1948 kein Wort von meinen eigenen, tief verborgenen Dingen gesagt wurde.

Dies begann sich aber von jenem Tage an sehr allmählich zu ändern, als er mich ärgerlich anfuhr:

"Menschenskind, Herr Kollege, was ist nur in Sie gefahren, daß Sie mit dem sogenannten Professor Schreiber, dem Wortführer von Judas Ischariot, sprechen! Gestern sah ich Sie mit ihm auf der Lagerstraße zusammen, und Sie können sich doch denken, daß dies auch sonst ziemlich auffiel."

Er schien enttäuscht, im Vertrauen verunsichert. War ich nicht vielleicht doch einer von denen? Oder wollte er mich besorgt warnen, an Heimat und Herkunft, deren ich mich nicht begeben dürfe, erinnern?

Innerhalb einer Sekunde entschloß ich mich zur Erklärung und damit dann nach und nach auch folgerichtig zur Offenbarung meiner schwierigen

Situation, welche mit ein Grund dafür war, daß ich mich tags im Gemenge aufhielt. Erst 1950 wußte er schließlich alles.

Was ich ihm zunächst berichtete, wuchs sich im Laufe mehrerer Tage schließlich zu einer leidenschaftlichen Diskussion aus, bei der wir oft genug erst durch mitwandernde Zuhörer vor oder hinter uns zum Flüstern oder auch Schweigen gebracht wurden.

"Den Generalarzt Professor Schreiber kenne ich seit Kriegsbeginn, ohne daß wir in engere Berührung gekommen wären. Er nahm eine wichtige Stellung in der Sanitätsinspektion der Wehrmacht ein. Meine Kriegstätigkeit brachte es mit sich, daß wir in einem gewissen Gegensatz standen, ohne daß sich dieser offen gezeigt hätte. Es handelte sich im Grunde mehr um Positionskämpfe unserer beiderseitigen Chefs, die sich, wie üblich, auf deren Nachgeordnete übertrugen.

Erst kurz vor Kriegsende, als sich die Schlacht um Berlin abzuzeichnen begann, kamen wir über die dienstlichen Hürden hinweg. Ich sagte Ihnen noch nicht, daß ich in Berlin in Gefangenschaft geriet und daß Schreiber zuletzt Festungsarzt der Stadt war.

Andere, die für diese Funktion weit besser als er, der Theoretiker geeignet gewesen wären, waren, wie auch die vorgesehenen Festungskommandanten und -intendanten, 'rechtzeitig' auf Dienstreise nach Westen gegangen und nicht mehr zurückgekehrt. Sie hatten sich, wie man damals sagte, 'überrollen' lassen. Schreiber war dageblieben. Nachdem man zu allem Überfluß Erhebungen über seine politische Zuverlässigkeit angestellt hatte, machte man ihn in aller Eile zum Festungsarzt. Von einem Tag zum anderen fand er sich, unzulänglich vorbereitet und fast ohne Hilfen, in einem sich schnell ausbreitenden Chaos. Daß man Berlin einmal werde verteidigen müssen, hatte Ende 1944 noch außerhalb jeder Denkmöglichkeit gelegen, und man hatte für einen solchen Fall keinerlei Vorkehrungen getroffen.

Was es an Lazaretten und Krankenhäusern bereits gab, das blieb weiterhin, so gut es ging, in Betrieb; die zur Verteidigung einrückenden Regimenter brachten ihre Sanitätsdienste mit und konnten Verbandsplätze einrichten; aber alles dringend Erforderliche stand nicht einmal auf dem Papier. Wer plante denn auch für den Sankt-Nimmerleinstag! Und die Russen standen bereits an der Oder.

Sie müssen sich die Stimmung vorstellen, in der sich dieser Mann befand. Mit bloßen Händen sollte er einen reißenden Strom aufhalten. Und ganz in der gleichen Lage befand ich mich. Vom Wissenschaftlichen oder Technischen her hatte ich mich als Arzt für Ernährung und Verpflegung von

Soldaten und Zivilisten sorgen müssen. Am Tage X wurde ich plötzlich, weil nirgends mehr im Wehrmachtsverpflegungsamt ein höherer Dienstgrad als ich aufgetrieben werden konnte, zum Verpflegungs-intendanten der Stadt und hatte in Verwaltungsdingen Entscheidungen zu treffen, die zuvor völlig außerhalb meiner Kompetenz gelegen hatten. Ich entschied wenigstens, und die Nachgeordneten, die es hier allenthalben noch gab, wußten, was zu tun war.

Bei unseren Bemühungen, in Berlin einigermaßen Ordnung herzustellen, fanden sich Schreiber und ich. Wir arbeiteten zusammen, bis er schließlich noch vor mir im Keller des Reichstagsgebäudes, in dem er einen letzten Verbandsplatz eingerichtet hatte, gefangengenommen wurde. Die Bilder der Fahnenhissung auf dem Wallotbau durch sowjetische Infanteristen hat man uns ja schon oft genug vorgesetzt.

Von daher empfinde ich Zuneigung zu ihm und habe ein anderes Bild von ihm als die meisten anderen von uns. Gleichwohl – ich gebe es gerne zu – war auch ich überaus enttäuscht, als ich ihn hier als Doyen der deutschen Sowjetfreunde wiederfand, ja mehr noch, ich war geängstigt; denn er wußte ja, an welcher Stelle Berlins ich meine Zelte zuallerletzt aufgeschlagen hatte. Da Mitteilungen über das Vorleben anderer Gefangener geradezu als vaterländische Pflicht 'neuer Art' gefordert werden, war eine Denunziation zu erwarten. Aber auch ihm war mein Auftauchen nicht angenehm. Wir mieden uns, 'sahen' uns nicht, sooft wir uns auch begegneten. Mußte er doch ebenfalls annehmen, daß ich, der ich in einem Moskauer Institut gearbeitet hatte, 'persona grata' der Politoffiziere sei und ihm gefährlich werden könne.

Gestern begegneten wir uns wieder einmal; da faßte ich Mut und sprach ihn an. Wir tasteten einander ab, wozu es weniger Worte bedurfte. Sie wissen ja selbst, mit welch unverfänglichen Wendungen man Entscheidendes auszudrücken vermag. Zum Wort Blicke. Wir erkannten beide, daß keiner den anderen denunziert hatte und außerdem, daß hiernach keiner etwas über den anderen aussagen würde. Dem folgte das offenbar aufsehenerregende Gespräch.

Sie verdammen den Mann; jetzt, wenn Sie sich noch frisch genug für einige Runden fühlen, und morgen will ich Ihnen erzählen, was man mit ihm anstellte und welchen Weg er gehen mußte, um dorthin zu kommen, wo er sich heute befindet.

Er fügt sich, er macht mit – aber ich habe kaum jemals den Ausbruch eines solchen Hasses gesehen, wie gestern bei ihm – für eine Sekunde nur, dann hatte er sich wieder in der Gewalt. Nach der Kapitulation waren wir nochmals in Straußberg ostwärts Berlins zusammengetroffen, wo die siegestrunkenen Russen an hundert Gefangene von Bedeutung zusammengebracht hatten, um sie zu sortieren. Er kam wenige Tage später weg, ich nochmals nach Berlin zurück. Gestern skizzierte er in aller Eile seinen weiteren Weg, und ich gebe seinen Bericht kurz wieder.

Mit anderen Generälen und hohen Offizieren im Flugzeug nach Moskau; im Triumphzug durch die Straßen, Stalin und der Bevölkerung zur Schau gestellt.

Generäle im Schmuck der Uniformen und hohen Auszeichnungen, vor und hinter ihnen als Gegenbild Zehntausende zerlumpter Landser, schon verhungernd, ausgehöhlt und krank – Schemen derer, die Furcht verbreitet hatten, ihre Fahnen, Kanonen, Panzer. Überall Geschrei 'woina kaputt, Gitler kaputt'.

Nach der Schaustellung wenige Wochen anscheinender Ruhe in einem Lager. Die Erinnyen sammelten sich, bald griffen sie nach ihm. Beschuldigung, er habe den bakteriologischen Krieg gegen die Sowjetunion vorbereitet.

Allein in einem Saal vor Militärärzten. Alle setzten ihm hart zu, bedrohten ihn mit dem Tode. Schließlich wurde er, bis er die 'Wahrheit' gestanden hatte, in eine Zelle gesperrt. Einige weitere Vernehmungen, während derer er begriff, daß es weniger um ihn persönlich als um die Vorbereitung des Prozesses gegen die Hauptbeschuldigten in Nürnberg ging. Die Zermürbungstaktik nahm kein Ende; man präparierte ihn zum Belastungszeugen des sowjetischen Anklägers.

Einkleidung, Flug nach Nürnberg, Auftritt im Prozeß, zurück in ein Lager, erneute Vernehmungen, nunmehr als Beschuldigter. War e r nicht Bakteriologe, nicht er Chef der Forschung in der Sanitätsinspektion gewesen?

Man hat ihn zerhackt, benutzt, weggeworfen – ein schartiges Werkzeug in sowjetischer Hand, wie zuvor schon eines in der des Oberkommandos des Heeres. Deshalb Haß, gegen alle, gegen alles, was früher war und jetzt ist. Er will nicht nur geschunden werden, sondern davonkommen und heimzahlen.

Als er mir gestern, die Mütze zwischen den Händen knetend, zuraunte: 'Ich hasse sie, ich hasse sie', da wurde mir alles klar. Er will rauskommen, auf welche Weise auch immer, er will nach Hause, zur Familie.

Die Deutschen, Deutschland? Gehen Sie ihm weg damit. Er fühlte sich von allen verraten, von allen verkauft. Jetzt verrät auch er – dennoch, mich wird er nicht verraten und verkaufen. Zwar bin ich in seiner Hand, aber er gab sich in die meine."

"Menschenskind", sagte Kühle hierauf nur, "haben Sie einen Glauben? Ich möchte es Ihnen nicht wünschen, aber es ist doch immer drin, daß er Sie eines Tages, wenn man ihn nochmals unter Druck setzt, dem Oberleutnant Elperin, auf eine Gabel aufgespießt, zum Frühstück hinreicht. Freilich haben Sie ihn in der Hand; Sie könnten ihm zuvorkommen. Aber würden Sie es tun? Wahrscheinlich ebensowenig wie ich, trotz meiner Wut auf die Ischariot-Leute. Meinetwegen mögen unter denen, die jetzt ihr Hütchen nach dem Winde hängen, wie sie es schon früher taten, auch einige Zerbrochene sein. Aber bleiben Sie mir mit diesen Zerbrechlichen vom Leibe, diesen Kerlen ohne Glauben, ohne Untergrund und Hintergrund. Mir ist es bei Hitler nicht gerade gut gegangen, von Ihnen weiß ich's nicht. Aber wenigstens als Plenni haben Sie schon Verschiedenes mitgemacht. Fühlen Sie sich deshalb verpflichtet, auf anderen herumzutrampeln und neue Federn auf Ihre zerschlissene Kappe zu stecken? Pfui Deibel, pfui Deibel!"

Übrigens dauerte es nicht mehr lange mit den ehrenwerten National-Demokraten aus der Pension Judas und dem Hause des Herrn Bolz. Sie wurden eines Tages neu eingekleidet, bekamen einheitliche blaue und neuwertige Zivilanzüge, gleiche Hüte und Mäntel, gleiche, wenn auch unterschiedlich große Schuhe, weiße Hemden mit Kragen und Schlips und dazu je einen Koffer. Eines Abends wurde dann in Gegenwart nie im Lager gesehener russischer Offiziere im "Kasino" ein Festmahl mit Wein, Bier und Ansprachen zelebriert,, das die Phantasie der niederen Gefangenenklasse außerordentlich beschäftigte und nach und nach wegen der Zeugungskraft ihres Hungers grandiose Ausmaße annahm.

Kein Zweifel, sie fuhren nach Deutschland. Am Morgen nach dem Fest rollte ein LKW in das Lager und hielt vor der Unterkunft Ischariots.

Die Ordonnanzen kamen heute um ihr Nebenbrot, erbten aber das zurückbleibende Gut. Sie schleppten die Koffer herbei und schichteten sie säuberlich auf dem Wagen auf. Zum Abschied eine Gruppenaufnahme mit den sowjetischen Offizieren und Herrn Bolz.

Friede, Friede – Freundschaft, Freundschaft.

Die Blicke vieler Männer folgten ihnen, als sie gemäßigt zivilisiert und ohne Beachtung der "misera plebs" zum Tor hinaus schlenderten. Schreiber hatte ich nicht mehr gesehen. Er verschwand aus meinem, aus der jeweiligen Gegenwart bestehenden Blickfeld, machte sich aber doch noch einmal bemerkbar.

Zwei, drei Wochen mochten vergangen sein, da wurden Kühle und ich nacheinander zur politischen Abteilung geholt und, voneinander getrennt, von einem im Lager unbekannten Oberstleutnant vernommen und bedroht. Deutsche Professoren, äußerte er wütend, seien Verbrecher, die die gute Behandlung, die die Sowjetunion ihnen zuteil werden ließe, ganz und gar nicht verdienten. Niemals sollten wir wagen, Sonderrechte zu beanspruchen; alle miteinander steckten wir unter einer Decke, und wir sollten uns ja davor hüten, weiterhin wie jetzt miteinander im Lager herumzulaufen, Komplotte zu schmieden und andere aufzuhetzen. Man werde unsere subversive, konspirative Tätigkeit zu entlarven wissen.

Der Mann sprach recht gut deutsch.

Wir waren konsterniert. Mit einem deftigen Fluch warf man jeden von uns Reaktionären hinaus und überließ uns der persönlichen Anteilnahme der überzeugungsgefestigten Lageraktivisten. Wir zerbrachen uns, irgendwo in einem Winkel beieinander hockend, den Kopf, ob wirklich nur unsere gemeinsamen Gänge einen solchen Staub aufgewirbelt hatten oder ob unser großer östlicher Freund wieder einmal den Sack drosch und den Esel meinte.

Er meinte ihn.

Dies wurde gewiß, als der Inhalt einer aus der Ostzone an den kommunistischen Aktivleiter gerichteten Karte in den Gerüchteumlauf geriet. Er besagte, daß der Verräter Professor Schreiber unmittelbar nach dem Eintreffen in der Heimat Frau und Kinder genommen, sich mit ihnen auf den Weg in den Westen gemacht und bereits am nächsten Tag den Amerikanern gestellt habe.

An der Saga mußte etwas Wahres sein; denn der für die Pension Judas Ischariot verantwortlich gewesene Politoffizier wurde im Lager nicht mehr gesehen; auch nahm man die Aktivisten wieder einmal genauer unter die Lupe. Hingegen atmeten Kühle und ich auf; denn wir konnten mit einiger Sicherheit annehmen, daß wir lediglich die Schimpfsäulen für die ohnmächtige Wut auf einen unerreichbar Gewordenen abgegeben hatten. Nach schicklicher Frist nahmen wir darum unsere gemeinsamen Gänge wieder auf und wurden dieserhalb in der Tat nicht mehr behelligt, bis die allgemeine große Wende kam.

Das Verhalten Schreibers beschäftigte uns noch längere Zeit immer wieder:

"Hätten Sie es gemacht wie er?", fragte Kühle eines Tages, als wir recht lustlos dahinschlichen und für jede Verbesserung unserer derzeitigen Verhältnisse gerne einige künftige Lebensjahre dahingegeben hätten.

"Darauf kann ich nicht mit 'Nein' und nicht mit 'Ja' antworten", entgegnete ich unschlüssig. "Ich wurde ja nicht in die gleiche Lage gebracht und unter den gleichen Druck gesetzt. Freilich, in den letzten Tagen Berlins und des Krieges fühlte ich mich getäuscht, verkauft und im Stich gelassen, wie er auch. Aber es gab ja so unendlich viel andere, denen es nicht anders, ja noch wesentlich schlechter erging. Gegen alle zu rasen, weil die Oberen versagten, das wäre mir nicht in den Sinn gekommen. Näher hätte es mir eher gelegen, mich mit den Betroffenen zusammenzutun, um uns gemeinsam zu helfen und zu retten. Und der Gefangene kann sich nur ebenso verhalten. Soll man es alle entgelten lassen, die arme, klägliche Masse am meisten, daß sich einige aus ihrer Mitte zu Aktivisten, andere zu Kommunisten und schließlich gar etwelche zu Towarischi mauserten?

Die Gemauserten sind mir weniger als lieb, mit ihnen mag ich nichts zu tun haben, und wenn ich einem mal ein Bein stellen könnte – ich tät's mit Freuden.

Aber deshalb auf die Opfer auch noch treten, in der unsäglichen Arroganz einer Bemerkung (ich schäme mich, ein Deutscher zu sein), das wäre mir unmöglich. Sie sind ja meine Leute, meine Männer.

Vielleicht liegt der Unterschied zwischen Schreiber und mir darin, daß ich Doktor bin, er aber Sanitätsoffizier mit der Betonung auf dem Offizier. Ich will Opfer verhindern, so gut ich's vermag; er konnte auf Tote und Verwundete nicht verzichten, wenn er eine Kriegsaufgabe gestellt bekam. Bei seinem Übertritt in den Westen glaubte er wohl, eine solche zu haben, sei es auch lediglich die der Aufklärung über das hier vor sich Gehende.

Es hat uns zwar Unannehmlichkeiten bereitet, aber letzten Endes hat seine Flucht ja kein Menschenleben gekostet."

"Nun einmal eindeutig; würden Sie sich genauso verhalten?"

"Nein; wenn ich für entsprechende Anregungen ein Ohr gehabt hätte, hätte ich wahrscheinlich von Moskau aus schon nach Ostberlin gehen können – aber Sie sehen, ich bin noch hier. Trotzdem kann Schreiber doch seine eigenen Vorstellungen gehabt haben und diesen gefolgt sein."

Nun spottete Kühle ganz offen:

"Sie sind eben doch ein liberaler Protestant, der jede x-beliebige Norm, die einer sich setzte, gelten läßt. Narrenkappen klingeln nur in lustigen Zeiten.

Sie verwischen aber jetzt Grenzen, die nicht unsichtbar gemacht werden dürfen, und entschuldigen Handlungen, die unerlaubt bleiben – nicht vom Äußeren her, wo es freilich kaum noch so etwas wie eine Ordnung gibt, sondern vom Innern des Menschen, von seinem Gewissen her. Sie kriechen in den Judas hinein, um seine Menschlichkeit zu ergründen. Wohin führt das denn? Nur zu allgemeiner Vernebelung. Jeder entschuldigt dann alles beim Anderen und schließlich auch bei sich. Jegliche Bindung löst sich. Die wenig zart Besaiteten sehen sich gerechtfertigt, wenn sie aus selbstgeschaffener Machtfülle unterdrücken, mißachten und knechten.

Haben wir's nicht erlebt, sehen wir es nicht täglich hier?

Selbstgeschaffene Normen sind in den Wind geblasen. Sie behaupten sich nicht in Stürmen und haben bereits für die nächste Generation keinerlei Wert mehr, weil sie allenfalls windiger Abklatsch gottgesetzter Gebote sind. Gehen Sie mir also mit solchem unbeholfenen Menschenwerk; auch mit Mitgefühlshilfe können Sie den Herrn Schreiber bei mir nicht retten. Er läuft in die Falle, die er sich selbst aufstellte. Sie aber werden in seinem Dreck vergeblich nach Engelsflügeln suchen, sie einem Lumpen aufzubinden."

Er spottete, stieß seinen Knüppel in den Boden und sah mich zornig an. Sein Blick war raubvogelhaft kühn.

"Warum sollen wir Teufel nicht als Teufel, Schwächlinge nicht als Schwächlinge deklarieren und die Vorgänge mit Namen nennen? Was hilft denn schon das Deuteln – das Psychoanalysieren?"

"Ecclesia militans", dachte ich, wagte aber nicht, es ihm entgegenzuhalten. So war er.

Einige Jahre später würde er anläßlich einer Vernehmung, bei der man ihn eines Kirchenraubes bezichtigte, dem Politoffizier einen Stuhl so genau über den Kopf schlagen, daß dessen Gesicht wie aus einem Rahmen hervorschaute. Nicht auszudenken, was ihm geschehen wäre, wäre nicht ein Vorgesetzter hinzugekommen, der den Übeltäter wider Erwarten laufen ließ, den Betroffenen aber aus dem Lager entfernte. Das von Lager zu Lager huschende Gerücht verbreitete die Kunde seiner Tat; wir waren damals getrennt, aber mit vielen anderen freute ich mich.

Damals jedoch sagte ich wohl:

"Soll man sich denn nicht bemühen, einen anderen zu verstehen, ihn zu begreifen? Will man einem helfen, dann muß man auch seinem Denken nachspüren und es, wie Sie sagen, deuteln, psychoanalysieren.

Furchenziehen und Aufdecken machte ich mir nach und nach zur Aufgabe, weil ich es für meinen Beruf benötigte, nicht lediglich aus läßlicher Neugierde. Natürlich weiß ich, wie unterschiedlich sich der gleiche Mensch zwei Beobachtern darbieten kann.

Ein Freund, mit dem ich durch Jahre eng zusammenarbeitete, öffnete mir dafür den Blick. Zu gleicher Zeit Assistenten in Heidelberg und als Junggesellen Tür an Tür in der Klinik wohnend, hatten wir mit Kranken offenbar gleicher Art zu tun. Aber wir erlebten sie völlig unterschiedlich.

Was er, ein puritanischer, fränkischer Protestant, an Versündigungen, Lügen, Ehebrüchen, Diebstählen ans Licht brachte, überstieg das, was ich herausfand, um das Mehrfache. Er witterte geradezu Brüche in anscheinend wohlgeordnetem Menschenmilieu, zog sie ans Licht und machte sie mit zum Gegenstand seiner Therapie, die immer etwas Bekehrendes und Überwältigendes, ja Dämonisches hatte. Er ist, wie gesagt, ein frommer und kirchlicher Mann, ständig irgendwelchen Versuchungen ausgesetzt, unruhig und sich deshalb fest an Grundsätze haltend. Immer bekämpft er, kämpft er um etwas, um sich von ihm abzuwenden, wenn das Ziel erreicht ist. So war er einer der ersten Nationalsozialisten in Heidelberg, aber auch der, der sich nach der Machtergreifung als erster wieder ab- und der bekennenden Kirche zuwandte. Dies verursachte ihm zwar Schwierigkeiten, aber er hielt sich, weil er wie ein Wolf aufheulen und sich wehren konnte, griff einer ihn an.

Im Vergleich zu ihm führte ich introvertiert das stillere, neben der Praxis eher der Forschung zugewandte Leben. Die von ihm so häufig aufgetanen Untiefen erkannte ich also wesentlich seltener, vielleicht daß ich meine Kranken auch von einer anderen Seite her anfaßte. Nichtsdestotrotz fühlte ich mich ihm unterlegen, hielt ihn für den besseren Menschenkenner, weil seine Leute ihm mehr anvertrauten und offenbarten als meine mir. Im Grunde jedoch waren wir mit unseren Patienten, auf welche er mehr Schatten und ich mehr Licht verteilte, ganz zufrieden. Sie waren es, denke ich, wohl auch mit uns."

"Ist Ihr Freund überheblich?"

"Nein, doch glaube ich, daß er sich zwingen mußte, es nicht zu sein."

"Und Sie?"

"Ja, früher war ich es sehr. Sogar einem Mozart fühlte ich mich moralisch weit überlegen. War er nicht lediglich Tändler und Tänzer mit seiner leichten und, wie mir schien, leichtfertigen Musik? Zwar gefiel sie mir, aber was zeigte sie schon von der schwarzen Seite unseres Lebens, in der ich mich auszukennen, der ich verhaftet zu sein glaubte!

Und wie klein bin ich dann allmählich vor ihm geworden. Welche Abgründe der Trauer, welche Erkenntnis der Schicksalsgewalten. Gottes Jüngling und Opfer! Keiner reicht an ihn heran und an seine Werke. So verändern wir uns gegen uns selbst. Ein Greis kann sich nicht als jung, ein Junger sich nicht als Greis verstehen. Schnell springt der eine dahin, breit strömt der andere seinem Ende entgegen. Im engen Strombett geht's überschwenglich über die Ufer hinaus, das breite füllt man kaum noch aus. Auf dem Wege von Berlin bis hier nach Moskau ist mir ein Gutteil meines Geltungsgefühls und meines Ehrgeizes verloren gegangen. Und der Rest sitzt nicht sehr fest."

"Vielleicht sind Sie nicht nur kein Protestant, sondern überhaupt kein Christ", bemerkte er darauf.

Ich hob die Schultern.

Derlei Gespräche führten wir ab und zu.

Er konnte mich zum Beispiel niemals zu seiner Vorstellung bekehren, daß es ein objektives Gebet gebe, eine sich wiederholende sachliche Bitte wie die des Rosenkranzes, die nicht von Herzen zu kommen brauche. Das persönliche, emotionale Gebet aus Not, um Vergebung, um Hilfe, um das Wohl eines Nächsten sei streng zu unterscheiden. Die Kirche wolle beiderlei Gebete und gewähre ihnen gleichen Rang; denn das Rosenkranzgebet bewirke durch Wiederholung Konzentration und schließlich Kontemplation.

Ob ich ihn richtig verstand, vermag ich nicht mehr zu entscheiden; wahrscheinlich nicht. Ich blieb darauf fixiert, daß das Gebet etwas Subjektives sein müsse.

Doch in anderen Dingen folgte ich ihm ohne Vorbehalt. Wesentlich gebildeter als ich, wurde er mein philosophischer Lehrmeister, wenn auch mit einem Erfolg, den er in normalen Zeiten nicht als sehr groß eingestuft hätte.

Ein Naturwissenschaftler weiß von der Scholastik allenfalls, daß sie ein bis zu äußerster Spitzfindigkeit entwickeltes mittelalterliches Lehrsystem darstellt, das schließlich in eine Sackgasse führte. Die Heutigen sehen deshalb in ihr lediglich eine Kuriosität im Bereich der Geisteswissenschaften. Welcher Rang ihr aber in Wirklichkeit zukam, erfuhr ich nunmehr von Kühle. Zwar war ich Doktor philosophiae naturalis, aber alles andere als selbst in naturalis philosophisch gebildet. Was hätte ein Chemiestudent schon von Philosophie erfahren können und auch wollen, stand er doch fast den ganzen Tag im Laboratorium!

Als ich Kühle meine völlige Unkenntnis gestand, begann er mich systematisch zu unterrichten. Während mühsamer Rundgänge durch die Gegenwärtigkeit der Gefangenschaft versanken wir oftmals völlig in die Welten vergangener Denker. Zwar hatte ich auf dem Gymnasium ihre Namen gehört und ihre Lehrsätze gelernt, aber sie hatten mir kaum etwas bedeutet. Nun aber deutete Kühle sie, hauchte ihnen Leben ein und verband sie zu einem Netzwerk. Von den Griechen aus rückte er allmählich über die Kirchenväter und eben die Scholastiker, denen er Jahre beglückender Forschung gewidmet hatte und die er vom Jetzt her eigentlich beleuchtete, zu Kant, Hegel, Feuerbach und schließlich Marx vor, dem er verständlicherweise keine Zuneigung entgegenzubringen vermochte. Lenin und Stalin, die hochgelobten Neuphilosophen unserer Aktivisten, bedachte er mit ätzendem Spott.

Vieler Tage und langer Wegstrecken bedurfte es, um mich wirklich einzuführen. Wir waren zerlumpte Peripatetiker und von der äußersten Einfachheit des Diogenes im Faß nicht weit entfernt, nicht einmal von seiner Vorstellung der Freiheit inmitten allgegenwärtigen Zwangs.

Mein dystrophisches Gehirn war für neue Gedankengänge wenig aufnahmefähig. So war ich ein zwar freudiger, doch kein besonders gelehriger Schüler, so daß Kühle dazu überging, mir die Lehrsätze der Logik regelrecht einzupauken. Ich schrieb sie dann auf meiner Pritsche heimlich auf ein Blättchen und memorierte sie während der Nachtwache. Es fiel mir schwer, sie zu verstehen. Standen sie in einer guten Stunde einmal glasklar und begriffen vor meinen Augen, so verwirrten sich die ordnenden Gedankenfäden zu anderen Zeiten, und ich verhaspelte mich hoffnungslos in einem Gespinst von Worten. Oft genug verzweifelte ich darüber.

"Einfach lernen, immer wieder vor sich hinsprechen – wie den Rosenkranz, wie ein objektives Gebet – sehen Sie es ein?“ riet Kühle. "Irgendwann und auf einmal wird sich dann das Gedankengefüge wie von selbst ordnen und richten. Sie werden sich der Philosophie bemächtigen und fortan so selbstverständlich mit ihr arbeiten können, wie ich es tue."

Sein christlicher Glaube war durch seine philosophischen Studien nicht erschüttert worden – ob zu keiner Zeit, das entzieht sich meiner Kenntnis. Jetzt zum mindesten wurde er eher gestärkt und gefestigt. Dies darf ich mit der Zurückhaltung sagen, die einem Zweiten bei der Beurteilung dessen auferlegt ist, was einen anderen im Inneren seines Herzens bewegt und treibt.

Er lehrte mich auch, wie ich mich bei Vernehmungen zu verhalten hätte, um vor mir bestehen zu können: "Man darf nichts Falsches sagen, also lügen, aber man braucht auch nicht alles zu sagen, was man weiß."

Der Leser wird zu der gleichen Ansicht kommen wie ich. Ich war dem auf die Dauer siechen Mann, dessen Zustand ich mit großer Sorge beobachtete, sehr unterlegen. Aber dennoch konnte ich ihm zu meiner Freude auch Einiges nahebringen, was ihn brennend interessierte.

Während meines Studiums hatte ich lange Jahre geschwankt, ob ich Zoologe und Chemiker oder Arzt und Chemiker werden solle, wobei sich mir die Chemie als Hilfswissenschaft darstellte. Jedenfalls wollte ich, wie schon ein von der Mutter sorglich bewahrtes und sogar gerahmtes Zettelchen als Acht- oder Neunjähriger zeigt: "Ich will erforschen, woher die Welt und Tiere gekommen sind und woher sie leben", dem Ursprung des Lebens von jeher näher kommen.

Schließlich wandte ich mich völlig dem ärztlichen Beruf zu. Ludolf von K r e h l in Heidelberg hatte mich ganz überwältigt. Ich folgte ihm mit Begeisterung und wurde weiterhin in ein Leben voller Unruhe, Not und Gefahr gezogen, wie ich es als Zoologe niemals hätte führen müssen. Doch was macht's. Ich bereute die Entscheidung nicht und zu keiner Stunde der Gefangenschaft. Meine in der Frühzeit wissenschaftlicher Betätigung gewachsene Liebe galt als größtem Problem, dem ich mich zu nähern versuchte, der tierischen und pflanzlichen Zelle, Grundorganismus alles Lebenden. Als Student mühte ich mich; während der Mittags- und Abendstunden der klinischen Lehrjahre, die allein dem Assistenten zu eigener Forschung überlassen wurden, erprobte ich meine Chemie an ihr und glaubte – da begann der Krieg –, Neues begriffen zu haben. Auch den Gefangenen beschäftigen in der Moskauer Institutszeit die Lebensprobleme der Zelle unentwegt; er glaubte beim Lesen und Denken der Erkenntnis wiederum ein Stück näher gekommen zu sein.

So war es eigentlich selbstverständlich, daß Kühle, der in Braunsberg zum halben Botaniker geworden war, und ich bald Biologisches in unsere Wandergespräche einbezogen. Auch hier erwies sich der Partner als bezwingender Logiker.

Wie ich bereits berichtete, hatte ich während der Tätigkeit im Moskauer Institut und später während der Nachtwachen im Lager eigentlich nur in mich hineingedacht oder aus mir herausgegrübelt. Jetzt vor Kühle mußte ich aus der eignen heimlichen Welt heraustreten, Zusammenhänge, die ich erstmals erkannt zu haben glaubte, erklären und mich den Bedenken und

Entgegnungen seines geschulten Geistes stellen. Er blieb mir nichts schuldig und brachte manche Notbrücke meiner Deduktionen zum Einsturz. Nicht von Marx, den die sowjetischen Umerzieher als angeblichen Begründer der Dialektik uns ständig schmackhaft machen wollten, sondern von Hegel her stand er mir als Freund und zugleich als Advocatus diaboli bei und zwang mich, Probleme, die ich von mir aus als gelöst angesehen hatte, vom Kontrapunkt her als noch zweifelhaft zu erkennen. Lehrmeister also auch auf meinem eigenen Felde. Dankbar, wenn auch manchmal bestürzt, empfand ich nach dem Fegefeuer der Diskussion, daß ich Manches doch richtig gesehen und logisch zusammengefügt hatte. Indem er es anerkannte, bestätigte er wesentliche Ergebnisse langjährigen Nachdenkens.

An dieser Stelle nun gestatte man mir abschließend eine Abschweifung vom Heute her, die das Bild einer verschlissenen und zu Fehlhandlungen geführten Generation, die die meine ist und als deren Teil ich mich empfinde, abrunden möge.

Ergebnisse von zwölf Jahren experimenteller Arbeit und Auswertung lagen vor, als der Krieg 1939 die Manuskripte und Tabellen in die hinterste Schublade des Schreibtisches verdrängte. Über dringlichen Gegenwartsgeschäften wurden sie völlig vergessen. Als ich mich sechzehn Jahre später um einen neuen Anfang bemühte, kramte ich die alten Papiere heraus und mußte feststellen, daß das, was analysemäßig 1939 als modern und zeitentsprechend anerkannt worden wäre, 1956 völlig überholt und durch neuere Analysenmethoden ersetzt worden war. Mochten die mit veralteten Untersuchungsverfahren erzielten Ergebnisse auch richtig sein, so galten sie jetzt nichts mehr. Altmodisch Erarbeitetes hatte kein Ansehen und wurde beiseite geschoben, so richtig es auch sein mochte und neue Erkenntnisse zeitigte.

Ich konnte in vergilbten Blättern wühlen, wie ich wollte. Viele tausend Stunden erhebender und oft froher Arbeit, gedrängten Tuns hatte der Fortschritt enteignet. Niemand fand sich, zu veröffentlichen, was ich zu sagen hatte.

Beim Schutthaufen Troja sind die untersten Schichten die wertvollsten. Hingegen kümmert sich experimentelle und analytische Forschung – geschichtslos und vielleicht auch arrogant – nicht um das Gestrige.

So begrub ich, was ich vor Zeiten erarbeitet hatte, verschloß, was ich an Neuem gefunden zu haben glaubte, betrachtete Einsichten, die ich als Gefangener über das Wesen der Zelle gewonnen zu haben glaubte – und begann mit Forschungsarbeiten auf einem völlig anderen Gebiet.

Dies mit Gelassenheit hinnehmen zu können, verdanke ich sicherlich auch Kühle, von dem ich mehr annahm, als ich ihm geben konnte. Ich war ja aus meinem Beruf gesetzt und konnte nichts tun, als ihm hin und wieder bei seinen Beschwerden und den Beängstigungen, die sie auslösten, zu raten. Sehr wohl wußte ich, daß er einer von denen war, die ganz plötzlich verlöschen konnten, wie so viele in diesem Zustand um ihn schon verloschen waren. So wie's stand, gab es nur ein kleines Mittel, nämlich das, den Willen und eine gewisse Lebensfreudigkeit zu erhalten. Darum bemühte ich mich, bemühten sich auch andere.

Kühle war bereits im Sommer 1944 in Gefangenschaft geraten und hatte den Winter auf 1945 im sibirischen Lager Tscheljabinsk verbracht. Dort waren damals Gefangene in Massen gestorben; man hatte sie nicht begraben können, weil die Erde steinhart gefroren war. So hatte man die Leichen außerhalb des Lagers gelagert, und es war allmählich ein Hügel entstanden. Tiefer Schnee hatte ihn bedeckt, in den die täglich neu Hinzukommenden eingebettet wurden und versanken. Als die Schneeschmelze einsetzte, wurde ein Totenberg sichtbar. Erst als es taute, konnte man darangehen, die Toten in die Erde zu versenken. Ein Arbeitskommando durfte aus dem Lager, um die Totengräberarbeit zu verrichten. Aber die Leichen ließen sich nicht voneinander trennen; sie waren ineinander verschränkt und zu einem sperrigen Glieder- und Leibesgewirr geworden. Es blieb nichts anderes übrig, als mit Äxten zuzuschlagen und die armen zerhackten, fast fleischlosen Menschenteile in die Gruben zu werfen.

"Ein Anblick zum Verzweifeln", sagte Kühle, "ich stellte mich so nahe an den Zaun, wie es nur zulässig war, und segnete Gebein um Gebein der Toten, das nahe an mir vorbei geschleppt und geschleift wurde. Sie waren schon so lange tot, manchem hatte ich beim Sterben geholfen. Ihre Gesichter waren zerfallende Masken, und sie waren sehr entseelt. Schicksale – so groß, wie hier alltäglich."

Ich blickte zu ihm hinüber; sein Zustand hatte sich gegenüber damals sicherlich nicht verbessert. Aber in diesem Zustande hatte er seine Pflicht getan und wäre den Toten nahe geblieben, selbst wenn sie von den Wachtürmen auf ihn geschossen hätten.

So etwas läßt sich nicht im Gehen sagen. So war er, als er begann, stehen geblieben und hatte seinen Stab mit beiden Händen krampfhaft in den Boden gedrückt. Er schaute durch die dreifache Stacheldrahtgrenze zum See hinunter, in dem sich graue Wolken spiegelten. Tiefe Trauer lag auf seiner Miene; er flüsterte weiter, als er nicht mehr sprach. Für sie – entbeinte Seelen waren ihm nicht tot; sie schauten die Herrlichkeit des Herrn.

Er senkte den Blick und kehrte auf die Erde zurück. Noch schwieg er eine Weile, dann wandte er sich mir zu und fragte:

"Wie haben Sie es erlebt? Sie waren nach der Kapitulation noch in Deutschland, oder wenigstens an seiner Grenze. Da muß es doch noch einigermaßen geordnet hergegangen sein! Sie wurden nicht auf freiem Feld ausgeladen und mußten sich ihre Erdbunker selbst graben. Sicherlich gab es noch Häuser und Unterkünfte, in denen man der Witterung nicht schutzlos ausgesetzt war. Es können drum dort doch nicht so viele umgekommen sein wie hier im Inneren des wilden Landes?"

Ich brauchte nicht lange nachzudenken; denn schon seine ersten Worte hatten mich in den Sommer 1945 zurückgeführt, seit dem drei Jahre vergangen waren. Und obschon ich in Moskau eineinhalb Jahre "oben" gewesen war, konnte ich die langen Monate des "Unten" nicht vergessen, in denen ich versuchte, zu überleben und auch das Meine zu tun. Damals hatte ich gelogen, betrogen und gestohlen, um ärztlich wirksam und den Männern um mich herum nützlich sein zu können. Die Erinnerung an diese Verbrechen stimmte mich heiter. Hatte Kühle vielleicht gedacht, daß ich eine beschwerte Miene aufsetzen würde, so mußte ich zuerst lachen, während ich die ernstesten Dinge zu berichten begann. Erst nach und nach während einer Erzählung, die sich über Tage hinzog, wurde ich in dem Maße, wie ich an das Tödliche geriet, auch ernst und starr:

"Die Zementfabrik Rüdersdorf, ostwärts Berlin, war die erste Station meiner Gefangenschaft, in der ich ärztlich tätig werden konnte. Wir alle lebten in Angst und Furcht; denn hier war die erste der großen Sichtungsstationen, die die Sowjets auf dem Wege in die Union eingerichtet hatten. Mein Domizil war ein Zementsack in einer mehrstöckigen Stellage. Gegen 8000 Mann hausten zwischen Maschinen in den Hallen, und ich vergesse den Einen nicht, der von oben auf sein Haus hinunter schauen, Frau und Kinder sehen und ihnen doch kein Zeichen geben konnte. Und eines Tages kam er dann weg.

Seuchen wüteten wie im Mittelalter; in allen Regalen und Stellagen lagen ruhr- und typhuskranke Männer, die Blut und Eiter unter sich ließen, allzu schwach, um noch hinabklettern zu können, um an einem irgendwie hygienischen Ort, krampfhaft zuckend, Durchfälle zu produzieren. Einer von ihnen war auch ich, aber mir war eine der Hallen anvertraut, ohne daß man mir irgendwelche Medikamente in die Hand gegeben hätte. Mehr kriechend als gehend gelangte ich von Stellage zu Stellage. In die zweite und dritte Etage hinauf gelangte ich aus eigner Kraft nicht mehr; zwei Sanitäter hoben und stützten mich. In düstere Höhlen blickend fand ich sie stöhnend und sich unter Ruhrkrämpfen windend, neben diesen immer wieder welche mit erloschenen Augen. Einige Decken bekam ich, sie zu wärmen, konnte über Köpfe streichen, etwas flüstern und war sonst völlig machtlos. Warmes Wasser konnte man sie trinken lassen. Verdorbenen Blutbrei mit Majoranstengeln als Gewürz gab es für die, die anscheinend noch nicht sterbenskrank waren. Für viele war der Tod das beste Medikament.

So ging es Tag um Tag den Juli und August 1945 hindurch: Von den Gütern Pommerns und Mecklenburgs wurden die 'Junker' mit ihren 'Hinterlassenen' eingeliefert. Kräftig und gut genährt mischten sie sich unter Verhungernde und Kranke, verfielen aber, so plötzlich ungeheuren Entbehrungen ausgesetzt, schneller noch als diese. Eines solchen Elends konnten die Russen sich nur entledigen, indem sie die Kranken aus der Gefangenschaft in die Freiheit entließen.

Täglich kamen auf dem umzäunten Freiplatz vor den Hallen Ausgezehrte zusammen. Auf den Tod ermüdet, warfen sie sich auf den Boden und erwarteten den sowjetischen Offizier, der ihnen einen Entlassungszettel in die Hand gab. Verzweifelt und vergeblich flehte ich sie an, sie sollten noch bleiben; denn den Weg von Rüdersdorf nach Berlin würden sie niemals überstehen können. Kaum einer hörte auf meine Bitte. Sie waren von Panik befallen, und ich vermute, daß damals die Straße von der Zementfabrik nach Berlin mit Toten gepflastert gewesen sein muß. Zudem munkelte man, daß draußen Totschläger und Räuberbanden am Werke seien, denen Brotbeutel, Rucksäcke und Stiefel einen Mord an armseligen Menschen wert waren.

Zu gleicher Zeit wurden die noch Gesunden aussortiert. Kolonnen marschierten ab, über Frankfurt an der Oder in die Sowjetunion. Auch für die besetzten deutschen Gebiete wurde etwas getan. Pioniere wurden mit guter Verpflegung zu Minenräumungsarbeiten gelockt und unter Führung eigener Offiziere in das Land Brandenburg geschickt. Reste dieser Kompanien traf man später in Frankfurt, ebenfalls auf dem Wege nach Rußland; denn das Versprechen, sie nach Erfüllung ihrer gefährlichen Arbeit nach Hause zu entlassen, hatte dort seine Gültigkeit verloren.

Nach und nach lichteten sich die Reihen, wir hatten größere räumliche Bequemlichkeit; aber im August 1945 faßte das Lager noch immer fast 5000 Mann.

Eines Tages verbreitete sich das Gerücht, in Berlin sei das 'Deutsche Rote Kreuz' neu gegründet worden und es stände eine Kommission in Aussicht, die unsere Lage prüfen und Mißständen abhelfen werde. Die Russen bereiteten den Besuch mit großer Umsicht vor, sie entließen alsbald eine weitere Menge todkranker Landser und setzten die 'Arbeitsfähigen' an die Säuberung der Hallen und des verschmutzten Geländes. In einigen Baracken, die als Typhusisolatoren dienten, wurden in aller Eile von irgendwoher kommende Vorhänge angebracht. Wir Ärzte erwarteten den Besuch freudigen Herzens, hofften wir doch, alle unsere Beschwerden unvoreingenommenen Ohren vortragen zu können.

Und an einem schönen heißen Sommervormittag erschien wirklich eine große Gruppe sowjetischer Offiziere, die acht oder neun Krankenschwestern zu einem Platz geleiteten, auf dem zuvor in hinreichender Anzahl Stühle aufgestellt worden waren. Die angekündigte Kommission war eingetroffen. Angesichts der schneeweißen Tracht, der Hauben mit dem Roten Kreuz, der frischen, überraschend jugendlichen Frauengesichter ging uns das Herz auf, und wir hofften, zum Sprechen zu kommen.

Jedoch, die Kommission blieb streng abgeschirmt; die russische Lagerärztin, sonst unzugänglich und innerhalb des Lagers kaum zu sehen, übernahm das Kommando und ordnete die sofortige Kommissionierung der gesamten Lagerbelegschaft an. Niemand durfte fernbleiben, alle wurden zusammengeballt. Nach nicht langer Zeit ordneten sich allenthalben nackte Gestalten und zogen, die Unterwäsche in der Hand, in breitem Strom zum Orte der Kommissionierung. Dort vereinzelte sich die Masse wie der Sand in der Enge der Sanduhr. Korn um Korn strich an den aufmerksamen Beschauern vorbei. Vor dieser Masse Mensch in letzter körperlicher Erbärmlichkeit ging selbst uns Betroffenen und Beteiligten auf, zu was wir geworden waren. Ich starrte Mann um Mann an, die Gesichter der Russen blieben teilnahmslos, unbewegt, die Mienen der Schwestern drückten nicht Erbarmen, Mitleid, nein, lediglich Ekel und Abscheu vor soviel Nacktheit und Blöße des anderen Geschlechts aus. Aber sie hielten durch, bis der Letzte an ihnen vorbei war. Die Russen waren offenen Herzens; sie wollten nichts vor der Kommission verhehlen und führten die jungen Frauen deshalb zu den Bettlägerigen in die kleinen Baracken. Sie gingen von Bett zu Bett; Schwester um Schwester sah sich Mann um Mann an, hörten Klagen und Beschwerden und gingen vorüber. Wie sie gekommen war, so ging die Abordnung wieder zum Lager hinaus. Keiner von uns hatte jemanden ansprechen können. Draußen sollen Armeeautomobile für sie bereitgestanden haben.

Einige Tage später gingen einige Leute mit unbekanntem Ziel auf Einzeltransport und wir mußten uns eingestehen, daß wir einem Potemkinschen Dorf aufgesessen waren.

Es hatte sich nicht um eine Rote-Kreuz-Delegation gehandelt, vielmehr hatten die Sowjets einige Sekretärinnen Berliner Großbetriebe und früherer hoher Dienststellen in Schwesterntracht gesteckt und nach Rüdersdorf geschafft, um Chefs und Vorgesetzte ausfindig zu machen, von denen man annahm, sie seien in der Masse der Kriegsgefangenen untergetaucht."

"Viel Aufwand, offenbar ohne wesentlichen Erfolg", Kühle fauchte und war blaß vor Zorn:

"Diese Hunde, diese Hunde."

Ich fuhr fort:

"Von überall her hatten sie Männer in Rüdersdorf zusammengetrieben und waren der Ansicht, mindestens jeder Zehnte sei Kriegsverbrecher oder General, der jederzeit einen Aufstand und Ausbruch organisieren könne. Mißtrauen beherrschte sie wie eine Krankheit. Ihre untergründige verursachte unsere offenkundige Angst. Wir mußten befürchten, daß zu jedem Augenblick einer von uns entlarvt werden konnte – als einer, der er nicht war. Denunzianten krochen herum und versuchten einen jeden zu erpressen, bei dem sie einen Wertgegenstand entdeckten. Auch mich ernannten zwei ehemalige Häftlinge aus dem KZ Sachsenhausen, die jeden Eingelieferten beäugten, zum Kommandanten dieses Lagers, und lediglich der russische Kommandant von Rüdersdorf, vor den ich gebracht wurde, rettete mich. Er kannte offenbar seine Pappenheimer.

Im Laufe des Monats August leerte sich das Lager immer schneller, bis nur noch dreißig oder vierzig Mann des Lagerpersonals, darunter wir Ärzte und Sanitäter, im weiten Fabrikgelände hausten. Von der gewissen Halbfreiheit, in der wir uns jetzt bewegen konnten, bekam ich nicht viel mit, da sich meiner schon lange bestehenden Ruhr nun noch eine heftige Gelbsucht zugesellte.

Ich lag ziemlich apathisch in einem kleinen Zimmer, und die Anfang September erfolgende Verladung machte mir nichts aus. Fest eingeschlossen und ohne daß man uns wenigstens Wasser gab, standen wir in Erwartung, an einen Transportzug angehängt zu werden, einige Tage auf einem Abstellgleis. Unser Güterwagen war bereits wiederholt als mobiles Gefangenenlager verwendet worden und bot auf drei Plattformen Raum für eine hinreichende Anzahl von Menschen. Die Sonne brannte auf das verschlossene Gehäuse, und wir schwitzten uns die Seele aus dem Leibe. Ich lag auf dem oberen Regal und hatte wenigstens etwas Atemluft. In einer der Nächte fing unten einer zu schreien an; er keuchte zwischen den wilden Lauten und schlug um sich. Erst nach einiger Zeit, in der ich mir wegen meiner Willenlosigkeit heftige Vorwürfe machte, raffte ich mich auf und kletterte mühsam hinab, um nach dem Tobenden zu sehen. Ich knöpfte ihm – es war ein Hauptmann – die Jacke auf, dann eine Weste und fand darunter weitere Bekleidungsstücke. Alles, was er besaß oder von Gestorbenen an sich genommen hatte, hatte er, um es für sich zu retten, übergezogen. In dem Augenblick, als ich mich beim Heben und Drehen des bewußtlosen Körpers beim Aufknöpfen anstrengte, befiel mich die Empfindung, ja das sichere Wissen, daß ich sterben würde, wenn ich nur die geringste weitere Kraftaufwendung mache. Ich verblieb halbgebückt wie erstarrt und wartete auf das Abklingen der Bedrohung, währenddes starb der Mann in seiner Wärmestauung. Die Nachharn halfen mir auf meinen Platz zurück. Nicht wenig später starb ein Zweiter; er krampfte, schlug um sich und stöhnte, bis er stille wurde. Hin und hergerissen hörte ich sein Sterben mit an und versäumte meine Pflicht, weil ich mich nicht mehr ermannen konnte, zu ihm zu kriechen. Erst nach Stunden reagierten die Posten auf unser Klopfen und warfen die beiden Toten neben das Bahngeleise."

"Das bedrückt Sie noch heute?", fragte Kühle.

"Ja", sagte ich, "immer."

"Sie hätten ihnen aber doch nicht mehr helfen können", meinte er hierauf und ich:

"Man muß immer und immer wenigstens einen Versuch machen."

"Also einstehen für Pflichterfüllung bis zum äußersten", erwiderte er und riß mich in das Heute zurück:

"Sie würden Menschen – und seien sie ohne Besinnung und nach Ihrer festen Überzeugung niemals wiederherstellbar – mit allen erdenklichen Kunstgriffen behandeln, lediglich um Herzschlag und Atmung zu erhalten?"

Ich war zu ungelenk, um den so plötzlichen Sprung von der damaligen Wirklichkeit zur heutigen ärztlich-theologischen Philosophie mitmachen zu können, und gab ausweichend zur Antwort: "Dazu kann ich heute gar nichts mehr sagen; und es muß einen ja mehr als genug quälen, daß jetzt ja nicht einmal Möglichkeiten und Mittel vorhanden sind, ein völlig unausgelebtes Leben zu erhalten, wie es anderenorts immer und leicht möglich wäre."

Begütigend griff Kühle nach meinem Arm: "Dann wollen wir es heute dabei bleiben lassen. Aber erzählen Sie mir gelegentlich weitere Einzelheiten aus Ihrer Gefangenenpraxis. Sie geben mir zu denken."

So setzte ich denn an einem der folgenden Tage fort:

"Völlig kraftlos und ausgedörrt, was der Ruhr nur guttat, kamen wir schließlich nach fünf Tagen bei Frankfurt an der Oder an und wurden ausgeladen. Stehen konnte ich nicht mehr, so rollte ich die Bahnböschung hinunter auf eine Straße. Ein Posten bemerkte, daß ich noch Stiefel anhatte. Er freute sich, drückte mir ein halbes Brot in die Hand und zog sie mir von den Füßen.

Man verlud uns auf Karren und fuhr zu einem großen Gebäude, das wir später als Hindenburgkaserne und Hauptlazarett für alle kranken Gefangenen kennenlernten, die auf dem Wege in die Sowjetunion waren oder bereits von dort zurückgeschafft wurden. Wir – Inhalt eines Güterwagens – wurden vor dem Eingangstor abgesetzt oder gelegt. Ein freundlicher deutscher Leutnant nahm, ehe wir hineingebracht wurden, unsere Personalien auf. Mich Gelben, der wie alle anderen noch Rang-Dienst-Abzeichen an der sonst verschlissenen Felduniform trug, sah er kurz an und sagte: 'Wir können alles andere lassen. Sie sind nur Oberst.'

Damit wurde ich zum zweiten Male seit Kriegsende von der Seite der Böcke auf die der Schafe geschoben und endgültig – vielleicht? – in die große Masse eingemeindet. Zum ersten Male geschah dies noch in Rüdersdorf, als mich bei einer der sich immer wiederholenden Aussiebungen ein gutgekleideter Zivilist fragte: 'Kennen Sie mich?' Ich verneinte, und er: 'Aber ich Sie.' Damit schob er mich nach rechts. Einige andere mußten mit erhobenen Händen nach links durch eine Tür und verschwanden."

Kühle sah mich an, fragte mich aber nichts, und ich erklärte mich auch nicht deutlicher. Dazu waren wir noch zu wenig bekannt.

"Bei schmaler, aber wesentlich besserer Kost als in den vorhergehenden Lagern verging meine Gelbsucht, nachdem ich drei Wochen lang in einem Bett gelegen hatte. Ich lernte die Erscheinungen der Ruhr zu beherrschen und übte mich im Gehen. Praktisch gesundet, wurde ich den dreißig deutschen Ärzten zugeordnet, welche die etwa zweihundert im Hindenburglazarett gesammelten Schwerstkranken zu versorgen hatten. Es waren Koryphäen aus Berlin unter ihnen.

Da ich aus eigener Erfahrung mehr als sachverständig geworden war, bekam ich die Ruhrstationen übertragen und war glücklich darüber, auch wenn es sich, wie ich alsbald bemerkte, um das Inferno des Hauses handelte. Ein ganzes Stockwerk war mit Frauen und Männern belegt, die zum Teil in Soldatenbetten, zum Teil aber auf dem nackten Fußboden im Blut und Schleim ihrer Ausgänge eng nebeneinander lagen. In den Stuben, auf dem Flur herrschte ein ständiges Kommen und Gehen. Hatte der Tod etwelche ausgeräumt, so nahmen alsbald neue ihre ungereinigte Stelle ein. Austrocknend wanden sie sich in Koliken und begehrten lediglich Stillung ihres Durstes. In kleinen Portionen – denn alles hastete durch den Darm – flößten ihnen wenige, allzuwenige Schwestern und Helfer Tee und Haferschleim ein. Mehr konnten sie nicht aufnehmen, und andres gab es auch nicht. Ein Kranker glich fast dem anderen; alle Wangen hohl, die Lippen rissig und voller Schrunden, die Augen tief eingesunken. Schlief einer, so zeigte sich unter halboffenen Lidern das Weiße seiner Augen, wie beim Hungertoten. Die Bindehaut trocknete aus, zeigte Ränder, Geschwüre brachen auf. Sie ruhten reglos in die Nacht hinein, und erst der folgende Morgen erwies, ob sie noch am leben waren oder hinausgeräumt werden mußten. Kaum einige konnten sich noch erheben und einen der Eimer benutzen, die verteilt standen und alsbald übervoll wurden. Diese Kräftigeren waren es auch, die sie wegbringen mußten. Keiner von uns, die hier arbeiteten, war gesund, auch die eine Schwester des Deutschen Roten Kreuzes nicht, die aus einem Berliner Lazarett hierher gebracht worden war und über zweihundert dieser Kranken pflegte.

Eine sowjetische Oberschwester im Range eines Unterleutnants hatte die Aufsicht, begnügte sich aber zumeist damit, uns zur Vernichtung der Wanzen anzuhalten, die ihr geschultes Auge verständlicherweise allenthalben erblickte. Jede einzelne rechnete sie dem verantwortlichen Arzt schimpfend als unentschuldbare Nachlässigkeit bei der Erfüllung seiner hygienischen Pflicht an. Das Formale hatte den Vorrang. Zweimal täglich wurde die Belegschaft gezählt, obgleich an dieser Stelle einzig der Tod die Möglichkeit bot, sich der Gefangenschaft zu entziehen. Dabei ging es lediglich um Zahlen; denn von den Wenigsten hier waren die Namen bekannt und verzeichnet. Wöchentlich einmal wurde auch für meine Todkranken Bad und Wäschewechsel angesetzt. Daß ich bat, ja schließlich flehte, sie durch diese außerordentliche Belastung nicht noch mehr zu gefährden, half nichts. Denn Befehl war Befehl. Stube um Stube mußte sich aufmachen; die Armen, selbst die Sterbenden – soviel vermag der Mensch noch vor seinem letzten Augenblick – torkelten hoch, warfen Hemd und Unterhose auf einen Haufen und schleppten sich nackt in den Keller, in dem die Baderäume waren. Nicht wenige starben dort; wer wieder heraufkam, sank blau und vor Kälte zitternd auf seine mit altem Unrat bedeckte Liegestatt. Mindestens zwei Tage lang mußte er nackt bleiben; denn erst dann kam Wäsche zurück. Jeder Badetag ließ mich verzweifeln. Mit allen Kräften bemühte ich mich um eine zweite Garnitur von Unterwäsche; es gab keine, und es wurde schon oktoberlich kühl. Als mir dies mehr als unerträglich geworden war, machte ich mich selbst auf den Weg, suchte in den Nebengebäuden der

Kaserne nach etwas Brauchbarem und fand schließlich in der früheren Reithalle eine Unzahl von Kartons, auf die Landkarten und anderes mehr aufgezogen waren. Wenn es sonst schon nichts gab, so schienen mir wenigstens diese zur Zurückhaltung fliehender Lebenswärme geeignet, und ich schleppte so viele, wie ich vermochte, auf meine Station. So lag denn ein Teil meiner Patienten in einem Karten-gehäuse, das sich ihren Leibern zwar nicht anschmiegte, aber doch so etwas wie eine Illusion von Bekleidung weckte und dadurch warm machte.

Der Fund machte mich glücklich; denn – Sie werden es nicht glauben – trotz der schlechten Überlebensaussichten überstanden doch immer wieder einige die schwere Infektion und konnten das Inferno verlassen. Ausgemergelte Kranke, deren Hand bereits auf dem Grenzstein zum Hungertode ruhte und die praktisch nur mit Tee ernährt wurden, überlebten nicht nur, sondern sie erholten sich sogar. Schließlich gehöre ich ja auch zu ihnen. Mir wurden bei der Prognose meine früheren wissenschaftlichen Arbeiten nützlich, bei denen ich auf die quantitative Sicherstellung aller Körperausscheidungen hatte Wert legen müssen. Die Besserung verheißen-den Symptome hatte ich bei mir selbst kennengelernt und studiert. Kann ein Ruhrkranker erstmals Winde lassen, ohne daß stinkender Durchfall mit auftritt, so hat er Genesungsaussichten, läßt er aber erstmals nach einer Darmentleerung so reflexartig Urin wie der Gesunde, dann beginnt der Darm auszuheilen. Hiernach orientierte ich mich und trennte die Todes- von den Lebenskandidaten, deren schwach brennendes Flämmchen freilich schon eine Abkühlung zum Erlöschen bringen konnte.

In dieser traurigen Lage erzählte mir eines Abends ein Bettnachbar, der Apotheker war, etwas, was mich lebhaft erregte und so etwas wie einen Hoffnungsschimmer aufscheinen ließ. Er war, so flüsterte er mir zu, zu seinem Schrecken morgens an das Lagertor bestellt worden, wurde dort mit Eimer und Besen ausgestattet und mehrere Straßen weiter in eine einzelnstehende Villa geführt. Sie sei menschenleer, aber noch mit Fensterscheiben und Türen versehen und abgeschlossen gewesen. Im oberen Stockwerk habe man an einer mit festem Schloß zusätzlich verbarrikadierten Türe umständlich ein Siegel gelöst und ihn mit der Bemerkung 'wetcherom' hineingeschoben. Abends also, so verstand er, werde man ihn wieder abholen. Er sei unermeßlich erstaunt gewesen, als er sich drinnen inmitten von Bergen unordentlich gehäufter Medikamente englischer und amerikanischer Herkunft befunden, die offenbar im Zuge des Pacht- und Leihvertrages von Mississippi und Themse irgendwie zur Oder gelangt waren. Elektrisiert richtete ich mich auf: Mensch – Medikamente für das

Hindenburglazarett? Während er in diesem Schlaraffenlande säuberte, ordnete und sortierte, hatte er das Gleiche gedacht und deshalb, obwohl vom Posten zum Schweigen vergattert, diese unermeßlich wertvolle Eröffnung gemacht. Während die Nachbarn schliefen, berieten wir leise, wie man Etliches von diesem hippokratischen Goldschatz herbeischaffen könne.

Man hatte ihm gesagt, seine Arbeit dort sei noch nicht getan – und damit war unser Plan fertig. Wir weckten als dritten Mann einen jungen, ebenfalls zu einem Wagnis bereiten Arzt und kamen überein, daß der Apotheker am folgenden Tag zwei Ärzte als Helfer erbitten solle, weil er allein mit den fremden Medikamenten nicht zurechtkomme und sie deshalb nicht ordnen könne.

Wir wurden darauf sehr tätig; ich besorgte zwei schwere Fahrermäntel mit vielen Taschen, deren Nähte unsere Stationsschwester auftrennte, so daß zwischen Futter- und Außenstoff so etwas wie ein Sack entstand. Im Rückenteil nähte sie einen Brotbeutel fest, und auch an Rock und Reithose wurden die Nähte aufgelassen. Beim Partner geschah das Gleiche, und glücklich begrüßten wir den Apotheker, als er nach der Rückkehr mitteilte, wir dürften beim nächsten Mal mit hinaus.

Dezemberlicher Graupelschnee, mit Regen untermischt, rechtfertigte die umfangreiche Bekleidung, als wir uns im Frühdunkel des anderen Morgens, Besen und Eimer in der Hand, voll ängstlicher Neugier am Tor einfanden. Von zwei Posten bewacht, marschierten wir Drei kreuz und quer durch die zerstörte Stadt, bis wir an Ort und Stelle waren, eingelassen und eingeschlossen wurden.

Welcher Reichtum, größer noch, als wir nach der Erzählung des Apothekers erwartet hatten! Zwei Zimmer voller Medikamente, an den Wänden bis Mannshöhe aufgeschichtet, aber auch unordentlich über den Fußboden verstreut, wie man sie hineingebracht und nach Auspacken der Kisten hingeworfen hatte.

Nach einer Weile gebührenden Staunens und der Bemühung um einen Überblick gingen wir ans Werken und begannen, diejenigen Medikamente herauszusuchen, die wir am dringendsten benötigten: Ruhrmittel, Herzmittel, Vitaminpräparate und anderes mehr häuften sich in freigemachter Stubenmitte. Wir fanden Injektionsspritzen und konnten drum nach Ampullen mit stärkeren schmerz- und krampfstillenden Medikamenten greifen. Innerhalb von ein paar Stunden hatten wir aus dem ganzen Vorrat zwei ordentliche Berge zusammengestellt. Vom Heben und Weglegen erschöpft, setzten wir uns zu Boden und tranken einige Ampullen Traubenzuckerlösung, die uns kräftigten und zudem köstlich schmeckten. Dann gingen wir an die verlangte Arbeit, wischten in den Zimmern herum, türmten die verbleibenden Präparate aufeinander und schufen eine apothekenähnliche Ordnung. Als wir mit der Verpackung der Beute begannen, dämmerte es bereits; die Zimmer hatten kein Licht. Wie wir die Schächtelchen hineinsteckten, beulten sich die Hosen oberhalb der Knie weit aus; der Rocksaum wurde zu einer Glocke, die Brusttaschen schwollen busenartig an. Die vollbepackten Mäntel ähnelten Krinolinen, der Brotbeutel wuchs zu einem Buckel aus. Die wertvolle Last zog uns fast zu Boden, als wir, unbeholfen wie Taucher auf dem Lande, auf's Abholen wartend hinter der Tür standen. Jetzt wurde uns wegen der Größe unseres Raubes zwar ängstlich zumute. Aber wir hatten viele Kranke, brauchten viel, und es wurde Winternacht.

Endlich draußen Schritte, der Schlüssel drehte sich im Schloß, und ein uninteressierter Posten ließ uns hinaus. Unter sowjetischem Schutz ging es schwerfällig, in bärenhaftem Gang, bei denkbar unwirtlichem Wetter zum Lazarett zurück. Dunkelheit in der ganzen Stadt; keine Laterne brannte, kein Mensch war auf der Straße. Erleichtert stellten wir fest, daß auch am Lagertor nicht, wie üblich, der Scheinwerfer strahlte, sondern nur eine Glühbirne baumelte. Beim Warten auf Einlaß war mir nicht gerade wohl zumute, und ich hätte allerhand darum gegeben, wenn ich meine schöne Last hätte wegzaubern können. Würden wir vorschriftsmäßig durchsucht werden oder scheuten die Wachen Schnee, Graupeln und Wind und blieben lieber in der warmen Wachstube? Der Apotheker hatte als Kolonnenführer Rede und Antwort zu stehen und verabredungsgemäß nichts eingesteckt. Er stellte sich neben das Licht und warf seinen Schatten auf uns. Der Wachhabende schaute zur Tür heraus, der Posten meldete. Wir krümmten uns, als ob wir frören, und wurden nach kurzer Musterung eingelassen. Besen und Eimer demonstrierten zu Genüge, daß die Offiziere freiwillig draußen gearbeitet hatten.

Dystrophiker können kaum noch schwitzen, aber das Herz beruhigte sich und schlug nicht mehr zum Halse hinauf, als wir die Sperre hinter uns hatten. Jedoch blieben wir auch auf dem Kasernengelände vorsichtig; denn weder von einem Russen noch von einem Deutschen wollten wir in näheren Augenschein genommen werden. In unserem Gebäude haspelten wir uns müde am Treppengeländer zum zweiten Stockwerk hinauf, und ich fiel mehr, als daß ich noch ging, in das Stationszimmer, wo die Schwester aufgeregt und ängstlich auf Rückkehr oder Ausbleiben gewartet hatte. Glücklich und erleichtert beutelten wir uns aus. Wir hatten Medikamente –

genügend für viele Wochen. Noch während der Nacht wurden sie säuberlich in einen verschließbaren Schrank eingeordnet, und fortan begleitete mich die Oberschwester bei der Visite mit einem Tablett voller Medikamente. Allein dieser Anblick stärkte den Willen meiner Kranken, und die heilsame Wirkung blieb nicht aus. Die russische Feldscherin sah sehr wohl, was sich tat, ließ es aber hingehen. Bei den von ihr verwalteten Beständen fehlte nichts, und was damit nicht zusammenhing, war ihr einerlei. Alle Lose hatten im Beutel gelegen, und wir hatten einen Gewinn gezogen. Inzwischen habe ich festgestellt, daß in sowjetischen Krankenhäusern wohl kaum einmal ausländische Arzneimittel verwendet werden. Man ist ihnen gegenüber mißtrauisch und von einer fast neurotischen Angst besessen, sie seien vergiftet. Halfen sich die Deutschen damit, wenn sie welche in die Finger bekamen, nun gut, dann kamen mehr von ihnen nach Rußland zur Arbeit. Wirkten sie nicht, so hatte man einige Saboteure mehr an der Hand – gleichviel ob sofort oder erst nach Jahren. Zu jeder Zeit kann man auf jedes Ding zurückkommen!"

Als ich geendet hatte, lächelte Kühle mich an:

"Das heißt wahrhaftig, eine Gelegenheit beim Schopfe packen und mit erlaubten Waffen kämpfen. Und Sie hatten für etwa zweihundert Menschen zu sorgen?"

"Ja", sagte ich, "und mein Mitdieb und Kollege ebenfalls, so daß wir für etwa ein Fünftel der Kranken etwas hatten tun können. Leider hatten wir nach Meinung der Russen in der Medikamentenkammer gute Arbeit geleistet. Der Apotheker wurde kein weiteres Mal hinausgeholt, und die günstige Gelegenheit blieb einmalig. Schwester Martha nähte Säume und Nähte der Uniformen wieder zusammen, und ich gab die Fahrermäntel ab."

Als Kühle sagte: "Schon Hilfe für nur einen ist viel", wurde mir warm ums Herz.

"Denn ich hatte mir Gedanken gemacht, ob ich nicht auch an die anderen Stationen von unserem Reichtum hätte abgeben sollen. Ich hatte es unterlassen, nicht nur weil es hieß 'nicht kleckern, sondern klotzen', sondern auch deshalb, weil sicherlich Gerede entstanden wäre, mit dem sich nicht nur der deutsche Chefarzt – vor Monaten noch Sanitätsgefreiter, jetzt approbierter Arzt – sondern auch die politische Abteilung der Russen befaßt haben würde. Auf die Verschwiegenheit meiner Helfer konnte ich bauen."

"So ging's also noch oder schon in Deutschland zu", meinte Kühle, und zum ersten Male vernahm ich damals, wie später in Momenten der Erregung immer wieder:

"Menschenskind, Herr Kollege! – Davon kann man ja gar nicht genug erfahren. Wenn ich nur passiv beteiligt war, so steckten Sie anscheinend doch ganz aktiv drin und konnten ab und zu ein Unheil verhindern."

"Allzuwenig", mußte ich entgegnen. "Daß Frankfurt an der Oder einer der großen Umschlagplätze von West nach Ost und von Ost nach West war, berichtete ich bereits. Infolgedessen häufte sich an diesem Ort die Masse der Elenden."

"Dazu will ich heute etwas sagen", fuhr ich an einem der nächsten Tage fort. Die Sonne schien so schön vom wolkenlosen Himmel, daß man der Traurigkeit gerne ausgewichen wäre, aber die dichten Wolken des Unbehagens waren nicht zu vertreiben. So machte es nichts aus, vom Sterben, von Tod und Elend zu sprechen.

"In der Hindenburgkaserne wurden diejenigen abgelegt, die den Weg nach Rußland hinein nicht mehr machen konnten, aber auch die unendlich vielen anderen, die bereits 1945 aus dem Ural, von der Wolga oder aus dem Gebiet um Odessa im Wechseltransport zurückgekarrt wurden. Sie, zumeist Soldaten vom Gefangenschaftsjahrgang 1944 – also dem ihren – und Verschleppte aus Ostpreußen und Schlesien, unter ihnen viele Frauen, waren dort binnen weniger Monate bis zur tödlichen Erschöpfung zusammengearbeitet worden und sollten als auf lange Sicht Arbeitsunfähige den Platz mit Kräftigeren aus dem scheinbar unerschöpflichen Reservoir des besiegten Deutschland tauschen.

Diese Rückfrachten gingen bis in den Dezember 1945 hinein, dann verhinderte der Winter weitere Zufuhren. Die Zahl der todkrank Einkommenden lag weit über der der täglich im Lazarett Sterbenden, obgleich Morgen für Morgen 70-100 über Nacht Erstarrte unter den noch Lebenden aus den Pritschenhöhlen aussortiert und im Hof gestapelt wurden. Jedoch gelangten nur die Reste des verlorenen Haufens bis nach Frankfurt. Unzählige waren bereits weit draußen umgekommen und beanspruchten keinen Transportraum mehr, und während der oft Wochen dauernden Heimfahrt starb im Waggon jeder Dritte bis Fünfte. Die lebend Ankommenden konnten kaum noch gehen und blieben oft genug auf dem Wege ins Lazarett. In ihrer hautüberzogenen, verkrusteten Gerippehaftigkeit hockten und lagen Frauen und Männer, dem Geschlechte nach kaum unterscheidbar, apathisch in den Kellergängen des verwanzten und verlausten Gebäudes. Hier mußten sie auf die sanitären Maßnahmen warten, die wie Engel des Gerichts vor der Erlangung eines Pritschenplatzes standen, auf dem man liegen, dämmern und ohne Verwunderung oder Aufbegehren den Entscheid des Herrn über Leben und Tod erwarten konnte.

In der Tat brachten sie seltene Krankheiten, Seuchen und Ungeziefer mit heim, von denen sie gereinigt werden mußten, aber daß dies unbedingt sofort geschehen mußte, wenn sie noch zum Äußersten erschöpft waren, das wollte mir nicht in den Sinn. Ich wollte zunächst eine Quarantänestation, in der sie zu erster Ruhe und Beruhigung kamen. Aber das widersprach dem sowjetischen Reglement mit seiner fast panischen Seuchenangst.

Jeder Neuankömmling mußte also sofort ins Bad und entwest werden, schon ehe der Name festgestellt worden war. Strömte dann in der Banja heißes oder kaltes Wasser unreguliert auf die fünf oder zehn Menschen, die sich unter einer Brause drängten, dann brach hier der eine, dort der Andere tot zusammen.

Ebenso schlimm war es, wenn sie an die Wasserhähne gerieten, denen das ihnen so kostbar erscheinende, weil langentbehrte klare, kalte Wasser entströmte. Da gab es bei den von Durst gequälten, ausgetrockneten oder wassersüchtigen Verhungernden kein Halten, kein Gehör mehr auf warnende, abratende Rufe. Sie stießen und drängten sich vor der vermeintlich Linderung und das Leben versprechenden Quelle. Plötzliche Auskühlung und pralle Wasserfüllung des Magens brachten das Herz reflexartig zum Stillstand, und so starben sie im Augenblick vermeintlich höchsten Genusses. Durch solche Erfahrungen klug geworden, waren Ärzte und Sanitätspersonal bemüht, die Wassersüchtigen wegzureißen und wegzuzerren. Bis heute höre ich die monoton lallenden Beschimpfungen derer, die wir so durch Brachialgewalt am Leben halten wollten und die doch nur einen Moment nachlassender Bewachung abwarteten, um dennoch den todbringenden Wassertrunk zu tun. Angehörige des sowjetischen Sanitätsdienstes schienen zum Teil unsere Ansicht über die Sinnlosigkeit dieser Sofortmaßnahmen zu teilen, aber über ihnen schwebte zu jeder Zeit der fürchterliche 'Prikas', dem man sich nicht entziehen konnte. Einer von ihnen beobachtete den anderen, und kein Übersehen blieb ungemeldet. Der Kriegsherr griff jeden 'Saboteur' hart an.

Die Toten gingen in Ladungen weg. Zwanzig, dreißig wurden auf einen Leiterwagen gepackt, handlich zusammengepreßt und mit einer Plane bedeckt. Darauf stieg der abgemagerte Kutscher, der einen müden Gaul zu einem lahmen Trab veranlaßte. 'Nazi'-Frauen, durch diesen Dienst geehrt, nahmen die Ladungen an einem Panzergraben am Stadtrand in Empfang, holten die Leichen herab und schaufelten sie ein.

Ungezählte kamen an diesem Umschlagplatz um; nicht wenige – noch verlassener – später. Das von den Heimkehrern nur schattenhaft empfundene Glück, auf deutscher Erde zu sein, machte, daß sich immer wieder welche erholten und weiter strebten. Sie wegzubringen, entsprach auch dem Wunsch der sowjetischen Kommandantur, die dem Anstrom aus Ost und West nicht gewachsen war und ständig Raum schaffen mußte. Konnte deshalb einer wieder auch nur einige Schritte machen, so drängte man auf Entlassung, die in folgender Weise vor sich ging:

Einmal wöchentlich war Kommissionierung; jeder, der sich wieder etwas zutraute, nahm alle Kraft zusammen, sich den russischen Ärzten vorzustellen und wegzukommen. Da half, wie schon früher in Rüdersdorf, kein Abmahnen, kein Hinweis von uns, daß sie jenseits des Zaunes mit Sicherheit niederbrechen würden und daß sich dann keiner mehr um sie kümmern könnte. So wenig sich die einen das Wassertrinken hatten ausreden lassen, so wenig Gehör hatten jetzt diese anderen für Vernunftgründe und herzliches Zureden. Bis in die letzte arme Fiber hinein beherrschte sie die Vorstellung, weg, nur weg aus dem Lager!

So standen sie denn in langer Reihe im halbdunklen Stationsflur und rückten allmählich zum geräumigen Vorplatz an der Treppe vor, wo die sowjetische Entlassungskommission auf Stühlen saß und ich stand.

Daß sie, die zum Teil nicht einmal namentlich registriert waren, entlassen wurden, war keine Frage. Es ging hier nicht mehr um die Menschen, sondern lediglich um das, was sie noch besaßen und anhatten. Die Geschlagenen der napoleonischen Armee mochten seinerzeit besser vermummt gewesen sein als die erbärmliche Schar, die sich hier zur Freiheit bereitstellte. Aber lediglich ein Hemd, eine Hose, Mütze, Holzsandalen und Brotsack durften sie in den Herbst und Winter hinaus und auf den Weg nehmen. Was sie darüber hinaus mit sich schleppten, verfiel dem Staat. Decken, Strümpfe, zweite Hemden und Unterhosen, alles, was irgendwie 'besser' aussah, wurde abgenommen oder gegen einen Lumpen aus dem Gute Gestorbener ausgetauscht.

Wir Deutschen kämpften gemeinsam um jedes Stück, damit sie nicht halbnackt ausgestoßen würden, aber es half wenig, Abgenommenes wanderte nach hinten, um in das russische Magazin gebracht zu werden.

Kurze Verständigung unter uns; hier gab es keine Denunzianten. Schwestern und Sanitäter wurden ungemessen hilfsbereit; sie nahmen die weggerissenen Bekleidungsstücke an sich, um sie in das Magazin zu schaffen, doch trugen sie sie über die Hintertreppe in das untere Stockwerk und wieder nach vorne. Und dort erhielten dann die verzweifelt, zum Teil weinend in die Freiheit taumelnden Freigelassenen mit der Bekleidung auch ein Quentchen Widerstandskraft zurück. Das Verfahren spielte sich von mal zu mal besser ein – und fast wider Erwarten auch ohne Entdeckung.

Doch wie wenige mochten die ersten Freiheitstage überleben; Tote lagen schon in Frankfurt, und Banden brachten Unzählige auf der Straße nach Berlin um."

"Menschenskind, Menschenskind", sagte Kühle, "wann nahm denn das ein Ende?"

"Bis in den Dezember 1945 machte ich es mit; dann traf es mich selber, und ich kam weg. Aber das ist ein anderes Kapitel, auch wenn es sich ebenfalls noch in Frankfurt abspielte. In die Sowjetunion hinein kam ich erst im März 1946."

"Nun, dann lassen Sie auch etwas davon hören", forderte Kühle. Die Erzählung hatte mich stärker erregt, als ich dachte. Ich blieb bis zum Wachantritt schlaflos, sah Gesichter und empfand Schrecken, wie oft genug schon zuvor. Es mochte angehen, sie durch Aussprechen zum Verschwinden zu bringen. Ich erwartete den kommenden Tag mit einiger Ungeduld.

"Der Freude an meinem schönen Arzneimittelvorrat konnte ich mich nicht lange hingeben. Es kam zu einem Streit mit der vorgesetzten Feldscherin, als sie wieder einmal alle meine Kranken zum Bade hinunter in den Keller trieb. Fünf von ihnen blieben drunten tot liegen, ohne daß ich ihnen beistehen konnte. Kräftige russische Badefrauen hatten ihren 'Prikas' und ließen mich nicht in den Raum. Außer Atem hangelte ich mich am Geländer die Treppe zur Station hinauf und warf dem Unterleutnant erregt vor, das sei Mord, was unten stattfinde.

Sie wissen ja, daß es 'nje kultura' ist, wenn sich einer erregt und einem anderen laute Vorhaltungen macht. Ich war ein solch unkultivierter Mensch, und die Folgen blieben nicht aus. Schon zwei Stunden nach den ungestümen Bemerkungen zur Feldscherin erhielt ich den Besuch des Politkapitäns, der mir befahl, sofort meine Sachen zu packen; er ließ zwei Posten bei mir, die mich von da an nicht aus den Augen ließen.

Das war sehr unangenehm; denn ich konnte nicht mehr an meine im Bett und sonstwo im Zimmer versteckten Aufzeichnungen herankommen, unter denen sich auch eine Statistik der Todesfälle und -ursachen befand. Ich ließ sie zurück, gab freilich den Kampf um sie nicht auf und konnte sie schließlich nach einigen Wochen an meinem neuen Aufenthaltsort in Empfang nehmen.

Nachdem ich mein Bündel fertig hatte, bugsierten die Begleiter mich so geschickt zum Hause hinaus, daß ich mich von niemandem verabschieden und keinem ein erklärendes Wort zurufen konnte. Wer mich sah, schaute verlegen zur Seite; auf solch abrupte Weise war bereits manch plötzlich entlarvter 'Kriegsverbrecher' weggeschafft worden. Im Hof gesellte sich ein Leidensgefährte hinzu, am Tor wurden wir abgehakt und nunmehr von nur noch einem Gewehrträger weggeführt, der kein besonders großes Interesse an uns nahm. Angesichts zu erwartender Unannehmlichkeiten schaute ich während des Gehens allenthalben nach einer Fluchtmöglichkeit aus, die sich zu ergeben schien, als der Posten in einem Hause verschwand, an dessen Tür er sogar sein Gewehr abstellte. Ich wußte von Kameraden, die günstige Augenblicke blitzschnell erkannt und ausgenützt hatten, indem sie zum Beispiel in einen offenen Gully oder auf einen anfahrenden Kohlenwagen sprangen, ja sich sogar auf den Leichenwagen einmogelten. Einen schnellen Lauf von hundert Metern traute ich mir zu. Ich flüsterte: 'Rucksack runter und weg.'

Aber der Gefährte, den ich nicht kannte und niemals wiedersah, hatte schon aufgegeben; er hielt mich am Ärmel fest und zurück. Kaum später erschien der Posten im Hauseingang, sah uns ohne Rührung an und trieb zwei Lämmer zur Hornkaserne, von wo aus die Weichen eindeutig nach Rußland hineingestellt waren. Bei der eindringlichen Sachbeschau zur Eintrittsfeier konnte ich das mir abgenommene Taschenmesser wieder zurückstehlen. Lange Zeit ärgerte ich mich darüber, daß zwei deutsche Helfer die Russen auf meine läßliche Sünde hinwiesen.

Im Vergleich zur Hindenburgkaserne war die Hornkaserne hochmodern; jedes der um den zentralen Exerzierplatz angeordneten Häuser war offenbar früher von einer Kompanie belegt gewesen. Sie schienen mir auch jetzt nicht überbelegt zu sein. Aber wir waren für keines der Häuser bestimmt; der Weg führte uns vielmehr an ihnen vorbei zum dreifach eingedrahteten und unter zusätzlicher Bewachung stehenden Garagenblock. Der deutsche Oberst, der uns in ihm einen Platz anwies, machte eine ironische Ehrenbezeugung und murmelte: "Die Offiziersbaracke, bestückt mit ungefähr 350 Raupenschleppern." Die kleine Halle war in der Tat bis auf den letzten Platz ausgefüllt. Schimpfend und stöhnend robbten die neuen Kameraden noch enger zusammen, um den Ankömmlingen einen Liegeplatz freizumachen. Ort des heulenden Elends, Inferno mit fünf Etagen. Als Dunstglocke lagerte Depression über dem ganzen Raum und bezog mich alsbald ein.

Aber in die Masse dieser Getretenen sollte ich noch nicht endgültig einezogen werden. Man gab mir Gelegenheit, einige Tage lang an einem furchtbar beengten und tristen Leben teilzunehmen, abgefüttert zu werden und im knapp zwei Meter breiten Raum zwischen Garagenraum und Stacheldraht herumzustehen. Dann wurde ich plötzlich mit spitzen Fingern aus der Schar dieser Gefährten herausgegriffen und in das Lagerrevier versetzt.

Hatte man in der Hindenburgkaserne etwas gegen mich gehabt, so galt das in der Hornkaserne nicht mehr. Hier unterstanden die Stationen einer jungen, eifrigen und gutmütigen Kapitänärztin, die keinen deutschen Arzt verkommen lassen wollte. Sie holte mich ab; begleitet von mit Recht neidischen Blicken verließ ich das düstere Drangsal, vom besten Willen erfüllt, möglichst viele der Zurückbleibenden nachzuziehen.

Am neuen Arbeitsplatz ertranken wir nicht wie am vorigen in der Masse der Sterbenden. Wir hatten nur etwa 200 Kranke, waren vier Ärzte und hatten auch Möglichkeit zu einfacher operativer Hilfe.

Mir war das Glück zudem besonders hold; gleich beim ersten Besuch in der Apotheke entdeckte ich nämlich an 100 hellglänzende Blechkanister mit der Aufschrift "Jeast", die je zwei Kilogramm Hefe enthielten, und offenbar der gleichen Pacht- und Leihlieferung entstammten, die ich schon an anderer Stelle geplündert hatte.

Der Steigerung der Hefeproduktion hatte während des Krieges ein Teil meiner Bemühungen um zusätzliche Eiweißerzeugung gegolten. Deshalb begrüßte ich den unerwarteten Fund, mit dem man bisher nichts hatte anfangen können, mit großer Freude, gab es doch für ihn nirgends eine bessere Verwendung als hier bei den eiweißverarmten Kranken mit Wundeiterungen und verheerenden, sich unaufhaltsam ausbreitenden Wundrosen und Tuberkulosen, die man mit derartig archaischen Krankheitsverläufen nicht mehr zu sehen gewohnt war. Täglich wurde jetzt eine ausreichende Hefemenge zu der ohnehin dünnen Suppe gegeben, und bereits nach weniger als einer Woche konnte festgestellt werden, daß die Wassersüchtigen ausschwemmten und sich kräftiger zu fühlen begannen.

Dies war ein guter Einstand, und meine Meinung erhielt Gewicht. Einige Male wurde ich sogar zur Musterung der nach Rußland abgehenden Gefangenen hinzugezogen, dann aber doch wieder weggejagt, weil ich allzuviele als arbeits- und transportuntauglich erklären mußte. Die Zahl der Besucher aus der Garage in der Ambulanz nahm rasch zu; sie waren zumeist in einem hinreichend elenden Zustand, so daß ich viele in der Station aufnehmen konnte, was ihnen guttat und den Verbliebenen etwas mehr Raum in der Enge des überfüllten Hühnerstalles schenkte.

In die Hornkaserne wurden nur ab und zu einzelne Rückkehrer aus der Sowjetunion eingeliefert, dafür kamen aber die ganze Zeit hindurch, während der ich dort war, noch Transporte mit Kriegsgefangenen aus dem gesamten von den Russen besetzten mitteleuropäischen Raum.

Wir Ärzte konnten uns innerhalb des Lagers ungehindert bewegen und nahmen zu allen Neuankömmlingen Verbindung auf. Die von Rüdersdorf abgegangenen Minensuchkompanien marschierten unter ihren deutschen Offizieren ein; sie hatten erhebliche Verluste gehabt, waren aber von der Bevölkerung in Brandenburg und Pommern gut aufgenommen und verpflegt worden. Ihr entsprechend günstiger Ernährungszustand ließ nicht zu, sie zu entlassen, wie man ihnen vor Antritt des Himmelfahrtskommandos versprochen hatte. Sie gingen samt und sonders ostwärts.

Aus der rumänisch-russischen Grenzstadt Focsani, der die gleiche Funktion zugeteilt worden war wie Frankfurt, kamen ebenfalls Transporte herauf. Den Mitkommenden hatte man Entlassung von deutschem Boden aus versprochen. Im Vertrauen hierauf waren sie fast unbewacht und in offenen Waggons durch amerikanisch besetztes österreichisches Land gefahren. Obgleich die Bevölkerung sie zur Flucht aufforderte und Hilfe anbot, waren nur ganz Vorsichtige oder Mißtrauische ausgestiegen. Die Mehrzahl blieb, kam in die Hornkaserne, hoffte auf Einhaltung des gegebenen Wortes und rollte bald nach Rußland weiter. Nachdem die Sowjets von den Amerikanern Thüringen und Sachsen übernommen hatten, führten sie Razzien nach ehemaligen Soldaten durch. Infolgedessen kamen bei uns Männer aller Altersstufen und Militärdienstgrade an, die bereits mehrere Monate lang "friedensmäßig" daheim gelebt hatten. So mancher von ihnen war völlig verzweifelt, aber im Augenblick wahrscheinlich besser dran als die Ungezählten, die in ostdeutschen Konzentrationslagern verkamen. Ver-einzelte kamen von dort zu uns und berichteten vom Tode Heinrich Georges in Sachsenhausen.

Das Tor zur Sowjetunion stand also weit offen; es gähnte uns alle an, groß genug, alle aufzunehmen, die angeliefert wurden. Was dort geschah, wußte niemand genau, doch hatte ich im Hindenburglazarett das Ergebnis grausamen Wütens zur Genüge beobachtet. Und dies betraf nicht nur die Verlierer des Krieges. Kaum ein Tag verging nämlich, an dem nicht auf der gut übersehbaren Straße, die jenseits des Stacheldrahtes an der Kaserne entlang zu einem von Russen belegten Gebäudekomplex führte, Scharen von Männern und Weibern vorbeizogen, ehemalige "Ostarbeiter" auf dem Wege nach Hause. Sie waren frei und hatten sich aus dem Chaos des Untergangs mitgenommen, was ihnen gefiel und was sie daheim zu brauchen gedachten. Pferdewagen, Handkarren mit Koffern, Möbeln, Gut aller Art, mit Säcken voller Lebensmittel, Geflügel, Spiegel, Nähmaschinen schleppten sie mit sich, um der eignen Armut drüben abzuhelfen. Sie prangten im erbeuteten Kleiderstaat, kreischten und johlten und fielen den sie erwartenden russischen Soldaten, den Siegern und ihren Befreiern selig in die Arme. Küsse schmatzten und in grenzenloser Heimatseligkeit, begrüßt von Männern und Weibern, taumelten sie in die bereitgestellten Unterkünfte der Karawanserei.

Doch sie kannten ihr Väterchen zu wenig, hatten wohl auch manches verlernt. Jedenfalls waren die Scheunen Allrußlands, die weitgeöffnet warteten, leer und, was die Ankömmlinge einfuhren, war zu gut, um ihnen verbleiben zu können. Wenige Tage später war es soweit.

Trappeln tausender Füße, wilde Kommandos, barsche Rufe, Hundegebell. Hinter den Fenstern verborgen sehen wir sie von oben her zum Bahnhof wanken. Männer und Weiber zu einem Marschblock verschmolzen, brüllend, jaulend, schluchzend, ohne Besitz und in Lumpen gesteckt.

Stalin hatte seine Kinder wieder und ließ sie inmitten eines Schutzmantels von Bewaffneten und Bluthunden zu Eisenbahnzügen geleiten, die sich von den für uns bestimmten ebensowenig unterschieden wie das Ziel: Straflager im weiten, unbehausten Osten, wo man keinem vom hochverräterischen Ausflug in den kapitalistischen Westen erzählen konnte.

Hatten sie uns mit ihrem triumphierenden Anmarsch erzürnt, so mußten wir Mitleid mit ihnen haben, als sie weggetrieben wurden. Darüber hinaus aber alarmierte uns der Vorgang. Trieben sie es schon mit ihren eigenen Leuten so, was mochten sie dann für uns vorsehen, die sie haßten!

Gab es noch eine Gelegenheit zur Flucht, dann hier die letzte. Gehirne arbeiteten fieberhaft, jeder spähte. Ab und zu verschwanden welche, die eine Möglichkeit entdeckt hatten, was die Kommandantur jedesmal zu drakonischer Verschärfung der Bewachung veranlaßte. Zwei jungen Männern, am Tage von Thüringen hereingeliefert, gelang schon nachts der Ausbruch. Sie warfen vom ersten Stock des unmittelbar am Zaun gelegenen Lazaretts zwei Decken auf den Stacheldraht, sprangen hinauf und hinüber. Die zerrissenen Decken im Draht klärten den Coup. Ein anderes Mal wurden zwei Sanitäter mit Trage dringend zu einem Unfall vor dem Lager gerufen. Sie eilten im Laufschritt an der Wache vorbei und kamen niemals wieder; einer von ihnen war ein alter Sozialdemokrat, der schon immer weggedrängt hatte, um Grotewohl in Berlin vor einer zu engen Verbindung mit den Kommunisten zu warnen. Und schließlich – ich war schon nicht mehr dort – verschwanden zehn Ärzte des Hindenburglazaretts. Dort war schon vor längerer Zeit im unterirdischen Kasernenschießstand eine Prosektur eingerichtet worden, in welcher der frühere Breslauer pathologische Anatom Staemmler die Verstorbenen obduzierte und die Befunde erklärte, die Krankheiten besprach. Das fand im Schützenstand innerhalb des Lagers statt. Die Ziele lagen hundert Meter weit entfernt und damit, wie man ausmaß, schon außerhalb des Stacheldrahtes. Das Schußfeld war mit Sandsäcken verbarrikadiert. Wer sie wegräumte, kam unversehrt in die Freiheit. Zweimal gelang das Spiel; Ärzte gingen zur Obduktionsbesprechung und kehrten nicht wieder. Dann fanden die Russen die undichte Stelle.

In der Hornkaserne bot sich für uns keine solche Möglichkeit, und da wir Kranke zu versorgen hatten, würden wir eine günstige Gelegenheit wohl auch nicht ausgenutzt haben. Aber Betrug und Schwindel – auch unserer gutmütigen Kapitänärztin gegenüber – benutzten wir redlich zur Fortsetzung der Heilkunde mit anderen Mitteln.

Wir bemerkten, daß Kranke, welche nicht innerhalb eines Monats einsatz- und verschickungsfähig wurden, in das wieder eröffnete deutsche Zivilkrankenhaus von Frankfurt verlegt wurden. Der endgültigen Entlassung in die Freiheit stand von dort aus nicht mehr viel im Wege. Fortan stellten wir der russischen Kommission immer wieder hoffnungslose Kranke vor.

Während des Krieges hatten die Gegner über Deutschland einige Male kleine Bücher mit unverfänglichem Titel abgeworfen, wie zum Beispiel die 'Kalendergeschichten' von Hebbel. Aber der Inhalt entsprach nicht dem Buchtitel und den ersten Seiten; er bestand nämlich aus praktischen Anweisungen zur Erzielung glaubhafter und Vortäuschung schwerer Krankheiten. Deutsche und ausländische Zwangsarbeiter sollten lesen und ihren Nutzen daraus ziehen. Eines dieser Bücher hatte ich einmal in die Hand bekommen und sorgfältig studiert. Jetzt erinnerte ich mich an dieses und jenes, und alsbald hatten wir Patienten mit schwersten Gelenk- und rheumatischen Schmerzen, mit Gelbsucht und unstillbaren Durchfällen, sogar Tuberkulose mit massenhaftem Auswurf. Ohne daß sie sich hätten verstellen müssen, war ihr Krankheitsbild glaubhaft, und so glückte ihre Verlegung zumeist. Diese erfolgte wöchentlich zweimal; auf Tragen wurden unsere jeweils sieben oder acht kranken Kameraden in den Hof gebracht und auf einen Pferdewagen verladen. Nach der Namenskontrolle setzte das Tier sich in leichten Trab, und der Wagen fuhr zum Haupttor, während wir die Treppen hinauf zu unserem Beobachtungsstand an dem Fenster eilten, von dem aus man dorthin Zublick hatte. Dort lag die eigentliche und letzte Entscheidung. Ein Kommissar trat aus der Wachstube und begann die Papiere zu prüfen. Das konnte zehn, fünfzehn Minuten, eine für uns endlose und ängstliche Wartezeit, dauern. Für die auf dem Wagen hockenden wohlverpackten Leute, für ihre potentiellen Nachfolger und schließlich auch für uns selbst hing alles davon ab, daß niemand Verdacht schöpfte. Es geschah keinmal, immer trat der Wachhabende zurück und winkte Durchlaß. Die Flügel des Haupttores wurden aufgezogen, der Schlagbaum hob sich. Wir schauten den Verschwindenden erleichtert und glücklich nach.

Waren sie erst einmal draußen, dann machte die Genesung rapide Fortschritte; das Zivilkrankenhaus behielt sie nicht lange, und einen offiziellen sowjetischen Entlassungszettel von denen, die wir Toten noch in der Hindenburgkaserne abgenommen und insgeheim gesammelt hatten, hatte ich einem jeden vorsorglich zugesteckt. Immerhin haben wir auf diesem Wege wohl eine gute Kompanie von Männern vorzeitig nach Hause bringen können, denen Rußland sicherlich nicht gut bekommen wäre.

Alles das, von dem ich erzähle und erzählte, ist sicherlich nur an diesem einen Platz möglich gewesen, und insofern unterschieden sich unsere Hilfsmöglichkeiten wohltuend von allen sonstigen im weiten Rußland.

Das ging so bis zum März 1946; dann geriet auch ich in den Sog von Mütterchen Rußland," schloß ich.

"Was es so alles gab", sagte Kühle, während er sich dehnte und die Schultern spielen ließ. "Ihre Moral scheint darunter erheblich gelitten zu haben – aber dennoch!"

Er lächelte, gab mir die Hand und verschwand in seiner Baracke, während ich, aufgewühlt durch diese Erinnerungen, noch einige Male bis zur Ermüdung das Lagerinnere umkreiste.

Auf dem Schüttelrost

Hatten wir im Sommer und Herbst sämtlich etwas aufgeholt, so warf uns der Winter 1948 auf 1949 wieder weit zurück. Der Zustand Kühles verschlechterte sich derart, daß es bei der Kommissionierung auch der Lagerärztin auffiel und sie ihn ins Revier einwies. Er verbrachte also die Wintermonate ebendort, wo ich sie ein Jahr zuvor verdämmert hatte, und erholte sich wahrscheinlich genau so wie damals ich. Doch bestand keinerlei Verbindung zwischen ihm und mir.

Was mich betrifft, so schleppte ich mich weiterhin nachts von Laterne zu Laterne, verschnaufte in der Banja oder der Wäscherei und erledigte die befohlene Runde durch das Lager. Wie zumeist in Rußland, prasselte die volle Schneelast erst im Januar und Februar auf uns herunter, und das Schneien endete auch im März noch nicht, obgleich es dann schon später zu dämmern und früher zu tagen begann und sich eine kräftiger gewordene Sonne zeitweise bereits an der Schneeschmelze versuchte. Aber Stürme warfen in wenigen Stunden kniehohe Schneewächten auf, unter denen die Trampelpfade verschwanden. Dann bahnte man sich den Weg nur noch mühsam von Ecke zu Ecke und war froh, einen Windschutz zu finden. Der Schaffellmantel wärmte zwar, aber sein Gewicht drückte zu Boden; und es wuchs ins Unerträgliche, wenn Schnee, Schnee, Schnee und Eis sich überall an Mütze, Mantel und Wattestiefeln festsetzte. Immer wieder überfiel mich in solchen Stunden der Wunsch, mich niederzulegen und einzuschlafen. Aber ich gab ihm nicht nach und schlich weiter. Wenn ich mich dann schließlich meines Pelzes entledigt und meinen Pritschenplatz erstiegen hatte, war ich kaum noch bei mir, konnte aber doch nicht schlafen. Legte ich mich nieder, so hoben sich die Gefährten fluchend und ächzend von den Brettern und erwarteten das grenzenlose Einerlei eines neuen Tages. Kaum einer hoffte, und doch begann ein Licht in das Grau-Schwarz hineinzuschimmern. Von irgendwoher hieß es nämlich, die Westmächte hätten bereits fast alle ihre Kriegsgefangenen entlassen und erwarteten von den Russen, daß sie dies bis Ende 1949 nachholten. Ein solches Gerücht gab Auftrieb. Die einen fertigten Holzbrettkalender an, von denen sie Tag um Tag bis Jahresende abstrichen.

Andere fragten hingegen, wieviel Tage der letzte Jahresmonat wohl zählen werde – 50, 100 oder gar mehr.

Solcherlei blasphemische Zweifel kamen dem Politoffizier nicht von ungefähr zu Ohren, und er verlautbarte auf einer Versammlung mit aller Strenge, jedes Deuteln am Wort der großen Sowjetunion sei Ausdruck faschistischen Ungeistes und untersagt. Hätte die Regierung das Wort gegeben, jeder käme nach Hause, so würde das auch rechtzeitig geschehen. Freilich, Kriegsverbrecher müßten mit einer Bestrafung rechnen, aber dank der Großmut Stalins würden alle anderen ohne Zweifel repatriiert, obgleich sich doch ersichtlich der eine wie der andere des Einfalls auf russisches Territorium schuldig gemacht und Leid, Tod und Zerstörung über friedliche Völker gebracht habe.

Ein Aktivist fragte: "Befinden sich denn in diesem Lager Kriegsverbrecher?"

Man wisse es nicht, kam als Antwort, aber sicherlich würden, wäre dies der Fall, die Aufgeklärten und Progressiven unter den Gefangenen dann zu deren Entlarvung beitragen und sicherlich nicht zulassen, daß sie in Deutschland nochmals nazistische Hetze betrieben.

Nicht weniger beruhigt als beunruhigt, kehrte man von solchen Versammlungen in die Baracken zurück.

Unterdes beendete Allrußland wieder einmal den Winter und begann seinen Sommer in althergebrachter Weise, die in Stadt und Dorf, in Datschen und Baracken gleichartige hygienische Tätigkeiten in Gang setzte.

Wintersüber hatten Ratten sich in allen Behausungen eingenistet, Wanzen sich ungeheuerlich vermehrt. Keine Ritze im Gebälk, in der sie sich nicht dicht an dicht drängten, keine Blöße, deren sie sich nachts nicht bemächtigten. Plagen überall ringsum, in ihrem Gefolge Geschwüre und Ekel. So wurden die Vorbereitungen für den großen Angriff auf das Ungeziefer zwar mit Unbehagen wegen der zu erwartenden weiteren Unannehmlichkeiten, jedoch mit Einsicht in die Notwendigkeiten hingenommen.

Arbeitskommandos begannen mit dem Hinausschaufeln zerbröselnder Sägemehlklumpen aus den Zwischenräumen der Doppelfenster, deren Rahmen sorgsam mit Werg abgedichtet wurden. Wir alle entfernten dann aus den Räumen, was nicht niet- und nagelfest war, stapelten es im Freien und harrten der Reinigungsaktion, die da kommen sollte. Man machte es spannend; eine Soldateneskorte begleitete einen Panjewagen ins Lager, auf dem drei Chlorgasbomben sorgfältig in Stroh gelagert waren. Der Feldscher brachte seinerseits Gasmasken, die er an technisch gebildete Gefangene verteilte. Die stülpten sie sich über, was sie während des ganzen Krieges nicht getan hatten, wuchteten je eine Bombe in je eine Baracke, öffneten das Ventil, bis sich grünliche Wolken ausbreiteten, und flüchteten, nachdem sie noch die Türen abgedichtet hatten. Drinnen brodelte das Gas, wir saßen draußen und verbrachten einen Sonnentag und eine kühle Nacht in eifriger Beschäftigung; denn wir arbeiteten unsere Bekleidungsstücke Naht um Naht durch, griffen nach den Wanzen und suchten nach den Nissen, den Embryonen der Folgegeneration. Feldschere und Lagerärztin überwachten unser Tun und bedrohten einen Jeden, bei dem sie im Nachhinein ein Wanzenwesen aufgriffen, ob mangelnder Sauberkeit mit dem Karzer. Auch die Politabteilung nutzte den sich bei dieser Gelegenheit zwanglos ergebenden Offenbarungseid ihrer Gefangenen, um nach verbotenen Besitztümern zu recherchieren und erzielte Erfolge. Zudem war jeder für seinen Pritschenteil verantwortlich und angehalten, die Bretter mit heißer Kalkbrühe abzuwaschen. Eine Lötlampe ging von Hand zu Hand; ihre Stichflamme fuhr in Löcher und Fugen, und Neugierige beobachteten mit Schadenfreude, wie die Leiber der Quälgeister aufgingen, platzten und verzischten. Die Lust am Säubern breitete sich unter uns epidemisch aus und begleitete uns, als nach 24 Stunden Türen und Fenster aufgerissen und wir nach geziemender Wartezeit, in der beizende Wolken aus dem Innern drangen, wieder in die Unterkünfte gelassen wurden. Auf ihrem Boden breitete sich ein dünner Teppich von Wanzenleibern aus, er war hier und dort garniert mit dem bräunlich verbrannten Fell einer toten Ratte. Eine einsame, verirrte Katze, die sich nicht mehr hatte retten können, lag nahe einem Fenster. Vergessene Lappen waren zu Zunder geworden und Eisenhaken hatten feuchte Rostblasen angesetzt. Jüngstes Gericht für Schmarotzer. Wir husteten; Salzsäure drang in Rachen und Kehlköpfe.

Der Ausbeizung folgte der Frühjahrsputz. Sämtliche Gelasse, ob der Kommandantur, ob des Karzers, wurden gekalkt, Wege und Lagerstraße am Rande abgestochen, Aufbrüche eingeebnet. Künstlernaturen bemühten sich vor den Barackenausgängen um Reliefs aus Ziegelbrocken und Kieseln, die sich vor der Aktivistenbehausung zu Hammer und Sichel auswuchsen. In der Hoffnung auf hinreichende sommerliche Sonnenstunden untermalte man sogar die Ziffern der beiden zeitspendenden Sonnenuhren.

Bei dieser Tätigkeit entstanden Kolonnen von Spezialisten, die die Aufmerksamkeit des Wachpersonals erregten, so daß sie auch außerhalb des Lagers nicht nur in den Dienstgebäuden, sondern auch in den Wohnhäusern Arbeit, nicht selten zusätzlich Brot erhielten.

Die sprossende Natur trug das Ihre zur Verschönerung des umzäunten Lebensraumes bei; Gras und Kraut begannen zu sprießen, Birkenknospen entfalteten sich zu Blättern von bezauberndem Grün. Allenthalben rupfte man, um der Gesundheit zu dienen und ihr im vierten Jahr der Gefangenschaft aufzuhelfen, Brennesseln und Ampfer, die sich in irgendeiner

Mulde fanden. Saatzeit für Samen, die sorgliche Hände im vergangenen Herbst gesammelt hatten, hinreichend für knappe Beete, auf denen bald, schneller in der kurzen warmen Wuchszeit des Ostens als in der längeren des Westens, Pflanzen sprossen und Blumenpracht versprachen. Farbenprächtig vielleicht wie die klug in Umlauf gesetzten Gerüchte, die um so verwegener und lebendiger wucherten, je mehr die Gefangenen sich drängten. Da stand wohl der Politoffizier unter der Tür seiner Datscha, blies Seifenblasen bald hier, bald dorthin, verfolgte ihren Flug und grinste, wenn Gläubige sich allenthalben daran machten, die glitzernden Blasen zu haschen. Konnte er doch ohne Unkosten, lediglich mit ein paar hinausgehauchten Lügen unerwünschte, weil in ihren Folgen unabsehbare Verzweiflung bannen. Irgendwo platzten wohl einmal die Blasen – nitschewo! Sie hatten geschillert und ihren Effekt gezeitigt. Alles zusammen wirkte; angesichts der höher steigenden Sonne, angesichts des durch sie bewirkten Treibens fühlte sich ein jeglicher wieder einmal leichter. Man reckte sich, zählte die Rippen des Nachbarn und verglich sie mit dem eigenen Knochengesperr. Was nicht vernichtet wurde, lebt. So auch beim Wanzenkader; die trotz aller Verfolgung Rückgebliebenen setzten zur Kopulation an und bemächtigten sich mit Kindern und Enkeln, von Sommerhitze zur Vermehrung aufgestachelt, wieder aller Räume. Von außen drangen Jungratten zu den Menschen vor und ergriffen die Gelegenheit zur Besetzung der Räume, aus denen die Ahnen ausgeräuchert worden waren.

Auch Entwesung hat ihre Zeit!

In dem Maße, wie die Gefangenen vor dem nachwachsenden Ungeziefer aus dem Barackenglast wiederum nach draußen flüchteten, um abseits des Dunstes im Freien zu übernachten, griff Ernüchterung um sich. Es blieb ja doch alles beim Alten. Hoffnungen – aber keine Hoffnung; Aussichten – aber keine Aussicht. Es mochte Mai oder Juni und der große Frühlingsputz soeben beendet gewesen sein, da kam nachmittags einer und richtete mir aus: Professor Kühle sei am kleinen Tor zwischen Revier und Lager und wolle mich sprechen.

Ich beeilte mich; da stand er und hielt sich am begrenzenden Torpfosten fest. Er hatte sich in seine Decke gehüllt, hielt sie über der Brust zusammen und sah wie aus einer Kapuze heraus. Drunten reichte die Unterhose bis zur Wadenmitte, und Strümpfe trug er auch nicht, immerhin aber doch eine Art von Sandalen. Er hatte viel Flüssigkeit ausgeschwemmt, aber an lebender Masse nicht zugenommen und war stark abgemagert, auch war sein Gesicht infolge vieler in steter Dämmerung verbrachter Monate sehr blaß, aber er erschien frischer als je zuvor, und seine Augen blitzten, als ich auf ihn zukam.

"Da sind Sie ja noch", sagte er. "Bei uns flüsterte man, es seien in letzter Zeit viele Ärzte im Lager versammelt und von hier anscheinend nach Hause geschickt worden. Aber Sie, Menschenskind, der Moskauwissenschaftler, scheinen nicht 'Liebkind' und einer solchen Bevorzugung würdig zu sein. Mich freut's, und wenn ich, wie ich hoffe, bald wenigstens aus dem Revier entlassen werde, dann können wir unsere Rundgänge wohl wieder aufnehmen."

Froh, ihn augenscheinlich derart gebessert zu sehen, bemerkte ich: "Wer hofft denn nicht, wegzukommen? Die Enttäuschung, weiterhin hier bleiben zu müssen, war aber nicht allzu groß. Alle Kollegen waren ja für die Ostzone bestimmt, und wer weiß, in welchen Erwartungen sie sich drüben getäuscht sehen. Sie sind weg, aber an ihre Stelle sind von überallher andere gerückt und es wurde nicht leerer. Rußland ist groß, und überall gibt's Lager. Wir haben jetzt Leute hier aus Wladiwostok, Kolyma, aus Karaganda und vom Weißen Meer. Und was die zu berichten haben, die oftmals vereinzelt jahrelang unter Russen hautnahe bei Verbrechern lebten, das übersteigt die normale Phantasie. Es scheint etwas zu bedeuten, daß man von allenthalben die Deutschen hierher zusammenbringt. Das Lager gleicht einem Ameisenhaufen, in dem ein Wanderer mit dem Stock herumstocherte. Die Einen sind sicher, daß die Russen uns alle in einem Kraftakt ohnegleichen in einem halben Jahr nach Hause bringen. Aber die Mehrzahl bezweifelt es – bis auf diejenigen, die vermeinen, eine Fahrkarte bereits in der Tasche zu haben. Aber wer wäre sich dessen schon sicher!" Er murmelte: "Schöne Nachrichten sind das, schöne. Das genügt für heute. Gleich ist Visite!"

Seitdem trafen wir uns in dieser neutralen Zone täglich; und ich lernte den großen Kreis derer kennen, die zu ihm hielten. Oft erschien es mir, als halte er Audienz. Studenten mit Osterfahrung wies er in den Beruf des Priesters ein, Katholiken, die geschieden waren, verdonnerte er. Evangelischen Pfarrern wandte er sich freundlich zu, nur mit einem von ihnen disputierte er erbittert, bis er sich zerfetzt davon machte. "Der will doch wahrhaftig Christentum und Kommunismus zusammenbringen!"

Einige Zeit danach, aus der Insel der Kranken verstoßen, landete er wieder auf seinem früheren Platz, und wir konnten unsere Rundgänge neuerlich aufnehmen.

Aber nun kamen die Dinge in unerfreuliche Bewegung, und die sowjetische Bürokratie regte sich in der Höhle, von der aus sie alles in Schach hielt. Hatte sie bisher im Dunkeln nach einzelnen gegriffen, so machte sie es jetzt öffentlich ab. Sämtliche Gefangenen wurden zunächst auf der Lagerstraße mit einer Leica fotografiert und dann dem Registrierungskommando vorgeführt. Als ob es nicht bereits mehrmals geschehen wäre, wurden Familien, Vorname (Imia), Geburtstag, Heimat und Dienstgrad nochmals verzeichnet; denn die Erwartung, einer könne sich endlich doch einmal verplappern und anderes angeben als bisher, glüht in einem Politoffizier nicht anders als das ewige Lämpchen in einer Kapelle.

Daß sich hierüber allenthalben Unruhe verbreitete, blieb dem NKWD-Mann nicht verborgen, und so erzählte ein Sergeant der Kommandantur dem Lagerfriseur als Dank für einen Haarschnitt beiläufig, die Papiere für die Repatriierung würden vorbereitet.

Kaum war diese Aktion abgeschlossen, tat sich Unheimlicheres, was auch die Gläubigsten unsicher werden ließ. Die dem Lager bekannten Politoffiziere wurden durch eine Gruppe anderer verstärkt, die zum Teil bereits aus der Lubljanka bekannt waren. Sie erhielten zusätzliche Vernehmungszimmer, und einige nahmen auch außerhalb des Lagers in der Kommandantur Platz. Beim Stab herrschte rege Geschäftigkeit, Lampen brannten bis in den frühen Morgen. Aktivleiter und Lagerkommandant erhielten Befehl, über jeden Mann eine Beurteilung zu erstellen, und schrieben hinter verschlossenen Türen. Das Lagerpersonal verschwand wechselseitig für einige Tage und wurde geschult. Völlig verändert kamen sie zurück und sprachen von Verbrechern in unserer Mitte, die es zu entlarven gebe. Schließlich wurde das Karzergebäude mit Bretterzaun und Stacheldraht umgeben.

Jede Maßnahme kündete Unheil an. Und nicht lange, da holten sie einen nach dem anderen in undurchschaubarer Reihenfolge zu einem der Vernehmungsoffiziere, von denen die einen mit Freundlichkeit, andere mit wüsten Bedrohungen Bekenntnisse über verbrecherische Handlungen zu entreißen versuchten. Im Gange der Jahre waren Denunziationen aufgelaufen, jetzt wurden sie ahnungslosen Opfern gebündelt entgegengehalten.

Mancher Vernommene verschwand im Karzer, mancher von heute Abend auf heute Nacht in Eile aus dem Lager. Selbst bewährte Aktivisten blieben nicht ungeschoren; die Antifaschisten der Allunionsantifaschule gingen erbarmungslos miteinander um; einer wie der andere wurde zur Selbstbezichtigung gezwungen. Nicht wenige suchten in panischer Angst ihr Heil in der Flucht nach vorne und "bekannten" Kriegsuntaten in der Hoffnung, wegen ihrer neuen Verdienste um das große Vaterland aller Werktätigen und ihrer Beteiligung am Kampf gegen die Antifaschisten Ablaß, wenn nicht Verzeihung zu erhalten. Lächelnd hörte der Russe zu. Schien einer der Selbstbezichtiger weiterhin verwendbar, so sah er über "Untaten" hinweg, hingegen stieß er andere trotz ihres Bittens und Bettelns unbarmherzig in den großen Topf zurück, an dessen Rand sie sich emporgestrampelt hatten. Aufs neue versanken sie in der grauen Masse, die alles aufnehmen mußte, und schimpften nunmehr, Anerkennung heischend, auf die Herren, denen sie soeben noch willfährig gedient hatten.

Undurchschaubares bahnte sich an; hatte sich einige Zeit Hoffnung breit gemacht, so sank jetzt eine Decke lähmender Trostlosigkeit auf uns herab. Machte ich nachts meinen Rundgang, so hörte ich stärker als jemals zuvor Stöhnen, Seufzen, Schreie der Schlafenden, verwirrte Ausrufe und Poltern derer, die im Traum auf der Flucht waren. Tagsüber waren sie eher stumpf, jeder, ob schon vernommen oder nicht, fühlte sich beschuldigt und wie in einem Netz gefangen. Tragödien blieben nicht aus.

Ein junger, immer aufrechter Marineoberleutnant kam am späten Abend von der Vernehmung lächelnd an seinen Platz zurück, plauderte mit der Barackenwache, legte sich einen Augenblick auf die Pritsche und ging dann nochmals hinaus. Als mich mein Weg einige Stunden später durch die Latrine führte, schien mir ein Balken irgendwie verändert; ein Mann hatte sich an ihm erhängt. Verzweifelt bemühte ich mich, die Schlaufe seines Gürtels zu lösen, doch meine Kräfte reichten nicht. Ein Bedürftiger, die Unterhose mit einer Hand haltend, schlurfte herein und sah meinen hastigen Bemühungen verständnislos zu. Schlaftrunken begriff er nicht, daß er helfen könne, bis mein Hilferuf in sein Hirn drang und er bei der Bergung half. Er halbnackt, ich im Wächtermantel, beide völlig erschöpft, schleiften den Körper zum Revier. Wir mußten lange rufen und poltern, bis die Leiche hineingebracht werden konnte. Ihr Antlitz war gedunsen und blau, die Zunge klemmte zwischen den Zähnen.

Mit den Folgen dieses Selbstmordes konnten der arme Mann mit Durchfall und der Wächter nicht rechnen. Wir gerieten in das Gesichtsfeld der NKWD, deren Vertreter am Morgen frühzeitig anrückten und jeden ins Gebet nahmen, der den Toten angefaßt, in seiner Nähe gehaust oder zuletzt mit ihm gesprochen hatte.

Bald wurde ihre Absicht schauerlich klar; sie wollten darauf hinaus, daß er im Schlafe getötet und lediglich zur Vertuschung des Mordes in der Latrine aufgehängt worden sei. Bei den Versuchen, die Beteiligten zum Geständnis zu bringen, verfuhren sie nicht gerade zimperlich. Unschönes schien bevorzustehen. Doch wir bangten ohne sichtbare Folgen; ebenso eilig, wie man uns herausgefingert hatte, fegte man uns wieder aus dem Wege. Plötzlich verbreitete man, er habe sich selbst gerichtet, weil er große Kriegsverbrechen verübt und gestanden habe. Feige wie "Gitler" und "Gimmler", habe er sich der gerechten Strafe für seine Untaten entzogen.

Von da an milderte man jedoch die Schärfe der Verhöre; man wollte Geständnisse als Beweise der Tüchtigkeit der Vernehmungsoffiziere, nicht aber Tote, welche das Ministerium zu unangenehmen Rückfragen veranlaßten.

Während ich noch verschont blieb, wurde ich eines Nachts Zeuge, wie Kühle geholt wurde. Aufgeregt humpelte er hinter dem Läufer her und murmelte mir beim Vorbeigehen hastig zu: "Wenn ich nicht zurückkomme, mit Gott!"

Besorgt umrundete ich das Blockhaus, in dem nur ein Fenster erleuchtet war. Seine Vorhänge waren aber wie in allen Zimmern, in denen Politoffiziere "arbeiteten", so sorgfältig zugezogen, daß man keinen Blick hineintun konnte. Ich vermochte mir jedoch sehr wohl vorzustellen, wie Kühle drinnen auf einem Hocker kauerte und eine starke Lampe sein Gesicht beleuchtete, während ihm gegenüber im Schatten, in gebührender Entfernung und durch eine Tischplatte geschützt, sich der Vernehmende in einem Sessel streckte. An der Schmalseite des Tisches schrieb die Dolmetscherin nieder, was sie für richtig hielt und nach Ende der Vernehmung unterzeichnet haben wollte.

Während zweier Stunden behielt ich das Fenster im Auge; dann knarrte die Tür der Datsche, ein Lichtschein fiel auf die Tür, und Kühle kam endlich. Sein Gesicht lag in Schatten und Nacht; ich bot mich zur Begleitung an, aber er bat nur: "Lassen Sie mich jetzt nur; ich komme schon alleine in die Baracke, und heute Nachmittag mehr."

Als wir uns dann trafen, hatte er schon wieder Kräfte gesammelt, aber er war böse und in höchstem Maße erregt:

"Er, ich weiß nicht einmal, wer dieser Kerl war, beschuldigte mich, aus Kirchen in der Ukraine Monstranzen, Kelche, Meßgewänder und was weiß ich noch gestohlen, mit ihnen gearbeitet und sie als Diebesgut 'heim ins Reich', sagte der, geschleppt zu haben. Ein großer, sehr wertvoller Teppich sei auch dabei gewesen. Christen aus den Gemeinden hätten das bezeugt und beeidet."

Er schimpfte sich in einen heiligen, ihn aber auch anstrengenden Zorn hinein:

"M i r sagen d i e so etwas, sie, denen nichts heilig ist. Nie habe ich eine Kirche gefunden, in der Gottesdienste abgehalten worden wären. Sie hatten sie doch zu Ruinen verkommen lassen oder zu Viehställen, Traktorenstationen oder Magazinen entwürdigt. Wer hat sie denn wieder gesäubert, geweiht und den Popen geholfen, daß sie Gottesdienst verrichten konnten? Wir, die deutschen Feldgeistlichen, gaben ihnen vom eignen Kirchengerät und den Kerzen, die sie brauchten. Und jetzt bezichtigen d i e mich eines solchen Frevels. Ich – und Kirchengut rauben! Der hat nur gelacht, als ich wütend wurde und rief, alles sei Lüge und Verleumdung. 'Wir wissen besser', wagte der zu sagen. Was gilt denn denen ein Wort, was überhaupt ein Mensch?"

Er schnaufte, was bei seiner Kurzatmigkeit wie Röcheln klang, so daß ich ihm schnell, fast heftig ins Wort fiel:

"Nichts, nichts Sie, nichts ich und wir und nichts halten sie selbst voneinander. Wir wissen doch, wie sie über sich selbst spotten: 'Ein Drittel sitzt, ein Drittel hat gesessen, ein Drittel wird sitzen' – im Gefängnis oder Lager. Vielleicht nur ein Wöchelchen, aber ein Wöchelchen kann auch zehn oder zwanzig Jahre lang sein. Da wird einer ihrer eignen Generäle mit einem Fußtritt zu Deutschen in eine Zelle der Butirka befördert. Die Schulterstücke und Rockknöpfe haben sie abgerissen, Hosenträger und Gürtel abgenommen, damit er sich nicht erhängen kann. Er haust unter uns, wird grau, mager, stoppelbärtig wie wir und wird eines Tages so plötzlich weggeholt, wie er kam. Was wird aus ihm? Väterchen läßt ihn entweder umbringen oder hat draußen für ihn eine neue prächtige Uniform mit einem weiteren Stern auf den Schulterstücken bereit legen lassen. Bruderküsse – Nitschewo. Das war's."

"Es war noch im Kriege, als ich einmal im Winter in bitterer Kälte über die Nogaische Steppe fuhr. Irgendwo am Rande der als Straße geltenden abgesteckten Rollbahn saß im Schneegestöber ein Mann und kaute an einer Brotrinde. Er hockte auf einem anderen, der erfroren war und tot. Wir fuhren in Kolonne an ihm vorbei, und ich schaute mich wiederholt nach ihm um. Er wird, wenn er die Rinde hinunter hatte, weiter nach Osten getrabt sein, wie so viele Bauern damals, die sich zwischen dem vorwärts strebenden Heer fast ungehindert bewegten. Der andere wird im Schnee verschwunden sein, sicherlich bald völlig nackt und entblößt; denn es kamen immer wieder einsame Steppenläufer des Weges, die eine Pelzmütze und einen Buschlat gut gebrauchen konnten. Er mag bis zur Schneeschmelze geruht haben, dann taute er heraus, und vielleicht gab es dann jemanden, der die armen Menschenknochen wenigstens verscharrte.

Seither ist mir Unglaubliches genug untergekommen, aber der Mann in der Schneesteppe mit einem erfrorenen andern als Untersatz ist mir als Beispiel äußerster Verlassenheit und Gleichgültigkeit niemals aus dem Sinn gekommen. Dieses verdammte 'Nitschewo'! – Ich denke, Sie haben einiges gesagt."

"Darauf können Sie sich verlassen", erregte er sich von neuem. "Wofür halten Sie mich denn? Daß ich so etwas auf mir sitzen ließe? Das habe ich schon zu Hitlers Zeiten nicht getan. Weshalb, meinen Sie, wohl von München nach Braunsberg? Nur um mich möglichst weit nach dem Osten abzuschieben; denn in der 'Hauptstadt der Bewegung' wollte man mich nicht mehr sehen. Daß ich mich dort im Osten schließlich sehr wohlfühlte, entsprach sicherlich nicht der Absicht des Ministeriums. Was haben sie uns 1934/35 gejagt. Jede Nacht krochen wir in einem anderen Hause unter; einige Mitbrüder verhaftete man und brachte sie nach Dachau. Auch damals bezichtigte man uns der unglaublichsten, schwulsten Dinge. Ich widerstand, verriet Amt und Lehre nicht. Der Magnifizenz sagte ich in seinem Dienstzimmer unter dem Führerbilde meine Meinung. Die Vorwürfe lösten sich schließlich in Nebel und Wolken auf; doch daß ich ihr Gegner war, das wurde ihnen deutlich. So verbannten sie mich unter dem Vorwand einer ehrenvollen Berufung. Es ging mir zum Guten aus; ich hatte Glück. Jetzt hier? Sie mögen die Daumenschrauben anziehen, wie immer sie wollen! Heute kommen sie mit dem angeblich bezeugten Diebstahl, morgen dann mit der Beschuldigung subversiver Tätigkeit, weil ich heimlich die Messe lese und meinen Leuten die Beichte abnehme – also Konspiration. Aber sie sollen nur kommen."

Er sprühte wie glühendes Eisen, das auf dem Amboß gehämmert wird. Sein blasses Gesicht hatte sich gerötet. Man würde einen schweren Stand mit ihm haben und ihn nicht in die Knie zwingen – aber er kämpfte mit dem Rücken an der Wand und hatte kaum Bewegungsraum.

An diesem Tag brach eine der letzten Schranken, die zwischen uns immer noch bestanden hatte. Er begann aus seinem Leben zu berichten, weil er wollte, daß ich wußte. Denn eines Tages würde er wohl zum Lagertor müssen und verschwunden sein. War er erst weg, dann war es an der Zeit, Lügen und Verleumdungen über ihn zu verbreiten, um seine Leute, ihres Kopfes beraubt, abzuschrecken und sich gefügig zu machen. Dem wollte er zuvorkommen, indem er gleichsam einen Treuhänder der Wahrheit einsetzte.

An jenem Tage sprach er nun, und ich sah in eine andere Welt hinein, war das Leben des um zehn Jahre Älteren doch so völlig anders verlaufen als das meine. Von Beginn an erbitterter, ja militanter Gegner des Nationalsozialismus, hatte er es doch für selbstverständlich gehalten, 1939 bei Kriegsbeginn als Feldgeistlicher zur Truppe zu gehen, nachdem er im Ersten Weltkrieg Offizier gewesen war, um an der Front seines Amtes zu walten – beim einfachen Mann, wenn er den Toten die Augen zudrückte, ebenso aber auch bei den hohen Stäben als Mann der großen Welt, der politisch und geschichtlich zu argumentieren verstand und einsichtig genug war, um aus Geschehenem auf Geschehendes zu schließen. Er hatte nicht verschwiegen, was er befürchtete, hatte mit der Opposition in Verbindung gestanden und sich verdächtig gemacht. Letzte Briefe von Offizieren, die sich nach Mißlingen der Verschwörung vom 20. Juli 1944 das Leben genommen hatten, waren von ihm aus dem Felde an die Hinterbliebenen weitergegeben und dort gefunden worden, als man sie festnahm und in Konzentrationslager verbrachte. Die Gestapo hatte den Armeerichter auf seine Spur gesetzt, aber, um ihn zu schützen, hatte ihn der Oberbefehlshaber vom Stabe zur Truppe versetzt und damit den Dienstweg verlängert. Darüber kam die russische Sommeroffensive, die die deutsche Mittelfront zum Zusammenbrechen und ihn mit Hunderttausenden in russische Hand brachte. Den Tod, dem er bislang hier entgangen war, hätte er anderenfalls drüben vor dem Volksgerichtshof sehr wahrscheinlich schon gefunden.

Ein starkes Gefühl regte sich in mir für ihn; damals verdächtigt und gehaßt – jetzt gehaßt und verdächtigt, blieb er ungebrochen der tapfere Mann, um welchen die Aufrechten sich scharten, um Kraft zu behalten, und die Schwachen sich drängten, um Halt zu finden.

Häufig denunziert, immer wieder angegriffen, lebte er in ungebrochenem Gottvertrauen, selbst als der belastete und leidende Körper ihm nicht mehr zu Willen war und es sehr wahrscheinlich niemals wieder sein würde.

In der Folgezeit kam er auf Vieles und Vielerlei zu sprechen; dabei zeigte er sich als ein ganzer Mann, wie ich ihn auch in seinem Kreise erlebte. Gläubig und voller Liebe forderte er, des ewigen Heils wegen, Großes von allen Katholiken. Sie mußten die Gebote befolgen. Manches sah er ihnen zwar nach, da ihnen von außen her oftmals Unerfüllbares auferlegt wurde, nichts mehr jedoch, wenn sie sich den Kommunisten lediglich deshalb zur Verfügung stellten, um es in der Diaspora der Gefangenschaft leichter zu haben und Vorteile zu erlangen. Um sie zum Ernst und zur Wahrheit zurückzubringen, kämpfte er. Blieb er, wie nicht selten, erfolglos, dann stieß er sie mit furchtbarer Deutlichkeit von sich. So rang er um jeden, den er zu seiner Gemeinde rechnete, wie eine Löwin um ihr Junges, das sie in von Wilderern bösartig gestellten Netzen verfangen sieht. Evangelische zog er väterlich zu sich, ohne ihnen etwas vorzuhalten, und mich überließ er eigener Verantwortlichkeit.

"Genug mit Rückblicken", sagte er dann eines Tages plötzlich, "sie helfen jetzt nicht mehr weiter. Sie mögen sogar denken, ich hätte mit meinem Leben abgeschlossen und erwarte von der Zukunft nichts mehr. Und wenn es auch gar nicht verheißungsvoll aussieht: ich erwarte a l l e s. Die Last der Vergangenheit warf ich hinter mich und vor Ihre Füße. Aus solchen Brocken entstanden im eisernen Zeitalter die gepanzerten Krieger, mit denen etwas zu wagen war. Menschenskind, wir müssen nach Hause, und dort will ich etwas tun! Die Kerle, die hier hocken, und die daheim, die über einer furchtbaren Niederlage, über einer Zerstörung ohnegleichen brüten, die sollte ich in aller Freiheit noch einmal lehren, noch einmal unterrichten können. Zwar sind die Meiler verdeckt, aber meinen Sie nicht auch, daß die Kohle im Innern doch noch glüht und zur Flamme entfacht werden kann? Habe ich zu wählen zwischen Asche, Glut und Feuer, so will ich die Feuerflamme. Der Meiler muß aufgerissen werden. Nichts Zahmes, nichts Heimliches, wir sollten doch noch offen anzeigen dürfen, daß Deutschland ist. Ganz unmöglich, daß es totgeschlagen wurde, vielmehr muß etwas Unterirdisches in ihm vorgehen. Anders wäre es nicht verständlich, daß der Nachrichtenverlautbarer Marabu auf dem Appellplatz nur Beschimpfungen aus der 'Prawda' und 'Iswestia' vorliest, daß sie den Haß wachhalten und mit Hetze und Verfolgung fortfahren. Totes lassen sie doch im allgemeinen liegen; es wird zur Unnatur. War Deutschland denn tot, als Sie gefangen und weggeschleppt wurden? Sie können mir wohl etwas dazu sagen; denn Sie berichteten, daß Sie zuletzt in Berlin waren. Das liegt vier Jahre zurück, bei mir ist es hingegen schon sechs Jahre her, daß ich zum letzten Male in Braunsberg und auf deutschem Boden weilte. Kam in diesen zwei Jahren der endgültige Todesstoß?

Wie sah es im April, Mai 1945 dort aus, als es vielleicht oder sehr wahrscheinlich gar nicht mehr um Hitler und die Nazis ging, sondern ganz einfach nur noch um jene Substanz, von der wir alle hier zehren, die wir an Heimkehr nach Deutschland glauben und sie wollen?"

Ganz zuletzt? Darüber zu sprechen war noch nicht an der Zeit. In mir zitterte, was ich davon wußte, und nach vier Jahren zitterte ich noch selbst darüber. Ich wußte von den letzten Tagen mehr als sonst wer hier, aber ich konnte davon kein Wort über die Lippen bringen – allzusehr bis zum derzeitigen Augenblick vom Miterleben des furchtbaren Sturzes erschüttert, als daß ich überhaupt eines hätte finden können. War es mir mehr um Hitler als um das Reich oder mehr um das Reich als um Hitler gegangen? Mit dieser Frage quälte ich mich noch immer herum. Deshalb beantwortete ich die erregte Frage vorerst ausweichend:

"Von dem, was Sie berichten, zu dem, was ich erlebte, finde ich heute noch keine Brücke. Sie vertrauten mir schließlich deshalb, weil wir in Stadt und Universität Münster Gemeinsamkeiten hatten, und ich vertraue Ihnen darüber hinaus deshalb, weil Sie, obgleich selbst in höchstem Maße gefährdet, immer noch etwas für andere tun. Sie öffneten mir Ihre Welt, und ich erfuhr gänzlich neue Dinge. Schon andere berichteten mir vom Widerstand, den sie geleistet haben wollten, aber ich hatte dabei zumeist einen schlechten Geschmack auf der Zunge. Widerständler gewesen zu sein, berechtigt zur Aktivistenlaufbahn. Weil ich in Moskau gearbeitet habe, hielten mich manche für ebenfalls konjunkturbeflissen und erzählten mir ohne sonderliche Scheu, was im Untergrund des Krieges Brauch und üblich gewesen war. Ich erfuhr Dinge, die ich für unmöglich gehalten habe; sie waren mir widerwärtig. Sie drückten sich vor der Gefahr und entzogen sich der allgemeinen Verpflichtung. 'Gibst du mir ein Zeugnis, das mich vom Wehrdienst freistellt, so sorge ich für deine Unabkömmlichkeit.' Widerstand nur aus Selbstsucht, bei dem nicht selten andere hineingeritten wurden, da-mit man selbst davonkam. Eine schmutzige Hand wäscht die andere nie-mals rein. Drückeberger aus Feigheit ziehen aus erstem Verrat nochmals Zins, wenn sie als Gefangene zu Widerständlern aus Prinzip werden.

Dafür die Toten, dafür Elend überall. Wären wir aus dem Krieg einigermaßen gut herausgekommen, so hätten wir von diesen Dingen wohl kaum etwas erfahren. Jeder hätte sich bedeckt gehalten. Wir mußten erst in die Not der Lager gelangen, damit Lack und Tünche absprangen und sich jeder als der zeigte, der er wirklich ist. Die Uniformen sind weg. Wir alle tragen Lumpen – aber jeder zeigt sich daran, wie er sie trägt."

Während der Zeit, die wir noch zusammenblieben, ging uns, aufgerührt, wie wir waren, der Geprächsstoff nicht mehr aus. Es ging um gewollten oder aufgedrungenen Krieg, die Lage in der Heimat, um das Sterben auf den Verbandplätzen und in Friedenszeiten, um Schicksale der Juden, schließlich in den eigenen Bereichen um Werden und Wachsen, eigene Bemühungen, Bedeutung unserer Lehrer. Von seiner, von meiner Seite aus wurde Vieles völlig unterschiedlich behandelt, und doch entstanden untrennbare Gemeinsamkeiten.

Eines Tages fragte er mitten in einem Disput über die verschiedenen Arten und Typen von Gefangenen, zu denen wir gehörten und in deren Mitte wir hingingen, unvermittelt: "Man munkelt im Lager und rät mir, mich Ihnen gegenüber vorsichtig zu verhalten – aber Sie können es mir ruhig sagen. Sie waren bei der SS." Ich war überrascht, zugleich jedoch erleichtert, schaute zu Boden, dann in sein mir fragend zugewandtes Gesicht: "Ja, ich gehörte zur Waffen-SS, war, ehe ich es für die gesamte Wehrmacht wurde, dort Ernährungsinspekteur. Außer dem Generalarzt Professor Schreiber, dem wir beide eine Begegnung mit der NKWD verdanken, dem Bildhauer Professor Waldschmidt, mit dem ich in Berlin mehrmals zusammentraf, weil er der Nahrungsnot ähnlich den Japanern durch Meeresalgen abhelfen wollte, wissen Sie es jetzt von mir. Ob es den Russen bekannt ist, weiß ich nicht. Schreiber hat mich nicht verraten, der alte Waldschmidt, körperlich mit über 70 Jahren noch ein Athlet, aber geistig zerstört, sehr wahrscheinlich in einem der vielen Schriftstücke, die er treu und brav abliefert. Ich selbst habe hierüber wie auch über die Tatsache, daß ich bis zum letzten Tage in der Reichskanzlei war, niemals auch nur eine leise Andeutung gemacht, lüge mir aber nichts vor. Meine Stellung war nicht ganz gering, nicht Wenige kannten mich, und so werden die Blauen, wenn nicht von hier, so sicherlich aus einem anderen Lager über mich ins Bild gesetzt sein. Sie vernehmen ja Gott und die Welt zu jedem Menschen und jedem Ding. Und wenn sie es im Augenblick nicht für nötig erachten, mit ihrem Wissen herauszukommen, so werden sie sich doch sicherlich eines Tages an mich halten und einen Kriegsverbrecher mehr entlarven und sicherstellen. Darüber bin ich mir ganz klar und habe doch Angst vor diesem Tage."

Ich stieß dies fast trotzig hervor und rechnete damit, daß er sich abwenden und mich stehen lassen würde. Aber er legte mir mit einem Schubs die Hand auf eine Schulter und sagte: "Na dann, dawai, bis morgen."

Wir trafen uns. Er wartete schon und stieß, irgendwie verlegen und beunruhigt, einen Stein mit dem Stock von sich weg:

"Menschenskind, Herr Kollege; niemals hätte ich Sie gereizt, sich zu bekennen, wenn ich jetzt noch der Meinung wäre, auch Sie seien bis in den Kern hinein einer von jener Sorte, die Menschen fraß und vernichtete. Dennoch gehören Sie, wie Sie so dastehen, dazu und müssen wie ein Floh im Kehricht Eigenleben zeigen, um herauszukommen. Hätten Sie es mit verdammenswertesten Dingen zu tun gehabt, so säßen Sie jetzt wahrscheinlich im Aktiv oder sogar in der 'Pension Judas Ischariot' und führten unseren brüderlichen Feinden zu Gefallen große Worte gegen Nazis im besonderen und die Deutschen im allgemeinen."

Damit war es abgetan; aber von da an mußte ich berichten. Er forschte in mir, dem Zeugen, als Historiker, der er war, unentwegt nach Handlungen, Handelnden und Handlungsgründen. "Sie wissen Einiges", sagte er, "und müssen mir nun erklären, ob das, was man uns hier alle Tage vorsetzt, ganz wahr, zum Teil wahr oder lediglich Lüge ist, was ich nach meinem Einblick nicht zu glauben vermag. Wahrscheinlich weben die Russen aus dem Garn, das ihnen zufiel, einen Teppich mit Mustern eigener Wahl und werfen möglicherweise damit eigenen Ballast ab auf Nazis speziell und vorsorglich auf Deutsche allgemein. Wir können uns dagegen wohl gefühlsmäßig wehren, aber 'Enthüllungen' ihrer Art nicht widerlegen. Denken Sie nur an Katyn; zwei-, dreimal im Jahr werfen sie uns vor, daß wir die polnischen Offiziere erschossen und verscharrt hätten."

Seinen Fragen hielt ich stand, so gut ich es als Figur am Rande vermochte, die von den innersten Dingen sicherlich nichts wußte. Wenn ich einige Kenntnis hatte, dann nur von der Kriegsernährung und den tausendfältigen Bemühungen, einem jeden nach seinem Bedarf das Seinige zugute kommen zu lassen. Aber es war auch von den Feldzügen in Ost und West die Rede, an denen ich teilgenommen hatte, und von den Luftangriffen auf viele Städte, die ich miterleben mußte, während Kühle ständig an der Ostfront weilte und sie lediglich vom Hörensagen kannte. Was ihn dabei unentwegt beschäftigte, war das große Sterben drinnen und draußen, der Nottod so unzählig vieler Menschen und die Hilfe, die genommen und nur so unzulänglich gegeben werden konnte.

Als er eines Tages, nicht direkt, aber doch in Bezug auf die Uniform, die ich getragen hatte, fragte: "Was halten Sie von der Euthanasie?", rührte er mich einmal mehr sehr an.

Er meinte: "Der Begriff, so klar er als 'Hilfe zum guten Sterben' übersetzbar ist, verfügt doch nach allen Erfahrungen dieser Jahre über eine fast unausmeßbare Spannweite, die sich vom edelsten Helfen hier bis zum blanken Mord dort erstreckt. Dazu möchte ich etwas von Ihnen als dem durch einen Krieg gegangenen Arzt hören; denn mich beschäftigte diese Frage im Felde und bei meinen Verwundeten, den vielen tödlich Getroffenen Tag und Nacht mehr als jemals vor dem Kriege in Krankenhäusern, in denen ich freilich – es war eine Unterlassung – nie etwas zu tun hatte. Und jetzt, hier in den Lagern, kann man das Wort eigentlich vergessen. Es gibt nicht hinreichend Medikamente, um ein Leben am Erlöschen zu hindern oder es früher als gottgewollt erlöschen zu lassen. Hier endet alles, was nicht gemordet wird, aus sich heraus mit dem Versagen der innewohnenden letzten Lebenskraft. Ach ja, das Versagen – ich hab's erlebt, daß das Zusagen im fast letzten Augenblick, das tapfere Wort an den willenlos Gewordenen neue und überwindende Lebenskraft schuf.

Mir war's mehrfach als ein Wunder, ein Sterbender lebte auf und überlebte. Aber das ist wohl eher Eubiotik.

Mir geht es um die Verbandsplätze in der Schlacht. Ich war dort bei den Verwundeten, blieb bei ihnen, betete für sie. Noch im Schock empfanden sie keinen Schmerz, waren im Gegenteil nicht selten geradezu in Hochstimmung. Sie wußten ja nicht, wie es um sie stand. Viele von ihnen sehe ich immer noch vor mir. Halbverbrannt hatte man die einen aus dem Panzer gezogen, anderen waren beide Beine zertrümmert worden; welchen lagen die Eingeweide zwischen Uniformfetzen und sie hielten sie mit blutverschmierten Händen zusammen, damit sie nicht auf den Boden rutschten und irgendwer im Gedränge auf sie trete. Sie lagen eng beieinander auf der nackten Erde, ungeschützt im Schnee oder in einer Behausung ohne Fenster und Dach.

In halsbrecherischer Fahrt brausten Sankas heran, entledigten sich weiterer Opfer und rasten wieder nach vorne. Keiner, der nicht mehr tat, als er eigentlich tun konnte. Leuchtraketen fuhren in den frühdunklen Himmel, Abschüsse blitzten am Horizont, und der Artilleriekampf donnerte ringsherum. Noch lagen wir nicht unter Beschluß, aber in jedem Augenblick mochte es soweit sein und die Verletzten nochmals in Gefahr kommen.

Wie es mir eben nötig erschien, kniete ich neben dem Einen, neben einem Zweiten, und es kamen mehr und mehr hinzu. Ich fand kein Ende. Im Operationszelt ging es entsetzlich her; die Chirurgengruppen kamen nicht nach; bis in den Eingang hinein lagen die Unversorgten; mit einem Eimer voll Tee und einem Becher gingen Sanitäter herum und tränkten die Dürstenden. Die zitterten und kühlten immer weiter aus. Ehe Ärzte sich um sie bemühen und ich sie versehen konnte, starben sie schon weg.

Wir zählten die Stunden nicht mehr; die Schlacht mochte wohl schon zwei, drei Tage dauern, aber ein Ende war nicht abzusehen. Wer eine Aufgabe hatte, arbeitete, solange er irgend konnte. Ab und zu ein Schluck Kaffee, den gab's wenigstens noch. War ein Operateur blind vor Müdigkeit, dann ersetzte ihn ein anderer. Er versinkt für Augenblicke in abgrundtiefen Schlaf oder macht wenigstens auf dem traurigen Warteplatz Dienst.

Das Notaggregat klopft, das Zelt ist hell und Licht dringt nach draußen. Eine sowjetische 'Nähmaschine' kommt, überfliegt den Platz, und wir erwarten die Bomben. Aber der Pilot löst sie nicht, fliegt weiter, und erst aus der Entfernung hören wir die Detonationen. Viele, viele Tage drängen sich mir zu einem Bilde zusammen. Hinzu kommt eines, in dem mir ein Arzt die Hand auf die Schulter legt und ich ihn sagen höre: 'Herr Pfarrer, ich bin immer wieder versucht, unseren so elendiglich Sterbenden, für die es gar keine Hilfe mehr gibt, eine Morphiumspritze zu geben, damit sie die Misere nicht mehr empfinden und nimmer erwachen. Und ich habe sie schon gegeben, mich damit aus Mitleid, aus Einsicht, ja vielleicht aus Frömmigkeit über das Gebot 'Du darfst nicht töten' hinwegsetzend. Die Spritze ist an und für sich nicht tödlich, hier aber auch nicht heilsam – nein, sie erleichtert den natürlichen, nicht zu vermeidenden tödlichen Ausgang.'

Dann sagte er noch: "Käme doch nur einmal ein Oberst, ein General hierher, um die armen Kerle auszuzeichnen! Anerkennung, Händedruck, Lob und damit in der letzten Lebensstunde bei hinschwindenden Sinnen die beglückende Empfindung, eigenes Ganzes für ein allgemein Großes hingegeben zu haben. Das wäre eine so hilfreiche Sterbemedizin und auch für sie, die Verantwortlichen der Schlacht, lehrreich. Sie wenigstens spenden Hilfe solcher Art, und weil Sie da sind, sind wir alle beruhigt.' Dieser Doktor beschämte und ermutigte mich, obgleich ich nichts Anderes tat, als was meines Amtes war und bis heute immer ist."

Als Kühle hiervon sprach, kamen mir ähnliche Tage, gleiche Nächte in Erinnerung. Hatte ich doch ebenfalls auf vielen Verbandsplätzen gearbeitet, und stets empfand ich noch wieder – selbst im Brodem der Gefangenschaft – den Dunst von Blut, Schweiß und Schmutz, verspürte ich allesdurchdringende Nässe wie auch die eigene Erschöpfung und hoffnungslose Ratlosigkeit, wenn ich bei den ungezählten Herangebrachten eine Rangordnung der Hilfsbedürftigkeit hatte aufstellen müssen. Wer kann schon im allgemeinen Elend unbeirrbar sachlich bleiben, wenn man in der Hoffnung auf ein Wunder diesen und jenen sogleich noch zur Operation bringen möchte, obschon Verstand und Urteil sagen, daß es aussichtslos ist und man sich mit dem Zweifel plagt, daß mit ihm zugleich ein anderer, seinetwegen Zurückgestellter sehr wohl sterben müsse? Erbarmen für einen hilft keinem.

In schwarzer Nacht tastet man sich besorgt von Mann zu Mann, sucht Pulse, leuchtet mit der Taschenlampe Körper ab, beurteilt die Wunden, dann Schockzustand und trifft die Entscheidung:

Zurückstellen? – Gleich drannehmen?

Und ist einer da, oberflächlich atmend, mit blauen Lippen und fahlem Gesicht, schwimmt er zerfetzt im eigenen Blute, dann erkennt man das nahende, unabwendbare Ende. Er empfängt die helfende und befreiende Spritze, er fühlt, wie er schwebt, unwirkliche Helle überkommt ihn und er hört aus der Ferne eine namenlose Stimme: 'Du armer, tapferer Junge; du hieltest die Stellung, warst tapfer, und die Schlacht wird gut ausgehen.' Er lächelt und entschläft. Letztes Glück eines, dem sonstige Hilfe nicht mehr werden konnte. Euthanasie – Erleichterung eines unabwendbaren Sterbens, nicht Verkürzung des Lebens. Mittel in äußerster Not? – Ja!

Ich sah Kühle an und nickte. Er bestätigte:

"Dort draußen? Ja! – Aber daheim, in Friedenszeiten, bei einem Kranken, für den der Arzt sich Zeit nehmen und alles Erforderliche zur Verfügung haben kann?"

"Ach, da gibt es wenig Resignation aus Ohnmacht, meist eher Kampf um jedes Leben bis zum letzten Atemzug, kommt es doch bei bereits Aufgegebenen wider jede ärztliche Voraussicht noch zu Besserungen. Erst im wirklich letzten Augenblick darf man die Hände in den Schoß falten. Schwer zu entscheiden, wann der gekommen ist. Und darum geht es Ihnen wohl. Soll es der Arzt bei dem seiner Einsicht nach natürlichen Ende belassen oder dieses mit allen ihm zur Verfügung stehenden Mitteln hinausschieben, nicht den Menschen lebend, sondern einige seiner Funktionen krampfhaft aufrecht erhalten? Die Grenze ist fließend, und der Arzt braucht Glauben, Mut und Würde, will er sich richtig verhalten. Hingegen hat kein Mensch das Recht, bewußte Lebensverkürzung als Euthanasie zu bezeichnen und zu vollziehen. Hippokrates lehrte, man solle den Sterbenden sich selbst überlassen und von ihm gehen. Das ist sicher auch nicht mehr recht, verfügen wir doch über Möglichkeiten, letzte Tage und Stunden eines jeden Menschen zu gestalten und dem Abschied von der Erde die Schwere eines Endkampfes zu nehmen. Ich bemühte mich immer, zur Seite meines Kranken zu sein, wenn das Sterben an ihn kam. Man kann dann wohl nur wenig tun, aber doch Manches wirken und das Abendrot vor der Nacht vergolden.

Freilich, wir sind ja nur selten allein; Angehörige stehen am Krankenbett, sie wollen an ein natürliches Ende nicht glauben und muten dem Arzt nochmals und immer wieder zu, den Tod zu verjagen, dessen Hand er doch bereits auf der Schulter sieht. Ein schwacher Arzt peitscht dann ein armes Herz mit starken Mitteln an und täuscht sich selbst und die anderen in dem Empfinden, einem etwas Gutes anzutun, der sich röchelnd und von Mißempfindungen geplagt über nutzlose Tage dahinquält. Da kommt es wohl eher darauf an, auch die Nächsten mitzubehandeln und ihnen Einsicht in das gefürchtete Unabwendbare zu vermitteln."

"So meine ich's auch", sagte Kühle, "und wir können wohl nebeneinander, miteinander an einem Sterbebett sitzen. Aber unter dem Begriff 'Euthanasie' hat sich wohl noch etwas ganz anderes versteckt, was Partei und SS taten und was einfach Mord war, weil Schuldlose um ihr Leben gebracht wurden."

Das Gespräch begann mich zu quälen, und ich schloß es ab, indem ich erwiderte:

"Ich trage an der Schuld des Mitwissens; denn ich habe furchtbare Dinge erfahren – nicht erst jetzt als Gefangener. Sie müssen mir Zeit geben, bis ich davon berichten kann. Im Augenblick bin ich mit mir selbst noch nicht fertig. Ich habe keines Menschen Lebenstag verkürzt, glauben Sie mir das, eher wohl einigen das Leben bewahrt. Aber mir war bekannt, daß in Polen die großen Schlachtmaschinen arbeiteten, die die Unschuldigen in ihre Strudel zogen und ihre Wärter hatten."

Ein als geschwätzig bekannter Oberst gesellte sich zu uns und begann, uns mit den neuesten Gerüchten zu unterhalten. Das war ein guter Anlaß zu schneller Trennung. Ich war aufgerührt wie seit langer Zeit nicht mehr; denn wieder war die Vergangenheit heraufbeschworen worden, die mir zu ihrer Zeit als Gegenwart so schwer zu schaffen gemacht und auch Gefahr gebracht hatte. Sie lebte noch immer in mir, und ich zitterte am ganzen Leibe. Schweißgebadet kletterte ich auf die Pritsche, beim Atmen empfand ich starke Brustschmerzen und fühlte mich fast bis zum Tode erschöpft. Hohes Fieber. Mit Mühe schleppte ich mich zum Nachtdienst, den ich mehr sitzend als gehend verbrachte. Fünfviertel Jahre hatte die Tuberkulose Ruhe gegeben, nun erwies sie sich als nicht ausgeheilt. Ich gefährdete meine Umgebung und wurde, ohne daß ich mich von Kühle hätte verabschieden können, schleunigst in das Lazarett des Lagers Krasnogorsk 1 verlegt. Hier blieb ich zwei Sommer- und zwei Herbstmonate lang wieder einmal in einer Zwischenakts- oder eher Retardierungsperiode, in der das Drama draußen weiterging und der Knoten zum nächsten Akt sich schürzte. Fieber und Husten gingen allmählich zurück; das Röntgenbild zeigte einen gegenüber früher verschlechterten Befund, aber er schritt nicht fort, und mein Zustand besserte sich nochmals.

Deshalb nahm es mich nicht wunder, daß mich eines Tages die russische Chefärztin des Lagers rufen ließ. Natürlich befürchtete ich, in das vorhergehende Lager zurückverlegt zu werden, aber sie hatte zu meiner Überraschung anderes mit mir vor und erklärte, ich sei soweit wieder hergestellt, daß ich arbeiten könne. Ich sei Professor, zudem lungenkrank und könne daher die Lungenstation des Lazaretts übernehmen. Ich solle zu den anderen deutschen Ärzten übersiedeln, welche bereits im Lazarett arbeiteten. Erfreut und höflich dankte ich; denn ich verstand mich mit den Kollegen, mit denen ich hier und dort bereits zusammen gewesen war, gut und wußte, daß keiner von ihnen je denunziert hätte oder Aktivist gewesen wäre.

Überhaupt war etwas Besonderes um dieses von Kriegsgefangenen im Laufe zweier Jahre erbaute Lazarett. Man munkelte, es sei deshalb so viel größer und besser ausgefallen als vergleichbare sowjetische Bauten, weil das meiste Bau- und Installationsmaterial von tüchtigen Gefangenen aus Bauvorhaben abgezweigt worden sei, die mit einem Gefangenenlager nichts zu tun hatten. Die Geschädigten mochten sich draußen aufregen, die Lagerleitung selbst tat es nicht, sondern ließ vielmehr in die Zone hinein, was angeschleppt wurde. So entstand etwas, was sehenswert war und die Tüchtigkeit des Lagerkommandanten in hellstes Licht rückte. Immer wieder kamen Kommissionen aus Moskau zur Besichtigung und bewunderten das Bauwerk nicht weniger als ein benachbartes und mit Hilfe des gleichen Verfahrens in die Höhe wachsendes, in dem, sowjetischen Vermelden nach, eines Tages das große Kriegsgefangenenarchiv untergebracht werden sollte.

Das Besondere zeigte sich aber auch auf ärztlicher Seite. Unter der sanften, aber bestimmten Hand der Chefärztin Magnitowa, einer Würde ausstrahlenden Frau nahe den Sechzigern, die wegen ihrer Größe und ihrer weißen Haare von den Kranken nicht abschätzig, eher bewundernd allgemein "Silberpappel" genannt wurde, verbrachten zahlreiche Schwerkranke, unberührt von aufregenden Vorgängen draußen im Lager, eine Ruhezeit. Sie, deren Mann der Fama zufolge im Kreml eine höhere ärztliche Position hatte, verfügte über die Macht, sich dem NKWD gegen-über durchzusetzen und ihre Schützlinge wenigstens für eine gewisse Zeit vor Vernehmung und Verfolgung zu schützen. Sie sprach recht gut deutsch und soll vor 1917 in Deutschland Medizin studiert haben, was sie freilich niemals bestätigte. Welcher Russe, zumal welcher Jude hätte zu Stalins Zeit schon jemals von solch gefährlicher Vergangenheit gesprochen! Und doch entging sie, wie das Gerücht 1953 von Moskau bis in den Ural trug, ihrem Schicksal nicht. Im Zusammenhang mit der Aufdeckung einer „Verschwörung jüdischer Ärzte im Kreml", die sich angeblich gegen den sterbenden Diktator und seine Vertrauten richtete, stürzte auch sie in die Grube, die das Väterchen für jeden Scheinverdächtigen gegraben hatte. Wahrscheinlich erging es ihr, wenn sie nicht das Glück gehabt hatte, sofort "liquidiert" zu werden, noch schlechter als ihren damaligen Schützlingen. So gehörte sie zur letzten Bluthekatombe des wahnwitzig gewordenen, rasenden Tyrannen. Zu dieser Zeit jedoch, Mitte und Ende 1949, war sie souverän genug, in ihrem Bereich so zu verfahren, wie sie es für richtig hielt. Anders als Feldschere und Kapitänärzte sonst, kümmerte sie sich täglich um ihre etwa hundert

Kranken und war menschlich da, selbst wenn sie nicht mehr ernstlich helfen konnte.

Zudem besaß sie auch die Größe, Narrenfreiheit zu gewähren und zeigte dies am Beispiel des italienischen Generals Zaparolli, der, anders als seine Landsleute, noch nicht heimgelassen worden war. Er hatte aus Protest gegen die Benachteiligung mit einem Hungerstreik begonnen und wurde zur künstlichen Ernährung in das Lazarett gebracht. Fälle von Hungerstreik mußten nach Moskau gemeldet werden, und es wurde, um den Streik schnellstens zu beenden, seitens der Lagerdienste ein besonderes Verfahrensritual in Gang gesetzt. Dies geschah auch bei dem wegen seines lebhaften Humors allseits beliebten, etwa 50jährigen Manne. Zunächst erschien der zuständige NKWD-Offizier und redete dem Hungernden gütlich zu, wobei ihm der Blaue vom roten Himmel versprach. Unser General, ein stiernackiger, mussolinesker Typ mit rotem Gesicht unter weißem Haar und lebhaften Augen, widersprach mit der feurigen, gestenreichen Beredsamkeit seines Volkes lebhaft, ohne daß seine Worte, nicht nur wegen der Unzulänglichkeit des Dolmetschers, sondern auch wegen der der russischen Sprache für südliche Nuancen, großen Eindruck gemacht hätten.

Die Wände waren schalldurchlässig, so daß wir in den Nebenzimmern mit Behagen und Schadenfreude das wortstarke Duell dem Sinne nach verfolgen konnten. Der Politoffizier verließ nach erfolgloser Beendigung seiner Pflichtübung das Zimmer mit sorgenschwerer Miene, während der General, den man zur Untermalung der Gefährlichkeit seines Vorhabens ins Bett gesteckt hatte, kaum war er allein, aufstand, den grauen Uniformrock anzog und sich im Lazarettgarten erging. Als Einziger von uns allen trug er noch Schulterstücke und einen Kavallerie-Säbel.

Im Abenddunkel schlichen sich Kameraden ans ebenerdig gelegene Fenster und schoben ihm ein Kochgeschirr mit Brei wie auch Brot zu. Er aß vergnügt.

Der zweite Streiktag ließ sich schon aufregender an; das Gespräch verlief lautstark, weil der Politoffizier nun bereits Drohungen durchblicken ließ. Forderung und Zurückweisung wurden furios gewechselt, und der Russe verabschiedete sich mit der Bemerkung, nun müsse man zur Zwangsfütterung übergehen.

Auch an diesem Abend konnte unser General sich sättigen. Jeder und sicherlich auch jeder Russe wußte davon, aber dennoch formierte sich am dritten Tage der Konvoi der Zwangsfütterer.

Wir deutschen Ärzte hatten uns sämtlich geweigert, die Sonde einzuschieben, um nicht Rechte zu verletzen, die jedem Gefangenen zukamen, deshalb mußte der Feldscher die Rolle des Futtermeisters übernehmen. Ehe er in Aktion trat, erschienen zwei Posten, zogen den sich lebhaft sträubenden General aus, steckten ihn ins Bett und bändigten ihn mit Körpergewalt an Arm und Bein. Kaum lag er wehrlos, da nahte in Gummischürze und mit Gummihandschuhen bewehrt halbsteril der Feldscher, dem der in einer Nierenschale gewässerte Magenschlauch, ein Trichter und eine Kanne mit Nährflüssigkeit – Bouillon mit Zucker und Ei – auf einem Tablett von einem Mitglied des Aktivs nachgetragen wurde.

Politoffizier und Magnitowa überwachten von der Zimmertür her den Fortgang der Prozedur, während sich die Kranken vom Fenster nicht abdrängen ließen und den antiken Chor bildeten, der die Abwehrhandlungen des Generals wie auch die derben Bemühungen des Sondenlegers mit Beifall oder Protest begleitete. Zaparolli spielte die Heldenrolle ausdrucksvoll und mit Bravour. Den hochroten Kopf in das Kissen gedrückt, verfolgte er mit scharfem Blick die Bewegungen des Gegenüber, der sich über ihn beugte und hinter sich zum Schlauche griff. Auf beider Gesicht bildeten sich dicke Schweißtropfen, der General preßte die Lippen zusammen, worauf ihm der Feldscher mit drei Fingern die Nasenlöcher zudrückte. Durch Abwehrbewegungen und Kopfrollen versuchte der General ihn abzuwehren, doch die Soldaten hielten ihn auf dem knarrenden Bettgestell nieder. Schließlich mußte er den Mund doch öffnen, und das fingerstarke Gummirohr rutschte hinein, aber kaum, daß dies geschehen, hatte Zapparolli ihn schon zwischen den Zähnen und biß sich fest. Wie der Feldscher auch schob und zog, der Schlauch bewegte sich nicht mehr. Ein Mundöffner war nicht zur Stelle und stärkerer Zwang nicht erlaubt. Die Magnitowa verließ das Zimmer, der Politoffizier sagte: "Nu da, bolche njet nada", äußerte den üblichen Fluch und folgte ihr. Die erste Runde war beendet, der Rückzug erfolgte geordnet, die Zwangsfütterung war eingeleitet, und der vorgesetzten Dienststelle konnte die entsprechende Meldung erstattet werden. Der General erhob sich schimpfend, schüttelte sich, nahm wohlgemut den Beifall der Kameraden entgegen. Die Handlung wiederholte sich eine Woche lang täglich, eine Fütterung gelang nie, aber manche Blicke folgten neidisch der Nährlösung, wenn sie wieder abgetragen wurde. Der hungernde Mann, abends immer wohl versorgt, büßte indessen von seinen Rundungen nichts ein. Dann wurde er unvermittelt abgeholt und verschwand aus dem Lager – in die Heimat, meinten einige. Aber er soll zwei oder drei Jahre später in einem anderen Lager als der alte und gleiche nochmals gesehen worden sein.

Im Grunde handelte es sich eher um ein Spiel, und daß es hier, wie sonst an anderer Stelle nirgends, möglich war, bezeugt die Besonderheit unserer damaligen Lage.

Doch die Entscheidungen wurden draußen vorangetrieben, und es handelte sich um nichts anderes als um ein Trugbild. Der Befehl des Innenministeriums, wonach auch zum Jahresende 1949 nicht sämtliche Gefangene zu entlassen, sondern eine bestimmte Quote weiterhin zurückzuhalten sei, wurde bearbeitet. In den Büros griff man nach Personalakten, wog fallweise Pro und Kontra ab, würfelte wohl auch und griff sich nach und nach die zum Dableiben Gezogenen heraus.

Schließlich war ich der erste, an dem das Ende des schönen Intermezzos deutlich gemacht wurde, als ich in einer Novembernacht vom Sanitäter aufgestört und ganz schnell, sofort, bistro, bistro zum Politoffizier bestellt wurde. Noch lag kein Schnee, doch war es schon harter Winter. So wie ich geschlafen hatte, wurde ich wegen der Dringlichkeit des Befehls in Hemd und Unterhose durch die Kälte in den überheizten und hellerleuchteten Vernehmungsraum des NKWD gebracht. Im Nebenzimmer, zu dem die Tür nur angelehnt war, sprachen eine Frau und ein Mann bald erregt, bald flüsternd. Man rauchte, eine Teetasse wurde klirrend abgesetzt. Ich lauschte mit geschärften Sinnen und vernahm deutsche Namen in russischer Aussprache. Sie ließen mich so lange warten, bis sie mich genügend beunruhigt vermuteten, dann wurde die Tür mit einem Fußtritt aufgestoßen, und von einer uniformierten Dolmetscherin begleitet, trat unser Vernehmungsoffizier Oberleutnant Schuster ein. Dieser kleine Mann war uns allen deshalb wohlbekannt, weil er sich bei seinen Gängen durchs Lager niemals von einer an einem überlangen Riemen fast bis zur Erde hängenden Kartentasche trennte und zuweilen bei seinen Verrichtungen einen irgendwo erbeuteten bayerischen Trachtenhut trug. Der Handlung, die er im Augenblick vorhatte, schien er jedoch nicht angemessen, und er hatte ihn mit der Uniformmütze vertauscht. Er trat nahe an mich heran, nahm die Linke aus der Hosentasche, schob die Mütze auf den Hinterkopf, die Zigarette in einen Mundwinkel und starrte mich von unten her eine Weile schweigend und abschätzend an. Dann nickte er der Dolmetscherin herrisch zu; und sie eröffnete das Gefecht:

"Man hat gesagt, du bist SS?"

Bei den Vernehmungen der vergangenen vier Jahre hatte ich gerade auf diese Frage gewartet, aber sie war niemals gestellt worden, und getreu der Lehre Kühles hatte ich bisher niemals etwas Falsches, aber bei weitem auch nicht alles gesagt, was ich wußte. Aber in diesem Augenblick traf sie mich als harter Schlag. Die stillgenährte Hoffnung auf Heimkehr verflog mit einem Male. Ich straffte mich und erwiderte: "Ja, Waffen-SS."

Die beiden sahen sich einigermaßen verblüfft an, und Schuster schien sogar enttäuscht. Anscheinend hatte er mich nach allen Regeln ihm eingebleuter Kunst Stück um Stück anhand vorgezogener Dokumente entlarven, als verbrecherischen Lügner hinstellen und wimmernd zu seinen Füßen sehen wollen. Vergebens also die Vorbereitung auf eine mitternächtliche Verhörstunde, umsonst der sorgfältig erstellte Plan, das Opfer ins Kreuzverhör zu nehmen, es grell anzuleuchten, um jede Gesichtsregung wahrzunehmen und auszunutzen, undurchführbar der Wunsch, es zu beleidigen und dann ihm wieder zu schmeicheln, es sadistisch zu reizen und gleich darauf an seinen Verstand zu appellieren, es mit dem Karzer zu bedrohen oder mit dem Lineal zu schlagen und ihm unmittelbar darauf Tee und Zigaretten anzubieten.

Vielleicht hatte er auch vor der Dolmetscherin die hohe Schule der Vernehmungstaktik reiten wollen. Dies alles war mit wenigen Worten vorbei, und die Aktion beendet, ehe sie überhaupt begonnen. Ärgerlich schaute er auf meine Füße, doch dann – nitschewo – fiel ihm wohl ein, daß er sein Soll in vorbildlicher Schnelle erfüllt und einen Punkt auf der Conduiteliste gewonnen habe. Er wies zum Ausgang, schrie "dawai", und ich war draußen. Wieder im Bett, starrte ich dem Morgen entgegen.

Schon zwei Tage danach wurde ich mit allen Sachen zum Tor bestellt und unter hinreichender Bewachung zu dem Lager in Marsch gesetzt, das ich vor vier Monaten als Kranker verlassen hatte.

Die Magnitowa entließ mich mit den Worten: "Sie kommen bald heim." Und wenn wir uns auch beide darüber klar waren, daß dies sicherlich nicht so sein würde, so lag in dem Satz doch ein Wunsch und damit etwas Tröstliches.

Zum dritten Male also Einzelankömmling am Tor des gleichen Lagers, das zunächst als Sondererhebung für Prominente jeglicher Art geführt worden war, das sodann unabgegrenzt die "Freunde der SU" wie auch die "unverbesserlichen Faschisten und potentiellen Gegner der Sowjetunion" unter den Deutschen bewahrte und gegeneinander ausspielte. Jetzt aber, Ende 1949, wurde es zu guter Letzt zum Schüttelsieb, auf dessen Rost diejenigen verblieben, die die Sowjetunlon nach eigenem Willkürrecht aus den Reihen der Kriegsgefangenen ausstieß und zu Kriminellen erhob. Wieder über-standen beim Raus und Rein die Schriftsachen im Doppelboden des Holzkoffers zwei Filzungen, und ich humpelte mit Rucksack und Koffer erleichtert zur zugewiesenen Baracke. In ihr hatte sich seit meinem Wegkommen die Belegschaft stark gelichtet und die menschliche Situation sich zum Besseren gewendet. Drüben im Lazarett hatten wir Vertrauen zueinander haben können, und auch hier fanden sich jetzt Männer zusammen, die Offenheit anboten und verlangten. Vor wenigen Wochen waren sie in der großen, armseligen Masse wie verloren gewesen, jetzt erschienen sie angereichert wie die Fische in der Reuse; dennoch wurden die Neuigkeiten aus dem anderen Lager und mitgegebene Grüße aus alter Gewohnheit nur flüsternd weitergegeben.

Und ich erfuhr, was sich inzwischen abgespielt hatte. Angehörige bestimmter Regimenter und Divisionen waren herbeigebracht worden, aber der Abstrom war größer als der Zufluß. Viele waren anscheinend in die Heimat gekommen; auch die Allunions-Antifaschule hatte man aufgelöst und ihre Schüler prächtig ausstaffiert und sogar in einem Personenzug mit dem Ziele Ostdeutschland abfahren lassen. Schon waren die Namen einiger von ihnen im "Neuen Deutschland" erschienen. Wunderbarerweise waren mit ihnen einige höhere Offiziere und Soldaten gefahren, und es wurde lebhaft diskutiert, ob geheimer Verdienste wegen oder als "Konzessionsschulzen". Aber kamen sie nach Hause? Gut möglich, daß sie an der Grenze herausgefischt und in ein anderes Lager gebracht worden waren. Man betrieb eben eine ausgefeilte Tiefenpsychologie und wußte, in welchem Ausmaß jeder Wegfahrende nach anfänglicher Depression doch auch Hoffnungen erweckte.

Hingegen waren als Opfer, die das der SU innewohnende Bestreben nach Gerechtigkeit erkennen lassen sollten, etliche Antifa-Assistenten und -Schüler ungeachtet ihrer Verdienste aus dem Licht der Elite in das Dunkel der grauen Masse gestoßen worden, um hier fortan als pikanter Sauerteig zu wirken. Auch Angehörige des Lager-Aktivs hatten Hoffnungen begraben müssen, wenn man ihnen auch versprochen hatte, sie würden bestimmt mit dem letzten Transportzug fahren, wenn sie einstweilen die Ordnung im Lager aufrechterhalten würden. Und sie gaben vor, obgleich sie das Schicksal anderer vor Augen hatten, fest an das Versprechen zu glauben. Insgeheim munkelte man, der letzte Heimattransport gehe am 5. Dezember 1949, und wer bis dahin nicht abgeholt worden sei, fahre bestimmt nach Hause.

Selbstverständlich machte ich mich sofort auf, um Kühle zu suchen; vergebliches Herumfragen. Er war wenige Wochen nach mir im Einzeltransport weggekommen, und sein geistlicher Bruder, der von überaus ängstlicher Natur war und es nicht mit der Politabteilung verdorben hatte, berichtete mit Seitenblick nach rechts und links, man habe ihm dabei besonders übel mitgespielt. Zwei Sergeanten ließen ihm kaum Zeit, seine Armseligkeiten, welche er in der Aufregung auch gar nicht fand, zusammenzupacken. Sie trieben ihn vielmehr eilig zum Tor und ließen ihn dort warten. Freunde, die sich zu ihm schlängeln wollten, wurden verscheucht. Kümmerlich stand er neben dem blauen, verschlossenen Rucksack, schließlich setzte er sich müde darauf, ohne mehr auf Gesten und Zurufe zu achten. Er hatte abgeschlossen; das doppelflügelige Holztor, vor dem er hockte, würde sich öffnen und er in ein Unbekanntes hinausgeschoben werden. Mehr als zwei Stunden beließ man es dabei; dann riß der Dijurni das Fenster der Wachstube auf und brüllte: "Dawai – na baraka – in die Baracke." Kühle schaute zu ihm hinauf und verstand nicht, so daß jener den Arm zum Fenster herausstreckte und sein "Dawai" mit Gesten begleitete, die Hinweis und Drohung in eins waren. Er taumelte auf, griff nach den Sachen, wandte sich und schlich gedemütigt und voller Zorn auf seinen alten Platz zurück. Tödlich müde und ausgeleert schlief er, bis sie ihn am nächsten Morgen erneut holten. Nun nahmen sie ihn in die Wachstube, filzten ihn mit Sorgfalt und Genuß, brachten ihn aber auch dann nicht weg, sondern jagten ihn nochmals zurück. Erst am dritten Tag nahmen sie ihn mit und hatten somit dem Lager klargemacht, daß ein Mann, auf den so manche ihre Hoffnung gesetzt hatten, für die wirklichen Machthaber lediglich ein Spielzeug darstellte. Indem sie sich mit ihm ergötzten, hatten sie ihren Anspruch auf Seelen und Leiber demonstriert. Unsere kalte, berstende Wut änderte nichts daran.

Denn das Netz zog sich auch über uns immer enger zusammen. Noch waren wir etwa 500 Mann, die auf den 5. Dezember warteten und während des Wartens dezimiert wurden. Kaum ein Tag, an welchem nicht drei oder vier, manchmal nur einer mit allen Sachen zum Tor bestellt wurde. Eine Pause von ein, zwei Tagen fachte die Hoffnung an, die Aktion sei abgeschlossen, aber schon der folgende Tag belehrte eines Besseren.

Darum erstarrte morgens, sowie die Zentrale den Lagerfunk anstellte, ein Jeder an der Stelle, an der er gerade weilte. Namen wurden verlesen – war der eigene dabei? Und kam dann mit dem Wecken der Läufer, um dem Ältesten einen Zettel hinzuschieben – wie bleich wurde man dann, wie begann man ahnungsvoll zu zittern, obgleich man in sich zusammenkroch, es zu verbergen! Würde der Älteste heute einen Kameraden oder mich aufrufen?

Unablässig auf die gleiche nackte Hautstelle tropfendes Wasser wird mit der Zeit zu unerträglicher Qual und Marter. Nicht anders verhielt es sich mit dem stückweisen Herauskeschern aus unserer Schar. Wer blieb, war nicht glücklich, nicht unglücklich, er war vielmehr bis in alle Fibern erregt und wußte allenfalls, daß ihm lediglich noch eine Entscheidung blieb – die zum Selbstmord. Aber die traf seltsamerweise niemand; jeder war wie gebannt und dem Augenblick verhaftet.

Von keinem Verschollenen war jemals Nachricht zurückgekommen; die über das Lager gestülpte Tarnkappe zeigte keine undichte Stelle, und neu Eingelieferte brachten nichts mit. Je mehr das Lager sich leerte, um so unheimlicher wurde die Situation; die Russen taten nichts, als daß sie systematisch ausdünnten. Sie verfolgten, hetzten, ängstigten nicht mehr, hielten sich vielmehr unpersönlich völlig außerhalb aller Vorgänge und erreichten doch, daß sich jeder Verbliebene geängstigt, gehetzt und verfolgt fühlte.

Äußerlich nahm das Gefangenenleben vor diesem gespenstischen Hintergrund seinen Fortgang. Die Männer aßen, tranken, säuberten sich und die Baracken, sie dämmerten, dösten, spielten Schach mit Figuren aus getrocknetem Brot, rannten herum und fanden sich zu end- und hoffnungslosen Gesprächen zusammen. Sie kreisten um ein Thema, und selbst Antifa-Herren ließen dann und wann durchblicken, sie könnten Versprechungen auch nicht mehr recht glauben. Leutselig suchten sie Anschluß bei den bisher Übersehenen, kritisierten vorsichtig die Sowjets und kamen mit Winken "nur unter uns" und Gerüchten, die Hoffnungen machen sollten.

Erster – zweiter – dritter – vierter Dezember.

Kein Aufruf, die Aktion schien abgeschlossen, und ein jeder stieg am Abend mit einer kleinen Hoffnung auf die Pritsche. Doch am 5. schaltete der Dijurni früher als sonst den Lagerfunk ein und rief mit kehliger Stimme 27 Mann auf; Läufer eilten durch die Baracken, um jedem einzelnen eine persönliche Einladung zu überbringen. Und dieses Mal, zu guter Letzt, war ich dabei.

Mit zitternden Händen räumten wir Nichtigkeiten hin und her, fieberhaft warfen wir Stück um Stück in den schlaffen Rucksack und flüsterten dem Nachbarn eilig nochmals Namen und Adressen zu. Solange es irgend ging, hielten wir uns an unserem Platz fest. Die ungeliebte Stätte, die wir jetzt verlassen mußten, wurde mit einem Male zur Heimat. Mit Trauer und Erleichterung schauten die Bleibenden auf uns; innerhalb von Sekunden bildete sich eine unsichtbare Schranke, die nur einige herzenswarm nochmals durchbrachen, als die Opfer die Baracke verließen. Als wir, Bilder jahrelanger Verwahrlosung, davon trotteten, empfanden wir uns als ausgestoßen – ausgestoßen wie die vielen vor uns, die wir in gleicher Weise, in einem Augenblick als fremd Gewordene, hatten ziehen lassen. Allzuspät erkannte ich jetzt, daß auch ich den Vorgängern zu wenig Hilfe geboten hatte.

Unser Aufbruch mochte wohl zwei Stunden dauern; die Läufer rannten umher und drängten, Sergeanten folgten ihnen und trieben, schließlich strichen Politoffiziere umher, suchten in verborgenen Winkeln und hatten Angst, daß sich einer der Verlangten versteckte oder im letzten Augenblick unter der "Last der von ihm begangenen Verbrechen" erhänge. Wir zweifelten, aber die Zurückbleibenden hofften, daß sie es geschafft hätten. Und sie hatten es geschafft – wir waren die Letzten, die die Hunde gebissen hatten.

Endlich hatten wir uns vor dem Tor, das noch geschlossen war, versammelt; der aufgeregte Dijurni zählte uns schreiend, Kommandant und Politoffizier gingen von Mann zu Mann und stellten die Identität fest, von einer Liste rief die Dolmetscherin die Namen auf und reichte einem Offizier Personalakten zu. Es stimmte – keiner zu wenig, und niemand, der sich eingedrängelt hatte.

Das Tor zur Walhalla öffnete sich; anstelle germanischer Krieger in weiter Runde ringsum ein Kordon von Posten, die die Maschinenpistolen auf uns richteten, als wir ihnen entgegenrückten. Es war kalt und nicht einmal richtig hell; stößiger Wind trieb Schnee. Aber wir froren eher von innen heraus, als sich das Tor hinter uns wieder schloß und die Postenkette uns umzingelte. Ein LKW stand bereit und man belferte: "Dawai – hinauf."

Einer nach dem anderen zog sich mühsam über den hohen Bord.

Untenstehende reichten das "Gepäck" nach, das jeder in Fußnähe zu bekommen suchte. Drangvolle Enge; einer hielt sich am anderen, und manche sackten auf die eiserne, ausgekühlte Plattform ab. Eine Plane wurde über Bügel von vorne nach hinten gezogen, wohin nur ein enger Ausblick blieb. Wir wurden gut getarnt; kaum ein sowjetischer Bürger konnte wohl erkennen, daß eine Masse Mensch an ihm vorbeigefahren wurde.

Jedoch Satyrspiel in der Tragödie – ehe es abging, stürmten Feldscherin und Koch heran. Ordnung mußte sein; wir waren für diesen Tag noch in Lagerverpflegung. Der Koch griff in die vor den Leib gehaltene Blechschüssel, fingerte einen Batzen Gehacktes heraus und schmierte es auf einen Prawdafetzen, den die Feldscherin ihm hinhielt. Und wenn wir es auch nicht mehr annehmen wollten – jeder hatte seine "Produkte" vorschriftsmäßig erhalten.

Wer hätte sich da beschweren wollen!

Ungeduldig hatten die Posten abgewartet; nun schwärmten sie aus. Drei kletterten, um uns an der Flucht hinten raus zu hindern, auf die Rücklade; ein Offizier bestieg die Fahrerkajüte, drei andere mit den Papieren eine Limousine und die restliche Mannschaft schließlich einen zweiten LKW. Als unser Wagen anfuhr, schlossen sie sich ihm an – nicht als Trauergefolge.

Vor dem Lager blieben der Kommandant, die NKWD-Offiziere und die rote Olga, die Lagerärztin. Feindselig schauten sie uns nach.

Die Straße war abscheulich, doch das störte einen wilden Fahrer nicht.

Und wie viele Leute hatten gesagt: "Sie können doch nicht, und sie wollen auch nicht."

Aber sie konnten doch und wollten auch.

Die Lefortowskaja

Hilflos Verstörte kneteten den Batzen Fleisch samt dem sich auflösenden Prawdafetzen zwischen den Fingern, ohne ihn irgendwohin schmieren zu können; denn Mensch verfilzte sich mit Mensch, und die Körpermasse schwankte und schleuderte, wie die unsichtbare Straße sich wand. Die Empfindung ungeheurer Beschmutzung breitete sich von den in die Fingerlücken einquellenden Matschklumpen über den ganzen Körper aus; sie überkroch die individuellen Grenzen. Keiner murmelte, niemand sprach oder schimpfte. Wir wurden zu einem blinden, von dumpfem Dunkel umhüllten elenden Eins, während der Lastwagen auf unebener Straße einem Ziel entgegenrast: mit Mahlgut der Mühle, mit Vieh dem Schlachthof zu?

Als wir hinter einer tiefen Durchfahrt, in einem hochummauerten, düstren Hof ausgeladen und durch eine seitlich gelegene schmale Tür, die jeweils nur einen Mann mit seinen Sachen hindurchließ, über eine Wendeltreppe in eine Gewölbehalle getrieben wurden, verging uns jede blasse Erinnerung an ein Hotel. Die Empfangschefs waren nicht danach.

Überall Bewaffnete: Offiziere, Sergeanten, Mannschaften beiderlei Geschlechts, die Frauen zumeist mit schweren Schlüsselbunden an der Hüfte. Mit rauhem Zuruf, derbem Zugriff, nahmen sie sich unserer an. Ein asketischer Brillenträger verglich einen jeden mit seinem Bilde, wie er es im Akt vorfand. Schließlich war gesichert, daß sich kein unzulässiger Dritter eingeschlichen hatte. Daraufhin wurde der zweite Akt übergangslos in Angriff genommen, der nämlich der Expropiierung entsprechend den für Gefängnisse geltenden Richtlinien. An Spezialtischen mit einem etwa drei Zentimeter breiten Spalt in der Mitte, unter dem ein Leinensack hing, stand jeweils ein Soldat in Mütze und weißem Kittel, der ihn vor den von uns ausgehenden Ansteckungsstoffen schützen sollte, und erwartete den Ärmling, der ihm mitsamt seiner Habe zugestoßen wurde. Der leerte Sack, Rucksack, Brotbeutel, Holzkoffer oder was er sonst an Behältnissen sein eigen nannte, auf die Fläche und legte, dazu ermuntert, die Kopfbedeckung daneben. Generationen von Vorgängern hatten dem Amtsträger die Erkenntnis hinterlassen, daß auch das unscheinbarste Restchen in der Hand des Verbrechers zur Waffe werden und daß selbst die offene Hand noch ein Versteck abgeben kann. So durchwühlten sie die armseligen Reste von zivilisatorischem Krims und kulturellem Krams, die sich ihnen darboten, kundig und geschäftig. Vieles erschien ihnen für das zukünftige Dasein des vor ihnen sich Bückenden unerheblich, anderes verdächtig, ja gefährlich. Sie schoben es in die Tischritze, durch die es in den Sack fiel.

Es fiel kaum ein Wort, aber Hände begegneten sich, auf einer Seite die, die retten, halten, ja auch verbergen wollten, auf der anderen Seite geübtere, die wühlten, rafften und verschwinden ließen. Hatten sie das Kleinzeug durch, dann drehten sie die Rucksäcke um, klopften die Holzkoffer ab, prüften die Nähte der Mütze und gestatteten schließlich die Zusammenräumung der dezimierten Besitztümer in das alte Behältnis.

Als es bei mir so weit war, hatte ich wegen der Aufzeichnungen im Doppelboden meines Koffers eine Heiden- oder vielmehr eine Hundeangst. Überzeugt, daß ein solch erfahrener Fahnder das Versteck sogleich entdecken würde, war ich schon versucht, ihn darauf aufmerksam zu machen und damit die bei der Auffindung drohende Gefahr zu verringern; aber im Bewußtseinsuntergrund handelte ich geschickter, indem ich den ausgeleerten Koffer behielt, schnell unter den Tisch schob und lediglich den Sack zur Oberprüfung anbot. Während mein Gegenüber diesen noch hin und her wendete und die Nähte musterte, hatte ich den Koffer bereits zwischen Leib und Tischkante genommen und meine verbliebenen Kleinigkeiten hineingewischt. Erst als er schon Inhalt hatte, klopfte der Soldat ihn ab und schöpfte keinen Verdacht. Zu guter Letzt wurden Hosenträger und Gürtel, meist Leinenriemen eigner Herstellung, abgenommen und alle Knöpfe abgerissen oder abgeschnitten.

Der neuen Welt standen wir ziemlich behindert gegenüber. Kein Wort davon, daß wir bestohlen worden wären – was man zurückgab, blieb Eigentum. Jeder Gegenstand des Restmobiliars erhielt eine Nummer und wurde nach Abschluß der Aktion in das Magazin geschleppt. Wir bescheinigten auf einer Liste, daß wir unsere Sachen abgegeben hatten, während von der Gegenseite niemand bekundete, sie in Empfang genommen zu haben.

Schließlich waren wir jenseits der Tische alle wieder in einer Ecke der Halle versammelt, und das Bewachungspersonal gruppierte sich eng um uns herum. Wir durften miteinander sprechen, und so berichtete einer, der schon früher der speziellen Betreuung der sowjetischen Staatspolizei anheimgefallen war, eilig und flüsternd, er kenne sich hier aus. Wir befänden uns in der Lefortowskaja, dem neben der Butirka und der Lubljanka dritten großen Moskauer Gefängnis. Man erkenne noch, daß es früher einmal Kloster gewesen sei, bis man es nach der siegreichen Oktoberrevolution den neu sich ergebenden Notwendigkeiten angepaßt und einer diesseitigen Verwendung zugeführt habe. Während ich hinhörte, fiel mir ein, daß das

Glawgospital imeni Burdenko, in dem ich noch vor zwei Jahren gewesen war, im Stadtviertel gleichen Namens Lefortowskaja gelegen war, den ihm Peter der Große zu Ehren seines Schweizer Beraters Lefort verliehen hatte. Das Gebäude, das zu unserer Richtstätte werden sollte, war, wie wir sehr bald erfuhren, auch für seinen jetzigen Verwendungszweck gut geeignet. Unheimlichkeiten der Vergangenheit und solche des Heute gaben ihm ein eigentümliches Gepräge. Hohe, gewölbte, stets halbdunkle Gänge gliederten sich wie Irrgärten unübersichtlich in alle drei Dimensionen auf, indem allenthalben Treppen und Wendeltreppen nach oben oder unten in andere Stock- und Halbstockwerke führten. Dazu befanden sich in Abständen längs der Flure in meterdicken Mauern Türen zu mehr oder weniger großen Zellen, die fast lichtlos blieben. Später, als wir schon etwas eingewöhnt waren, erfuhren wir, daß hier, wie übrigens auch in den anderen Gefängnissen dieser ersten Kategorie, Luxuszellen in den obersten Stockwerken eingerichtet worden waren, in welche bedeutende Persönlichkeiten des eigenen oder anderer Länder – und dazu gehörten auch deutsche Generäle und Politiker – bei bester Behandlung und Verpflegung Berichte schreiben und mit einem sowjetischen Gegenüber bei Zigarette und Tee plaudern durften. Daß sie nach einiger Zeit, wenn sie sich verausgabt hatten oder vollends ausgenommen waren, in die unteren, wenn nicht in die allerunterste letzte Etage herabstürzten, entsprach dem physikalisch-politischen Gesetz eines Regimes, das auf die Dauer kaum einen oben beläßt.

Unterdes wurden wir aufgeteilt und jeweils zu fünft oder sechst in die nächsten leeren Zellen gesteckt. Wir warteten; es konnte nicht mehr weit vom Abend sein, doch war die Aktion offenbar noch nicht abgeschlossen.

Da wir für diesen Tag noch im Lager in Verpflegung gewesen waren, brachte man uns verständlicherweise hier weder etwas zu trinken noch zu essen, hingegen hatte man uns das Trockenbrot belassen, das wir mitgebracht hatten. Jeder Dystrophiker von Erfahrung pflegt für noch härtere Zeiten nach Möglichkeit einen Vorrat selbstgetrockneten und gerösteten Brotes anzulegen. In einem Gefühl völliger Gleichgültigkeit für das Bevorstehende verteilten wir die Notrationen und aßen sie völlig auf; denn für die Zeitspanne, die hier begann, oder die Frist, die hier endete, war alles Gewesene bedeutungslos.

Stunden? Da öffnete sich die Tür und "Neue" wurden hereingestoßen. Mit ihnen kam ein Freund, Professor Ohnacker, seines Zeichens Hals-, Nasen- und Ohrenarzt aus Magdeburg. Wenige Wochen nach der Kapitulation waren wir uns im Lager Fürstenwalde erstmals begegnet, waren gemeinsam in Frankfurt an der Oder im Lazarett tätig gewesen, und er hatte schließlich im Lager Perwouralsk im Lazarett der Magnitowa gearbeitet, wo ich bis vor einem Monat wiederum mit ihm zusammen gewesen war.

Nur wenig später als bei uns hatte auch dort die Abschlußrazzia eingesetzt. Er wurde vom Operationstisch weggeholt und mit weiteren Ärzten hierher gebracht. Wegen der Eindeutigkeit, mit der er sich für seine Kranken einzusetzen wagte und der Klarheit seiner Meinungsäußerungen, war er nicht nur bei allen Gefangenen beliebt, sondern auch bei den Russen geschätzt, die hierfür Verständnis hatten; das schloß nicht aus, daß man ihn politisch als Gegner der Sowjetunion deklarierte, was nicht einmal falsch war. Er war schon über 60 Jahre alt und offensichtlich nicht mehr in der Verfassung, weitere Strapazen lange zu ertragen.

Wir standen nebeneinander, zum Sitzen gab es ja nichts, und beschlossen, alles in unserer Kraft Stehende zu versuchen, beieinander zu bleiben. Dies glückte auch schließlich, aber vielleicht nur deshalb, weil uns das NKWD in die gleiche Verbrecherkategorie einordnete. Nicht lange, da holte uns eine uniformierte, nicht unfreundliche Beschließerin aus unserer Parkzelle und führte uns über Gänge, Treppen, hinauf und hinab, kreuz und quer, wohl fünf Minuten lang, bis wir jede Orientierung verloren hatten. Sie schloß Flurtüren auf und zu und klopfte immer wieder mit ihrem schweren Schlüsselbund rhythmisch an die Wand zum Zeichen, daß andere Beschließer mit ihren Gruppen auf andere Gänge ausweichen oder die Gefangenen mit den Gesichtern zur Wand warten lassen sollten, bis wir oder sie vorüber waren. Häftlinge, soweit sie nicht zusammengesperrt sind, dürfen einander nicht sehen, geschweige denn etwa erkennen. Wir folgten der Führerin im Gänsemarsch bis zu einer Kammer, in der uns ein Wächter mit den uns nunmehr zustehenden Gefängnisutensilien, einem schwarzen, schon recht dünn gewordenen, weil oftmals benutzten Strohsack, einem Emaillenapf und einem Holzlöffel versorgte. Bereichert trabten wir weiter, ein jeder hatte sich den Strohsack auf die Schulter gelegt und machte urwüchsig hebende und schlenkernde Bewegungen, weil er die Hose nicht mehr mit einer freien Hand hoch- und zusammenhalten konnte. Es fällt leichter, Nasenlöcher beim Schneuzen durch die Hand trocken zu halten, als eine knopf- und gürtellose Hose in der geziemenden Höhe. Das Gehen in der herab-sinkenden Hose fiel zunehmend schwerer, aber wir waren wohl schon nahe am Ziel. Die Beschließerin suchte nach der Zellennummer, und der an-sässige Aufseher fand sich dazu. Sie einigten sich, man schloß auf und trieb uns hinein in ein Dunkel, in dem keiner von uns etwas erblicken oder unterscheiden konnte.

Mählich, sehr allmählich nur begann es vor unseren vitaminmangelgeschwächten Augen aufzuscheinen, und während dieser Zeit hielten wir acht oder neun Mann uns unbewegt nahe der Tür. Zwei Fenster traten hervor, die mit starken Holzblenden abgeschirmt waren, so daß man sicherlich nicht hindurch- oder hinübersehen konnte; die Umrisse der Zelle wurden deutlich, und man bemerkte quer zu Fenstern und Tür zwei Reihen eiserner Doppelbetten übereinander, zwischen denen ein schmaler Tisch mit einigen Hockern stand. Über ihm baumelte als einzige Beleuchtung eine Kohlenfadenlampe mehr schmerzhaft als erhellend.

Zwischen den Fenstern der "Kipetok" mit teeähnlichem Trinkwasser und in der Ecke zur Linken der Tür die stinkende "Parascha" für die kleine, aber doch überreichliche Notdurft der Insassen. Allmählich bemerkten wir sie.

Einige schienen am Tisch zu schreiben, ohne sicherlich Buchstaben genau sehen zu können, andere lagen oder hockten auf den Betten, und einige standen zwischen den Gestellen und in den Zellenecken. Alle hatten, als wir hineintraten, sich der Tür zugewandt und schwiegen, wie auch wir, die wir die Strohsäcke über gedeckten Körpern wie zum Schutze festhielten, schwiegen. Ihre Augen waren an die Dunkelheit, die uns das Erkennen von Gesichtern noch unmöglich machte, besser gewöhnt, und einer rief: "Die Doktoren, die Professoren."

Auf beiden Seiten Seufzer der Erleichterung; sie kamen auf uns zu, schoben sich von den Betten herunter und umringten uns, als wir uns von der Tür lösten und in die Zelle traten. Wirre Fragen nach dem "Woher", nach Neuigkeiten, bis sich die Klappe in der Zellentür öffnete und der Aufseher wütend sein "tische, tische" hereinbrüllte.

Bald wußten wir's. Hierhin hatte man alle gebracht, die in den vergangenen Monaten aus dem Lager verschwunden waren. In dieser Zelle, in denen nebenan und gegenüber, drüber und drunter – überall Kriegsgefangene, überall Deutsche. Es bestand keine persönliche Verbindung zwischen ihnen; denn niemals kamen Insassen einer Zelle mit denen einer anderen in Berührung, aber sie hatten Ohren, verstanden Worte draußen Vorbeigeführter und gaben mit Hilfe der Heizungsrohre Morsezeichen von Zelle zu Zelle. So erfuhren wir auf verschiedene Weise, daß sich außer den zahlreichen Kameraden offenbar auch Deutsche aus der Sowjetzone im gleichen Gefängnisflügel befanden. Fensterluken zur Belüftung blieben ständig geöffnet, und da hörten wir, im Binnenhofe traurig widerhallend, Weinen, Schreien, Rufe von Frauen und Männern, eigenen Leuten. Ein Sinnengestörter betete, von Schluchzen immer wieder unterbrochen, stundenlang. Die konnten wenigstens noch verzweifelt sein!

Doch die Orientierung erforderte mehrere Tage; in diesem Augenblick ging es um die Unterkunft. Alle Bettstellen waren vergeben und auch auf dem Boden kaum noch ein Liegeplatz frei; so zerrte ich meinen Strohsack parterre unter eines der Betten und fühlte mich, als ich mit meinen drei Sachen dazugekrochen war, geborgen und der ersten Aufmerksamkeit hereinkommender Aufseher entzogen. Wie eine Schnecke aus ihrem Haus, so schaute ich zwischen den Bettfüßen heraus, und wer etwas erfahren wollte, der legte sich daneben auf den Fußboden; denn auf die allgemeine Begrüßung folgte nun die individuelle. Was war mit Freunden geschehen, waren sie ebenfalls weggeholt oder noch im Lager und vielleicht schon auf dem Wege in die Heimat? Was würde mit uns werden; könnte man vielleicht sogar noch aus dem Gefängnis in den Heimtransport kommen, wenn sich bei der Vernehmung die Haltlosigkeit der aberwitzigen Beschuldigungen ergab, wie es doch nach Recht und Gesetz geschehen mußte? Wußten wir vielleicht besser als die schon länger Einsitzenden, was man überhaupt mit uns vorhatte? Hatte man uns auf ein totes Gleis abgestellt, um uns bei nächster Zeit verschwinden zu lassen? Fragen, die wir uns alle unentwegt stellten, ohne doch eine Antwort zu finden, bis sie uns schließlich die Russen selbst erteilten. Die Alteingesessenen klärten uns über das auf, was auf uns zukommen würde – auf alle Fälle in den nächsten zwei bis drei Tagen eine Anklageschrift, wie sie den meisten bereits übergeben worden war. Hatte man sie, dann folgte nach Tagen, Wochen oder auch Monaten die Verhandlung. War es soweit, wurde einer zur Verhandlung aufgerufen, dann verließ er die Zelle mit allen Sachen und kehrte nicht mehr zurück. Niemand erfuhr, ob er verurteilt oder vielleicht freigesprochen worden war.

Tag für Tag verschwanden einige aus unserem Gesichtskreis. Neue kamen nicht mehr hinzu; wir waren die Letzten gewesen und hatten Zeit, uns an den Alltag eines renommierten sowjetischen Staatsgefängnisses zu gewöhnen.

Zunächst erfolgte so etwas wie eine Personalienaufnahme. Wir wurden der kriminalistischen Erfassungsmethodik unterworfen, indem man uns zur Daktylographie brachte, welche alle zehn Finger und die Handballen betraf. Eine junge, schwarz gekleidete Frau nahm die Abdrücke vor. Wir drängten uns zu mehreren in dem kleinen Raum, während die Posten vor der Tür verharrten. Gleichmütig drückte sie die mit schwarzer Tusche angefärbten Hände auf einen Bogen, der jeweils unseren Namen trug. Als wir fertig waren, öffnete sie die Tür zum Nebenraum und flüsterte leise auf deutsch: "Ihr gehört auch zu den Armen, die hier bleiben müssen." Sie schloß die

Tür hinter uns so schnell, daß wir uns ihr nicht mehr zuwenden konnten. Wir befanden uns im grell beleuchteten Atelier des Photographen, wo wir uns entkleiden mußten. Jeder hatte ein Nummernschild in Brusthöhe zu halten, und in unserer ganzen Magerkeit wurden wir von links, rechts und vorne aufgenommen. Wir gehörten dazu. Stalin hatte uns.

Von da an gab es für die nächste Zeit kaum noch Abwechslung im regelmäßigen Tagesgang, der um fünf oder sechs Uhr morgens, je nachdem welche Zelle als erste begann, jedoch immer in winterlicher Dunkelheit seinen Anfang nahm, indem mindestens zwei Wächter hereinstürmten und durchaus echt Vertreibung aus dem Paradies spielten. In meinem Parterre-Unterschlupf kam ich mir recht privilegiert vor, daß sie, zum Bücken zu faul, an mich keine Hand legten. Doch reihte ich mich möglichst schnell in das Gefolge ein, das sich hinter dem von den beiden Stärksten getragenen, übervollen "Parascha-Kübel " bildete. Ein jeder war bemüht, möglichst weit vorne zu stehen; denn nur vordere Plätze garantierten einigermaßen die Erledigung der Morgenpflichten und -bedürfnisse.

Der Zug der Schlaftrunkenen taumelte mehr, als daß er ging, durch den im Gegensatz zu den Zellen hell erleuchteten Flur. Vor die Tür zu Waschraum und Abort waren vom Bedienungspersonal fürsorglich Papierstreifen hingeworfen worden, die vormals Zigarettenschachteln zusammengehalten hatten. Sie waren etwa fünf Zentimeter breit und Löschpapier ähnlich, so daß sie ein vorzügliches, wenn auch nur in Minigröße verwendbares Toilettenpapier abgaben. Jeder bemühte sich, sich einzudecken, doch gelang dies nur den Ersten, die Letzten blieben auf Fetzen oder nichts angewiesen, da das Angebot niemals der Nachfrage entsprach. Im Raum, in dem zur Linken neun Wasserhähne angebracht waren und sich zur Rechten sieben Latrinenlöcher öffneten, waren wir ohne Aufsicht, doch im Gedränge der Bedrängten stürmisch umwogt. Der Neuling zog sich eine Viertelstunde später unerledigter Dinge hinter der nunmehr leeren Parascha in die Zelle zurück und konnte erst 24 Stunden später einen erneuten Versuch unternehmen. Jedoch verlieh ihm die steigende innere Not zunehmende äußere Aktivität und Findigkeit. Nach einigen Tagen hatte der Leib sich angepaßt, und ein routinierter Mensch marschierte nicht mehr bedrückt und von Darmkrämpfen zerrissen, sondern laut sprechend und Namen rufend, an Zellentüren vorbei in das eigene Gelaß zurück. Das Gebrüll der Aufsichtführenden vermochte das laute Deutsch nicht zu übertönen. Hinter jeder Tür standen, wie auch wir es bei gleicher Gelegenheit taten, lauschende Männer, die jeden Namen, jede solcherart übermittelte Kunde aufnahmen und den anderen weitergaben, die während dieser Augenblicke in tiefem Schweigen verharrten.

Nicht ganz seltsam war's, daß Waschraum und Abort zum Zentrum der Nachrichtenvermittlung wurden. Ohne daß je eine Absprache hätte vorgenommen werden können, übernahm es jeder, der auf irgend einem Wege etwas vernahm, sein Wissen in eine den Blicken wenig ausgesetzte Ecke mit einem Holz oder Fingernagel einzuritzen. Unglaubliche und entsetzliche Nachrichten:

Ein Name, taktisches Zeichen einer Division, unter dem im Kriege gekämpft worden war und dazu: "25 Jahre" oder "40 Mann – jeder 25 Jahre", oder "10 Mann, alle zum Tode". Man las es wohl mit eigenen Augen, sagte es auch weiter, doch wagte man nicht, es für wahr zu nehmen. Menetekel – zu erschreckend, als daß wir es hätten hinnehmen können. Dennoch steigerte es die allgemeine Erwartungsruhe zu Ekstasen des Trotzes oder der Furcht. Unbewußt hilfreiche Wärter pflegten die Ecke immer mal wieder zu überkalken oder die ihnen unverständlichen Zeichen auszukratzen. Dann standen bald wieder andere zur Entzifferung bereit.

Waren die Belegschaften eines Flures eingeschlossen, das allgemeine Austreten vorbei, dann war Frühstückszeit.

Türschließer und Gehilfen trampelten von Tür zu Tür und füllten den "Kipetok" mit heißem Wasser, in dem einige Teeblätter schwammen. Das Getränk für den Tag. Ihm folgte die morgendliche Brotration, welche für uns als Untersuchungsgefangene mit zwei Stückchen Zucker und fünf Zigaretten garniert war. Ein protrahiertes Schmausen begann; es gab einige Entscheidungsmöglichkeiten zu dessen Variation. Man konnte den Zucker zum Brot oder zum Getränk nehmen oder aber zu einer Steigerung kommen, indem man den Zucker in den Mund schob, das Getränk durch ihn hindurchzog und den Rest schließlich mit Brot verkaute. Damit verbrachte man zwar einige Zeit, aber schließlich wird auch der opulenteste Frühstückskorb leer, und man wandte nunmehr sein besorgtes Interesse der Türklappe zu. Manchen Vormittag lang blieb sie ganz geschlossen, an anderen wurde sie aufgerissen und Namen und Vornamen hindurch gebrüllt, die den Betroffenen, ob er nun weg kam oder nur die Anklageschrift erhielt, jedenfalls in Schrecken versetzte. Wer die Anklage erhielt, war für die nächste Zeit für niemanden zu sprechen. Er zog sich auf seinen Platz zurück und mühte sich, aus russischer Schrift und russischem Text zu entziffern, wessen man ihn beschuldigte. Seltsamerweise bekam es auch jeder irgendwie heraus.

Nach Abklingen erster Erregung gesellten sich die Berater hinzu, die in Russisch besser waren oder bereits Gerichtserfahrung besaßen. Gemeinsam wurde der Schriftsatz systematisch durchgearbeitet, Gegenargumente wurden zusammengestellt. Zu Papier, das samt kratzender Feder zu diesem Zweck nur gänzlich unzureichend hereingegeben wurde, konnte man lediglich das Allerwichtigste bringen.

Dem, der sich dieserhalb ans Schreiben machte, wurde ein Platz unter der trüben Lampe freigemacht, aber in der Hauptsache wurde Gegengrund auf Gegengrund sorgfältig und immer wieder, wie ein tibetanisches Gebet, memoriert. Deshalb die Männer, die dem Neuling zunächst wie irregewordenen erscheinen mußten, die einen Punkt im Raume anstarrten, während die Lippen sich in einem ausdruckslosen Gesicht bewegten und unverständliche Worte formulierten; immer neue, immer bessere und schlagendere, immer überzeugendere Erwiderungen, wie sie zur eigenen Beruhigung glaubten.

Gleich an einem der ersten Tage wurden Professor Ohnacker und ich hinausgerufen, aber ohne Sachen, so daß die Kenner uns tröstend zusprachen: "Es geht nur zur Vernehmung."

Bereits an der Zellentür wurden wir getrennt und jeder für sich abgeführt. Wie beim Herkommen ging es hin und her, auf und ab. Allem Anschein nach waren zahlreiche und im Bau völlig verschiedenartige Häuser durch ein Labyrinth von Gängen miteinander verbunden worden. Auch jetzt wieder die Signale mit dem Schlüsselbund des gutartigen und umfangreichen Schließers. Als Einzelperson mußte ich mich mit dem Gesicht zur Wand hinstellen, wenn ein größerer Geleitzug von Gefangenen in der Gegenrichtung an mir vorbeizog. Ein kleiner Griff, ein zärtlicher Stoß ließ erkennen, daß hinter meinem Rücken Kameraden vorbeihuschten.

Schließlich wurde ich in ein Zimmer mit großem Schreibtisch und Aktenschränken gebracht -- und stand vor Elperin, einem der Politoffiziere von Krasnogorsk. Hier trug er eine andere Uniform als dort, und ich war überrascht, ja beklommen vom Umfang seiner Dienstbefugnisse. Der Schemel, auf den er mich verwies, war am Fußboden festgeschraubt, die Distanz zwischen ihm und dem Schreibtisch zu groß, als daß man hinüberlangen und etwa einen Angriff hätte ausführen können. Zudem stand auch ein Posten an der Tür.

Elperin eröffnete mir geschäftsmäßig auf deutsch, ich stünde unter der Beschuldigung, Kriegsverbrechen begangen zu haben; denn ich hätte die Verpflegung des deutschen Heeres organisiert und dadurch dessen

Einsatzfähigkeit erhöht. Auf die Zugehörigkeit zur Waffen-SS ging er nicht ein. Ich äußerte mich nicht.

Während er sprach, trat ein hoher Gerichtsoffizier und offenbar bedeutender Mann im Range eines Polkownik (Obersten) in das Zimmer. Elperin erstarrte und schwieg. Der Oberst richtete weder an ihn noch an mich das Wort, strich mir aber mit der Hand über den Kopf und sagte auf russisch: "Ein typischer Deutscher". Soweit reichte meine Sprachkenntnis. Wie er es verstand, vermag ich nicht zu entscheiden; er sagte es ohne herabsetzende, aber auch ohne zustimmende Betonung. Wahrscheinlich sah er sich die zur Verurteilung Bestimmten vorher schon einmal an. Damit war die Vernehmung bereits abgeschlossen; ich wurde fast gleichzeitig mit Ohnacker, bei dem der seltsame Besucher nicht gewesen war, zurückgebracht.

An "unserer" Zelle war inzwischen, wie zweimal wöchentlich, Arztvisite gewesen. Die Ärztin vom Dienst pflegte nicht einzutreten. Wer sich krank fühlte, hatte es morgens beim Brotempfang zu melden. Kam die Ärztin zur Zelle, so wurde er an die Tür gerufen und mußte zum Pulszählen die Hand durch die Klappe strecken. Hatte er Halsschmerzen, so hielt er das Gesicht in die Öffnung, riß den Mund auf und ließ sich von draußen hineinleuchten. Hinaustreten durfte lediglich, wer fieberverdächtig war, war doch das Thermometer ein Wertgegenstand, der nicht aus den Augen gelassen werden durfte. Ebenfalls hinaus kam, mit Löffel, wer einer Medizingabe für würdig erachtet wurde. Er erhielt sein Pulver auf den Löffel und mußte es unter den Augen des Sanitätspersonals hinunterschlucken; denn wie leicht könnte ansonsten ein Verbrecher die so wirksamen Medikamente zusammenkommen lassen und mit ihrer Hilfe Selbstmord verüben. Offensichtlich und auffällig Schwerkranke wurden in das Gefängnislazarett gebracht, das, wie man sich erzählte, alle Behandlungsmöglichkeiten bot.

Inzwischen war auch Zeit zum Essenempfang. Mittags und abends gab es warme Suppe und wiederum je eine Portion von 200 Gramm feuchten Graubrotes. Lärmend kamen die Kalfaktoren mit ihren großen Trögen und rückten von Zellentür zu Tür auf uns zu. Wir stellten uns mit unserem Blechnapf drinnen an und reichten ihn der Reihe nach durch die Klappe, wenn diese geöffnet wurde und der Verpflegungstrupp draußen haltgemacht hatte. Der Napf wurde gefüllt zurückgereicht; eine andere Hand bot das Brot.

Hungrig verzogen wir uns auf unsere Plätze und löffelten die Wassersuppe, in der einige Kohlblätter und Kartoffelstücke schwammen, sich aber auf dem Grunde regelmäßig starke Gräten fanden. Vom zugehörigen Fischfleisch war nichts zu entdecken, lediglich Schellfisch- oder Kabeljau-Augen gehörten zum Grätenbestand. Getrübt, aber teilnahmsvoll blickten sie zu dem Manne hinauf, der sie in seinem Holzlöffel hin und herrollen ließ, unschlüssig, ob er sie seinem Magen oder der Parascha einverleiben solle. Die Gräten kamen weg, aber der Napf wurde bis zum Letzten geleert und mit Brot nachgereinigt. Die Säuberung mit Wasser aus dem Kipetok blieb Formsache.

Warten auf den Spaziergang; Zeit zum Filtrieren der eingenommenen Flüssigkeit. In wechselnder Folge wurde Zelle um Zelle für eine halbe Stunde in die freie Hofluft hinabgeführt. Dort marschierte man unter Sprechverbot und mit den Händen auf dem Rücken im Kreise herum. Eine übermannshohe Bretterwand trennte unsere Abteilung, die etwa 20 Meter im Quadrat groß sein mochte, von einer gleich großen anderen, in welcher sich Kameraden aus einer anderen Zelle Bewegung machten. Zwei Posten standen auf einem Steg über der Wand und bewachten mit dem Gewehr im Anschlag beide Gruppen. Es war feucht und kalt, wir froren. Deshalb hielten wir uns nicht an die Befehle, sondern schlugen die Arme zusammen, hüpften und machten uns so sichtbar wie möglich. Wie wir uns bemühten, über die Fensterblenden hinweg oder unter ihnen hindurch einen Blick in den Hof zu erhalten, um dort Gehende zu identifizieren, so versuchten jetzt überall in dem vielstöckigen Gebäude Männer hinter den Fenstern, uns zu erkennen. Manchmal brüllte einer laut und kurz einen Namen, was die Posten mit Flüchen quittierten. Aber gerufen war gerufen.

Gegen Ende des Ausgangs ergriff jeden von uns wachsende Unruhe; mußten wir doch bei Rückkehr in die Zelle auf alles gefaßt sein. Nur selten gelang es einem, oben zu bleiben und die Zelle auf diese Weise halbwegs zu sichern; in der Regel war sie während dieser 30 Minuten menschenleer, und es gehörte zu den Gewohnheiten der Soldatenwächter, diese Gelegenheit zur Filzung zu nutzen. Unabgelenkt durch Proteste und Beschimpfungen, spürten sie Versteck um Versteck auf und fanden überraschenderweise immer noch etwas, was nicht im Besitz eines Gefangenen sein durfte. Letzte geheime und überaus wertvolle Habe waren durch alle Miseren bisher hindurchgerettete Nähnadeln, Rasierklingen oder gar Taschenmesser.

Nach seinem Erholungsgang machte der atemlos und besorgt Zurückkehrende einen vergeblichen Griff in eine Dielenritze, an die Naht seines Strohsacks. Sie waren fündig geworden, und er war wieder um ein Stückchen ärmer geworden und gerade um eines, das als Allgemeingut von größter Bedeutung gewesen war.

Die Flüche, die nach einem solchen Raubzug beim Wiedereintritt in die Zelle ausgestoßen wurden, waren angesichts des Chaos von Strohsäcken, aufgehäuften Lumpen und herumgeworfenen Näpfen durchaus elementar, situationsgerecht und wirklichkeitsnahe.

Ähnlich chaotisch-verworren verliefen übrigens die täglichen Zählungen. Kräftige Aufseher besetzten kurz nach dem sogenannten Saubermachen der Zelle die Tür und die Zellenmitte. Mit Geschrei jagten sie die Insassen auf die linke Seite und ließen jeden Einzelnen für alle sichtbar auf die rechte hinübertreten. Die landesübliche Rechenmaschine leistete bei Ermittlung der sich ergebenden Gesamtzahl wertvolle Hilfe.

In jeder zweiten Woche forderte die Körperhygiene satzungsgemäß ihr Recht, und dies auf eine besonders eigentümliche Weise, die jedesmal zu Protestaktionen der deutschen Kriegsgefangenen Anlaß gab. So auch diesmal, als nach dem Nachtmahl der Befehl kam, wir hätten uns umgehend zum Baden fertig zu machen. Sofort klärten die Erfahrenen uns Neulinge darüber auf, von welchen Gefahren diese Prozedur begleitet sei. Wir müßten uns alle nun auf alle Fälle streng solidarisch verhalten, sonst ginge das letzte von den Deutschen bisher behauptete Privileg auch noch verloren. Der Gänsemarsch auf steiler Treppe ging in die Tiefen des unheimlichen Kellers; der Geruch gekalkter, feuchter Wände umfing uns, und die Luft wurde dumpf, aber dunstig warm. Unten angelangt, tappten wir durch fast undurchsichtige Wasserschwaden und tasteten uns zu den Bänken des Auskleideraums. Nackt strebten wir auf schlüpfrigen, irgendwie fauligen Holzrosten zum Bade- und Waschraum. Aber bevor wir ihn noch erreicht hatten, ritt die Gegenseite schon die erste Attacke. In dem weiß gekachelten Vorraum, der offenbar den Sanitärhandlungen diente, nahmen uns einige in graue Kittel gehüllte, kahlköpfige und kräftige Männer in Empfang und begannen unter Federführung einer üppigen und grinsenden Wärterin, uns mit Scheren, Rasiermessern und Haarschneidemaschinen, die alle stumpf waren, die durch den Hunger sowieso schütter gewordenen Haare in den Achselhöhlen, an Brust, Bauch und Genitale ratzekahl auszuputzen; Schrunden kennzeichneten den Weg der Geräte. Am Körper ließen wir dies, wenn auch unter entrüsteten Schreien, hingehen. Aber als sie nun, auf ihre kahlen Schädel weisend, mit ihren Instrumenten an unser Haupthaar wollten, da begann der Heldenkampf, auf den wir vorbereitet worden waren. Die sich an uns heranmachten, waren abgeurteilte Häftlinge. Als Sträflinge hatten sie ihre Kopfzierde mit Recht eingebüßt, hingegen waren wir Untersuchungsgefangene, welche sicherlich gar nicht verurteilt wurden. Deshalb wollten wir schändliche Entehrung und für lange Zeit kennzeichnendes Kainsmal auf keinen Fall hinnehmen.

Was sich daraus entwickelte, war schon häufig durchgespielt worden, und es hatten sich zwischen den beiden Parteien gewisse Verfahrensregeln herausgebildet. Sie wollten an uns heran. Wir ließen es nicht zu und rotteten uns in einer Ecke des Raumes dicht an dicht, nackt an nackt, entrüstet und mit voller Restkraft schimpfend zusammen. Unter den anfeuernden Rufen der Aufsichtsperson formierten die "Friseure" einen Keil, nahmen einen anscheinend Schwachen aufs Korn und bemühten sich, ihn herauszuzerren, ein Exempel an seinen Kopf zu statuieren und somit einen Einbruch in unsere Phalanx zu erzielen. Der wehrte sich schreiend, wir umfingen ihn wie mit 100 Armen; lärmendes Getümmel hin und her, aus dem Waschraum nebenan stürmten wasserspritzend und Holzbottiche schwingend weitere nasse Gestalten zu Hilfe. Ein unentwirrbares Inferno in der wasserdampfgeschwängerten Banja, Aufruhr. Die Badefrau verschwand, um Hilfe zu suchen. Uniformierte kamen, Offiziere bemühten sich um Trennung der Kämpfenden und brüllten, ohne eingreifen zu dürfen, wildeste Beschimpfungen, die allen gleicherweise galten, in den ineinander verbissenen Haufen hinein. Schließlich standen hier die nackten Männer mitsamt den Friseuren, die immer noch bemüht waren, ein Haupt zu fassen, und dort die Uniformierten, welche so massive Drohungen ausstießen, daß sich auch unter uns Parteien zu bilden begannen. Manche meinten, wenn es schon soweit mit uns gekommen sei, daß wir im Gefängnis landeten, dann bliebe es auch gleichgültig, ob wir mit geschorenen Köpfen herumliefen. Warum die Lage durch Aufruhr und Widerstand noch verschlechtern? Doch die Mehrheit lehnte ab: "Niemals kahle Köpfe, solange kein Urteil vorliegt."

Als schließlich der Gefängniskommandant in prächtiger Uniform selbst hinzukam, um Ordnung zu schaffen, waren die Kompromißler zur Ruhe gebracht worden und hatten sich in den Hintergrund verdrückt. Der Oberst stand inmitten der Nässe vor uns und schrie: "Prikas – Befehl, Haare von Kopf ab; dawai – du komm hier."

Doch niemand rührte sich; wir murrten und hielten ihm mit gesenkten Köpfen unsere Haare entgegen. Er befahl es nochmals und nochmals, wartete ein Weilchen und sagte schließlich: "Nitschewo – Untersuchungsgefangene." Dann wandte er sich um und verschwand, seine Mannschaft mit ihm. Der Knäuel löste sich auf. Während wir uns im Baderaum sammelten und unter den wenigen Duschen zusammengedrängt, kehrten die "Friseure" die geernteten spärlichen Haare zusammen.

Jedoch blieben wir nicht straflos. Der Bademeister, ebenfalls Sträfling, Herr über kalt und warm, viel oder wenig, begann mit den Wasserhähnen zu spielen. Bald schossen kochend heiße Fluten auf uns herab, dann tröpfelte es eisig kalt herunter. Die gewisse Gemütlichkeit, die sich von einer warmen Banja selbst in der grausigsten Umgebung ausbreitete, blieb uns hier im Staatsgefängnis versagt. So gut es im allgemeinen Gedränge ging, hüpften wir hin und her, um der Verbrühung zu entgehen und um dennoch möglichst viel laue Behaglichkeit auf uns herabfließen zu lassen. Der in die Hand geschmierte Seifenklecks wurde über den Körper verrieben und die glitschige Hülle mit Wasser aus Holzbottich und Kelle abgespült. Mit ihr schwemmten wir Staub und Schuppen von grauen, rauhen, faltigen Körperhäuten durch die Holzroste hindurch auf den gekachelten Fußboden, über dem die trübe Waschbrühe zentimeterhoch stand und nur langsam abfloß. Schließlich war das Wasserkontingent erschöpft, das Bad zu Ende, und in einem Nu drang zugige Kälte in den Raum, vertrieb den Wasserdampf. Wir trabten in den Vorraum zurück, schüttelten die Tropfen vom Leibe und krochen naß und frierend in Nesselhemden und -unterhosen. Handtücher bekamen wir nicht.

Aufgemuntert durch den neuerlichen Sieg in Sachen Haupthaar, marschierten wir hinauf und fanden die Zelle wieder einmal, diesmal mit besonderer Gründlichkeit, auf den Kopf gestellt. Auch mein Besitz war unter dem Bett hervorgekehrt und dem allgemeinen Chaos einverleibt worden. Als wir dieses entwirrt hatten, waren wir in gleicher Weise schmutzig wie zuvor und trotz aller nachwirkenden Erregung todmüde. Wir lagen, einige hörte man an Brotrinden kauen; ich selbst hatte das zweite Zuckerstück mit Genuß im Munde zergehen lassen. Die Birne an der Decke erhellte nicht mehr als ein umwölkter Neumond; Nachtruhe war von draußen anbefohlen worden. Zeit für die blaue Stunde. Kaum einer schlief ein, alle warteten. In unzähligen Zellen zahlloser Gefängnisse der weiten Sowjetunion mochte mit den Zeitunterschieden, die 10.000 Kilometer zwischen West und Ost ergaben, gleiche Erwartung herrschen, wie es seit jeher der Fall war. Überall erhoben sich jetzt die Erzähler, und die großen russischen Schriftsteller mochten hier an den Quellen ihrer verschlungenen Kunst gesessen haben.

Jeder Erzähler wußte, was man von ihm erwartete, und fühlte sich verpflichtet, kroch von seinem Liegeplatz und kletterte auf die oberste Pritsche, setzte sich in den Schneidersitz und sprach, zunächst nur zu den Nachbarn, allmählich zu mehreren und schließlich zu allen, zu einer stillen und träumenden Gemeinde. Vielen fielen die Augen zu, aber bei spannenden Stellen regten sie sich und merkten auf. Auch der Sprecher wurde schließlich müde; die Sätze verwirrten sich, die Abstände zwischen den einzelnen Worten wurden länger. Der Monolog endete stakkato; aber wollte er abbrechen, dann meldete sich immer noch wieder ein Schlafloser, der mehr und weiteres zu hören begehrte. Urgründe der Gemeinschaftsbildung taten sich auf. Empfindungen kindlicher Geborgenheit entstanden, gerade auch dann, wenn von schrecklichen und grausigen Dingen die Rede war. Uns diente der Olympiareiter des Jahres 1936, von Wangenheim, er wurde vielen Hörern unvergeßlich. Hellblond, eine gespannte, im Hunger noch schmaler gewordene Reitergestalt, klug und im Allgemeinen zurückhaltend, aber die dargestellten Ereignisse zu Rundung und Fülle bringend, leidenschaftlich, doch ohne Bitterkeit, eher in nachzeichnender Rückerinnerung sprach er von seinen Turnierritten und wurde immer auf's Neue ermuntert, jenen berühmten Olympiaritt mit Sturz, Schlüsselbeinbruch und schließlichem Sieg darzustellen. Er beschrieb seine Pferde und sein Glücksgefühl, als er sein später bestes von einem Milchwagen weg erstanden hatte. Kein Geiger berichtete begeisterter von der Stradivari, die er auf dem Dachboden entdeckt hatte.

In der Zelle, in der Verschweigen nicht mehr Mutter der Klugheit war und es Denunzianten nicht mehr gab, schilderte er Reisen und Abenteuer in der Türkei, in der er, wie der Feldmarschall von Moltke 100 Jahre vor ihm, als Militärattaché einige Jahre verbracht hatte. Zwischen Küsten und Gebirgen, zwischen Urkultur und Zivilisation war er dort gewandert und hatte um sich geschaut. Morgenland und Abendland.

Er wurde zur Verhandlung auf- und hinausgerufen, verschwand wie andere vor ihm. Als er nicht mehr erzählte, erschien alles noch dunkler, aus den Zellenecken kroch Trostlosigkeit mit tausend Füßen auf einen jeden zu, der auf die Lampe stierte. Kein Erzähler mehr.

Doch die Tage gingen auch hierüber hinweg.

20. Dezember 1949! Stalin, das Väterchen aller Werktätigen, beging unter freundlichem Beifall der weiten Welt und von seinem Volke ekstatisch gefeiert, den 70. Geburtstag. 15 bis 20 Millionen seiner Untertanen in den Lagern und über 10.000 deutsche Kriegsgefangene erwarteten Großes von diesem einmaligen Feiertag. Auch im Gefängnis hatte man festliche Vorbereitungen getroffen, Stalinbilder und Spruchbänder aufgehängt, die Masse der Aufseher und Schließer erschien in beschwingter Stimmung zum Dienst. Wir glaubten, Feiertag sei Ruhetag, manche erwarteten eine festliche Verpflegung und nicht Wenige verstiegen sich zur Hoffnung, dieser Geburtstag des geliebten Führers der sowjetischen und aller nachgeordneten Völker bringe eine allgemeine Amnestie – auch für uns Deutsche.

Nichts dergleichen. Der Schlüssel drehte sich im Schloß, die Tür öffnete sich weit genug, um einen Sergeanten in die Öffnung treten zu lassen, der rief: "Schenck, Günther – Rudolfowitsch; Ohnacker, Paul Heinrichowitsch – pjat Minut (5 Minuten) – fertigmachen mit allen Sachen!"

Ich tauchte in die Tiefe, kramte meine drei Sachen zusammen, zerrte den Strohsack hervor und warf ihn über die Schulter. Auch Ohnacker machte sich zurecht. Die Ansichten der Kameraden über unser weiteres Schicksal waren geteilt. Die Einen meinten mit einem gewissen Neid: "Natürlich die Mediziner, Rotes Kreuz, Stalins Geburtstag – ganz klar, die gehen nach Hause. Am Abend sitzen sie bereits im Zug und marsch – dawai nach Deutschland." Die wenigsten jedoch teilten diese Ansicht, und wir beiden waren selbst zunächst einmal verstört.

Beim Austritt aus der jetzt so ungern verlassenen Zelle fanden wir bereits zwei Begleiter postiert und jeder marschierte mit dem seinen ab. In einer leeren Kammer eines anderen Stockwerks hatten wir zunächst unsere Sachen zu deponieren, durchquerten darauf wieder einmal das Labyrinth und verhielten uns, mit dem Zeremoniell eines sowjetischen Staatsgefängnisses inzwischen vertraut, unauffällig. Was hätte es schon genutzt, aus einer Panikstimmung heraus in diesem Fuchsbau einen Fluchtversuch zu unternehmen? Im Salut der Eskorte wären wir liegen geblieben. Immerhin verfuhr man mit uns ja auch ganz zivilisiert. Andere wurden in Handschellen vorgeführt, und man munkelte, auch die mit Eisenkugeln beschwerten Fußfesseln, Relikte der liquidierten Zarenmacht, seien durchaus noch im Schwange. Doch haben Deutsche, die lebend heimkehrten, sie niemals getragen. Schließlich betraten wir einen größeren Raum mit vielen Türen; durch eine dieser geschoben, sahen wir uns in einem kleinen Saal, in welchem sich bereits mehrere Gefangene befanden und nach uns weitere hinzukamen, bis wir zu 25 Mann versammelt waren, die sich zum Teil kannten: die Schaustücke des heutigen Verhandlungstages. Die Einen memorierten zum hundertsten Mal in aller Eile die Verteidigungs- und Widerlegungsrede, die sie dem Gericht vortragen wollten, andere nahmen vor der Umgebung keine Notiz mehr oder unterhielten sich lärmend mit Belanglosigkeiten. Wir waren unter uns, ohne Aufsichtspersonal. Die Sache nahm ihren Anfang, als drei Mann aufgerufen, sorgfältig identifiziert und abgeführt wurden. Nach einer Viertelstunde folgten weitere drei und dann wieder und wieder. Offenbar "arbeiteten" drei Gerichte.

Als ich an der Reihe war, führte mich ein Sergeant in eine Stube, in welcher der Tür gegenüber, hinter einem Tisch und vor einer sowjetischen Fahne und der Büste Stalins drei Militärrichter, ein Sergeant, ein Kapitän und ein

Oberstleutnant der Kommandantur des Bezirks Moskau saßen. Sie richteten ihre Augen starr auf mich und ließen mich stehen. Seitlich an der Schmalseite saß die Dolmetscherin, die mich nach Namen, Dienststelle und Funktion fragte. Meine Antwort auf deutsch wiederholend wandte sie sich auf russisch an das Gremium: "Schenck, Günther-Rudolfowitsch – bekennt sich schuldig, Ernährungsinspekteur der deutschen Wehrmacht gewesen zu sein."

Ich fuhr auf, um zu protestieren, daß aus der sachlichen Angabe über eine Tätigkeit eine Schuldanerkennung gemacht wurde. Aber man ließ mich nicht zu Worte kommen und richtete auch keine weiteren Fragen an mich. Der zwischen den beiden anderen Richtern sitzende Oberstleutnant nahm aus einer Mappe lediglich ein ausgefülltes und abgestempeltes Schriftstück, sah hinein und gab dem Posten an der Tür einen Wink, mich hinauszubringen. Ich konnte nicht begreifen, daß dies schon die ganze Verhandlung gewesen sein sollte, als mich der Mann am Arm packte, mich aus dem Zimmer riß und über den Vorraum zerrte. Er öffnete eine schmale Tür, drückte mich durch sie hindurch, schlug sie zu und schloß ab. Ich befand mich in einer Stehzelle, die einem dickeren Manne, als ich es war, wohl sofort den Atem genommen hätte. Ich hingegen hatte sogar noch etwas Spielraum und fühlte mich nicht zusammengequetscht. Aber das "Behagen" schwand; es war ganz dunkel, dann wurde es heiß und heißer. Schweiß brach aus und rann zwischen den Schulterblättern über den Rücken; das Gesicht wurde naß und fiebrig, das Atmen begann schwer zu fallen. Ich schnappte nach Luft. So ließ man mich, während man über das Urteil beriet oder, wahrscheinlicher noch, eine Papirossy rauchte und Witze machte, bis zur halben Ohnmacht warten. Ich keuchte und drehte mich langsam um, bis ich mit dem Gesicht zur Türe hin stand. Nach unendlicher Zeit wurde sie aufgerissen. Mein Posten hatte die Pistole gezogen und stand mit der entsicherten Waffe in der Hand hinter mir, als er mich zum Tribunal zurückbrachte. Die Richter erhoben sich von den Stühlen, und der Vorsitzende las aus ebendemselben Schriftstück, das er vorher bereits angeschaut hatte, auf russisch vor, was die Dolmetscherin sogleich übersetzte:

"Verurteilung zum Tode, weil er durch Arbeit in einem SS-Magazin die Ernährung der deutschen Armee verbessert, dadurch ihre Kampfkraft gesteigert hat und deshalb am Tode sowjetischer Soldaten schuldig ist."

Ein heiliger Zorn stieg in mir auf. Als die Dolmetscherin mich nunmehr aufforderte, an den Richtertisch zu treten und durch Unterschrift zu bestätigen, daß ich das Urteil vernommen hätte – wobei sie ein Formular und ein Tintenfaß mit Federhalter zu mir schob –, da nahm ich diesen mit voller

Faust und stieß ihn auf das Papier, daß die Feder zersplitterte und die Tinte spritzte.

Deutlicher vermochte ich nicht mehr zu protestieren; denn der revolverschwingende Bewacher, ein sehr kräftiger Mann, entfernte mich eilends und bugsierte mich in einen anderen Warteraum als zuvor. Nach weniger als zwei Stunden waren wir alle wieder beieinander: 25 Mann, sämtlich während dieser Spanne zum Tode oder zu 25 Jahren Arbeits- und Besserungslager verurteilt, keiner freigesprochen, keiner zur Heimkehr bestimmt, und nicht einer hatte seine Rede halten können oder einen Pflichtverteidiger gesehen.

Es kam uns unglaublich vor. Wir lachten, schlugen uns auf die Schultern und machten Witze. "Auch Sie, und weswegen?" Die sonstigen Verurteilungsgründe waren ähnlicher Art wie die meisten und für "normale" Menschen völlig belanglos. Damals glaubten wir, daß sie ernst gemeint waren. Zu mindest aber begannen wir zu begreifen, daß wir über die Rache hinaus zu Bällen geworden waren, mit denen man immerhin spielen konnte, und Objekte eines für uns völlig undurchschaubaren politischen Handels, vorsorglich in der Hand behaltene Faustpfänder, die man bei sich ergebender Möglichkeit wertgesteigert tauschen konnte.

Ein Einzelner nur – hörte ich – kam unverurteilt aus dem Gefängnis in den Zug, der ihn nach Hause brachte. Und gerade er war alles andere als ein Mitläufer gewesen.

Einige Stunden lang überließ man uns selbst; die hektische, über-schwengliche Erregung legte sich allmählich und machte einer dumpfen Stumpfheit Platz. Nach Ablauf der Frist trat das Zeremoniell für abgeurteilte Schwerverbrecher in Kraft. Wir hatten die Hände über den Hinterkopf zu nehmen, wodurch jedes der nach vorne geneigten Gesichter fast von selbst einen Ausdruck von Schuld annahm. Eine ganze Schar von Posten mit Maschinenpistolen in der Hand stand zu unserer Verfügung und brachte uns zunächst in den Raum zurück, in welchem wir zuvor das geliehene Gefängniseigentum abgelegt hatten. Wir bepackten uns, lieferten die Sachen ordnungsgemäß an der Stelle ab, an der wir sie empfangen hatten, marschierten durch mancherlei Gänge zu dem Reservaten-Magazin, in dem unser belassenes Eigentum aufbewahrt wurde. Was wir laut Bescheinigung abgegeben hatten, erhielten wir zurück und verließen das Untersuchungsgefängnis schwer behindert, weil wir Holzkoffer, Rucksack und Mantel schleppen, aber auch die gürtellosen Hosen am Leibe halten mußten.

Stufe um Stufe ging es hinunter in die feuchten Gänge des Verurteiltentraktes, zu einer schweren Tür aus Eisenstäben. Hier wurden wir abgeliefert und von neuen Wärtern übernommen.

Die Dezemberdunkelheit, die sich in Moskau bereits um drei oder vier Uhr über die Stadt legt, war hier unten bereits tiefe Nacht. Wir waren übermüdet und ausgekühlt, als wir dann auf drei überfüllte Zellen verteilt wurden. In ihr fanden wir Kameraden, die Gleiches hinter sich hatten. Die Pritschen waren dicht belegt, der Fußboden mit Menschen belegt und mit Gepäck und Schuhwerk vollgestellt. Kaum möglich, etwas beiseite zu räumen. Ohnacker und ich hatten uns zusammenhalten können. Dem alten Mann machte man auf einer Pritsche mühsam einigen Platz. Mir blieb ein Wandstück unter dem hoch an der Wand angebrachten Fenster, das, nicht ganz verschließbar, einen Spalt weit offen stand. Kalte Luft strömte herein und fiel auf mich herunter. Das hatte bisher jeden vertrieben, aber ich hatte keine andere Wahl und saß mit dem Rücken an der schmutzigen, vor langer Zeit gekalkten und sehr kalten Wand, auf der sich Wasserstraßen und gräuliche Schimmelflecke gebildet hatten. Ich machte mich so klein, wie ich nur konnte' fror aber dennoch bis ins Mark hinein, und hier erst überkam mich das Bewußtsein unseres Elends in seiner ganzen Gewalt: "Nie mehr nach Hause – nie mehr nach Hause – nie mehr ...!

Uns alle in diesem Kellerraum packte in gleicher Weise Entsetzen, und in gleicher Weise wie in dem meinen klopften in den Hirnen der anderen unablässig die gleichen zerfressenden Worte. Ich zitterte und wünschte, eine gütige Lungenentzündung möge mich dahinraffen, ehe das Urteil vollstreckt und ich, der Verbrecher, namenlos irgendwo gehenkt und verscharrt würde. Mit seinem "Nie mehr" war jeder völlig allein.

Von draußen von Straßenhöhe drangen Schreie, Gröhlen, trunkene Rufe von Frauen und Männern zu uns hinab, Moskau war auf den Beinen und feierte den großen Geburtstag seines Herrn und Väterchens. 100 Luftabwehr-Batterien rings um die Stadt schossen wieder einmal mit Leuchtspurmunition, und Scheinwerferbatterien vereinigten ihre Strahlen über der Stadt. Wir vernahmen die Abschüsse und die ekstatischen Bewunderungsrufe Hunderttausender, die dieses Schauspiel an jedem Feier- und Erinnerungstage vorgesetzt bekamen.

Heute schossen sie Salut und ließen sie die Kapellen spielen, Stalin zu Ehren, uns zum Leide. Auf den Straßen die Sieger, in den Kellern wir Besiegten und von den Mächtigen soeben erst unter Gelächter Zertretenen.

Der Salut war abgeschossen, das Feuerwerk beendet; von draußen löschte man das Licht in den Zellen. Das Volk aber feierte sein gefürchtetes Glück in der ihm belassenen und zugemessenen armseligen Weise bis zum nächsten Morgen.

Wir starrten vor uns hin und froren zusammen, bis eine trügerische Ruhe sich über uns niedersetzte und in unruhigem Traume all das eine erschrekkende Lebendigkeit gewann, was uns im Wachen bereits genügsam geängstigt hatte.

Es dämmerte, das Licht wurde angemacht, ein Tag begann. Wir schüttelten den unruhigen Schlaf ab und machten uns auf das Ungewisse gefaßt, das der Verurteilung folgen mußte. Aber nichts bleibt ohne Satyrspiel.

Als Ohnacker den Haken seines Holzkoffers löste und diesen öffnete, um nach einem als Handtuch geeigneten Leinenfetzen zu suchen, bemerkte einer der Hinschauenden eine Büste oder vielmehr einen aus Gips angefertigten Kopf. Er schaute aus einem Stückchen Decke heraus, und Ohnacker, der sich wie alle Dystrophiker von nichts zu trennen vermochte, was er besaß, hatte dieses sein Konterfei bis hierher mitgeschleppt, obgleich im Grunde die schwere Kugel seine schwachen Kräfte ungebührlich beanspruchte. Aber wer verweigert einem dankbaren Patienten und Künstler, der als Helfer des Lagerdentisten Gelegenheit zur Fremdverwertung von Gips hat, die Annahme einer solchen Ehrung, wer möchte ihn durch Mißachtung seines Werkes kränken? Merkwürdigerweise war Ohnacker das Kunstwerk trotz zahlreicher Filzungen niemals weggenommen worden. Er hatte vielen Wächtern in Hals, Nase und Ohren geschaut, sie behandelt, und sie zeigten sich mit einigen derben Scherzen dankbar, indem sie ihm die Büste, die keineswegs von überzeugender Ähnlichkeit war, beließen.

Der Neugierige fingerte an dem Stück herum, wickelte es aus, hob es hoch und schrie: "Verdammt noch mal, der Adolf." Der Ruf bewirkte unter den Unglücksmännern eine Sensation. Sie wurden aus sinnlosen Betätigungen aufgeschreckt und drängten sich um den Entdecker der gefährlichen Ähnlichkeit des hochgehaltenen Kopfes. Die Empfindungen derer, die dastanden und "Adolf, der Adolf" riefen, waren nicht auszumachen. Der alte Herr Ohnacker stand etwas verlegen neben seinem Abbild und bemühte sich um Richtigstellung, aber einige meinten: "Wenn die Russen den jetzt bei uns finden, meinen sie, wir hätten den 'Hitler' bis hierher mit uns herumgeschleppt. Wer weiß, was sie dann mit uns noch anstellen!"

"Mehr als jetzt sicherlich nicht", riefen andere, doch Ohnacker winkte ab: "Von mir aus könnt Ihr mit ihm machen, was Ihr wollt. Der sieht die

Heimat sowieso nicht wieder." Er griff nach ihm und warf ihn auf den Steinboden. Der Gips war gut; nicht einmal Ohren und Nase wurden lädiert. Man trat auf ihm herum, schob ihn hin und her, warf ihn an die Wand und spielte in zunehmender Erregung und Wut mit ihm Fußball, bis er schließlich doch gesichtslos geworden war. Das beruhigte; zudem traten die Posten mit den Stiefeln gegen die Tür und brüllten: "Tische, tische! "

Der Zorn war abgeebbt, und das Stück Gips lag unbeachtet da. "Jetzt gleicht er weder mir noch 'Adolf'", meinte Ohnacker. Ein auf Ordnung und vollständige Beseitigung Bedachter nahm den mißhandelten Gipskopf auf. Der Nachturin spritzte hoch auf, als er ihn in die Parascha warf.

Bald gab es Anderes; einige wußten, daß jeder, der gegen das Urteil Berufung eingelegt habe, im Gefängnis blieb und nicht auf Transport irgendwohin käme. Von der Aussicht angetan, wenigstens das zu behalten, was man hatte, klopften und trommelten die, die es genau wissen wollten, gegen die Tür, um Papier, Federhalter und Tinte für die Berufungsschrift anzufordern. Aber "nix bumaga (Papier), nix Tinte" kam es von draußen zurück. Sie schlugen wilder und verlangten den Kommandanten. Aber auch dies hatte nur zur Folge, daß ein Sergeant die Türklappe öffnete und hineinbrüllte: "Nix Kommandant."

Man hatte über uns in anderer Weise verfügt, und die sonst peinlich eingehaltenen bürokratischen Vorschriften für Landeskinder galten, was bald zu Tage trat, für uns nicht. Denn schon wenige Stunden später wurden wir mit Sack und Pack aus der Kellerzelle vertrieben und auf dem Flur aufgestellt. Die Kriegsverbrecher kamen aus dem Untersuchungsgefängnis weg.

Auf den verschlungenen Pfaden dieses Labyrinths gelangten wir durch verschiedene, immer mit Posten besetzte Eisentüren, die die Verliesabteilungen wie die Schotten einen Schiffsbau voneinander trennten, jetzt hinauf in die große, uns schon bekannte Eingangshalle, deren Gewölbedecke im Dunkel lag. Ein gleißendes Licht erhellte lediglich einen von einem Berg von Akten bedeckten Tisch. Hinter ihm saßen zwei Offiziere, bei denen sich jeder unserer Gruppe nach dem Aufruf: "kak familia?" mit Namen, Vornamen, Geburtstag und Strafmaß auf russisch vorzustellen hatte. Ich also: "111 E H K – Günther, Rudolfowitsch, 3.8.04 – dwazi piat let i. smert."

Sie musterten mich durchdringend und abschätzig, wühlten meinen Akt heraus. Bedeutende Blicke vom Lebenden zu seinem Abbild und zurück, bedenkliche Blicke, ausdrucksvolle Kopfbewegung gegeneinander, schließlich "Dawai – ab dafür! " Sie legten meine Papiere von rechts nach links. Handbewegung zum Nächsten.

Ich stolperte vom Tisch weg zu einem Hünen von Offizier, der vor mir ausspuckte und mich mit Blicken musterte, die unaussprechliche Abscheu ausdrücken sollten. Als er annahm, hinreichend wirksam und furcht-einflößend gewesen zu sein, griff er hinter sich und warf mir von einem Berg von Schuhen zwei Strohschuhe vor die Füße. Ich wollte sie nicht aufnehmen; aber er zwang mich mit einem harten Griff; ich mußte mich tief vor ihm bücken und vor dem herrischen Teufel des Gerichts meinen Kotau machen. Das kaudinische Joch hat vielerlei Gestalt. Als ich mich abwandte, bekam ich noch einen schweren Halbpelz aus Schaffell auf den Rücken geworfen. Mit dieser Last auf mir, den unseligen Schuhen und mit beiden Händen beschäftigt, Gepäck und Hose zu halten, stolperte ich einige Stufen hinunter, direkt durch eine Doppelreihe mit Maschinenpistolen bewaffneter Soldaten in den eisig kalten Gefängnishof. Über verharschte Schneehaufen lief ich atemlos den vorgezeichneten Weg nach vorne, ein greller Scheinwerfer meißelte die offene Tür eines Gefängnisautos aus dem Dunkel. Mit letzter Kraft warf ich meine Sachen auf die Lade und versuchte, mich am Türgriff ebenfalls hinaufzuziehen. Es gelang mir nicht, aber Hände griffen nach mir und zogen mich vollends hinein. Ich lag auf dem Boden und keuchte, aber der Nächste kam, und ich mußte mich erheben, meine Sachen zusammenrücken. Immer weitere kamen, wurden dazugepreßt, schließlich schlugen sie die Tür von außen zu und riegelten ab. Ich fror noch vor Schrecken, zu gleicher Zeit aber glaubte ich schon, ersticken zu müssen. Aus den Lumpen stieg Elendsgeruch langer Jahre und vermischte sich mit dem strengen der Schafpelze.

Der Motor sprang an, Holpern, Anhalten, monotones Melden, Knarren und Quietschen eines Tores, Fahrt für einige Meter, wiederum Knarren und Quietschen eines Tores. Zwei Flügel fallen zusammen. Noch einmal das Gleiche, dann freie Fahrt. Wir schleudern, als es offenbar auf glatter Straße um Straßenecken geht, hin und her. Die Straße muß erleuchtet sein, denn in regelmäßigen Abständen scheint es im kleinen Fenster der Rückseite hell auf.

So, ganz ähnlich mit Strohlatschen und Halbpelz ausstaffiert, waren schon 100 Jahre vor uns Dekabristen und Dostojewski – man braucht es nur nachzulesen – vielleicht auch die großen Lenin und Stalin von der zaristischen Polizei zur Reise nach Sibirien eingeladen und verfrachtet worden.

Geändert hatte sich lediglich, daß jetzt Lastautos und Eisenbahn die Hauptrolle als Beförderungsmittel übernommen hatten – und man hatte ja auch soviel mehr Stücke Mensch in Lager zu befördern.

Unsere Vorgänger mußten marschieren oder durften, wenn sie von Adel und begütert waren, in einer Troika fahren. Die Tagesetappen von Sankt Petersburg oder Moskau aus bis in die Gebiete jenseits des Urals waren festgelegt, und allabendlich kehrten Verbannte und Sträflinge in einem festen Hause, einer Peresilka, ein. Jetztzutage gab es solche Durchgangsgefängnisse in fast jeder Stadt Allrußlands. Sie waren vom Bahnhof aus zu Fuß zu erreichen, natürlich nur in Begleitung.

Peresilka

Unsere Fahrt dauerte nur etwa eine Viertelstunde und endete in einer solchen Peresilka, einem Verschickungsgefängnis Altmoskaus, der Krasnaja Presnja. Als wir im Gebäudehof hielten, der Wagen aufgeriegelt wurde und wir schweißnaß mehr herausfielen als stiegen, empfing uns eine schreiende Meute von Soldaten in der deutlichen Absicht, uns in eine Panik hineinzuhetzen. Sie trieben uns mehrere Treppen hinauf in eine Kammer, in welcher ein so pestilenzialischer Gestank herrschte, wie ich niemals vor- oder nachher einen gerochen habe. Eine eingetrocknete Parascha mochte den Basisgeruch abgegeben haben, aber mit ihm vermengte sich der von saurem Angst- und Elendsschweiß, Exkrementen, Dreck, Schimmel, Lumpenmief wie auch Essengerüchen, die durch verschlossene Fenster und Überwärme ins Ungemessene potenziert wurden. Die Mägen wollten sich umdrehen, wir schluckten dünnen Speichel, bis schließlich unser Reizpegel doch soweit abgesunken war, daß wir den Brechreiz zu unterdrücken vermochten. Einer blickte in das vor Erschrecken und Übelkeit bleiche Gesicht seines Nächsten; wir brachten es nicht über uns, uns niederzuhocken oder auch nur etwas abzulegen.

Einzeln wurden wir in den Nebenraum zur Filzung geholt, die mit großem Getöse vor sich ging. Becher und Blechnäpfe flogen in die Ecke, Spiegelscherben wurden zertreten, Papiere zerfleddert, Photographien zerrissen. Daß wir "reicher" waren als diejenigen, die sonst zur Verschickung hierhergebracht wurden, steigerte die uniformierten Räuber zur Raserei und wildem Geschrei. Sie rissen Schuhe von den Füßen und Zahnprothesen aus den Mündern. Wir hörten die flehentlichen Bitten eines alten Mannes um seine so notwendige Brille; doch sie zersplitterte unter den Tritten eines dieser berauschten Berserker. Halbnackt und ganz enterbt wurde der Ausgeplünderte in das nächste, kahle Zimmer gestoßen. Wir, die noch warteten, hörten voller Angst auf das, was jenseits der Höllentür vor sich ging, die hinter jedem neu gegriffenen Opfer zugeschlagen wurde. Manche vermochten nicht mehr zu warten und drängten sich in der blinden Hoffnung vor, daß sie es unter den ersten leichter haben und vielleicht doch noch etwas retten würden. Darauf baute ich nicht; ich hielt mich vielmehr im Hintergrunde und wartete ab, solange es, ohne bei den Räubern aufzufallen, möglich war. Dies erwies sich als richtig; allmählich schien die Vehemenz der Ausplünderung nachzulassen, es ging weniger laut zu. Da nahm ich meinen Mut zusammen und folgte als Dritt- oder Viertletzter dem Wildruf der Männer.

Der Fußboden des Raumes, in dem jetzt über meine Dinge verfügt werden sollte, war bedeckt mit Lumpen, Näpfen, leeren, zusammengetretenen Konservendosen, Rucksäcke und Koffertrümmer dazwischen. Aber die Blicke der Plünderer, die auf dem Boden hockten und mich zu sich niederrissen, waren bereits glasig, sie hatten die Uniformblusen aus den Hosenbünden gerissen und schwitzten. Die Mützen waren weit in den Nacken gerückt – alles zusammen ein deutliches Zeichen, daß sie sich müde geraubt hatten und ihr Werk nunmehr halbmechanisch und, durch das Beutemachen in einen Rauschzustand versetzt, nicht mehr mit letzter Kunst verrichteten. Auch war jeder durch irgend einen Gegenstand im Beutehaufen gefesselt, den er haben wollte und nicht mehr aus den Augen ließ. Er fürchtete den Vorgriff der Kollegen mit gleichlaufenden Interessen. Sie waren also abgelenkt und ablenkbar; das war meine Rettung. Und wiederum, wie zuvor schon einige Male mehr instinktiv als nach einem vorgefaßten Plan, warf ich Becher, Schüssel, Gabel, einiges Papier sowie ein kurzes Nesselhemd aus dem Holzkoffer sofort auf den Beutehaufen und stieß diesen mit einem Tritt von mir weg. Sie nahmen keine Notiz von ihm, keiner zertrat Boden oder Deckel, und, als ich ihn wieder aufnahm, waren meine Schriftsachen noch einmal gerettet und ein angstvoller Augenblick überstanden. Sie stießen mich zu den anderen gebeutelten und geschorenen Schafen. Als wir dies hinter uns hatten, gehörten wir zur Peresilka, die keine Nationen, Rassen und keine Geschlechter mehr kennt und nennt, waren wir ihr einverleibt und eingedärmt.

Der Unterschied zwischen Tag und Nacht, Arbeitszeit und Ruhezeit schien aufgehoben; zu jeder Stunde wurden Menschen eingebracht, andere weggeschafft. Wie die Lefortowskaja, war auch dieses Gefängnis ein riesenhafter, wenn auch nicht in Jahrhunderten, sondern offenbar erst kürzlich entstandener Fuchsbau; anscheinend vor wenigen Jahren in aller Eile errichtet und noch nicht vollendet, teilte er sich in sechs oder sieben Stockwerke übereinander auf. Die Wände waren unverputzt, die Böden nur eben mit Zement verstrichen. Noch also Rohbau, war das Gebäu de bereits bezogen und einem guten Zweck zugeführt worden. Und was machte das schon aus; denn wer, der hier hingeliefert wurde, würde jemals wieder ein so großes und hohes Steinhaus zu Gesicht bekommen. Also erfüllte es, wie es war, seinen Zweck vollkommen, nämlich den, Sammelstelle für das Elend russischer Menschen zu sein, die Stalin überwältigt hatte. Und hier hatte unsere, der deutschen Kriegsgefangenen bisherige Absonderung ihr Ende genommen, wir gelangten auf den Grund der weiten mütterlichen Erde Rußlands, als wir uns durch die menschenvollen Gänge dieser Peresilka zwängten. Dort hockte ein Mütterchen auf einem Sacke, es weinte zwischen zwei Mädchen. Junge Burschen, die schrien, fluchten und wild um sich schlugen, wurden in Fesseln eskortiert, während wir unseren Wächtern völlig verstört ohne Gegenwehr folgten. Sie brachen sich und uns durch die überfüllten Gänge auf rauhe Weise Bahn. Gewaltige Weiber mit kahlgeschorenen Köpfen und kärglich verhüllten Busen schleppten schwitzend und die Passage mit Flüchen und Ellbogen erkämpfend, Kübel mit dampfender Suppe auf ihre Abteilungen. Buben, neun, vielleicht zwölf Jahre alt, eher aber wohl auf dieser Stufe aus Hunger zurückgeblieben, hatten hier Heimat und wieselten mit Augen, die in einem Hinblick Mitnehmbares und die Möglichkeit, es zu erlangen, erfaßten, zwischen den Neulingen herum. Nachwuchs für die Lager irgendwo in der Taiga oder Sibirien, stahlen sie wie die Raben und erleichterten auch uns nochmals um einige Reste. Die beengte Menschenmenge, das lärmende Brausen, das sie verursachte und das von überallher widerhallte, die massiven Ausdünstungen verschiedenster Herkunft, die von Lebewesen und toten Dingen zusammengebraut wurden, betäubte uns auch hier nochmals und raubte uns fast die Sinne. Wir vergingen wie im Fegefeuer und waren grenzenlos erleichtert, als sich endlich in irgend einem der oberen Stockwerke eine Tür für uns öffnete. Wir fielen in die Zelle und fanden uns inmitten einer Gruppe von Blatnois, Kriminellen, die, aus einem südlichen Lager kommend, in den hohen Norden verlegt wurden und sich während der mehrwöchigen Wanderung mit allem vollsaugten, was beachtens- und mitnehmenswert erschien. Mit solchen Menschen hatten wir noch nie etwas zu tun gehabt. Wir kamen von einem Sturzregen in eine überschwappende Traufe.

Als wir in das Reich einfielen, das ihnen allein gehört hatte, hockten sie, sieben oder acht Mann unbestimmbaren Alters, die Beine nach Schneiderart untergeschlagen, auf der obersten Pritsche, leicht geduckt, da sie bei aufrechter Haltung an die Decke gestoßen wären, und betrachteten wie Raubvögel uns und das, was wir einbrachten. Sie erwiderten unseren Gruß von Verbrechern zu Verbrechern nicht, jedoch wurden wir wohl im Bruchteil eines Augenblicks abtaxiert und als uninteressant und ungefährlich befunden. Als sie jeder für sich, aber alle zu dem gleichen Urteil gekommen waren, sprangen sie von ihrem Horst herab und umschlichen uns barfüßig mit seltsam federndem Gang. Ohne uns scheinbar zu beachten, wechselten sie wie Panther oder Luchse unaufhörlich zwischen Tür und Fenster, einander unverständliche Worte zuraunend und immer wieder für einen kurzen Moment auf die Pritsche aufbäumend. Nun wußten sie über uns von hinten und vorne Bescheid.

Währenddessen räumten wir uns im Zwischendeck ein, bemüht, die "besseren" Sachen zu verbergen. Doch half es nicht viel, die Kleidungsstücke, auf die sie es abgesehen hatten, selbst diejenigen, zu denen wir enge Körperfühlung gehalten hatten, verschwanden noch in der gleichen Nacht aus unserem Besitz und auf eine noch rätselhaftere Weise auch aus der Zelle. Wir hatten es mit Meisterdieben zu tun.

Wir kannten uns nicht aus und hockten eng beieinander; sie hingegen waren in jeder Hinsicht erfahren und standen mit Suppenweibern, Läufern und den als Hehlern arbeitenden Jungen in undurchsichtiger Verbindung. Und durch deren Hände waren unsere Sachen wohl alsbald zu Abnehmern in anderen Zellen oder außerhalb des Gefängnisses gewandert. Unsere Kollegen Verbrecher weideten sich grinsend, als sie sahen, daß wir vorsichtig in ihrer Nähe herumschnüffelten und etwas suchten. Sie hoben unschuldig die Schulter, sagten "da, da" und setzten eine entwaffnend ehrliche Miene auf.

Zwei Welten trafen aufeinander. Auch wenn wir uns hätten verständigen können und wir mit ihnen zu sprechen versucht hätten, wäre es doch so wenig zu einer Kommunikation gekommen wie zwischen Schaf und Wolf oder, wenn wir uns höher einschätzten, wie zwischen Wolf und Hund. Sie verschwendeten kein Gefühl auf uns, es sei denn das der Katze für die Maus, mit der sie spielt. Wir waren ein vom Staat, den sie ablehnten, unversehens dargebotenes Geschenk, durch das sie sich besserstellen konnten. Das erwies sich bei der Essensverteilung. In einem bestimmten Augenblick und durch ein von uns nicht gedeutetes Geräusch draußen veranlaßt, drängten sie sich an der Tür zu einem Bollwerk von Rücken zusammen. Die Klappe wurde geöffnet und die zugemessene Anzahl von Schüsseln und Brotstücken hereingereicht. Alles fiel in ihre Hände. Mit unheimlicher Geschwindigkeit hatte jeder mehrere Näpfe leergeschlürft, Brotstücke auf den Schlafplatz geborgen und sich auf den Hochsitz hinaufgeschwungen. Behaglich sitzend, löffelten sie schwatzend die jeweils letzte Schüssel, die sie in ihren Bereich sichergestellt hatten, leer. Gleiches geschah am folgenden Tage. Dabei schauten sie uns nicht einmal böse oder haßvoll an, sofern sich überhaupt eine Empfindung bei ihnen erraten ließ. Es war ihnen vielmehr selbstverständlich, daß sie die Stärkeren waren – was ja auch zutraf – und daß sie darum das Recht hatten, sich alles, was sie haben wollten, auch vorweg zu nehmen. Und sie brauchten alles.

Hatten wir noch nicht gelernt, in dieser furchtbaren Welt zu kämpfen, so hatten sie es. Zum Überleben gehörte der Zusammenhalt und der Ausschluß Fremder. Als wir gegen den Mundraub protestierten, reckten sie sich und zeigten, daß sie uns an Kraft und Geschicklichkeit überlegen waren. Wir erkannten, daß es weder rätlich war, sich mit ihnen anzulegen, noch angebracht, sich an das Aufsichtspersonal zu wenden.

Wir hungerten, aber zu dursten brauchten wir nicht, was uns wirklich wahnsinnig gemacht hätte. Denn für die Neuauffüllung des Kipetoks mit warmem Wasser sorgten sie ständig. Sobald sie ihren Durst gestillt und sich gewaschen hatten, machten sie uns den Rest nicht mehr streitig.

Zu unserem Glück blieben wir nur einige Tage in dieser Blatnoi-Zelle. Wir wären verhungert, verdorben oder hätten uns zu einem Aufstand entschließen müssen. Sein Ausgang wäre nicht zweifelhaft gewesen; denn diese Männer – das sah man ihnen wohl an – hatten zahlreiche Lagerschlachten überstanden, bei denen es, wie wir wohl wußten, stets auf eine schnelle Tötung des Gegners ankam, daß die Wachmannschaften nicht mehr einzugreifen brauchten. So waren wir froh, als wir herausgeholt und in einen anderen Flügel der Peresilka verlegt wurden. Hier trafen wir auf junge Burschen, Deutsche aus Berlin, Brandenburg und Leipzig, alle durch die berüchtigte "Troika", das in Moskau tagende Femegericht, in einem deutschen Gefängnis abgeurteilt und jetzt auf einer Zwischenstation ihres Weges nach Sibirien. Einiger Abenteuerstolz lebte in ihnen; sie brüsteten sich ihrer Sabotageakte an der Eisenbahn, wo sie in die Bremsen von für den Osten bestimmten Waggons Sand oder flüssiges Blei eingebracht hätten, oder in der Industrie, und waren neugierig zu erfahren, wie es mit ihnen weitergehen würde. Mädchen aus der Heimat, die sie kannten, steckten aus dem gleichen Grunde in anderen Zellen. Man hatte ihnen versprochen, daß sie mit ihnen zusammen in ein Lager kommen würden. Das würde ein Familienlager geben!

Wir blieben zurückhaltend; denn angesichts dieser Offenheit fragten wir uns, ob man uns nicht absichtlich mit Spitzeln zusammengebracht hatte, die uns Vertrauen einflößen, uns zum Sprechen bringen und unsere Absichten und Äußerungen weitergeben sollten. Drum drehten wir den Spieß um, regten sie zu Erzählungen an, die sie willig brachten, und die uns bewiesen, daß sie wirklich noch vor wenigen Tagen in Ostdeutschland gewesen waren. Erstaunliche Erkenntnisse und Einblicke für uns, die wir seit über vier Jahren keinen Menschen mehr gesehen, geschweige denn gesprochen hatten, der unmittelbar aus Deutschland kam.

Wie ging es mit dem kommunistischen Regime, wie hatte man sich zur Besatzungsmacht eingestellt, warum Sabotage getrieben? Wir fragten, und sie berichteten, seltsam naiv, unbeteiligt und anscheinend wenig von ihrem Schicksal betroffen; sie lachten über ihren Reinfall, daß man gerade sie entdeckt habe, während es doch genug andere gebe, die größere Dinge ins

Auge faßten. Hatte sich das russische "Nitschewo" mit dem deutschen "die Lage ist hoffnungslos, aber nicht ernst" vermählt – oder waren es eben doch Spitzel? Wir konnten es nicht ergründen und waren froh, als sie nach einem Tag abgeholt wurden.

Sie wurden durch Kameraden, ebenfalls verurteilte Kriegsgefangene, ersetzt. Wir waren wieder unter uns.

Die tägliche Ausführung in frischer Luft fand auf dem flachen Dach statt. Ziemlich mühselig und nach Luft schnappend klommen wir die Treppen von Stockwerk zu Stockwerk hinauf und fanden uns schließlich, einem ewigen Winde ausgesetzt, innerhalb eines Käfigs aus hohen Eisengittern, der den Absprung Verzweifelter in die Tiefe verhindern sollte. Wir gingen in der Runde, auf der gegenüberliegenden Seite des Hausgevierts bewegte sich eine andere Gruppe in der entgegengesetzten Richtung. Über uns der Himmel voll grau-schwarzer, stiebender Wolken, die Schnee androhten. Nach innen und unten sechs Stockwerke des rohen, nachlässig gemauerten Ziegelbaues, dessen Wände Auswölbungen und Einbuchtungen aufwiesen und seltsam krumm waren. Die mit den üblichen schwarzbraunen Blenden verdeckten Fenster machten die Mauern in einer Weise gesichtslos wie Gläser einer dunkelgetönten Sonnenbrille das Menschenantlitz. Es schien, als hätten Gefangene das Mauerwerk hochgezogen und an ihm herum-gebastelt, ohne das Handwerk zu verstehen.

Eher als daß Gefangene hier aufbewahrt wurden, waren sie vorübergehend in einem Schuppen abgestellt, der niemanden halten und keinen auf Dauer beinhalten sollte.

Dies wurde vollends deutlich, wenn man den Blick vom inneren Geviert weg nach außen richtete. Da lag weithin, verdunstend und gleichsam zerfließend, Moskau, noch nicht durch das Hochhaus der Universität und andere Hochbauten akzentuiert. Es bestanden – Aktivisten hatten noch im Lager davon geschwärmt – Pläne für Parteibauten, auf denen in 300 Meter Höhe und für die Ewigkeit gedacht die Gestalten Stalins und Lenins die Hauptstadt, die Sowjetunion und den Erdball beherrschen sollten. Zu Lebzeiten Stalins wurden sie jedoch nicht in Angriff genommen, nach seinem Tode vergaß und begrub man diese Utopien so schnell und vollständig wie entsprechende anderer Reiche.

Während sich Dämmerung allmählich auf sie niedersenkte, zeigte die Stadt ihr flaches und breites slawisches Gesicht, eine Dämmerung, die gleichwohl nicht verbergen konnte, was unsere Zwingburg umgab: eine unentwirrbare

Vielzahl von Geleisen nämlich, die sich zu einer unbestimmbaren Anzahl von Rampen hinzogen. An diesen standen Güterzüge.

Während der Tage oben prägten sich uns immer mehr Einzelheiten des Verschickungsmodus ein, der unten mit gleichmäßiger Regelmäßigkeit abgewickelt wurde. 50 oder 60 Männer und Frauen, manchmal Kinder unter ihnen, kamen aus dem Tor der Peresilka, das wir nicht einsehen konnten, schlichen und humpelten über die Geleise. Jeder trug einen Sack oder eine Tasche. Posten mit Hunden hielten sie wie Schafe zusammen, und ein weit gezogener Riegel Schwerbewaffneter schirmte sie nochmals ab. Selbst vom letzten Mute der Verzweiflung Getriebene konnten sich hier keinen Weg ins Freie bahnen. Angriffslustige Wolfshunde, die Gedanken und Pläne zu erraten schienen, sprangen jaulend an kurz gehaltenen Leinen hoch. Die Führer ließen sie an die Verdammten nahe genug heran, daß sie die gewünschte Angst erweckten, dann rissen sie sie zurück und setzten an anderer Stelle das grausame Spiel tödlicher Verfolgung fort.

Im Zeitlupentempo kroch im Abstand von etwa 100 Metern ein Menschenhaufen nach dem anderen zu je einem der 60-Tonnen-Wagen und verschwand darin, wenn er am Waggonmaul nochmals durchgezählt und von der Begleitmannschaft des Zuges übernommen worden war, die darauf die Tür zuschob und verriegelte. So füllte sich der ganze lange Zug von vorne nach hinten mit seiner lebenden Fracht. War das geschehen, dann fuhr ein Lastwagen auf der Rampe von Waggon zu Waggon; die Türen wurden nochmals geöffnet und ein Quantum Holz und Kohle hineingeworfen oder geschaufelt. Ihm folgten Panjewagen mit gefüllten Wasserfässern. Auf jedem schwamm ein Holzkreuz, das das Herausspritzen von kostbarem Naß während der holprigen Fahrt verhinderte – ein probates und uns bereits bekanntes Mittel zur Rettung von Wasser.

Was im Waggon währenddessen vor sich ging, erfuhren wir erst später am eigenen Leib.

Lokomotiven stießen weißen Dampf aus, der zu Nebelschwaden wurde und über die Rampe trieb. Ungeduldig ließen sie die Sirenen heulen, und das war das Einzige, was man bis zu uns hin hörte – kein Schreien, Schimpfen, Jammern, Bellen, obgleich es, nach Bewegungen und Gesten zu urteilen, unten laut herging. Gnädiger Dunst verschluckte die wilden Begleitgeräusche menschlicher Entwürdigung.

Aber der Zug war auch dann noch nicht fahrbereit. Posten verriegelten und verdrahteten die Seitentüren nochmals, dann untersuchten sie jeden Wagen gründlich, indem sie an Dach, Wand und Boden mit dem Gewehr Brett um

Brett abklopften. Die Möglichkeit, daß einer trotz aller Durchsuchungen eine Säge mitgenommen und nach dem Einstieg sofort begonnen hatte, einen Ausgang zu ersägen, lag durchaus im Bereich der von der NKWD angestellten Erwägungen, weshalb sie auch nochmals die Hunde um die Wagen schnüffeln ließen. War dies vollbracht, dann leuchteten die Scheinwerfer auf, die den Zug von vorne bis hinten anstrahlten. Zu guter-Letzt bestieg das Begleitpersonal den Personenwagen, der mit Küchen- und Lazarettwaggon in der Zugmitte fuhr.

Der Transport war bereit; Lokomotive vorne, Lokomotive hinten verständigten sich mit Sirenen. Ein Signal hob sich, sie stießen Dampfwolken rhythmisch in die Luft. Der Zug fuhr, und die Lokomotiven heulten ihren weithin bannenden Taigaschrei.

Spärliche Lampen leuchteten im Bahnhofsbereich der Peresilka auf; sie schaukelten im Winde, ein neuer Zug wurde herangebracht. So ging's, wie es wenigstens uns vorkam, pausenlos und die Nacht hindurch. Moskau fand keine Ruhe; Stunde um Stunde säuberte es seinen mächtigen Leib von Verbrechern und menschlichem Unrat. Und zu den gleichen Zeiten geschah Gleiches in den Hauptstädten der Unionsrepubliken und der Provinzen Allrußlands.

Bürger begannen eine weite Reise, die sie irgendwohin in irgendein Nichts zur Arbeit und Besserung führte. Wieviel Augen ihnen nachstarren mochten? Sicherlich nicht die des großen Führers Josef Wissarionowitsch Stalin, der sie mit einer Handbewegung auf den Weg gebracht hatte. Er war der vollkommenste Hygieniker, ein Teufel der Säuberung.

Von diesem Bilde unablässiger Bestrafung konnten wir den Blick nicht lassen, wenn wir auf unserer Runde an der Außenseite des "Dachgartens" entlang gingen. Auch ich war fasziniert, obgleich ich mir doch sagen mußte, daß ich als Todeskandidat eher in dem Keller enden, als inmitten eines Menschenhaufens zu einem der wartenden Müllschlucker hinkriechen würde. Aber die Hoffnung stirbt erst mit dem Menschen.

Die halbe Stunde war um; wir hatten gesehen, was wir sehen sollten. Der Wächter pfiff, Schlüssel drehten sich, die Tür ins Haus zurück wurde geöffnet. Wir tasteten uns die Treppen hinunter und am abzählenden Schließer in die Zelle hinein. Er schloß sie hinter uns. Drinnen war es völlig dunkel, und wir kletterten jeder auf seine Pritsche.

Der 24. Dezember 1949 – kein heiliger, kein Weihnachtsabend. Wir waren voller Sehnsucht, in Erinnerungen versunken und verzweifelt. Keiner sprach. Das Schweigen war zunächst natürlich, dann wurde es allmählich unerträglich und gewann eine zunehmend lähmende Macht über jeden Einzelnen von uns 20 Männern in dieser Kammer. Es mußte etwas geschehen, wenn sie uns nicht zerdrücken sollte. Ich dachte, es wäre an mir, dem Arzt, etwas zu sagen, aber ich hatte nicht den Mut und die Kraft dazu. Ein Pfarrer und etliche Lehrer befanden sich unter uns. Ihnen war die Sprache gegeben, die mir nicht zur Verfügung stand. Ich wartete, sie waren allzusehr mit sich beschäftigt und fanden keine Worte. Ich stieß den Pfarrer neben mir an, doch er schüttelte verneinend den Kopf. "Ich kann nicht!" Die Finsternis verdichtete sich und entfernte uns immer weiter voneinander. Entfremdung gewann Gestalt, die unüberwindbar werden mußte, weil sie Folge eines Versagens im Willen zum Nächsten war.

Ich war verstört, vergaß Heimatdenken und Rückerinnerung. In diesem Augenblick mußte etwas geschehen, sollten wir uns nicht selbst zum Verhängnis werden. Was nur konnte getan werden, was nur hatte vielleicht größere Kraft als unterlassene und verlorene Worte?

Da kam mir der Gedanke, daß ich irgendwo einen Kerzenstumpf gerettet haben müsse und auch Streichhölzer. Ich tastete an meinem Rucksack herum und fand in einer Außentasche das jetzt so Notwendige. Die Kerze, kaum noch drei Zentimeter lang, war am Leinen festgeklebt und nicht mehr rund, aber sie hatte einen Docht und konnte brennen. Ich kroch in die Tiefe der mittleren Pritschenetage, die gegen einen Einblick von der Tür her am ehesten geschützt schien, versuchte mit zitternden Händen, die ersten der wenigen Zündhölzer zu entflammen und den kurzen Docht freizuschmelzen. Es gelang, er nahm das Feuer an, langsam wuchs die Flamme. Ich barg sie in der Hand, bis sie Kraft und Leben hatte, und ihr kleiner Schein flackernd in das Dunkel drang. Ein Mann und noch einer, schließlich alle wandten sich dem Scheine zu, leise krochen sie herbei, sorgsam Luftzug vermeidend, und so etwa das Licht gefährdend. Alle schauten hin, bis das armselige Stümpfchen Paraffin niederbrannte, sein Docht nochmals aufflackerte und nachglühend verglomm. Ein kleiner Dampffaden drang zu allen hin, und jeder schmeckte, roch, daß eine Kerze gebrannt hatte. Licht und Flamme hatten getröstet und vereint, auch wenn wir wortlos geblieben waren. Sie hatten mehr und Echteres vermittelt, nämlich die Empfindung, daß Gott den Seelen gnädig sein würde, auch wenn der Feind daranging, die Leiber gleich oder allmählich abzutöten. Wir schlichen auf unsere Plätze zurück, und bald schliefen wir alle ein.

Weihnachten war vorbei. Auf die unerklärliche Weise, in der in russischen Gefängnissen und Lagern Nachrichten einkommen und weitergegeben werden, verbreitete sich die Kunde, daß weitere Verurteilungen von Deutschen mit dem 27. Dezember eingestellt worden seien und daß die Gerichte nicht mehr tagten. Bald wurde hinzugefügt, alle deutschen Kriegsverbrecher kämen auf Transport, und die Jungen, die bei der Essensverteilung mithalfen, riefen in jede Zelle: "Nemetzki, skoro damoi." (Die Deutschen bald nach Hause) – Jenes unheilschwangere und geflügelte Wort aus Russenmunde stets dann, wenn man etwas im Schilde führte, was vom Heimkommen auf jeden Fall noch ein Stück weiter entfernte.

Das Gerücht hatte einen Wahrheitskern. Überraschend brachen am 27. Dezember abends fünf Schließer in die Zelle: "Dawai, dawai – alle mit allen Sachen raus!"

Wir schreckten auf, die Stunde war da. Mit unsicher eiligen Händen rafften wir zusammen, was wir gerade ertappen konnten, und berücksichtigten nicht, ob es das Unsere oder das des Nachbarn war. Was kam es jetzt noch darauf an, wenn das Urteil in Kürze ja doch vollstreckte wurde und wir nichts mehr benötigten und nichts mehr anhatten?

Aber man trennte uns noch nicht und sonderte die zum Tode Verurteilten von den nur Strafgefangenen nicht ab, man brachte uns nicht auf die Rampe und zu einer der dort auf Menschenfracht lauernden Waggonkette, sondern in den gleichen Innenhof, in dem wir vor einer Woche ausgeladen worden waren. Dort stand ein Gefängniswagen bereit, und ohne die Formalitäten zu erfüllen, die man bisher so streng beachtet hatte, preßte man uns eilig hinein. Schlachtvieh, das in einer Kiste landen sollte, benötigte für die letzten Stunden keine Pflege und besonderen Platz.

Es wurde spannend; als wir dichter als dicht, aber doch unter uns nebeneinander standen, wich die Betäubung, und ein vorerst ungerichteter Wille, dem zugedachten Schicksal zu entgehen, erwachte. Wir in der Mitte und im vorderen Teil des Wagens bildeten eine zusammengenietete und in absoluter Nacht nur mühsam atmende Leibermasse. Hinten aber an der verriegelten Tür preßte ein Einzelner das Gesicht an die kopfgroße Lucke, die einen Blick nach außen erlaubte – nicht freiwillig; er konnte nicht anders – aber er war hellen Geistes und ein lebhafter Beobachter.

Wir rollten. Eine schwarze Limousine fuhr in gleichbleibendem Abstand nach und folgte um Ecken und über Kreuzungen. Unser Seher glaubte, einen Stander erkennen zu können – den einer Botschaft, den des Roten Kreuzes? In dem Moment, da er diese Vermutung unter uns warf, waren wir wie verwandelt und völlig elektrisiert. Irgend jemand nimmt Anteil an uns; wir sind nicht ganz verloren, nicht ganz vergessen, können nicht mehr spurlos verschwinden. Sie suchen uns, wollen wissen, wohin man uns bringt. Jemand ist da – jemand, der uns helfen, uns vielleicht vom Untergang bewahren will. Wir litten unter Atemnot, aber wir hielten die Luft noch mehr an und fragten immer wieder flüsternd: "Folgen sie noch, folgen sie?"

Wir fuhren, wie er berichtete, über den Roten Platz, an der Mauer des Kreml entlang, dann bogen wir auf eine Hauptstraße, und der Wagen erhöhte seine Geschwindigkeit. Zu beiden Seiten Wohnhäuser, Fabrik-anlagen, Straßenlaternen. Die Fahrt wurde schneller. Die anscheinend verfolgende Limousine verschwand; ein grausiges Gaukelspiel der Hoffnungssucht hatte ein Ende genommen. Der Wagen verschwand schneller, als Hoffnung sinken kann, Minuten des Herzklopfens, jetzt nur noch Beengung.

Es ging in die Vorstädte hinein. Lagerhäuser am Straßenrand, Datschen, armselige Bäume, dann freies Land, links, wie er sagte, die S-Bahnstrecke. Züge überholten uns, kamen dem immer stärker stoßenden und langsamer werdenden Auto entgegen. Es geht aus Moskau hinaus, der Wagen beschleunigt. Schnee auf weiten Feldern beiderseits; Landstraße schurstracks und gerade – aber in welche Himmelsrichtung? Auf einmal glaubt der Späher, sich auszukennen. Birken mit flatternden Zweigen an der Straße, Reihe einstöckiger Häuser. Er schrie:

"Es geht nach Krasnogorsk zurück, wir kommen wieder nach 27/2" – "Vielleicht?"

"Nein, sicher", rief unser Beobachter. "Es geht an 27/1 vorbei. Ich erkenne das Tor. Alles ist dunkel."

Jetzt die Straße sanft hinauf durch das weithin gestreckte Dorf, nun ebenso sanft hinunter. Die Datschen und Baracken der Offiziere und Sergeanten, die Dienstgebäude. Ende der Straße; der Wagen fährt die große Runde, schüttelt alle nochmals durcheinander, setzt rückwärts und hält. Der Motor wird abgestellt. Herrgott, Undenkbares geschah, und nun weiß man gar nichts mehr. Wir stehen vor dem vom Scheinwerfer hellerleuchteten Tor von 27/2; selbst der rote Stern über dem Stacheldraht glänzt.

Die Begleiter springen ab und donnern an das große Tor, mit den Fäusten zuerst, dann mit den Kolben der Maschinenpistolen. Lange rührt sich drinnen nichts, dann kreischt das Tor in den Angeln, die Flügel werden auseinandergezogen, und, mit steinernen oder überraschten Gesichtern – wer kann's ausmachen – stehen Lagerkommandant, Politoffizier, die rote Olga, die Ärztin, und einige Sergeanten zwischen den klaffenden Torflügeln.

Einzeln werden wir herausgelassen und kriechen, von der martervollen Fahrt zerschlagen, mühsam und unbeholfen auf die feste Erde nieder.

Wir schleppen uns am Empfangskomitee vorbei ins Lager. Die Honoratioren tun, als hätten sie uns noch niemals gesehen und als müßten sie sich vor Ekel über die Kriegsverbrecher schütteln, die sie von nun an widerwillig zu bewahren und aufzuheben hatten.

Es verfängt nicht, daß einige versuchen, mimisch an eine Bekanntschaft von früher anzuknüpfen. Sie schauen starr durch sie hindurch und über sie hinweg.

Der Nachbar stößt den sich Anbiedernden an und flüsterte:

"Was soll das? Merkst du denn nicht, daß sie getrimmt sind? Entweder wußten sie bis zu diesem Augenblick nicht, daß wir wieder zu ihnen kommen oder aber, sie verhalten sich, wie es in Arbeits- und Besserungslagern üblich und befohlen ist. Anbiedern gilt nicht."

Und das läuft wohl in den Hirnen auf der anderen Seite ab: Die Kriegsgefangenen, die man einst kannte, mit denen man zu verhandeln hatte und die man wohl einmal persönlich ansprach, waren vor Zeiten einzeln und in Gruppen von hier weggekommen. Man hatte ihnen vorschriftsmäßig die für den Tag zustehenden Produkte mitgegeben und ihnen darüber hinaus versichert, sie würden bald zu Hause sein. Das war das eine, das andere war, daß jetzt gewöhnliche Verbrecher herkamen, zum Tode oder zu 25 Jahren Arbeits- und Besserungslager verurteilt. Sie hatten das Gesicht von Feinden verloren und das von verachtungswürdigen Kriminellen angenommen. Nitschewo – Andere, Fremde.

Während sie zählten, ließen sie uns vorbeiziehen. Hinter uns verriegelten sie das Tor und überließen uns uns selbst. Wir waren drinnen und kamen uns vor wie Napoleons Grenadiere, als sie sich 1812 nach Moskau hineintasteten. Wir dachten an die Kameraden, die wir vor Wochen und Monaten hier verlassen hatten.

Wieder in Krasnogorsk

Der Aufenthalt in den Zellen hatte unsere Leiber empfindlich werden lassen. Die Kälte war zum Fürchten; wir zitterten vor Müdigkeit, Hunger und Durst. Trockne Zungen klebten am trocknen Gaumen. Doch die Augen tränten, die Nasen liefen. Immer wieder wischten wir sie mit dem Handrücken ab. Die Gesichtshaut spannte, als wolle sie aufreißen, doch dann fühlte man sie nicht mehr, auch die Nase wurde zu einem Fremdkörper. Jeder empfand so, aber keiner sah im Dunkel auf erfrierender Haut die sich bildenden weißen Flecken – und warnte.

Draußen fuhr der Wagen ab, der uns gebracht hatte. Sehr langsam verhallte sein Motorengeräusch bei solchem Frost. Von Moskau nichts mehr. Stille Nacht, in der wir standen und den Atem als Dampf in die Luft hauchten. Nirgendwo Wolfsgeheul. Waren wir der Verfolgung entkommen?

Keine 100 Meter vor uns erhoben sich aus unberührtem Schnee grau bis schwarz die Baracken als Schatten vor einem noch mondlosen Himmel; Schemen ohne Leben, so mußte es sein; denn ein Lager mit Menschen regt sich auch nachts.

Der einzelne Scheinwerfer legte den roten Stern über dem Tor als schwarzen Schatten vor uns hin; Geheiß, uns weiter vorzuwagen. Schließlich waren wir ja 25 Männer. Wir stapften zu den Häusern hinüber; kein Trampelpfad, nirgends aufgeworfene Schneehaufen. Haus um Haus tief eingeschneit, verweht, menschenleer, tot, aus sich heraus still.

Aber doch kein völliges Abseits; die Garnison war alarmiert worden, die Wachtürme wurden besetzt. Rauhe Rufe jenseits des Zaunes, Poltern die Stufen hinauf, Schneuzen und Durchladen von Gewehren. Wolfshunde wurden angekettet. Sie setzten sich auf den Schnee und heulten, aber dann begannen sie ihren Lauf zwischen den Türmen und bereiteten sich den Weg im Schnee, der ihnen wohl bis zum Bauch reichen mußte. So war es uns seit Jahren vertraut und bewirkte wie seit je weniger Verzweiflung als Hoffnungslosigkeit. Vergebliches Dasein – endloses Sein.

Aber es schneite und stürmte wenigstens nicht in diesen Nachtstunden eines zu Ende gehenden Jahres. Wir trampelten, unter dünnen Leinenschuhen knirschte Schnee; Kälte kroch uns von Zehen und Füßen her an. Wir mußten ein Dach über den Kopf bekommen, bevor der Schlaf uns überwältigte. Bereits Gehabtes ist sicherer als Nichtbekanntes. Wir bahnten uns den Weg zu den Baracken, aus denen wir weggeholt worden waren.

Hohe Verwehungen an den Eingängen; die Eingangstüren hingen offen in den Angeln; der ewige Schnee war weit in das Innere hineingetrieben worden. Drinnen gleiche Kälte wie draußen und Zerstörung, die wir nicht so sehr erkannten als ertasteten. Wilde Wut hatte sich an allem ausgelassen, was zu zerbrechen, zu zertrampeln und auseinanderzureißen war. Schemel in Trümmern, Tische umgeworfen und auf die Dielen geschmettert, Pritschenbretter zu Feuerholz gemacht, Lampen von den Decken gerissen und schließlich die Ziegelsteine der Öfen ausgebrochen, Asche mit Wasser zu einem gefrorenen Brei verschmiert. Lumpen überall und Kot überall. Die Ratten huschten, als wir sie aufstörten.

Wer mochte derart bestialisch gehaust haben? Kameraden, vom Glücksgefühl überwältigt, lang aufgestautem Haß enthemmten Ausdruck gebend? Daß sie sich nach dem Aufruf zur Heimfahrt mit dem Aufräumen nicht mehr abgegeben hatten, konnten wir uns wohl vorstellen. Wer von ihnen hätte wohl einen Gedanken auf Nachfolger verschwendet und gar für möglich gehalten, daß eigene Leute wieder einkehren würden? Hatte man auch für sie wie seinerzeit für das Pensionat Judas Ischariot und die Schüler der Allunions-Antifa-Schule eine Abschiedsfeier veranstaltet, die sie zur Raserei gebracht hatte? Oder waren nach ihrem Abzug andere eingefallen, hatten Haß und Zerstörungswut, wenn sie schon an die Deutschen nicht herangedurft hatten, wenigstens an dem von ihnen benutzten Gut ausgelassen?

Wir sollten es nie erfahren. Der Lagerkommandant nahm das Chaos nie zur Kenntnis; er erschien erst wieder im Lager, als es im groben gerichtet war.

Wie auch immer; wir flohen und schleppten uns trotzig und wuterfüllt – es war wohl schon Mitternacht – zur Aktivistenbaracke hinauf, die jeder von uns früher gemieden hatte. Sie war verschlossen; wir brachen die Tür auf und fanden in den Zimmern ebenfalls Zerstörungen, wenn auch in weit geringerem Ausmaß als in der Massenunterkunft. Als wir zudem herausfanden, daß man von hier aus direkt in die Banja gelangen konnte, und daß die Wasserleitung dort nicht eingefroren war, stieg unsere Stimmung. Von hier sollte uns keiner vertreiben. Sogar einige Streichhölzer tauchten auf; im unzerstörten Ofen einer Stube legten wir Feuer und unterhielten es mit dem Holz der zertrümmerten Tische und Stühle. Was machte es schon, daß wir im Qualm husten mußten, der aus dem kalten Kamin nicht abzog – es begann ja warm zu werden, und es gab warmes Wasser wie im Kipetok des Gefängnisses. Wir verbarrikadierten uns, indem wir die Eingangstüren mit Möbeltürmen verstellten, und warfen uns mehr als übermüdet nebeneinander auf dem Boden einer Stube nieder.

Nach kurzer Zeit wurden wir jedoch wieder aufgeschreckt; ein weiterer Transport, ebenfalls aus der Peresilka, wurde eingebracht. Mit nachtwandlerischer Sicherheit fanden die Kameraden zu uns; denn das hinter dem Fenster flackernde Licht verhieß Hausung und Wärme. Wir räumten die Barrikaden ab und ließen sie ein.

Die Nacht wurde für alle Beteiligten und Betroffenen lang. Fünf- oder sechsmal wiederholte sich das Spiel, fuhren Gefängniswagen vor und leerten ihren Inhalt in das Lager hinein. Die Nachbarstuben wurden besetzt. Schließlich überfiel der Schlaf aber doch alle Ankömmlinge mit übermächtiger Gewalt; der ungeheuren Erregung folgte eine ungewisse Erleichterung, die Sinne und Glieder erschlaffen ließ. Etwa 200 Mann waren in dieser Nacht auf diese Weise versammelt worden; sie schliefen nahe beieinander in den Stuben einer Baracke wie die Toten. Man ließ sie in Ruhe, kein Sergeant, kein Dijurni zeigte sich im Lager.

Mit dem Erwachen am späteren Morgen löste sich die Erstarrung. Die sich als erste erhoben und auf den Weg durch's Lager machten, schüttelten Widerwillen, Ekel wie auch Niedergeschlagenheit ab und bannten den Frost aus den schon so oft gebeutelten Seelen. Noch lebte man, und leben hieß, sich wieder einmal einrichten und Ordnung machen. Die gefürchtete Reise nach Sibirien, Kolyma oder zum Galgen schien vorerst vertagt worden zu sein. Waren es morgens nur wenige, mittags mehr, so waren zu guter Letzt alle, die sich aufraffen konnten, auf dem Wege, um herauszufinden, was geschehen war, und beizuschaffen, was an Verwendbarem herumlag und mitgenommen werden konnte. Das große Aufräumen begann erleichtert dadurch, daß sich die Mehrzahl von uns auskannte. Gruppen schwärmten vornehmlich in die Unterkünfte aus, in denen vormals Gefangene der gehobenen Laufbahn gewohnt hatten, und brachten eine Menge von Gegenständen bei, die das Mobiliar verbesserten oder den Stuben zum Schmuck gereichten. Küche, Klub, Bäckerei, Revier und natürlich das russische Dienstgebäude innerhalb des Lagers erwiesen sich als verschlossen und fest verriegelt, also als offenbar ungeplündert und für uns unbetretbar, indessen gelang uns der Zutritt zur Antifaschule unter relativ geringer Nachhilfe und wir befanden uns beinahe in einem Paradies; denn wir fanden Schüsseln, Eimer, Eßnäpfe, Besen, Lappen und viele andere Primitivhaushaltsgeräte. Aus der Bibliothek ließen wir an Büchern mitgehen, was uns gefiel. Die Prachtbände der Reichsheiligen Lenin und Stalin und der sonstigen seligen Marxisten blieben in den Regalen ungeplündert stehen.

So richteten wir uns ein; glücklich darüber, daß wir anscheinend für uns blieben und keiner auftrat, der Vorschriften machen wollte. Aus ungefeiertem Silvester 1949 wurde unbejubeltes Neujahr 1950, der Tag, an dem die Sowjetunion die Freigabe sämtlicher deutscher Kriegsgefangenen versprochen hatte. Jetzt galt es, die Gegenwart zu bestehen. Von der Zukunft machten wir uns zweckmäßigerweise keine Vorstellungen.

Zum Bestehen der Gegenwart gehörte der Kontakt mit den Russen, der notwendig wurde; als diese nämlich keine Schritte unternahmen, uns zu verpflegen, verdichtete sich die unterschwellige Wut in uns. Wollten sie uns im Hunger verkommen lassen?

Der junge Hauptmann Rosenow, der vollendet russisch sprach, ging zusammen mit anderen zur Wachstube, die zum Lager hin ein Fenster hatte, rief den Wachhabenden und forderte ihn auf, den Kommandanten zu holen. Man habe mit ihm zu sprechen. Der Major erschien nach einiger Zeit wirklich mitsamt seinem ganzen Stab und im Schutze bewaffneter Soldaten am Tor. Rosenow forderte im Namen aller Regelung der Verpflegung, da es bei gelegentlicher Ausgabe von Brot am Tor nicht bleiben könne, und verlangte Wäsche, Einschaltung des Stroms, Brennholz, Werkzeug, um Reparaturen vornehmen zu können, und schließlich den Einsatz der im Lager befindlichen Spezialisten in ihrem Arbeitsbereich.

War es Überraschung, war es Schauspielerei? Die Russen taten überrascht, als wir behaupteten, es sei nicht alles in Ordnung. Sie berieten miteinander und gaben schließlich ihre Zusage, offenbar erfreut, daß die Verbrecher nicht meuterten und sich auch nicht gegenseitig die Köpfe einschlugen. Wahrscheinlich waren sie sogar ganz zufrieden, daß die früheren Verhältnisse wiederhergestellt wurden und sie sich nicht mit neuen Problemen abzugeben hatten. In der Folge wurden in der Tat alsbald Wäsche und "Produkte" angeliefert; dennoch hungerten wir weiter, weil die Verpfle-gungssätze jetzt lediglich denen nicht arbeitender "Saklutschoni", das heißt Verbrechern in Arbeits- und Besserungslagern entsprachen. Aber erfahren in der Kunst zu darben, arbeiteten wir zunächst lediglich insoweit, als es zur Verbesserung der eigenen Lage erforderlich war. Sogar Werkzeug wurde, wenn auch nur sehr zögernd, ausgegeben und abends zur Gänze wieder eingesammelt, um zu verhindern, daß irgend ein Stück als Waffe zurückgehalten würde. Hingegen ließ man Köche, Wäscher und Bademeister relativ bald wieder ohne Aufsicht arbeiten, während wir Ärzte zunächst ausgeschlossen blieben. Vielmehr erschienen die rote Olga und eine Feldscherin und versahen die Ambulanz. Doch allmählich wurde ihnen das zuviel, und die deutschen Ärzte konnten sich Schritt für Schritt die Positionen wieder erobern, die sie als Kriegsgefangene schon einmal inne gehabt hatten. Ihre Hilfe bestand zumeist aus Zuspruch und Rat, denn die Medikamente, die die Feldscherin täglich in einem Korb brachte, reichten bei weitem nicht aus.

Auch wurde für jede Baracke ein Ältester gewählt und Rosenow in seiner Eigenschaft als deutscher Lagerkommandant russischerseits bestätigt.

Die Folgen der nach wie vor unverständlichen Zerstörungsaktion waren bereits Ende Januar weitgehend behoben. Ohne Anweisung und Hilfe von außen hatte sich das Lager wieder belebt; wie selbstverständlich ordneten sich die Dienste, die für Erhaltung und Fortführung des Gemeinschaftslebens erforderlich waren. Selbst Latrinenwärter fanden sich.

In unregelmäßiger Folge kamen weitere Transporte, die auf die anderen, inzwischen wieder gerichteten Baracken verteilt wurden. Ende des Monats Januar waren etwa 500 Mann versammelt, die jetzt aus anderen Regionen als dem Stadtbereich Moskau hergebracht wurden. Viele von ihnen waren durch zahlreiche Gefängnisse gegangen und hatten überall Deutsche getroffen, die zum Teil noch gar nicht verurteilt worden waren. Des Fragens war also kein Ende. Manche, vor Jahren voneinander getrennt, fanden sich als Kriegsverbrecher wieder zusammen. Vom Schicksal Anderer erfuhr man über Dritte und Vierte. Und man konnte offen sprechen; es gab keine Denunzianten mehr.

Die vielerlei Nachrichten, die zusammen kamen, beruhigten nicht, sie verstärkten vielmehr die untergründige Erregung und hektische Betriebsamkeit, in der sich alle befanden. Der Grund unter unseren Füßen war dünn, war heiß; in der Tiefe züngelten die Flammen; nicht, noch nicht exekutiert, nicht, noch nicht vereinzelt, zum Verschleiß dorthin verschleppt, wo Millionen von Zwangsarbeitern unzähliger Nationen, Rassen und Sprachen zugrunde gingen.

Dort Erdbeben, hier Vulkane und überall vernichtende Abgründe und Aufbrüche. Alles bebte, und Vorausdenken war tödlich. Man lebte, wollte man die Existenz bewahren, dem Augenblick und verdrängte jeden Gedanken an eine nächste Stunde. In dieser Weise verging das erste Vierteljahr. Der Stamm des sowjetischen Lagerpersonals blieb der gleiche wie im Jahre zuvor. Aber kaum einer aus der Kommandantur kümmerte sich um die Gefangenen. Kein Blauer warb Spitzel, kein Kulturoffizier regte Veranstaltungen an, kein Feldscher bemängelte unzureichende Sauberkeit; ja diejenigen, die für das Lager verantwortlich waren, vermieden nach

Möglichkeit, es zu betreten. Ganz offensichtlich wartete man auf Anweisungen, wie man weiterhin mit uns verfahren solle.

Lediglich der Wachhabende und sein begleitender Sergeant erschienen regelmäßig zu den Zählungen vor uns. Sie waren die einzige Verbindung nach außen und wurden mit Fragen und mehr oder weniger bösartigen Zurufen überschüttet. Sie wurden geradezu gereizt, denn ihren Reaktionen konnte man entnehmen, was bei Versammlungen und Schulungsabenden über uns gesagt wurde. Verteufelte man uns, dann waren auch sie bösartig. Dann schrien sie, jeder von uns habe Tausende von Russen, darunter auch eigene Verwandte, auf dem Gewissen. Deshalb sei es sonnenklar und nur recht, daß auch wir demnächst die gerechte Strafe erhalten und am Galgen baumeln würden. Lachend und sich auf die Schenkel schlagend machte der eine oder andere die Geste des Schlingenumlegens. Er steigerte sich, wenn seine Phantasie mit ihm durchging, zu einem drastischen Bericht, wie wir in ein gut geknüpftes Hanfseil fallen und einer neben dem anderen am Galgen im Winde schaukeln würden – bum, bum. Einer trieb den anderen an, und alle weideten sich, indem sie Ängste und Qualen ausmalten.

Anderntags erschienen sie übertrieben freundlich mit einem herzlichen "skoro damoi" und erzählten zuvorkommend, wie fröhlich und munter die Towarischi von der Antifa-Schule nach Berlin gefahren seien. Das seien – anders als wir – wahrhaft gute Kommunisten, die Deutschland unausweichlich zu einer Unionsrepublik machen würden. Dann nur noch "druschba" – Freundschaft allezeit; niemals mehr "woina" – Krieg und Gitler. Um uns aufzumuntern, malten sie dann im Wechselgesang deftig aus, wie diese Towarischi sich nach so langer Enthaltsamkeit bei den Frauen verhalten würden – wohingegen wir – verächtliche Handbewegung! Redeten sie in dieser Richtung, dann hatten die Deutschen tagszuvor bei der Schulung eine bessere Note erhalten. So ging eine psychische Wechseldusche auf uns nieder, deren scharfen Strahlen so mancher, der solche Ansprachen als Wirklichkeit nahm, nicht mehr gewachsen war. Kein Wunder, daß nicht wenige der in dieser Weise Malträtierten zusammenklappten, verzagten, und daß sich infolge dessen das Krankenrevier, dessen Wiedereinrichtung Rosenow erwirkt hatte, schnell füllte.

Auch ich kam hinein, nicht als Patient, sondern als Nachtsanitäter. Die ärztlichen Freunde wollten mir das Leben erleichtern und schmuggelten mich auf diesen, dem Tageslicht und damit voraussichtlich der sowjetischen Aufsicht entzogenen Posten ein. Zufrieden saß ich in Mantel und Decke gehüllt im zugigen Flur der Sanitätsbaracke, überwachte die Kranken, die hinausmußten, machte mich auf den Weg zu ihnen, wenn sie zu lange wegblieben, redete diesem und jenem zu, wickelte gewaschene Binden und verteilte die vorgeschriebenen Säfte und Pulver. Dazu stahl ich aus dem Restbestand der Antifa-Schule die letzten lesenswerten Bücher und gedachte, mich auf diesem Niveau bis zum nächsten Ereignis einzurichten. Dies trat unglücklicherweise bereits nach wenigen Tagen ein. Die Ärztin Olga kontrollierte, wahrscheinlich nach einem hitzigen Schulungsvortrag, überraschenderweise nachts, fand mich vor und veranlaßte, daß ich sofort hinausflog und den Schlafplatz im Sanitätszimmer verlor. Diese urplötzliche Aktivität ließ mich erkennen, in welchem Ausmaß ich zur "persona ingrata" geworden war, sowohl bei ihr wie überhaupt, mithin keiner irgendwie bevorzugten Lagerbeschäftigung würdig. Ich räumte also meine Sachen zusammen, wobei ich mich nicht einmal mit einer Decke bereichern konnte, und verließ den Sanitätsdienst, um mich in einer Stube wieder hintanzulegen und mich vom schlechtesten Liegeplatz nach und nach zu einem wärmeren hinaufzudienen.

Die Wochen schlichen düster dahin; wir vegetierten im Schatten, in der Kälte bei leeren Mägen und kamen wieder ganz schön herunter. Wie sollte auch im Lager etwas gehen! Die Schlüssel zu unserem Schicksal lagen im nahen Moskau. Berija oder Stalin selbst hatten sie in eine ihrer Hosentaschen versenkt, grummelten dort ein wenig mit ihnen herum, kratzten sich am Kopf, spien aus und erwogen, ob sie eher in das Schloß der Vernichtung oder das der Versöhnung und Freundschaft paßten. Die Entscheidung erforderte einige Überlegungen, und mit ihnen ließen sie sich Zeit, um abzuwarten, wie man draußen in der Welt über diese Sache dachte. Im Steinherzensgrund blieben sie überzeugt, daß sie eine außerordentlich mildreiche Geste getan hatten, als sie so viele heimziehen ließen und nur so wenige nicht einmal am Boden zertreten, sondern lediglich den Schlingen sowjetischer Gesetze überantwortet hatten.

Im März hatten sie schließlich ihren Entschluß gefaßt. Sie lupften den Deckel; die Väterchen sahen in den grollen Topf hinein und betrachteten das darin konservierte Spielzeug mit Vergnügen. Sie fingerten sich Figuren heraus, untersuchten sie auf Schönheitsflecke und prüften die verblassenden Farben auf Lichtechtheit und Haltfestigkeit. Dann trommelten sie der Vollständigkeit halber 100 erfahrene Menschenprüfer zusammen, um von ihnen die Schafe von den Böcken trennen zu lassen. Aber sie erfüllten das Soll nicht schnell genug, drum stieß Väterchen Stalin seinen Berija an, lachte "nitschewo, jetzt würfle du". Da kamen die Sechser hierher, die Einser dorthin, jeglicher auf seinen Haufen, ungewichtet nach der Schwere des vorgeworfenen Verbrechens und der Höhe der Strafe. Nach dem letzten

Wurf sagte das Väterchen der Völker "dawai", ließ die Hälfte der Verbrecher verpacken und beförderte sie nach Hause.

Dies geschah im März 1950 und stellte sich als ein Beben dar, das einmal mehr die Brüchigkeit unseres Lebensgrundes erwies. Von einem Tage zum anderen besetzte eine Unzahl von NKWD-Offizieren die Vernehmungszimmer und begann in gewohnter Weise zu identifizieren, zu befragen und festzustellen. Etwa jeder Zweite wurde, diesmal angenehmerweise am Tage, geholt, und es kam zu außerordentlichen Ereignissen. Den einen wurde die Aussetzung der Strafe mitgeteilt, andere wurden von dreimal zu einmal Todesstrafe herunterbegnadigt, und mir, der ich kein Gnadengesuch eingereicht hatte, wurde mitgeteilt, man habe meinem Gesuch stattgegeben, das Todesurteil aufgehoben und mich zu 25 Jahren Arbeits- und Besserungslager verurteilt.

Noch lief dies ab, da wurde in der Kommandanturbaracke innerhalb des Lagers ein Salonzimmer mit Sofa und Plüschsesseln, die von draußen angebracht wurden, eingerichtet und immer wieder von unterschiedlichen Offizieren begutachtet.

Kaum war Zufriedenheit signalisiert, da fuhr aus Moskau ein General an und bemächtigte sich der neugeschaffenen Residenz. Hierher bestellte er die Amnestierten Mann für Mann, empfing sie inmitten der Lageroffiziere, beglückwünschte einen jeden feierlich und teilte mit, daß er in den nächsten Tagen repatriiert werden würde. Eindringlich wies er auf den Edelmut der großen Sowjetunion hin, die allein solches ermögliche, und forderte, man solle in der Heimat die Wahrheit und nur die reine Wahrheit berichten.

Völlig verstört taumelten die Männer, die sich beim Eintritt noch mit Strafgrund und Strafmaß hatten melden müssen, aus dem Gemach. Unglaubliches war ihnen widerfahren. Die Strafen, die man den einen erlassen hatte, legte man uns Verbleibenden auf, und wir wurden zusätzlich verteufelt, ein psychologisch geschickter Akt, da den Gehenden auf diese Weise, auf feine Weise, beigebracht wurde, daß sie beinahe die Opfer von Schwerstverbrechern geworden seien.

Gott sei Dank – ach nein, dank Stalins Weisheit habe die Regierung rechtzeitig erkannt und deutlichgemacht, daß es in der Sowjetunion nicht wie anderswo heiße "mitgefangen – mitgehangen".

Wir zählten aus, wieviele weggingen – es waren fast auf den Mann genau die Hälfte. Und so erwies es sich wieder einmal als wahr, daß ein Russe sich stets nur halb entscheiden und ein Problem niemals ganz aus der Welt räumen wird.

Wir meinten, sicherlich habe bereits Rurik auf dem Sterbebett zu seinen Erben gesagt: "Niemals dürft ihr eine Beute ganz aus der Hand geben, auch wenn sie vielleicht im Augenblick keinen Wert für Euch hat oder sogar eine Last darstellt. Wenigstens zum Teil müßt Ihr sie immer behalten. Wisset, so sagt Euch Rurik, die Zeiten verändern sich ständig, und der Inhalt eines Mistkübels kann auch einmal Goldeswert annehmen, wenn andere aus irgendwelchen Gründen auf ihn erpicht sind. Dann schlagt ihn los. Irrt man sich, bleibt er wertlos, dann 'nitschewo', auch Mist kann man immer noch irgendwie nützlich verwenden." Das sagte Rurik, der ein großer Russe war, zu seinen Erben – auf dem Sterbebett. So wichtig war's ihm.

In aller Eile tauschten Scheidende und Bleibende letztmals Adressen aus. Während sie eingekleidet wurden und zum Tor marschierten, hatte man uns in die Baracken eingeschlossen.

Wenn es auch tagsüber taute, so hatte die Schlammperiode doch noch nicht eingesetzt. Wir waren in Schnee eingebettet, dennoch lag eine Ahnung, ein Hauch von Frühling in der Luft, der uns als Vermächtnis hinterlassen wurde. Denn wir alle – sie und wir – hatten wiederum erfahren, daß es selbst dann weitergeht, wenn alles ringsum verstellt ist und aussichtlos erscheint.

Wiederum blieben alte Grenadiere an der Stacheldrahtfront zurück. Das Lager war jetzt nur noch zum geringen Teil belegt.

Verwandlung

Einen Monat später waren auch wir auf dem Wege.

Bald nach dem Weggang der anderen mehrten sich die für eine Lagerauflösung sprechenden und sorgsam registrierten Anzeichen. Das Interesse des Lagerpersonals an der Vollständigkeit des Inventars nahm zu, das an den Gefangenen weiterhin ab. Das Verschwinden eines Hemdes setzte beinahe eine Staatsaktion in Gang, während die Zählung immer nachlässiger gehandhabt wurde.

"Nicht weit", sagten sie, "in das andere Lager, Krasnogorsk 27/1". Wir marschierten, streng zusammengehalten durch eine halbe Kompanie Soldaten und viele schöne Wolfshunde, außerdem zu absolutem Schweigen vergattert, etwa fünf Kilometer weit aus dem einen Tor heraus und in das andere hinein. Das "Gepäck" war auf einem LKW zusammengeworfen worden, und auf diesem saßen unsere nicht mehr marschfähigen Kranken, um es vor dem Abrutschen und Hinunterfallen zu bewahren. Langsam, in den Kordon eingezogen, kroch das Auto hinter uns her.

Wie seither stets und allenthalben um diese Jahreszeit, tat sich in sämtlichen Lagern der Sowjetunion etwas. Mit Beginn des Frühjahrs und damit einer neuen Arbeitsperiode rückte der Zeiger des Allunions-Fünfjahresplanes ein Stück weiter. Dieses Vorrücken aber brachte Bewegung bis in die Gefangenschaften der Gebiete von Workuta, Magadan und Kolyma.

Von Posten belauert, die jedes Flüstern mit einem Kolbenstoß ahndeten, trotteten wir in Tuchfühlung und doch weit voneinander entfernt auf der morastigen Straße dahin. Wiederum, wie schon 1945/46 oder vor Wochen nach der Verurteilung, kreisten die Gedanken eines jeden so sehr vom Nachbarn Entfernten um düsteres, langsames Enden, um Dahinfaulen oder gnädiges, schnelleres Dahinsiechen, wenn nicht um den zuerkannten und letzte Würde nehmenden Tod irgendwo am Galgenstrick. Wer könnte schon hierüber hinaus denken, wenn er doch weiß, daß auch der kommende Tag nur Gefährdung bringt? Vergangenheit bedeutete nicht mehr viel; sie war verblaßt. Entstand sie ab und zu farbig und lebendig für Blitzeslänge in Traumgebilden, so war das keine Gnade des Himmels; denn der in die Wirklichkeit Zurückgestoßene empfand die Täuschung um so entsetzlicher. Vor wenigen Jahren groß und sieghaft, waren wir zu den Verdammten dieser Erde geworden, zur Generation, die verschlissen und zertreten wurde.

Die, die von Gefangenschaft niemals etwas erwartet hatten, nahmen das Bevorstehende mit Gleichmut zum Vergangenen hinzu und erwarteten in stumpfer Neugier ihren Zusammenbruch unter unerträglicher Last. Sie marschierten oder wurden getrieben, das kam allmählich auf das Gleiche hinaus; in jedem Falle drohte auf diesem Wege das Ende.

Der stinkende Tod war vertrauter Gefährte.

Noch nicht so fügsam hingegen zeigten sich Aktivisten und Mitläufer, welche mit uns, den Verdächtigen, weil nicht hinreichend Gebrochenen, mitgefangen worden waren. Ihnen gingen die Augen auf und über, als sie gewahr wurden, daß die Towarischi einen grausamen Spott getrieben und sie verhöhnt hatten, als sie sie streichelten, lobten oder bevorzugten – nützliche Objekte zum Zwecke der Diversion und Beherrschung einer Gefangenenmasse. Bis in die Gerichtsstunde hinein hatten sie von der großen, duldsamen, verzeihenden und allwissenden Vaterfigur Stalins gesprochen, ihm an dem zur Opferdarreichung vorgesehenen Tagen öffentlich gedankt und unentwegte Gefolgschaft zugesagt. Er würde, so hatten sie insgeheim errechnet, bewiesenes Wohlverhalten anerkennen, ihnen seinen starken Arm leihen und sie in die Heimat und dortselbst in angemessene Positionen bringen.

Und dann war der rote Vorhang von oben bis unten zerrissen; das Gesicht des Dämons kam zum Vorschein.

Von Podesten und Vortragspulten stürzten sie in die misera plebs hinein, die sie zuvor nur verachtet, belauert und beschimpft hatten. Mit ihr mußten sie sich nun amalgamieren, wenn sie überleben wollten, die Generäle und Stabsoffiziere, die Feldwebel und Mannschaften, Akademiker und Beamten, Arbeiter, Angestellten und schließlich auch die werkbesessenen Handwerker wie etwa die beiden Kunsttischler, die im Auftrage des Lageraktivs, mithin aller wahrhaft demokratischen Kriegsgefangenen – so stellte man es ihnen vor – ein Meisterwerk von Tisch mit Intarsien und Edelhölzern fertigten. Eine Delegation, in die man sie hinein nahm, brachte das Geschenk zu Hofe, in den Kreml, und tauschte sich das Versprechen des "skoro damoi" ein. Aber wer hält sich an Worte! Man schob auch sie ins Gefängnis ab und nach der Verurteilung ins Arbeitslager, wo sie Baumstämme verluden, also am Holz blieben. Hatte einer Charakter, so hatte er sich schließlich an die Stirn geschlagen und gerufen: "Ich Narr, ich Tor!"

Mancher tat's, durch Stalins Eisenbart-Kur zum Manne gereift.

So vermengt, trotteten wir nebeneinander wortlos vom alten in das neue Lager hinüber. Die gleichen Posten umstellten uns, der Konvoiführer brüllte uns in gleicher Weise an. Gehetzt stolperten und rutschten wir weiter. Und während sie sich alle in gleicher Weise abmühten, begann unter den zerschundenen Männern, die im Mörser der politischen Indoktrination und der ungeheuerlichsten Beschuldigungen zerstoßen, verrieben und um jede Gemeinsamkeit gebracht worden waren, wie durch ein Wunder das Neue, eine allein auf sich selbst bezogene Ordnung zu entstehen. Ohne Ausnahme waren sie sämtlich zutiefst erniedrigt und in jeder Weise entwertet worden, aber gerade darin fanden sie Verbindendes, die überwältigende und tödlich sichere Erfahrung nämlich, daß ihnen Unrecht angetan worden war. Ihr kleines Deutschsein erkannten sie, als sie Schritt vor Schritt setzten, als Not, als Recht und als Band.

Was sie getrennt und mit Wut aufeinander erfüllt hatte, Verstocktheit oder Opportunismus, Selbstgefälligkeit oder Hörigkeit, Feigheit oder stures Beharren und dazu so viel anderes Menschliches, verlor angesichts von Erniedrigung und Verwundung an Inhalt und jeglicher Bedeutung.

Äußerlich durch Zwang zusammengepreßt, rückten sie im Inneren wie von selbst zusammen, trafen sich miteinander und gingen von diesem Hinübermarsch an bis an das Ende des ihnen bevorstehenden Weges nebeneinander, ohne über Vergangenes zu richten oder überhaupt zu hadern.

Aus einer durch eine Verurteilung gegen jedes Recht entstandenen Erschütterung erwuchs also gerade das, was die Gegenseite nicht nur hatte verhindern, sondern ganz unmöglich machen wollen, der Wille und schließlich auch die Kraft zur gemeinsamen Behauptung. Hatte man ihnen einen Teil ihres Gewissens entwendet, so fanden sie es auf dieser Wegstrecke wieder. Als sie drüben durch das weit geöffnete Tor einzogen, kam eine neue Gemeinschaft an. Diese eine Stunde war ihnen zu einem Purgatorium geworden.

In der Folgezeit lehnten wir uns erbittert gegen alle Versuche kommu-nistischer Beeinflussung, welche zunächst wieder unternommen wurden, auf. Durch Hohn, Spott und aggressive Fragen, wie sie vordem nie gewagt worden wären, erreichten wir, daß sie schließlich unterblieben. Die sowjetischen Propagandaoffiziere stellten auf Nachrichtenübermittlung um. Aber den geschärften Ohren derer, die nichts mehr glaubten und Mitge-teiltes nicht mehr gläubig übernahmen, erwiesen sich die Neuigkeiten bald als gefiltert, manipuliert und damit unwahr. Der Koreakrieg, der uns sehr beschäftigte, setzte sich im Lager im Kleinen fort; als wir die sowjetisch-chinesischen Siegesmeldungen geographisch analysierten, zeigten sich die Diskrepanzen zwischen Ort und Wort. Erfahrene Besiegte, die wir waren, verspotteten wir die über die Grenzen zurückgewichenen Sieger, bis der kleine Politoffizier sich zu der Behauptung hinreißen ließ, die nach Repatriierung der Deutschen aufgelassenen Lager seien bereits wieder mit Amerikanern und Engländern belegt worden. Es war sein letzter Versuch, uns politisch zum Fürchten zu bringen.

Die daraufhin insgeheim weitergetriebenen Bemühungen des NKWD zur Untergrabung dieser sehr unbequemen Einigkeit scheiterten in der Folge ebenfalls, wenn sich auch einige zunächst als schwach erwiesen. Die Politoffiziere gingen in der bekannten Weise vor, daß sie ihren aus früherer Zeit bekannten Aktivisten Erleichterungen in Aussicht stellten. Augenzwinkernd und an früher bestehende Vertraulichkeit anknüpfend, erklärten sie ihre – natürlich äußerst bedauerliche – Verurteilung damit, daß man doch einige Zuverlässige unter den Großverbrechern hätte belassen müssen, um die Arbeit für den Frieden fortsetzen und die reaktionären Elemente in Schach halten zu können, die man ja jetzt eng auf eng zusammen habe und deren verschwörerische, volksfeindliche Aktivitäten entlarvt werden müßten.

Einige Angesprochene vergaßen das ihnen Angetane und stellten sich treuherzig-unbelehrt nochmals zur Verfügung, aber auch wir kannten unsere Pappenheimer und gebrauchten jetzt die Waffe, die sich alsbald als vortrefflich erwies, Hohn, Lächerlichkeit und Kennzeichnung. Irgendwo trug so einer, ohne es zunächst selbst zu bemerken, etwas Rotes an sich. Erst Gelächter und indiskrete Fragen des Nächsten ließen ihn gewahr werden, daß er gezeichnet wurde. Er wurde nicht isoliert, nicht ausgestoßen, kaum bösartig angeredet, sondern lediglich verspottet und darauf hingewiesen, daß seine Verurteilung eine durchaus angemessene Belohnung für die früher geleisteten Dienste darstelle. Galgenhumor erwies sich als vortreffliches Therapeutikum.

Es brachte keinen Vorteil und keine Macht mehr, mit den Sowjets zu paktieren. Und so zog sich einer nach dem anderen aus der flüchtigen Liaison wieder zurück, ohne daß die Russen nachfaßten und die in ihrer Hand befindlichen Druckmittel benutzten. Sie sahen vielmehr ein, daß sie politisch nichts mehr über uns vermochten, stellten die diesbezüglichen Bemühungen nach und nach ein und beschränkten sich auf die Überwachung der kulturellen Betätigung, die sich während dieser Zeit unter uns mit Macht verstärkte. So ließen sie uns, was ganz ungewöhnlich war, in gewisser Weise nach unserer Fasson unselig werden.

Hingegen sahen sie um so genauer und strenger auf Arbeitsleistung. Als Kriminelle waren wir lediglich Werkzeuge, und als solche wurden wir zwecks Erhaltung der Leistungsfähigkeit nach Maßgabe des zu erwartenden Nutzens gepflegt.

Es entwickelte sich also, um es nochmals deutlich werden zu lassen, unter uns Verurteilten eine innere Freiheit, wie sie in allen Jahren zuvor niemals bestanden hatte. Sie entsproß dem Bewußtsein eines gemeinsam erfahrenen Unrechts, der Erfahrung, wehrloser Gegenstand eines grandiosen Rechtsbruchs zu sein, und der vereinenden Überzeugung, daß wir alle miteinander auf den gleichen Weg gestellt worden waren, gleichviel, ob wir es schon verstanden hatten oder erst begreifen mußten. Mochten vordem viele Einzelne mit mehr oder weniger Erfolg ihre Haut und ihre Heimkehr durch Gefügigkeit und, schlimmer, durch Verrat an Mitbetroffenen gerettet haben, so war dies jetzt vorbei. Es war nicht mehr möglich, das liebe Leben zu erhalten und das Dasein zu verbessern, indem man zum Wolf des Nächsten wurde. So wie die Dinge lagen, kamen wir entweder alle, die das noch erleben würden, zusammen nach Deutschland zurück – oder keiner.

Den Einsichtigen ging auf, daß man keinen Einzigen fallen und deshalb das Licht der Hoffnung niemals erlöschen lassen dürfe. Diese Erkenntnis kam allen, und sie wurde ein wesentlicher Antrieb zu den kulturellen Bemühungen. Zugleich vollzog sich in aller Stille und kaum nach außen projiziert und bekannt, eine Schuldumkehr.

Fünf Jahre hatte man uns – und keiner konnte sich den vorgebrachten Tatsachen entziehen – unsere verbrecherische Schuld vorgeworfen und Mann für Mann mit ihrem Gesamtgewicht beschwert. Man hatte uns ja, wenigsten leiblich und unsere Augen und Ohren, und so wurde uns nichts erspart. Unausgesetzt waren wir mit Worten und Bildern gerichtet worden, und unausweichlich drang das, was die meisten Gefangenen erstmals erfuhren und als wahr hinnehmen mußten, tiefer und tiefer in das Gewissen eines Jeden, belastete und zermürbte ihn. Während nun die mit unserer Schuld belastete Schale tiefer und tiefer sank, wurde die der Sieger, gereinigt, poliert und entleert, von Jahr zu Jahr leichter, schimmernder und stieg hoch in den Himmel hinein. Aus der Tiefe unserer kläglichen, gegenwärtigen Nichtigkeit schauten wir in jene Höhen empor, die allein den Siegern vorbehalten waren und deren Licht sie für alle Zeiten und für sich wahren wollten. Unschuld und Recht waren die Putzmittel, die allein sie in den Händen hatten. Uns verblieb der nachtschwarze Circulus vitiosus von Selbstbezichtigung und Verbrechenslast, aus dem wir uns nach ihrem Willen niemals herausfinden sollten. Aber dann überzogen sie und erwiesen sich als Menschen, wie auch wir es waren. Das hohle Machtgebäude, das die Sowjets auf dem Fundament unserer Schuld errichtet hatten, fiel in sich zusammen, als sie mit Verurteilungen aus durchsichtigen, nichtigen Gründen selbst eine erkennbare und echte Schuld auf sich luden.

Sie hatten die Gerechten gespielt und waren keine; sie hatten vorgegeben, jeder Strafe müsse eine Schuld entsprechen, jetzt ließen sie sich von Haß und Rachsucht leiten. Denn nicht etwa nur vorgeschobene Handlungen und erfundene Untaten in der Kriegszeit waren Anlaß, Männer vor Gericht zu zerren, sondern oftmals lediglich die trotz Gefangenschaft und Verfolgung nicht verlorene männliche Haltung. Damit verloren sie das Maß und ihre usurpierte Glaubwürdigkeit. Die Scheinwaffen, mit denen sie uns bisher in Schach gehalten hatten, wurden zu dem, was sie waren, politischem Spielzeug.

Erst als Verurteilte bekamen wir wieder festen Boden unter die Füße. Dies ging den einen alsbald, anderen erst in Jahren, manchen aus eigner Einsicht, vielen durch Übermittlung auf. Die künstlichen Nebel, die uns die Sicht genommen hatten, lichteten sich, und aus erlittenem Unrecht erwuchs uns endlich wieder ein Recht. Wir begriffen seinen Wert und sahen daraufhin wahrhaftig ein, was wir getan und verschuldet hatten. Wir waren, ganz auf uns selbst zurückgestoßen, einsichtig geworden.

Soweit im Zeitraffer die innere Bildung, die den Wesensgrund manches Mannes derart entscheidend veränderte, daß er später nur dem leiblichen Gehäuse nach der frühere war.

Auf dem Wege durch das weite russische Land hatte er viel verloren und viel gewonnen – beinahe wie jener Mönch, der 100 Jahre verschlafen hatte, trat er über die Schwelle des heimatlichen Hauses, uralt, erfahren und ausgeformt. Unsere Veränderung blieb nicht ohne Wirkung auf das Verhalten der Gegenseite, unserer Bewacher nämlich, unserer Beobachter und Verfolger.

Ihr Verhalten war durch Anweisung und Befehl genau und umfassend geregelt, aber sie wurden unsicher, ob sie sie auf uns auch genau und umfassend anwenden sollten. Vom Kreml aus, wo man offensichtlich nach Entlassung der einen noch keine endgültigen Entschlüsse über die anderen gefaßt hatte, mischten sich Frost und Tauwetter. Strenge Anweisungen waren dennoch nicht eindeutig. So taktierte das Lagerpersonal in dem sicheren Bewußtsein, daß es für alle Handlungen, die dem schließlichen Beschluß widersprachen, verantwortlich gemacht werde, hin und her; denn jeder sowjetische Untertan verfügt über ein untrügliches Gefühl für die Gefährlichkeit zwielichtiger Situationen, die immer nur ihm zum Schaden geklärt werden. So arrangiert er sich, indem er laviert. Unsere Wächter wollten zwar nicht, daß wir es gut hatten, aber ebensowenig, daß wir zu Verzweiflungshandlungen getrieben würden. Sie zeigten sich überrascht, daß wir unter dem Gewicht der Urteile nicht willenlos und fügsam, sondern im Gegenteil härter geworden waren, und diese Überraschung bewirkte ein gewisses unklares, weil Zweifel erweckendes Ahnen, daß die große Sowjetunion uns Unrecht getan haben könne. Niemand, nicht einmal die "Blauen" wußten, was man droben letztlich mit uns vorhatte, aber man wollte, ob es nun zum Guten oder Schlechten ausginge, an nichts beteiligt sein, was sich im Nachhinein als falsch, mithin als strafwürdig erwies. In dieser Hinsicht konnte die offizielle Sprachregelung aus der "Prawda", derzufolge wir Zurückgehaltenen und Verurteilten als besonders grausame und allgemeingefährliche Kriegsverbrecher eine immer noch viel zu geringe Strafe abzubüßen hätten, nicht leicht als Verstoß gegen die Lehren der Partei angeführt werden, und so hielten sich Mann für Mann hieran, wenn sie etwa befragt wurden, weshalb der Abschuß eines sowjetischen Panzers oder die Einnahme einer Stadt ein Kriegsverbrechen gewesen sei. Sie ließen sich in keine Diskussion ein, sondern behaupteten vielsagend und ausweichend, wir wüßten wohl selbst am ehesten, was wir verbrochen hätten, und schließlich seien ja nicht sie nach Deutschland, sondern wir in eine völlig überraschte Sowjetunion eingefallen.

Aber darüber hinaus, was gingen die Pläne der da droben im Kreml sie an, die sie ja selbst immer in Ungewißheit und Gefährdung lebten! Stalin brauchte für irgendwelche Zwecke ein Faustpfand. Das war nichts Schlechtes; jeder mußte sich sichern, so gut er konnte. Durchaus möglich, daß die Deutschen bereits wieder etwas im Schilde führten. Aber ob das Väterchen mit diesem Faustpfand drohen oder locken wollte, das ließ sich vom kleinen Mann nicht durchschauen. Und das verursachte die zwielichtige Zwangslage; drum ließ man, um immer einen Fuß auf einem richtigen Weg zu haben, bald Haß blasen, bald ein gewisses Wohlwollen fächeln. Drum zog man einmal die Zügel an, daß sie einschnitten, und ließ sie dann wieder schleifen.

Dem Wechselbad, das sie uns anmachten, war das Wachpersonal also von oben her ebenfalls ausgesetzt. Das Beste schien deshalb, und hierbei bildete sich ein stillschweigendes Einverständnis zwischen den voneinander abhängigen Partnern, möglichst unauffällig zu bleiben und gleichsam einen Scheinkampf zu veranstalten. Man – sie wie wir – drohte und wich zurück, forderte und gab nach. Man schlug zu und hielt rechtzeitig die Hand an; man belauerte sich pokernd und paßte lediglich auf, daß kein Falscher in das gefährliche Spiel einbezogen wurde.

Einen festen Boden unter den Füßen gab es nirgendwo. Entschloß Stalin sich, unsere Karte auszuspielen, dann würde im Lager ein "Prikas" aus dem Kreml wie ein Blitz einschlagen und uns alle gleichermaßen in irre Bewegung versetzen. Dann erfuhr einer auch sehr schnell, ob er gut oder schlecht im Spiele gelegen hatte. Aber wenn schon! Man lebte sowieso von einem Tag zum anderen. Es gab nirgends Vorräte; zu jeder Stunde konnte alles abgebrochen, das Ganze aufgelöst und in alle Himmelsrichtungen zersprengt werden.

War's ein Wunder oder ist's Ausdruck des Lebens im Niemandsland, daß es erstarrt und sich zugleich grenzenlos zu Sternen hin verströmt? Wenn Gefangene sich jemals als Menschen bezeugten, so waren es diese Ausgehöhlten, die von hierher während der folgenden kurzen drei, vier Monate völliger Nichtigkeit sich doch als Könner und Künstler erwiesen und sich gegenseitig beglückten und festigten.

Lichtseite...

Jenseits des Tores wartete die gesamte sowjetische Offiziersmannschaft, Herren eines Arbeits- und Besserungslagers für deutsche Kriegsverbrecher, um sich Arbeitskräfte für die Obsluga, also Köche, Brotschneider, Wäscher, Schneider und Schuster, Friseure und den Desinfekteur herauszusuchen. Wie selbstverständlich trat Rosenow zu ihnen und deutete auf die geeigneten Männer. Unübersehbar mit ihrem weißen Haar und dem blendend gebügelten Arztmantel, stand die Magnitowa in ihrer Mitte und winkte Ärzte und Sanitäter aus dem sich drängenden Haufen heraus. Bis auf die wenigen Glücklichen, die nach Hause hatten fahren dürfen, kamen alle die zurück, die schon vor dem Sündenfall hier gearbeitet hatten. Und ob sie nun auch in Lumpen gehüllt und gezeichnet waren, die Magnitowa erkannte sie. Der Chirurg Dr. Driver, der Neurologe Dr. Flothmann, der Internist Dr. Heilmann, als Hals-Nasen-Ohren-Arzt mein Freund Professor Ohnacker, der Röntgenologe Dr. Werner und Vorwerck, der einäugige lebhafte Hauptsanitäter, griffen nach ihren Päckchen und zogen in die gleichen Stuben ein, aus denen sie vor knapp einem halben Jahr urplötzlich weggeholt worden waren.

Ich hatte als Kranker mehrere Monate im Lazarett gelegen, als Arzt kaum zwei Wochen auf der Lungenabteilung geholfen und gehörte nicht zum alten Kreis, aber die Ärztin rief mich an und sagte: "Professor! Dr. Troitsch ist zu Hause; Sie werden in der Ambulanz arbeiten."

Erfreut gesellte ich mich zu den Kameraden. Meine Verbrechen wogen hier offenbar weniger schwer als drüben, wo ich immer wieder aus der ärztlichen Obsluga entfernt worden war. Man konnte jede Sache dialektisch, von zwei Seiten her betrachten, und hier schaute man auf die weniger schwarze. Auch der politischen Abteilung schien es nichts auszumachen, daß ich auf einen Posten gestellt wurde, der wegen seiner Beziehung zu vielen Gefangenen einer konspirativen Tätigkeit Tür und Tor öffnete. Sie beließ mich, und ich konnte nach fünf Jahren Gefangenschaft erstmals wieder ärztlichen Dienst tun.

Glücklich betrat ich das weiße, blitzsaubere Lazarett, in dem Feenhände gewirkt zu haben schienen, und die Ambulanz, in der ich bis auf irgendwann tätig sein sollte. Sie bestand aus einem Warteraum mit Bänken und einem großen Zimmer, das den ganzen Morgen lang von der Sonne erhellt wurde. Es war ein Allzweckraum, der der Untersuchung und Behandlung, zugleich aber als Offizin diente, in welchem die Medizinen mundgerecht zubereitet wurden.

Nahe dem großen Fenster stand ein Schreibtisch so, daß Arzt und Kranker ihm den Rücken zuwenden mußten. Denn während der offiziellen Sprechstunden saß an ihm die Feldscherin und führte das Krankenbuch, in welches niemand Einblick nehmen sollte und das sie, wenn sie den Namen des Kranken nach russischer Lautmalerei geschrieben hatte, mit geheimnisvollen Zeichen füllte. Nur ihretwegen wohl gehörte ein Polstersessel zum Inventar. Ansonsten eine eher spartanische Einrichtung; eine Liege, wenige Stühle, Bestrahlungslampe, ein Kocher zum Sterilisieren, ein verschließbarer Glasschrank für die Instrumente der kleinen Chirurgie, Binden und Bindenwickelmaschine, drei Spritzen mit recht stumpfen Nadeln und die kostbaren Thermometer, von denen eines alsbald vorsichtig auf Fiebertemperatur manipuliert wurde. Schließlich das Regal, in dessen Fächern sich die Steinguttöpfe mit Salben, die großen Flaschen mit heilsamen Säften und die kleineren mit Tinkturen, die Kartons voller Pulver und Pillen, gut geordnet und beschriftet, präsentierten. Hier stand in einem Pappkarton auch die Zettelkartei mit meinen Aufzeichnungen über die Kranken. Streng gehütet und nach unausgesprochener Übereinkunft sicher wie ein Tresor hing an verborgener Stelle der blechwandige Giftschrank, dessen Schlüssel die Feldscherin versteckt hielt. Da die Magnitowa sich vornehmlich um das Lazarett bemühte, war diese, Unterleutnant Mascha, die nunmehr für mich zuständige Leitperson. Jeden zweiten oder dritten Tag erschien sie mit einem Henkelkorb, dem sie eine Portion Medikamente entnahm. Mit deren Zuteilung schien man in dem Magazin, aus dem sie sie holte, recht willkürlich zu verfahren und so wußte sie niemals, was und wieviel sie mitbekam, und auch ich nicht, wie und ob ich meine Leute zufrieden stellen konnte. Jeder, der in die Ambulanz kam, begehrte Medizin in den Holzlöffel oder aus dem Papier, und ich hatte also, wollte ich Mißmut vermeiden, die erforderlichen Ingredienzen irgendwie, jedenfalls aber glaubhaft und immer ausreichend anzudienen. Deshalb war ich es zufrieden, daß sie mir wenigstens Allerweltsheilmittel wie Natriumsalicylicum, Phenazetin, Atophan, Aspirin, Tannin, Bismutum subgallicum, verschiedene Tinkturen oder Kräuter wie sibirisches Themopsis für den Husten und Wermut für den Magen ziemlich regelmäßig, wenn auch nur tütenweise anbrachte.

Ich mußte selbst dispensieren und vertiefte mich in die Apothekerkunst. Jahre später, als ich schließlich nochmals zur Behandlung zugelassen wurde, konnte ich mich darin fast bis zur Vollkommenheit weiterbilden.

Nach echter und rechter Urapothekerweise verteilte ich meine Pulver, unter Berücksichtigung des Krankenstandes und des Wetters mit einem Spatel so gleichmäßig wie möglich auf 80, 100 oder 150 Blättchen, die ich mir aus "Prawda" oder "Iswestia" zurechtgeschnitten hatte, und faltete sie kunstgerecht so zusammen, wie das in der Zeit der Röhrchen und eingeschmolzenen Packungen niemand mehr zustande bringt. Meine Patienten waren zufrieden, daß sie ihr Pulver erhielten; mir bereitete es Sorgen, wenn ich häufig genug nur etwa ein Zehntel statt des notwendigen halben Gramms in einen Hals schütten konnte.

Die Herstellung der Medizinalsäfte behagte mir zunächst nicht, aber die Kritik der Kranken an meinen Produkten bewirkte, daß ich das Säftekochen nach und nach geradezu als kulinarische Aufgabe entdeckte. Wie in Kindertagen legten die ausgewachsenen Herren Mitgefangenen bei der recht einförmigen Verpflegung auf Geschmacksreize großen Wert, und so begann ich zu experimentieren und den Heugeschmack meiner Kräuteraufgüsse mit Aromastoffen, für die ich sonst keine direkte Verwendung hatte, und, wenn vorhanden, mit Traubenzucker wesentlich zu verbessern. Die ständigen Angehörigen meiner Löffelbrigade genossen nunmehr Husten- und Magensäfte wie die Franzosen ihre Aperitifs und hielten mit Lob und Tadel der Erzeugnisse nicht zurück. Waren sie gut ausgefallen, so erwiesen sie sich, weil sinnlich befriedigend, auch als recht heilsam.

Obgleich wir im Lager nur knapp 300 Mann waren, ging es in der Ambulanz nicht stille zu. Wir alle lebten in einer Grauzone zwischen Gesundheit und Krankheit, und jeder hatte irgendwelche Beschwerden. Kein Wunder, daß immer etwas zu untersuchen blieb, daß Heizlampen und Lichtbögen lebhaft frequentiert wurden, Geschwüre und Geschwülste verbreitet waren. Eine Stunde vormittags, eine Stunde nachmittags amtierte Mascha und machte in ihrem Journal die geheimen Signaturen bei den Sorgenkindern, die ich ihr vorstellte, um irgend eine Vergünstigung zu erreichen. Sie war am Ganzen nicht besonders interessiert, verschloß vielmehr ihr Buch möglichst bald mit einem "nu da" in der Schublade und überließ mir das Feld.

Ohne die Aufpasserin im Rücken wurde die Sprechstunde zur Freude. Dann zogen sie an der Medikamententheke vorbei, die ihren Trank oder ihr Pulver abholten und außerdem einige fördernde Bemerkungen erwarteten. Dann konnte ich umfangreiche Verbände anlegen, vor allem aber mit meinen verschiedenfarbigen Salben – der schwarzen Ichthyol, der mit Malchitgrün oder Zinkweiß – Geschwürbehandlungen betreiben, bei der es nicht allein auf Heilung ankam. Ansehnlich mußte ein Prozeß auf der Haut sein, wenn Mascha ihm Beachtung schenken und ihn durch eine Erleichterung bei der Lagerarbeit honorieren sollte, und so kam den Salben auch schminktechnische Bedeutung zu. Mit ihrer Hilfe ließ sich der Umfang eines Krankheitsprozesses auf der Haut ausgestalten, durch geeignete Farbwahl dokumentieren, ob er fortschritt, stagnierte oder sich zurückbildete. Wir entwickelten eine gewisse Kunstfertigkeit hierbei und verhalfen nicht Wenigen zu erholsamer Bettruhe.

Allmählich verstand ich dann doch den tieferen Sinn hinter der unberechenbar wechselnden Medikamentenzuteilung. Man hatte eine hohe Meinung von der Wirkung, aber auch von der Giftigkeit der einzelnen Substanzen und befürchtete, sie könnten gehortet und zum Selbstmord oder zur Vergiftung unliebsamer Genossen verwendet werden, weshalb man dergestalt eine Vorratsbildung zu unterbinden versuchte. Und aus dem gleichen Grunde wurde auch der Giftschrank mit seinen drei Morphium- und Atropinampullen, mit Dilaudid und der guten, alten Opiumtinktur unter so strengem Verschluß gehalten, bis Mascha sich endlich zu dem Entschluß durchrang, mir vertrauen zu können, und mich das mir bereits bekannte Schlüsselversteck sehen ließ. Sie hatte kein Verlangen, etwa wegen einer Kolik nachts in das Lager kommen zu müssen, und gewährte mir deshalb schließlich auf so hintergründige Weise die Freiheit, in einem solchen Falle selbständig zu handeln.

Kam sie nach einem nächtlichen Zwischenfall, so sparte sie nicht mit heftigen Vorwürfen über Eigenmächtigkeit und Unterlassung eines Notrufes, dem sie selbstverständlich sogleich entsprochen haben würde, beruhigte sich aber, wenn ich ihr die leere Ampulle aushändigte. Um sie ging es; denn eine für den Giftschrank erhielt sie nur, wenn sie Rechenschaft über die benutzte ablegen und diese selbst vorzeigen konnte.

Ein Vorfrühling wechselte wieder einmal zum Frühling, der April endete und der große Erste Mai nahte.

Gelegenheit, uns Verurteilte, denen man alles Schlechte, aber auch jede Verzweiflungstat zutraute, wieder wie in allen Jahren zuvor unter strenger Aufsicht zu bringen. In Lazarett und Ambulanz wurden Skalpelle, Scheren, alle scharfen und spitzigen Instrumente, im Lager Brotmesser und Äxte abgenommen und jenseits des Stacheldrahtzaunes deponiert. Die Tür meiner Ambulanz wurde nicht nur verschlossen, sondern auch versiegelt, und so saß ich vor ihr und bot lediglich guten Rat feil. Es gab nichts zu tun und zu schneiden; Aufruhr mit gefährlichem Gerät fand nicht statt, und Störung sowjetischer Feiertagslust durch bösartiges Aufbegehren verbrecherischer Elemente war vermieden.

Statt dessen hatten wir alle Gelegenheit, die Festlichkeiten zu verfolgen, die sich auf dem unweit gelegenen Flugplatz Tuschino abspielten. Die Fronten sämtlicher Häuser, an denen der Vater der Werktätigen vorbei zur Parade fuhr, sollten, so hatte sich lobend herumgesprochen, neu geweißelt oder eingefärbt worden sein. In dem Augenblick seines Eintreffens auf der Tribüne erhob sich ein Brausen in der Luft, und seitwärts von uns erschienen, von Jägern umwirbelt, Geschwader zweimotoriger Kampfflugzeuge so geordnet, daß sie den Namen "Stalin" bildeten und zum Horizont trugen. Drei Ketten von Kunstfliegern zogen senkrecht in den Himmel, stürzten aus höchster Höhe herunter, zogen aber, ehe sie Väterchen Stalin auf der Tribüne zu nahe kamen, nochmals hoch. Drei Ketten, neun Maschinen, keine hatte ihn getroffen. Kurze Stille, dann aus der Ferne an- und abschwellend das Röhren viermotoriger Bomber; es steigerte sich zu dem gewaltigen Brummen, das Jahre zuvor bei Angriffen dem Absetzen der Weihnachtsbäume, dem Öffnen der Bombenschächte voranging, doch war es viel stärker; denn die Maschinen flogen in nur wenigen 100 Metern Höhe. Über dem Platz öffneten sich die Luken und ungezählte Fallschirmspringer stürzten kopfüber heraus. Weiß, gelb, blau, rot, öffneten sich die Schirme zu gleicher Zeit und auf einmal war der Himmel hundertfach befleckt. Zwei oder drei nur waren's, die wie Steine zur Erde fielen.

Drüben sicherlich Händeklatschen, Menschenjubel, Musik – zu uns drang es nicht herüber, aber wir sahen das Ende der Vorstellung, als zwei langsame Flugzeuge das Bild ihres Stalin leicht flatternd über Flugfeld und Stadt Moskau führten. Dem großen Führer galt alle Ehrung und diente auch der Erste Mai.

Die nahende Nacht brachte die Fortsetzung des Festes für ein Volk, dem aus großem Anlaß Wodka freigegeben und zugeteilt worden war; auch wir verfolgten es. Die Ehrung galt jetzt der Heldenstadt Moskau, die dem Angriff der Deutschen getrotzt, und der unfehlbaren Führung, die vom Kreml aus den Abwehrkampf geführt und den feindlichen Ansturm zunichte gemacht hatte. So war's ja wohl auch beinahe gewesen und so hatte es der Politoffizier mehrfach verkündet.

Hunderte von Flak-Batterien waren in einem riesigen Kreis um die Stadt aufgestellt und schossen mit Leuchtspur 21 oder 40 mal Salut. Die roten und grünen Bahnen der Geschosse in den Himmel hinein wurden von millionenfachem 'Ach' begleitet, und das vernahm man bis zu uns. Kurzes Dunkel, aus dem langsam die ewigen Sterne traten, dann flammten Scheinwerfer auf und bildeten ein gleißendes Ehrengehäuse über Kremlburg, Kapitale und Residenzstadt; es als Lichtdom anzusprechen, erschiene hier wohl nicht angebracht. Silbern und glitzernd durchbrach ein einzelner Flieger immer wieder die Lichtsperre, bis sie in einem Augenblick in sich zusammenfiel und Dunkelheit das Ende des Spektakels anzeigte.

Nun war das Fest der Werktätigen vorüber; die Maschinerie setzte sich erneut in Gang und bewegte die Massen. Nicht erstaunlich war, daß etwa 50 Generäle aus dem Gefängnis Wladimir, nördlich von Moskau, ins Lager gebracht wurden. Sie waren schließlich Verurteilte wie auch wir und hatten damit die zuvor noch innegehabten Sonderrechte der hohen Kriegsgefangenen verloren. Sie waren die Ältesten, aber sie gingen in der größten Gruppe auf, und nicht wenige, die sich wie Väter verhielten, wurden alsbald hochgeachtet.

Aber es geschah darüber hinaus Außerordentliches: war es Fehlleistung einer grandiosen Bürokratie oder Folge eines nicht gradlinig verlaufenden Denkens? Vor dem Tor erschienen ganze Familien, standen in der Gefangenenaufmachung, die auch die unsere war; Frauen und Mädchen, aus Wattejacken, plumpen Hosen und hohen Filzstiefeln schälten sie sich heraus, und als sie die unförmigen Mützen abgenommen hatten, zeigte sich Jugend. Deutsche, Volksdeutsche – sie strahlten auf, als sie sich in einem deutschen Lager sahen. Das tributpflichtig gewordene Rumänien hatte die einen, zusammen mit jungen Burschen, bereits 1944 als verhaßte Fremde zur Arbeit in die Sowjetunion abgeschoben, wo sie aber zu ihrem Glück beisammen geblieben waren. Aus Ostpreußen und Oberschlesien stammten die anderen, zu langjährigen Gefängnisstrafen und Zwangsarbeit verurteilt, weil sie Mundraub begangen und für die hungernden Eltern und Geschwister Kartoffeln aus den Mieten gestohlen hatten. Für je fünf Pfund hatten sie fünf Jahre Verbannung zugesprochen bekommen. Manche hatten sie nicht überlebt, manche sie noch lange nicht abgesessen.

Darf man unter solch außerordentlichen Umständen auf Wunder hoffen? Legationsrat Dr. Zankel, den die Sowjets in der Mandschurei gegriffen hatten, wagte es. Täglich stand er viele Stunden lang wartend und auf die Bretterwand schauend am Tor. In einem der schon nicht mehr zählbaren Lager, durch die man ihn von Verhör zu Verhör schleppte, hatte man ihn von Frau und Söhnchen getrennt. Keine Nachricht die Jahre hindurch, aber nun wurde Generalkonsul Bischof mit Frau und erwachsener Tochter eingebracht. Er hatte in Charbin gelebt, war jahrelang umständlich in der Butirka verhört und schließlich mitsamt Frau und Tochter verurteilt worden – letztere rein aus Humanitätserwägungen, denn man hatte es in diesem Fall nicht über das Herz bringen können, eine Tochter von den Eltern zu trennen und allein nach Deutschland zu schicken, das sie, die in der Mandschurei geborene, freilich noch gar nicht kannte.

Herzjagen in unermeßlich gesteigerter Erwartung führte den Legationsrat zu mir; in die Behandlung hinein fiel die glückbringende Nachricht. Sie sind da! Er lief, das Herz war vergessen, nach vorne und stand einer Frau in Sträflingskleidung gegenüber, weiche einen kleinen Jungen an der Hand hielt; seine Frau, sein Sohn Alexander, nun drei Jahre alt, ein im Lagerleben und dessen Hin und Her bewandertes Kind. Als Säugling hatte er es an der mandschurischen Grenze zum letzten Male gesehen. Und obgleich doch schon Kinder mit uns lebten, hatte Alexander binnen weniger Tage viele Väter und Freunde und zusammen mit den Eltern ein Heim.

Doch nicht genug der rätselhaften Seltsamkeiten, die das weite Rußland zu bieten vermag. Verratene Völker gibt's zur Genüge, das verratenste dieser Zeit war sicherlich das der Juden, das sie hin und her und schließlich in den Abgrund stießen. Aber Finger verkrallen sich am Hang, und immer welche überleben, immer welche widerstehen. So gab's solche, die während der Jahre 1933 bis 35 Breslau und Schlesien als Verjagte verließen, um sich im Baltikum anzusiedeln. Dort war es ihnen, so bekundeten sie, gut gegangen; das Land war beinahe Heimat geworden. Aber dann war es schon 1939 von den Sowjets überwalzt worden und hatte alles eingebüßt, was Freiheit ausmacht. Noch am Tage der Okkupation füllten die neuen Herren Güterwaggons mit der eingeborenen Intelligenzija und steckten die deutschgeborenen Juden als Spione und unzulässige Elemente mit Weibern und Kindern ins Lager, die zu ahasverischen Wanderlagern wurden. Elf Jahre hatten sie bisher darin verbracht. Mit Kriegsausbruch 1940 allesamt in den fernen Osten verladen, hatten sie ungezählte Verbannungsstätten und Elendsorte, zwischen der Taiga im Norden und dem Amurfluß im Süden erlitten, hatten sie überall die Not der Urbarmachung überstanden, Hunger, Krankheit und verachtungsvolle Mißhandlungen erfahren und das kleine Glück, nämlich das des Zusammenbleibens, genossen. Wohl waren Alte gestorben und Junge nicht groß geworden, aber die, die lebten, hatten sich zusammengetan, Paare gebildet und Kinder gezeugt. So erschienen sie unter uns; eine Gruppe von etwa 30 Familien – drei Generationen, fast 100 Menschen.

Sie kamen zu Deutschen, zu schwerbestraften Kriegsverbrechern, zu Menschen mithin, die unverbesserliche Nazis sein und sie aus tiefsten Herzen hassen, sie sicherlich verfolgen mußten. Aber sie freuten sich, freuten sich, nach vieljährigem Verschlagensein, unter Sowjetvölkern und Sowjetsprachen, deutsch sprechen hören zu können. Sie waren nicht verurteilt worden und glaubten jetzt in aller Unschuld, da sie zu Deutschen kämen, befänden sie sich auf dem Weg nach Deutschland.

Was hatte man sich da wohl in einem Parteibüro, in einer NKWD Dienststelle gedacht? Hatte man auf ein Pogrom gehofft und darin den rechtfertigenden Anlaß gesucht, das ganze verhaßte, verurteilte Pack auszurotten? Wer durchschaut denn schon ein rotes Hirn, das dort eine vierte Verhaltungsmöglichkeit findet, wo selbst ein kluger Mensch nur drei auszutüfteln vermag! Setzten sie auf den Antisemitismus der Einen, hofften sie auf blutige Auseinandersetzungen, wie sie zwischen Banden in Saklutschonij-Lagern die Regel waren und damit die Gelegenheit, mit Härte einzugreifen und den unliebsamen "laxen" Zwischenzustand zu beenden?

Aber nach beiderseits trüben Erfahrungen, nach grausamen, hier wie dort überlebten Zeiten, verliert sich Fremdheit und Vorbehalt. Vor dem Hintergrunde der Wachtürme, Wachhunde und Stacheldrahtzäune überwanden am Leben gebliebene Statisten ohne Scheu auch vereiste Gebirge. Wer in den Ring getrieben worden war und seine Wunden erlitten hatte, der war gleichsam zum Blutsbruder jedes Anderen in der gleichen Lage geworden. Vor den lebenswichtigen Erfordernissen der gegenwärtigen Stunde schauten wir zurück auf Geschehnisse, die allen, ihnen wie uns, schemen- und schattenhaft geworden waren. Unbegreifliche Vergangenheit, ferne wie der dreißigjährige Krieg. Juden? Nein, Mitgefangene. Jahwe? Dreieiniger Gott!

Daß sich Gemeinsamkeit anbahnte, schien den Herrschern nicht recht. Sie streuten Warnungen und aufklärende Hinweise aus, aber angesichts der lebendigen Wirklichkeit des gemeinsamen Tagesablaufes unter Druck und Zwang der sowjetischen Macht verfingen sie nicht. Das Mißtrauen gegen die allmächtige MWD, ein in Jahren eingefahrener und furchtbarer Reflex, war stärker als das geforderte gegen machtlose SS-Männer, die in der Küche arbeiteten und auf der Moskwa angeflößtes Holz an Land brachten.

Niemals hatten wir dergleichen Menschen bei uns gehabt, wie sie in diesen Maiwochen einrückten und Unterkunft haben wollten. Hatten sich die ursprünglich 300 Lagerbewohner so breit gemacht, wie angängig, so rückten sie jetzt freudig eng und enger bis zum gewohnten Gedränge des Über- und Nebeneinanders zusammen. Drei Baracken wurden geräumt. Sie hatten an den Enden, neben den Türen kleinere Zimmer, welche früher privilegierteren Gefangenen vorbehalten worden waren. Jetzt wurden sie den Familien und Müttern mit Kindern zugewiesen; Frauen und Mädchen verteilten sich auf die ununterteilten Unterkünfte, welche den Hauptteil der Steinbaracken ausmachten. Kaum jemals war früher eine Veränderung im Lagerleben und eine Umlegung ohne Schimpfen, Greinen und Beschwerden vor sich gegangen; jetzt verlief sie nicht nur klaglos, sondern in beinahe freudiger Freiwilligkeit.

Männer und Frauen standen vor dem gleichen dunklen Hintergrunde, aber der Eintritt des weiblichen Geschlechts in eine archaisch-verzwungene Männerwelt bewirkte eine gegenseitige Aufhellung, die der Hitze, Dürre und gnadenlosen Sonnenausstrahlung dieses einmaligen Sommers etwas wie einen Mantel aus flirrender Seide und weichem Samt überwarf und ihn nicht nur erträglich, ja wunderbar, sondern in letzter Ausielung des Wortes auch einmalig werden ließ.

Wir Männer hatten unsere Baracken wie seither immer nur mit den zum Schlafen, Sitzen, Essen erforderlichen Gegenständen eingerichtet schmucklos, sachlich, kalt, einfach, armer Leute Habe, stets filzungsgefährdet, mit proletarischem Flair.

Hingegen prangten die beiden, den Frauen und Familien zugewiesenen, männlichen Lagerinsassen sonst unzugänglichen Baracken sehr bald in einem bereits in der Umgebung erkennbaren schier wunderbaren Glanz. Einige Kundige hatten Blumenbeete angelegt und vor den Eingängen aus roten Ziegelsteinbrocken und weißem Kies Mosaiken gebildet, die Länderwappen der Heimat und das Wort "Freiheit" darstellten.

Außerdem setzte ein fast ununterbrochener Zug gabenbringender Männer ein. Sie hatten überlegt, was Frauen wohl an Besonderem benötigten und schleppten verschiedenartigste Einrichtungsgegenstände heran. Draußen auf den Arbeitsplätzen hatten sie die Möbel zugeschnitten und zugerichtet, die sie nun stückweise – einer Stuhlbeine, jener Sitzfläche, Lehne oder Bretter – ins Lager schmuggelten. Innen wurden dann Stühle, Regale, Kommoden zusammengesetzt, Spiegel hergestellt und Lampen, die sich von unseren Funzeln unterschieden wie Schmetterlinge von Fliegen. Dazu fanden sich auf unerklärliche Weise Tassen, Töpfe, Schüsseln, Krüge, wie sie niemals noch in einem Lager gesehen worden waren. Aus den Tiefen verschlissener und zerrissener Rucksäcke kramten andere, die nichts Handwerkliches beizubringen wußten, farbige Tuchreste, und mancher Habenichts trennte sich von einem Nichts, das er in Erinnerung an Schönes und Gefälliges jahrelang bewahrt, gerettet und mitgeschleppt hatte.

Was ihnen in bescheidenem Stolz dargeboten wurde, nahmen die Mädchen gerne an, beschauten es hinsichtlich seiner Verwertbarkeit und richteten sich behende ein.

Und es sah bei ihnen völlig anders aus, als es jemals bei uns ausgesehen hatte: Vorhänge an den Fenstern; Decken, nach Art von Weihnachtssternen aus Papier geschnitten auf den Tischen, Stühle mit Lehnen anstatt Schemel, Oskar-Meyer-Büchsen bunt bemalt als Vasen. Hängende Decken schützten die Doppelbettgestelle vor neugierigen Blicken auch der Kameradinnen. Jede oder mindestens zwei bewahrten ihren eigenen Bereich, während Männer viel öffentlicher miteinander umgegangen waren.

Bis auf den Kommandanten und den für die Hygiene verantwortlichen Lagerarzt durfte kein Mann die Frauenunterkünfte betreten, und die Frauen selbst schauten auf die Beachtung dieses Verbotes, dennoch begegnete man sich allenthalben im Lager, in den Werkstätten, auf den Wegen. Die Frauen wollten und sollten auch – auf russische Anweisung – im Lager arbeiten. Sie bemächtigten sich alsbald der Flick- und Schneiderstuben, auch der Wäscherei, niemals hingegen vollständig der Küche und der Brotschneiderei. Infolgedessen stieg das männliche Bedürfnis nach ordentlich geflickter Bekleidung und sauberer Unterwäsche sprunghaft. Man kam, wartete gerne und lange, man ging zögernd und wollte es keineswegs zulassen, daß die Frauen schwere und schmutzige Arbeit verrichteten. Immer fand sich – unabhängig von Alter, früherem Rang oder Ehezustand – mehr als einer zum Tragen der Wassereimer und Schleppen der Wäschekörbe zum Trokkenplatz bereit. Hatte man sich dergestalt eine Belohnung verdient, so erhielt man sie beim Anblick der Frauen, die sich reckten und die Wäsche an der Leine zum Flattern brachten.

Dabei waren sie dann beinahe glücklich und für Erinnerungen offen, die sie bis in die früher so erinnerungslos verdämmernden Nächte hinein begleiteten.

Nach so langen Frösten – erweckender Sommer für Frauen, für Männer.

. . . Schattenseite

Die tägliche Zubereitung der Medikamente erforderte ungeteilte Aufmerksamkeit; ich wurde ungern dabei gestört und hatte diese Tätigkeit deshalb vor die Sprechstunde auf den frühen Nachmittag gelegt. Aber es kam vor, daß Sanitäter Vorwerck mir gerade zu dieser Zeit die Hand auf die Schulter legte und flüsterte: "Wieder ein Neuer vom Tor zur Untersuchung."

Dies ging vor; ich unterbrach die Arbeit, so schnell es ging, und wandte mich dem Neuankömmling zu.

Erst als sich dies immer häufiger wiederholte und ich von Mal zu Mal mehr in andere Schicksale hineingezogen wurde, begriff ich, daß mir eine große Aufgabe erwuchs. Sie flutete aus der Tiefe des russischen Raumes heran, und ich hatte zu tun, daß sie mich nicht überwältigte. Stand ich doch keineswegs schon wieder fest genug auf den Beinen, um anstürmendem Elend aufrecht zu begegnen, fühlte ich mich doch noch ganz und gar nicht in der Lage, Seelenbrände anderer halbwegs zu löschen. Noch hatte ich tief innen genug mit mir zu tun; aber es war unausweichlich, ich war Arzt und mußte mich stellen.

Draußen in Moskau hatte man einen Entschluß gefaßt. Ein Ukas war ergangen, Telegraphen spielten, NKWD-Offiziere schoben die Mützen in den Nacken und machten sich umständlich an die Prüfung von Listen. Aus Millionen Namen strichen sie einige von Menschen, die sie sich bereits als Besitz zugerechnet und irgendwohin einverleibt hatten. Dies dauerte Wochen; der Geschäftsweg war umständlich. Dann öffneten Gefängnisse, Kotter, Karzer, Regimelager des sowjetischen Erdteils Türen und Tore und stießen Inhalt aus, soweit er deutsch und ehemals Soldat war. Einzeln nacheinander, in Gruppen zusammen, wie es sich eben ergab, wurden Saklutschonij auf Etappe geschickt und hierbei so hart unter Bewachung gehalten, wie es das Ritual für Schwerverbrecher im Reiche des Mißtrauens seit jeher erfordert.

Keiner der hiervon Betroffenen versah sich seines Schicksals, als er über Unstraßen zu einem Bahngeleise getrieben, in den Käfig eines Stolypin-Wagens gepreßt und in der Peresilka "Irgendwo" als anscheinend Vergessener in einer Zelle gehalten wurde.

Soll sich denn eines Wöchelchens wegen einer auf Etappe einen Kopf schwermachen, der vielleicht doch bald fällt? Die Allunion erstreckt sich endlos nach West und Ost, Nord und Süd. Auf's Ziel kommt's an, nicht auf die Zeit, und Saklutschonij-Züge fahren nach Füllungszustand und Bedarf, nicht nach Fahrplan.

Das Ziel der Deutschen war Krasnogorsk; dahin befahl der Ukas sie sämtlich, und schließlich erreichten sie es auch. Doch wird niemals einer herausfinden können, wieviele Zerschundene zwischen den Peresilken umkamen oder im Niemandsland der Etappen auf dem Wege liegen blieben. Wer aber durchkam, der stand an einem dieser brütenden Sommertage zu irgendeiner Tages- oder Nachtstunde vor dem Lagertor.

Ihre Begleitposten hatten von Ort zu Ort gewechselt; die letzten wollten sie jetzt endlich los sein, abgeliefert haben und trieben sie dem Lagerwächter zu, sobald der auf ihr Klopfen den Eingang zur Wachstube öffnete und hinausbellte.

Aus allen Windrichtungen also wurden sie herangeschafft. Die ersten kamen aus dem näher gelegenen Weißrußland, aus den westlichen, nunmehr sowjeteigenen baltischen Ländern, aus den ukrainischen Gefängnissen Kiews am Dnjepr und Rostows am Don, aus den Bergwerkskarzern der Donbaslager, aus dem hohen Norden Workutas und Lagern der Eismeer-gebiete. Man schleppte sie in langwieriger Anreise herbei von jenseits des Urals, aus Tscheljabinsk und dem sibirischen Karaganda, vom Kaspischen Meer und vom Baikal-See. Sie standen am Tor und waren in Wladiwostok und den fernsten, eisigsten Nordostregionen Kolymas und Magadans oder im südlicheren Taschkent und Usbekistan, in kaukasischen Ländern, am Asowschen Meere in einer Gefängnisbehausung gewesen und verurteilt worden.

Kaum ein Gebiet der unabmeßbaren Sowjetunion, wohin man nicht deutsche, österreichische, ungarische, rumänische Soldaten als Kriegsgefangene zur Arbeit verbracht, wo man sodann nicht welche als Kriegsverbrecher entlarvt, eingekerkert und einheitlich zur Höchststrafe verurteilt hatte.

Ihnen war Schlimmeres widerfahren als uns in glücklicher Weise einstweilen hiervon Verschonten. Man hatte ihre Kleider in Verliesen, Erdbunkern und Kellern faulen, sie selbst schier verkommen lassen. Man hatte sie in Straflager eingebracht und einzelne Deutsche unter Tausenden Verurteilter ungezählter Nationen ausgesetzt, mit denen sie Gemeinsames niemals hatten oder jemals hätten finden können. Heilige, Unschuldige und Gläubige des uralten Rußland zwängten sie unter gemeinste Verbrecher, und tapfere, ihrer Überzeugung wegen Ärmste gesellten sie dazu, die unter Überwucherung durch kleine Schurken, mächtige Mörder und übermenschliche Teufel seelisch erstickten und körperlich zerrieben wurden.

Die unschuldig Eingekerkerten, die ihren Glauben in tödlicher Entwürdigung Veredelnden, die Deutschen schließlich verstanden nichts von Gesetzen und Regeln der Lager, denen sich Generationen von Verbrechern und Verurteilten unterwarfen; sie wußten nichts von jeweils herrschenden und verfolgten Lagerbanden, von unheimlichen Querverbindungen zwischen den Mächtigen innen und dem Wachpersonal am Stacheldraht oder in den Offizierbüros.

Ausgesetzt in eine menschliche Wüstenei, von der sie noch niemals etwas vernommen hatten, konnten diese sonderbaren Fremdlinge nur zu Opfern werden, zu Opfern von Kriminellen und Totschlägern, die sich an ihnen für den eigenen Freiheitsverlust rächten und sich als die eigentlich Lagerwürdigen mit Wachmannschaften darin einig wußten, daß es wohl-gefällig sei, Kreaturen, die von der Obrigkeit ausgestoßen waren, aber nicht zur Verbrecherwelt gehörten, zu kränken, zu knechten, zu quälen, zu Skeletten werden zu lassen, schließlich zu erledigen und zum Unrat zu werfen.

Jede Sträflingsbande stieß solche Neulinge zurück; naiv-blöde standen sie zwischen geheimnisvollen Fronten und bekamen von allen Seiten Prügel – es sei denn, daß sich einer der Bandenherren aus unerfindlichem Grunde eines solchen Nichts erbarmte, es unter seinen Schild stellte und aufküttern ließ. Ein nur ängstigendes Wunder; denn von einer Sekunde zur anderen wischt man sich wohl auch eine lästig werdende Fliege vom Napf, an dessen Rand man sie ein wenig krabbeln ließ.

Gefährdet, verloren wie sie hier ausgesetzt waren, hatte ihr Menschenleben doch schon in dem Augenblick geendet, als ein Tribunal von Richtern, deren Sprache sie nicht verstanden, ein bereits vorgegebenes Urteil über sie aussprach und sie dadurch erfaßten, daß sie vogelfrei und ganz rechtlos geworden waren. Dermaßen entmenschlicht, verloren sie jegliche Art von Vertrauen, begehrten sie nirgends mehr auf, sondern erwarteten dumpf und stumpf lediglich ein unabänderlich nahendes Ende in Dreck und Verkommenheit – zu sehr verängstigt, um noch Angst empfinden zu können.

Und dann auf einmal – ein Wunder oder der Fangstoß? – wurden sie ausgesondert, wurden sie zu Einzelnen mit Namen, zu Personen. Zertreten, zerschlagen, neuerlich verhungert, standen sie in der Kommandantur vor "Blauen", die sie und ihren Akt prüften, die sie streng bewacht auf "Etappe" schickten.

Kleine Hoffnungsflamme, bald erstickt von der Vorstellung, nunmehr ginge es zur Urteilsvollstreckung, zu einer besonderen Art der Erledigung, die man eigens für die ausgesonderten Deutschen erdacht habe und außerhalb von Lager und Gefängnis irgendwo auf dem Wege vornehmen werde.

Gegen 600 Männer dieser Art wurden bis Ende Juni 1950 vor das Lager Krasnogorsk gestellt, eingelassen und uns überantwortet. Was sich hier sammelte, stellte keine Auslese, sondern etwa den Durchschnitt der deutschen Gefangenen dar; es waren Junge und Alte, Soldaten, Unteroffiziere, Offiziere aller Dienstgrade, unter welchen freilich die Generäle in größerer Anzahl vertreten waren. Unter den Soldaten befanden sich Angehörige fast aller Berufe, aber kaum einer von ehemals hervorragender politischer oder militärischer Bedeutung. Die Russen hatten einfach in den großen Topf gegriffen und, was ihnen zwischen die Finger kam, dabehalten und verurteilt.

Ich untersuchte jeden, wie er eintraf, und hatte vorzuschlagen, ob sie in das Lazarett genommen werden mußten oder nach Bad und Desinfektion in einer Lagerbaracke einen Platz erhalten konnten. Alle für einen guten Hustensaft erforderlichen Ingredienzen hatte ich endlich in hinreichender Menge zusammen; ich hatte im großen Kolben aus Jenaer Glas, der die Reise von Berlin nach Moskau heil überstanden hatte, zwei Hände voll Thermopsiskraut auf der Kochplatte gekocht, ziehen lassen und in eine Zweiliter-Glasflasche abfiltriert. Zu der gelb-grünlichen Flüssigkeit gab ich Ammoniumchlorid, Ipecacuanha-Tinktur und Zucker nach Geschmack. Ich war zufrieden mit dem Resultat und hatte den Eindruck, daß kein Medizinempfänger etwas daran aussetzen könne, war mir aber bewußt, daß in vier oder fünf Tagen der Geschmack der letzten Portionen dem dieser ersten bei weitem nicht mehr entsprechen würde. Ich konnte meine Säfte nur bei Zimmertemperatur aufbewahren, und die war jetzt eben sommerlich hoch. Meine Patienten mußten dann meinen Worten Glauben schenken, daß ein leicht getrübter, etwas faulig und nach Heuaufguß schmeckender Hustensaft doch noch eine entsprechende Wirkung habe wie ein frisch angesetzter. Aber es mochte mir dann wohl oft die hinreichende Überzeugungskraft fehlen, und meine Freunde von der Löffelbrigade steckten ihre Löffel lieber wieder weg.

Noch war ich in diese sich allwöchentlich wiederholende Überlegung vertieft, als Vorwerck einen soeben eingetroffenen Mann ins Zimmer schob. Ich wandte der Tür den Rücken zu und sagte auf Erledigung meiner Arbeit bedacht: "Bitte ein wenig Geduld. Ich muß gerade noch fertig abfüllen."

Einen Augenblick schweren, mühseligen Atmens, dann hörte ich, was mich erschütterte und herumriß: "Menschenskind, Herr Kollege! Sie sind ja auch noch hier."

Ein Geräusch wie Schluchzen kam mir in der Kehle auf; eher schien es Weinen als Lachen werden zu wollen, als ich zu ihm hinstürzte. Auch in seinem Gesicht zuckte es. Aber ein Pfarrer pflegt einem Arzt und ein Arzt einem Geistlichen nicht um den Hals zu fallen, und Gefangene schon gar vermeiden nach Möglichkeit den Ausdruck einer Empfindung. So ließen wir die schon erhobenen Arme sinken und drückten uns nur die Hand.

"Ich habe mich um Moskau herumbewegt und komme nicht von der Stelle. Aber Sie? Ihre Amtsbrüder sind anscheinend nach Hause; auch Ihr früherer Begleiter, der Dekan Kostarts, wurde zwar verurteilt, aber im April amnestiert und fuhr weg."

Elend stand Kühle vor mir, und ich drückte ihn sanft auf die Bank nieder. Schweiß stand auf seiner Stirn, das früher scharf, asketisch geschnittene Gesicht wirkte jetzt breit, schlaff, gedunsen, und die Brillenränder hatten eine tiefe Furche in die Haut unterhalb der Augen gedrückt. Lippen und Hände zitterten; er atmete immer wieder tief und suchte qualvoll nach Luft. Der schwer tastbare Puls raste; in ähnlicher Weise erregt wie fast alle, die zu mir kamen, stand er unmittelbar vor dem Kreislaufzusammenbruch. Ich nahm ihm seine Pelzmütze vom Kopf, zog ihm die schwere Wattejacke aus und führte ihn zur Liege. Nur mit Mühe vermochte ich die Filzstiefel von den stark geschwollenen Unterschenkeln zu ziehen; auch der Leib war voller Wasser.

"Immer noch Winterbekleidung", konstatierte ich.

"Ja", erwiderte er, "seit der Verurteilung im Dezember war ich in Tscheljabinsk im Gefängnis, und da behielt man das, was man anhatte."

Er wurde erregt, umfaßte meine Hand, wollte sich aufrichten, aber ich ließ es nicht zu.

"Nicht heute, heute nicht, Herr Kollege. Jetzt sind Sie bei uns, und wir werden wohl Zeit haben, ausführlicher miteinander zu sprechen."

Dabei feilte ich eine meiner sorgfältig gehüteten Coffein-Ampullen auf, schüttete die zwei Milliliter Coffeinicum-salicylicum in ein Medizinglas und gab von der einzigen Medizin hinzu, die Alkohol enthielt.

"So – das ist ihr Kaffee. Und jetzt ruhen Sie hier, wo ich Hausherr bin, bis Sie sich kräftiger fühlen."

Er legte sich entspannt zurück; ihm schien ein Stein vom Herzen gefallen zu sein – so gut wirkt etwas Koffein und Alkohol bei einem über Jahre Entwöhnten –, und er atmete schon leichter. "Kein Wort", fuhr ich fort, "ich will vielmehr sagen, was ich über Sie erfuhr, als ich im vorigen November von hier, wo wir heute sind, wieder in das Lager 27/2 gebracht wurde. Sie waren schon weg, und man berichtete mir, mit welch sadistischer Grausamkeit Sie scheibchenweise entfernt wurden. Alle Ihre Freunde sorgten sich, ob Sie diese Zerreißprobe überstanden haben könnten. Aber wer erfuhr damals schon etwas von einem Weggeholten! Jetzt, oh Wunder, sind wir zu einem erheblichen Teil wieder beisammen und viele andere aus ganz anderen Gegenden dazu. Etliche Fehler, noch, aber der Gefängnisgrund Großrußlands scheint unerschöpflich, und so steht zu erwarten, daß auch sie eines Tages zu uns auf die Schaufel gekehrt werden."

"Ja", sagte er nun doch, "ich hatte auch keine Hoffnung mehr, daß der Herr mich nochmals aus der Trübsal zu Freunden führen werde."

Während der folgenden Ambulanzstunden ließ ich ihn hinter dem Vorhang auf der Liege, und das tat ihm gut. Er hörte gelegentlich zu, schlief aber immer wieder ein. Nach Arbeitsende kleideten Vorwerck und ich Kühle wieder an; ich nahm ihn am Arm, führte ihn zur Magnitowa und sagte zu ihr:

"Dieser Professor ist im Gefängnis Dystrophiker geworden, auch kenne ich ihn seit Jahren als herz- und nierenkrank. Ich bitte Sie, ihn ins Lazarett aufzunehmen."

"Was für ein Professor", fragte sie, "Arzt?" "Nein", erwiderte ich, "ein Theologe."

"Oh", machte sie und blickte ihn aufmerksam an; sie war Jüdin und unsere Geistlichen ihr fremd.

"Er soll in das kleine Zimmer, in dem er Ruhe hat – und Dystrophikerkost."

Professor Kühle dankte mit einer kleinen Verbeugung, die sie erwiderte, und ich brachte ihn auf die Station zu dem Kollegen, der ihn weiterhin behandeln würde. Darauf holte ich am Tor seinen Rucksack. Als ich zurückkam, lag er schon allein im Zimmer und behaglich in einem Feldbett.

"Ich danke, Herr Kollege", sagte er, "daß Sie das hier bei der Ärztin organisiert haben. Ich beginne mich wohlzufühlen – auf einem mit Nessel-tuch überzogenen Strohsack, unter einer sauberen Decke. Davon habe ich im Gefängnis nicht einmal zu träumen gewagt. Dwazet pjat let – 25 Jahre – auf solche Weise? Ja, was sind denn das für Menschen, und was mögen sie von uns wollen, was mit uns anfangen?"

Er benötigte erst einmal eine Woche, bis er sich ausgeschlafen hatte, bekam Aufbesserungskost, die Ärztin machte bei ihm ebenso regelmäßig Visite wie bei allen anderen und beschaffte sogar eigens für ihn aus Moskau Herzmedikamente.

Als die Lebensgefahr gebannt war, er auch schon aufsein durfte, begann er zu erzählen, und irgend etwas wie Heiterkeit schimmerte durch den Beginn seines Berichtes hindurch, wenn er sich später doch auch immer stärker erregte:

"Kennen Sie die Karte des 15jährigen Flakhelfers aus dem Jahre 1945: 'Liebe Eltern. Ich bin jetzt in russischer Gefangenschaft. Da ist vielleicht etwas los. Viele Grüße Euer Emil.' Nicht einmal ganz die Zahl der fünfundzwanzig zugelassenen Worte. Ja, dem kann ich mich nur anschließen. Meiner fraktionierten 'Hinausbeförderung' damals aus dem Lager folgten weitere, gleich unerfreuliche Vorgänge, Herr Kollege. Die 'Blauen' ließen es sich nicht nehmen, mich nach Tscheljabinsk zurückzubringen, wo ich ja früher bereits im Lager gewesen war. Dort stellten sie mich vor Gericht. Und sie haben Augenzeugen aufmarschieren lassen – angeblich aus der Ukraine – die aussagten und beschworen, sie würden mich wiedererkennen. Sie hätten gesehen, wie ich – ich persönlich – russische Kirchen ausgeplündert und mich also an sowjetischem Staatsgut bereichert hätte. Das alte Lied also, jetzt mit vollem Orchester, das man mir seit Jahren nachsang. Können Sie sich das vorstellen – das mir – und 25 Jahre dafür?

In einem Lande, in dem es Kirchen kaum noch gab, wo Gotteshäuser zu Magazinen, Scheunen, Werkstätten umfunktioniert oder der Zerstörung, dem Zerfall anheimgegeben waren, da soll ich Kirchengut gestohlen haben? Ich platze heute fast noch, wenn ich daran denke, daß sie mich nichts erwidern ließen. Sofort nach dem Urteilsspruch wurde ich weggezerrt und in das Gefängnis gepackt. Und was hätte ich doch alles zu sagen gehabt!" Er war wieder soweit gebessert, daß er sich in dieser Art erregen durfte, ja mußte; denn wie hätte er sich sonst seiner drückenden Seelenlast entledigen können. Ich fiel ihm also nicht ins Wort und hätte ihn ja auch gar nicht ablenken können. Nach einigen schweren Atemzügen hatte er sich wieder gefangen und fuhr fort:

"Gut, der Vorwurf, daß ich im Lager heimlich Messe las und meine Kameraden auf diese Weise gegen das gottlose Land einnahm, das hätte ich als berechtigt hingenommen. Das war meine priesterliche Aufgabe, der ich nachging und nachgehen werde, auch wenn es für jede Wandlung Stockprügel und weitere 25 Jahre Arbeits- und Besserungslager gäbe. Aber ich – ein Dieb und Kirchenschänder? – während wir doch Kirchen wieder ausstatteten und ihren russisch-orthodoxen Priestern überließen. Nur Teufel kommen auf solche Gedanken!"

Die Urteilsbegründung konnte ich nicht so tragisch nehmen, wie er es tat, waren mir seither noch einige Hunderte ähnlicher Art übermittelt worden.

Sie waren zum Teil einfach lächerlich und primitiv, zum Teil aber auch in höchstem Maße ausgefuchst und irgendwie dem Intelligenzgrad des von vornherein Verurteilten angepaßt. Die sowjetische Justiz schoß auf uns mit einfachen, aber auch mit vergifteten Pfeilen, welch letztere besonders schwere und langanhaltende seelische Verletzungen setzten. Eine solche hatte Kühle getroffen.

Als ich ihn über die Verhältnisse im Lager unterrichtete, ging es mir darum, ihn von dieser Vergiftung zu heilen.

"Ich vermute", sagte ich also, "hier werden Sie die Messe einigermaßen sicher lesen können, und kein Russe wird Ihnen, wenigstens jetzt, etwas in den Weg legen. Unter uns im Lager drinnen gilt es kein Aktiv mehr, da herrscht relative Freiheit und eine unbegreifliche, weil auf schwankender Erde wuchernde Hochstimmung wie niemals noch eine zuvor. Sie ist wunderbar; aber es besteht die Gefahr, daß wir den Boden unter den Füßen verlieren, daß wir die Augen schließen und blind in einen Himmel steigen, aus dem es nur Absturz geben kann. Mir ist hier alles unheimlich. "

Nichts von Allem, was wir taten, hätte wirksamer sein können als die Aussicht, hilfreich werden zu können. Kühle erholte sich zusehends, schwemmte Wasser aus Leib und Beinen. Darüber hatte das zuvor überanstrengte Herz auch geringere Leistung zu vollbringen und kräftigte sich. Über dem Bedenken dessen, was er im Lager tun könne, vergaß er sich selbst, erkannte aber die Last, die die anderen, alle anderen mit sich herumschleppten, und wurde begierig, sie ihnen tragen zu helfen.

Bald bat man ihn im Lazarett um Hilfe, bald berichtete ich ihm von meinen Sorgenmännern draußen im Lager, und in dem Maße, wie er sich seiner selbst entäußerte, wuchs seine seelsorgerische Kraft. Nun wollte, nein mußte er eintreten und dort zur Stelle sein, wo Ärzte, Freunde und Kameraden nicht mehr aus der Not herauszuhelfen vermochten.

Auch bei ihm erwies sich einmal mehr, daß Erkrankungen, die in Friedenszeiten ganz ungewöhnlich sind und die, würden sie einmal entdeckt, Gegenstand monatelanger Krankenhausbetreuung wären, unter den Verhältnissen extremer Gefangenschaft in einem Lagerlazarett bereits binnen ein und zwei Wochen soweit gebessert werden, daß der Kranke nicht weiterhin in tödlicher Müdigkeit dahinvegetiert, sondern sogar Sorgepflicht für Andere übernehmen kann. Kühle drängte also auch aus dem Lazarett; die Magnitowa entließ ihn und überwies ihn mir.

Wir verschafften ihm in der Invalidenbaracke einen Schlafplatz mit etwas Umraum. Alsbald gehörte er allen, die schon da waren und nachkamen, wurde es selbstverständlich, ihm mit uneingeschränktem Vertrauen zu begegnen und zu folgen.

Kühle hätte sterben können, wäre aber bis ins Koma hinein unverändert der geblieben, der er war.

Hingegen erschien die Mehrzahl derer, die uns "überstellt" wurden, in einer Weise verändert, ja zerstört, daß ich an der Möglichkeit zumindest einer seelischen Wiederherstellung zweifelte und mir darüber schwere Sorgen machte. Es ging mir auf, daß man wie entmenschlicht sein kann, ohne doch entmenscht zu werden. Die da kamen, hatten allen Anlaß, maßlose Aggression, Rachsucht, Haß zu entwickeln, jetzt, da sie unter ihresgleichen waren und sich äußern konnten – aber nichts dergleichen, nirgends Aufbegehren, nur Erdulden, sowie ein sämtliche Körperporen erfüllendes Mißtrauen jeder, der kleinsten Veränderung gegenüber. Die Empfindung "Lager" beherrschte sie – und Lager hieß äußerste Bedrängnis auf mannigfache Weise. Auch mit zärtlicher Geste, mit schmeichelndem Lockruf kann man das Lamm zur Schlachtbank bringen.

Schleifender Gang und Krummrücken, gesenktes Haupt und hängende Arme verdeutlichten das Ausmaß von Entleerung und Entäußerung. Gehüllt in die Aura allseitiger, unentwegter Bedrohung, wagten sie nicht, auf der Mitte eines Weges zu gehen; in ihrer Verwirrung hielten sie das "Paradies", das sich urplötzlich aufgetan hatte, für eine besondere Art Falle und die mitfühlend Entgegentretenden für lächelnde Henker. In die Erleichterung, wiederum unter Deutschen zu sein, mischte sich eine zunächst unüberwindliche Scheu.

Was waren denn das für welche, die unter bisher undenkbar guten Verhältnissen hier lebten? Aktivisten, Leute vom Nationalkomitee, Vertraute Ulbrichts und als solche feindlicher noch und haßvoller gesinnt als Russen? Hatten die den Auftrag, das letzte Aufgebot für die Hölle auszuscheiden, um sich nach geschehener Schlußdenunziation in die rote Heimat davonzumachen?

Zu derart Erstarrten schien es keinen Zugang mehr zu geben. Waren die einen anscheinend teilnahmslos und zugleich schreckhaft, so die anderen agitierend unruhig.

Einer wie der andere – mochte er einst Schuhmacher und Poet dazu gewesen sein oder Befehlshaber – drückte sich durch die zu einem Spalt geöffnete Tür des Ambulanzzimmers und schob sich auf die kurze Wartebank. Obgleich ich meinen weißen Kittel meist am Haken hängen ließ und in meiner Lagerkleidung dastand oder saß, hielten sie mich doch für etwas wie einen

Kommissar. Lauernd stumm fanden sie kein Grußwort, sondern erwarteten, angeschrien zu werden; dabei erfaßten sie aber, was üble Vorerfahrung sie gelehrt hatte, in einem hastigen Rundumblick fast jeden Winkel des Raumes, der das Verhängnis bergen mußte. So waren sie ganz Abwehr und scheuten von der zur Begrüßung gereichten Hand zunächst einmal zurück.

Einige hinwiederum zeigten ein in gleicher Weise unbegründetes, fast tierisches Zutrauen und eine voreilige, nicht verlangte Folgsamkeit, in der sie sich allzuwillig darboten, ergaben und als Wesen ungreifbar wurden. Keine Art der Verspannung, Verkrampfung oder Auflösung, die sich nicht zeigte. Überall die glänzenden, feuchten, geweiteten Augen, die die sie beherrschende übermäßige Erregung anzeigten.

Derart ruiniert waren die Männer, die man einige Wochen lang Tag für Tag ins Lager brachte und die einen jeden, der sich mit ihnen, selbst schon etwas gefestigt, beschäftigte, zum Erbarmen brachte; sah er doch wie in einem Spiegel sich selbst einst in ihrer Gestalt jetzt.

Zunächst verschreckt und den Ungreifbaren gegenüber hilflos, lernte ich nach und nach, das Gefüge der Mauer eines Gegenüber zu erkennen, die Armen bekamen Gestalt und Gesicht. Von dem einen lernte ich für den Nächsten; je mehr ich erlebend miterfühlte, um so schärfer wurden meine Sinne. Ein eigentümliches, im Grunde weibliches Urvermögen erstand – und es ergab sich, daß wir, im damaligen Zustande so gut wie geschlechtslos, zu Kräften und Wissen zurückfanden, die bei Frau und Kind stärker ausgebildet bleiben und sind als beim Manne.

Und so fand ich zu meinem Glück heraus, wie sie genommen werden mußten, und begriff, in welche Richtung sie zu führen waren. Zunächst galt es, sie vom Druck des ständigen "Dawai", dem sie seit mindestens sechs Jahren ausgesetzt waren, zu entlasten.

Gegen den Willen der Feldscherin, für die ein "Prikas" schwerer wog als das Leben eines Menschen, aber mit Unterstützung der Magnitowa, für die Papier eben Papier blieb, wurde erreicht, daß die "Neuen" nicht zunächst zur Banja und Desinfektion getrieben, sondern vom Tor weg zu mir gebracht wurden. Damit war ein Tabu puritanischer Hygiene- und Reinigungssucht gefallen, das mir von Frankfurt an der Oder 1945 in schrecklich-quälender Erinnerung geblieben war, als man, gegen unser Aufbegehren, sterbende Hungerkreaturen unter die Brausen zur Säuberung trieb, was Massen von Opfern forderte.

Jetzt kam Person um Person zunächst zum Arzt, wurde dabei zum Einzelnen. Schlich er durch die Tür in das Arztzimmer, dann war er nicht mehr Vereinzelter, aber auch nicht mehr Unperson in bedrängter Menschenmasse. Nicht angeschrien, nicht geduzt, sondern zum Niedersitzen und Warten gebeten, wurde er zunächst sich selbst überlassen. Kein Verhör, keine Vernehmung. Augenblicke beruhigenden Schweigens. Der wartete ruhend in sich selbst zurück und atmete ohne Hast tiefer ein und aus.

Zwischen dem Kahlgeschorenen und dem Mann, der sich dann zu ihm auf die Bank setzte und keinen Arztmantel, aber dürftiges Lagerhemd und zerschlissene Lagerhose trug, schienen Welten zu liegen, aber eine von ihnen zerplatzte, wenn der Arzt begann:

"Ich wurde ebenfalls zum Tode verurteilt, Kamerad; auch wir sind erst vor wenigen Wochen hierher gekommen. Erst vor einigen Tagen hat man mich zu 25 Jahren Arbeits- und Besserungslager begnadigt."

Blick zur Seite hin, Blick zur Seite her. "Kein Aktivist?" Kopfschütteln.

"Nicht für die Russen?"

"Für uns Deutsche!"

"Weshalb?"

"Um zu retten, was zu retten ist. Sehr wahrscheinlich, daß man uns alle, wie wir hier sind, eines Tages 'na laevo' bringt, in den Orkus stößt. Aber immer gibt es noch ein klein wenig Hoffnung. Und bevor die nicht ganz hin ist, soll keiner sterben. "

"Wer ist hier?"

"Alle, die hier sind, wurden auch verurteilt. Wir sind jetzt ganz unter uns, allesamt Schwerverbrecher. Freunde, die vor Jahren getrennt wurden, kommen wieder zusammen. Verschollene finden zu Verschollenen, für die Heimat jedoch sind wir insgesamt verschollen. Keine Nachrichten von dort, keine Möglichkeit zu Nachrichten dorthin."

"Ja? – und was jetzt?"

"Ich will sehen, wie's um Sie steht."

Er lag nackt vor mir, und sein Anblick versetzte mich in die Jahre 1945/46 zurück: eingefallener Bauch, der es ermöglichte, von vorne her die Wirbelsäule zu ertasten, hervortretende Rippenpaare und am Brustbein dolchartig hervortretender Schwertfortsatz, Gliedmaßen, dünn wie die eines Kindes, und ein beinahe entfleischtes Knochengesicht. Durchdringender Dunst des Elends aus grau-abschilfernder Haut, Ungeziefer und kein Kleiderwechsel seit Monaten. Rückfall in einen Zustand, aus dem die Überlebenden sich in beinahe unnatürlicher Anpassungskraft an den Zustand des chronischen

Hungers bis 1949 langsam und trotz immer neuer Krankheiten wieder zur Lebensfähigkeit hin gefunden hatten.

Zweimal gebeutelt an Leib und Seele!

Wer damals versuchte, sich aufzurichten und auf die Beine zu kommen, war sich der ihm innewohnenden Härte und Kraft keineswegs bewußt.

Saubere zu untersuchen, fällt nicht schwer; hier war es unumgänglich erforderliche Heilmaßnahme, die so trostlos Verschmutzten Teil um Teil abzutasten. Mich ekelte es nicht, war ich doch wenige Wochen zuvor nicht anders gewesen als sie. Vielmehr machte es mich geradezu glücklich, daß ich mich ihrer mit den ersten und letzten Untersuchungmitteln eines Arztes, mit Herz, Kopf, Auge und Hand annehmen mußte und durfte.

Noch wichen sie aus, wenn ich ihr Gesicht umfaßte, noch sprachen sie außer "Ja" und "Nein" kaum ein drittes Wort, wenn ich langsam und ohne Hast zu untersuchen begann; ich wollte ihnen "begreiflich" machen, daß einer jetzt nur für sie da war.

Ich achtete auf Feuchtigkeit oder Trockenheit der rissigen Haut, wäßrige Schwellungen der Gliedmaßen, Größe von Leber und Milz im aufgetriebenen Leib oder ausgemergelten Hohlbauch; ich tastete den Puls, maß den immer viel zu niedrigen Blutdruck, achtete auf Herzschlag und Herztöne. Immer sehr sorgfältig hörte ich vorne und hinten die Lunge ab. Zwar besaß ich ein Hörrohr, doch legte ich lieber das Ohr an den Brustkorb, um durch diese Berührung eine Beziehung zu schaffen und verständlich zu machen, daß der Arzt sich nicht scheut. Unmerklicher Druck der tastenden Hand, schneller Hinblick dabei schaffen eine Bindung, die heilwirksamer ist als Einschaltung einer komplizierten und deshalb trennenden Wundermaschine.

Welch ein Glück, jetzt nicht versagen zu müssen und damit dem großen Arzt Ludolf von Krehl danken zu können, der immer eindringlich gelehrt hatte, die unmittelbare Befassung mit dem Menschen habe weit vor der Benutzung eines Untersuchungsmittels zu stehen!

Stand ich hinter den sitzenden Männern, umgriff ich die wie Flügelstummel abgewinkelten knochigen Schulterblätter oder drückte ich die die magere Haut fast durchstoßenden Dornfortsätze der Wirbelsäule nach schmerzhaften Stellen ab, musterte ich nach bewährt sowjet-ärztlicher Sitte die Gesäßfalten zur Beurteilung der Schwere des Hungerzustandes, dann begann ich nebenbei zu fragen. Hierbei oder beim Wiederanziehen, wenn sie glaubten, weggehen zu müssen und dies doch noch nicht recht wollten, kam es zu einem ersten, vertrauteren Gespräch, das ein Wiederkommen rechtfertigte. Mehr wollte ich für's erste Mal gar nicht.

Wen ich nicht wegen ernsterer Krankheit sogleich in das Lazarett einwies, den wollte ich wieder sehen. Nachdem ich die Scheu vor dem Übermaß des auf mich Zukommenden und das Gefühl der Hilflosigkeit ihm gegenüber, der Unzulänglichkeit mit zunehmender Erfahrung überwunden hatte, freute ich mich von Tag zu Tag auf jeden, der kam und auftaute, sich unter manchem Hin und Her einzugewöhnen und also wieder ein Mensch zu werden begann.

Die vegetativen Erregungsstürme legten sich schneller, als ich angenommen hatte. Indem die Männer körperlich ruhten, erholten sie sich auch, und ich fand meinen Eindruck bestätigt, daß Menschen, die derartigen Stößen ausgesetzt wurden, zwar schnell in höchste Erregung geraten, dem ungeschulten Blick aber ebenso schnell wie unberührt erscheinen, wenn das Unheil vorüber ist und sie überlebten. In ihrem Inneren blieben sie jedoch irritiert und sensibilisiert, und die Empfindlichkeit steigerte sich in dem Maße, wie lebensgefährdende Schläge sich wiederholen. Sie führten eine seltsame Art von Doppelleben, indem sie sich einerseits als unberührt zeigten, andererseits sich aber in einem Zustand von Zerbrechlichkeit befanden, der sie unentwegt das Klirren der Zerstörung erwarten ließ. Blickte ich in ihre glänzenden, stets feuchten und unruhig schweifenden Augen, wurden sie schon schweißnaß, wenn sie über sich selbst sprachen, so empfand und verstand ich, mit welch dünner Haut sie lebten, und begriff die Ursache der vielerlei und oft sehr ernsthaften Beschwerden, über die sie klagten und die sie behandelt wissen wollten. Sie gingen, kehrten wieder, siedelten sich im Lager an, fanden Freunde, Kameraden, Vertraute.

Daß es aus dem Dauerfrost der Taiga heraus jemals zu einer Blüte kommen könne, vermutet keiner, der sie öde sieht. Aber einmal, zu ihrer Zeit, blüht sie doch, und wider Erwarten kam es auch diesmal im Lager zur Blüte. Die Vereisten, Verwehten, Zerstampften richteten sich, empfanden Wärme, Licht und brachen auf, behielten aber bei, daß Eisstürme wiederkehren und sie ihnen ausgesetzt blieben. Sie lebten unter Vorbehalt. Und dies war das seltsame Berührende, tief Erregende dieser Wochen.

Trotz meines eingeschränkten Zustandes hatte ich Erste Hilfe geben können, trotz eignen Unvermögens manchen bei der Selbstfindung beigestanden. Jedoch will ich das nicht überschätzt wissen. Ich war erster Anlaufpunkt; aber es gab in Baracken und Werkstätten hinreichend Menschen, die still und unauffällig Gleiches wirkten und innere wie äußere Ordnungen entstehen ließen, Mittelpunkte bildeten und dem Gefangenenalltag einen

Hauch von Glanz und Anmut verliehen. Es war unwichtig, aus welchem Beruf und Stand sie kamen oder welchen Dienstgrad sie einst innegehabt hatten, welchen Geschlechts sie waren; entscheidend blieb, daß sie zur "grauen Masse" gehört und also erfahren hatten, wie es ist, wenn man ganz und gar nichts mehr gilt. Eine Art Auferstehung, eine neue Art zusammenhaltender, schützender Führung, vom Wesen her bestimmt und ohne hierarchisches Gepräge. Uranfang der Gemeinschaft.

Professor Kühle bewirkte bald, daß Köpfe höhergetragen wurden. Er saß bei vielen, betete mit einer sich vergrößernden Gemeinde, legte das Testament aus, predigte und las wirklich in einem Nebengelaß des Klubraums die Messe. Wohl hielt man zu deren Schutz vor Tür und Fenster Wacht, aber von Seiten der sowjetischen Aufsicht ereignete sich keine Störung. Trotz unzähliger Filzungen hatte er ein Holzkästchen gerettet, in dem er Kreuz, Korpus und Rosenkranz bewahrte. Mit Hohn und Spott oder auch heimlicher Geste hatte man es ihm immer wieder doch noch zugeschoben, wenn er sein Heiligtum schon verloren und zertrampelt sah. Er hatte es den Männern mit unmerklicher Bewegung gedankt.

Die Stola hatte er nicht zu retten vermocht; aber auch in diesem Lager gab es eine Schneiderwerkstatt und natürlich auch einen Meister, der dem Pfarrer zuliebe einen Griff in die Hölle tat und einen passenden Stoffrest zu Tage brachte, den er für besondere Lagerzwecke vom Gewande einer sowjetischen Offiziersgattin abgezweigt hatte. Besondere Freude hatte er an dem Kelch, den ihm eines Tages ein geschickter Freund überreichte; dieser hatte ihn aus einer Konservenbüchse gefertigt, kunstvolle Muster herausgehämmert und "Anno domini 1950" einziseliert. In der Küche wurden Oblaten nach seiner Angabe hergestellt. Sie waren nicht das, was er zu Hause darreichte. "Aber", sagte er, "es gibt gesegneten Leib in mancherlei Form."

Eines Tages fand ich ihn in einem Winkel, unter Beihilfe eines unserer Balten, mit dem sowjetischen Verpflegungsoffizier verhandeln. Er hatte 20 Rubel gesammelt und wollte eine Flasche Meßwein erstehen. Mir schien es unter den derzeitigen Verhältnissen nicht gerade wesentlich, ob der Wein den geforderten sakramentalen Reinheitsbestimmungen entspräche, aber er ließ darin nicht mit sich handeln und erläuterte eindringlich: "Kein Zuckerzusatz, kein Verschnitt, keine Verfälschung."

Der Russe kannte sich wahrscheinlich mit Wodka besser aus als mit den Rebengetränken von Kaukasus und Krim, aber er zeigte sich wohlwollend interessiert und brachte nach einigen Tagen eine Flasche, welche Kühle und seinen Dolmetscher zufriedenstellte. Es war fast ein Wunder; der Russe verlangte kein Geld; seine Seele war weit genug, um neben der roten Parteiecke auch einer Glaubensecke aus Väterzeiten Raum zu bieten.

"Behalte Kopeken und Rubelchen, Pope", sagte er, und Kühle war glücklich, die Kommunion austeilen zu können.

In kurzer Zeit prägte er eine überkonfessionelle Gemeinde. Leidenschaftlich setzte er sich mit einigen evangelischen Theologen und mit Naturwissenschaftlern auseinander, nicht etwa, weil er missionieren oder die Überlegenheit von Theologie und Philosophie über Medizin und theoretische Fächer erweisen wollte, sondern um Glauben und abendländischen Geist an einem Ort zu retten, an dem wir vom atheistischen Kommunismus Eingeriegelten in Gefahr gerieten, uns seelisch und geistig zu verlieren. Es war nur natürlich, daß auf dem elementar erschütterten Grunde des Gefangenseins, der nach dem Erdbeben der Verurteilung unruhig blieb, zwischen Menschen, die sich zu anderen Zeiten niemals nahegekommen wären, tiefe Bindungen entstanden. Als Kühle sechzehn Jahre später als Professor der Theologie und päpstlicher Hausprälat in Münster starb, begleiteten Gebete eines evangelisch-schwäbischen Landpfarrers seine letzten Atemzüge.

Dabei ruhte er, was mich manchmal eigentümlich anrührte, fest im Schoße seiner Kirche. So großzügig und verständnisvoll er Nichtkatholiken gegenüber war, so streng verfuhr er mit Männern seiner Konfession, deren Glaubensbezeugungen er nicht für echt hielt, oder die gegen Sakramente wie etwa gegen das der Ehe durch Scheidung verstoßen hatten. Ehe war ein fernliegendes Ding, das unsere Männerwelt zu dieser Zeit nicht berührte, für ihn aber bedeutete der Verstoß gegen ein Sakrament nicht etwas Einmaliges, sondern ein auf Lebenszeit Zeichnendes und Immerwirkendes. In solchen Fällen hob er die Gesetzestafeln, um die Sünder zur Einsicht und Reue zu bringen. Noch härter, ein Herr der "Ecclesia militans", verfuhr er mit jenen Katholiken, die sich aus welchen Gründen auch immer – er ließ keinen gelten – als Kommunisten geriert hatten. Über sie spottete er, wenn er ihnen als gleichfalls Verurteilten begegnete: "Ei ja, denen hat kommunistisches Geschau und Weltanschauungseloquenz im Aktiv nicht geholfen. Hier sind sie geblieben und Anderes haben sie auch nicht verdient." Sein Mißtrauen ihnen und darum auch den Sowjets gegenüber war unüberwindlich, selbst wenn er, wie im Falle des Meßweins, eine Verbindung aufnahm. Hätte es sich aber bei dem Verpflegungsmann etwa um einen abgefallenen Katholiken gehandelt, er hätte es niemals getan. Beides zusammen, mitleidendes Verständnis hier und unbeugsame, wie man wußte, den Vernehmern gegenüber tapfer bewiesene Härte dort bewirkte, daß man sich fest an ihn hielt. Dabei blieb er krank; zu Hause hätte ihn keiner arbeiten lassen;

doch dies Schicksal teilte er mit jedem Zweiten. Insgesamt bemerkt, strebten die Älteren nach Festigung, die Jüngeren immer stärker nach Betätigung. Lichtseiten und Schattenseiten verschmolzen, und in glastender Hitze entstand der Moskauer Sommer.

Idylle?

Draußen plante man bereits für die Zeit nach uns; eines Morgens erschien die Magnitowa mit der Mitteilung, die Zone werde verkleinert, und wir müßten das Lazarett sofort räumen, da es als Erholungsheim für sowjetische Offiziere benötigt werde. Die gewisse Exterritorialität, in der wir am Lagerrande, durch Zaun und Törchen von den anderen symbolisch abgetrennt, gelebt hatten, wurde innerhalb einer Stunde aufgehoben und wir alle in eine ebenso schnell frei gemachte Baracke verlegt. Deren Bewohner drängelten sich schimpfend in andere Unterkünfte, denn nun wurde es allmählich doch wieder sehr eng.

LKWs brachten drei Meter lange Bretter heran, und eines unserer Arbeitskommandos errichtete eine Wand, die außen wie innen weiß gestrichen und mit einer Stacheldrahtrolle gekrönt wurde. Alsbald zogen die erholungsbedürftigen Offiziere sowohl in das Lazarett als auch in das neben diesem gelegene und ebenfalls von deutscher Hände Arbeit errichtete zweistöckige Haus, das, wie man gesagt hatte, besonders schön werden müsse, weil es das Zentralarchiv für die Akten der Kriegsgefangenen abgeben solle. Und wirklich waren auch einmal einige Fuhren mit Papierbündeln angefahren worden.

Jetzt aber entfaltete sich hinter der Trennwand weithin vernehmbar fröhliches russisches Leben, wie ich es von meinem Aufenthalt im Glawgospital Moskau 1946/47 her kannte.

Wir zwölf Ärzte und Sanitäter lagen nun doppelstöckig in einer Stube, die 40 Kranken in Einzelbetten im großen Raum der einen Barackenhälfte, während die andere die Behandlungsräume für den Zahnarzt, den Hals-, Nasen-, Ohrenarzt, meinen Freund Professor Ohnacker, und schließlich für mich, den Lagerarzt, abgab. Da ich die meisten Behandlungen hatte, zudem Heizgeräte und meine Apotheke griffbereit bei mir haben mußte, fiel mir die größte Stube zu, in welche glücklicherweise Morgen- und Mittagssonne einfiel. Ein Zwischengang diente als Warteraum, jedoch zogen es unsere Patienten vor, sich auf die Eingangsstufen zu setzen oder auf einem kleinen Rasenplatz in der Sonne zu lagern.

An meinem neuen Arbeitsplatz fühlte ich mich schnell behaglich, ja behaglicher als vorher, weil ich jetzt inmitten des Lagers angesiedelt war – mochte doch der "Sondereingang" früher manchen Gedrückten von einem Besuch abgehalten haben. Außerdem fand sich Gelegenheit, regelmäßig mit

Kühle zusammenzutreffen. Bisher hatten wir uns, da wir Beide genügend zu tun hatten, immer nur im Vorbeigehen sprechen können.

"Herr Kollege", sagte er einmal, "man erwischt Sie ja kaum noch zu einem vernünftigen und ruhigen Gespräch. Vor einem Jahr hatten wir drüben unter weit ungünstigeren Auspizien mehr Zeit dafür als jetzt. Wir erfreuen uns unseres derzeitigen Wohlergehens zur Genüge, haben aber dabei ein ständig ungutes Gefühl. Auf die Dauer bleibt's nicht so friedvoll, wie es uns vorgegaukelt wird. Ich rüste meine Leute schon für andere Zeiten, und Sie präparieren sie, wie wohl zu merken ist, ebenfalls auf Ihre Weise. Alle Klugen tun desgleichen, obwohl wir unter einer Sonnenhaube leben und es einen Sommer wie den heurigen für uns Plennis noch nie gab."

Unter dem Fenster meines Ambulanzzimmers lag, vom Wege her kaum einsehbar, da durch Fliedergebüsch abgeschirmt, ein Rasenfleck, gut für einen, der liegen wollte, gut für einen, der sich mit dem Rücken am Holz der Barackenwand abstützen wollte. So schlug ich vor:

"Kommen Sie bitte nach dem Mittagessen, wenn's im Lager ruhig ist, unter das Fenster und machen Sie es sich bequem. Ich klettere zu Ihnen heraus. Wir haben von hinten her keine Lauscher, und ich bin doch erreichbar. Außerdem kann ich Sie mit heißem Tee atzen, und, wenn wir Zucker haben, sogar mit gesüßtem."

Die Zusammenkunft wurde zu einer guten, befriedigenden Gewohnheit. Es war warm und schattig; wir lagen wie in einem Versteck mit Ausblick, aber fast ohne Einblick. Der Teetopf stand auf dem Fensterbrett. Wer vorbeiging, bemerkte die Flüsternden nicht. Hätte sich zu dieser Stunde ein Russe im Lager sehen lassen, so wäre das ein Alarmzeichen gewesen.

Er wollte, wie ich wußte, Dinge von mir erfahren, die mich selbst immer noch zu sehr berührten, als daß ich ohne Erregung über sie hätte sprechen können. So wich ich, wie ja früher schon mehrfach, auch jetzt zunächst aus und sagte, noch erfüllt von der vertraulichen und besorgten Mitteilung, die mir eines unserer jungen Paare gemacht hatte:

"Wenn es mit dieser Art Arbeits- und Besserungslager noch ein halbes Jahr weitergeht, dann können Sie ein Taufbecken in Auftrag geben. Ohne Zweifel finden sich genügend Künstler, die aus Blech etwas herstellen, was es sonst nirgends gibt."

Er sah mich heiter an:

"Weiß Gott, was uns bestimmt ist. Ob mit, ob ohne Becken – ich werde sie taufen, und wenn ich es unter der Waschkuh tun muß. Etwas, was hilfreich ist, sollen die Kleinen von dieser Welt doch haben. Und die Eltern, die sich in diesem unseligen Lande unter Gottes Schutz zusammenfanden und deren Beieinanderbleiben so unsicher ist wie jeder hiesige Tag, die mögen, erreichen sie die Heimat doch einmal, wohl sagen können: 'Als Ihr in Rußland auf die Welt kamt, wurdet Ihr in aller Heimlichkeit unter einer Kuh getauft, und die war aus Eisen.' Nein, ich möchte gar kein Taufbecken bekommen. Für unsere Verhältnisse ist die Kuh weit angebrachter; gehört sie doch zu jedem Lager, vor jede Baracke wie Stacheldraht und Wachturm."

Er schob einen Zweig beiseite und wies auf die Baracke gegenüber, vor der, etwa mannshoch, die Kuh zwischen zwei Holzrosten stand – ein nach oben offenes, beidseits geschlossenes Eisenrohr von etwa 15 Zentimeter Durchmesser und zwei Meter Länge, auf einem vierbeinigen gespreizten Tragegestell, an dem in Meterhöhe eine Rinne aus Blech angebracht war.

Der Barackendienst hatte in der Frühe die Aufgabe, mehrere Eimer Wasser in das Rohr zu gießen und die Kuh dergestalt zur Wasserspenderin werden zu lassen; denn das Rohr hatte an der Unterseite vier mit Nägeln abgedichtete Löcher. Wollte sich einer an der primitiv-genialen Apparatur waschen, wie es im Augenblick zwei Männer mit nackten Oberkörpern taten, so brauchte er nur die Nagelspitze hochzudrücken und empfing einen zugemessenen, spärlichen Wasserstrahl in die Hohlhand. Und das erklärt wohl die von sämtlichen Gefangenen beinahe liebevoll gebrauchte Bezeichnung "Kuh".

Mit einem Minimum immer knappen Wassers wurde eine maximale Reinigungswirkung erreicht – möglichst viele Körper mit möglichst wenig Wasser. Was abtropfte, floß über die Rinne zur Erde und war zur Winterszeit alsbald zusammengefroren, selbst wenn sorgsame Barackendienste angewärmtes Wasser nachgossen.

"Ja, ja", lächelte Kühle fröhlich. "Das technische Zeitalter hält eben allenthalben seinen Einzug. Wir schreiten fort; Goethe sagte viel besser: wir schreiten vor. Die ländlichen Erdmütter der Ukraine nehmen noch einen Schluck des kostbaren Wassers mit der Kelle aus dem Eimer in den Mund und prusten es über Kopf und Hände ihrer Kleinen, um den sommerlichen Staub wegzubringen. "

Wir blieben nicht mehr lange genug; die Kinder kamen in irgend einem Lager "Ichweißnichtwo" zur Welt, und Kühle konnte niemals eines unter die Kuh halten und taufen.

"Also kein Taufbecken", schloß ich und er antwortete "Nein. Hier scheint mir die Kuh doch Gott wohlgefälliger; sie gehört in diese kirchenlose Welt. Sie wissen ja, selbst das sowjetische Wasser trägt sein Kreuz. Auch in Ihrer Ambulanz schwimmt auf dem vollen Wassereimer ein Holzkreuz, um es am Überschwappen zu hindern."

Aber selbst in solch stiller Sonnenstunde kreisten die Gedanken unablässig um das beherrschende Thema:

"Was wird denn wohl aus den Kindern, deren Entstehen im Mutterleib wir jetzt anmerken!" rief er beinahe zu laut. "Bei dem lauen Frieden, dessen wir uns im Augenblick erfreuen, bleibt es doch niemals. Wie bemühen sich die beiden Merkels, kaum daß sie sich hier wiederfanden, um das Töchterchen, das ihnen 1946 einjährig weggenommen wurde. Fast täglich stellen sie einen Antrag bei Frau Kreuzer, die doch selbst Mutter ist. Und was erfuhren sie bisher? 'Warum regen Sie sich denn auf? Dem Kinde geht es doch gut; es lebt gesund in einem sibirischen Kinderheim'. Wo? 'Das können wir Ihnen nicht sagen. Seien Sie doch vernünftig. Was würde denn sein, wenn wir das Kind herbrächten? Es ist jetzt fünf Jahre alt, hat keine Erinnerung mehr an Sie und spricht sehr gut russisch. Eltern müssen nicht nur an sich, sondern auch an das Wohl ihrer Kinder denken. Die große Sowjetunion ist Mutter und Vater für alle, die ihr anvertraut werden.'

So hält man die Merkels hin. Und ich meine, warum sollte die kleine Frau Kreuzer auch umständliche Schritte einleiten, Schritte, die, wenn überhaupt, erst dann ein Ergebnis zeitigen, wenn die Eltern schon längst wieder getrennt und abtransportiert wurden. Sowjetische Humanität kennt Unmenschlichkeit nicht und läßt's drum, wie es nun einmal ist."

Sein Herz war einer Erregung, wie sie sich soeben abzeichnete, nicht gewachsen. Ich wollte ihn ablenken. Aber er ließ es nicht zu, sondern sagte nachdenklich:

"Wenn den Kleinen vom ersten Schrei an nur Menschenunwürdiges widerfährt, sollen die Mütter sie dann überhaupt gebären? Das ist eine Frage, die sich gegen die göttliche Ordnung richtet, doch ich habe sie mir schon gestellt. Und an Sie, den Lagerarzt: Verlangte jemand von Ihnen, Sie möchten eine Schwangerschaft abbrechen", – und selbst jetzt zeigt sich der wortgenaue Philologe, – "nicht, wie es lascherweise immer heißt, unterbrechen. Müßte man doch eine 'unterbrochene' Schwangerschaft zu einem beliebigen Zeitpunkt fortsetzen können, was uns freilich herrlich zupaß käme – würden Sie dem Wunsche entsprechen?"

"Einer – er nimmt eine Vorzugsstellung bei uns ein – bat mich darum; er verlangte nicht, er bat. Ich sagte nein."

"Warum nein?", fragte Kühle, "weil Sie kein Frauenarzt sind, hier nicht die erforderlichen Instrumente oder Medikamente verfügen – oder weil Sie es als Arzt selbst hier nicht als geboten empfinden?"

"Das Mädchen war dabei; beide standen mir ratlos gegenüber. Mir tat allein das Mädchen leid, dem die ganze Bürde aufgeladen worden war. Ich sprach ihr herzlich zu, das Kind auszutragen und hätte mich für meine Worte doch zugleich ohrfeigen können. Denn wer so etwas rät, hat gegenwärtig zu bleiben und zu jeder Zeit Hilfe zu leisten. Aber es ist mehr als ungewiß, daß ich dazu Gelegenheit erhalten werde. So hat alleine sie die Last; das bleibt das für mich Unerträgliche."

Er erwiderte nicht, und wir starrten bedrückt vor uns hin. Doch bemühte ich mich schließlich, das Blei von den Schultern zu schütteln, indem ich bedrängt flüsterte: "Das 'Auf die Welt kommen' ist selbst hier nicht immerwährendes Unglück. Der kleine Alexander ist hier und die anderen Kinder. Sie spielen sich glücklich im Lager herum, und keinen gibt's, der sich nicht an ihnen freut. Ich schau ihnen sehr gerne zu – aber dann", – und in diesem Augenblick legten sich erneut Gewichte auf Brust und Herz –, "kommen mir andere Zeiten in Erinnerung, als w i r es waren, die Elend schufen und dafür verantwortlich bleiben. Nie komme ich über das hinweg, was 1942, 1944, 1945 geschah, als wegen Nichtwissen, Unverständnis, Gleichgültigkeit, Nachlässigkeit und schließlich aus Haß und dann Mordlust Unzahlen kleiner Kinder umkamen – Judenkinder, Zigeunerkinder, deutsche Kinder, Allerweltskinder – in der Fremde, der Verbannung auf der Flucht verhungert, erfroren, in den Armen der Mutter erloschen, wenn ein letztes Quentchen Glück dabei war. Zu Skeletten abgemagerte Kinder sterben offenen Auges, blicken glanzlos.

Ich war machtloser Zeuge solch leichtfertigen Geschehenlassens; die Sache lief ab, einfach deshalb, weil sie einmal in Gang gesetzt worden war – Befehl von oben. Und eigentlich wollte niemand das Sterben; es fiel eben mit ab, ergab sich beiläufig. Und weil es sich um Beiläufiges handelte, tat man nichts. Warum in einen Dienstweg eingreifen, wenn Rückfragen mit Sicherheit nur Ärger bringen. Die Wehrlosen sind's immer, bei denen Gedankenlosigkeit zum Verbrechen wird – zumal im Kriege. Krieg rechtfertigt alles, jedes!"

Nun war ich's, der erregt wurde: "Einmal bin ich, der bittere Winter 1941/42 war es, weit vorne in Rußland, am Niemandsland des Mius gelegen. Da irrt, 200 - 300 Meter entfernt, in den Trümmern des zerschossenen Dorfes ein altes Weiblein herum. Nirgends eine Katze, ein Hund; sie offenbar das einzige Lebewesen. Es sucht, sucht etwas zu essen, eine Höhle? Der Nächste, der Übernächste neben mir, ich weiß nicht wer, verfolgt ihr Hasten mit dem Zielfernrohr; ein stolzer Scharfschütze will sich beweisen, knallt sie ab. Gewissensbisse deshalb? Vermutlich eine Spionin, und seht mal, schöner Kopfschuß. Blitzschneller Tod, kein Krepieren im Mief eines Verstecks. Wer im Wege steht, muß weg. Und wenn es mehr sind als unumgänglich? Nun ja, wo gehobelt wird, fallen Späne. Bin ich ein Schneider, der Maßarbeit macht? Schließlich haben die drüben unsere Leute verstümmelt und kastriert. Also! Bei uns geht's ums Überleben und, wer's erlebt, macht das Dritte Reich. Wenn einiges Überzählige mit in die Grube rutscht – wen stört's denn? Sicherlich nicht mehr die, die schon drunten liegen."

Ich wollte noch mehr sagen, aber er fiel mir ins Wort und zischte fast: "Schweigen Sie! Sie haben das mit angesehen, sich über den Schützen und Mörder aufgeregt, ihn dennoch nicht gemeldet – und jetzt vielleicht zum ersten Male über diese Sache gesprochen?"

Ich nickte: "Ich meldete den Mann nicht. Er fiel wenige Stunden später selbst."

"Gottes Mühlen mahlen also doch nicht immer nur langsam", meinte er. Und nach einer Weile: "Was es so alles gab!"

Dabei dehnte er sich und ließ die Schulterblätter spielen, als müsse er sich von einem unangenehmen Gefühl befreien: "Es gab Gewöhnliches und Furchtbares. Dieses entwickelte sich aus jenem in dem Maße, wie die Täter abstumpften. Wir haben uns immer besser an unser Elend gewöhnt und jene Untäter immer besser an ihre Verbrechen. Alles, was sich oft genug und in immer dichterer Folge wiederholt, wird in den Alltag einbezogen. War der Schütze ein einfacher Mörder?"

"Nein, ein sehr hoch ausgezeichneter Offizier, der sich selbst niemals schonte, alles wagte und stets ganz vorne kämpfte."

Kühle schwieg, sah mich an und erwiderte schließlich: "Ich habe in meiner Armee wohl auch solche Männer kennengelernt. Jäger, denen Menschen zum Wild, zum Freiwild wurden und die den Tod vielleicht deshalb erwarteten, ja suchten, weil sie sich mit ihren Opfern auf die gleiche Stufe stellten. Entschuldigen Sie! Der Sieger lebt mit ihnen, der Besiegte schiebt ihnen alles, ja alles zu, und wir Verurteilten kommen nicht über sie hinweg. Sind sie wir, so wir sie! Heute bin ich so weit, daß ich meine Verurteilung anerkenne, selbst wenn ich sie als grotesk empfinde und immer gegen sie aufbegehren werde. Es ist ganz widersinnig; wir Einzelnen werden verurteilt aus der Schuld beider, aller Seiten, und dabei geht es um meinen angeblichen 'Kelchdiebstahl' bei Gott ganz und gar nicht mehr. Er ist lediglich Symbol, Symbol des Unvergänglichen, bei dessen leiblichem Tod stets noch die Erde erbebt und die Vorhänge zerreißen."

Er erhob sich mühsam, ging und ließ mich zurück. Die Ambulanzstunde zog sich lange dahin.

Volkslieder ergreifen, aber Idyllen gibt es nicht und nirgends.

Moskauer Sommer

Zwei- bis dreimal wöchentlich beliebte es dem sowjetischen Lagerkommandanten, den deutschen Kollegen Rosenow zu sich zu zitieren und mit ihm, der deutliche Distanz zu halten hatte und nur auf Anruf zum Ohr des Mächtigen aufrücken durfte, das Lager zu inspizieren.

Mit unbewegter Miene, auf der der Ausdruck leichten Ekels fixiert blieb, und grußlos musterte er Baracken, Küche, Sanitätsräume, Werkstätten, kurz jeden Fleck eingehender, als es den jeweils dort Weilenden lieb war, und sparte weniger mit Kritik, die immer etwas von der eines Heiligen an unermeßlichen Sündern an sich hatte, als mit Lob, das sich allenfalls in einem bestätigenden "da, da" äußerte. Jedoch entging dem Menschen- und Russenkenner Rosenow nicht, mit welch innerer Zufriedenheit er die Fortschritte verfolgte, die bei jedem Besuch offenkundig wurden. Im Umfang des Möglichen wurde das Lager immer mehr zu einem Schmuckkästchen, und so erwog der Major sicherlich bei sich, käme, was jederzeit möglich war, eine überraschende Kommission aus Moskau, so würde deren Wohlgefallen auch auf ihn, der die Deutschen derart zu Ordnung und Sauberkeit angehalten hatte, ausstrahlen.

Er schob die Mütze auf den Hinterkopf und bemäkelte mit heftigen Worten, noch immer sei nicht genügend zur Brandverhütung unternommen worden. Dies war zwar ein echter Ausdruck der ständigen russischen Angst vor Ausbruch einer Feuersbrunst, aber darüber hinaus auch der sowjetischen Erfahrung, daß nur der, der bemängelt, an Ansehen gewinnt, während Zustimmung Nachlässigkeit und Insubordination erzeugt.

Von Mal zu Mal schien ihn ein Gedanke stärker zu beschäftigen. Hunderte von Männern lagen herum; sie sonnten sich und sahen ihn feindselig und grußlos an, obgleich sie sich bei seinem Erscheinen hätten erheben müssen. Die großherzige Sowjetunion fütterte sie hier, und dort – das war tagtäglich in allen Blättern zu lesen – verlangte der vaterländische Fünfjahresplan Hände, Hände, Hände.

Ohne Zweifel ereignete sich hier etwas, was als "Sakrileg an den Werktätigen" anzusehen war und von einem überzeugten Kommunisten nicht ertragen werden konnte, selbst wenn es Väterchen Stalin aus irgendwelchen Erwägungen zuließ. Man selbst mußte etwas unternehmen, und zwar so, daß die Parteilinie nicht verbogen wurde.

Anscheinend beiläufig fragte er also eines Tages, obgleich er das doch wissen mußte, nach der Stärke der Obsluga und der Anzahl der Invaliden und sagte auf die Antwort Rosenows mißmutig: "Da, da, karascho, fast die halben Menschen tun nichts. Sie könnten doch zur Arbeit gehen und bekämen mehr Essen und dazu Rubel." Und in typisch dialektischer Verkehrung fortfahrend: "Warum weigern sie sich?"

Rosenow, kaum ernst bleibend, fragte: "Soll ich mich umhören, ob sie sich weigern?"

Der Kommandant wandte sich zum Ausgang: "Saklutschonij – dürfen die Arbeit nicht verweigern; man kann sie zwingen."

Dabei wurde ihm der Kopf unter der Mütze heiß; denn, "bolsche moi", es gab keinen Befehl von oben und man konnte nur scheinbar zwingen.

Das in Andeutungen geführte Gespräch hatte Folgen; wer zur Arbeitskategorie gehörte, wollte arbeiten, wollte aus dem Lager. Der Kommandant vermittelte, höchlich zufrieden und wahrscheinlich nicht ohne Vorteil für das eigene Säckel, Arbeitsplätze am Flugplatz und in Moskau.

Nicht lange, dann belebten Kolonnen Deutscher zweimal täglich das Bild Moskauer Vorstadtstraßen. Von weniger Posten begleitet als jemals zuvor in ihrem langen Gefangenenleben, marschierten die Männer in Fünferreihen dahin, wirbelten im Gleichschritt Staub auf und erregten keinerlei Anstoß bei den russischen Passanten. Die halbe Freiheit hob die Stimmung, und eines besonders schönen Tages begannen sie zu singen. Wer am Wege war, wunderte sich, daß es in Moskau noch immer erkennbar deutsche Kriegsgefangene gab, und unsere Leute gewannen den Eindruck, die Zuschauer seien nicht durchweg der Ansicht, daß es sich bei ihnen um, wie man verbreitete, Gewalt- und Schwerstverbrecher handele. Sie winkten und riefen ihnen sogar zu, und das veranlaßte die Posten, sie zu markanteren Gesängen anzuregen und selbst im Gleichschritt nebenher zu marschieren – war ihnen doch Militärisches erlebnisnäher als das sichernde Eskortieren einer elend dahinschleichenden Menschenschlange. So hörten Russen also noch im Sommer 1950 in Stalins Stadt deutsche Soldatenlieder und hatten ganz offenbar, selbst sangesfreudig, dagegen nicht das geringste einzuwenden. Sie arbeiteten an drei Stellen. Zum Flugplatz Tuschino hatten sich natürlich die ehemaligen Luftwaffenleute gemeldet, um Träume von der Kaperung eines Flugzeuges zu spinnen.

Ja, einer, so hoffte man jeden Tag, fand eines neben sich, kletterte unbemerkt auf den Pilotensitz, ließ die Motoren an, zog es hoch in den Äther, drehte ab nach Westen, landete daheim und konnte von den Verschollenen und Verurteilten melden.

Doch die Wirklichkeit war anders. Niemals, während man Zement mischte und die Startbahn ausbesserte, stand ein vollgetanktes Flugzeug unbewacht herum.

Die Kräftigsten wurden für Arbeiten am Moskwa-Kanal ausgesucht, wo Flöße aus gewaltigen Taigabäumen zerlegt, schwere Stämme aus dem Wasser gefischt, unter Gefahr auf das Land gezogen und aufgeschichtet wurden. Während die Unseren dieses Werk gemeinsam mit Russen verrichteten, deren Wachstum in Hungerjahren gehemmt geblieben war, deren Ansicht über die reale sowjetische Wirklichkeit aber weitgehend mit der selbsterfahrenen übereinstimmte, kamen sie zu einer Erkenntnis, die sie dann drinnen im Lager verbreiteten: "Wir kommen vielleicht doch einmal nach Hause – aber die müssen immer hier bleiben." Der Platz, an dem das dritte Kommando dem Häuserbau nachging, lag weiter vom Lager entfernt als die anderen beiden Arbeitsstellen und nicht mehr am Stadtrande. Die Arbeiter wurden deshalb mit Lkws abgeholt und zurückgebracht.

An der Baustelle schleuste man sie in ein weiträumiges Bretterzaungeviert, innerhalb dessen sie mit den russischen Vorarbeitern, Magazinverwaltern und Bauleitern sich weitgehend selbst überlassen blieben. Der Bewachungstrupp blieb draußen angesiedelt und genügte, da sich Ablenkungen für junge Männer in Hülle und Fülle boten, seiner Wachpflicht nicht eben mit letzter Aufmerksamkeit. Offenbar wurden die Neubauten in einem eleganteren, Funktionären vorbehaltenen Stadtviertel errichtet. So sahen unsere Männer von den Baugerüsten über den Zaun hinweg allmorgendlich die Kinder, Mädchen in weißen Schürzen mit großen Schleifen und Buben mit blauen Mützen, zur Schule gehen, wo sie einen sicherlich vortrefflichen Kommunismus und die Stalinreligion gelehrt bekamen. Waren sie von der Straße, so folgten den Größeren alsbald, ebenfalls einheitlich gekleidet, die Drei- und Vierjährigen auf dem Wege in den Kindergarten, der allen bald vertraut wurde, konnte man doch von den oberen Stockwerken hinunter- und hineinsehen. Sittsam und ordentlich spielten und tanzten sie unter Aufsicht junger, weißbehaubter Mädchen; eindringlich unterwiesen, wie man "kulturnie" und gepflegt zu essen habe, nahmen sie mittags aus Töpfchen und Tellerchen das von einer rundlichen Mamuschka in rauchiger Küche bereitete Mahl, ehe sie sich Bettchen an Bettchen unter mannigfachen Unartigkeiten zum Mittagsschlaf niederlegten. Nach dem Erwachen wurden sie den von der Arbeit heimkehrenden Eltern wieder zugeführt. Dann begann für alle, Größere und Kleine, das freie Spiel auf den Straßen, das bald auch die Gefangenen mit einbezog.

Das Kommando verließ am späten Nachmittag die umzäunte Baustelle, ordnete sich am Straßenrande zur Kolonne und erwartete die beiden LKWs, die regelmäßig, aber immer mit Verspätung ankamen. Die morgens so artigen Kinder umschwärmten die wartenden Männer in größerer Entfernung und drängten neugierig immer näher. Die Posten hatten sich auf die Bordsteine niedergelassen und hinderten sie nicht daran, den und jenen der müde Dastehenden zu puffen, zu zupfen und zu necken. Sie wollten sie weniger ärgern, als Aufmerksamkeit der Fremden erwecken. Eines hatte eine Lektion gelernt und rief: "Kriegsverbrecher, Kriegsverbrecher", andere übernahmen es, hüpften um die Schar herum und wiederholten singend: "Verbrecher, Verbrecher." Da niemand sich regte und zu schimpfen begann, fuhren sie fort: "Menschenfresser, Menschenfresser."

Die Deutschen standen da, nickten mit den Köpfen und bestätigten im Chor: "Da, da – ja, ja – Menschenfresser."

Neugierig-ängstlich wagte sich ein Mädchen an den Längsten und fragte mit hoher Stimme: "Habt Ihr auch Kinder gefressen?" Der Chor der Wartenden stimmte zu: "Da, da, ja, ja – viele, mnogo."

Die Kleinen hielten wie erstarrt im Hüpfen inne: "Mnogo?", und der Chor wiederholte laut und kräftig: "Mnogo, da, da!"

Dann folgte der Höhepunkt der in wenigen Tagen zur Regel werdenden dramatischen Handlung. Der Flügelmann setzte die grauslichste Miene auf, über die er verfügte, streckte den Arm mit der geballten Faust, so hoch er nur konnte, und rief als Solist mit gellender Stimme: "Da, da, mnogo – und ganz ohne Salz, weß sol." Dabei ließ er die Faust, auf welche alle Kinder gebannt starrten, allmählich sinken, öffnete sie zur flachen Hand und flüsterte nochmals durchdringend: "Und ganz ohne Salz." Der Chor bestätigte plano – "viele Kinder – ganz ohne Salz." Dann brach der Bann; die Kinder stoben entzückt davon und jubelten: "Sie haben Kinder gefressen – und ganz ohne Salz."

Mütter und Väter standen auf den Balkonen oder ruhten in den Fenstern der umliegenden Häuser und lachten, die Posten lachten, während sie nach leicht bekleideten Schönheiten spähten, und die Gefangenen wurden heiter.

Dann kamen zumeist die Autos. Die Deutschen kletterten hinauf, und man konnte wohl bemerken, daß auf der Ladefläche eines LKW nach Erde, Zement und Ziegelsteinen auch fünfundzwanzig, wenn nicht zwanzig Mann transportiert werden konnten, wenn sie sich nebeneinander drängten und in Grätsche hintereinander hockend den Brustkorb des Vordermanns umfaßten; selbst die Posten fanden auf den Borten noch Platz, nachdem eine Plane über die Köpfe der Sitzenden gezogen und sie der Umwelt unsichtbar gemacht worden waren.

Die Kommandos rückten am späten Nachmittag in Abständen ein und hatten wenigstens jetzt den Sonntag arbeitsfrei. Standen sie vor dem Tor, dann wurde es draußen unruhig; Kommandorufe, Schimpfen und Lachen auf deutsch und russisch, anscheinendes Geschiebe hin und her, Proteste, Versuche zu filzen, die jetzt zahmer ausfielen als früher und auch in späteren Jahren. Nur ein kleines Federlesen. Abzählen. Dies alles hatte etwas Exerziermäßiges an sich und schien nur dazu zu dienen, die Begleitmannschaft für härtere Aufgaben in Übung zu halten. Oft genug schrien die Unseren in seltsamer Verkehrung der gesetzten Ordnung: "Dawai, dawai – das Tor auf – schnell, bistro, bistro. Wir wollen heim." Das ging so etwa eine Viertelstunde dahin, dann sprangen zwei Wächter aus der Wachstube, schoben die Riegel zurück und drückten die beiden Flügel des schweren Holztores auseinander. Lärmende, gleichsam befreite Männer stürmten herein und verteilten sich auf die Unterkünfte. Der Staub eines heißen Sommertages hatte ihre Gesichter zu Masken werden lassen, in denen das Weiß der Augen und Zähne blitzte. Sie schüttelten sich, rissen die verschwitzten Hemden von den braungebrannten Oberkörpern und bemühten sich an den vollbeanspruchten Kühen um bestmögliche Reinigung, ehe sie zum Abendessen in den "Klub" eilten oder auch in meine allein den Arbeitenden vorbehaltene abendliche Sprechstunde.

Frauen und Invaliden hatte ich schon lange vor dem Einrücken vorgehabt und behandelt; jetzt saß Mascha, die sonst nur eben hineinschaute, dienstlich am Schreibtisch und führte das Krankenjournal. Es gab Quetschungen, Verletzungen, Zerrungen, Verrenkungen, gelegentlich Knochenbrüche, Furunkel und Wunden als Folgen der Befassung mit rauhen und schweren Gegenständen, aber auch Durchfälle, Malariafieber, Schwächezustände, Kreislaufbeschwerden.

Man mußte schon aufpassen und Mascha die Erkrankungen ernsthafter darstellen, als sie vielleicht im Augenblick erschienen; denn der Gesundheitszustand keines meiner Männer war ja derart gefestigt, daß nicht jeder von einem Augenblick zum anderen hätte umkippen und ganz marode werden können. Deshalb drang ich bei der Feldscherin auf Krankschreiben und Arbeitsbefreiung, wo es nur irgendwie begründbar erschien.

Widerwillig gab sie bei diesem und jenem statt, wenn das Kontingent der Krankzuschreibenden noch nicht erfüllt war, wollte sie doch möglichst unter ihm bleiben. War es überschritten, dann verweigerte sie selbst bei wirklich ernsteren Fällen das befreiende Signum, und ich mußte das Lazarett zu Rate ziehen oder das Drängen auf einen anderen Tag verschieben und meinen guten Mann vertrösten.

Rosenow hatte als ehemaliger Abwehroffizier ein Gespür für die Lage und zeigte sich immer dann am Tor, wenn es draußen beim Hereinrücken außergewöhnlich lebhaft zuging. Handelte es sich nur um lärmende Neckereien, dann war es gut; kam es aber zu ernsteren Streitigkeiten zwischen den Sowjets und unseren Männern, die nach der Verurteilung nicht gewillt waren, sich mehr als üblich gefallen zu lassen, dann bemühte er sich um Vermittlung und Beruhigung. Er wollte unbedingt verhindern, daß sich einzelne Erregte mit der Gegenseite anlegten und das labile Gleichgewicht störten, dessen Erhaltung so offensichtlich im Interesse beider Seiten lag.

Wie keiner sonst hatte er aus dem täglichen Verkehr mit denen, die über uns verfügten, erkannt, daß sich diese in einem ihnen offenbar unheimlichen Befehlsniemandsland befanden. Gewohnt, ihre Befugnisse und Verantwortlichkeiten zu jeder Zeit von oben her genau abgegrenzt zu bekommen, empfanden sie sich jetzt ihres Haltes beraubt. Und schlimmer noch, jede Maßnahme konnte ihnen zu ihrem Nachteil und Verderb als falsch ausgelegt werden. Sie waren auf jeden Fall haftbar. Bei solcher Verunsicherung konnte man bei ihnen alles erwarten, übermäßige, wenn auch falsche Freundlichkeit, Zuvorkommenheit sowohl als auch erbarmungslose, voll ausgespielte Härte. Waren und blieben wir für sie doch Feinde, die leider überlebt hatten?

Dazu mußten das NKWD und die sowjetische Kommandantur die Beobachtung nicht nur mit Mißtrauen, sondern geradezu mit stiller Angst erfüllen, daß sich die Häftlinge veränderten und selbstbewußter als jemals zuvor die Nichtverurteilten auftraten.

Was hatte wohl einen listigen Kominternbolschewisten bewogen, solche unterschiedlichen Menschen zusammenzumischen? Baute er etwa darauf, daß es zwischen ihnen zu Unfrieden, Zank und schließlich offener Gewalttat kommen würde, die die Möglichkeit böten, gegen nachweisliche Banditen mit Waffengewalt aufzutreten und sie endlich auszurotten? Diese Kalkulation erwies sich indessen, wie man wohl merkte, als falsch; denn die Leute verbündeten sich ja geradezu miteinander und richteten sich aneinander auf. Und das konnte eines Tages, wenn sie genügend Kraft gesammelt hatten, zum Aufstand führen und in einem allgemeinen Ausbruchsversuch enden.

Sie wanden sich in Zweifel. So konnte man sich wohl vorstellen, wie die "Verantwortungsträger" hinter den verhängten Fenstern ihrer Amtsstuben sorgenvoll Personalakten wälzten. Generäle, die ihnen gute Schlachten geliefert hatten, saßen in reichlicher Anzahl ein, auch Nachrichten- und Abwehroffiziere, wie dieser Rosenow, die unter den Millionen verdächtiger Russen sicherlich noch Vertrauensleute und Helfershelfer zur Verfügung hatten. Dazu Nazis und Faschisten, an deren Sinneswandel ein zuverlässiger Sowjetmann nicht glauben konnte; denn hätten sie es sonst fünf Jahre lang verabsäumt, in der Antifa zu dienen und dem Führer der Völker zuzuschwören? Und gar die, die das doch getan hatten, waren lediglich auf Täuschung aus gewesen. Hätte man ihnen denn sonst das Urteil gesprochen?

Und schließlich die Masse der "Huligane" – kleine Soldaten, Sergeanten, Leutnants! Wenn die alle zusammen eines Tages ausbrechen, nach Moskau und in den Kreml ziehen würden!

"Bolsche moi, heilige Mutter von Sagorsk!"

Oh, Gulliver unter den Liliputanern! Der Übermächtige geriet schier außer sich, weil er den Ohnmächtigen fürchtete.

Die Meisterung eines derart widersinnigen Verhältnisses erforderte von Seiten des in Abhängigkeit befindlichen und wehrlosen Partners eine fast unvorstellbare Sensibilität. Allzu forsches wie auch übervorsichtiges Auftreten, zu weit gehende Forderungen wie auch vorzeitiges Zufriedengeben konnten sich völlig anders auswirken, als vom Verhandelnden, der den Strick um den Hals in Kauf nehmen mußte, anfänglich beabsichtigt worden war. Welches Einfühlungsvermögen in die jeweilige Tageslage, welche Kenntnis der altrussischen und neusowjetischen Seele gehörte dazu, zum jeweils richtigen Zeitpunkt gerade soviel zu erbitten oder zu fordern, wie eben durchsetzbar war und niemals einen Schritt über eine unsichtbare Grenze zu tun? Wir hätten zu jener Zeit keinen besseren Mann haben können als Rosenow, der ruhig und mit einer Sprachkenntnis, die Winkelzüge nicht zuließ und Mißverständnisse ausschloß, etwas erbat und meistens erreichte, auch wenn die Partner sich tagelang wanden und alle Verzögerungskünste spielen ließen, um sein Standvermögen abzuklopfen. Kaum einer von uns war mit ihm näher vertraut und wußte, in welcher Truppe der

Hauptmann einst gedient hatte. Er sei ein Sorbe, erzählte er bei Gelegenheit, und stamme aus dem Spreewald.

Er sprach ein vollendetes und anscheinend klassisches Russisch und wurde besonders dann allgemein bewundert, wenn er lange Absätze einer russischen Bekanntmachung nahtlos in druckreifes Deutsch übertrug. Hinsichtlich seiner Ansichten blieb er undurchsichtig und manchen deshalb verdächtig. Dies traf anscheinend auch auf die Sowjets zu, welche über seine geheimnisvolle Kriegstätigkeit sicherlich mehr wußten als irgendeiner von uns. Sie ließen dies manchmal mit in Frageform gekleideten Andeutungen, ja Warnungen durchblicken. Weshalb er gegen Ende dieses Moskauer Sommers seines Postens enthoben und weggebracht wurde, erfuhr aber keiner.

Trotz des Zwielichtes, in dem er stand, hatten wir während der gesamten Dauer seiner Tätigkeit niemals Anlaß zu zweifeln, daß er für das Lager tat, was er nur irgend vermochte. Auch zog er aus seiner Stellung keinen Nutzen und Vorteil, wie es früher für einen Lagerkommandanten und seine Günstlinge zum Schaden der anderen Regel gewesen war. Er stand für das Lager.

So fand man nichts dabei, daß er, wie es hieß, mit der ältlichen, dunkelhaarigen und etwas verwachsenen Frau Kreuzer, Kapitän, mächtiger Politoffizier und Mutter zweier Kinder, Verse Majakowskis, des Poeten der ersten sowjetischen Revolutionsära, und Lyrik Puschkins ins Deutsche übertrug. Zweierbeziehung zu einem Blauen – das hätte vormals jedem Dritten den Mund völlig versiegelt. Hier stand jedoch, was zu denunzieren gewesen wäre, bereits in den Personalakten, und wenn man's recht besah, so war im Grunde Frau Kreuzer die Gefährdete. Wir alle hatten schließlich einen Vorteil von der Dichterbeziehung, da die hochgebildete Frau Kreuzer in der Folge weniger als Polit- denn als Kulturoffizier tätig wurde. In der ersteren Funktion scheiterte sie am offenen und lauten Widerstande der Verurteilten, die die Macht der großen Sowjetunion allzusehr am eigenen Leibe erfahren hatten und auf deren zukünftige Siege nicht mehr begierig waren. Als Kulturoffizier erwarb sie sich jedoch Verdienste und Anerkennung, nachdem sie geäußert hatte: "Ehe Gitler, waren Russen und Deutsche Freunde und deutsche Kultur große Kultur."

Bevor jedoch berichtet wird, was sich hieraus ergab und was diesen Moskauer Sommer dann und deshalb so einzigartig werden ließ, möge von einigen kleineren Dingen des Lagerlebens erzählt werden.

Vor Zeiten war die Zugehörigkeit zur Küchenbrigade eine Art Lebensversicherung gewesen, für deren Kosten freilich die anderen aufzukommen hatten, denen vorenthalten wurde, womit die Küchenarbeiter es sich über Gebühr besser ergehen ließen. Diese gefährdende Unsitte durfte jetzt nicht mehr einreißen, und so wurde eine Küchenkontrolle eingeführt, die Verteilung und Zubereitung der Lebensmittel 24 Stunden lang überwachte. Täglich wechselten die beauftragten Invaliden, und so konnte auch keine Vetterleswirtschaft entstehen. Als unerwarteter Effekt kam hinzu, daß die Beaufsichtigung nicht nur den Gemeinschaftssinn, sondern auch die Kochfertigkeit der in der Küche Tätigen stimulierte. Mit wachsender Ehrlichkeit besserte sich die Qualität des Essens, auch wenn die "Produkte", die vom Magazin eingebracht wurden, im Grunde auf die gleichen Wenigen beschränkt blieben, die es seit jeher gab. Jetzt jedoch setzte man Ehrgeiz darein, ihre Zubereitung zu variieren. Mit der Zufriedenheit der Speisenden stieg die Achtung vor Köchinnen und Köchen, die bisher in der Regel lediglich beschimpft und hinsichtlich ihres Körpergewichtes bemäkelt worden waren. Es ergab sich ein vertrauensvoller Konsensus, und die Notwendigkeit einer Kontrolle entfiel wieder, sogar während jener Wochen, in denen schließlich für besonders Bedürftige und die Kinder Zulagen und Sonderverpflegungsmittel zugebilligt und ausgegeben wurden.

Fünf Jahre später, am schließlichen Ende der Gefangenschaft, als Männer nochmals in gefährlicher Situation unerwartet auf sich allein gestellt waren, erlebte ich eine ähnliche Welle von Gemeinschaftsgefühl – aber mit Todesangst befrachtet und ohne die damalige schwingende Leichtigkeit und lächelnde Freudigkeit, die der Gegenwart von Kindern und Frauen zu verdanken war. Beim ersten Male bestand ein Fluidum, dem sich selbst die tief in ihr Schicksal abgesoffenen, hoffnungsleeren Gestalten nicht entziehen konnten, die mit aller Welt und sich selbst am meisten haderten. Sie hoben die blöde gewordenen Blicke und begannen der Gegenwart von Weiblichkeit Rechnung zu tragen, indem sie die ihnen vielleicht verbliebenen Stiefel mit Spucke und Handballen auf einigen Glanz brachten. Mit Vergnügen vermerkte ich, wenn ein Vegetativum, das erstarrt schien, nach und nach wieder in Bewegung geriet. Ja, wurden sie nicht noch erschlagen, so würden sie überleben können.

Die trotz alledem Absterbenden wogen jedoch wenig gegenüber den Auflebenden, deren Herzen und Sinne sich hier öffneten. Die jungen Männer, die die Arbeitskommandos ausmachten, waren bei Kriegsbeginn gerade eben allenfalls Jünglinge gewesen und hatten dann jahrelang lediglich "Osterfahrungen" sammeln müssen. Sie hatten Gefahren und mannigfache Nöte erlitten, waren dem vorzeitigen und häßlichen Tod ausgesetzt gewesen und hatten darüber niemals jung sein können.

Hier nun trafen sie mit Frauen und Mädchen ihres Alters zusammen, die den Hunger Ostpreußens, die Vertreibung aus Rumänien und tausend ahasverische Irrläufe hinter sich gebracht hatten, die zermahlen und zermalmt, geschändet und entehrt hierher geschafft worden waren und zuviel wußten, als daß sie noch unbefangen hätten sein können. Sie waren vielmehr scheu geworden. Doch junges Blut weckt junges Blut, und es war natürlich, ja notwendig, daß Paare zueinander fanden. Hatten die jungen Männer zunächst nur die Gegenwart von Weiblichkeit als solche empfunden, so kam es bald dahin, daß sie ihr das Bild der einen Gestalt und des einen Antlitzes unterordneten, zu dem sie sich mit Macht hingezogen fühlten. Sie erstrebten einander, und manche Alten empfanden betroffen mit, wie hinter ergreifender Herzensempfindung jeder Ausdruck soldateneigentümlicher Obszönität, die an und für sich schon in der Dystrophiezeit eingegangen war, zunichte wurde.

So etwas wie Schmuck hatte es seit Jahren nicht gegeben – keine Uhr mehr, wesentlich weniger Eheringe als Ehemänner. Doch jetzt zeigte sich, daß die Freude daran keineswegs mit dem Dritten Reich in den Orkus gefahren war. Als eines Tages eines der Mädchen einen kunstvoll verschlungenen und aus Aluminiumdraht gefertigten Armreif trug, der beinahe wie Silber glänzte, da breitete sich Begehrlichkeit und die Lust an einem schönen Ding bei beiden Geschlechtern beinahe wie ein Steppenbrand aus.

An den Arbeitsstellen setzte die Suche nach Kupfer, Messing und Aluminium in jeder Form ein; Kabel verschwanden meterweise, Blechbüchsen und sonstige Metallgefäße wurden rar. Hatte einer einen Trinkbecher oder gar ein Wehrmachtskochgeschirr bis auf den gegenwärtigen Tag gerettet, so stieg dessen Tauschwert ungemein. Das Gleiche galt für Holzklötze, aus denen Löffel, Kästchen oder gar Pfeifenköpfe für Machorkatabak hergestellt werden konnten.

Zwar fehlten Messer, die bei den überraschenden Filzungen als gefährliche Waffen rigoros weggenommen wurden, aber dennoch immer wieder urplötzlich neu auftauchten.

Hier erwies sich ein Vorrat von Sägeblättern im Magazin des Bauplatzes als glücklicher Umstand. An verborgener Stelle und in russenstiller Stunde trat der Schleifstein, vom emsigen Fuß getrieben, trotz Kühlung funkensprühend, in Betrieb, entriß dem guten Stahl die Zähne und ersetzte sie durch eine Schneide. Zwar erregte sich der Lagerverwalter heftig über die

Ungeschicklichkeit der Deutschen mit den wertvollen Sägen, aber in Hosenbeinen versteckt gelangte das wertvolle, deshalb nur stundenweise verliehene Gerät ins Lager; es bildete den Grundstock einer Manufaktur, die ansonsten als Handwerkszeug lediglich Nägel und Steine als Hammerersatz kannte.

Handfertige Liebende fertigten ihre Geschenke selbst und verbrachten viele Stunden damit, das Werk der Vorstellung, die sie von ihm hatten, anzunähern, hingegen beauftragten Ungeschicktere Invaliden, die sich als "Goldschmiede" einen Ruf erwarben, mit der Herstellung der gewünschten Reifen, Ringe und Ketten. Völlig ihrem Tun hingegeben, saßen diese Künstler irgendwo in einem Winkel und ziselierten mit Nagel und Stein Embleme auf Dosen, Becher oder einen Kasten, unter welchen ein Herz, der Stacheldraht und ein umschnörkeltes "1950" niemals fehlen durfte.

Die Mädchen nahmen die schmückenden Gaben mit gefälliger Freude an und begannen, um deren Wert zu erhöhen, mit Verschönerung bei sich selbst. Es fanden sich unter ihnen phantasievolle Gestalterinnen, die sonderbarste und eigenwilligste Textilienreste noch tragbar zu machen wußten, und so entstand wie von selbst nach langen Jahren erzwungener Lumpenuniform so etwas wie eine sich auf Kleid, Haartracht und Schmuck erstreckende Lagermode, die Persönliches betonte und hervorhob.

Jasmin und Flieder waren duftlos verblüht; das Blattwerk der Gesträuche, die verteilt im Lager standen und zwischen den Baracken Grenzen zogen, war dunkelgrün geworden und eine Staubschicht hatte sich auf ihnen abgelagert. Die Zweige der Hängebirken hingen regungslos bis zum Erdboden, lediglich der Abendwind ließ sie sanft schwingen. Längs der Lagerstraßen waren Rabatten hergerichtet; auf ihnen wucherten, von Löwenmäulchen durchsetzt, gelbe Ringelblumen; Calleopsis- und Tagetesblüten hoben sich über sie empor, und Kapuzinerkresse wucherte über Mauern und Treppen. Selbst der trockene Sandboden nächst den Baracken hatte Saat angenommen, und zwischen den fleischigen Blättern des Portulakröschens öffneten sich dessen kleine Blüten vielfarbig dann, wenn die Sonne prall auf sie fiel.

In diesem bunten Umraum gab es für die Kinder fast keine Grenzen; die Kleinsten spielten im ganzen geschützten Lagerbereich. Überall fand sich Spielzeug, überall hausten große, liebevolle Männer, die zusammen mit Müttern und Tanten über sie wachten. Von einem Herz wanderten sie an ein anderes, und viele Hände strichen liebkosend über ihr Haar.

Unter dem Tausend gab es auch Lehrer, deren pädagogisches Pflichtbewußtsein sich beim Anblick von Buben und Mädchen im Alter von sechs bis vierzehn Jahren regte, die niemals einen Unterricht erhalten hatten, also nicht schreiben, rechnen und lesen konnten. Sie kramten in ihren Gehirnen nach weit in den Hintergrund gedrängtem Schulwissen und stellten unter freudiger Zustimmung der Eltern zwei Klassen zusammen.

So sah man denn an jedem Vormittag zwei ältere, magere und ärmlich gekleidete, aber lebhaft redende Männer, deren jeder von seinen Zöglingen eng umgeben war, auf der Suche nach einem freien Zimmer um die Lagergebäude ziehen. Der jeweilige Rechenlehrer trug eine original russische Rechenmaschine mit ihren auf einen Draht aufgereihten roten und schwarzen Holzkügelchen wie eine Leier unter dem Arm und war glücklich, daß er für Grundrechenarten mehr zur Hand hatte als seine zehn Finger. Hingegen mußte sich der Leselehrer zunächst auf Vor- und Mitsprechen beschränken, bis ihm schließlich ein Arbeitskommando eines Tages eine "zufällig gefundene" Schultafel mit Gestell und Kreide übergeben konnte. Nun skandierten die Kinder fröhlich nach seinem Zeigestock, und die Schulgeräusche drangen durch weitgeöffnete Fenster wie überall in der weiten Welt nach draußen. Dort mochten sie kaum Aufmerksamkeit erwecken, aber hier versammelten sich draußen Alte, die einstmals Väter gewesen waren und Söhne erzogen hatten. Sie lauschten hingegeben, und ihre Gedanken wan-derten Jahrtausende zurück.

Es ist zu bezweifeln, daß die "Schule" anhaltende Erfolge gezeitigt hätte. Sie blieb wie alles hier Intermezzo, aber ein freundliches, das Kinder zu einheitlichem Tun zusammenführte. Wahrscheinlich behielten sie auf ihren späteren Lagerwegen wenig mehr in Erinnerung als daß sich einstmals fremde Männer ihrer auch freundlich angenommen hatten.

Walter Heyer war ein ehemals kräftiger Mann von 35 Jahren; Generationen von Lagerärzten hatten ihr Prestige daran gesetzt, ihn von der Außenarbeit zu befreien. Sie konnten sich dabei auf mehrere große Krampfaderpakete stützen, dank derer seine Unterschenkel bereits bei kurzem Stehen stark anschwollen. Das sowjetische Sanitätswesen hatte er bereits viele Binden und manchen Topf Salbe gekostet. Man hatte seine beiden Beine bis über die Knie hinauf eingebunden, was zu einem mühseligen und schleppenden Gang führte. Feldscheren und Kapitänärzten, die einen größeren Mann ungern ohne rechte körperliche Arbeit sahen, imponierten diese Beine, erfüllten sie doch das für eine Arbeitsbefreiung erforderliche Postulat der Ansehnlichkeit und Wahrnehmbarkeit eines Krankheitskomplexes.

So kam es, daß Heyer seinem wirklichen Beruf, dem eines Musikers, wenn auch mit bescheidenen Mitteln, so doch in einiger Ruhe schöpferisch nachgehen konnte. Vormals hatte er eine Regimentskapelle unter seiner Stabführung gehabt. In der Gefangenschaft hatte er sich naturgemäß verkleinern müssen, und im Lager Krasnogorsk stand ihm zunächst praktisch nichts zur Verfügung außer einem Dirigentenstab aus Holunderholz.

Welche Gründe seiner Verurteilung beigegeben waren, entzieht sich meiner Kenntnis, doch war offensichtlich angenommen worden, daß einer, der viele Märsche zu spielen wußte, auch faschistisches Gedankengut in einem zur Verhängung von 25 Jahren Arbeits- und Besserungslager hin-reichenden Ausmaße beherberge. Im Gefängnis hatte er das zwischen 1945 und 1949 in den Lagern zusammenbrachte und in den Kulturgruppen benutzte Notenmaterial eingebüßt. Jetzt besaß er nicht einmal Noten-, geschweige denn zunächst überhaupt geeignetes Papier. Doch die Musik war ihm gegenwärtig, und er begann, nachdem Leute des Arbeits-kommandos auf sein dringendes Bitten hin Schreibzeug ins Lager geschmuggelt hatten, mit der Niederschrift der in ihm lebenden Melodien. Ein begeisterter ehemaliger Major zog auf den holzfaserreichen Bögen die fünf Linien, und Heyer machte sich ans Ausschreiben von Stimmen.

Zunächst wollte er einen Chor bilden. Jeder, der früher schon einmal mitgesungen hatte, meldete sich und es sammelten sich um ihn Leute jeglicher Herkunft und jeden Alters. Sie probten unermüdlich an vielen Abenden, und vom Klubraum aus, in dem ein uraltes Klavier stand, drang ihr Gesang überall hin. Man hörte zu und bemerkte voller Freude, daß sich die Stimmen immer besser zusammenfügten und Schwieriges gewagt wurde.

Eines Tages kam ein verlegener kleiner Tischler mit einer Geige an, die er heimlich gebaut und geschnitzt hatte. Sie war ohne Saiten – woher hätte er sie auch bekommen können –, und so konnte Heyer sie lediglich abklopfen und die Resonanz prüfen. Aber bald hatte sich draußen einer mit einem russischen Brigadier in Verbindung gesetzt und die Saiten beigebracht. Die Lagerstradivari ließ Ehrgeiz ins Kraut schießen; man begann, an den Bau von Streichinstrumenten aller Größe zu denken.

Um dieselbe Zeit begannen sich auch diejenigen zu rühren, die früher schon einmal in einem Lagertheater aufgetreten und dabei auch vor Frauenrollen nicht zurückgeschreckt waren. Ärzte, Architekten, Lehrer, Inspektoren, Polizisten, Kaufleute und wer sonst auch immer an ein Talent glaubte, taten sich zusammen und bemühten sich, Texte und Rollen von Dramen sowie im Hinblick auf Heyer von Operetten wieder zusammenzubringen. Ohne

Bücher und bei Papiermangel ein schwieriges, fast unmögliches Unterfangen. Aber zur Freude aller bekam der Thespiskarren einen Schub und erhielt seinen "Deus ex machina".

Der Reichsbühnenbildner Benno von Arent hatte den Sowjets nicht entgehen können; im Sommer 1945 hatten sie ihn aus seinem Siedlungshaus bei Potsdam geholt, ihn wegen seiner intimen Kenntnis Hitlers, auch wenn sie sich auf dessen künstlerische Seite beschränkte, lange Jahre unter Verhör genommen und schließlich verurteilt. Eines Tages brachte man auch ihn ans Tor. Er hatte nichts Soldatisches an sich und wollte auch nie als Soldat erscheinen. Er war Künstler und als solcher ein Begriff, zugleich aber auch einer der tapfersten und treuesten Männer. Das wog viel bei Leuten, die an Feigheit, Selbstsucht und Verrat von denen, denen sie gerne und vertrauensvoll gefolgt waren, genug und übergenug erfahren hatten. Jemand, der jetzt und hier noch zu dem stand, was er gewesen war und getan hatte, jemand, der schönes Künstlertum nicht ins Häßliche verzerrt wissen wollte, es vielmehr verteidigte – einer, der trotz überschwerer Bedrückung früher Gutes auch jetzt noch gut, Schlechtes schlecht und Großes groß nannte, der erwarb sich binnen kurzer Zeit weithin Achtung, ja seiner Art wegen auch Liebe.

Daß Arent unter den tödlichen Bedrohungen, aber auch Verlockungen, mit denen die neuen Herren seither um ihn geworben hatten, nicht zum Opportunisten geworden war, bezeugte, daß er auch früher niemals einer gewesen war. Und warum auch, da er sich Hitler als Künstler verwandt und gleichberechtigt empfunden hatte! Er hatte von ihm Aufträge erhalten, mit ihm diskutiert – was man sehr wohl gekonnt habe – bessere Begründungen freilich auch übernommen.

Mit seinen lebhaften Erzählungen von Theatern, Künstlern, Aufführungen von Bayreuth und Wien, von großen Ereignissen und gefährlichen Pannen, vom Mitwirken und Eingreifen seines Mäzens eröffnete er um sich herum neue Welten, die für ihn versunken waren, von denen die meisten aber erstmals etwas erfuhren. An fast allen Theatern des Deutschen Reiches hatte er damals gearbeitet, und hier an dieser kläglichen Stelle konnte man nicht genug von ihm hören. Selbst Kühle, der anfänglich von dem Theaternazi nichts hatte wissen wollen, näherte sich ihm. Doch wurde er, wenn er ihn einmal gehört hatte, immer nachdenklicher und traurig. Daß Hitler auch Künstler gewesen sei, helfe nun einmal nicht darüber hinweg, daß er, ein zweiter Nero, mit der Wagner-Leier in der Hand das Abendland zerstört und Stürme mit beschworen habe, unter denen Generationen leiden würden. Wir erfuhren viel Neues aus vergangener Zeit, aber es entwickelte keine Kraft mehr. Die Gegenwart mußte bestanden werden, und hierbei wurde Benno von Arent uns bald unentbehrlich.

Dabei war er krank, sehr schmal und immer wieder von Schmerzanfällen, die ihn für Tage plagten, niedergeworfen. Nur sein Arbeitswille hielt ihn aufrecht. Oft genug mußte ich ihn bitten, nicht mehr weiterzumachen, aber er wollte, nein mußte tätig werden, und bald konnte er sich nicht mehr aus seiner Arbeit lösen, weil allzuviel von ihm abhing.

Theatermänner werden von den Russen seit jeher geachtet. Daß Arent ein großer war, wußten sie oder erfuhren sie durch uns.

"Gitlers Theater" stand bei ihnen irgendwie in einem guten Ruf, und die sowjetische Kommandantur wollte daran partizipieren, indem sie einem Künstlerfaschisten die Arbeit ermöglichte. Er bekam einen Werkraum von hinreichender Größe in der Tischlerei zugewiesen, dazu einen Zeichentisch unter dem Fenster und ausreichend Bodenfläche, um Kulissen in erforderlicher Größe auszumalen. Zwei, drei Invaliden waren tagsüber bei ihm beschäftigt, und abends drängten sich Freiwillige aus den Arbeitskommandos, um zu schauen, mit anzufassen und sich über das zu orientieren, was fehlte. Er erhielt Zeichenpapier, Aquarellfarben und Tinten, von den Baustellen kamen, wenn die Überlistung der Posten gelang, Töpfe mit Ölfarben herein. Ja, erschienen einem aus einem Kommando irgendwelche Dinge bühnenbrauchbar, dann wurden sie sicherlich dezimiert und der "Zehnte" dem "Benno" zugebracht. Selbst vor Möbelstücken machte man nicht Halt; denn Schauspieler müssen ja auch sitzen, Schränke öffnen und Kleidungsstücke aufhängen. Allmählich wurde der Werkraum zu einem Mittelding zwischen Rumpelkammer, Antiquitätenladen und Künstler-atelier. Es roch nach 01, Beize und Machorka. Menschen drängten sich auf engem Raum, begeisterten sich an der von Lagerbohème durchwirkten Atmosphäre und waren erfüllt von einem nach Darstellung verlangenden Tatendrang, ohne diesem aber schon Ausdruck geben zu können.

Arent richtete im Klubraum die Bühne ein, stellte stimmungsvolle Vielzweck-Kulissen hin und legte auf die Beleuchtung besonderen Wert. Elektriker fanden sich ein; er begeisterte sie, und alsbald gab es eine Rampenbeleuchtung, Lichter, die in verschiedenen Farben aufleuchteten und abschwollen, erschienen Sonne und Mond am Theaterhimmel, Hintergründe erhellten und verdunkelten sich; das für eine Verzauberung erforderliche Spektakel entstand. Freilich erforderte es längere Licht-leistungen und mehr Strom, als zur Verfügung standen. Infolgedessen verknappten draußen Kabel immer mehr, und im ganzen Lager wurde die Elektrizität abgeschaltet, wenn auf der Bühne geprobt wurde. Lediglich auf die Scheinwerfer an den Wachtürmen hatte man keinen Einfluß.

Brach dem Feuerwehrmann angesichts der Leitungen und Lampenfassungen der Angstschweiß aus, dann lachten die Elektriker ihn aus und meinten: "Keine Angst vor Kurzschluß – aber halte deine Wassereimer parat."

Wir hatten also eine Bühne mit vielseitig verwendbaren Kulissen, mit wunderbaren Beleuchtungsmöglichkeiten, ein Klavier, eine Geige, die eher Fiedel war, einen mehrstimmigen Männerchor, der sich schon hören lassen konnte, einen Dirigenten, Regisseur und Männer, die auf die Bühne drängten. Wie wenig jedoch entsprach dies den Ansprüchen, in die man sich nach und nach hineingesteigert hatte. Um zu verwirklichen, brauchte man Dinge, die kein Arbeitskommando, selbst in eifrigster Tätigkeit nicht, beibringen konnte. Von einem gewissen Punkt an ging eigentlich nichts mehr recht vorwärts, und man stieß an unüberwindliche Grenzen. Alles Bemühen schien nutzlos und im Sande zu verlaufen.

Schließlich erwies sich aber die literarische Beziehung zwischen Frau Kreuzer und Rosenow als entscheidend hilfreich. Dieser führte sie eines Abends, als sie Dienstzimmer und Lager verlassen und zu Kindern und Küche heimkehren wollte, in den Klubraum und zur Bühne, wo die Beleuchter zu spielen begannen. "Hier könnte man Schillers 'Räuber' oder 'Kabale und Liebe' aufführen", sagte Benno von Arent, der ebenso wie Heyer hinzugeeilt war, wohlbedacht, da er die sowjetische Vorliebe für die antifeudalistischen revolutionären Dramen unserer Klassiker kannte. Und Heyer fiel ein: "Ja, vielleicht auch 'Fidelio' oder eine andere Oper."

"Man könnte", sagte die allmächtige Kapitänin.

Rosenow begleitete sie bis ans Lagertor, aber man erfuhr nicht, was er leise mit ihr besprach.

Nach etwa einer Woche wurde uns klar, daß sich Frau Kreuzer ohne viele Worte auf den Dienstweg gemacht hatte. Zwar ging sie niemals ohne ein Aktenbündel ein und aus, aber eines Tages mühte sie sich mit einem großen Paket ab; ihr Gehilfe, Oberleutnant Kusnezow, trug ein zweites, größeres.

"Bücher für die Kulturabteilung", sagte sie etwas atemlos. "Sie sind in der Antifa-Schule nicht mehr nötig, und Sie werden mit ihnen arbeiten."

Die Schule war, wie wir wußten, aufgelassen, und wir hatten, als wir noch im Nachbarlager hausten, Beutezüge durch ihre Räumlichkeiten gemacht.

In den verschlossenen Räumen hatten anscheinend wertvollere Dinge geruht, als wir sie uns damals hatten aneignen können.

Liebkosend strichen Heyers Hände über die leinengebundenen Klavierauszüge der Beethoven-Symphonien; wie ein Erstkläßler verfolgte er die einzelnen Stimmen mit dem Finger, taub für alles, was um ihn geschah, hörte er Sphärenklänge. Aber dennoch, ängstlich sie zu verlieren, griff er nach anderen Bänden: Lieder Schuberts, Brahms Liedersammlungen. Erschöpft vor Glück lehnte er sich auf seinem Stuhl weit zurück und fragte: "Was habt Ihr bekommen?"

Sieben, acht hatten zugegriffen und aufgeschlagen: Rückert, Schiller, Heine, Goethe, Mörike, der grüne Heinrich – und was alles sonst noch! Und kein Lenin, Stalin, Marx oder Engels, wohl Bebel, den man als Einzigen gerne gelesen hatte. Ausgewählte deutsche Literatur – für ausgesonderte, verurteilte deutsche Kriegsverbrecher! Und viel Schreibpapier!

Noch niemals war einem sowjetischen Politoffizier aufrichtiger gedankt worden als an jenem Tage.

Zwei, drei Tage danach konnten wir den Dank noch herzlicher wiederholen. Ein LKW schaukelte durch das Tor zur Küche, und die Verpflegungsobsluga eilte hinaus, um die Produkte für die folgenden beiden Tage in Empfang zu nehmen. Aber sie griffen nach Trommeln und Pauke, nach Cello, Kontrabaß, nach acht, neun Geigen und Bratschen, nach Trompeten, Flöten und Fagott, Notenständern. Alles war verstaubt, viele Saiten gerissen. In aller Eile hatte man sie irgendwo aufgeklaubt und aufgeladen.

Köche können dergleichen nicht verarbeiten, sie schrien die Männer der Kulturabteilung herbei, und diese nahmen die Instrumente der Antifa-Schulkapelle von Krasnogorsk jubelnd in Empfang. Natürlich blieben intensive Hinweise auf Großmut und Güte der mächtigen Sowjetunion nicht aus, dank derer selbst Kulturbedürfnisse von Verbrechern gefördert würden. Doch uns war klar, daß nicht Großmut einer unpersönlichen, vielleicht überhaupt unmenschlichen Institution, sondern Teilnahme einiger Menschen, die aus unerfindlichen Gründen unbehindert blieb, hilfreich gewesen war; sie wußte, was ungenützt war, was wir brauchten, und nahm es kraft ihres Amtes und ihrer Macht als Politoffizier an sich.

Die Kulturgruppe war nun imstande, Großes zu planen; jedes Mitglied war mit Eifer bei der Sache, ohne daß doch sofort oder binnen weniger Tage etwas vorgestellt hätte werden können. Jedoch durften auch die Erwartungen, die dank der unvorhergesehenen Zuwendungen ungemein gestiegen waren, nicht enttäuscht werden. Der Chor war da und bereit. Jetzt, unter Leitung des Arztes Christel Keller, gab es Feierabends- und Sonntagssangesfeste im Freien. Ein Männerquartett hatte sich zudem zusammengefunden, und Solisten sangen zur Begleitung jener Gitarre, mit der der Nervenarzt Flothmann in Gefangenschaft gegangen war und die er unentwegt, oft als Spielender, gerettet hatte. Dank der unvorhergesehenen Zuwendung von Liederbüchern vergrößerte sich das Repertoire der Sänger, die sich ihrer Kunst mit Leidenschaft hingaben, schnell. Neben die Erhebung durch Gesang trat wenigstens für eine Zeit die fachliche Unter-richtung. Es gab hinreichend Männer, die etwas zu sagen hatten und sich zu Vorträgen bereit fanden, die Wissen vermittelten. Landwirte, Juristen, Kaufleute, Ärzte, darunter auch ich, sprachen über Probleme, die wichtig waren oder werden konnten, und fanden ebenso lebhaftes Interesse wie einige Dichterlesungen, mit deren Hilfe die Schauspieler wieder in Übung kommen wollten.

Kühle, der ebenfalls immer wieder gebeten wurde zu sprechen, hatte ich dringend abgeraten, es zu tun. Er hätte, ohne schweren Schaden zu erleiden, keine Stunde reden können.

Aber unsere Leute wollten mehr, wollten nicht nur belehrt, sondern erhoben sein und entführt werden; sie wollten Musik und Theater. Bald kristallisierte sich das Sommerprogramm heraus. Benno von Arent bereitete wirklich 'Die Räuber', 'Kabale und Liebe' und Goethes Revolutionsgedicht 'Hermann und Dorothea' vor.

Heyer griff zu den Klavierauszügen und sagte: "Wir wollen Beethovens 'Fünfte Symphonie' spielen", und, indem er nach einem anderen Bande griff, "auch die 'Gräfin Mariza'. Fröhlich soll es hergehen, und unsere Sänger, unsere Herren Sängerinnen mögen das Ihre dazu beitragen."

Beides arrangierte er aus den Klavierstimmen für die vorhandenen Instrumente, und pedantische Dystrophiker schrieben die Stimmen sorgfältig heraus.

Um die im Klub ausgestellten Instrumente sammelten sich Neugierige und Interessenten. Nach den Geigen griffen mehr Hände, als Instrumente vorhanden waren, Bratschen und Celli wurden verteilt. An den dicken Saiten des Kontrabasses zupfte einer und hatte Augen, die in die Vergangenheit träumten. Die Trompeten – etliche bliesen die Backen auf; Fagott und Flöten – mancher spitzte den Mund. Kein Instrument, auf dem nicht einer gespielt hatte – aber jetzt allenthalben Verlegenheit, Scheu, ja Angst vor einem Neubeginn. Der lange Krieg, fünf Gefangenschaftsjahre!

Kanonen, Maschinengewehre waren durch die Hände gegangen; Spaten, Schaufeln, Hacken hatten die Finger rissig-derb, hornig-ungelenk gemacht. Bei Gott – man konnte nicht mehr flink greifen, nicht mehr blasen, ohne in Atemnot zu kommen oder husten zu müssen. Und wer konnte mit den Köpfen zwischen den Linien, den ein-, zwei-, dreigeschwänzten Noten, den Taktarten noch etwas Richtiges anfangen? Eine Fermate, langanhaltend – ach ja. Aber Fingerspiel, Auf und Ab, Glissando, Piano, Pianissimo, zartes Aushauchen? Damit war es wohl ein für allemal vorbei, und dennoch lockte es.

Heyer war hier, war dort, lehrte, lobte, trieb an. Er brachte die Instrumente zu gemeinsamem Spiel, erst die Geigen, dann alle Streicher, nach ihnen Blasinstrumente, dann alle – und eines Tages hatte er sein Orchester zusammen und probte tagsüber mit den Invaliden, abends mit den Arbeitern und zu später Stunde mit allen zusammen. Den Lauschern an den Fenstern kam es nicht in den Sinn, über Unvollkommenheiten, die sich da auftaten, zu lästern. Sie schauten auf die Bühne, auf der die wegen der Abendwärme oft halbnackten Spieler hinter den Notenpulten hockten und den Dirigenten zufriedenzustellen bemüht waren. Mit weitgreifenden Bewegungen übte der seine Herrschaft, holte hier Stimmen heraus, dämpfte sie dort, klopfte ab, ließ wiederholen, von einzelnen, vom ganzen Orchester, bis ihn eine Passage befriedigte und er aufatmend loben konnte. Das Werk entstand, und wenn die Zuhörer sich von den Fenstern lösten, waren sie der Überzeugung, es miterlebend gestaltet zu haben. Sie erfuhren, wie weit doch der Weg von Pan zu Caecilie ist.

In Kufaika, Hemd und vielfach mit Flicken besetzter Leinenhose wollten die Schauspieler, deren Ehrgeiz gleichfalls immer stärker wurde, nicht agieren. Sie wollten Kostüme; ein Fundus mußte her. Darin war Arent ihrer Meinung. Kulissen und Spieler mußten harmonieren. Hierbei aber versagten Frau Kreuzer und der Rückgriff auf die Antifa-Schule; man mußte sich im Lager selbst behelfen.

Und nun kamen unsere Handwerker ins Gespräch; als erste die Schneider, die nicht nur Stoffe und Stoffreste beizubringen hatten, sondern nach den Entwürfen Arents auch Kleider für 'Hermann und Dorothea', für 'Faust', Gretchen und Mephisto, für den Sekretär Wurm, vor allem aber in voller Farbenfreudigkeit für die 'Gräfin Mariza', ihre Offiziere und ein ungarisches Bauernvolk zusammenzuschneidern hatten. Räuberzivil für Karl Moor und die Seinen machte noch am wenigsten Arbeit; es war dem unseren adäquat.

Woher die Stoffe für die Draperien stammten, wird Lagergeheimnis bleiben, jedoch stammten die Farbstoffe, mit denen sie grün, rot, blau, braun und gelb eingefärbt wurden, zum erheblichen Teil aus der Ambulanz; denn was der Haut dienlich war, konnte auch ihrer Bekleidung nicht schaden.

Mit besonderem Vergnügen und in voller Übereinstimmung mit den Herren Schauspielerinnen machten sich die Couturiers an die Ausbildung der gottgegebenen Rundungen, deren Herausarbeitung und Besitz allein es einem jungen Manne gestattete, sich auch weiblich zu gerieren. Auch hier hatten wir bald Stars, die bald bewundert, wenn nicht angeschwärmt wurden, weil sie die Fähigkeit besaßen, den Mann in sich nicht ungeschickt zu verstecken. Und war es nicht auch eine besondere Leistung, wenn einer verdreckt und verstaubt von der Arbeit einrückte und wenige Stunden später sich in ein Gretchen oder eine Mariza verwandelt hatte? Die Frauenrollen blieben seltsamerweise weiterhin den Männern vorbehalten. Keines der Mädchen wollte eine übernehmen, und jedes feierte doch den Verwandlungskünstler lebhaft mit.

Unsere Friseure hatten bisher bieder mit Schmierseife gearbeitet, die Haare mit Scheren zugeschnitten und diese wegen ihrer Gefährlichkeit ebenso wie die Rasiermesser abends abgeben oder wegschließen müssen, jetzt wurden sie vor die große Aufgabe gestellt, stilechte Perücken zu machen – und auch sie wurden damit fertig.

Doch immer wieder war es "Benno", der den Dingen den richtigen Schick gab, die Bühne dekorierte, aus Pappkartons Helme, Rüstungen, Schwerter fertigte und kunstvoll bronzierte. Er war der große Anreger und Beweger.

Das Äußere wog zwar viel; doch war es bei weitem nicht alles. Es wurde vom Wort beherrscht.

Die Lippen der Bläser waren behende, die Finger der Streicher flink geworden. Nun mußte sich erweisen, ob das Gedächtnis der Schauspieler aufnahmebereit geblieben, ihre Bewegungen in Lagergefangenschaft nicht steif und unnatürlich geworden waren. Konnten sie noch Rollen lernen, behalten und Sprache mit Gestik verbinden?

Die Jüngeren draußen, die Älteren und Invaliden drinnen übten jeder für sich – und nicht lange, da konnte Benno von Arent sie zur Probe zusammenbringen. Niemand hatte sein Gedächtnis verloren, jeder es vielmehr für übbar befunden! Und wie bei den Orchesterproben – während sie auf der Bühne polterten, liebten, hatten sich an den Fenstern die Zuschauer eingefunden, die schon jetzt freudig die Zeile für das Ganze, das Unfertige für das Vollendete nahmen.

Die wenn auch nur hinnehmende Beteiligung an einem Werdenden brachte einen größeren Zug in das Lagerleben; eine allgemeine erwartungsvolle Freudigkeit verstärkte sich, und es wurde selbstverständlich, daß einer für den anderen eintrat und ihn ersetzte, wenn es erforderlich wurde.

Bei den Kommandos kam es auf die Anzahl der Ausrückenden, nicht auf das Individuum an; die Summe der Hinaus- und Hereingezählten mußte stimmen. Und so marschierten alsbald immer mehr und häufiger Invaliden mit durch das Tor, damit Musiker und Schauspieler im Lager bleiben und in Ruhe üben und proben konnten. Das war auch zu ihrem Vorteil. Sie erlebten Neues, griffen zu, soweit es ihr Zustand zuließ, und betrachteten das Mehr an Anstrengung ebensowenig als Opfer wie die Arbeitenden die erforderliche Mehrleistung.

Es lohnte sich ja; alle Mühe lohnte sich und fand ihr Ende. Etwa ab Ende Juli wurde aufgespielt, und alles, was erarbeitet worden war und weiterhin erarbeitet wurde, ging bis zum Ende dieser erregenden und aufwühlenden Sommerzeit über die Bühne.

Der Klubraum faßte nur ein Drittel der Gefangenen auf einmal, und es mußte eingerechnet werden, daß theaterfreudige Russen anrückten und sich direkt vor die Bühne setzten; so wurde jede Vorstellung zunächst dreimal wiederholt. Aber das reichte bei weitem nicht; auch wenn diejenigen, die nicht direkt zugelassen waren, sich an den Fenstern drängten, um wenigstens Brocken mitzubekommen, – sie wollten öfters oder eigentlich immer wieder dabeisein, ihren Thespiskarren selbst berühren und Schauspiel wie Musik ganz unmittelbar aus der Nähe empfangen können. Heyer, Arent, die Schauspieler und Musiker konnten sich dem Drängen nicht entziehen und waren auch selbst begeistert genug. So kam es, daß Schauspiel, Operette und Konzert miteinander abwechselten und die Nachfeier der Aufgestörten und Aufgewühlten erst ein Ende fand, wenn der Wachhabende schimpfend aus der Wachstube stürmte und die Schwärmenden in die Baracken trieb.

Aber dann waren schon zwei, drei Stunden seit dem Ende der Vorstellung verflossen, hatten sich die Zuschauer, ihre Schemel über die Köpfe haltend, durch eine allzu enge Tür aus der Hitze des Theaterraumes ins Freie gedrängt. Dort hatte sich der Abendwind aus der Steppe, der die Birkenblätter leise rauschen ließ und die heißen Stirnen kühlte, erhoben, dort lag wenig ostwärts Moskau, dessen Lichterschein den Horizont gelb verfärbte.

Man glaubte, das ununterbrochene Brausen der großen Stadt zu vernehmen, und sah die Positionslichter der Flugzeuge, die im Landeanflug auf Tuschino das Lager überquerten. Ob sich seine Insassen über das Geviert wunderten, dessen Ränder die Scheinwerfer auf den Wachtürmen ausstanzten? Wußten sie, daß ihnen Menschen nachsahen, die Urteilssprüchen unterworfen und einem ungewissen Schicksal ausgeliefert waren? Menschen, die, von der Fünften Symphonie aufgestört, einander suchten und einander mieden, die zusammen auf der Lagerstraße auf und nieder gehen oder alleine in einem Winkel hocken mußten?

Die Eltern hatten das Licht gelöscht und die Fensterflügel weit geöffnet, um die kühlere Nachtluft in das Zimmer zu lassen, aber Alexander war nicht zur Ruhe und in den Schlaf zu bringen. Er jubelte und krähte: "Alle Onkels sind noch wach, und ich will auch nicht schlafen!" Die Mutter schmeichelte, der Vater scherzte mit tiefer Stimme. Sie hatten keinen Erfolg und das Kind wohl recht. Niemand wollte, niemand konnte an einem solchen Abend Ruhe finden. Wir hatten, als wir über die Verurteilung zum Tode lachten, geglaubt, nichts werde uns noch anrühren können, und jetzt kam es doch dazu.

Wie der Mantel von einer Frauenschulter, so glitt bei den Klängen der Beethoven-Symphonie jegliche Qual aus Herz und Sinn. Das Ende bleibt gegenwärtig, doch findet die Sehnsucht kein Ende.

Wir fanden uns überwölbt und zugleich eingebettet. Dies war das Einzigartige an diesem Moskauer Sommer der verurteilten Kriegsgefangenen.

Vor einer Baracke saßen die jungen Mädchen und sangen zur Nacht zweistimmig deutsche Volkslieder aus Rumänien.

Gespräche mit Juden

Siegfried Maier, vor der Emigration nach Riga im Jahre 1933 Geschäftsmann in Breslau, und General Ortwin Müller, allgemein der "Panzermüller" genannt, der seine Leutnantszeit in einem schlesischen Reiterregiment verbracht, dienstlich zahlreiche Liebesmahle in Casinos der schönen Landeshauptstadt mitgemacht und außerdienstlich die Freuden des dortigen Lebens genossen hatte, saßen im dämmrigen und lediglich von der Tür her erhellten Flur vor meiner Ambulanz nebeneinander auf der Bank und sprachen von früheren Jahren. Diese erschienen beiden in gleicher Weise erfreulicher als alle späteren, ja sie strahlten, wie einer den anderen ins Rückerinnern trieb, einen goldenen, wärmenden Schein aus. Es ging rund um Tauentzinplatz und Rathaus, um Elisabethkirche und Dominsel, um die vielen, vielen Gassen und Straßen in der Stadtmitte, in deren einer Maier ein Tuchgeschäft gehabt hatte, um Scheitnig, wo Müller einst immer wieder bei der Jahrhunderthalle und im zoologischen Garten aufgetaucht war, um schönen Verabredungen nachzukommen.

Im lebhaften Gespräch vergaßen sie den eigentlichen Zweck des Sitzens auf einem Warteplatz. Einer wie der andere der nach ihnen Gekommenen hatte ein Weilchen hingehört und war, wenn sie keine Anstalten zum Vorrücken machten, an ihnen vorbeigegangen und bei mir eingetreten. Den Holzlöffel wie einen Säbel schwingend, beschrieb Müller eine Parade auf dem Schloßplatz, und Maier berichtete lebhaft, schon sein Vater habe vor dem Ersten Weltkriege Uniformstoffe für die Offiziere vom 11. und 51. Regiment geliefert, blaue für Infanterie und Artillerie, wunderbar weiße für Röcke und Hosen der Kaiserkürassiere. Bei der Beschreibung der weißen Reiter, die silberne Helme und Kürasse trugen, mit pechschwarzen Stulpen-stiefeln in den Bügeln standen und deren Säbel nicht weniger schwer waren als ihre Pferde, geriet er ins Schwärmen.

"Bedenken Sie doch, ich habe es noch als Knabe gesehen, eine Schwadron nur Rappen, eine nur Braune, die dritte nur Schimmel – was für ein Anblick!"

Müller hörte ihm selbstvergessen zu; er hatte seit jeher eine Schwäche für gute Uniformen und verstand es noch als Gefangener, sich die besten der schlechten Buschlats und Wattehosen zu beschaffen, die den Nichtarbeitenden zugeworfen wurden, nachdem die Brigadiere ihre Männer zuerst hatten wählen lassen.

Über ihrem Gespräch war ihnen die Sprechstundenzeit unvermerkt vergangen, und als mein Sanitäter und ich aus der Stube kamen und sie abschließen wollten, standen sie auf einmal entgeistert vor uns. Sie waren fleißige Angehörige der Löffelbrigade, so ging ich noch einmal zurück und hieß sie eintreten.

"Für uns Juden", wollte Maier das Gespräch beenden, "war Breslau eine schöne Stadt, eine gehobene Stadt."

"Und für uns aus den Garnisonen der kleinen niederschlesischen Landstädte ebenfalls", fügte Müller hinzu, "sie war der Inbegriff eines Lebens, an dem man leider nur allzu selten teilhaben konnte."

"Jetzt ist sie von Grund auf zerstört, tot, und ihre Ruinen sind in fremden Händen", setzte ich fort. "Ich bin ebenfalls Breslauer, zwar kein gebürtiger, aber ich ging bis in die Jahre des Ersten Weltkrieges hinein in das Gymnasium zu Sankt-Maria-Magdalena gegenüber der alten gotischen Kirche zur Schule. Ihr eingeebneter Friedhof war unser Schulhof, auf den wir aus dem grauen, kasernenartigen Gebäude in die Enge und Düsternis zu Füßen des uns Kleinen so unendlich hoch erscheinenden Kirchenschiffs und des dieses noch weit überragenden Turmes stürmten. Es gab Sagen von den Glöcknern."

Auch ich kam ins Erzählen: "Wir Sextaner aus den Vororten mußten auf dem Schulweg durch die Altstadt. Auf dem Wege durch schmale Gassen mit engbrüstigen Häusern beobachteten wir argwöhnisch die Fenster über uns, jederzeit bereit, zur Seite zu springen, falls eines von ihnen geöffnet wurde, um den Inhalt eines Nachttopfes auf die Straße zu leeren. Wiederholte Einnässung lehrte uns die Stätten erhöhter Gefährdung, die im Trabe durchmessen werden mußten, erkennen. Bücher, Hefte und Schreibstifte polterten im Ranzen mit, wenn wir glücklich vorbeigekommen waren. Dann stürmten wir durch die schmale Eingangstür, die steinernen breiten Treppen hinauf, rechts oder links herum in lange Flure zu unseren düsteren und sicherlich nur selten gelüfteten Klassenzimmern, in denen wir, aber auch unsere häufig regenfeuchte Überkleidung eng beieinander fünf und sechs Stunden verbrachten. Auch der Heimweg hatte seine Gefah-renzonen am Stadtrande; hatten wir an der Endstation die Straßenbahn verlassen, dann sahen wir uns den 'Pos' gegenüber, die ihre Feindschaft schlagkräftig zum Ausdruck zu bringen gedachten. Waren wir allein, dann rannten wir um unser Leben, zu mehreren kämpften wir uns hindurch. Auf jeden Fall hatten wir uns körperlich hinreichend ausgearbeitet, wenn wir erhitzt auf die

Klingel unserer Etagenwohnungen drückten und das urschlesische Schimpfwort 'Lerje' noch im Ohr hatten.

Als es auf dem Schulhof eine Leitung zu verlegen und deswegen einen Graben auszutäufen gab, betrachteten wir gruselnd die Schädel, die zum Vorschein kamen und neben den in die Kirchenwand eingelassenen Grabsteinen aufgestapelt wurden. Herr Muschialek war der Klassenlehrer, der uns ins Lateinische einführte und uns wegen seines Spitzbartes sehr alt vorkam. Noch heute würde ich ihn wiedererkennen; er hieße, so flüsterten wir uns verstohlen zu, auf deutsch eigentlich Herr Mäusefänger. Jeder Fünfte meiner Klasse war Jude. Die Väter, die ihre Söhne abholten und gelegentlich in einer Kutsche mitnahmen, trugen häufig noch den Kaftan, und ihre Schmeieles-Locken hingen unter dem breitrandigen, flachen Hut beiderseits feingedreht vor den Ohren bis auf den Kragen hinunter.

Der Mann, bei dem ich einmal wöchentlich Knickeier zu einem Pfennig das Stück, in Häcksel und in einen Korb verpackt, holen mußte, war Jude und, wie viele andere auch, selbst zu uns Kleinen von außerordentlicher Höflichkeit.

Meine aus dem Kurhessischen stammende Mutter mochte es gar nicht, aber weder die Händler noch die Dienstboten ließen es sich nehmen – sich tief vor ihr zu verbeugen, den langen, im Staube schleppenden Rock zu heben und dessen Saum zu küssen.

Ja, das war Kinder-, war Kaiserzeit mit großen Manövern, während derer Zeppeline mit blauen und roten Bauchbinden über dem Kampffeld und der Stadt schwebten, mit dem Prinz-Heinrich-Flug, bei dem nur ein oder zwei Rumpler-Tauben oder Fokker-Dreidecker die weite Strecke von Leipzig und Halle her durchhielten und nach einem Fluge tief über unsere Köpfe hin, auf dem abgesperrten und gesicherten Platz brummend landeten. Ledergekleidete Männer kletterten über Bord auf den festen Erdboden zurück, und Tausende jubelten den Helden begeistert zu.

Das war die Zeit der Jahrhundertfeier zur Erinnerung an den von Breslau ausgehenden Befreiungskrieg von 1813 mit der gewaltig sich türmenden Jahrhunderthalle und der Napoleonausstellung, die alles zeigte, was der Korse einst getragen oder was ihn geschmückt hatte und was man ihm erbittert und hassend nachsagte und mit Spottbildern bezeugte. 100 Jahre sind so unvorstellbar viel!

Daß sie vergeht, enthüllte sich damals mir, dem Neunjährigen. Mit Herzbeben, weil es mir dort immer wieder bewußt wurde, ging ich von unserer nahegelegenen Wohnung immer wieder in die Ausstellungspavillons hinüber. Ich haßte den 'Erbfeind' nicht, er verzauberte mich vielmehr, wenn ich vor meine Lieblingsstücke trat: den Wagen von Waterloo, Uniformröcke, seinen Säbel und Zweispitz, das Bild seines Abschieds von der Garde in Fontainebleau, den von Moskau herüberfliehenden einsamen Mann im Schlitten. Aber ich war Kind, und die Liliput-Bahn, die durch den ganzen Ausstellungspark fuhr, wie auch die lauten Vergnügungen dort, lenkten mich wieder ab und ließen das düstere Zeitgeschehen und das um Napoleon ausgesetzte Schicksalswehen vergessen. Glück, Friedensglück im Jahre 1913!

Ein Sonnenjahr mit Schulausflügen oderabwärts in die "Strachade" auf dem großen, sich zur Anlegestelle hin wendenden Raddampfer, Spiele mit Schiffen zwischen den Buhnen, Lagern im Schatten des Buchenwaldes, Kampf mit Mückenwolken, die nicht wichen, so sehr Herr Muschialek seine Zigarre auch dampfen ließ. Da waren die Ferien im Riesengebirge und die Wanderung auf die Schneekoppe, über deren Gipfel die Grenze zwischen Deutschland und Österreich ging. Ich hatte sie mir als eine feste Linie vorgestellt, aber eine solche war nicht zu sehen. Man konnte vielmehr, ohne etwas zu spüren, über sie hinweggehen und nach ein paar Schritten in der Fremde wieder in die Heimat zurückkommen. Drüben in der österreichischen Baude gab es Kaiserschmarren, in der deutschen, bei uns, nicht.

Anfang September zum "Sedanstag" war schulfrei, und überall wurde geflaggt, wie sonst noch zu Kaisers Geburtstag am 27. Januar. Daß Bismarck damals einen anderen Napoleon gefangen genommen hatte, war auch schon 43 Jahre her.

Kaum ein Jahr später begann ich regelmäßig Zeitung zu lesen. Der Mord am österreichischen Thronfolger und seiner Frau veränderte mein Jungenleben von Grund auf. Mich überfiel eine Ahnung, daß übermächtige Gewalten Menschen und Völker faßten, verwirbelten und bezwangen. Mit Sarajewo traten sie in meine Welt; ich bemühte mich, sie zu begreifen und glaubte, das Zeitungslesen verhülfe mir dazu."

Wie meine beiden Patienten war also auch ich ins Erzählen und Erinnern gekommen; wir standen an meiner Apothekentheke, und wahrscheinlich gab ich ihnen, derart abgelenkt, weit mehr Medizin, als ihnen zustand, wenn auch nicht mehr, als ihnen bekam und schmeckte.

Wir waren etwa gleichaltrig, stammten alle aus dem ersten Jahrfünft des zwanzigsten Jahrhunderts. Die Schranke, die 1914 herunterfiel und die Frühzeit unseres Lebens mit einem Schlag oder Trompetenstoß beendete, war die gleiche. Der Erste Weltkrieg ging über unsere Knabenjahre hinweg. Als er in Trümmern, Trauer und Unruhen sein Ende genommen hatte, da konnte es niemals wieder so werden, wie es vormals gewesen war, niemals wieder so sonnig, warm, heimatlich. Eine Welt war entwichen, eine andere, in welche wir als erwachende Männer hineinschauten, hineinlebten – und zunächst hineinhungerten, entstand.

Wir sahen uns an und bedachten die folgenden zwei Jahrzehnte voller Anklagen und Beschwörungen, voller Haß aus selbstbezogenem Besserwissen. Zwischenbeben, trennende Klüfte, Donnerschlag!

Nun hatten wir auch ihn hinter uns – den Zweiten Weltkrieg auf einem armseligen Erdenball im Weltenraum. Aber wie! Nachdem wir in die entgegengesetztesten Stellungen gebracht und geraten waren, die man sich nur denken kann, nachdem ein tyrannischer Tod Hekatomben an Opfern gebracht hatte – da waren wir auf seltsame, fast unglaublich-unheimliche Weise aus Schutt, Gerümpel und Kot wieder zusammengescharrt worden – armselig, verdammte Geschöpfe, entwürdigt vegetierend, entkleidet.

"Über Breslau können wir auch draußen sprechen", meinte ich schließlich, nachdem wir eine Weile schweigend gestanden hatten, "da friert man weniger."

Wir gingen, ich zog die Tür ins Schloß, drehte den Schlüssel und nahm in an mich. Keiner wartete auf dem Flur. Als wir ins Freie traten, prallte heiße Luft auf unsere Leiber; wir dehnten uns in der noch gleißenden Helle einer Sonne, die sich bereits sachte zum Abend neigte.

"Wie alt und fremd fühlt man sich doch", sagte Panzermüller, "wenn die Sprache nach unendlich langen Jahren einmal auf die Oder und ihr Drumherum kommt! Das innere Breslau lebt, aber das wirkliche ist zerstört, tot und ausgeweidet. Als der Krieg schließlich bis zu ihm hingekrochen war und der Russe es beiderseits des Flusses fest umschlossen hielt, da legten die Belagerten schließlich noch einen gewaltigen Flugplatz an, um Munition wie Versorgungsgüter ein-, Verwundete aber und Frauen auszufliegen. Die Häuser eines ganzen Stadtviertels wurden gesprengt, eingeebnet, und über den Trümmern entstand das holprige Rollfeld. Von allen Seiten unter Feuer genommen funktionierte es doch, solange gekämpft wurde! Das Chaos wurde schließlich ungeheuer; Generäle und Gauleiter erschossen und hängten sich gegenseitig; die Stadt wurde von den Sowjets genommen. Ein wilder Zwangsexodus überlebender Bürger und Soldaten nach Osten vollendete das Emigrationswerk, das seinen traurigen Anfang im Jahre 1933 genommen und Urstände unter Tränen gefeiert hatte. In

Kellern und Kasematten hatten sie gekauert, sich geängstigt und gehungert, bis sie in das große "Dawai" eingeliefert wurden. Neben seinem Sockel lag der General Tauentzien und konnte mit dem zerbrochenen Säbel nichts mehr anführen, die blutende Stadt hatte ihren Mittelpunkt aus Königszeiten verloren – ja es gab überhaupt keinen Mittelpunkt mehr – keine Mutter, keinen Vater – kein Haus – keine Gräber – kein Deutschland, außer einem – der Verzweiflung."

Wir traten aus der Sonne in den Schatten, und die Gedanken spulten zurück. Panzermüller fragte Tuchmaier:

"Was wurde aus Ihrer ganzen Familie? '

"Ach", erwiderte der, "ich war 1933 noch jung und eben verheiratet, und wir faßten einen schnellen Entschluß. Wir zogen ins Baltikum. Dort bekam ich das zweite Kind in Riga; das erste stammt noch aus Breslau, und das dritte kam schließlich hinten in Sibirien in einem Lager am Baikal-See auf die Welt. Welches Glück! Man trennte uns nicht, und die Kleinste lernt jetzt beim Lehrer mit den anderen Kindern rechnen und schreiben, deutsch schreiben. Wir haben ja untereinander immer deutsch geredet, und sie versteht alles, was hier gesprochen wird. Die Große zählt nun inzwischen schon 18 Jahre Gefangenschaft.

Meine anderen Geschwister wanderten nach Amerika aus; aber die Eltern blieben und wollten sich von der Tuchlaube nicht trennen. Was freiwillig nicht geschah, erfolgte unter Zwang. Sie seien aus ihrem Haus herausgesetzt worden und am Stadtrand untergekommen, schrieben sie uns noch nach Riga. Seitdem wir in Lagern sind, hörten wir nichts mehr, von ihnen nicht, von der Familie der Frau nicht, von niemandem aus Amerika. Wir sitzen in der Mausefalle; aber auch sie wurden verfolgt. Konnten die Alten in Breslau bleiben, mußten sie in ein anderes Land ziehen, sind sie vielleicht bei den Geschwistern auf der anderen Seite des Ozeans? Kamen sie mit Breslau um? Beinahe 15 Jahre wissen wir nichts voneinander, und jedes dieser Jahre war schließlich gefährlicher als vordem ein Jahrzehnt.

Wir waren zuletzt im Ural, Sie wissen? Und dort sagte im Lager ein Kommissar, die Deutschen hätten alle Juden, die sie greifen und fangen konnten, im Kriege zusammengetrieben, in Eisenbahnzüge, ähnlich wohl wie die, in denen wir herumgeschickt wurden, gesteckt und nach Polen gefahren. Unablässig seien die Züge gegangen nach Auschwitz, nach Sobibor, Treblinka und anderen dortigen Städten, die ich so nicht mehr merken konnte. Voll hin, leer zurück, voll hin, leer zurück. Die Deutschen hätten alle ermordet wie Ungeziefer mit einem Gas, Blausäure heißt es, sagte er, und dann die

Toten verbrannt. Er nannte Millionenzahlen. Wir wußten nicht, ob wir ihm glauben mußten, weil auch er Jude – oder nicht glauben durften, weil er Kommissar war.

Schließlich haben wir nicht geglaubt. Ja, wir erlebten Hitler, als er an die Regierung kam. Es war schrecklich genug, und in unserer Angst sind wir ja auch lieber weg als unter ihm geblieben. Aber daß er so unmenschlich morden lassen konnte, das glaubten wir nicht. Schließlich wollte er Deutschland wieder groß machen – und den Wunsch hatten wir nach 1918 doch auch immer gehabt. Schließlich kam der Kommissar mit einem Bilderbuch, in dem nur Tote dargestellt waren, Tote in Massen, Berge von nackten Toten. 'Alles Juden', sagte er – 'hier Auschwitz, dort Dachau, dort ein Konzentrationslager und da – Städte in der Ukraine, wo die Deutschen sie in die Panzergräben gejagt und erschossen und verscharrt haben.'

'Erbarmen, Herr Kommissar', haben wir gerufen. 'Das können doch nicht die Deutschen gewesen sein.' Er saß auf seinem Stuhl und lachte: 'Ich hab's gesagt, ich hab's gesagt – und so war es. In der Tat!'

Natürlich sprach er russisch. Und da wurden einige von uns zornig und hielten ihm vor: 'Habt Ihr es denn mit uns gut gemeint, Ihr Russen? Haben wir nicht fein und warm in Riga gewohnt, fünf Jahre lang, bis Ihr nach Litauen und Lettland kamt und uns abholtet, auch in Viehwaggons? Seit jetzt zehn Jahren schleppt Ihr uns herum und versprecht – jetzt noch dieses Lager, dann jenes und dann seid Ihr frei! – Schöne Freiheit, schrieen sie, mehr als die Hälfte von uns habt Ihr ziehen lassen – in welche Freiheit? In den Tod. Das ist der einzige Fluchtweg, der uns blieb. Und jetzt nehmt Ihr den Mund wieder voll und kommt zuckersüß mit 'Täubchen', jetzt ist der Hitler kaputt, wir haben ihn zertreten, jetzt kommt Ihr nach Moskau und von dort nach Hause, baldskoro budit.'

'Das ist doch nicht wahr', haben wir alle geschrien, 'wir glauben es nicht mehr nach 10 Jahren voller Lügen, und mit Auschwitz ist es auch nicht wahr. Auch wenn wir vor Hitler geflohen sind, es ist doch nicht wahr.'

So haben wir noch vor einem Monat mit dem Kommissar, einem Juden, gehadert, im Ural. Jetzt sind wir hier, bei Euch – ist es wahr? Ihr müßt doch etwas davon wissen?"

In seiner Stimme lag kein Vorwurf, nicht Anklage. Er blieb vielmehr in jüdischer Weise sachlich und den Empfindungen enthoben, die aus Schicksalen wachsen. Er zeigte sich lediglich von dem Wunsche geleitet, sich durch Erfahren und Wissen zu befreien. Was geschah, war erst wirklich geschehen, wenn man davon wußte. Nichtwissen war unheimlich, verursachte Grauen, Angst, Sorge und langsam tötende Ungewißheit.

Unbefangenheit, auch den grausigsten Geschehnissen gegenüber, hatten wir während der Gefangenschaft alle erworben; die Jahre des Leidens, die ein jeder hinter sich gebracht hatte und also auch beim Nebenmann zu würdigen verstand, hatten trennende, ja nicht nur trennende, sondern blutende und vernichtende Grenzen, die einmal errichtet worden waren, in sich zusammenbrechen lassen. Das Gemeinsame blieb uns Betroffenen gegenwärtig und konnte es in diesen Wochen gerade deshalb sein, weil Bespitzelungen und Denunziation für Dritte an Erhaltungswert verloren hatte. Zwei, die miteinander sprachen, brauchten nicht mehr zu befürchten, daß sich ein Weiterer wie ein Zuhälter an ihnen verging, Erlauschtes an seinen Mann brachte und davon besser lebte.

Geschehenes war nicht nur geschehen; es wurde zum Gewesenen, seitdem auch Schuldlose im Chaos gestanden hatten und dadurch – wenigstens nach Meinung der "Normalen", die sich den Gefahren entzogen hatten – zu Belasteten geworden waren. Schuldige hatten gleichfalls im Scheiterhaufen gebrannt und erfahren, nicht nur gesühnt, was sie verbrochen hatten. Es blieb nichts zu verhehlen, nichts zu verheimlichen, und die miteinander gefangenen Menschen standen nackt voreinander wie am siebenten Schöpfungstage. Mit Lügen hätte man erste Steine für neue Mauern gelegt. Die schreckliche Menschlichkeit des Bemäntelns oder Beschönigens, einem anderen zuliebe oder sich selbst zur Beruhigung, betrieben lediglich die, die sich um läuterndes Bekennen nicht zu bemühen wagten. Zu diesen gehörte Panzermüller nicht, als er sich der drängenden Frage stellte:

"Herr Maier", sagte er, "Sie müssen die Ihren, die Sie in Deutschland zurückließen, aus der Liste der Lebenden streichen und um sie trauern.

Die meisten Juden sind tot, und der Bericht des Kommissars im Ural von den Panzergräben, in denen zuerst in Polen, dann in Rußland die Juden nackt erschossen wurden, ist nicht erlogen. Dort liegen die Toten, Männer und Frauen und Kinder, in Schichten übereinander – jeder durch einen Schuß in das Genick gezeichnet und entseelt. Wir kämpften vorne in Südrußland; eroberten Städte, richteten uns mit den Menschen ein, die damals, 1941, kaum Feindseligkeiten zeigten, uns vielmehr, mit Ikonen in den Händen, als ihre Befreier begrüßten. Wir sicherten das Notwendigste und marschierten weiter.

Zwei, drei Wochen danach rückten die Sonderkommandos des Sicherheitsdienstes in das besetzte, rückwärtige Gebiet, und bald darauf begann die

Ausrottung nichtsahnender, sich keines weiteren Unheils versehender Menschen. An Tafeln, die vordem den Parolen der Kommunistischen Partei gedient hatten, erschienen Anschläge mit der Bekanntmachung, daß die Juden in friedlichere Gebiete umgesiedelt würden. Alle sollten sich melden und sich registrieren lassen. Sie glaubten den Deutschen, ließen sich eintragen, stiegen mit geringer Habe in die LKWs, die sie zum Bahnhof bringen sollten. An den Panzergräben wurden sie alle abgesetzt und ‚umgesiedelt'. Ich will nicht mehr sagen. Viele hätten sich gar nicht melden müssen. Aber wer dabei war, war dabei, und viele kamen hinzu, die von anderen als Juden angegeben wurden.

Ihr Kommissar im Ural mag viel gelogen und so manches nicht erzählt haben, was an gleichwertigen Verbrechen drüben bis auf den heutigen Tag geschieht. Aber das bleibe hier außer Betracht; es kommt nur darauf an, daß es bei uns geschah und daß wir, nachdem wir davon erfahren, glaubten, es dulden zu müssen. Die Wut, die in uns darüber kochte, riß uns, die wir vorne zu kämpfen hatten, nicht zu Gegenmaßnahmen hin; es sei denn, daß einige einigen halfen und verbreiteten, was geschehen werde, wenn die Etappe sich ausbreite. So flohen denn viele nach vorne durch die weitmaschige Front, viele auch von denen, die sich aus kluger Vorsicht zunächst nicht gemeldet hatten. Unsere Leute vorne, in der ersten Linie, ließen sie abmarschieren. Ich habe es bei Taganrog am Asowschen Meer selbst auch einmal gutgeheißen und wurde von den Vorgesetzten nicht gerügt.

Die Mörder im rückwärtigen Gebiet ächteten und mieden wir. Mit dem zurückgebliebenen Judengut, das ihnen zustand, lebten sie in Saus und Braus. Breitspurig gingen sie in Taganrog herum und mißachteten sonst jeden und jedes. Jedoch, – sei es, daß die Henker sich wieder ehrlich oder daß sie uns zu ihren Kumpanen machen wollten –, trafen sie auf einen Soldaten oder Offizier, der von der harten Front am Mius, die sie schützte, nach hinten kam, um etwas zu beschaffen oder einen kurzen Urlaubstag zu verbringen, dann drängten sie sich an ihn heran und luden ihn zum Essen und Trinken, vielleicht gar zu einem Mädchen ein. Ich kenne niemanden von meinen Leuten, der sich mit einem von denen gemein gemacht hätte.

Aber das rührte sie nicht. Sie blieben uns auf den Fersen und arbeiteten sich, immer mit einer schönen Kilometerstrecke Abstand, hinter uns bis zum Schwarzen Meer, auf die Krim, in den Kaukasus und zur Wolga hindurch – durch ein Meer von Leichen, ungerührt von tausendfachen Ängsten und letzten Seufzern. Aber bis Stalingrad? Bis Stalingrad kamen sie wohl kaum, da waren die Unseren zum Sterben und zum Gefangennehmen unter sich.

Nein, es ist keine Lüge eines Kommissars. Was geschah, konnte mir nicht entgehen, und wenn ich es heute bedenke, dann muß ich mir zum Vorwurf machen, daß ich immer lediglich nach vorne schoß und keinen Panzer für Geschmeißjagd abstellte.

Was den Juden im Reich widerfuhr? Das weiß ich nur von ungefähr. Synagogen wurden abgebrannt – das war schon vor Kriegsbeginn; Geschäfte, Häuser und Banken gingen in andere Hände über. Die Mehrzahl der Jüngeren – wie Sie – wanderten in die 'sicheren' Länder Europas oder Übersee aus. Bald nach Kriegsausbruch sah man alle, die nicht hatten aufgeben wollen – wie Ihre Eltern, Herr Maier – in den Städten mit gelben, fünfzackigen Sternen, Judensternen sagte man, am Jackett oder Kleid herumlaufen, wenn man in die Heimat auf Urlaub kam. Elend und verlassen irrten sie auf den Straßen, drückten sie sich in den Läden herum und waren die, die mit den Resten der kärglichen Zuweisungen vorlieb nehmen mußten. Kaufleute hatten kein Geschäft, Kinder keine Schulen, Greise keine Enkel mehr, Rechtsanwälte keine Büros und Ärzte keine Praxen. Alle waren von allem ausgeschlossen, was Leben und Gemeinsamkeit eines Volkes ausmacht; nur an den Bomben nahmen sie teil. Diese Bilder beeindruckten uns, wenn wir Urlauber daheim waren. Aber sie wurden schnell von anderen verdrängt, die uns ganz unmittelbar berührten. Selbst wenn wir zu Hause waren, vergaßen wir nicht, daß Krieg ein blutiges Handwerk war, bei dem es um unser eignes Leben und Sterben ging. Seltsamerweise – und das wird mir erst heute bewußt – niemals dachte ich, es könne den Menschen mit den gelben Sternen etwa genauso ergehen wie denen am Panzergraben. In der Heimat durfte es dergleichen nicht geben. Ich will sagen, daß ich damals überhaupt nicht durchdachte, was ich erlebte und sah, daß ich es vielleicht auch gar nicht durchdenken konnte – hatten wir doch alle irgendwelche Sperren im Hirn. Davon schließe ich mich gar nicht aus. Hätten wir sie nicht gehabt, dann hätten wir überhaupt nicht mehr existieren können. Von 1942 ab war ich schließlich gar nicht mehr in Deutschland, sondern pendelte lediglich zwischen Front und Lazaretten herum. Drum weiß ich nicht, was mit den Judensternen geschah, und erst Sie haben mich heute wieder darauf gebracht."

Maier hatte ihm aufmerksam zugehört und mehrmals, mehr erstaunt als ergriffen, genickt. Wir gingen zu dritt über die Straße zur Stolowaia hinüber, wo sich Müller, der zur Chorprobe wollte, von uns trennte. Maier dankte ihm für das, was er soeben erfahren hatte, erschüttert, aber ohne Ressentiment und gab ihm die Hand. Ein Leben in vielen Lagern hatte ihn abgeschliffen, und er konnte Vieles, vielleicht alles, auf jeden Fall Unmenschliches ertragen, ohne – wie man so sagt – Wirkung zu zeigen.

"Hätte er es ändern können?" fragte er, als wir zu zweit weitergingen, und gab sich selbst die Antwort:

"Ich meine, er hätte es nicht können. Denn es ging ja nicht allein um Tapferkeit. Wäre es nur darum gegangen, dann hätten die Soldaten den SD sicherlich gehindert. Es handelte sich um den Überblick. Den hatte er nicht. Er meint es ja selbst, wenn er von seiner Sperre spricht. Aber wer von den Kleinen draußen hat denn Überblick gehabt, obgleich man ihn nicht haben muß, wenn man morden sieht? Wer im Kriege steckt, steckt ja im Morden und Töten ohnehin drin. Da betrachtet er wohl alles mit ganz anderen Augen, mit blutunterlaufenen Augen. Was uns Juden betrifft – wir wurden verfolgt, wir werden verfolgt, und wir werden verfolgt werden. Das war unter den Zaren der Fall, das geschah in Deutschland, und wer weiß, wo in aller Welt es zur Zeit geschieht. Judenschicksal – und Folge dessen, daß zerstreutes Volk sich immer wieder im Ghetto sammelt, gleichviel ob im Ghetto eines 'Warschau', von dem wir hörten, im Ghetto eines Deutschland oder im Palästina einer Welt. Ungezählte haben alles schon hinter sich gebracht, wir mogeln uns noch – zusammen mit Euch Deutschen – um unseren Abgang herum, und denen, die jung sind und ferne von Europa leben, steht manches noch bevor, wahrscheinlich – vielleicht?"

Die Skepsis seines Volkes und seiner Überlieferungen lag in diesem "Vielleicht". Es drückte vollkommene Verunsicherung und damit Ferne aus. Einmal hatte er sich den Deutschen einbeschlossen gefühlt, dann hatten diese ihn und alle Seinen ausgeschlossen. Er stand im Niemandsland, wußte nicht, wohin sich wenden.

Er sah mich von der Seite aus dunklen Augen an, schnüffelte durch die lange Nase, erschien mir gebeugter und zusammengefallener als vor kurzem noch in der Ambulanz und schlurfte mehr, als daß er ging, vor sich hin. Der Spätnachmittag war so sonnig, so warm – aber er blieb voller Traurigkeit, und kein Licht fand Eingang bei ihm. Wer hätte ihm helfen können?

Maier war der Judenälteste, wenn auch nicht den Jahren nach, so doch an Einfluß. Was er erfuhr, erfuhren auch die anderen, und wie er etwas sagte, so nahmen sie es auf. Er verstand als seine Pflicht, zu ergründen, was gewesen war, um es weiterzugeben an die, die "vielleicht" eines Tages doch frei sein würden, empfangenes Wissen den heiligen Rollen, die das Schicksal der Judenheit verzeichnen, einzuverleiben. Was er für sich selbst kaum noch erhoffte, wünschte er den anderen, die mit ihm nun schon zwölf

Jahre lang herumgestoßen worden waren. Er war der Mann in der Brandung, und ich verstand, weil ich dies unklar empfand, daß er jetzt auch Fragen an mich richtete, Fragen von monumentaler Sachlichkeit angesichts seiner Betroffenheit und meines Betroffenseins.

"Und Auschwitz, Sobibor, Treblinka, diese Gaskammern? Gab es das? Hat der Kommissar die Wahrheit gesagt? Wurden Juden dorthin zusammengefahren – aus Breslau, Leipzig, Berlin, Frankfurt, Köln, München, Stuttgart und was es sonst an Städten noch gibt? Kamen sie in langen Güterzügen, in verdrahteten und bewachten Waggons, wie wir sie kennen, oder vielleicht in Personenwagen, die sie über ihr Schicksal hinweglügen sollten? Kamen sie von vielerlei Plätzen Deutschlands auf einige Orte hin zusammen? Nahmen sie die begleitenden Posten ernst und als Gefahr, oder vertrauten sie darauf, daß sie nichts anderes seien als ihre Führer und Begleiter in ein neues Land, in dem sie Unterbringung erfuhren, angesiedelt werden sollten, nachdem sie in der Heimat niemand mehr haben wollte?

Schließlich ein Bahnhof – die neue Heimat, in die sie so unfreiwillig gekommen waren. Hinaus aus dem Wagen, der auf einmal so etwas wie ein Zuhause gewesen war, auf die Rampe – und Entsetzen. Bewaffnete überall, roher Tumult und Trennungen. Hierhin und dorthin gerissen, die Liebsten irgendwo, entkleidet, verworfen.

Hechelnde Hunde, Henker mit Knüppeln, Offiziere, die hierhin wiesen und dorthin. Haufen, die in Kammern getrieben wurden, die der Reinigung dienen sollten und zur Entseelung bestimmt waren. Verrecken unterm Gase, Massentod in entsetzlicher Einsamkeit. Umklammerung, da einer beim anderen Hilfe suchte und doch niemand mehr die Eingeschlossenen retten konnte.

So muß ich es mir vorstellen nach den Worten jenes Kommissars. Er habe einen Film gesehen, sagte er immer wieder, einen erbeuteten deutschen. Ein Zweifel könne nicht bestehen, bolsche moi, und es sei unumstößlich wahr, daß die Deutschen Greueltaten begangen hätten in Auschwitz und an vielen anderen Orten. Wie haben wir uns gewehrt und gerufen; wenn auch Emigranten, so seien wir doch Deutsche und hätten unter Deutschen gelebt. Was in Polen und Rußland immer habe geschehen können, sei in Deutschland nicht möglich. Pogrome gehören zum Ghetto, und Ghettos habe es in Berlin, Leipzig, Frankfurt oder Wien niemals gegeben.

'Aber sie haben dort gelbe Sterne verteilt, sie haben die mit den gelben Sternen in die Züge gesteckt und in Auschwitz umgebracht', hetzte er. Er verstand sein Handwerk gut, der Kommissar im Ural. Er wollte uns mit uns selbst auseinanderbringen, uns unserer letzten armen Wurzeln berauben, damit wir das Deutsche haßten.

'Bald werdet Ihr mit deutschen Mördern zusammen kommen', prophezeite er, 'und dann könnt Ihr sehen, was aus ihnen wurde unter ihrem Hitler.'

Das hat er damals alles geschrien bei der Versammlung, und nach zwei Tagen gingen wir auf Etappe. Er hat uns heißmachen wollen, damit wir uns zerfleischen und er und andere Unterteufel Stalins Macht bekämen, zu richten und zu strafen, ohne die eigenen Hände mit Mord zu beschmutzen. Die Dritten haben uns und Euch zusammengebracht, damit sie lachen können. Das bezwecken sie, so teilen sie's. Ich kann es nicht glauben, aber ich muß es wissen: Gab es solche Lager, Vernichtungslager? Ich kenne viele Lager, in denen langsam, nach und nach gestorben wurde, kennen Sie welche, in welchen mit einem Schlage tausendfach gemordet wurde?"

Er hatte sich mir hierbei in den Weg gestellt und flüsterte mehr, als er sprach. Kaum einer, der vorbeiging, konnte bemerken, wie aufgerührt er war. Aber er war's, und nur Wahrheit konnte ihn beruhigen.

"Ja", sagte ich also und schien ruhiger, als ich war, anscheinend ruhig wie ein Chirurg, der sein Messer zum Schnitt ansetzt und weiß, daß es durch Blut hindurch muß, und verstört wie einer, der sagen muß, was er niemals sagen mochte.

"Ja", bestätigte ich noch einmal, "es war, wie er Ihnen sagte, genau so und wahrscheinlich noch schlimmer, weil es sich wiederholte und die Vernichtung der Vielen sich über lange Zeit erstreckte. Ich werde Ihnen nicht sagen, von wem ich alles erfuhr; Namen würden Ihnen auch nichts helfen. Die Männer waren beteiligt und sind tot; umgekommen noch zur Zeit des Krieges, getötet in dessen letzten Wehen, verhungert in sowjetischen Konzentrationslagern. Ich habe sie behandelt und gepflegt, so gut es eben ging, und sie haben mir Geheimnisse anvertraut, die sie beschwerten."

Dazu gab es nichts Weiteres zu sagen, und wir hätten uns trennen müssen. Doch Maier zögerte trotz dessen, was ich gesagt hatte und was mich ihm irgendwie verdächtig machen mußte. Er hatte auch gegenständliche Sorgen. Trauer, verständliches Mißtrauen, vielleicht plötzliche Abneigung, aber auch Scham ließ sich ihn von mir abwenden. Er schob mit dem rechten Fuß einen Ziegelbrocken von sich weg, und ich schaute gespannt zwei Männern zu, die die abendlichen Brotportionen hochgetürmt auf einem großen Holztablett zur Baracke schleppten.

Schließlich überwand er sich: "Unsere Rebka macht uns Sorgen. Sie ist mit ihren 17 Jahren trotz der Hungerjahre schon ganz ein Weib und in den Herrn Lagerkommandanten mehr als verliebt. Wenn es nur angeht, steckt sie mit ihm zusammen. Sie hat sich ganz verändert, entzieht sich auch der Mutter, und ich befürchte immer mehr, daß etwas unterwegs ist."

Jetzt sah er mich voll an, als könne oder müsse ich etwas dazu sagen – und ich hätte es gekonnt. Doch war ich zu keiner Auskunft befugt. Beide zusammen waren einmal abends völlig außerhalb der Zeit zu mir gekommen und hatten gebeten, Rebkas Schwangerschaft abzubrechen. Der Wunsch schien eher von seiner als von ihrer Seite auszugehen. Er befürchtete wohl Schwierigkeiten sowohl bei den Russen wie bei den eigenen Leuten, wenn das Ergebnis einer Verbindung, die nach allem, was zu erwarten war, nur kurz und vorübergehend sein konnte, immer deutlicher bemerkbar wurde. Sie liebte ihn und folgte ihm ohne Vorbehalt. Zum ersten Male in allen Jahren der Gefangenschaft war ich vor eine solche Frage gestellt worden und war auf das Äußerste beunruhigt. Das Mädchen würde leiden müssen, über ihn würde Unglück kommen, ein Paar würden sie bestenfalls für kurze Zeit bleiben können und das Schicksal eines Kindes war völlig ungewiß. Voraussichtlich würde es der Mutter weggenommen werden, wenn deren Entlassung in den Sternen noch nicht festgeschrieben war. Ich war hin und hergerissen und lehnte, wobei mir alle Folgen vor Augen standen, schließlich ab, ihren Wunsch zu erfüllen. Sie nahmen die Absage ohne erkennbare Reaktion hin, und der Kommandant ließ mich auch in der noch folgenden kurzen Zeit nichts merken.

Maier wartete einen Augenblick; ich schwieg. Dann fuhr er fort: "Was sollen wir dann denn nur tun? Daß die beiden zusammenbleiben können, ist ja ganz ausgeschlossen. Die Tore vom Lager werden sich eines Tages öffnen, und wir Juden müssen hierhin, ihr Deutschen dorthin. Das heutige Glück ist doch nur relativ – und in der Sowjetunion niemals ein Zustand von Dauer. Schließlich habe ich von Rebka einen Enkel und keinen Sohn dazu."

Herr Maier lamentierte nicht, als er dies sagte; er suchte sich vielmehr über Geschehnisse in seiner Familie klar zu werden, um Unruhe zu verhindern und wenigstens die kleine, letzte Ordnung nicht zu zerstören. Ausgenüchtert wie alle, wollte er nicht träumen, sondern klar sehen, was seinen engsten Lebensraum betraf. Vergangene Schrecken verloren ihre Macht über jene, die im Ungewissen leben und neue Todesängste erwarten müssen. Dies verhinderte, daß es zwischen Juden und Deutschen zur Entfremdung und zum Gegeneinander kam, nachdem sie über das Schicksal der Ihrigen unterrichtet worden waren und sie es als wahr angenommen hatten. Die Bedrohenden waren gleicherweise zu Bedrohten geworden. Alle waren aufeinander angewiesen, wenn sie ein Stück Leben bewahren wollten. Also rückten sie zusammen und wurden einander hilfreich. Beschuldigungen, so schwer sie auch wiegen und so berechtigt sie auch sein mochten, hatten hier keinen Platz und verloren sich im Hintergrund.

Aber das Wissenwollen blieb; Maier sprach mich immer wieder an, und ich verschwieg ihm schließlich in den kurzen Wochen, in denen wir zusammen waren, nichts:

"Auschwitz war eine Barackenstadt, die von einem Ort her nicht zu überblicken war; wahrscheinlich gehörten zu ihm weitere Nebenlager. Außerdem spricht man von anderen, nicht weniger großen und ausgedehnten Lagern. Beurteilen wir es nach dem, was wir während der vergangenen Jahre in der Sowjetunion kennen lernten, dann muß man jedes der Lager dort mit einer Uprawlenie, einer Hauptverwaltung hier, vergleichen. Ich mußte im Jahre 1942 dort einmal eine Untersuchung durchführen, weil es zu Unregelmäßigkeiten mit der Verpflegung von Gefangenen gekommen war. Sie führten mich in ein mit Zigeunern dichtbelegtes Lager. Alle Baracken drum herum waren menschenleer und durch hohe Stacheldrahtzäune vom Zigeunerlager abgetrennt. Soweit man sah – sie fuhren mich in einer Pferdekutsche –, liefen solche Zäune, standen Baracken. Trampelpfade liefen um die Abgrenzungen herum; Posten, Hundepatrouillen hatten sie ausgetreten. Die Baracken selbst waren aus Ziegelsteinen, zum Teil aus Holz errichtet, ebenerdig, ungepflegt, verwittert. Alles deutete darauf hin, daß sie nicht neu waren, sondern schon in früheren Jahren als Unterkünfte gedient hatten. Alles in allem eine alte polnische Kasernenanlage und ein riesiges Militärdepot, weitab von Städten und Industrie. Vielfach verzweigte Eisenbahngeleise führten in das Gelände hinein. Ein tüchtiger Organisator fand sofort heraus, daß man nicht nur Güter, sondern auch unbemerkt Menschen hierher schaffen konnte – zu einem Kopfbahnhof, von dem es eine Abreise nicht mehr zu geben brauchte.

Davon, was dort geschah, können wir uns eine Vorstellung machen, wir brauchen gar nicht dorthin gekommen zu sein – hat man doch auch uns in Lager gebracht – wir wußten nicht wozu – und uns dann wieder auf Etappe geschickt – wir wußten nicht wohin. Es graute uns beim Hin-, es graute uns beim Wegkommen. Erst aus dem Jetzt erwuchs mir das Verständnis für das Damals, wurde mir bewußt, weshalb mir damals das anscheinend so stille Auschwitz so unheimlich war. Stätten der Menschenvernichtung gewinnen eine Aura, die sich über das Geschehene weithin ausbreitet. Wir können sie nur fühlen und erahnen: Nebelschwaden, Morddunst, Blutdampf, unheimliche Geräusche. Vieh vorm Schlachthof wittert so den Tod und scheut auf. Auch ich witterte damals, begriff aber nicht. Nun, da ich selbst Zuge-triebener wurde, verstehe ich. Was damals lediglich wallte, nicht faßbar war, erhielt Gestalt. Da ziehen fauchende Lokomotiven – die deutschen ha-ben keinen Taigaschrei – endlose Züge durch Nächte, da drängen sich in den Waggons Menschen, traurig, weil sie aus der Heimat verstoßen, zugleich hoffnungsvoll, weil sie auf dem Weg in ein verheißenes Land sind. Verheißen von Menschen, die sie einfingen und ängstigten. Aber sie verdrängten ihre Ängste durch übermäßiges Hoffen – und taten das gleiche, was auch wir in schweren Stunden tun. Weil wir Ungesagtes verstehen lernten, wissen wir viel mehr, als gesagt wird. Und deshalb wiederhole ich, obgleich ich es nicht erfuhr und im letzten Verständnis nicht weiß: Die deutschen Juden kamen um; man hat sie getötet – ob alle oder nicht alle, das ist im Grunde so gleichgültig wie ihre Anzahl und ob der Kommissar übertrieb oder sich an die ihn genannten Zahlen hielt. Auschwitz und seine Nebenstädte waren Mord, waren Vernichtung. In unverstehbarer Weise roch es danach. Möglich, daß Versprengte davonkamen und überlebten, so wie Sie und wir. Daß es die Ihren sein könnten, ist so unwahrscheinlich wie ein großes Los, das ins Lager Krasnogorsk fällt. Wiederholen Sie es den anderen immer wieder, damit Sie sich mit diesem Gedanken vertraut machen. Die Vorstellung, zu den Letzten zu gehören, kann so stärken, daß man weiterleben muß. Sagen Sie, daß ich es aussprach, ein Deutscher und ihr Arzt in diesem Lager."

Maier hatte die Mütze in den Händen gedreht und damit eine Bewegung vollführt, wie sie den Gefangenen aller Welt zu eigen ist; er setzte sie wieder auf, stöhnte und seufzte, brummelte vor sich hin und ging. Nach wenigen Schritten hielt er jedoch ein, wandte sich, kam zu mir zurück und fragte:

"Haben Sie mitgemacht, Herr Doktor, weil Sie Auschwitz kennen, und haben Sie mir das erzählt, um uns arme Juden auch hier in der Gefangenschaft zu kränken und noch mehr in Verzweiflung zu bringen? Ich will ja gar nicht von damaliger Schuld sprechen – aber von einer jetzigen will ich reden. Setzt Ihr uns auch hier noch im Lager nach, verfolgt Ihr uns auch hier?"

Ich war betroffen, dachte nach und entgegnete schließlich:

"Hätte ich als Beteiligter mehr gewußt, als ich aus der Ferne nur dumpf erahnte, hätte ich irgendwo Todeskandidaten von Arbeitsfähigen getrennt oder überhaupt nur einen Juden zum Tode gebracht – hätte ich dann wohl mit Ihnen gesprochen, wie ich's tat? Auch der General Müller wäre wohl still geblieben, würde er sich mit Mordschützen eines Sinnes gefühlt haben. Wir wurden bereits verurteilt und haben nichts mehr zu erwarten, aber so ist's doch nicht, daß sie uns nicht mit einem Wort nochmals vor den Blauen und in den Karzer bringen können. Bei Gott, wie würde sich Frau Kreuzer oder sonst einer ihrer Helfer freuen, wenn Sie einen präsentieren, der einem Juden erzählte, was er mit anderen Juden trieb.

Jeder Kommissar weiß, daß es Lug und Trug ist, was sie uns in den vergangenen Monaten anhängen, weil sie ein Spielzeug oder Faustpfand wie man's nimmt – brauchten. Deshalb die Unsicherheit drüben, die uns wenigstens für den Augenblick zugute kommt, deshalb brachten sie Euch mit uns zusammen, daß wir aufeinander losgehen und uns alle in ihre Hände spielten. Sie können also, Herr Maier, hinüber gehen und einen Kriegsverbrecher melden, der Ihnen zynisch und sadistisch oder, von Gewissensqualen getrieben – sie können's auslegen, wie Sie wollen –, die von ihm begangenen Untaten eingehend beschrieb. Sie können unsere Gespräche natürlich so auslegen – ob Sie davon einen Nutzen haben, ist eine andere Frage. Sie können sie aber auch anders auslegen, nämlich so, daß uns Ihr Schicksal und das der Ihren und Ihres ganzen Volkes, ob es nun in Deutschland lebte, in Polen, Holland, Ungarn, Frankreich oder irgendwo sonst, selbst hier noch nahe geht und daß wir Ihnen, den Überlebenden, die nicht weniger gefährdet sind als wir, beistehen wollen, weiterhin zu überleben, weil die Aussichten für viele immer noch etwas besser sein mögen als für einzelne, wenige. Bedrängt wie Sie und außerdem für alle Zukunft verurteilt, niemals heimzukommen, mußten wir Ihnen einfach mitteilen, was uns vom Schicksal und Tod der Juden bekannt wurde. Nur wer sich keine Illusionen mehr macht, nicht mehr an Träumen hängt, kurzum ein Wissender ist, der ist erhaben, kommt durch und setzt weitere Steine. Wären wir zu Hause und frei, dann käme es niemals zu Gesprächen wie diesen. Der Herr Maier ginge an mir wie eben jetzt vorbei, mit kleinen Schritten, er sähe mich schräg und mißtrauisch von der Seite her an und würde denken: 'Auch einer von diesen Deutschen, auch einer von denen, die beitrugen, uns zu dezimieren.' Ja, und ich würde Sie ansehen und feststellen: 'Ein Jude.' Das wäre mir unangenehm – nicht Ihretwegen, sondern wegen der ungezählten anderen, die nicht mehr sind und doch noch sein könnten, wegen aller, deren Leben gesetzlos und vorzeitig beendet wurde. Aber hier kommt es zum Gespräch; wir leben hier nun schon drei Wochen zusammen; jeder von uns überstand Etliches. Dem Lagerkameraden erzähle ich Dinge, über die ich noch niemals sprach, weil es stets gefährlich, geradezu selbstmörderisch war, sie auch nur anzudeuten. Aber es sind die Dinge, die Sie brauchen. Will man helfen, so muß man auf-richtig sein."

Er hatte mich ausreden lassen, dann sagte er langsam und nachdenklich, als wenn er sich Rechenschaft geben wolle:

"Ich komme in die Ambulanz und stehe in einer Reihe mit allen anderen, die Generäle waren oder Offiziere und Polizisten, Soldaten. Niemand drängt mich weg, ja keiner denkt überhaupt daran, mich wegzudrängen. Ich gehöre dazu und bekomme Medikamente wie jeder andere auch. Meine Frau steht bei den anderen Frauen, sie wäscht, wie diese waschen; sie schieben sie nicht beiseite, sondern helfen und lachen miteinander. Sie geht in die Küche und empfängt dort das gleiche Zusatzessen für unseren Jüngsten, den Benjamin, wie die anderen Mütter für ihre Kleinen. Wir gehören zusammen mit Ihnen. Ich denke auch, Sie wissen Bescheid bei der Rebka. Aber Sie erzählen es im Lager, wo doch sonst nichts geheim bleibt, nicht herum. Keiner zeigt mit dem Finger auf sie und sagt: ‚Seht dieses schamlose Judenmädchen'. Nein, alle Männer sind freundlich zu ihr, und manche sprechen zu ihr besorgt und mitleidig. Hier ist es von innen heraus ganz anders, als es war, bei den Nazis und den unruhigen Zeiten vorher.

Ja, wir sind durch viele Lager gegangen, waren verstreut unter vielen Völkern. Zu den Deutschen kamen wir nach zwölf Jahren zum ersten Male. Sicherlich wollten die Blauen Streit zwischen uns, als sie uns zusammenbrachten. Sie täuschten sich, und deshalb wird auch diese Epoche bald abgeschlossen sein. Sie haben mir Dinge berichtet, die mich und alle meine Leute schwer treffen. Aber weil Sie und der General Müller sich damit in meine Hände gaben – und das wissen – weil Sie nicht nur mir, sondern uns vertrauten, deshalb glauben wir Ihnen auch – nicht nur daß die Unseren tot sind und in Massen vergiftet wurden, sondern auch, daß Sie davon erfuhren, aber unbeteiligt waren. Es mag sein, daß Sie sich sogar um Hilfe bemühten. Doch davon werden Sie gerade zu mir nicht sprechen können. Sie verstehen, daß ich Sie in unsere Baracke zu einem Becher Tee einladen möchte, daß ich es aber nicht kann."

Das Konzert

In diesen Wochen, in denen der äußere Druck so offensichtlich nachgelassen hatte, konnte auch Heinrich Kühle seinem Beruf ohne augenblickliche Gefährdung nachgehen. Er tat es mit großem Ernst und selbstvergessen. Er machte die verborgenen Nöte vieler Mitgefangenen zu seinen eigenen, tröstete, mahnte und erinnerte wohl auch zürnend an die Gebote. Er las, wie bereits berichtet wurde, die Messe. Viele scharten sich um ihn und richteten sich an seinen Worten, am Beispiel eines durch Krankheit geschwächten und dennoch standhaften Mannes auf.

Verständlich, daß es bei dieser steten Beanspruchung in seinem Zustand immer wieder zu Krisen kam, die den Arzt auf den Plan riefen. Ich wollte ihn besser überwachen und unter Obhut halten können, und so spielte es sich ein, daß wir uns täglich auf einem Stückchen Lagererde trafen, auf dem wir für ein bis zwei Stunden ungestört blieben. Dieser Freiraum lag unter dem Fenster der Revierstube als ein von Jasmingebüsch umgebener, wenige Quadratmeter großer und kärglich begrünter Rasenplatz.

Kühle kam draußen durch das Gebüsch und rief:

"Herr Kollege, ich bin hier", und ich kletterte aus meinem Fenster hinaus, reckte mich, gab dem Gast seinen Becher mit Tee, an dem er die auch im Sommer immer blaßbläulichen Finger behaglich wärmte. Wir beide, durch Morgentätigkeit und glutende Sommerwärme doppelt ermüdet, nippten am heißen Becherrand und genossen entspannt gemeinsame Ruhe, bis das Gespräch sich langsam und zumeist mit Lagergerüchten beginnend entwickelte. Arabesken um die Zukunft blieben niemals aus, bis man schließlich zum Eigentlichen vordrang. Eine, anderthalbe Stunde sind viel Zeit, selbst an Tagen, Monaten und Jahren gemessen, die niemals durch Höhe-, stets nur durch Tiefpunkte ausgezeichnet, an uns vorübergeschlichen waren und schleichen würden.

An einem solchen Tag lachte der Geistliche dem Gefährten zu und rief erheitert: "Menschenskind, Herr Kollege! Heute hechteten Sie ja aus Ihrem Fenster, als seien Sie Ehrenmitglied einer Riege von Seniorenturnern. Es ist Ihnen anscheinend etwas geglückt – und ich weiß schon was – das mit den Kindern."

"Ja", entgegnete ich fröhlich, "endlich ist's erreicht. Der Nachwuchs wird ab heute nicht mehr nach den halben Verpflegungssätzen von uns Großen versorgt, was ihm gar nicht guttat, sondern nach einem eigenen für Kinder geltenden. Heute früh verkündete es mir die Magnitowa, und schon zu Mittag gab es Milch, Gries, Weißbrot, Eier für sie, und sogar ein Korb voll Möhren wurde in die Küche gebracht. Sie werden mehr Zucker, mehr Gemüse bekommen, und es soll ihnen fortan besser gehen. Sage und schreibe einen halben Liter Milch und ein halbes Ei bekommt fortan ein Kind pro Kopf und Tag. Sie sollten dabei gewesen sein, als die Mütter dies erfuhren und gleich auch die 'Produkte' erhielten. Welch wunderbaren Grießbrei mit so wertvollen Sachen drin zauberten sie am Herd zusammen! Die Kleinen sperrten ihre Schnäbel auf und wollten sie gar nicht mehr zumachen."

"Ja", sagte Kühle, "ich weiß es, ich weiß es schon. Sowas spricht sich im Lager in Sekunden herum, wie auch das, daß Sie von Anfang so erbittert um besondere Kinderrationen kämpften. Sie sollen ja der Magnitowa und dem Magaziner draußen, ja selbst dem Kapitän damit unentwegt in den Ohren gelegen haben."

Ich war auf einmal nicht mehr heiter, als ich entgegnete: "Das hat seine Vorgeschichte und seine Ursache im Vormals, in lang zurückliegender Zeit. Es ist ein Geschehnis aus einem anderen Jahrtausend, freilich eines, das in jenem Jahrtausend hundertmal vorkommt. Aber damals kam ich zu spät. Rechnen wir nach. Vor acht Jahren stand ich plötzlich vor der gleichen Lage wie jetzt vor ein paar Wochen, als die Kinder ins Lager gebracht wurden. Damals hätte ich im Grunde gar nicht dazu kommen sollen, und ich kam auch für viele zu spät; ihnen konnte keiner mehr helfen, weil sie bereits verscharrt worden waren. Und die Übriggebliebenen? Für sie konnte ich die lebensnotwendige Hilfe veranlassen und auf den Weg bringen, nachdem erkannt worden war, was geschah. Ob sie das Ziel erreichte, den gewollten Zweck erfüllte, dies erfuhr ich niemals. Sie kann eigentlich für den Rest nicht zu spät gekommen sein; aber weiß ich, ob diese Hilfe nicht unterbunden und an Ort und Stelle niemals erteilt wurde, ob ich nicht lediglich Popanz und Aushängeschild war, mißbraucht zur Schönung von irgend etwas, weil's in das Spiel paßte?"

Kühle blickte mich von der Seite her an; seine Augen hinter den einfachen Gläsern seiner Schießbrille funkelten, und er sagte, ebenfalls gar nicht mehr heiter:

"Ich vermute stark, da kommt wieder etwas aus Ihrer schwarzen Zeit heraus. Aber lassen Sie es sich gesagt sein, wir sitzen in der gleichen Pfütze, ich der schwarze Pfaffe, beschuldigt und verurteilt, Kirchengut des heiligen Synod an mich gebracht zu haben, Sie von der Waffen-SS, der sich dadurch sein Todesurteil einhandelte, weil er die Deutschen gut verpflegte und den sowjetischen Truppen dieserhalb mit gekräftigten Männern nachhaltigen Schaden zufügte. Ich brauche nicht zu wiederholen, daß ich vormals jeden der Ihren erbittert haßte, weil ich ausnahmslos jeden als verdorben und schlecht, ja als gottlos ansah. Aber die Zeiten sind nicht mehr so, und Gottlosigkeit hat sich jetzt ein andres Kleid umgehängt. Man bescheidet sich, je mehr man lernt, und jede Ausschließlichkeit ist von Übel. Dies vorweg, um Sie zu erschließen. Doch nun berichten Sie."

Ich wich aus, indem ich auf einen kleinen Jungen zeigte und, um ihn besser zu sehen, einige Zweige auseinanderbog. Das Kind trabte hinter einem Ball her, den es jubelnd mit den Füßchen vor sich herstieß. Seine blonden Haare flatterten; es hatte hier unendlich viele Männer, die Bälle aufnehmen und weit werfen konnten, es hatte seinen Vater, mit dem die Mutter nach Jahren hier wieder zusammengetroffen war. Vergangene Trennung lebte vielleicht noch in seinen Träumen, aber die Tage waren beglückend und mit Freuden erfüllt.

"Ach, der Alexander", sagte Kühle liebevoll, "gehört ja auch zu Ihren Schäfchen. Sehen Sie, er fand wieder einmal etwas vor der Tür, wie beim Nikolaus, und ist glückselig. Ein Wunder daß die Männer selbst Spielsachen mit ins Lager zu zaubern verstehen." "Ja, mein Freund Alexander", wiederholte ich wie ein Echo; eine Erinnerung kam auf und verdrängte, da so dicht an früherer Wirklichkeit gelegen, den Bericht noch für eine Weile. Verloren sagte ich vor mich hin: "Alexander und Konstantin, Konstantin und Alexander! Lebten die beiden kleinen Söhne des berühmten Gruppenführers und Architekten wohl noch? Sie waren 1944 geboren worden. Der Vater hatte Kasernen und Unterkünfte gebaut, dann aber auch 'Dora' bei Sangershausen, die unterirdische Fabrik für die Raketengeschosse in der Tausende von Häftlingen – ohne für Wochen ans Tageslicht zu dürfen – die Flügelgeschosse V1 und die Raketen V2 bauten und montierten, welche als Wunderwaffen England schließlich doch noch mürbe schießen sollten. Er baute auch die Abschußrampen für sie, zunächst an der atlantischen Küste und zuallerletzt im Westfälischen, und hatte schließlich auch das Kommando über die gesamte Spezialtruppe erhalten. Man erwartete viel, alles, Endsieg von ihm. Ich sehe den schlanken, sorgenbelasteten Mann vor mir, und das mag vielleicht schon im Januar 1945 gewesen sein, als er sagte:

'Meine beiden Söhne habe ich auf die Namen Konstantin und Alexander getauft. Himmler gefiel das gar nicht; er war sogar sehr zornig. In meiner Stellung hätte ich sie Baldur und Siegfried nennen müssen. Aber ich konnte mich nicht fügen, weil ich Hellas verbunden bin. Es ist Wendezeit. Ich schieße auf England. Ich will Alexander und nicht Baldur.' Es war ein Bekenntnis.

Einige Wochen nur; dann soll er in Thüringen, irgendwo in einem Walde, seinem Leben durch einen Schuß ein Ende gesetzt haben. Damals, als die einen immer noch das Wunder erwarteten und die anderen sich vom Westen her schon hatten 'überrollen' lassen und aus der Todesgefahr waren."

"Und diese Eltern, das junge Diplomatenpaar", meinte Kühle sinnend, "haben als Gefangene ihren Jungen zu Gefangenen geboren und ihn auch Alexander genannt. Selbst hier noch hängen sie dem anscheinend so irrsinnigen Traum vom Abendlande an. Das zeugt von Glauben und Kraft."

Er strich mit der flachen Hand über die armseligen Grashalme her und hin, hin und her und sagte nach einer Weile nichts als "Ja – Sie haben dies vorausgeschickt und nicht ohne Grund assoziiert. Jetzt sind Sie mir Ihren Bericht schuldig."

"Wahrscheinlich genügt die Zeit für einen langen Bericht nicht mehr", zögerte ich; es fiel mir schwer, die Barriere zu nehmen, und so verweigerte ich nochmals.

Er blickte mich Schweigenden von der Seite her an: "Ehre Ihren Hemmungen! Die Brigaden kommen von der Arbeit; Sie haben auch einige Leute zu sich bestellt. Heute abend haben wir und unsere Schemel Plätze für die Fünfte Symphonie. Ich schlage mich in die Büsche. Sie turnen in Ihr Sprechzimmer und schließen von innen auf. Morgen sind Sie weniger dünnhäutig. Ich versetzte mich ins Dunkel einer Zelle, und Sie können meinetwegen in epischer Länge berichten. Wenn ich mich recht erinnere, gab ich Ihnen einmal, als es bei den Russen für Sie gefährlich zu werden schien, den Rat: 'Man darf nicht lügen, aber man braucht nicht alles sagen, was man weiß.' Ob Sie bei den Vernehmungen gelogen haben, weiß ich nicht, jedenfalls aber weiß ich, daß Sie mir etwas sagen wollen, was die Russen nicht wissen. Prüfen Sie ja, ob Sie es tun können, ohne es bereuen zu müssen!"

Er knickte, als er sich erhob, in den Knien ein, verweigerte aber meine stützende Hand und stapfte um den abgrenzenden Jasminbusch herum auf den Weg.

Nächtliches Gewitter und Wolkenbruch gerade zu der Stunde, wenn sich Schlaflose immer mit Zweifeln und Befürchtungen plagen, wenn bei Gebeutelten und Verratenen Mißtrauen ins Ungemessene wächst. Aber der Sturm zieht ab, und eine ungetrübte, ja selig reine Sonne steigt am frühen

Morgen empor – rosenfingrige Eos! Ich sah sie kommen und gehen und hatte alles bedacht.

Kühle schien nur Tee trinken zu wollen, als wir uns trafen, und ich war es, der ohne Einleitung und Umschweife begann: "Ich weiche nicht nochmals aus, wenn ich zunächst den Hintergrund zeichne. Viele Maler tun das, ehe sie zum Wesentlichen ihres Bildes vorschreiten, und ich meine, Folgendes könne sich viel weiter droben abgespielt haben, ehe ich viel weiter unten einbezogen wurde."

Oktober 1942.

Ein Szenario aus der Führung des Dritten Reiches. *)

Der Mann im Schreibtischsessel, dessen ledergepolsterte, hellbraune Rücklehne den Kopf weit überragte, nahm den Hörer ab:

"Ja!?"

"Reichsführer! – Berlin – Minister Goebbels am Apparat!"

"Persönlich? – Einen Augenblick warten lassen, dann durchstellen."

Ein böses Glitzern stand in den Augen des Mannes, dessen Gesicht durch die von ihm getragene Pennälerbrille mit schmaler Metallumrandung immer noch primanerhaft wirkte, obgleich er fast 40 Jahre alt war.

Wenn dieser Jesuitenschüler ihn selbst anrief, überlegte er, dann nur, um ihm ein Ärgernis anzutun. Er stützte den Ellenbogen auf die schwere Eichenplatte eines Schreibtisches vor ihm und preßte die rechte Faust mit

*) *Viele Jahrzehnte nach der Hinmordung vieler Tausender Zigeuner sollten wir auch dieser Toten gedenken und ihr Schicksal nicht vergessen. Ihre Leiden waren nicht weniger furchtbar als die der Juden; jedoch mochte ich Elend und Tod ungezählter Deutscher mit in ihrer aller Schicksal eingebettet wissen. Auch davon handelt dieses Kapitel. Im Mai 1940 gingen die ersten Zigeunertransporte in das Generalgouvernement Polen. Im September 1941 wurden alle Zigeuner auf Befehl K e i t e l s aus der deutschen Wehrmacht entlassen und ausgeschlossen. Ab 1942 wurden die Zigeuner in den soge*nannten "Zigeunerblock" *des KZ* Auschwitz "überstellt", *wo miserable Verhältnisse herrschten. 1943: Himmler befahl die Vernichtung der Zigeuner. Innerhalb eines halben Jahres verstarb jeder Dritte (etwa 7000 von 21.000). 3.8.1944: Ende der Aktion; die letzten 4000 Zigeuner sind tot.*

dem Hörer fest an das Ohr. 1.700 Kilometer zwischen Berlin und seiner Kommandostelle in der Ukraine summten und rauschten im Draht.

Der Bursche in der Verwaltung war gut. Er ließ den Mann im Propagandaministerium schicklich lang warten, gerade so viel, daß er sich zu ärgern begann, ohne doch wegen Mißachtung schon beleidigt zu sein.

Als es in der Leitung beim Durchstellen knackte, wartete er selbst noch ein wenig, hörte sich zwei, drei Atemzüge aus Berlin an und sagte dann kurz: "Himmler."

"Heil Hitler, Parteigenosse Himmler – hier Goebbels. Ich wollte Ihnen selbst mitteilen, daß wir eine neue Greuelmeldung der Engländer auffingen. Sie lügen, daß in Auschwitz einige hundert Zigeunerkinder verhungert seien. Was sagen Sie dazu? Sollen wir die Meldung auf sich beruhen lassen, oder geben Sie mir die Grundlagen, mit deren Hilfe ich die widerliche Lüge nicht nur zurückweisen, sondern auch als völlig aus den Fingern gesaugt entlarven kann? Übrigens", fügte er in seinem rheinisch-singenden, dem Bayern Himmler verhaßten Dialekt süffisant hinzu: "wußte ich noch gar nicht, daß Sie, lieber Parteigenosse, inzwischen auch die Zigeuner in Ihre Obhut nahmen."

Das immer bleiche Gesicht Himmlers wurde blasser; im Manne ohne jede Wärme wütete jener kalte Zorn, der um so nachhaltiger war, je weniger er sich sogleich entladen konnte. Was wollte die Nummer fünf, sechs oder sieben von ihm, der doch unbestritten Nummer drei war. Er sollte nur nicht versuchen, sich vorzurobben. Man hatte gewisse Papierchen, vielmehr ein ganzes Dossier, das man nur aufzublättern brauchte – und schon war die Luft aus dem Ballon. Er nahm die Ellbogen vom Schreibtisch und lehnte sich steif im Sessel zurück.

Der in Berlin lächelte wahrscheinlich selbstzufrieden, nachdem er den Pfeil vom Bogen hatte. Er schluckte – man hörte es deutlich und konnte sich vorstellen, wie der Adamsapfel am hageren Hals hoch stieg und wieder auf den Kragen zurückrutschte.

Jetzt begann auch Himmler zu lächeln; seine Unterlippe schob sich an das kleine Oberlippenbärtchen heran, und die konturlosen schlaffen Wangen blähten sich. Ist diese Doppelzunge wirklich so dumm, daß sie mich herausfordert? Schon einmal war der Mann weg vom Fenster. Aber jetzt, weil wir im Kriege stehen und das Jahr 1942 schreiben, in dem allerhand auf uns zukommt, fühlt er sich unersetzlich. Irre Dich nicht, Loki, und bleibe bei Deinen Leisten.

Not und Elend prägen ein Gesicht:
Ernst Günther Schenk 1945

Nach vier Jahren Gefangenschaft:
Ernst Günther Schenk 1949

Wasserturm und Brunnen in einem sowjetischen Arbeitslager.
In mühevoller Handarbeit mußte das tägliche Wasser für einige tausend Kriegsgefangene heraufgezogen werden.

Die Banja, Bade-Baracke in einem Arbeitslager

Modell eines Lagers im Winter
(rekonstruiert von Gefangenen)

Deutsche Gefangene bei winterlicher Zwangsarbeit

Der Schwur von Friedland
„Vor dem deutschen Volk und bei den Toten der deutschen und sowjetischen Wehrmacht schwören wir, daß wir nicht gemordet, nicht geschändet und nicht geplündert haben."

Bundespräsident Theodor Heuß und der heutige Präsident des Verbandes der Heimkehrer, Werner Kießling (links) haben sich unermüdlich um Rückkehr und Wiedereingliederung der deutschen Gefangenen bemüht

Spätheimkehrer 1955
Bei der Ankunft in Friedland

„Gefangenen-Bischof" D. Heckel:
die von ihm über Jahre hinweg geleitete Hilfe für Kriegsgefangene rettete Unzähligen das Leben

Bundeskanzler Konrad Adenauer bei der Begrüßung von Spätheimkehrern im Lager Friedland

Sie haben gelitten und überlebt:
Heimkehrer bei einer ersten ärztlichen Untersuchung im Übergangslager Bebra

Arbeitseinsatz von Kriegsgefangenen auf einem Floßbauplatz am Ufer der Kama
(Kosyl-Tau, Herbst 1945)

Nicht nur der Holzeinschlag bedeutete schwere Arbeit – auch der Abtransport, mangels Transportmittel im Handzug zu bewältigen, stellte eine erhebliche Belastung dar (Kosyl-Tau, Herbst 1945)

Zwei mehr idyllische Fotografien von der kräftezehrenden Arbeit beim Holzeinschlag im Winter (Waldlager Panovka, 1947/48)

Kriegsgefangene bei Holzarbeiten, u. a. beim Zersägen von Baumstämmen zu Brettern (Oranki, 1947/48)

Der Arbeitseinsatz sollte Wiedergutmachung sein; politische Veranstaltungen und Resolutionen sollten dieses den Kriegsgefangenen verständlich machen (Tallin/Reval, 1947/48)

Lagerarbeiten – oft beschwerlich und ohne Verdienstmöglichkeit;
hier: Schneeräumen auf Barackendächern (Zelenodol'sk/Grüntal, 1946/47)

„Meeting“ anläßlich einer Resolution über den Arbeitseinsatz zur Wiedergutmachung
(B-Lager Elabuga, August 1945)

Zweimal Gogol's „Revisor“ in Kriegsgefangenenlagern der Sowjetunion – mit primitivsten Hilfsmitteln im Lazarettgarten von Elabuga (Juli 1945) und mit sachgerechter Bühnenausstattung im Lager Grjazovec (etwa 1947/48)

Das äußere Bild des Kriegsgefangenenlagers: Holzbaracken, Stacheldrahtzäune, Wachtürme, Kulturelles Leben konnte sich oft nur schwer entfalten. (Waldlager Borovići, etwa 1947, und Generalslager Vojkovo)

Auf dem „Plennifriedhof“ Zelenodol’sk/Grüntal: ein Grab wird geschaufelt; vorn der von den Kriegsgefangenen „Totenvogel“ genannte Russe, der für die Gräber zuständig war (Herbst 1946)

Im Hof eines Kriegsgefangenen-Lazaretts macht sich der erste Heimkehrertransport zum Abmarsch bereit; der Gefangene in Hemd und Unterhose bleibt zurück (Zelenodol’sk, August 1946)

Der Gedanke an die Waffe, die er und sonst niemand gegen den Telefonpartner in der Hand hatte, befriedigte ihn, und er sagte fast freundlich in die Muschel: "Mein lieber Doktor! Würden Sie heimatloses, stehlendes Gesindel, das keine Grenzen kennt und achtet, das zwischen dem Protektorat Böhmen und Mähren, dem Generalgouvernement Polen und dem Reich vagabundiert, das sich in Ungarn herumtreibt und durch das Elsaß nach Frankreich strolcht, nicht als dauernde Gefahr ansehen und sistieren wollen, wenn Sie an meiner Stelle wären? Solch ein verkommenes Rassengemisch, menschliche Zamperl! Schließlich wissen Sie ja, worum es geht – und mit dem Führer weiß ich mich einer Meinung. Diese Zigeuner sind ein Fremdkörper, der uns belastet. Dementieren Sie drum, oder lassen Sie das Ganze auf sich beruhen und im Äther versickern. Ganz wie Sie wollen. Das fällt in Ihr Ressort, mein lieber Goebbels. Heil Hitler!"

Er legte den Hörer auf die Gabel zurück. Niemand war im Raum. Er blickte auf und schaute durch das Fenster gegenüber. Lichtes Gehölz, Akaziensträucher, schäbiger Rasen, grauer Sandboden, früher Herbst. 100 Meter weiter Stacheldraht, Posten, soldatisches Hin und Her, schwere feldgraue PKWs, Flakgeschütze. Abseits auf dem Geleise die Waggons seines Sonderzuges "Reichsführer SS". Keine ideale Tarnung zwar in dieser öden Gegend. Aber immerhin, mehr konnte man zum Schutze des Führers wohl nicht tun. Er und hier war der Brückenkopf des Führerhauptquartiers Werwolf bei Winniza. Jeder, der in den inneren Kreis, tiefer hinein ins Wäldchen, zu Hitler wollte, wurde von seinen Leuten auf Herz und Nieren geprüft. Nichts gab's, was er nicht in kürzester Zeit erfahren hätte. Er saß in dieser Baracke an diesem Tisch im Zentrum des von ihm geknüpften Netzes, und keine Stelle gab's im Reich und in den besetzten Gebieten, zu der er nicht im Augenblick Verbindung herstellen lassen konnte.

Sein Traum war Perfektion; wer und was diesen Traum störte, stören konnte, war auszuschalten. Wenn nicht jetzt, dann später. Mit einer unabwaschbaren Marke mußte er gezeichnet werden. Dies besorgte sein SD.

In Gedanken versunken, trommelte Himmler mit den Fingern den Badenweiler Marsch auf die Tischplatte. Jäh besann er sich dann, schob eine Akte beiseite und drückte auf die Klingel. Die diensthabende Ordonnanz riß die Tür auf und erstarrte: "Obersturmführer Brandt sofort zu mir."

"Jawohl, Obersturmführer Brandt sofort zum Reichsführer."

Kehrtwendung, Tür zu. Der Sekretär erschien innerhalb einiger Sekunden.

"Brandt", fauchte Himmler, "bei den Zigeunern in Auschwitz ist eine Schweinerei passiert. Soeben rieb mir Goebbels eine englische Meldung unter die Nase. Nach der undichten Stelle suchen; Sicherheitsdienst einschalten. Dazu zwei Fernschreiben. Nehmen Sie auf:

1. Kommandant KZ Auschwitz, SS-Standartenführer Höß. Erfahre aus englischen Meldungen von Hungertodesfällen im Zigeunerlager. Ordne Untersuchung zur Aufklärung der Ursache an. Setze mit persönlicher Vollmacht zum Betreten des Lagers und Durchsicht einschlägiger Unterlagen Ernährungsinspekteur aus Berlin in Marsch. Jede erforderliche Unterstützung ist ihm zu gewähren. Heil Hitler – Heinrich Himmler.

2. SS-Obergruppenführer O. Pohl, Chef Wirtschafts-Verwaltungshauptmann, Berlin.

Lieber Pohl! Im Zigeunerlager des KL Auschwitz ist irgend eine Verpflegungsschweinerei passiert, die vom Gegner groß ausgeschlachtet wird. Ordne Untersuchung durch Ernährungsinspekteur an. Er erhält meine persönliche Ermächtigung zum Betreten des Lagers und Vollmacht, überall Einblick zu nehmen.

Sofort in Marsch setzen. Erwarte brauchbaren – unterstreichen Sie brauchbaren – Bericht bis übermorgen mittag.

Na ja, wie immer: Ha Ha, Ihr Ha Ha."

Den Lagerkommandanten bekümmerte das Fernschreiben, das bereits eine Stunde nach dem Diktat in seinen Händen war, nicht eben viel. Er empfand seine Stellung als reichsunmittelbar. Kaum einer konnte ihm etwas anhaben. Aber er befahl doch Lagerarzt und Verwaltungsführer zu sich.

"Beim Reichsheini sind wir unliebsam aufgefallen", sagte er, als sie vor ihm standen. "Hungertodesfälle bei den Zigeunern. Die Engländer machen in ihren Nachrichtensendungen Kokolores. Wie steht's damit?"

"Die zustehenden Verpflegungsportionen werden ausgegeben. Wie die Zigeuner dann das Essen innerhalb des Lagers verteilen – das ist ihre Sache", erwiderte der Verwaltungsführer, und der Arzt fuhr fort: "Bei den Sätzen sind natürlich die wenigsten in einem guten Zustand, aber Seuchen haben wir nicht. Was die Kinder betrifft – die sterben in erheblicher Zahl weg – aber sie sind ja sowieso nicht registriert und werden nicht gezählt."

"Zur Untersuchung", so der Kommandant, "wird so etwas wie ein 'Ernährungsinspekteur' angekündigt, – mit allen Vollmachten. Also, Holzauge sei wachsam."

Er wandte sich zum Melder um, nahm ein zweites Fernschreiben entgegen und studierte den Streifen.

"Näheres von Pohl. Also er schickt den Sturmbannführer Professor Sch. Das ist der Ernährungsinspekteur. Kein übertrieben hoher Dienstgrad, geringer als der meine, höher als der Ihre. Voraussichtlich ausgehungerter Etappenhengst mit umfassender Schreibstubenerfahrung. Erscheint morgen am Vormittag mit dem Zug. Nachsehen, wann der von Kattowitz eintrifft. Allgemeine Marschrichtung:

1. Abholen vom Bahnhof mit Kutsche, zweispännig.

2. Eingehende Prüfung der Vollmacht – wir können sehr genau sein.

3. Deftiges Frühstück mit Hochprozentigem.

4. Raus zu den Zigeunern; immer dicht bei Fuß bleiben.

5. Mittags Kasino: Auffüttern, Volltanken.

6. Weiteres abwarten – gegebenenfalls Kameradschaftsabend.

7. Und für alle Fälle: besseres Essen für die Zigeuner, kann später ja wieder eingespart werden.

Ich verlasse mich auf Sie. Danke. Wegtreten. Heil Hitler."

Der Obergruppenführer Pohl nahm das an ihn gerichtete Fernschreiben ernster; denn er fürchtete seinen Chef und machte deshalb von sich aus Dampf hinter die Sache.

Es war ein unangenehm – nebliger Oktobernachmittag. Draußen nieselte es, und ich fror am Schreibtisch meines Dienstzimmers. Wir hatten natürlich noch nicht geheizt, und die zum Teil zerbombten Fensterscheiben waren nur einigermaßen mit Pappe abgedichtet. Das störte mich aber nicht weiter; ich war Kälte gewohnt und hatte außerdem einen Bericht fertig zu machen, der mir am Herzen lag. Ich war Ernährungsinspekteur der Waffen-SS und hatte die Erfahrungen niederzuschreiben und auszuwerten, die ich bei der Truppe in Südrußland gesammelt hatte. Ein Jahr war ich unten gewesen, und erst wenige Wochen zuvor in das Verwaltungsamt nach Berlin zurückgerufen worden. Mit meiner Schreiberei war ich ordentlich im Zuge, als mich der Adjutant des Obergruppenführers anrief und durchgab, ich solle mich augenblicklich beim Chef melden. Es handle sich um eine ganz dringende Sache. – Also auf, Mütze aus dem Schrank, Koppel um, Handschuhe in die Hand, und hinüber.

Dauer kaum eine Minute; ich wurde durch das Vorzimmer sofort in den majestätisch eingerichteten Arbeitsraum des Chefs geschleust und meldete mich. Der untersetzte grauhaarige Mann mit Bürstenhaarschnitt, in Felduniform mit goldenen Schulterstücken und den zwei Sternen des Generals, trat vom Fenster weg mit raschem Schritt auf mich zu. Er stellte seiner Kopfform nach so etwas wie einen norddeutschen Mussolini dar und pflegte diese Eigen- und Besonderheit, indem er das starke Kinn vorstieß und mit großen Gesten sprach: "Hören Sie, Sch. Der Reichsführer hat soeben ein Fernschreiben an mich geschickt und befohlen, daß Sie sofort – also stante pede – nach Auschwitz in Marsch gesetzt werden, wo bei den Zigeunern mit der Verpflegung eine Schweinerei passiert ist. C'est tout. Mehr weiß ich selbst nicht, außer daß anscheinend die Engländer mit Greuelmeldungen über Verhungerte einen Wirbel machen. Das scheint Führer und Reichsführer beeindruckt zu haben. Sie bekommen alle erforderlichen Vollmachten des Reichsführers schriftlich, damit Sie auch dort jede Ecke, jeden Winkel und jede Verpflegungsmaßnahme besichtigen und beurteilen können. Sonderbefehle, welche auch immer, können Sie ignorieren. Die Adjutantur händigt Ihnen Papiere und Fahrtausweise aus. Klären Sie die Sache und erstatten Sie mir bis übermorgen früh Meldung. Übermorgen mittag erwartet der Reichsführer meinen Bericht. Machen Sie gute Arbeit." Ich meldete mich ab; er gab mir die Hand, wiederholte: "Beeilung, Beeilung", und entließ mich.

Im Vorzimmer empfing mich ein grinsender Adjutant, der mir die bereits ausgestellten Papiere überreichte. "Also Auschwitz", sagte er dabei. "Sehen Sie zu, daß man Sie nicht gleich dort behält, wenn Sie zu deutliche Worte von sich geben. Haben Sie etwa Ihrem Herzen irgend einem gegenüber in unzulässiger Weise Luft gemacht?"

"Dies schon öfter", erwiderte ich, wir verstanden uns gut. "Warum sollten die mich dabehalten? Ich habe schon hinreichend Einheiten inspiziert und damit Ärger verursacht."

Er lachte offen: "Ostfrontkämpfer, aber keine Ahnung vom Hinterland und vom Konzentrationslager Auschwitz. Die großmächtigen Vollmachten Himmlers hätten Sie doch sicherlich niemals erhalten, wenn es sich allein um die Bewachungsmannschaften handelte, bei denen Sie ohnehin unbeschränkten Zutritt und Zugriff haben. Das Ausland würde wohl auch keinen Krawall machen, wenn unsere eigenen Leute irgendwie miserabel verpflegt werden. Nein, es wird sich um Häftlinge handeln, und Sie werden sozusagen auf ein Höllenfahrtskommando geschickt. Beim Reichsheini angefangen werden Sie es keinem recht machen, was auch immer Sie an Berichten heimbringen.

Hier also Fahrtausweis und, speziell von mir, eine Kurierkarte, hier die Vollmacht. Die darf keiner sehen, außer den Auschwitzer Herren. Die da unten fühlen sich wie die Allmacht persönlich, und Sie werden erleben, wie häufig man einen an sich sonnenklaren Ausweis um und um wenden und prüfen kann. – Wir haben die Fahrpläne gewälzt; etwa um 20 Uhr, plusminus Vollalarm, geht der D-Zug nach Kattowitz vom Schlesischen Bahnhof ab. Dort haben Sie mit der Bimmelbahn Anschluß nach Auschwitz, wo Sie so gegen 10 Uhr eintreffen werden. Wenn keine Ehrenjungfrauen am Bahnhof, dann wenigstens eine mit edlen Rennern bespannte Kutsche. Gute Fahrt und Heil Hitler."

Daß mich dieser Befehl erfreute, daß ich mich gerne und so überstürzt auf diese Reise machte, konnte ich beim besten Siegeswillen nicht behaupten. Ich mußte meine Arbeiten von einem Satz zum anderen liegen lassen und schimpfte ausdrucksstark vor mich hin. Aber Befehl blieb Befehl, und keine Gänsehaut kam dagegen an. Die stellte sich mir nämlich, als ich den Hintersinn der nur vordergründig witzigen Reden des Adjutanten erkannte und bedachte, daß auch der Chef nur einige sibyllinische Bemerkungen gemacht hatte, die ihn in keiner Weise festlegten.

Das kleine Reisegepäck, vulgo Kulturbeutel, hatte ich – es konnte in jedem Augenblick Unvorhergesehenes geschehen – immer in greifbarer Nähe. Ich verstaute es nebst Schreibpapier und einigen Verpflegungsvorschriften in der Aktenmappe, meine Ausweise in die innere zuknöpfbare Brusttasche des Uniformrocks. Ein Luftangriff mußte einkalkuliert werden, deshalb machte ich mich vorsichtshalber eineinhalb Stunden vor Zugabgang auf den Weg. Die Zeit, in der Dienstwagen für Personen wie mich zur Verfügung standen, war vorbei. Ich benützte die Stiefel. Als ich das Amt verließ, nieselte es vom Himmel herunter, und mir schien es dunkel wie fast im November. Es galt ja noch doppelte Sommerzeit. Ich ging zur Straßenbahnhaltestell, zog die Mütze über die Ohren hinunter, stellte den Mantelkragen hoch und wartete. Nach einer Weile, nicht mehr in den Zwang des Fahrplans gepreßt, ruckelte die abgedunkelte Elektrische über das schon wiederholt ausgebesserte Geleise und fand sogar die Haltestelle. Sie bimmelte heftig, um auf sich aufmerksam zu machen, und ich stieg auf das vordere Perron. Ein alter Schaffner stand dort und atzte zwei dienstverpflichtete Anwärterinnen mit den Weisheiten eines langen Berufslebens: "Ihr müßt ins Gefühl kriegen, wie sich der Wagen hebt und senkt, wenn er hält, und wie's ist, wenn Leute ein- und aussteigen. Jetzt gerade sind hinten zwei zugestiegen, geht in den Wagen und kontrolliert."

Der Fahrer trat auf die Fußklingel, machte mit der Kurbel eine Kreisbewegung. Der Wagen bekam Strom und fuhr an.

Die Stadt, wie andere auch, war seit Kriegsbeginn verdunkelt. Allen war das Abdichten der Fenster, wenn sie im Zimmer Licht machen wollten, in Fleisch und Blut übergegangen, meinte man doch, ein hellgebliebenes Fenster zöge wie ein Magnet feindliche Flieger an oder schlimmer noch – sei ein Signal an den Feind. Der Fahrer kannte seine Strecke im Hellen wie im Dunkeln. Vor jeder Kreuzung, ob er sie sah oder mehr erahnte, verlangsamte er, klingelte nachhaltig und überquerte sie mit aufmerksamem Blick nach rechts und links.

Ich stand knapp hinter ihm; von Steglitz bis in die Stadtmitte hinein hatte der Wagen sich inzwischen bis weit über das amtlich zugelassene Maß gefüllt. Jedoch gab es während der halben Stunde Fahrt keinen Luftalarm, und wir kamen verhältnismäßig schnell und ohne Umleitungsverzögerung zum Schlesischen Bahnhof, von dem aus die Züge in Richtung Osten abfuhren. Der Regen war stärker geworden; ich war früher als gedacht am Ziel, ging über die Straße und tastete mich über vier, fünf breite Stufen hinauf in die riesige Bahnhofshalle, in welcher wenige abgeblendete Lam-pen ein spärliches Licht verbreiteten. Mehr als daß ich es hätte sehen können, fühlte ich, wie menschenvoll sie war. Während des langsamen Vordringens streifte ich schwere Mäntel, trat auf Stiefel, stieß an Stahlhelme, die klirrten. Kantige Kisten, kratzende Rucksäcke. Überall Stimmen, Flüstern, kaum ein lautes Wort. Frauen weinten, mit kleinen Worten gaben sie ihrer Liebe Ausdruck. Dazwischen Männer: "Sei nicht traurig, ich komme ganz sicher zurück. Es war so schön bei dir." Von Vaters- und Muttershänden gehalten, zwischen die Eltern gepreßt, weinten ängstliche, geschreckte Kinder. Keine Rufe, nirgends Schreie, nur ein auf- und abstei-gendes, ununterbrochenes Summen. Beisammensein noch; großes, sich immer wiederholendes Abschiednehmen. Für viele, das wußten sie, das endgültige. Aus geschlossenen Augen mochten Tränen von Wange zu Wange quellen.

Vorsichtig schob ich mich weiter in Richtung Bahnsteige. Mein persönliches Empfinden verlor sich in allumfassender Trauer.

An den Bahnsteigen hielten, soweit man es aus der Menschenmasse wahrnehmen konnte, fahrbereit zwei, drei Fronturlauberzüge und irgendwo auch mein fahrplanmäßiger D-Zug. Sie sollten erst in ein, zwei Stunden abgehen, aber schon waren Lokomotiven unter Dampf vorgekoppelt, um sie sofort aus dem Bahnhofsgelände hinauszuziehen, wenn die Sirenen ertönen und den Anflug feindlicher Bomberverbände melden sollten. Wie würden dann die Soldaten zu den Zügen, Frauen und Kinder aber zu den Bunkern rennen, um vom Erdboden verschwunden zu sein, ehe am Himmel erste Flugzeuge "Christbäume" setzten! Möglichkeiten zu menschenvernichtender Panik, aber hier dachte jeder nur an Abschied.

Gottlob nichts von Alarm; keine Meldung im Drahtfunk von einem Anflug. Die Lokomotiven stießen rhythmisch Rauchwolken aus; unter den gewölbten, durch Bombensplitter allenthalben schon durchlöcherten Dächern bildeten sich nach feuchter Kohle riechende dahinstreichende Schwaden, die sich auf uns alle herabsenkten.

Aber wer beachtete sie schon! Denn auch auf den Steigen dichtgedrängt Soldaten, Bräute, Frauen, Kinder, Mütter, gebeugte Väter – in selbstvergessener Ordnung und Zugehörigkeit; es bedurfte keiner Feldgendarmerie. Die Männer in Feldgrau hatten in ihrem Zug bereits ein Plätzchen, einen Fleck mit ihrem Gepäck belegt und hier draußen die Arme frei. Alle sorgten sich umeinander; die Bleibenden um die in den weißen, ungeheuerlichen Winter Ziehenden, die Urlauber um den gefährdeten Heimweg der Ihren. Schon hierbei konnten sich Schicksale vollziehen, schon wenn der Zug noch in der Bannmeile des Bahnhofs war. Käme ein Angriff, so würden sie auf der Fahrt Abwehrfeuer hören, Brände sehen müssen, nichts als zurückschauen können, nichts erfahren und immer weiter, weiter weg zur Front rollen. Die Furcht davor drängte sie in den letzten Momenten näher und näher aneinander. An der Bahnsteigkante entlang, wo sie etwas Platz ließen, drängte ich mich nach vorne, wo irgendwo mein Zug stehen mußte. Mein Herz fühlte mit allen. Ich wußte, wohin die Urlauber gingen und was Ungezählten von ihnen bevorstand – war ich ja selbst erst vor wenigen Wochen von dort gekommen und hatte ein Jahr lang in der Front gelebt. Der erste, zweite, der dritte Urlauberzug wurde durch Lautsprecher abgerufen; in die Menschen kam Bewegung. Gestalt löste sich von Gestalt, Arm von Arm, Hand von Hand, Finger aus Finger – schließlich Abteil um Abteil, Waggon um Waggon von den Rampen.

Es verblieb ein schwarzes Nichts von Loch, in dem eine rote Laterne schwächer und schwächer wurde und schließlich erlosch. Zwischen hier und dort taten sich von da an die Abgründe der Angst und Sorgen in dem Maß weit und weiter auf, wie die Berge der Liebe und Sehnsucht wuchsen.

Nach einer Weile wandten sich die Zurückgebliebenen frierend und schlurften schwerfüßig in die dunkle Stadt hinein, wo sie einander verloren.

Tausende hatte Abschied genommen, Hunderte auf immer, und alle hatten Sterbensangst.

Nun wurde es auch für mich Zeit. Ich beeilte mich, im D-Zug (Berlin-Breslau-Kattowitz, Prag-Wien) einen Platz zu bekommen. Auch er war schon vor längerer Zeit bereitgestellt worden und bereits mit Wehrmachtsangehörigen, Parteileuten und gelegentlich Zivilisten mehr als besetzt. Die Vorstellung, die ganze Nacht im Gang oder in einem Abteil stehend verbringen zu müssen, bereitete mir, zumal ich am nächsten Tag völlig frisch zu sein hatte, wenig Vergnügen, und ich fingerte meinen Kurierausweis hervor. Der Wagen erster Klasse, in dem das Kurierabteil reserviert sein mußte, war bis in den Gang hinein mit Militärhabe aller Art vollbepackt. Vorsichtig turnte ich darüber hinweg, stieß schmerzhaft hier und dort an, entschuldigte mich bei Stehenden und Sitzenden und entdeckte schließlich im Schein meiner Taschenlampe die erlösende Aufschrift "Kurierabteil". Ich schob die Tür auf, ließ die Lampe blinken und sah alle Plätze mit Koffern und Kartons vollgestellt, auch in Gepäcknetzen stauten sich Säcke und Ballen. Am Fenster rechts, in Fahrtrichtung saß ein dicker Oberst und rauchte eine ebensolche Zigarre. "Raus", brüllte er grob. Auf meine Erwiderung, ich sei ebenfalls Kurier, fuhr er mich noch lauter an: "Ich bin Geheimkurier und beanspruche das ganze Abteil für kriegswichtige Gegenstände."

Ein Feldjäger, der eine Ausweiskontrolle hätte vornehmen können, war nicht greifbar, und ich hatte dazu keine Berechtigung. Wütend zog ich mich zurück. Ein junger Hauptmann, der neben der Tür auf seiner Kiste saß, sagte: "Mich hat er auch rausgeschmissen. Ich fahre zwar nicht als Kurier, aber üblicherweise lassen wirkliche Kuriere doch Offizierskameraden bei sich mitfahren, wenn sie nicht gerade den Aufmarschplan für einen Blitzkrieg in Indien bei sich haben. Aber der da drinnen schleppt wahrscheinlich nur Schnaps und Kaffee aus dem Pariser Geheimlager seiner Division zu seinem Chef an der Ostfront. Sowas gibt's doch."

Ja, sowas gab's; ich wußte es ziemlich genau und auch, wie viele darüber nicht nur gestolpert waren, sondern auch den Kopf verloren hatten. Aber im Augenblick half das nichts, und ich sah mich nach einem Plätzchen auf dem Boden des Ganges um. Der Hauptmann rückte etwas beiseite und räumte mir die Hälfte seiner Aluminiumkiste ein. "Wenn das so einer ist", sagte er, ein ansehnlicher und hochdekorierter Soldat, "könnten wir das Abteil ganz zufällig in aller Unschuld so mit Gepäck blockieren, daß er nicht raus kann, wenn er muß. Er kann ja eine Cognac-Flasche austrinken und wieder vollmachen und zum Fenster hinaus geht es schließlich auch." Die Nächsthockenden halfen mit, und wir interessierten uns für die Bedürfnislage des

Dicken. Sie wurde nach einigen Stunden zwingend; er rüttelte und schüttelte an der Tür, aber wir "schliefen" so fest, daß wir ihm bei dem Öffnen nicht behilflich sein konnten. Schließlich grunzte es drinnen nur noch, und er muß auf irgend eine unhygienische Weise Linderung seiner Nöte gefunden haben.

Pünktlich fuhren wir ab; standen und saßen eng an eng und dösten vor uns hin. Unterhaltung kam kaum auf; die Mehrzahl von uns mochten Urlauber oder Kommandierte sein, viele kamen aus dem Lazarett. Alle hingen ihren Gedanken nach.

Gegen Mitternacht war Breslau erreicht; wir sahen die erste Stadt, für die das allerstrengste Verdunkelungsgebot noch nicht galt. Oder war es der Mond, der machte, daß man die Geleise des weiten Güterbahnhofs schimmern, die nicht zerstörten Häuser deutlicher als je in Berlin erkennen konnte? Ich rückte nach vorn, legte das Kinn an das Fenster und versuchte, möglichst viel zu sehen. Ich war seltsam und fremd angerührt. Hier hatte ich einen Teil meiner Kindheit verbracht.

Frühmorgens hielten wir in Kattowitz, wo ich umsteigen mußte. Ich säuberte und rasierte mich bei "Männer" im Waschraum dann ließ ich mir im Bahnhofsrestaurant gegen meine Reisemarken 100 Gramm Brot und 10 Gramm Butter geben; ein Klecks Marmelade war markenfrei. Der Kaffee bestand wie jeder Kaffee seit Kriegsbeginn aus Spitzbohnen und ermunterte allenfalls dadurch, daß er heiß war. Das konnte man nach der fast schlaflos verbrachten Nacht gebrauchen. Darauf bummelte ich, da mir bis zum Abgang meines Zuges nach Auschwitz noch zwei Stunden blieben, durch die mir unbekannte, von der Kohle Oberschlesiens gekennzeichnete Stadt. In der Nähe waren in meiner Breslauer Knabenzeit vor dem Ersten Weltkrieg die Grenzen dreier Kaiserreiche zusammengestoßen. Der von einem Lehrer gepflegte Gedanke, daß zwei Kaiser und ein Zar miteinander, jeder von seinem Lande aus, sprechen konnten, hatte meine Phantasie stark angeregt; denn ich sah sie auf Schimmeln einander gegenüberstehen und hinter ihnen zahllose Kürassiere, Kosaken und Panduren. Nun war das Dreikaisereck aufgelassen – alles schien deutsch.

Hier war mein Freund Glücksmann, mit dem ich in Heidelberg zusammen studiert und bis zu seiner Auswanderung 1934 Probleme gewälzt hatte, geboren worden. Ich suchte nach dem Geschäft seiner Eltern und ob es deren Namen noch trug.

Das Wetter hatte sich gebessert; als ich gegen 1/2 8 Uhr in einen altertümlichen Personenzug stieg, kündigte sich ein schöner Oktobertag an, und ich hoffte auf seine Beständigkeit. Denn ich war voll unruhiger Gedanken und Vorstellungen; gerne hätte ich die Ankunft hinausgezögert oder wäre am liebsten immer weiter gereist und niemals angekommen. Ich wußte nicht warum; man hat jedoch seine bösen Ahnungen. Aber der Zug dampfte seine Strecke und hielt pünktlich gegen 10 Uhr an einem ländlich- friedlichen Kleinbahnhof, der an k.u.k.-Zeiten erinnerte. Außer mir stieg kaum jemand aus; eine Beamtin kontrollierte die Fahrkarten, und ich ging durch den Gang des ärmlichen Gebäudes hindurch zum Ausgang. Vor mir ein weiter Vorplatz, eine Art Rondell, beiderseits mit Bäumen bepflanzt, deren Blätter noch fest an den Ästen hingen und kaum schon Verfärbung zeigten. Mit einem Blick hatte ich ein ganz ländliches Idyll aufgenommen. Von einem Dorf, von Häusern und Kirchtürmen einer Stadt bemerkte ich nichts, was darauf schließen ließ, daß der Bahnhof abseits lag und ich irgendwie zum Ziel kommen mußte.

Außer mir kein Uniformierter; so war der mit zwei Braunen bespannte Kutschwagen wohl für mich bestimmt. Ein Soldat saß auf dem Bock und hatte sich fürsorglich in den Schatten gestellt. Bei meinem Anblick sprang er ab und stellte sich neben die Pferde. Ich ging zu ihm, und er meldete sich mit dem Auftrag, daß er mich zur Kommandantur des Lagers bringen solle.

Wie lange war ich nicht mehr in einer Kutsche gefahren? Jahrzehnte verschwanden wie vom Sturm vertrieben in einem Nichts, und ich sah mich am zweiten August 1914 abends an der Seite meiner Eltern und Geschwister eilig aus den Ferien im schlesischen Riesengebirge zurückkehren. Vom Bahnhof aus fuhren wir damals ebenfalls in einer Kutsche in unsere Wohnung.

Breslau brodelte; es war Krieg. Allenthalben fahndete man nach dem sagenhaften Automobil, das durch das ganze deutsche Kaiserreich hindurch einen ungeheuren Goldschatz von Paris nach Sankt Petersburg bringe, damit der Zar zum Kriegführen Geld habe. Das Gartenlokal am Scheitniger Park, wo wir zu Hause waren, war hell beleuchtet, und eine Militärkapelle spielte. Allenthalben Soldaten und Mädchen; sie sangen. Als wir daheim waren, ich von einer mir zuvor nie verspürten Unwirklichkeit umfangen, stahl ich mich auf unseren Balkon, der zum Garten hin lag. Durch die Bäume schimmerten die Laternen von drüben, und über dumpfen Pauken und schmetternden Trompeten waren Menschenstimmen kaum mehr zu hören. Irgendwie war, seit Beginn eines Krieges, alles anders geworden, und dem Knaben, der auf solche Weise seinen zehnten Geburtstag erfuhr, war beklommen zumute, nicht mehr unbefangen klein, obgleich er seit Ermordung des österreichischen Thronfolgers in Sarajewo begonnen hatte, Zeitung zu lesen, und noch nicht erwachsen genug, um mitsingen und "ins Feld" ziehen, dem Kaiser schwören zu dürfen. Den Morgen darauf war ich früh im Garten und besuchte nach vier Ferienwochen den Kürbis, den meine Kürbispflanze hervorgebracht hatte. Er war ungeheuerlich gewachsen – vielleicht wog er schon einen Zentner.

Doch jetzt war ich Krieg schon gewohnt; es war ja mein zweiter. Ich stieg über das federnde Trittbrett der Kutsche und setzte mich in den Rücksitz. Der Kutscher ließ seine Pferde traben; ich roch ihren strengen Schweiß. Wir fuhren den Rondellbogen ab, verließen bald die gepflasterte Straße und kamen auf eine breite Landstraße mit sehens-, mehr noch fühlenswerten Schlaglöchern. Die Kutsche stieß und schleuderte. Mein Fahrer auf dem Bock versuchte sein Bestes und blickte sich manchmal, Verzeihung heischend, nach mir um. Aber das half auch nicht sehr, und ich hielt mich irgendwo an der Seitenlehne fest.

Ich fragte nicht, wohin es ging, aber bald tauchten Baracken auf, endlose Reihen, eine ganze Stadt langer, schmutziger Hütten; an den Fensterrahmen waren die Farben abgewaschen und abgesplittert. Offenbar standen sie schon manches Jahr. Neu war offensichtlich nur die Eindrahtung. Sie zog sich die ganze Straße entlang, dann verzweigten sich die Stacheldrahtzäune und liefen einwärts, sonderten Barackengruppen von anderen zu eigenen Blocks. Regellose Gevierte; ich brauchte nicht mehr zu fragen, wo wir waren. Es gab zwar keine Wachtürme, aber Doppelposten mit Gewehren und Hunden patrouillierten die Straße entlang. Manche Blöcke waren leer, manche mit Menschen besetzt. Sie standen am Zaun und blickten auf die Straße. Ich wandte mich nach ihnen zurück, auch sie schauten mir nach. Andere wuschen sich oder ihre Kleider inmitten großer Pfützen an den Wasserkränen. Alles war naß und elend.

Die Pferde meines Wagens waren gestriegelt und trugen metallisch glitzerndes Geschirr. Das Leder an ihm war auf Hochglanz poliert. Der Soldat auf dem Bock sagte fast entschuldigend: "Wir sind gleich da" und berührte seine dampfenden Tiere sanft mit dem Ende seiner Peitschenschnur. Sie zogen nochmals an und tänzelten an weiteren Barackenreihen vorbei. Frauen drängten sich an den Fenstern.

Ich war beklommen und zugleich erregt, als wir schließlich vor einem hohen Tor mit Doppelposten zu beiden Seiten hielten, der Wachhabende heraustrat, umständlich zu fragen begann, wieder verschwand und anscheinend irgendwohin telefonierte. Ich blieb in der Kutsche sitzen und mußte vor dem Eingang warten, bis schließlich nach einiger Zeit ein junger Offizier erschien, zu mir stieg und meldete, er habe mich zum Lagerkommandanten zu bringen. Die beiden Torflügel öffneten sich schwerfällig, indem je zwei oder drei Männer in gestreifter Kluft sie auseinanderzogen und -drückten. Der Kutscher tippte wiederum mit der Peitsche auf die Rücken der Pferde. Sie zogen nochmals an, und wir fuhren in eine wohlgepflegte Kasernenanlage ein.

Exerzierplatz, umgeben von Kasernengebäuden; saubere, breite Wege, Hinweisschilder. Exerzierende Soldaten, ein- und ausrückende Kolonnen. Platz genug; wir fuhren eine ganze Weile, umkreisten eine Gartenanlage und hielten schließlich vor einem zweistöckigen, weißen Steinhaus, der Kommandantur. Wieder ein Posten. Der junge Offizier hielt mir Kutschenverschlag und Haustür offen. Wir stiegen eine breite Steintreppe in das erste Stockwerk hinauf.

"Dort sind die Dienstzimmer des Kommandanten", sagte er, klopfte, und wir traten in das große Vorzimmer, in dem der Adjutant nahe dem Fenster seinen Schreibtisch hatte. Obgleich wesentlich jünger und nicht mehr als Oberleutnant, sprang dieser nicht schnell auf, sondern erhob sich vielmehr langsam und mit letztmöglichem Anflug von Höflichkeit. Wie immer trug ich meine alte, graue Felduniform und darüber den Sommermantel; die Falten und Knitter, die der Feldzug in Rußland den Kleidungsstücken eingegraben hatte, waren durch die nächtlich Fahrt, eng an eng, nicht gerade ausgebügelt worden. Ich sah aus wie der, als der ich mich fühlte, als Mann, der am Kriege teilgenommen hatte. Mein Gegenüber hob die linke Braue und musterte mich. Er steckte in einem tadellos weißen Uniformrock, wie ihn im Reich selbst die Heimatstäbe nicht mehr trugen, dazu silbergewirktes Koppel umgeschnallt mit Dolch an der Seite, schwarze Schulterstücke und Kragenspiegel. Schlanke Gestalt, schmales Gesicht, vortrefflich gescheiteltes dunkles Haar. Reithose mit Lederbesatz, Sporen.

"Ich bin von Berlin und vom Reichsführer aus dem Kommandeur angekündigt", sagte ich, "und will mich bei ihm melden, da ich einen Inspektionsbefehl habe."

Er nickte lässig: "Jawoll; das ist uns bekannt. Leider ist der Standartenführer vom Morgenritt noch nicht zurück. In voraussichtlich zehn Minuten wird er hier sein. Gestatten Sie, daß ich vorerst Ihren schriftlichen Befehl und die Vollmacht prüfe?"

Ich nestelte die Schriftstücke aus meiner Brusttasche; er nahm sie mit knappem Hackenschlag entgegen, setzte sich an seinen Tisch und begann mit ihrem Studium. Ich sah mich im Zimmer um, sah einen Stuhl und setzte mich ebenfalls. Der junge Begleitoffizier war verschwunden, ich blickte durch das offene Fenster auf Gezweig, Geäst und Blattwerk. Spatzen schienen zum Inventar zu gehören; sie schilpten draußen in großen Mengen. Nun ja, es gab wohl viele Pferde. Sehr offensichtlich war ich ganz und gar nicht willkommen. Nach einiger Zeit Pferdegetrappel unter dem offenen Fenster. Der Adjutant schob den Stuhl zurück und sah hinaus.

"Der Standartenführer", und halb über die Schulter in Richtung auf mich: "Mit unseren Pferden können wir uns sehen lassen. Zum Teil sind's wunderbare Vollblüter aus dem Gestüt irgend eines polnischen Großmoguls, der einmal in dieser Gegend Latifundien und Schlösser gehabt haben soll. Auf dem Rücken eines Pferdes durch das Lager", schwärmte er, "das ist ein Genuß."

Schnelle Schritte auf der Treppe; der Adjutant riß die Tür auf und meldete, indem er Haltung annahm, noch in das Stiegenhaus hinein: "Standartenführer; der Ernährungsinspekteur aus Berlin ist bereits da." Der Kommandant von Auschwitz, untersetzt, breitschultrig mit breitflächigem, nicht unebenem Gesicht, ebenfalls in weißer Uniformjacke, die Reitgerte in der Hand und an die hohen Stiefel schlagend, trat nahe an mich heran.

Ich war aufgestanden und hatte gegrüßt, mich vorschriftsmäßig gemeldet. Während der Fahrt am Stacheldraht entlang hatte sich mir das Herz im Leibe herumgedreht, und ich blieb frostig.

Er aber war noch um mehrere Nuancen kühler.

"Sie kommen also im allerhöchsten Auftrag und aus Berlin", sagte er mit einem, wenn ich mich recht erinnere, deutlichen Anklang von Mecklenburgisch, "um sich im Lager umzusehen. Bei den Zigeunern also soll, wie ich vom Reichsführer erfuhr, etwas nicht in Ordnung sein. Untersuchen Sie! Jedoch möchte ich zuvor wissen, was Sie wirklich dürfen. Ihre Ausweise und Vollmachten bitte."

Ich wies auf den Adjutanten, der ihm beflissen die Papiere überreichte. Auch er prüfte sie nachdrücklich, strich mit dem Daumennagel über die Unterschriften und beäugte den Briefkopf. Schließlich sagte er: "In Ordnung. Sie können zu den Zigeunern."

Zugleich befahl er dem Adjutanten, den Lagerarzt und Verwaltungsführer zu zitieren. "Sie warten so lange hier, bis sie gekommen sind. Sie werden Sie durch das Lager führen."

Nach kurzem Überlegen zum Gehilfen: "Es wird ein Weilchen dauern, bis die beiden kommen; lassen Sie sogleich dem Sturmbannführer ein ordentliches Frühstück bringen. Sicherlich hat er heute noch nichts zu essen bekommen."

Ich lehnte ab; ich hätte mich bereits hinreichend selbst versorgt. Großer Blick, der meine ganze Gestalt von Kopf bis Fuß, einschließlich Uniform, Kulturbeutel und Mappe erfaßte:

"Nun gut, wie Sie meinen." Er klopfte mit der Reitpeitsche vermeintlichen Staub von den Stiefeln: "Ich habe zu tun; ich denke, daß ich Sie mittags im Kasino sehe, dabei können Sie mir das Ergebnis Ihrer Bemühungen mitteilen."

Ich machte schweigend eine knappe Verbeugung. Der Adjutant öffnete ihm die Tür, mit kurzem Gruß verschwand er. Kurz darauf wieder Pferdegetrappel; anscheinend hatte sein Reitbursche mit dem Pferde auf ihn gewartet.

Nach geraumer Zeit, ich wollte gerade ob unzumutbaren Wartens ungnädig reagieren, erschienen die beiden Offiziere. Da sie die Verantwortlichen für eventuell nachweisbare Mißstände waren, die letzten also, die die Hunde beißen würden, begrüßten sie verständlicherweise mehr als zurückhaltend, jedoch Wohlwollen erheischend. Auch sie trugen die wunderbar weißen Uniformjacken. Der Adjutant gab den Befehl des Kommandanten weiter, daß sie mich in das Zigeunerlager zu führen und dort zu begleiten hätten.

Daß Pferde in Auschwitz eine ganz besondere Rollte spielten, merkte ich wiederum, als der Verwaltungsführer fragte, ob es mir recht sei, wenn wir in das Zigeunerlager ritten. Erbittert knurrte ich, ich hätte im letzten Jahr lediglich mit Panjepferden zu tun gehabt: "Die taugen am Mius und Dinjepr mehr als die schönsten Orlow-Traber. Außerdem kann ich nicht reiten und habe in dieser Beziehung auch keinen Ehrgeiz. Hätte ich ihn, dann wäre ich wahrscheinlich mit Sporen an den Stiefeln hierher gekommen. Ich habe hier aber etwas zu untersuchen und bin nicht zum Vergnügen da."

"Also fahren", beschied der Verwaltungsführer herablassend und ging ans Telefon. Stallungen und Remisen schienen in der Nähe zu liegen. Das Gefährt war schnell zur Stelle. Der Verwaltungsmann stieg zum Kutscher auf den Bock und ergriff die Zügel. Ich setzte mich mit dem Arzt in den Fond der Kutsche, die von irgend einem Herrschaftsgut stammen mochte, und in scharfem Trab ging es los. Der Zügelusurpator wollte zeigen, daß er sich auf Pferde verstand. Vergleichsweise im dritten Gang brausten wir um das Rondell herum und dann eine breite staubige Straße entlang in die

Barackenblöcke hinein, an denen ich zuvor entlanggefahren war. Wir zogen eine lange Staubschleppe hinter uns her, die langsam über die Barackenfelder hinwegstrich und sich dort sachte ablagerte. Pferde und Wagen waren bekannt, die Offiziere ebenfalls, und der Fremde ging mit durch. Nur kurz hielten wir vor Sperrbäumen und Wachen, die Posten salutierten, und die Wachhabenden notierten die Zeit unserer Durchfahrt. Unbeobachtet schien man keinen Schritt tun zu können. Der Arzt schien zufrieden: "Disziplinarisch klappt es hier wunderbar", meinte er. Die Strecke war wohl einige Kilometer lang; nur Lagergelände, auch wenn freie Flächen sich zwischen den Barackenblöcken erstreckten.

Ich schaute nach rechts und nach links. Eine ärmliche Vegetation überall, die Pflanzen fanden kaum Humus für ihre Wurzeln.

"Gleich sind wir im Teillager, in dem die Zigeuner stecken", rief mir, sich umwendend, der Verwaltungsmann zu und versuchte, sich mir im Rattern der Räder verständlich zu machen. "Aber zuerst sollen Sie einmal sehen, was die Pferde leisten können." Er hieb auf sie ein, und wirklich, sie gingen in den vierten Galoppgang über. Der Wagen schleuderte so stark über die unebene Straße, daß ich keine Worte der Anerkennung für die großartige Fahrleistung fand. Es fehlte mir auch an der Lust, mich darüber auszulassen. Der wilde Fahrer, dem die Mütze unvorschriftsmäßig in den Nacken gerutscht war, zog die Zügel an, die Pferde fielen in eine langsamere Gangart, er rief "Brr", wendete in einem großen Bogen und hielt vor einem Lagereinlaß, der etwas von einem Wüstenfort an sich hatte.

"Pferde abtrocknen", rief er, indem er dem offiziellen Kutscher die Zügel hinwarf, der die Parforce-Fahrt mit finsterem Gesicht mitgemacht hatte, und "Warten" befahl er. Ich wischte mir den Staub vom Gesicht, den Schweiß von der Stirn und kletterte, knochenmäßig etwas demoliert und unheiteren Gemütes, auf den kargen Erdboden, der durch Staubschicht vor der direkten Berührung geschützt zu sein schien.

Wir waren offenbar telefonisch angemeldet worden; denn uns bot sich das typische Bild spontaner Betriebsamkeit, die in Militärkreisen immer herrscht, wenn man sich unbefangen und überrascht gibt. Diese Form der "Bewegung" war mir von manchen Kaserneninspektionen her bekannt; ich notierte es wie immer und dachte, wo Kulisse sei, würde der Hintergrund nicht fehlen. Der Kommandant des Teillagers, vergleichsweise im Hauptmannsrang, ließ es sich nicht nehmen, in der Wachstube meine Ausweise und das Schreiben, in dem mein Auftrag festgelegt war, nochmals persönlich zu studieren. Zunächst machte er ein verärgert-bedenkliches Gesicht, dann fand er aber wohl, daß Freundlichkeit und militärisches Gehabe günstiger sei und verband beides nunmehr in einer so penetranten Weise, daß der Eindruck vollkommener Subalternität entstand. Er nickte lauernd-zuvorkommend wie ein Straßenhändler, um dann sogleich wie ein Ölgötze mit zackigem Zusammenknall der Stiefelabsätze zu erstarren.

Hinter sich hatte er die Ältesten des Lagers aufgebaut, und ich merkte ihm, durch etliche frühere Erfahrungen und Beobachtungen gewitzigt, an, daß er es gerne gesehen hätte, wenn ich mich nur mit ihnen unterhalten und das Lager selbst gar nicht erst betreten hätte. Meine beiden Begleiter hatten sich hinter mich postiert und befanden sich offenbar in dieser Beziehung in Übereinstimmung mit ihrem Bewacher-Kameraden. Die Inspektion sei wohl mehr Formsache, versuchten sie mich zu testen. Die Zigeunerältesten hielten in unterwürfiger Haltung den Blick zu Boden gesenkt und fühlten sich offenbar zwischen zwei Fronten unglücklich. Ich verhielt eine halbe oder eine Minute, sah mich in der Wachstube um, in der sich außer uns noch einige Posten und Läufer aufhielten, und ertastete Unausgesprochenes und Unaussprechbares. Dann sagte ich:

"Ich besichtige das ganze Zigeunerlager; falls es dann noch nötig ist, kann ich abschließend mit den Ältesten sprechen. Jetzt sollen sie mit mir kommen. Sonst brauche ich keine Begleitung."

Die Offiziere wollten den Wink nicht verstehen und durften es auch nicht; denn zweifellos hatten sie den Befehl, mich nicht nur nicht aus den Augen zu lassen, sondern auch den Gang der Inspektion nach Möglichkeit zu beeinflussen. Andererseits waren meine Befugnisse auch nicht derart, daß ich sie aus ihrem Dienstbereich hätte verweisen können. Immerhin hatte ich die Führung übernommen. Sie staffelten sich nunmehr beflissen hinter mich, eine Ordonnanz riß die Tür auf, die dem Eingang gegenüber von der Wachstube in das Lager führte, und ich ging die wenigen Stufen einer Holztreppe hinunter. Zum ersten Male war ich in einem Konzentrationslager innerhalb des Stacheldrahtes. Ich schaute auf einen großen Platz, der von drei Holzbaracken umstellt war, zwischen zweien von ihnen führte eine beiderseits von Baracken begrenzte Straße bis nahe an den gegenseitigen Stacheldrahtzaun. Der Platz selbst schien der Platz des Lebens, des Eingangs und des Ausgangs, der Zählung und aller Empörungen und Ängste zu sein. Der Wind wirbelte Staub auf und Blätter über ihn hinweg; vor den Baracken, die die Türen an den Kopfseiten hatten, lagen die Wasserstellen. Sie waren dicht von schwarz- und grauhaarigen Frauen belagert, die die faltigen, langen und farbigen Röcke der Zigeunerinnen und Hemdblusen trugen. Sie gaben sich an den Wasserkränen mannigfacher Tätigkeit hin, – wuschen Kleidungsstücke und schlugen sie aus, säuberten sich wehrende Kinder, kosten und beschimpften sie, scheuchten sie von sich weg oder befahlen sie mit schriller Stimme zu sich her. Ein regsames Leben in der Barackenstraße, Halbwüchsige und Kinder tummelten sich und jagten um die Unterkunft. Sie schrien und balgten sich, kugelten sich im Staub, Matsch und Schlamm, der sich von den Wasserstellen her pfützenartig ausbreitete. Im Gegensatz zu solch lärmender Betriebsamkeit das Verhalten der Männer. Sie standen dicht an dicht an den Baracken neben und unterhalb der Fenster dort, wo die Sonne hinschien. Über gelben, schnauzbärtigen Gesichtern trugen sie auf schwarzem Haar breitkrempige Hüte. Sie waren hemdsärmelig, hatten aber doch mit Stickerei verzierte, manchmal bunte Westen an, über die sich mit Münzen behängte Silberketten zur Uhrentasche hinzogen.

Menschengetümmel überall, im ganzen großen Lagergeviert, lediglich zu uns, das heißt zum Wachgebäude und Lagertor hin, war der Platz frei und leer.

Als sich dort nun die Tür knarrend öffnete, sich in gleicher Weise knarrend hinter unserer kleinen Gruppe wieder schloß, schien beim Gegenüber jede Bewegung zu ersterben. Die Erstarrung ging von den Frauen aus, die ihre Beschäftigung unterbrachen, sich aufrichteten und mißtrauisch auf uns blickten, setzte sich zu den Männern hin fort, die ihre Hüte geraderückten, und ergriff schließlich auch die Kinder, welche, wo sie gerade waren, sitzen und liegen blieben, nur einige Mutigere oder besonders Ängstliche verschwanden mit Blitzgeschwindigkeit in der nächstgelegenen Barackentür.

In jedem Lager der Welt wittert man mit einem nur von Gefangenen zu entwickelnden Instinkt das Besondere, auf Veränderungen Hindeutende und bewertet es zunächst selbstverständlich als unangenehm, gefährlich, störend. Mit unvorstellbarer Schnelle läuft auch ein Gerücht durch das Lager. Fast bevor irgend einer etwas ausgeschwätzt hat, ist es schon überall hin verbreitet und allgemein bekannt. Und so wußten auch wohl hier alle Zigeuner mit Bestimmtheit, daß ein hoher Offizier aus Berlin kommen würde, um sich das Lager anzusehen.

Die ungewohnte Gruppe, bei welcher die ihnen wohlbekannten Chefs und Wachhabenden sich im Hintergrunde hielten, zeigte an, daß eben dieser Offizier aus Berlin angelangt sein müsse.

Da stand ich also da vor ihnen in meiner abgetragenen Felduniform, kein Mann der Etappe, und war froh darüber, nichts von dem Firlefanz an mir zu haben, der imponieren und demonstrieren soll; denn beim Anblick des

Menschengewühls drüben, das mehr verbarg als darbot, wollte ich nicht mehr ferne und enthoben sein, sondern vielmehr nahe und mittendrin. Meine ärztliche Jagdlust war erwacht und gereizt; ich wollte den Schaden suchen, seine Ursachen ergründen.

Die Zigeunerältesten hielten sich von mir entfernt, aber auch in gehöriger Entfernung von den Offizieren der Kommandantur. Sie waren allseits ausgeliefert, denen drüben sowohl wie uns hier. Sie stellten wegen ihres Alters die von der Kommandantur befohlenen Repräsentanten dar, waren aber anscheinend nicht die Sprecher des Lagers, wenn es solche überhaupt gab. Ich ging langsam zur Mitte des Platzes, dann verhielt ich und sah mich wieder um, weil ich überlegte, wo ich am ehesten beginnen könne. Da löste sich drüben aus der Menge der Männer ein Einzelner. Er hatte sich bisher im Hintergrunde gehalten und so war nicht aufgefallen, daß sich ein Soldat unter ihnen befand. Er kam mir allein entgegen, etwas stolpernd, aber doch ganz straff, in eben dem Gang eines alten Landsers, der schon einige 1000 Kilometer durch Europa und Rußland marschiert ist. Er hatte das Schiffchen auf dem Kopf und trug das Eiserne Kreuz wie ich, das keiner der hinter mir stehenden Offiziere hatte. Als er einige Schritte von mir entfernt war, hielt er ein, nahm Haltung an und meldete: "Unteroffizier ...", an den Namen kann ich mich nicht mehr erinnern.

Ich war mehr als erstaunt, fast bestürzt und drehte mich fragend zurück: "Auf Befehl eingeliefert", sagte der Objektkommandant und zuckte, eher gleichgültig und verächtlich als entschuldigend, die Schulter. Er wollte nicht mehr als dies sagen, da eine Auskunft hierüber nicht im Rahmen des Auftrages lag, bei welchem allein er mich zu unterstützen hatte. So fragte ich den Unteroffizier selbst: "Wie kommen Sie hierher? Sie waren doch in Rußland?"

Und mit dem Akzent des Zigeuners erwiderte er: "War auf Urlaub, wir alle, auch ich, verhaftet und hierher gebracht."

"Was haben Sie denn gemacht", fragte ich, "sind Sie desertiert?" "Nein, wir alle hier, Männer und Weiber – Zigeuner, überall aus Deutschland hierher gekommen. Sollen angesiedelt werden, festen Wohnplatz – nicht mehr wandern, nicht mehr fahrendes Volk. Nicht alles begreifbar; hier viel schlechter als auf der Fahrt. Hunger, Kinder kaputt."

"Wo waren Sie in Rußland?"

"Wolchow", entgegnete er, worauf in mir eine heilige Wut aufstieg. Draußen am Wolchow eine harte Front, an der jeder Mann gebraucht wurde, und hier steckten sie einen davon ins Lager. Ich war versucht, ihm kameradschaftlich auf die Schulter zu klopfen. Aber eine solche Geste aus dem Felde, einem Häftling gegenüber, verstand man an diesem Orte mit Sicherheit nicht. So unterließ ich es und sagte nur:

"Die Männer vom Wolchow sind tapfer und halten allerlei aus."

Er riß sich nochmals zusammen, seine Augen leuchteten kurz auf, dann machte er Anstalten wegzutreten. Aber ich befahl ihm, an meiner Seite zu bleiben und mit mir zusammen zu seinen Leuten zu gehen. "Sagen Sie mir alles, was Sie bedrückt."

Ich hatte meinen Begleiter gefunden.

An den Baracken hatte es inzwischen Bewegung gegeben, die Zigeunerweiber waren zum größten Teil verschwunden. Sie hatten die Wasserstellen verlassen, die Wäsche liegen gelassen, hatten sich durch die Reihen der Männer hindurchgedrängt, die Kinder an sich genommen und waren in den Eingängen der Baracken untergetaucht. Während ich mit dem Unteroffizier sprach, hatte ich bemerkt, aber nicht im entferntesten daran gedacht, daß sie etwa flüchten könnten, um uns der Überzahl ihrer Männer zu überlassen. Vielleicht vermuteten meine Begleiter, als mißtrauische Gefangenenwärter dergleichen; denn sie tuschelten und ergriffen irgendwelche Vorbereitungen. Mir lag an meiner Aufgabe; ich dachte nicht an die Möglichkeit von Aufruhr, Widerstand und blutigen Maßnahmen, ihn zu brechen. Deshalb ging ich sehr schnell, von meinem Unteroffizier begleitet, über den Platz bis zu den Baracken hin. Die anderen blieben stehen und gaben, so etwas war mir vom Felde her bekannt, Feuerschutz.

Jedoch nichts von Empörung, Zorn und wütender Anklage – eher eine Bitte, die ganz unmittelbar traf. Denn wie ich hinüberschritt, kamen Frauen aus den Baracken, in deren Fensteröffnungen sich weitere Frauenköpfe drängten. Jede trug ein Bündel auf den Armen, und die Männer gaben ihnen Raum, daß sie durch ihre Reihen hindurch treten und sich vor sie hinstellen konnten. Sie hatten jetzt Kopftücher um und Umhängeschals aus schwarzer, gelber, roter oder grüner Seide angelegt. Sie trugen große Ohrringe, das schwarze Haar war von der Stirn her straff nach hinten zum Knoten gebunden. Und während ich ihnen entgegen ging, öffneten sie die Bündel, schoben die farbigen Schals zurück und zeigten mir ihre Säuglinge nackt – kleine ausgemergelte Leiber mit Greisenköpfen und den großen Augen der Verhungernden. Die Haut hob sich in Falten ab, weil sie zu weit war für nur mehr daumendicke Beinchen und Ärmchen. Manche Bäuche waren aufgetrieben, manche eingefallen. Sie blickten apathisch hinauf zu den Gesichtern der Mütter, und diese hielten mir die Hungerkörperchen entgegen. In ihren Augen standen Tränen; sie forderten nicht, sie flüsterten, denn sie hatten sich ergeben – "Hilfe, Hilfe." Immer weitere Mütter mit Säuglingen kamen aus den entferntesten Baracken und setzten sich gegen mich in Bewegung. Die Männer schoben sie nach vorne und bald war ich dicht von einer jammernden Schar umgeben.

Die Säuglinge inmitten der Mutterleiber, geängstigt durch Beengungen, Stöße und Ausdünstungen, begannen zu wimmern und zu greinen. Jeden, der mir entgegen gehalten wurde, sah ich mir an, tastete nach den Resten von Fleisch an Armen und Beinen, fühlte nach Brustkorb und den Fontanellen des Kopfes.

Ich war hoffnungslos eingekeilt; bereit, in den Chor der Weiber einzustimmen, rückte die Phalanx der Männer näher und näher.

Vielleicht nicht ohne Schadenfreude beobachtete die Begleitergruppe aus dem Abseits mein Engagement.

Der Zigeuner-Unteroffizier neben mir war mein Dolmetscher, obgleich wohl die meisten der uns Umdrängenden etwas deutsch verstehen machten. Ich hieß ihn sagen, sie sollten alle in ihre Unterkünfte gehen und sich familienweise an ihren Plätzen versammeln. Zu jeder Familie würde ich kommen, und jede könne mir ihre Klagen vorbringen. Langsam löste sich der Haufen auf und sie gingen in die Baracken.

"Er hat gesagt, er käme zu jedem, und wir sollten auf ihn warten", sprach es sich von Mund zu Mund herum.

Ich ging zu meinen Begleitern zurück und sagte, ich könne mir noch kein Bild machen. Der Hungerzustand der Säuglinge sei entsetzlich, und ich müsse herausbekommen, weshalb es dazu gekommen sei.

"Wieviele Kinder sind schon gestorben?", fragte ich. Niemand wußte es. "Sie begraben die Toten", sagte der Blockkommandant, "nach ihrer eigenen Art hinten in der Ecke. Wir haben keine Veranlassung, uns viel darum zu kümmern. Ob es einen mehr oder weniger gibt, das ist ja ziemlich einerlei."

"Alle, die ich mir schon angesehen habe", erwiderte ich scharf, "werden innerhalb von zwei Wochen sterben. Ich bin hierher gekommen, um zu verhindern, daß dies geschieht, und Sie werden diesen Auftrag, der vom Reichsführer erteilt wurde, sehr genau zur Kenntnis nehmen müssen. Ich bleibe hier, sehe mir die Unterkünfte und Verpflegung an, und Sie werden, wenn der Dienst Sie ruft, zweckmäßigerweise Ihre Aufgaben nicht versäumen."

Der Blockkommandant und der Verwaltungsführer meldeten sich ab, ersterer außerordentlich gereizt und einen älteren Feldwebel als Begleiter zur Verfügung stellend. Es war vorauszusehen, daß er schon von der Wache aus seinen Chef anrufen und die Telefondrähte zum Erzittern bringen würde. Mir war es gleichgültig; denn angesichts dessen, was die Mütter mir dargeboten hatten, wollte ich meinen Auftrag nicht nur wörtlich, sondern buchstabengetreu ausfüllen – selbst wenn er vielleicht gar nicht so gemeint war.

Der Arzt blieb bei mir, und bald entnahm ich seinen Worten, die er jetzt, mit mir fast allein, freier wählte, aber medizinisch sehr geschickt zu tarnen verstand, wie froh er war, daß endlich einmal Verpflegung und Hygiene wenigstens in einem Teil des Lagers geprüft würden. Es waren mehr als sibyllinische Hinweise, die er über das Gesamtlager abgab. Vielleicht glaubte er, ich sei über Auschwitz unterrichtet und seine Hinweise mir deshalb verständlich. Aber sie blieben für mich böhmische Dörfer. Wichtiger für den Augenblick war, daß man vor etwa einem halben Jahr angefangen hatte, diesen Teil des Lagers eben mit Zigeunern zu belegen. Sie seien aus Deutschland und weiten Teilen der besetzten Gebiete herbeigebracht worden, zeitweise in großen Scharen. Jetzt "tröpfele" es lediglich noch und infolge der hohen Sterblichkeit bei den Kindern und Alten vermindere sich ihre Zahl bereits wieder. Was man mit ihnen vorhabe, wisse er nicht, flüsterte er nur mir verständlich.

"Was ist's mit dem Essen?"

"Sie erhalten die zustehenden Sätze, genau wie überall. In den Zentralküchen wird gekocht, und die Essensbehälter werden mit LKW herangeschafft. Sie werden es ja sehen. In einer halben Stunde ist Mittagszeit."

"Und die Kinder?"

"Sie erhalten den ihnen nach ihrem Alter zustehenden Anteil der Verpflegung eines Erwachsenen."

Ein erster Hinweis! Ich sah ihn erstaunt an, aber er fuhr fort: "Die hygienischen Verhältnisse sind so schlecht, und es ist schwer, in dieses Volk Ordnung hereinzubringen, so daß wir die Infektionen nicht los werden. Ich halte die Kinder für chronisch infiziert, deshalb verwerten sie die Nahrung nicht, und deshalb bekommen sie Durchfall und vertrocknen und verhungern allmählich."

"Essen die Größeren und Stärkeren den Kleineren und Schwächeren die Portionen fort?"

"Kaum je", meinte er, "die Mütter opfern sich eher für ihre Kinder, und die Männer fühlen sich ihrer Sippe zugehörig. Innerhalb einer Sippe aber lebt keiner auf Kosten der eignen Leute, allenfalls auf die Draußenstehenden. Nein, vom Wegfressen kann die Rede nicht sein; es bleibt eine rätselhafte Infektion der Jüngsten, aber wir haben die Erreger noch nicht, trotzdem wir Stühle in das Untersuchungs-Institut nach Kattowitz geschickt und auch in unserem Laboratorium Kulturen angelegt haben."

"Ich meine", sagte ich, "wir fangen bei den letzten Baracken hinten an und arbeiten uns dann langsam nach vorne vor."

Mein Zigeuner-Unteroffizier hatte sich hinter uns gehalten; ich ließ ihn vorausgehen, und wir betraten die erste Baracke. In ihr lebten Weiber und Männer zusammen mit ihren Kindern und Enkeln in Abteilungen. Je nach Größe der Familie oder Sippschaft hatten sie vier, sechs, acht und mehr der doppelstöckigen Bettstellen mit Tüchern und Decken voneinander getrennt und sich damit etwas geschaffen, was sie an die Wohnwagen erinnerte, mit denen sie früher umhergezogen waren. Man hatte bei ihrer Verhaftung die Wagen "erfaßt" und ebenso wie die Tiere "sichergestellt" mit dem Versprechen, daß sie alles nach der Freilassung wieder erhalten würden. Darauf setzten sie ein gewisses Vertrauen.

Als die Tür hinter mir und meinen drei Begleitern, dem Zigeuner-Unteroffizier, dem Lagerfeldwebel und dem Lagerarzt, geschlossen wurde, empfand ich zum ersten Male den säuerlich-fauligmodrigen, mit Körperausdünstungen und Küchenspüle durchwirkten Geruch, der sich in Kleidern festsetzte und diesen Jahre lang anhängen kann. Wer unversehens in eine Wolke davon gerät, dem wird die Lageratmosphäre ebenso plastisch in die Erinnerung zurückgebracht, wie durch feucht-brandigen Erdgeruch der Krieg selbst mit seinen Zerstörungen und dem einsamen Marsch der Soldaten nach vorne hin zur Front, von der der Geschützdonner dröhnt und die Signalraketen aufleuchten.

Was mir damals beim Eintritt wie eine Schwadenwand entgegenstand, das haftete mir selbst einige Jahre später auch an und ich strömte es in gleicher Weise aus. Elend und Armseligkeit werden nicht nur erblickt und erfühlt, sondern auch errochen und gehört. Sie bemächtigen sich, bleiben sie offen dafür, aller Sinne.

Die erste Baracke war voll belegt; die anderen, die ich danach betrat, waren es in gleicher Weise, und ich hatte bald errechnet und festgestellt, daß ich draußen trotz des Gedränges und Menschengewühls nur einen Teil der Lagerinsassen gesehen haben konnte. Ich ließ kein Abteil aus. Wenn mein Unteroffizier die einen Eingang bildende Wolldecke hob, fand ich mich im Halbdunkeln, aber bald hatte ich mich eingeschaut und entdeckte nicht nur noch elendere Kinder als die mir zuvor dargebotenen, die in Lumpen in der Ecke eines Bettgestells lagen, sondern auch uralte Weiber, die mit angezogenen Knien, und die scharfen Nasen zur Decke aufgereckt, einzeln oder zu zweit neben den Kleinen schliefen oder ruhten. Sie wandten mir ihre Gesichter zu, ich nahm ihre Hand und fühlte am knochigen Unterarm den nur schwachen Puls. Sie schwitzten im übervollen Raum und warteten, fern von Grün und Sonne, Feld und Wald, auf etwas, das doch nur das eine sein konnte – Tod.

Sie essen kaum noch, sagten mir die Töchter und Söhne. Auf Hockern, zumeist in der Nähe der Fenster, saßen Großväter, um deren Füße Enkel spielten. So verhielt es sich, bald mehr, bald weniger ausgeprägt, in jedem "Wohnwagen". Aber die Gefährte fuhren nicht über Land, sie hielten – nein, sie mußten halten, waren dazu gezwungen. Der Zwang, die Unfreiheit waren das eingegebene Gift, an dem die Gefangenen dahinsiechten. Zwar gab man ihnen Versprechungen, aber über die Zukunft hielt man sie im Unklaren. Die Vergiftung ihrer Seelen wurde von Tag zu Tag stärker; das ihnen eigentümliche und durch Generationen erhaltene Vagantenfeuer erlosch, und sie entmenschlichten allmählich zu düsteren und matt blickenden Figuren. Das Schicksal der Alten hatte sich bereits vollzogen; in den Säuglingen und Kleinkindern erstickte Aufkeimendes. Und lediglich in größeren Kindern und vollkräftigen Weibern und Männern loderte noch Zigeunerisches.

Ich ging von Verschlag zu Verschlag, verließ die eine Baracke und betrat sogleich die anschließende. Ich entdeckte noch einige Soldaten in Uniform; auf andere, denen man sie abgenommen hatte, wurde ich aufmerksam gemacht. Ich sprach viel und mußte mich bei gleichartigen Klagen mit gleichartigen Antworten immer wiederholen. Mein Unteroffizier blieb beharrlich an meiner Seite und drängte die Gruppen auseinander, die mich nicht freigeben wollten.

In einer Baracke kam ich schließlich zur Austeilung des Essens zurecht. Der Feldwebel lief auf mein Geheiß zur Wachstube, um mir Löffel, Teller oder Kochgeschirr zu besorgen. Ich wollte kosten und fragte meinen zigeunerischen Begleiter, indem ich sachte ein Auge zukniff: "Wie alle Tage?" Er kniff für einen Augenblick das seine zu, lächelte aber nicht.

Je zwei Männer hatten die Mittagssuppe in einem Holzfaß, das um die 50 Liter faßte und mit einem Deckel verschlossen war, herbeigebracht. Als sie ihn hoben, stieg Dampf und Kohlgeruch empor, der den Raum bald völlig ausfüllte. Die Suppe war wenigstens heiß. Der Barackenälteste nahm sich eine Kelle, die aus einer Konservendose mit langem Holzstiel bestand, von der Wand, tauchte sie unter, rührte umher und füllte die erste Blechschüssel. Kochtöpfe, Kochgeschirre, Konservendosen wurden ihm entgegengehalten und viele Augenpaare beachteten genau, ob er vor jedem Aushub lange genug gerührt und aus der Mitte eine volle Kelle schöpfte, weder zu sehr von oben noch allzutief von unten, obgleich der jeweilige Empfänger gegen letzteres gewöhnlich nichts einzuwenden gehabt hätte.

Als die "Normalportionen" ausgeteilt worden waren, griff der Verteiler zu einer kleineren Kelle mit etwa dem halben Inhalt und füllte die Schalen der Kinder, die mit gierigen Augen jede seiner Bewegungen beobachtet hatten. Und schließlich gab es eine noch kleinere Kelle für die Säuglinge. Dazu wurde in entsprechend abgestufter Menge ein dunkles Brot verteilt, welches mir keinen schlechten Eindruck machte. Alle erhielten das gleiche Gericht. Mit Beginn des Essens hörten schlagartig die vielfachen, dichtbelegten Räumen eigentümlichen Geräusche auf, die sich aus Stöhnen und Greinen, Ausrufen und Gesprächen, Spiellärm der Kinder mischten. Auch ich schien vergessen und mir selbst überlassen. Männer und Weiber drängten sich in der Mitte der Baracke in einem langen Zuge zum Verpflegungsfaß, warteten zu, hielten hin, rissen die Schale und ihr Brotstock an sich und verschwanden, ein jeder in seinen Bereich. Man hörte sie löffeln, schlucken, schmatzen und schließlich die Gefäße gründlich ausschaben. Auch ich ließ mir einen kleinen Schlag geben und aß stehend; die Suppe war von gräulicher Farbe, mit Graupen eingedickt, Kartoffeln, Kohl und Möhrenstücke waren verkocht oder konnten noch herausgefischt und gesondert zum Brot gegessen werden. Aus dem Felde kannte ich Suppen solcher Art, diese entsprach ihnen, war nicht dünner, nicht dicker. Die Menge betrug für den Erwachsenen mehr als einen Liter. Gesalzen und gewürzt war sie auch, lediglich Fleisch, wie wir es draußen erhalten hatten, war nicht drin oder wenigstens meiner Portion nicht in sichtbarer Menge zu entnehmen gewesen. Heute weiß ich, Suppen dieser Art sind die Stammsuppen der Lager in aller Welt, so wie Eva die Stammutter aller Menschen ist. Sie können einmal dicker sein, einmal dünner, an schlechten Tagen getrübtes heißes Wasser, an besseren fast ein Brei. Sie füllen den Bauch, treiben den Schweiß ins Gesicht und die Tropfen aus der Nase, wenn man sie heiß empfängt. Zusammen mit dem Brote reichen sie soeben gerade hin, um die

Empfänger vor dem Verhungern zu bewahren – wenn sie imstande waren, die Nährstoffe vollständig in den Körper aufzunehmen und zu verdauen.

Mit einem Mal fiel es mir wie Schuppen von den Augen: die Erwachsenen und die Kinder etwa vom dritten Lebensjahre ab, waren, bis auf die ausgemergelten ganz Alten, beinahe alle in einem wenigstens einigermaßen erträglichen Ernährungszustand, und es schien nicht so, als ob sie weiter abnehmen und in den Hungerzustand hineingeraten würden. Bei ihnen bestand keine akute Gefahr. Diese drohte allein den Säuglingen und Kleinstkindern. Ja, sie drohte nicht nur, sondern war, wie mich der Augenschein gelehrt hatte, bereits eingetreten und keiner wußte, wie viele ihr bereits zum Opfer gefallen waren. Wie sollten sie von dieser Kost leben, wachsen, ansetzen und also gedeihen können. Die völlig fehlerhafte Beschaffenheit ihrer Nahrung war der wesentliche Grund, eventuelle Infektionen blieben von nachgeordneter Bedeutung. Sie würden verschwinden, wenn die Kinder durch eine geeignete Kost in den Stand gesetzt würden, sich zu erholen. Besondere Nahrungsmittel für Kinder mußten her! Ich war guter Dinge, weil ich jetzt klar sah und fragte Lagerarzt und Verpflegungsoffizier, der sich inzwischen von seiner „dienstlichen Verpflichtung" wieder eingefunden hatte, ob es denn keine besonderen Verpflegungsmittel für die Kinder gebe und weshalb man bisher nicht individueller verfahren sei, sondern sich so verhalten habe, als seien Säuglinge lediglich eine kleinere Art von Erwachsenen. Sie zuckten die Schultern. Ich fragte, ob denn die Kinder dem Ernährungsamt als Kinder gemeldet worden seien, dann würden sie doch die ihnen zustehenden besonderen Nahrungsmittel erhalten haben. Aber der Verpflegungsbeamte wußte, daß sie alle lediglich der Zahl nach als Erwachsene gemeldet worden seien. Man habe es getan, um mehr Lebensmittel zu bekommen und außerdem sei es verboten, nach draußen hin – es waren ja die zivilen Ernährungsämter, bei denen sie Anträge zu stellen hatten – etwas von Kindern bekannt zu machen. Aus Berlin sei eine Anweisung gekommen, daß man zwischen Erwachsenen und Kindern keinen Unterschied zu machen habe. Lediglich weniger erhielten sie, weil sie weniger benötigten. Der Verpflegungsmann war von der Richtigkeit des Verhaltens völlig überzeugt; er war nicht gewohnt, sich über Häftlinge besondere Gedanken zu machen. Der Arzt jedoch verstand und stimmte mir schließlich zu, als wir in ein Abteil traten und sehen mußten, wie eine milchlose Mutter sich abmühte, ihrem Säugling ein Stück Kohl in den Mund zu zwingen. Er greinte und wehrte sich. "Sie sehen", sagte ich, "wohin solche Unbedachtheit und Gleichgültigkeit notwendigerweise führen muß!"

Ich setzte die Visite fort. Mehrere Male hatten Arzt oder Verpflegungsführer mich angestoßen und mir zugeflüstert, der Kommandant warte im Kasino auf mich, und ich solle unterbrechen. Ich lehnte ab, woraufhin sie sich, ohne daß es mir weiter auffiel, entfernten. Auch der Feldwebel war verschwunden.

Es war schließlich gegen 4 Uhr, als ich die letzte Baracke verließ, um aus dem Lager hinaus zur Kutsche zu gehen, die angeblich seit längerer Zeit auf mich wartete. An die Ältesten hatte ich keine Fragen mehr, aber ich bat meinen Zigeuner-Unteroffizier, sie zu holen, damit ich mit ihnen sprechen, ihnen Mut machen und sagen könne, daß ich nicht nur hergeschickt worden sei, um zu untersuchen, sondern auch um zu helfen. Sie sollten vertrauen. Müde wie nach anstrengender Krankenvisite in der Klinik, strebte ich nach dem Ausgang, wo ich sie treffen wollte. Aber ich kam noch nicht dorthin. Kinder hatten meinen Gang durch die Baracken von Fenster zu Fenster verfolgt und anscheinend jeweils den anderen Gefangenen signalisiert, wo ich war und was ich tat. Als man die Tür dieser letzten Baracke aufstieß, um mich hinaus gehen zu lassen, sah ich zu meinem Erstaunen die Zigeuner in dichten Scharen auf dem Appellplatz versammelt. Ich stand etwas erhöht im Türrahmen und konnte über die Menge hinweg schauen, die hin und her trieb und sich irgendwie festlich verwandelt hatte. Jedenfalls kamen mir plötzlich die gleichen Menschen, in deren Grau und Dunkel ich während einiger Stunden hineingesehen und gehorcht hatte, im milden Schein der späten Sonne aufgehellter, farbiger und beschwingter vor. Bangen und Verzweiflung schienen in den Hintergrund getreten zu sein; es war, als ob sich bei ihnen etwas verändert habe.

Ein würdiger Mann von vielleicht 50 Jahren, der seine Rundlichkeit noch nicht verloren hatte und eine Geige unter dem linken Arm trug, trat mit dem wiegenden Gang eines Primas auf mich zu, hielt einige Schritte vor mir und fragte: "Dürfen wir dem Herrn Offizier aufspielen? Es wäre eine große Ehre." Meine Überraschung kann man sich vorstellen. Hunderte von Augenpaaren waren erwartungsvoll auf mich gerichtet. Die Bitte war Probe auf's Exempel und, würde ihr stattgegeben, Beweis, daß sie hoffen könnten, daß sie noch Menschen seien.

Ich nickte und sagte: "Danke, ja."

Da war im Augenblick eine Zigeunerkapelle beisammen, wie ich noch nie eine gesehen hatte. Sie brachten zwei Zimbeln herbei, und 50, 60 Mann mit Violinen, Violen, Kontrabässen stellten sich zusammen; ihre Sippen bildeten einen weiten Kreis um sie. Mir brachten sie einen Stuhl an die Barakkentür. Der Primas wandte sich mir nochmals zu, grüßte, setzte die Geige ans Kinn, hob den Bogen und begann sein Spiel. Die anderen nahmen die Melodie vielstimmig auf. Es mußte ein besonderes Lied sein, erfüllt von solcher Trauer und Sehnsucht, und wiederum von solchem Feuer, daß die Spieler und dann auch ihre Zuhörer in eine zunehmende Ekstase gerieten.

Daß einer da war, war lediglich äußerer Anlaß; mich empfanden sie wohl nur irgendwie als Schutz- und Schirmherrn. In Wirklichkeit jedoch spielten sie allein für sich, für die Weiber, ja für die ganze Zigeunerschaft. Während ihre Leiber sich beugten, hochwuchsen und sich zurückwarfen, die rechten Arme in weiten Kreisen ausholten und die Finger der linken Hand in die vier Saiten griffen, während sie geschlossenen Auges in die Höhe schauten, schienen sie gleichzeitig zu weinen und zu wüten. Kein Spieler sah auf den Nächsten; er hörte ihn und zugleich alle anderen, das Empfinden des Einzelnen für das Ganze verlieh dem Spiel zerrende und treibende Gewalt. Meine ermüdete Seele, mein bekümmertes Herz wurden wie in einen Strom, nein, wie in einen Strudel hineingezogen.

Was sich mir als Last auflegte, mir nach innen fuhr und mich zusammensinken ließ, ging der armen Sippe in ihr rotes, noch warmes Blut. Einer nach dem anderen, die Männer fordernd zuerst, die Weiber hinzögernd dann, begannen sie zu schreiten, auf die Erde zu stampfen und sich zu drehen. Die Kinder zwischen ihnen wirbelten; sie vergaßen sich und alles um sich und begannen den Tanz, in dem vom inneren Kreis her nach außen greifend einer nach dem anderen, schließlich alle einbezogen wurden. Ich sah es farbenprächtig wallen und wogen; keiner sang noch; sie stöhnten mit offenem Mund und riefen einander Worte zu, die ich nicht verstand.

Ich stand langsam auf, stellte den Stuhl hinter mich und stieg von meinem erhöhten Platz auf den Erdboden hinab – mitten unter sie. Ich wollte nicht höher stehen als diese Unglückseligen; ganz unmilitärisch legte ich die Hände auf dem Rücken zusammen, zog die Schultern zusammen und lauschte – todtraurig, mit einem von Sorge bewegten Herzen und durch neues Wissen belastet. Herrgott, sie taten damals nichts anderes, als was wir auf unsere Weise Jahre später ebenfalls taten; sie zauberten eine Hoffnung zurück, die sie schon verloren glaubten. Sie spielten sich in ein anderes Leben hinein, und es war einzusehen, daß sie bei ihrem Spiel sobald kein Ende finden würden. Die Melodien wurden werbender, bestürmender, rauschhafter. Sie vergaßen sich, vergaßen den elenden Platz, den Hunger, ihre Not, die verlorenen Kinder, den Tod. Die Leidenschaft wuchs, wurde zu einem Strom, und im Tanz brandeten sie gegeneinander und wieder zurück. Selbstvergessend, wie sie jetzt waren, würden sie zum Gipfel aufschäumen und von dort furchtbar in Abend und Nacht hinein stürzen. Ich sah das vor mir, wußte, daß es nun Zeit sei zu gehen und machte einige Schritte in die Menge hinein, streifte heiße Leiber, faßte greifende Arme. Der Primas sah's kam auf mich zu und eröffnete mir, geigend vorschreitend, eine Gasse. Tanzend wichen sie auseinander.

"Ich will tun, was ich kann, Euch zu helfen", sagte ich hier und dort, strich über die Köpfe von Kindern und empfand warm, daß sie mir glaubten. Nahe der Wache kam ich feldgrauer Mann aus der zigeunerbunten Menge und dankte dem Primas für das Geleit. Er sah mich erstaunt an, hob den Bogen in großer Bewegung, wandte sich und warf den Seinen eine neue Melodie zu. Sie wurde aufgenommen und, alsbald musizierten sie, was Geigen und Zimbel hergaben. Während sie tanzten, winkten Weiber und Kinder; unverständliche Rufe drangen an mein Ohr. Im Tor der Wache wandte ich mich nochmals zurück und schrie, so laut ich vermochte: "Wir versprechen es, wir werden Euch helfen."

Die Wachstube war voll alarmierter Soldaten.

"Das hätte ins Auge gehen können", sagte der Arzt, der hier gewartet hatte. "Schon möglich", meinte ich, "aber ich fühlte mich völlig sicher."

Dann saßen wir in der Kutsche. Ich sah am Wachgebäude vorbei in das Lager zurück. Das Fest der Selbstvergessenheit auf dem Platz jenseits des Stacheldrahtes nahm seinen Verlauf. Sie spielten, sie sangen, sie tanzten und stampfend verfolgten die Männer die sich in weiten, bunten Röcken drehenden Mädchen. Ging es einst wohl um Feuerstellen herum und in die grüne Weite, so traten sie hier jetzt innerhalb der abschließenden Zäune in Pfützen und weichen, spritzigen Schlamm. Aber wie seit jeher schlugen Frauen, weichend und lockend zugleich, die Tamburine, deren Glöckchen nur eben zu uns hin schepperten, freuten sich in spitzen Schreien und vergaßen, vergaßen immer mehr, als nun auch die Mütter der sterbenden Kinder klagend einfielen, und der Primas inmitten des sich leidenschaftlich steigernden Treibens mit seiner Geige und den Responsorien aller Spieler die armen Seelen beschwor und weiter erhitzte.

Unsere Pferde hatten lange gestanden und zogen jetzt scharf an. Auf dem Boden schlugen die Hufe ihren jahrtausende alten Rhythmus. Schnellfüßige Kinder liefen jenseits des Zauns ein Stück mit, bis sie an die Grenze kamen.

Doch die Großen spielten auf, sie sangen, tanzten – immer noch und lange Zeit, als wir schon weit weg waren. Geigen klangen uns nach, und die Töne vergingen im sinkenden Tag. In mir blieben sie immer lebendig.

Schließlich ließen wir sie hinter uns. Die Hufe klapperten auf der Straße. So mochten auch die seiner Pferde geklappert haben, als es noch über die Straßen der Welt zog, dieses hier so grausam eingebrachte fahrende Volk.

Die Rückfahrt zur Kommandantur verlief schweigend. Ich hatte keinen Anlaß zu reden, meine Begleiter machten sich irgendwelche Gedanken. Dem Kommandanten teilte ich das Ergebnis meiner Untersuchung kurz mit. Wenn man Säuglinge in gleicher Art ernähre wie Erwachsene, müsse das zu ihrem Hungertod führen.

Er und seine Offiziere schienen erleichtert; also kein Dienstvergehen und keine Korruption.

Besorgung zweckentsprechender Nahrungsmittel und zwar sofort, dies sei meine Sache, und ich würde mich in Berlin darum kümmern. Er wurde wesentlich freundlicher.

Warum denn überhaupt Zigeuner, darunter sogar Soldaten, im Lager seien und zwar ganze Sippen? Er überging die direkte Frage mit einer vagen Handbewegung und lud mich, da ich ja schon nicht zum Mittagessen gekommen sei, ins Offizierskasino ein.

"Es gibt hier noch verschiedenes zu essen und zu trinken, wovon Sie in Berlin nur noch träumen können", lachte er. Ich entschuldigte mich damit, daß ich am kommenden Morgen in Berlin Bericht zu erstatten hätte und gleich zum Zug müsse. Sie brachten mich in einem Automobil zum Bahnhof.

Nach einem solchen Tag wollte, ja mußte ich sofort von diesem Ort weg; die Stadt war in furchtbarer Weise gezeichnet. Was auf ihr lastete, lag jenseits alles dessen, was nicht nur ich, nein was Millionen Anderer ersehnt und erstrebt hatten.

In der Frühe des nächsten Morgens ließ ich mich sofort bei Pohl, dem Chef, melden, berichtete und empfahl dringend, sofort zwei Waggons mit Milchpulver oder Kondensmilch, mit Grieß, Haferflocken, Konserven nach Auschwitz abgehen zu lassen. Ohne sofortige Hilfe seien in spätestens zwei Wochen ungezählte weitere Säuglinge und Kleinkinder tot.

Er gab ein entsprechendes Fernschreiben an Himmler auf; dieser genehmigte die Sonderlieferung, und bereits am folgenden Tag ging der Transport ab. Die Verpflegungsmittel stammten aus den Militärbeständen der Waffen-SS. Eine andere Quelle war in der gebotenen Eile nicht zu erschließen. Ich hoffte sehr, daß alles zu dem Zweck verwendet wurde, für den es bestimmt war. Es ist dies sehr wahrscheinlich, weil Himmler sie selbst aus einem mir unbekannten Grunde veranlaßte und den Verbleib sicherlich nachprüfen ließ.

Obgleich ich es mehrfach versuchte, habe ich während des Krieges niemals wieder etwas von meinen Zigeunern gehört. In der Gefangenschaft erzählte mir später einer, sie seien alle im Jahre 1943 oder 1944 getötet worden. In den folgenden Tagen hatte ich dann die bürokratische Seite meiner Reise zu erledigen und einen schriftlichen Bericht zu erstatten. Er brachte mir einigen dienstlichen Ärger ein, auf den ich noch zu sprechen komme. Zunächst aber, als ich nachdachte, blitzte ein furchtbarer Verdacht in mir auf, der nämlich, daß vielleicht auch in anderen Lagern und an anderen Stellen Kinder aus Trägheit und bürokratiebedingter Gleichgültigkeit in gleicher Weise durch eine falsche Ernährung mißhandelt und zu Tode gebracht würden. Der unbekannte Helfer aus der obersten politischen Region, der sich der Zigeuner angenommen hatte, würde woanders mit Sicherheit fehlen. Dieser Gedanke ließ mir keine Ruhe, und ich machte mich in das Ernährungsministerium auf, in welchem ich im Auftrage der Gesundheitsführung, seit Kriegsbeginn die Aufgabe eines ärztlichen Beraters wahrnahm.

Ministerialdirektor Dr. Moritz, welcher die Lebensmittelrationierung steuerte und schon während des Ersten Weltkrieges daran mitgewirkt hatte, nahm sich in den letzten Kriegstagen das Leben. Er war mir, dem wesentlich Jüngeren, der zudem manchmal Empfehlungen geben mußte, die Verwaltungsschwierigkeiten mit sich brachten, in seiner strengen Weise irgendwie zugetan. Ich fühlte mich bei ihm und seinen Herren wohl. Im ersten Kriegshalbjahr hatte ich ein Dienstzimmer im Ministerium in der Nähe des Staatssekretärs; man ließ mich nach anfänglichem Zögern – denn ich war ja von einer anderen Behörde zugeteilt worden – bald an allen Besprechungen teilnehmen und gab mir Möglichkeit, mich zu äußern. Ich lernte hierbei sehr viel und bewunderte dieses beinahe vollkommen arbeitende Ministerium. Ich hatte also keine Bedenken, zu Dr. Moritz zu gehen und ihm mehr zu sagen, als ich wahrscheinlich sagen durfte. Er schaute mich nachdenklich an, ich ihn bedrückt. Was ich sagte, war ihm neu. An die große Glocke durfte nichts gehängt werden, das wußte er besser als ich.

Nach einiger Zeit kam eine Verfügung, mit der Kindern von Ostarbeitern und anderen in Lagern lebenden Menschengruppen die gleichen Rationen zugesprochen wurden, wie den Kindern der gleichen Altersgruppe in der Zivilbevölkerung. Eine solche Verfügung erregte wenig Aufsehen und brauchte mit keiner anderen Stelle abgesprochen zu werden; sie hatte jedoch Gesetzeskraft. Selten hat mich etwas so gefreut, wie diese ohne Aufhebens unter der Hand erteilte Hilfe, und seither bewundere ich eine Verwaltung, die geräuschlos zu arbeiten vermag. Die Sympathie, die ich aufgrund meiner Erfahrungen für die Herren dieses Ministeriums empfand, hielt bis in die letzten Kriegstage an, als wir nur noch versuchen konnten, der unaufhaltsam sich nähernden Hungersnot entgegenzuwirken. Schließlich der Ärger mit dem Bericht. Ich schrieb ihn in aller gebotenen

Sachlichkeit so überzeugend, wie ich überzeugt war, so heiß, wie ich empört war, und so werbend, wie ich helfen wollte. Was die Ernährung betraf, so wurden meine Vorschläge genehmigt. Aber meine Bemerkung, daß es offensichtlich Mißgriff nachgeordneter Stellen gewesen sei, Frontsoldaten mit dem Eisernen Kreuz in ein Lager zu bringen, und sicherlich auch ein "Irrtum", wenn das Gleiche Frauen und Kindern widerführe, schlug, wie man so sagt, dem Faß den Boden halbwegs aus. Himmler ließ mir dienstlich mitteilen, er wünsche kritische Äußerungen solcher Art nicht; Lager seien im Wiederholungsfall ständig aufnahmebereit. In seiner Hybris sah er nicht voraus, daß mir zwar vieljährige Gefangenschaft, ihm aber lediglich feiger Selbstmord ins Haus stand.

"Ja, und hier bei uns, jetzt 1950, in diesem Lager drohte sich nun zu wiederholen, was ich damals, 1942 oder 1943, in voller Wirklichkeit erlebte. Sie verstehen, weshalb ich so außer mir war."

"Das also war's", sagte Kühle, als ich schließlich, durch das Heraufbeschwören dieser Erinnerungen in ein völlig zukunftsleeres Heute sehr erregt, geendet hatte." Der Hunger nahm in Ihren Augen Gestalt an und wurde zum hassenswerten Feind."

Ich nickte: "Schon vor langer Zeit, im Kriegswinter 1916/17, als wir ihn erstmals an uns selbst erfuhren. Die Mehrzahl meiner späteren Untersuchungen und Selbstversuche galt ihm; ich lebte in steter Furcht, er werde wiederkehren. 1939 war es soweit, und ich trat ihm entgegen, wo ich nur vermochte. Für mich gab es keinen anderen Feind als ihn; oft genug mußte ich, um ihn niederzuringen, einen Zweifrontenkrieg führen. Ich belog und betrog, wenn mir's nötig erschien, manchmal mit, oft genug ohne Erfolg. Auch meine Linien verliefen ganz anders als die offiziellen, die uns aufdiktiert wurden und werden."

Ich stieg durchs Fenster in meine Revierstube zurück und eröffnete die Sprechstunde. Kühle erhob sich mühsam, bog die Zweige des Buschwerks auseinander und ging in seine Baracke.

Sommers Ende – vogelfrei

Die Juden waren zuletzt ins Lager gekommen, sechs Wochen geblieben und kamen als erste nun wieder weg. Die Uhr war eine Weile angehalten worden, jetzt gab eine Hand im Kreml dem Perpendikel einen Stoß; es begann sein Her und Hin. Langsam senkte sich das Gewicht.

Wie immer folgte dem plötzlichen Aufruhr innerhalb weniger Stunden der Abmarsch. Es waren Stunden aufgestörten Umherstöberns und einer wirren Aufregung; denn jeder glaubte, getrieben vom "Dawai, dawai" der herumstreunenden und beobachtenden Wächter, er würde seine klägliche Habe nicht rechtzeitig zusammenbekommen. Sie war in der Wäscherei und Schneiderei verstreut, die Holzkoffer und Leinenbeutel schienen den zitternden Händen auf einmal viel zu klein für alles, was man auf seinem Platze ausgelegt hatte. Der Schulunterricht wurde plötzlich beendet, die Kinder kamen ängstlich-erregt zu den Eltern. Die nicht Aufgerufenen waren ebenfalls unruhig und befürchteten, daß sich weitere Veränderungen anbahnten. Die Küche gab Verpflegung und Tee aus. Wer im Lager war, versuchte zu ermutigen, kleine Geschenke und Grüße wurden ausgetauscht. Die beiden jungen Mädchen, die schwanger waren, weinten heftig. Ihre Freunde waren zur Arbeit draußen, sie konnten sich nicht mehr verabschieden. Jene würden abends fröhlich pfeifend hereinmarschieren und sie nicht mehr vorfinden. Eine plötzliche Trennung für immer. So kamen sie in die Ambulanz und erzählten verwirrt, was wir – bitte – den jungen Männern mitteilen sollten. Der deutsche Kommandant, sonst bestens unterrichtet, aber dieses Mal genauso überrascht wie alle anderen – ein Zeichen, daß er das Vertrauen der Russen verloren hatte und bald am Ende seiner Funktion sein werde, hatte sich mit der schönen Rebka eingeschlossen. Bald erschien er totenblaß und ordnete den Auszug der Gruppe. Rebka stand weinend bei den Eltern und hielt den kleinen Bruder. Ein Lastwagen fuhr ins Lager, zunächst zum Lazarett, um die drei Alten aufzuladen, die dort untergebracht gewesen waren, dann zum Gepäckplatz. Das Gepäck wurde gefahren. Alle Mienen wurden darüber heller und die Schar der Zuschauer ermunterte die ewigen Wanderer, die sich auf der Mitte der Lagerstraße aufstellten. "Ihr braucht nicht zu laufen, werdet gefahren: ihr werdet entlassen, grüßt Deutschland."

Doch die Abrückenden hielten die Köpfe gesenkt und schlossen sich zusammen, dem Leben derer schnell entfremdet, aus dem sie ausschieden. Die Tränen der jungen Mütter waren versiegt. Der bepackte Wagen fuhr vorweg; sie schlurften ihm in Fünferreihen nach. Sechs Offiziere und Sergeanten zählten mit unbewegtem Gesicht. Die Magnitowa war nicht im Lager.

Einer Rauchfahne gleich, wehte eine düstere Vorahnung vom Tore her ins Lager zurück – doch sie verwehte zunächst.

Der Sommer 1950 strebte seinem Höhepunkt zu; die Sonne wanderte Tag für Tag über einen wolkenlosen Himmel. Die Luft flirrte und Steppenhitze brannte sich in den kargen Boden, der als Staub hochgewirbelt wurde, wenn der Abendwind aufkam. Die Birkenblätter welkten an den Ästen und nur die vielfarbigen Portulakblumen blieben frisch und offen, bis von irgendwoher ein Hausschatten über sie streifte. Sie speicherten die letzte Nässe in ihren fleischigen Blättchen, welche die Kinder weil sie den Mund kühlten, und die Erwachsenen, weil sie auf der Zunge gewürzhaft brannten, gerne zerkauten. Das Wasser wurde im Lager knapp, die Feuerposten zu größter Aufmerksamkeit vergattert; denn das Holz der Dächer und die Säulen in den Baracken knackten vor Trockenheit. Auf keinem Ofen, außer denen in der Küche, durfte noch gekocht werden. Müde schlichen am späten Nach-mittag die Arbeitsbrigaden von draußen herein. Weder auf den Arbeits-plätzen, noch hier im Lager konnten sie den Staub wegwaschen und sich abkühlen. Sie hatten graue Masken, aus denen das Weiß der Augen und Zähne hervorblitzte. Die "Kühe" standen knapp in Wasser und man konnte nur eben ein Tuch anfeuchten und die mit Schweiß verbackene Erdkrume abreiben.

Gleichwohl blieb der Abend vergoldet; er brachte Abkühlung, wenn die Sonne spät unterging und jeden Monat einmal der gelbrote Vollmond hinaufstieg. Der Abend brachte Vorstellungen und Ruhe.

Dreimal war die Fünfte Symphonie von Beethoven, nachdem sie wochenlang sorgfältig einstudiert worden war, im Klub gespielt worden, bis alle sie gehört hatten, und jeder wollte sie hören. Der Beifall war groß und hielt lange an, und eigentlich war keiner da, der sich nicht irgendwie stolz und mitbeteiligt an diesem Ereignis fühlte, selbst wenn er die Mühe nicht abschätzen konnte, welche die Musiker auf sich genommen hatten. Man saß fast eine Stunde auf dem mitgebrachten Stuhl oder Schemel und ließ sich entführen. Die Entführung war das Gemeinsame und auch das Vereinzelnde; denn jeder hatte seinen eigenen verborgenen Raum, den er betrat, wenn sie dort oben auf der Bühne mächtig aufspielten. Er war darin, so lange sie es taten, vor Störung gefeit und öffnete Tür nach Tür, bis die Schlußakkorde sie alle zuschlugen, und man sich unsicher erhob, den Schemel mit den Beinen nach oben auf den Kopf setzte und wegdrängte.

In den Baracken standen Sommerhitze und Menschendunst; Fenster und Türen waren nicht groß genug, sie entweichen zu lassen; so flohen die Insassen und belebten das enge Geviert, das Stacheldraht und Wachtürme ihnen ließen. Ein Tag wie der andere; wir selbst spürten keine Stagnation, zu sehr waren wir mit unserem eigenen Kreise beschäftigt. Nachdem die Juden weggebracht worden waren, hatten auch die Russen wiederum an Aktivität verloren. Sie waren offenbar ohne Befehle und so ließen sie sich und uns durch den Sommer treiben. Manchmal fragte man sich, wo die Juden wohl hingekommen seien, aber da man es sich absolut nicht ausmalen konnte, und auch die Russen auf Fragen keine oder nur eine unbestimmte Antwort wie "nach Hause" oder „in ein schönes Lager" gaben, ließ man von solchen Überlegungen bald ab, wie schon von hundert ähnlichen in den Jahren zuvor. Es war nicht möglich, die eigene Lage nach der ihren zu peilen. So gesellte man sich zu denen, die mit glimmenden Machorka-Zigaretten die Straße auf- und abpendelten oder irgendwo saßen und träumten und warteten, bis sie glaubten, es sei vielleicht drinnen jetzt so weit abgekühlt, daß man sich auf die Pritsche legen könne, ohne sofort einen Großangriff der durch die Wärme ermunterten Wanzen über sich ergehen lassen zu müssen.

An einem solchen Tage war ich in die Ambulanz gegangen, um Medikamente zu richten. Mehr lag mir aber daran, mit meinen Nieder-schriften nachzukommen. Ich hatte zwar mit meinen Kranken viel und eigentlich den ganzen Tag über, wenn auch nur ab und zu in der Nacht zu tun, aber dennoch hatte ich meine Denkarbeit, die mich lebendig halten sollte und besessen hielt, nicht aufgegeben. Einfälle, die mir einer Nieder-schrift wert schienen, flossen in ungeregeltem Lauf, aber manchmal doch ganz üppig, so daß ich trotz müder Stunden und erregter Unlust weiterhin an der Pflicht festhielt, die ich mir selbst gestellt hatte. Auch jetzt war es mir unlieb, davon zu sprechen und etwa andere darüber schwätzen zu lassen. Mein Privatissimum sollte unauffällig bleiben. Die Masse der Aufzeich-nungen lag noch immer im doppelten Boden meines Holzkoffers, den ich stets in meiner Nähe hatte und unauffällig hoch ehrte, wohl versteckt; nur einige soeben beschriebene Blätter, trug ich solange am Leibe, bis sich die Gelegenheit bot, sie unauffällig zu den anderen zu stecken. Das eine, auf dem ich just schrieb, hatte ich in ein Journal oder ein wenig benötigtes Buch geschoben, um es unauffällig stets zur Hand zu haben. Auf ihm schrieb ich also – so gewendet, daß ich mit dem Rücken zur Tür saß und das Blatt schnell wegschieben konnte, wenn sie geöffnet wurde – als dies auch schon geschah ohne daß, wie üblich, bei meinen Patienten, angeklopft wurde. Es konnte nur ein Russe sein. Ich schob mein Blatt mit kurzer Bewegung unter das Journalbuch, wandte mich um und stand auf. Die Magnitowa und die Feldscherin Mascha kamen herein, sie hatten die Tür nicht so ungestüm aufgestoßen, wie es ein Wächter getan hätte, der die Hände in die Hüfte gestemmt, die Mütze über dem Ohr mit einem Blick jede verdächtige oder verbergende Bewegung bemerkt und sich für eine solche sofort leidenschaftlich interessiert hätte. Das war bei den Frauen nicht der Fall, wenn sie auch mißtrauisch schienen, daß ich zu dieser Zeit alleine in der Ambulanz war. So sagte ich, ohne eine Frage abzuwarten, das gelieferte Aspirin würde heu-te für etwa 80 Patienten ausreichen; ich hätte es gerade ausgerechnet und wolle die Portionen abteilen. Ich verbeugte mich kurz und war auf der Hut. Es war ungewöhnlich, daß die Magnitowa in das Revier kam; dieses war der Bereich von Mascha, welche über die Krankmeldungen und Arbeitsbefreiungen herrschte, während die Ärztin vornehmlich Leiterin des Lazarettes war.

"Unterleutnant Semionka – so hieß die Feldscherin offiziell – muß zur Uprawlenije und wird mir den Schlüssel und das Buch geben. Ich bin heute in der Ambulanz", erklärte sie kurz den unerwarteten Besuch. Mascha holte das Krankenjournal und nahm den Arzneischlüssel aus dem mir wohlbekannten Versteck, derweil ich diskret in eine andere Ecke sah. Dann ging sie. Die Magnitowa setzte sich auf den Platz, den ich gerade inne gehabt hatte. Ich griff behende nach dem Buch mit meinem Blatt, steckte es weg und legte ihr das Krankenbuch an der richtigen Stelle geöffnet, zurecht. Sie beobachtete mich dabei und verstand vielleicht; denn mit leisem Lächeln beugte sie sich über die Aufzeichnungen der Morgensprechstunde und las die Namen der Krankgeschriebenen und die Befreiungsdauer. Sie ließ sich einige Erläuterungen geben, doch dann sah sie mit einem Male auf und mich irgendwie traurig und nachdenklich an. "Morgen früh ist Kommissionierung des ganzen Lagers", sagte sie und ihre Worte bedeuteten wesentlich mehr, als sie beinhalteten. Ich begriff den Hintersinn sofort und meine Stirn wurde feucht, doch dann kam sehr bald jener aus Erfahrung und Neugierde zusammengebraute Galgenhumor, bester Helfer in allen Lebenslagen eines Lagermenschen, über mich und ich analysierte aufmerksam und bereit, uns nicht allzu wichtig zu nehmen, den Hintersinn jedes der Worte, die sie hinzusetzte.

"Beginn um 9 Uhr. Ich muß etwas über die Kranken schreiben. Wir gehen die Karteikarten durch."

Ich kam in einen unlösbaren Konflikt; weil ich nicht ahnte, was man mit uns vorhatte, wußte ich nicht, ob es für meine Leute günstiger war, wenn ich sie gesünder erscheinen ließ, oder besser, wenn ich sie kränker machte. Bei einem Abtransport lag die Heimkehr, aber auch die Abräumung der Arbeitsuntauglichen im Bereich der Möglichkeit. Ich versuchte, mich heranzutasten und irgend etwas über die Zukunftsaussichten in Erfahrung zu bringen. Sie erahnte meine Absicht, ließ sich aber auf kein Gespräch ein. Wahrscheinlich wußte sie auch nicht mehr, als mir soeben aufgegangen war, nämlich, daß etwas im Gange war. So nahm ich denn eine Krankenkarte nach der anderen, war ganz auf mein Gewissen gestellt, und berichtete über jeden meiner Männer so, wie ich glaubte, daß es für ihn – mochte es zum Guten kommen oder zum Schlechten – das Beste sei. Ich zog Kraft, Mut, Selbstbehauptungswillen, Verlorenheit, Schwäche und andere Unwägbarkeiten einer Menschenseele, so, wie ich sie zu kennen glaubte, mit ein und hielt mich nicht nur an das in Erscheinung tretende Kranke. So arbeiteten wir etwa eine Stunde, da hob die Magnitowa den Blick und fragte: "Weshalb wollen Sie nicht als Forscher und Spezialist in der Sowjetunion bleiben? Man sagt, Sie hätten den Nobelpreis?"

Ich war ganz verblüfft, dann mußte ich herauslachen: "Bolsche moi, den Nobelpreis? Diese Frage wird mir zum zweiten Male gestellt. Nein, soweit ist's nicht gekommen mit meinen Arbeiten und soweit wird es sicherlich auch niemals kommen. Ich bin ja aus jeder Wissenschaft heraus. Nun, und hierbleiben? Das hat man mich in Moskau schon einmal vor vier Jahren gefragt und ich habe nein gesagt. Ich bin Kriegsgefangener und bleibe bei meinen Leuten. Jetzt bin ich außerdem noch verurteilt worden und stehe als Kriegsverbrecher hier. Soll ich jetzt auf einmal entdecken und von mir geben, mein größter Wunsch sei Arbeit in einem sowjetischen Akademie-Institut? Da würde man doch nur lachen!"

"Sie glauben uns nicht und sind ein Feind der Sowjetunion", meinte sie, so daß ich hastig erwiderte: "Ist es der NKWD nicht völlig einerlei, ob ich und andere Feinde sind oder nicht? Sie hat uns in der Hand und läßt uns keinen eigenen Schritt tun."

"Ja", sagte sie und drehte eine Karteikarte in der Hand, "das mag sein. Aber es ist gut, wenn man in Rußland leben kann."

"Durchaus, wenn man ein Russe ist. Wäre ich einer, so würde ich gerne hier arbeiten. Man hätte Aufgaben von Norden bis Süden und Osten bis Westen – aber ich bin ein Deutscher und Deutschland ist zerstört, die Menschen leiden und wissen nicht ein noch aus. Soll der von den Mächtigen Gefangene die Sieger den Besiegten vorziehen? Er kann sich ja nicht einmal bewegen, wie sollte er denn da wählen können!"

Sie schaute mich ausdruckslos, aber dennoch abschließend an: "Nu da, karascho – Professor; arbeiten wir."

Bei der Abendzählung verkündete der Lagerkommandant die Kommissionierung für den folgenden Tag. Morgens sollten die Invaliden gemustert werden, mittags die Lagerdienste und abends nach dem Einrücken die Arbeitsgruppen. Die Frauen waren ausgenommen. Solche Kommissionierungen hatten früher zu den regelmäßigen Ereignissen in den Lagern gehört; sie boten Gelegenheit, Kranke für einige Zeit von der Arbeit zu befreien, waren aber andererseits gefürchtet, wenn mit einem Male, weil ein großes Arbeitsvorhaben in Gang gesetzt wurde, auch die Dystrophiker arbeitsfähig geschrieben wurden. Gefangene und Ärzte hatten im Laufe der Jahre gelernt, sich auf diese monatliche "Fleischbeschau" einzustellen und soviel Nutzen wie angängig daraus zu ziehen.

Aber in diesem Lager handelte es sich um ein Ereignis und um alles mehr als eine Umschichtung der Arbeitskräfte. Dennoch nahm man diese Ankündigung im Allgemeinen gelassen auf oder stellte sich wenigstens so. Nur einige Kassandren witterten und ich gehörte dazu. Ich hatte mehr als nur Witterung, ich hatte den Zwischentönen der Magnitowa Not und Sorge entnommen. Wiederum quälten mich Zweifel, ob ich meine Kranken richtig vorgestellt hatte und ob ich sie morgen in Anwesenheit der Kommission der Lageroffiziere genau so oder ungünstiger plazieren mußte, um zu ihrem Vorteil zu wirken. Ich konnte nicht schlafen und schaute aus meinem Oberbett auf das von Ohnacker herunter, der auf dem Rücken lag und mit offenen Augen auf den Strohsack über sich schaute, welcher unter meinem nicht gerade großen Gewicht dennoch erheblich durchhing. Ich turnte herab und setzte mich auf seine Hose, die er ordentlich wie immer auf dem Schemel neben sich zusammengelegt hatte. Er hatte als Hals-, Nasen-, Ohren-Spezialist mit der Kommissionierung nichts zu tun, die ganze Sache lag bei mir. Wir berieten flüsternd und beide Ungutes erwartend, wie ich mich verhalten solle. Über und neben uns schliefen die Ärzte und Sanitäter des Lazaretts; auch sie waren nicht beteiligt. Als ich ihn schließlich verließ, waren wir überein gekommen, daß ich, wo angängig, den Gesundheitszustand möglichst schlecht darstellen solle. Ein schnelles Ende in irgend einem Abstellager war im schlimmsten Falle immer noch besser als ein allmähliches Hinübergehungert- und Ausgemergeltwerden in einem weit östlich gelegenen Arbeitslager. Wir waren ja alle Verurteilte, und was man mit arbeitsunfähigen Sträflingen gewöhnlich anfing, entzog sich völlig unserer Kenntnis. Ich schlich mich hinüber in die Ambulanz, schloß sie leise auf und legte mich auf den Untersuchungstisch, auf dem ich bald einschlief. Morgens um 6 Uhr gab ich die Medikamente an die Ausrückenden, erneuerte einige Verbände und setzte mich über die Kartei, um nochmals zu memorieren, was bei jedem Kranken gesagt werden sollte. Ich war ziemlich erschöpft, deshalb bereitete ich mir einen Tee und genehmigte mir dazu zwei Ampullen Coffein, die die Flüssigkeit in gewissem Sinne zu Kaffee veredelten. Bald kam der Sanitäter mit zwei Mann Arbeitsdienst und überschwemmte erst einmal den Raum mit Seifenbrühe. Die Dielen erhielten ihre matte Modefarbe; neue Papierunterlagen wurden auf die Tische gebreitet, ein frisches Leinentuch auf das Untersuchungsbett aufgezogen und sogar die Bestrahlungslampe poliert. Kaum war die letzte Brühe durch die Reinigungslücke unter die Baracke geschrubbt worden, da kam bereits die Feldscherin, um Maß zu nehmen. Sie war in einiger Eile oder vielleicht auch aufgeregt, jedenfalls machte sie nicht die sonst üblichen abträglichen Bemerkungen über unsere ungenügenden Säuberungsfähigkeiten und den geringen Stand unserer hygienischen Kenntnisse, sondern verlangte vielmehr nach Stühlen und dokumentierte damit, daß alles, was in der sowjetischen Lagerprominenz Rang und Bedeutung hatte, an der Kommissionierung teilnehmen würde. Das wiederum war ungewöhnlich; denn sonst nahm allenfalls der Arbeitsoffizier und für kurze Zeit etwa auch der Lagerkommandant teil, wenn er Ärzten und Feldscherin beweisen wollte, daß das letzte Wort über Arbeitsfähigkeit oder -unfähigkeit bei ihm lag. Die Feldscherin ordnete eigenhändig; alle Tische wurden an die Wand, das Untersuchungsbett zur Seite in die Ecke am Fenster so gerückt, daß ein Mann nach dem anderen in einer Gasse vorbeiwandeln und bei genügender Helle ausgiebig betrachtet werden konnte. Fünf Stühle in die erste, vier in die zweite Reihe, an einer Tischecke ein weiterer für sie mit dem russischen Krankenjournal, an der anderen ein Standplatz für mich mit der deutschen Kartei. Diese bestand aus einem oder zwei Zettelchen für jeden Ambulanzbesucher. Ein Dolmetscher wurde nicht benötigt, da die Magnitowa gut deutsch sprach.

Die Männer rückten nach dem Frühstück langsam heran, sie hatten als Angehörige der Kategorie IV offiziell nichts zu tun und entzogen sich ihren Pflichten, die sie als Kranke und Invalide im Lager dennoch hatten.

Die Sonne meinte es auch an diesem Tage gut und so lagerten sie im Hemd, da es zur Lagerregel gehörte, daß seitens der Russen an nackten Oberkörpern Anstoß genommen wurde, in der Nähe des Reviereinganges. Man hatte laut Plan des deutschen Kommandanten Baracke um Baracke abrufen wollen, aber dazu kam es wegen des deutlich gezeigten Willens der ganzen Mannschaft, die Morgensonne am Ort ihres Eintreffens auf der Erde zu nutzen, nicht. Sie waren alle da und würden sich der Kommission stellen, sobald sie es für richtig und angängig hielten.

Ziemlich pünktlich erschien die Magnitowa mit dem russischen Kommandanten, den Arbeitsoffizieren, allen Grünen, darunter Frau Kapitän Kreuzer, und zwei Offizieren, die nicht zum Lager gehörten und deshalb sorgfältig und besorgt studiert wurden. Links und rechts am Wege standen oder hockten die, über die sie urteilen und richten sollten. Die Diener der Macht marschierten in den Raum, jeder erhielt, der Hygiene wegen, einen weißen Kittel übergezogen und sie setzten sich auf ihre Logenplätze, tuschelten miteinander und der Kommandant befahl, daß die Fenster geschlossen würden. Dann sah die Magnitowa sich fragend nach mir um: "Nu kak?" Ich nickte dem Sanitäter zu, er öffnete die Tür und die Kommissionierung begann. Sie hatte im Laufe unserer Gefangenschaftsjahre erheblich an Kultur – oder soll man Zivilisation sagen – aber sicherlich an Humanität gewonnen. Im Zementwerk Rüderdorf nahe Berlin und im Mai und Juni des Jahres 1945 hätte der Höllenbreughel an den lebenden Leichnamen seine Freude gehabt. Die jetzt hier anrückten, möchten eher einen Menzel veranlassen, zu Zeichenbuch und Silberstift zu greifen und die Runen aufzuzeichnen, die Schicksale und Zeiten in Gesichter und Leiber geschrieben hatten. Damals hatten sie in Zementsäcken gewohnt, hatten tagelang mit den letzten Lumpen unter dem Kopf auf Holzpritschen gelegen und aus Augen, die sich nur zuweilen schlossen, in das Nichts geblickt. Morgens hatten Tote neben ihnen gelegen und sie selbst waren sämtlich Opfer des leise auslöschenden Hungergottes. Sie waren vor die Ärzte gerufen worden und waren nackt und runzelig, grau und schuppig dorthin getorkelt, wo im prallen Weiß die allmächtige Sanitäts- und Politbehörde auf Sesseln thronte. Sie saß und entschied, wenn sie sich mit Griff in den faltigen Hintern und einem Blick über die Kette der Rückwirbel über den Grad der Aushungerung ein Bild gemacht hatte, über den Platz im Zuge nach Sibirien oder den Fußmarsch in die Freiheit von Berlin. Die Länge der Falte, die von der Hinterbacke abgezogen werden konnte, entschied, ob Ost oder West. Sie hatten sich vorwärts stoßen, wenden und betrachten lassen wie Vieh und Sklaven auf dem Markt. Keine Regung, keine sichtbare Teilnahme oder gar ein Bemühen, das bevorstehende Schicksal selbst zu beeinflussen. Nichts – Menschen, die sich gerade noch mit Fingerspitzen am Geländer des Lebens festhielten und keine Angst mehr vor dem Absturz in die große Kloake der allgemeinen Ausspeiung empfanden. Nur wenige regten sich; die sich aber regten, waren imstande zu überleben, diese Zeit damals, weitere Zeiten gleicher Art, und vielleicht die ganze Gefangenschaft. Die sich damals geregt hatten, sie waren heute meine "Löffelbrigade". Heute schoben sie sich durch die Tür, alt, zerfurcht, durch Verfolgung und Krankheit gezeichnet, aber doch mit lebendigen Augen. Irgendwas an ihnen war immer noch aufrecht. Sie kamen zumeist gemessen herein, aber man merkte ihnen ihre Aufregung an, wenn ihnen der blanke Schweiß über den Körper lief. Sie trugen Hosen; der Oberkörper war nackt, braungebrannt, die über Jahre bestehende Abmagerung allenthalben deutlich genug. Damals hatte Ekel die Lippen mancher Feldscherin gekräuselt, wenn sie das vor sich sah, was man Männer nannte; heute waren es Männer, zum Teil sehr schwer angeschlagene, häufig todkranke, aber immer doch Männer.

Damals in jenem Rüdersdorfer und in anderen Hungerlagern waren sie so entwest gewesen, daß Männer und Frauen einander glichen und sich nicht mehr "erkannten" – hier standen wieder "Wesen" mit Vorstellungen, menschlichen, wenn auch nicht geschlechtlichen Gefühlen und mit Empfindungen in den breiten Spannen von Zuneigung und Haß, Freude und Brüderlichkeit, Wollen und Aufgeben. Sie traten auf, wenn sie zur Tür hineinkamen – sicherlich nicht alle, aber es sind immer nur einige, die die Striche auf der Fläche und damit das Bild ausmachen. Sie stellten sich vor die Kommission hin, wurden gefragt, antwortete, klagten oder leugneten Beschwerden ab. Manchmal nahm die Magnitowa das Hörrohr, klopfte und horchte. Ich nannte Krankheiten, stellte sie vor, wie ich es jeweils für das Beste hielt. Nebenher horchte ich angespannt, ob ich etwas über mögliche Absichten erfahren und die Stimmung den Vorgestellten gegenüber erspüren könnte. Einer trat ab, der nächste folgte, die Feldscherin machte nach Anweisung der Ärztin geheimnisvolle Zeichen hinter die Namen auf der Liste, die Politoffiziere ebenfalls auf die ihre. Oft war man nicht der gleichen Meinung, dann wurde unterbrochen, getuschelt, gehandelt. Manchmal hatte ich den Eindruck, daß die Magnitowa ihrer Sympathie oder Antipathie den Vorzug vor ihrer ärztlichen Einsicht gab und den vor ihr Stehenden in eine andere Gruppierung auf der Liste schob, als richtig gewesen wäre. Dann sah die Feldscherin kurz auf, aber irgendwie hatte die Ärztin vor Denunziation keine Angst. Sie hatte es uns gegenüber mehrfach bewiesen.

In dieser Weise ging es stundenlang fort; wir ermüdeten und zunehmend häufig fuhr der Politoffizier Kusnezow mir bei meiner Erläuterung mit einem ungeduldigen "Sto skasal?" in die Parade. Er trug die Mütze bereits auf dem Ohr, die Magnitowa erklärte ihm ernsthaft und sachlich, was ich gesagt hatte, dabei, wie ich verstand, die Schwere eines Zustandes deutlich betonend. Kusnezow äußerte die Meinung, daß ich übertreibe, er war nie mein Freund, nun wurde er aus Langeweile und Überdruß an diesem anstrengenden Geschäft mißtrauisch. Aber es ging weiter; sie kamen, drehten sich, ließen auf Befehl die Hose runter, zogen sie beim Abgehen wieder hoch und warfen, soweit vorhanden, die Hosenträger über die Schulter oder schnürten den Gürtel, meist einen derben Bindfaden, um den Leib. Die Luft im Raum war schwül und die schmierseifigen Wohlgerüche des morgendlichen Putzes hatten animalischeren Ausdünstungen Raum gemacht. Die Morgenarbeit schien getan, da sagte der Politoffizier "Nu – Professor; Sanitarni toche!" Wir Ärzte und Sanitäter zogen vorbei. Ende für den Vormittag. Die Russen erhoben sich, gähnten, reckten die Arme, schoben die Mütze vom Hinterkopf auf die Stirn zurück, rissen sich die Kittel von den Uniformen und verschwanden. Wir öffneten die Fenster und ließen uns erschöpft auf den noch warmen Stühlen der Prominenz nieder.

Nachmittags um 18 Uhr, als die Arbeitsbrigade hereingelassen waren, versammelte sich das hohe Kommissionierungs-Komitee abermals; aber die Gesundheits- oder Krankheitsschau stand jetzt unter einem anderen Vorzeichen. Jetzt kamen die Jungen heran, die ebenfalls alles erlebt, aber alles auch wieder überwunden und überstanden hatten. Sie kannten sich aus, hatten seit Jahren in Fabriken, Schächten, Wäldern, in Kolchosen und auf Feldern mit Russen zusammengearbeitet und jene Unbefangenheit des Landsers bewahrt, die stets nur gerade den heutigen Tag auf die Schippe nimmt. So wie sie durchs Lagertor hereingekommen waren, gingen sie brigadeweise zur Ambulanz. Ihre Hemden waren staubbedeckt und ließen die gebräunte Brust sehen, die Jacke trugen sie über der Schulter, die durchschwitzte Mütze schief auf dem Kopf. Sie lehnten ab, sich auszuziehen, sondern trabten im Gänsemarsch mit der Bemerkung "gesund" an der Magnitowa vorbei. Sie schrieb die Arbeitskategorien I, II, III hinter die Namen. Der dunkle Politoffizier ließ einzelne Blonde die Arme heben, um nach der für SS-Angehörige charakteristischen Blutgruppentätowierung oder nach Narben an dieser Stelle zu suchen. Sie ließen sich nicht aufhalten, sondern drängten weiter: "Wir haben Hunger, kuchit, verstehst." Selbst der finster blickende Polit mußte sein Gesicht verziehen, wenn sie ihn ungeniert mit der Hauptfrage des Lagerlebens angingen: "He, Blauer – nix damoi – wann nach Hause?" Stereotyp antwortete er mit der unendlich abgegriffenen und mit lautem Gelächter quittierten Phrase des "Skoro, skoro budit". – Bald wird's sein.

Keiner unter ihnen, dem nicht 25 Jahre Arbeits- und Besserungslager auf den Rücken geschlagen worden waren, aber auch niemand, der sie schwerer nahm als fünf und sechs Jahre vorher einen russischen Panzerangriff. Lachend und mit deftigen Bemerkungen wenig sparsam, sammelten sie sich draußen und zogen zum "Klob", um zu essen.

Etwas anderes war ihnen wesentlich wichtiger, die Erstaufführung der 'Gräfin Mariza' am Abend. Während sie die Suppe aus den Näpfen löffelten, weideten sie sich schon an den Dekorationen auf der offenen Bühne vor ihren Augen. Die Operette wurde mit großer Begeisterung erwartet; die

Chöre waren von den Proben her bereits bekannt, und man war bereit, diesem Spiel zuliebe auch Unannehmlichkeiten auf sich zu nehmen. Dazu gehörte, daß unter Benutzung verschiedener Tricks und Täuschungsmanöver anstelle der männlichen Schauspielerinnen aus den Arbeitsbrigaden Invaliden mit hinausmarschierten, um die Zahl der Arbeiter nicht zu verändern, und daß draußen Kameraden die Arbeit eben dieser Schauspielerinnen zusätzlich mit übernahmen. Diese selbst drückten sich, vom deutschen Kommandanten geschützt, bei Friseuren und Schneidern herum, einesteils der wiederholten Rasuren und Perückenanpassung wegen, andererseits um die Prachtgewänder, bei denen auf Erhöhung des Busens erheblicher Wert gelegt wurde, eng am Leibe abstecken und annähen zu lassen. Dies war eben nicht leicht, da nicht wenige arg vom Lampenfieber geschüttelt wurden.

Für die Älteren und Kranken war die Verurteilung ein Ende, für die jungen Männer zwischen 20, 30 und 35 Jahren eher ein Intermezzo. Auch für sie war sie ein schwerer Schock gewesen, aber sie hatten sich gefangen und kosteten die unerwarteten Erleichterungen dieses Sommers mit Genuß. Mannschaften, Unteroffiziere, Offiziere, selbst im Denken und Planen geschulte Generalstäbler – sie waren zur Gefangenenmasse zusammenge-schmolzen, die nicht nur von Befehlen getrieben wurde, sondern sich jeder Laune der russischen Natur und Kommandantur anpaßte, wie die Flußwellen dem seichten Untergrund. Im Augenblick kamen sie mir vor wie Wild, das die Schonzeit nutzend auf der grünen Wiese äst – und der Jäger darf nicht schießen.

Über die vielerlei Kanäle, die niemand preisgibt, die in allen Gefangenenlagern und besonders den mit Russen besetzten eine schnelle Neuigkeitsübermittlung ermöglichen, standen sie mit den Natschalniks und Arbeitern der Fabriken und über diese auf verschlungenen Wegen mit den Dienststellen des Lagers selbst in Verbindung und erfuhren dabei, ob und was sich tat. Im Augenblick, als die Kommissionierung bekannt wurde, wurde auch die Buschtrommel geschlagen und einen Tag später kam bereits das Gerücht ins Lager, daß die Russen draußen an Transportlisten arbeiteten und die Arbeitsgruppen von den Invaliden und OK-Leuten trennen wollten.

Jeder begann mit den erforderlichen Sicherungsmaßnahmen und versammelte sein Hab und Gut in nächster Nähe, um es bei einem Abruf sofort greifbar zu haben. Die Aufmerksamkeit war geweckt, die Augen begannen zu flackern, die Zahl meiner Patienten stieg, Mißempfindungssyndrome mehrten sich und verlangten nach verbaler und medikamentöser Beruhigung.

Aber die Tage vergingen; weitere beweisende Anzeichen blieben aus, Gerüchte kamen nicht auf – typisch für Ruhe vor dem Sturm. Der erhob sich, wie in Rußland immer, dennoch unversehens.

Als ich wieder einmal dabei war, Pulver abzuteilen und Säfte zu kochen, kam Kühle keuchend in die Ambulanz geeilt. "Menschenskind, Herr Kollege", rief er keuchend und warnend, "Großfilzung! Eine Masse Wächter sind ins Lager gestürmt und haben alle Baracken besetzt. Die Eile, mit der wir gearbeitet haben, können Sie sich vorstellen. Gerade, daß ich noch zur Hintertür herauskonnte. Hier sind die Messer unserer Stube, verstecken Sie sie bitte. Vielleicht kommt die Ambulanz besser weg."

Ich nahm sie, legte das meinige dazu und versteckte sie aufgeteilt an den Plätzen, die nach überkommener Erfahrung, wenn es sich nicht gerade um Großrazzien handelte, sicher schienen. Drei Sägeblätter, flach unter das Tuch des Medikamententisches, wo die Flaschen standen, eines offen zu den Skalpellen und Pinzetten, mehrere in Buchrücken. In der Wand gab es einige passende Ritzen und auch das vor dem Ofen aufgeschichtete Brennholz wurde mit nicht brennbarem Material versehen. Der Sanitäter Vorwerck hob die Deckplanke zum Reinigungsloch und hing an Fäden die unerlaubten Ambulanzgeräte hinein, die nun für die Zeit der Filzung über dem Sumpf hingen, der unter jeder Baracke stand. Meist war es nach deren Beendigung schwieriger, die instinktiv versteckten Dinge wieder zu finden, als sie im Augenblick der Gefahr unsichtbar zu machen. Selbst 30 Augenpaare vermochten nicht zu überwachen, was 300 Händepaare in diesem Augenblick allenthalben in den Baracken machten, nachdem sie einen Moment in Erstarrung geruht hatten. Mochten auch 30 Münder brüllen, das Rettungswerk, das nicht nur die eigene Habe, sondern auch die Güter der draußen Arbeitenden betraf, wurde mit Blitzesschnelle beendet. Die Holzkoffer und Rucksäcke waren sowieso im Allgemeinen stets filzungsfrei, da es sich als günstig erwiesen hatte, alles an der Oberfläche zur Schau zu stellen, was wie Bilder die Neugierde der Wächter erregte oder ihre Stimmung, wie zum Beispiel russische Bücher, zum Positiven wandelte und sie zu Fragen brachte.

Bald war auch alles gerichtet, wir atmeten auf. Kühle hatte Atem geschöpft und sagte: "So ist's gut, die Messer bekommen wir schon wieder, so oder so. Aber entschuldigen Sie, Herr Kollege, ich habe Sorge um Kruzifix, Kelch und mein Neues Testament. Mit der Duldung wird's vorbei sein und dann ist verloren, was unsere Männer gläubig und liebevoll hergestellt haben."

Er zog einen Kasten aus seiner Hose und stellte ihn – er saß auf einem Schemel – auf seine Knie. Ich sah umher und schob ihn schließlich als Podest unter die Heizlampe; der Hygiene wegen wurde er mit einem Tuch bedeckt. Dann stellte ich die Lampe an. Er lachte behaglich. "Die Finger werden sie sich hoffentlich nicht verbrennen wollen." Schwieriger wurde nur das Versteck für das kleine flexible schwarze Buch. Schließlich kam mir eine Idee. "Ihre Beine sind noch immer so geschwollen, daß Sie eine Wicklung mit elastischen Binden vertragen könnten. Wir haben soeben zwei gewaschen, die ein anderer nicht mehr benötigt."

Er zog mit Mühe Hose und Unterhose, Schuhe und Strümpfe aus. Teigig und trotz der Wärme noch bläulich kalt und schlecht durchblutet mit dicken Polstern um die Knöchel und mit geschwollenen Füßen, stellten sich die Ober- und Unterschenkel dar. Ich legte das mit Watte gepolsterte Buch auf die Innenseite eines Oberschenkels, in die es sich leicht hineindrücken ließ und wickelte die Binde von unten an weit bis fast zur Hälfte hinauf. Vom Buch war nichts mehr zu sehen und höchstens von kundiger Hand zu fühlen.

"Nun spielen wir die Idylle weiter", schlug ich vor. "Sie machen den Rükken frei und lassen sich von der Heizlampe durchwärmen, was Ihnen ohnehin guttut. Ich möchte den sehen, der sich eingehender mit Ihnen und Ihrer Umgebung beschäftigt, wenn ich die ungewöhnliche Behandlungszeit damit erkläre, daß Sie eine Lungenkrankheit haben."

Er saß vor der Lampe und dehnte sich wohlig, ich apothekerte weiter und beide lauschten wir angespannt nach draußen, wo die Russen von Baracke zu Baracke vordrangen, obstinate Gefangene lärmend wegjagten und von diesen wiederum wütend beschimpft wurden. Der Sanitäter beobachtete die Vorgänge von Fenster und Türe aus und hielt uns auf dem Laufenden. Offenbar zog sich die Filzung länger hin, als angesetzt war; denn als die Arbeitskommandos hereinrückten, war sie noch nicht beendet.

Diese fanden ihre Unterkünfte bis auf den Grund durchwühlt und auf den Kopf gestellt. Die alte, halb verdrängte Verbitterung verschmolz mit dem stets lauernden Mißtrauen, und beides zusammen schuf eine revolutionäre Verstimmung. Man empfand sich wieder als verurteilt. Die Kommandantur wurde nervös; Posten zogen vor den Barackentüren auf, die Leute konnten an ihre Plätze, aber keiner wurde mehr herausgelassen. Widerstand stemmte sich gegen Widerstand; der Kommandant kam mit fast allen Offizieren ins Lager; die Lagerstraßen wurden geräumt, und offenbar mußten wir uns auf eine längere Wartezeit bis zum Ende der Aktion einrichten.

Der Rücken von Kühle war währenddessen heiß und rot geworden, Schweiß lief ihm von Gesicht und Brust. So warf ich ihm ein Tuch über und ließ ihn sich wegsetzen mit dem Bedeuten, sofort wieder zur Lampe zu gehen, wenn die Filzer zur Ambulanz kämen. Den zu jedem russischen Sanitätspunkt gehörenden Wandschirm stellte ich so, daß die Stube nicht mit einem Blick von der Tür her zu überblicken war, und uns Zeit zur Einnahme unserer Plätze blieb. Wir ließen uns zunächst nicht anmerken, daß wir untergründig beunruhigt waren, aber dann begann Kühle von sich aus: "Nun wird es wieder Ernst; Sie haben die Latrinen auch gehört – Trennung in Arbeiter und Invalide oder Kranke. Arbeit gibt's genug am Flugplatz Tuschino und beim Holzflößen an der Moskwa. Die Arbeitsgruppen werden hier bleiben. Uns geht es dann also an den Kragen und wir kommen irgendwohin weg. Sie als Doktor werden bei den Arbeitern bleiben und unsere Wege trennen sich nochmals."

"Ach wo", spann ich den Vermutungsfaden weiter, "arbeitsfähige und jüngere Ärzte gibt es hier in größerer Zahl; ich dagegen bin ein Invalide genauso wie Sie und Sie werden mich nicht loswerden. Vielleicht fahren wir im gleichen Waggon ab. Unser Schicksal ist in den Listen beschlossen, an denen man draußen arbeitet."

Der Sanitäter hatte den Raum verlassen und war zu seinen Kameraden ins Lazarett hinüber gegangen, das zwei Drittel der Baracke ausmachte. So überwand ich eine letzte Hemmung und sagte: "Vielleicht ist es jetzt, da die Erde wieder einmal unter uns bebt an der Zeit für einige Worte über den Untergang des Reichs, den ich dort erlebte, wo er sich endgültig offenbarte. Die verschlungenen Wege, die man uns selbst führt, ließen nicht zu, daß ich darüber sprach und, sehen Sie, ich muß mich selbst erst und jedes Mal noch wieder dazu überwinden. In meinem ganzen Leben, vorher und nachher, hat mich nichts so erschüttert wie das: der unmittelbare Blick auf das Ende unseres Reiches. Ich merke, daß noch immer alles in mir bebt, wenn meine Erinnerungen nur in die Nähe dieser Tage kommen – obwohl ich seither doch wirklich einiges erlebte, was auch Gewicht hat. Aber es ging lediglich mich und uns Soldaten an, damals aber betraf es mehr, alle, das Allgemeine, unser ganzes Volk."

"Menschenskind, wie war es nur möglich, daß Sie Hitler sprachen, wenige Stunden vor seinem Tode, wie Sie mir im vorigen Jahre andeuteten, ehe Sie plötzlich krank wurden und wegkamen?" Kühle war besorgt. "Haben Sie auch zu niemandem sonst davon gesprochen, auch nicht zu Benno von Arent, in der gelockerten Empfindung der letzten Wochen? Für solche

Sachen mit Dynamit hat der Russe allezeit ein feines und schnell geöffnetes Ohr."

"Nein", erwiderte ich, "es war so furchtbar und so traurig, daß es niemanden etwas angehen kann – außer vielleicht den Historiker in Ihnen, der wissen muß, um in größere Zeitläufe einordnen zu können. Damals glichen wir einem verblendeten Don Giovanni vor dem steinernen Komtor. Der forderte, wir wehrten ab und schrieen zu ihm hinauf: nein, nein, und no, no, njet, njet. Wir wußten, daß er uns in den Feuerschlund hinabsprengen würde, glaubten aber trotzdem, seiner Gewalt widerstehen und ihn bezwingen zu können. Welch schauerliche Umkehr Hitlers: zu Kriegsbeginn Komtor mit dem beanspruchten Recht, richten zu dürfen, und in den furchtbaren letzten Stunden sündiger Don Giovanni, vermessen genug, selbst das letzte Gericht zu bestreiten.

Zusammenbruch in Berlin, das Ende der Reichskanzlei, der Tod Adolf Hitlers – ich habe alles grausam genug miterlebt; und es prägte sich mir in unendlich vielen Einzelheiten ein, die mir unvermittelt erstehen, wenn ich gezwungen werde, zurückzudenken. Ob ich noch lebte oder schon tot war, das wußte ich damals nicht so recht; denn die Grenzen zwischen Diesseits und Jenseits verschwammen oft genug in der fast unerträglichen Übermüdung und Überanstrengung der letzten Kriegsmonate. Man registrierte, dessen wird man irgendwann später plötzlich gewahr, wenn ein Ereignis, von dem man eigentlich nichts wußte und das man doch wahrhaftig erlebte, plastisch und voller Farbe vor den inneren Blick trat. Man war damals auf das Höchste erregt und beansprucht, man sicherte wie ein Stück Wild nach allen Seiten; Vermerktes prägte sich, ohne im Augenblick erfaßt zu werden, unauslöschlich ein. Es ist wahr, es ist echt und wirklich, und ich würde gerne dazu beitragen, daß die Lehren jener Zeit irgendwie und irgendwo wirksam bleiben.

Das Chaos wurde von einem zum anderen Tage größer, und selbst wenn man vom Heute auf es zurückblickt, ungeheuerlicher. Es brandete geradezu über den Mitleidenden der letzten Tage zusammen. Sie waren von der Obermacht gelähmt und mußten's erdulden. Ich war besser dran; denn ich hatte oder glaubte doch wenigstens gewisse Möglichkeiten zu besitzen, ihm zu wehren und kleine Inseln, nein, Inselchen der Ordnung zu bewahren – dort, wo ich zu tun und anzuordnen hatte, bei der Versorgung mit Lebensmitteln. Ein sehr kleiner und von den Politikern und Militärs, ja auch von vielen Ärzten für unwesentlich gehaltener Bereich – 'hungern müssen sie eben' – aber doch für lebende Menschen, für Väter und Mütter von Kindern ein innerster Bereich des letzten Zusammenhaltens und – letzter Aufopferung. Nicht einer plötzlichen und aufwallenden Hingabe, wie sie das Niedergehen einer zusammenreißenden Bombe hervorruft, sondern einer anhaltenden, in ständiger Entäußerung bestehenden, etwa bei der Trennung vom letzten Brotstück, das man selbst so gerne essen möchte und doch den Kleinen überläßt, den Piepmätzen im fürchterlich bedrohten Nest. Hier hatte ich einige Wirkungsmöglichkeiten, die ich mit Schärfe ausnutzte, indem ich für Gerechtigkeit bei der Verteilung sorgte, für Rettung, wenn Vorratshallen und Kühlhäuser auszubrennen drohten, auch für harten Zugriff, wo Plünderungswut anschickte, sich auszutoben und das Mehrfache dessen zu vernichten, was der Einzelne in einer nur aufs Ich bedachten Gier zusammenzutreffen vermochte.

Hungersnot wird nur behoben von Ordnungskraft; und ich bemühte mich, eine solche, der man vertrauen konnte, zu bleiben, als sonst fast überall der Boden unter den Füßen der Mächtigen und eben noch hoch Gelobten heiß zu werden begann und sich manche von ihnen abzusetzen begannen und sich "überrollen" ließen, weil sie vermeinten, in der Hand von Engländern und Amerikanern besser aufgehoben zu sein als in der von Russen. Sie hinterließen außer rauschenden Versprechungen und wilden Drohungen nichts, es seien denn Schergen mit dem Befehl, für das Versagen der Entwichenen die Gebliebenen verantwortlich zu machen und zu richten. Ein wahrer Höllensabbat, diese Zeit der letzten Zuckungen, in der jeder Schritt – gleichgültig in welche Richtung – zum Ausrutscher werden konnte. Mein Glück, daß, wie gesagt, mein Feld unbeachtet blieb und wenig attraktiv erschien für Männer des Ehrgeizes der letzten Stunde und daß ich nur den einen Wunsch und mehr als das, nur den einen Trieb hatte, meinen persönlichen Feind, den Hunger, zu bekämpfen und ihm Menschen zu entreißen.

Nun also, um den Jahreswechsel von 1944 zu 1945, wurde allgemein erkennbar, daß es zu Ende ging. Furcht, Apathie und Verzweiflung wucherten um sich. Die unter Schlägen bewährte Tatkraft, die fünf Jahre lang in fast allen Deutschen wirksam gewesen war und sie zu Leistungen gesteigert hatte, die uns hier und heute nicht mehr verständlich sind, schwand.

Mir ging auf, daß die bisher knapp und nur mit Kunststücken, an denen ich mich beteiligt hatte, in der Balance gehaltene Versorgung der Bürger und der Heere nicht mehr gesichert werden konnte; ich entdeckte, daß es Hilfen und Reserven nur noch in nicht mehr erreichbaren Gebieten gab. Es reichte nicht mehr aus, und das Allzuwenige konnte nicht mehr so verteilt werden, wie es erforderlich und gerecht war. Das Gespenst, vor dem ich mich ganze Kriegsjahre lang gefürchtet hatte, weil es mir als Knabe im ersten Kriege erschienen war, gewann an Gestalt. Die Hungersnot begann.

Ich war in Berlin, ich blieb in Berlin – je trauriger und aussichtsloser die Lage, mit desto größerer Wut versuchte ich, sie zu ändern. Man glaubt ja immer, man könne es.

Ein Auto hatte ich schon längere Zeit nicht mehr; es war dem Benzinmangel zum Opfer gefallen, und so eilte ich durch Berlin, zu Fuß, mit Straßen- und Stadtbahnen, wie sie noch fuhren, oft auf gewaltigen Umwegen, wenn die Strecken zerbombt, oft für Stunden in irgendeinen Keller gebannt, wenn neue Bombenanflüge gemeldet worden waren. Es verging mehr Zeit mit der Bewältigung der Strecken als mit nützlichem Tun. Aber da die Behörden immer wieder gelähmt schienen, konnte man mit einigen Worten und schnellen Anordnungen schon etwas ausrichten. Ich war an einem Tage im Norden, am anderen im Süden, suchte nach Küchen, in denen man für Tausende kochen könnte, und inspizierte Verpflegungslager, um die angehäuften Lebensmittel möglichst schnell unter die Menschen zu bringen, ehe sie zerstört oder erobert würden. Das waren reine Verwaltungsdinge, und man konnte in jenen letzten Wochen viel mehr erledigen, als einem eigentlich laut Dienststellung zustand, weil die meisten Beamten unsicher waren und sich über einen Menschen freuten, der noch klar entschied.

Nun, ich bemühte mich darum, wenn ich auch wirklich oft genug nicht wußte, ob das, was mir heute nützlich erschien und was ich deshalb befahl, mir morgen nicht zum Vorwurf gemacht wurde. Aber gehenkt werden in solchen letzten Zeiten im Grunde stets lediglich die Unschlüssigen. So faßte ich das "Verwalten" sehr wesentlich als eine Funktion des Ärztlichen auf; Verwalten hieß in diesen Tagen behandeln, hieß tätig sein, Panik verhindern und Hoffnungen erhalten. Eine sich wie eine Wasserpfütze ausbreitende Angst hätte den sich erst anbahnenden Mangel vorschnell zur Not und damit ins Ungemessene und zur allgemeinen Katastrophe gesteigert. Und so weit war es doch noch nicht, wenn es auch unzweifelhaft dahin kommen würde. Aber warum jemandem nur deshalb den Kopf abhacken, um ihm die Angst vor einem Tode zu nehmen, der zwar wahrscheinlich, aber doch nicht ganz sicher ist.

Ich wollte Gelassenheit verbreiten, nicht Täuschung oder Selbsttäuschung, sondern Mut. Denn wer Mut hat, kann an sich halten und wer an sich hält, stirbt später am Hunger als der Haltlose.

Heute kann ich nicht mehr begreifen, daß ich damals in solcher Weise rastlos, unermüdlich und hier wie dort sein konnte. Vielleicht würde ich mich nicht einmal mehr erkennen, wenn ich plötzlich meinem Selbst im Übergangswinter 1945 gegenüber stünde. Gerüttelt, geschüttelt, gehetzt und getrieben warb, schrieb, lehrte ich und bemühte mich um Ordnung und Rettungshilfen. Ich hielt es für ein Verbrechen, sich zu verkriechen, und so stellte ich mich auch den vielen, die durchaus nicht begriffen oder begreifen wollten, worauf es mir ankam – auf Überdauern der Menschen, nicht auf Verlängerung des Krieges, den ich an sich schon seit Jahren als unerträgliche Last empfand. Ich war in meinen Kreis eingesponnen, der hieß "die Berliner" und die Soldaten, die sich auf diese Stadt zurückzogen. Drüber hinaus hatte ich nicht Macht, nicht Einfluß. Ich war ganz stadt-, ganz bodenhaft. Trotzdem gab es Menschen, die mir Aufmerksamkeit schenkten und mit denen, die die Bomben heranflogen, in Verbindung standen. Denn im Februar oder März 1945 kamen mit den Bomben Flugblätter herunter, die von Himmler, Pohl und anderen nichts Schmeichelhaftes zu berichten wußten, mich aber zum Hungerdiktator Hitlers ernannten, zum Mann, der die Berliner in die Hungersnot hineinpeitschte. Ich bekam ein solches Blatt mit der Post zugeschickt und war froh, daß man mir nicht wie den anderen ein in die Schweiz verschobenes Vermögen und Unterschlupf in einem kantonalen Schloß vorwarf. Das hätte mich geärgert. Jedoch, was es mit dem Hunger für eine Bewandtnis hatte, das wußte ich und das wußten viele, mit denen ich mich zusammen sorgte. Es gab Mutige in genügender Zahl, und wenn Sie bemängeln wollen, daß ich mich in diesem Bericht gleichsam nach vorne schob, so bedenken Sie bitte, daß ich über das, was in mir vorging, eben am besten und ehesten Auskunft geben kann – und will."

Ich brach plötzlich ab und gab Kühle das Zeichen, daß er sich vor die Lampe setzen solle. Wir waren mit der Filzung an der Reihe. Zwei Wächter, ein behäbiger und ein wieselflinker, rissen die Tür auf, der Dicke blieb im Rahmen stehen und schrie ohne erkennbaren Anlaß: "Tiche, tiche – Ruhe, Ruhe." Fast wie ein Schlangenmensch hatte Kühle sich auf seinen Heizplatz geschoben, während ich in der Aspirinflasche herumschaufelte und mich mit ärgerlichem Blick wegen der Störung in einer verantwortungsvollen Handlung der Tür zuwandte. Der Kleine sprach hinein und fragte mit schneller Kopfbewegung zu Kühle hin: "Bolnoy? – ein Kranker?" Ich nickte, Rücksichtnahme heischend: "Da, da", und trat ihm entgegen.

"Du, wratsch, Sachen verstecken?", beschuldigte er mich; ich senkte Kopf und Hände mit einer Bewegung hingebender Unschuld und verneinte "njet, njet". Mein Nein war ihr Ja, mit geübten Blicken und Griffen suchten sie die Orte ab, die gemeinhin als Verstecke bekannt waren, den Ofen, den Untersuchungstisch, den Schreibtisch. Kühle erhob sich und bot das Bild eines ernsthaft Kranken, der mit letzter Anstrengung die geforderte militärische Ehrenbezeugung ableistet. Ich zeigte auf seinen nackten Oberkörper, hüstelte demonstrativ, als wenn ich er wäre und sagte die beiden gefürchteten Buchstaben: "Tb (Tuberkulose)." Das riß sie zusammen und ließ ihre Suchbewegungen vorsichtiger werden. Sie trugen die grauen Kittel der Filzer, hinten geknöpft und lose, ich den weißen des Arztes, von einem Leinengürtel eng zusammengehalten. Diese Bekleidung verband uns untergründig; sie hatten unerlaubte Habe und unnötiges Gut abzunehmen, ich Krankheiten. Außerdem hatte ich bei dem einen der beiden schon einmal einen Nagelumlauf gepflegt, was das Verhalten der Behandelten zwar nicht immer für später positiv beeinflußte, hier aber doch zur Habenseite beitrug. "Nu karascho", sagten sie, drehten sich um und zogen ab; die Tür sperr-angelweit offen lassend. Ich ging und drückte sie demonstrativ ins Schloß. Kühle lächelte, als ich mich umwandte. "Wirklich karascho und noch einmal gerettet."

Ich meinte, er solle seine Sachen über Nacht lieber hier lassen, weil ich schon Doppelfilzungen mit großer Zusatzausbeute erlebt hätte. Das Testament ruhe ja nicht gerade an seinem Herzen, aber es sei auch am Bein gut aufgehoben. Den Verband könne man lockern, wenn er drücke. Von jetzt an sei, solange es noch ginge, stets um die gleiche Zeit für ihn "Behandlungs-", für mich "Berichtsstunde". Er nickte. "Ja – aber ohne daß Sie so in Fahrt kommen wie heute. Bleiben Sie kühl, damit Sie die geschichtlichen Vorgänge so archivgerecht mitteilen können, wie ich sie als Historiker aufnehmen will."

Die durch diese Kommissionierung unter den Gefangenen ausgelöste Unruhe machte sich schon am nächsten Tage in der Sprechstunde bemerkbar. Es kamen mehr Patienten als seit langer Zeit, sie hatten unruhige Gesten und ihre Blicke hatten erneut etwas Flackriges, ruhelos wanderten sie herum. Magen- und Herzbeschwerden traten auf, und ich teilte mehrere Liter Säfte, Tropfen und fast meinen ganzen Vorrat an Pulvern und Magentabletten aus. Die Medizin war lediglich Beigabe und nicht die Hauptsache. Sie wollten erfahren, ob ich mehr wüßte als sie, und was ich von der ganzen Sache hielte. Mehr als sie wußte ich nicht; was ich mir zusammenreimte, sagte ich nicht. Ich steckte lediglich die heiterste und unbeschwerteste Miene auf, die ich auftreiben konnte, verstieg mich zu Witzen und Kalauern und strömte nach besten Kräften Fröhlichkeit und Galgenhumor aus.

Dabei war ich bei weitem nicht der einzige, der so verfuhr, um den Schock auszupendeln und zu verhindern, daß von Tag zu Tag mehr Leute wie vom Schlangenblick gebannt auf irgend etwas Ungeheuerliches starrten, das ja auf jeden Fall kommen würde. Mit Blicken konnte es niemand wegbannen. Damit regelte sich binnen eines Tages alles wieder an der Oberfläche. Man sprach nicht mehr von der Filzung und den dabei erfahrenen Sachverlusten, man rätselte nicht mehr herum, als es bei der üblichen Tagesunterhaltung der Fall war, sondern man beschäftigte sich mit dem Essen und der Aufführung der 'Gräfin Mariza'. Deren Kulissen, die Benno von Arent mit großer Freude gemalt hatte, standen tagsüber außen am Klub und wurden von jedermann bewundert und so eingehend betrachtet, als gehörten sie zur Kasseler Gemäldegalerie.

Zur verabredeten Zeit kam Kühle zu seiner Sonderbehandlung, die ich auf alle Fälle taktisch vorbereitet hatte, indem ich Mascha, der Feldscherin, mit Hilfe der mir zur Verfügung stehenden russischen Urworte und entsprechenden Gesten verdeutlichte, daß das Herz des Professors in besonders schlechtem Zustand sei. Sie kam mir mit einem bestätigenden "da, da, szerdse kaput – nu karascho" entgegen und ließ mir somit, als sie ging, freie Hand. Wir durften uns also, wenn nicht etwas Absonderliches dazwischen kam, als uns selbst überlassen fühlen und keine Störung erwarten.

"Das Testament habe ich noch unter der Binde", sagte Kühle beim Eintreten mit schmerzlich verzogener Miene. "Es drückte in der Nacht abscheulich, so daß ich durch mein Herumwälzen die Nachbarn behelligte. Aber sicher ist sicher, und es gibt größere Beschwerden."

Ich wickelte die Binde ab und ein Bein, nunmehr nur halb so umfangreich wie das andere kam zum Vorschein. Ich nahm das Buch heraus, das sich tief eingedrückt hatte und meinte: "Nun kann man aber sehen, daß Sie ganz hübsch schwarz sind." Die Farbe des Einbandes war auf der feuchten Haut hängen geblieben. Er begann behaglich zu massieren und erwiderte: "Nur partiell und nur unter Druck."

Mit einem benzingetränkten Tupfer verschaffte ich ihm auch an dieser Stelle wieder die lichtblasse Plennihautfarbe, und er humpelte in der Stube herum, bis das Bein warm, aber leider schon wieder angeschwollen war.

"So", befahl ich dann, "jetzt legen Sie sich hier auf den Untersuchungstisch und zwar umgekehrt, damit die Beine etwas höher liegen als der Kopf, und dann bekommen Sie die Medizin für schwere Fälle."

Ich feilte den Hals einer Ampulle ab, schüttelte 0,1 Gramm Coffeinsalz in das Medizinglas, goß eine Fingerbreite Spülalkohol dazu und füllte mit Wasser auf.

Die Sache "Spülalkohol der Medzin" erfordert Erläuterungen. Aus meiner Institutszeit in Moskau wußte ich, daß Alkohol anders als in anderen Ländern lediglich mit dem Farbstoff Methylenblau "vergällt" wird. Dieser vermag nur Nichtkenner vom Mißbrauch des bläulich gefärbten Alkohols als Getränk abzuhalten.

Ich ignorierte die Farbe. In Moskau hatte man mir diese menschenfreundliche Methode der Vergällung mit der Menschenfreundlichkeit der Staatsführung erklärt. Jeder Laborant wußte, daß der Kutscher, der auf seinem Panjewagen Chemikalien heranführte, erst nach sehr langer Zeit mit neuen Substanzen wiederkehren würde, wenn er nicht einen Zehnten des mitgebrachten Alkohols erhielte. Deshalb war es Pflicht, ihm ein halbes Becherglas zu reichen. Er füllte es mit Leitungswasser ganz auf und leerte es mit einem Zug, worauf er fröhlich und mit der Verheißung, bald mit neuen Chemikalien wieder zu erscheinen, verschwand. Und eben darum, um nicht die Kutscher und andere Chemikalienverwalter blind zu machen oder zu vergiften, vergällt man den edlen Alkohol nicht mit Methylenalkohol, sondern mit harmlosem Methylenblau, und ich hatte es mir gemerkt.

Kühle roch mit Behagen an seinem Gläschen und schlürfte: "Auch bitter – Schnaps mit Koffein – das ist fast zuviel des Guten. Danke schön."

"Diese Behandlung findet im Saale statt und nicht draußen in der Sonne. Sie dauert eine Stunde und wird Ihr Herz kräftigen."

Damit war der medizinische Teil umrissen. Sein Gesicht hatte sich schnell gerötet, er fühlte sich behaglich und forderte mich auf: "So, Menschenskind, nun schießen Sie mal los mit Ihrem Bericht aus Berlin. Setzen Sie sich an Ihren Tisch; dann bleiben Sie ruhiger, als wenn Sie herumlaufen und sich heiß sprechen. Ich sage immer wieder: Historie – nur Historie."

Ich mochte länger als eine Stunde über die letzten Tage in Berlin gesprochen haben, als Kühle meinte, er habe nun für heute genug, aufstand und sich anschickte, wegzugehen.

"Geschichte", meinte er, "nennt man beinahe immer die Dinge, die sich um die sogenannten großen Gestalten drehen, mögen es nun wirklich solche sein oder nicht. Auch Sie kommen davon nicht los. Keiner kann es; denn die Großen und Führer setzen ja gleichsam die Kilometersteine, an denen Völker dann mehr oder weniger hilflos und verlassen entlangwandern. Was ich bislang von Berlin hörte und von letzten Kämpfen um letzte Städte, das waren immer lediglich Kampferinnerungen und Generalsschicksale, die im Grunde nicht bedeutungsvoller sind als Kinderschicksale, eher weniger, denn Generäle können noch kämpfen und gestalten, jedenfalls sollte man das verlangen, während Kinder stets nur Opfer und Leidende, als solche aber bewegender sind. Die Geschichte der kleinen Leute wird also zumeist vergessen und der Seiten im Historienbuch nicht für wert gehalten. Und, sehen Sie, das ist's, was mir bisher gefällt. Ihr Berlin hat nicht nur Soldaten und Führer; es hat Berliner – an Kopfzahl mehr als alle Uniformierten zusammen –,derentwegen geschossen, bombardiert und zerstört wurde. Das Urteil ging gerade auf sie nieder und deshalb bleibt wichtig zu bewahren, wie es sie traf. Berichten Sie mir morgen weiter. Ich höre, merke und urteile nicht, auch wenn ich vor Zorn fast weinen möchte. Sollten Sie nicht mehr in der Lage sein, zu Hause zu berichten, so will ich es tun, falls der Herrgott es mir vergönnt. Aber sonst schweigen Sie, das will ich nochmals wiederholen. Mit solchen Dingen im Kopf ist man gefährdet, und der Russe kommt eines Tages und wird Sie in unangenehmer Weise herausholen, wenn hier einer ist, der sich mit Geschwätz Vorteil verschaffen will."

Er verabschiedete sich.

Am folgenden Tag kamen nach den Juden auch alle Deutschen aus Rumänien und die ostpreußischen Mädchen weg. Das Lager wurde frauenleer. Wir hofften, daß wenigstens ihr Weg in die Heimat ginge. Sie war kommunistisch und brauchte die Arbeitskräfte, die sie nach dem Krieg als erste abgegeben hatte. Die Russen hatten sich an den Deutschen gerächt. Wiederum wurden Liebespaare auseinandergerissen. Aber die Volksdeutschen hatten zueinander gehalten, und so hofften sie inbrünstig, daß sie in der Heimat endgültig vereint würden. Ein junger Bursche, der seit Jahren und in den verschiedensten Lagern mit seinem Mädchen zusammengelebt und zwei Kinder von ihr hatte, raste und flehte, als er getrennt werden sollte. Die Frau drang mit den Kleinen bis zum Kommandanten vor. Es half nichts; der allumfassende "Befehl aus Moskau" setzte einmal mehr unüberwindbare Schranken.

Die Vermutung, daß die Reihe nun bald auch an uns sei, verdichtete sich zu dumpfer Gewißheit. Die Gegenwart bemächtigte sich unser, und ich kam in der Folgezeit nicht mehr zu meinen letzten Berichten. Denn die Abtransporte hielten an; die Frauen der Diplomaten wurden aufgerufen und gingen zum Tor; ihre Männer blieben, der kleine Alexander trippelte an der Hand seiner Mutter hinaus. Man hatte ihm einen Rucksack geschneidert, damit er die für ihn gebastelten Spielsachen mitnehmen konnte. Er war ein tapferes Kerlchen und im Abschiednehmen geübt. Weinend und schweigend ging das Paar noch einmal rund um das Lager, ehe es sich ins Ungewisse hinein trennte. Beide hatten ihr Urteil, und beide kannten Rußland. Bald sollte der Junge auch von der Mutter getrennt werden. Die Mutter kam in ein Arbeitslager für Frauen. – Nach fünf Jahren fanden die Eltern sich in Wien wieder zusammen und brachten nach unendlichen Mühen und Bittschreiben an die höchsten Herren im Kreml fertig, daß sie auch den Sohn zurück erhielten. Einen kleinen Russen, wohl und gesund, aber der deutschen Sprache nicht mehr mächtig, empfingen sie am Ostbahnhof in Wien.

"Die Generäle kommen", hieß es an einem der nächsten Tage, und die Nachricht verbreitete sich mit Windeseile durch die Unterkünfte. Es waren gegen 80 zumeist ältere Männer und zumeist meine Patienten. Das Lager vibrierte und erwartete gespannt, wie man sie beim Weggang behandelte; denn was ihnen angetan wurde, würde mit größter Wahrscheinlichkeit auch uns widerfahren. Zwar hatten die Russen – wenn auch mit Vorbehalt in den Gefängniszeiten – immer einige Rücksicht auf ihren Rang genommen und sie zeitweilig von der Masse der Plennis abgesondert in eigenen Lagern gehalten, wo ihnen Hilfskräfte, "gewöhnliche" Gefangene, als Burschen zur Verfügung gestanden hatten. Sie hatten ihnen auch bessere Verpflegung gegeben und einen höheren Sold gezahlt, aber dieser Unterschied hatte sich allmählich verwischt, und als "Verurteilte" saßen sie im gleichen Boot mit uns anderen. Die große Mehrzahl von ihnen wußte das und fühlte sich in der großen Schar wohler als früher im Lager ihrer "Kaste", wo Dienstalter, Rangunterschiede, Auszeichnungen und ehemalige Befehlsverhältnisse eine dominierende Rolle in den Gesprächen und der Zuteilung der Unterkünfte gespielt hatten. Wir neideten ihnen im Grunde nicht, daß sie besser gekleidet waren und mehr Gepäck besaßen als wir anderen, vielfach Enteigneten. Sie hatten mehr Glück gehabt, und eine Besserung infolge von Zufälligkeiten erkennt der Gefangene gerne an, wohl wissend, daß das Blatt sich sehr schnell wenden und den Glücklicheren zum Unglücklicheren machen kann. Aber sie waren nicht alle klug, und so gab es auch hier Männer, die nicht Soldaten und Offiziere gewesen waren, sondern lediglich Uniformierte. Sie empfanden und stellten sich dar als Denkmäler ihrer selbst, ebenso unangemessen im Anspruch früheren Untergebenen gegenüber wie in ihrer den Russen bezeugten Rückgratlosigkeit und Liebedienerei. Natürlich waren sie nicht die einzigen abnormen und schwierigen Persönlichkeiten unter den vielen vom Schicksal geschlagenen und infolgedessen veränderten Menschen. Aber sie waren naturgemäß, da man von Vorgesetzten immer mehr erwartet als von sich selbst, die auffälligsten und am schärfsten beobachteten und kritisierten. Es war immer jemand da, der sie noch im Kriege und in der Zeit ihrer Aktivität erlebt hatte und nicht zurückhielt, wenn er sie für Leuteschinder und Kommandeure hielt, die der Auszeichnung wegen über Leichen gegangen waren.

Weder Kühle noch ich hatten Neigung zu dieser Art deformierter Männer, aber wir konnten uns ihnen, wenn sie hilfsbedürftig wurden, nicht entziehen und wollten es auch nicht. Einige waren wirklich entleerte Schalen, andere tief unglückliche, mit sich selbst hadernde Naturen, die nicht über den eigenen Schatten springen konnten. Schwierig, voreingenommen und eingeengt, feige unter dem Schilde der Arroganz – ja; aber von Grund aus böse erschien mir keiner.

Und wie in jedem Stande und Beruf, mußte man sie mit in Kauf nehmen wegen der wesentlich größeren Zahl derer, die auch hier in gleicher Weise Vorbild blieben, wie sie es begeisterten Erzählungen nach auch früher gewesen waren. Der alte Herr, der die Stuben fegte, die Teekannen beischleppte und fürsorglich ein heißes Getränk auf dem Ofen für die von der Arbeit Heimkehrenden bereit hielt; er, der sich für die anderen anstellte, wenn es etwas zu holen gab, und der die Filzer irreführte, so gut er konnte, der blieb der "General", den man an seinem Geburtstag ehrte und dem gegenüber auch der roheste Brigadier sich nichts herausnahm. Und "Generäle" blieben auch die jüngeren, die zur Arbeit mit hinauszogen, draußen ihren Mann standen und als Pioniere, Artilleristen oder Bunkerbauer die mehr oder weniger ratlosen und zumeist akademisch verbildeten Schwarzarbeiter lehrten, sich mit Mutter Unnatur in steiniger oder erdiger Gestalt wirksam auseinanderzusetzen und ihr einige Rubel Verdienst abzugewinnen.

Um sie ging es, um sie drängte man sich, als es zum Abschied kam. Sie hinterließen eine Lücke, als sie sich von Posten umgeben am Tore sammelten, an den Mützen und Röcken noch erkenntlich als Admirale, Generäle, Flieger oder Intendanten. Kranke und Älteste kletterten vor dem Lazarett auf einen Panjewagen.

Auch dieses Mal ging es human zu, offenbar – nach den Geräuschen zu schließen – auch noch außerhalb des Lagers nach dem Schließen des Tores. Das hob unsere Stimmung. Wir breiteten uns in den Baracken aus, die zuvor recht eng belegt gewesen waren. Nachdem sich die Belegschaft nach drei größeren Abzügen um etwa ein Drittel vermindert hatte, konnte man sich einen Platz aussuchen. Man fand sich in neuen Gruppierungen zusammen. Der Russe, sonst mit Anordnungen und Reglementierungen schnell zur Hand, ließ es geschehen.

Das Gefühl, auch im Lager an der "Weite" des russischen Landes teilnehmen zu dürfen, verflüchtigte sich schnell. Es vergingen nur zwei Tage, als es schon hieß, Baracke 2 und 3 seien zu räumen, da Zugänge zu erwarten seien. So zogen die Betroffenen mit Sack und Pack, das heißt Strohsäcken, Decken, eigenen Schemeln, Rucksäcken und Geschirr zu Freunden und Bekannten, schnell gewöhnte man sich abermals um und in die vertraute Enge ein. Die Neugierde auf die angesagten Neuankömmlinge führte zu weitschweifigen Spekulationen, sie überwog die unterschwellige Unruhe. Jedoch auch diese erreichte ihren Höchstpegel, als am folgenden Morgen nicht nur die sogenannte Biene wieder einmal in das Lager einfuhr, die mit einem stachelähnlichen Schlauch am Hinterende allmonatlich einmal den Inhalt der Latrinen in ihren runden Bauch einsaugte, sondern auch ein LKW, von welchem Holzpfähle und Stacheldrahtrollen abgeladen wurden. Eines der Arbeitskommandos rückte nicht aus, sondern erhielt den Befehl, die beiden geräumten Baracken einzudrahten.

Und von jetzt an begann man sich ungemütlich zu fühlen, zumal da sich die ungünstigen Vorzeichen mehrten oder vielmehr aufzufallen begannen. Die Magnitowa schlich mehr, als sie ging, im Lager umher und redete kaum noch einen Gefangenen an, Mascha versah ihren Dienst in der Ambulanz ohne jegliches Interesse, als sei es unwichtig, ob und wer noch krank geschrieben wurde. Es war jedoch weiterhin unmöglich, etwas von ihnen zu erfahren. Sonstige Offiziere, die vordem aus- und eingegangen waren und wichtige Dienstgeschäfte zumindest vorgetäuscht hatten, ließen sich überhaupt nicht mehr sehen. Angeblich waren sie zu irgendeiner Tagung nach Moskau kommandiert worden. Statt ihrer inspizierten zwei fremde Kapitäne das Lager von oben bis unten und zeigten sich über die Verbesserungen, die wir in den letzten Monaten vorgenommen hatten, ungehalten. Für Sträflinge in Arbeits- und Besserungslagern gebe es derlei Erleichterungen nicht. Man wies uns nachdrücklich darauf hin, und wie die Papageien plapperten es allmählich auch Sergeanten und Wächter nach, daß wir Sträflinge seien und daß wir das merken müßten. Unverkennbar braute sich etwas über uns zusammen, und bald munkelte man, die Meldung von Neuzugängen sei lediglich Zwecklüge. In Wirklichkeit seien die eingedrahteten Baracken für uns selbst oder jedenfalls einen Teil von uns bestimmt. Ein Friseur hatte es angeblich von einem Sergeanten als Dank für den Haarschnitt erfahren.

Kühle kam wieder einmal blaß vor Aufregung angelaufen: "Man hat etwas vor und zwar mit uns Kranken und Invaliden. Von den Baustellen in Tuschino bringen sie mit, daß dort bis in den Winter hinein gearbeitet werden wird. Dort gibt es Arbeit in Masse, und die dortigen Natschalniks versichern unseren Brigadieren, sie würden sich die Deutschen nicht wegnehmen lassen. – Angesichts der Tatsachen, die wir hier drinnen erleben, muß man kein Prophet sein, um für uns schwarz zu sehen. Was die Arbeiter nicht trifft, trifft die Arbeitsunfähigen. Es segelt grau und schwarz herauf, wie die Gewitterwolken, die den Sturm vor sich hertreiben. Auch die Musiker sind voller böser Ahnungen und sehen sich schon morgen oder übermorgen auseinander gerissen. Drum wollen sie heute noch ein Konzert geben."

Er ließ sich seufzend auf seinen gewohnten Platz nieder. Auch ich war voll schlechter Vorahnungen, doch äußerte ich sie nicht. Nicht wie sonst hatte mir nämlich die Feldscherin in ihrem Korb Medikamente für etwa eine Woche mitgebracht, sondern für knapp zwei Tage. Ich fragte erstaunt "Potschemu malo?" (Warum so wenig?), und sie hatte mit einem unwirschen, ablehnenden "Reviso" geantwortet. Ein Indiz mehr, aber ich versuchte, mich heiter zu geben. War nicht im Grunde seit der Verurteilung vorauszusehen gewesen, was kommen würde? Die Gnadenfrist war ein unvorhersehbares, aber auch unwiederholbares Geschenk. Aus irgend einer Laune heraus, die Mächtige sich leisten können, hatten die Götter im Kreml die Schlingen nur lose um unseren Hals gelegt, und wir hatten aufgeatmet, als hätten sie sie abgenommen. Jetzt aber, jetzt waren sie der Laune überdrüssig und würden die Schlinge an- und zuziehen. Ich griff an meinen Hals und schluckte. Mein Mund war trocken. Kühle und ich, wir hatten keinen Anlaß, uns über unsere Zukunft zu täuschen und waren auch bereit, Schritt um Schritt bis zu dem Ziele weiter zu gehen, das man uns stecken würde. Jedoch, ein über lange Jahre hinweg gemartertes vegetatives Nervensystem ließ sich nicht unter Verstand und vernünftige Überlegungen zwingen, es behauptete sein Eigenrecht und beutelte die geschwächten Leiber, indem es sie wechselnd in Eiseskälte und Gluthitze vergehen ließ. Die Sache mit dem Gleichmut, den ein Horaz dem Mäzenas für harte Zeiten im römischen Imperium anempfohlen hatte, war offenbar nicht einfach auch auf das sowjetische zu übertragen.

Gleichwohl schlug ich Kühle leicht auf die Schulter und begann mit der Bemerkung: "Gleichviel, zu irgend einem Ende kommen wir auf jeden Fall. Das eine liegt bereits fünf Jahre hinter uns, das andere läßt sich vielleicht doch noch hinausziehen."

Es wurde, wie versprochen, noch einmal gespielt, "Auf Abbruch" verkündete der Dirigent, ehe er den Stab erhob und die ersten schicksalsvollen Takte der "Fünften" aufnahm. Bedrückt wie seit Monaten nicht, drängelten sich die Männer 45 Minuten später durch die enge Türschleuse des Klubs und seiner angestauten Hitze in das kühlende und nächtliche Draußen und spazierten, die Hände tief in die Hosentaschen versenkt, umher. Sie standen und schauten in sich hinein. In der einen Stube hatte man den kleinen Alexander neben seinen Eltern am Tisch sitzen sehen können, an den verhängten Fenstern daneben hatten sich die Schatten der Frauen bewegt, und man hatte ihre Stimmen gehört. Drüben hatten die Juden gewohnt, sie waren aus- und eingegangen und hatten dies und das besorgt. Mancher Plenni war abends regelmäßig hier vorbei gestrichen. Was er sah, was er hörte, hatte Erinnerungen hervorgezaubert. Aber heute – keine Frauenstimmen, kein Mädchenlachen – alles wieder vorbei. Stumm standen sie vor den eingedrahteten Baracken, in denen kein Fenster mehr erleuchtet war. Binnen weniger Tage hatte sich soviel verändert. Der übermannshohe, doppelte Stacheldrahtzaun führte in zwei Metern Abstand eng um die Baracke herum. Die Vorbeigehenden griffen nach dem Draht und prüften seine Spannung. "Gute Arbeit, die Kameraden" lobten sie und schlenderten in ihre Stuben zurück. Dort war es hell. Sie saßen herum, sie legten sich mit angezogenen Knien auf ihre Pritschen. Schnell fielen Gesten und Mimik zurück auf den uralten Stand: Menschen warten auf das Verhängnis, das sich dumpf ankündigt.

Vor noch knapp einer Woche erschien das Leben transparent und in seltsamer Weise hintergründig. Durch freudige Erregtheit schimmerten Angst und Furcht wie Wetterleuchten; sie waren da und doch nicht gegen-wärtig gewesen. Aber mit einem Male waren sie gegenwärtig geworden, hatten den Himmel überzogen und zu einer grauen, unheilschwangeren, gewittri-gen Hölle gemacht. Der Regenbogen verblaßte, löste sich im Nichts auf, und heran rasten die gekräuselten weißen Wetterwolken, welche Entla-dung bedeuten.

Kühle war draußen unter ihnen; man brauchte ihn, und ich traf ihn, als ich zu einem meiner Invaliden geholt wurde, dessen Magenkrämpfe sich zur Unerträglichkeit gesteigert hatten. Eine Spritze half ihm und den anderen. Kühle nahm ich mit in die Ambulanz herüber, in welcher es dank Äskulap irgendwie tröstlich war. Wir hatten Zeit; aber ich brachte es nicht mehr über mich, meinen Bericht zu seinem schlimmen Ende zu bringen, und auch er hatte das Interesse daran verloren.

Zu später Stunde schlich er sich aus dem Raum, dessen Fenster wir abgedunkelt hatten und tat, als sei er eines Durchfalls wegen von der Latrine weg zum Arzt gegangen.

Gleich nach dem Wecken wurden am folgenden Morgen die Barackenältesten an das Tor geholt und bekamen die Namen derer mitgeteilt, die sich sofort fertig zu machen und in die eingedrahteten Baracken zu ziehen hatten. Die Gerüchte hatten sich als richtig erwiesen. Wer nicht mehr für körperliche Arbeit in Betracht kam, war gezogen und in die Baracken geladen worden. Die Magnitowa kam zu den Ärzten und versicherte, daß sie alle bei den Arbeitsgruppen blieben und nicht wegkämen, auch wenn sie, wie der alte

Professor Ohnacker und ich, körperlich nicht mehr arbeiten könnten. "Sie arbeiten ja alle", sagte sie. Aber Kühle war natürlich aufgerufen worden und mit ihm viele gleichgesinnte Freunde und Kameraden, mit denen man auf den Wellenbergen zusammengehaust hatte und die einem in den Wellentälern aus dem Gesicht gekommen waren. Fast meine ganze "Löffelbrigade" war betroffen.

Das Gleiche in unendlicher Wiederholung – packen, ordnen, sichten, aufhalsen, Abschied nehmen, weggehen. Das geschah im Laufe dieses Tages 300 mal. Jeder verschwand in der Tür einer der beiden eingedrahteten Baracken, die geräumt worden waren und in denen sich keine Pritsche, kein Tisch und kein Hocker mehr befand. Die drin waren, luden ihren Tragesack oder Koffer ab und setzten sich darauf. Sie konnten warten. Keiner durfte mehr zurück und hinaus; denn jede Tür war bald mit zwei Wachposten besetzt worden, die die Reusenfunktion übernahmen, herein-, aber nicht mehr hinauszulassen. Wer die Situation erkannte, beeilte sich nicht und dachte, hinein komme ich noch früh genug. Und das war in der Tat der Fall; mittags drangen die "Treiber" in den Lagerbereich und drängten die Säumigen mit Geschrei und Drohungen in die zugewiesenen Räume.

Am frühen Nachmittag waren die Schafe von den Böcken oder die Böcke von den Schafen getrennt – wer von uns konnte schon beurteilen, welcher Kategorie er zugehörte – und die hektische Unruhe und Erregung legte sich wenigstens bei uns, den Draußengebliebenen, langsam. Die Eingesperrten waren nun dicht gedrängt und jeder auf einem engen Platz verwiesen. Auf diesem hockten oder kauerten sie, lehnten die Köpfe an die Wände oder vergruben sie zwischen den Händen. Morgenländischer Fatalismus machte sich breit, bis einige Erzürnte schließlich doch die Fenster aufrissen und mit den schnell sich sammelnden "Freien" Erfahrungen und Meinungen auszutauschen begannen. Aber das erwies sich als ein Verbrechen; für die Russen waren wir bereits geschiedene Leute, zwischen denen keine Kommunikation mehr bestehen durfte, war sie doch der Keim jeglicher Verschwörung. Auf das Geschrei der Posten, die nicht von den Türen weichen durften, stürmten wütend und schimpfend kräftige Offiziere herbei, schlugen die Fenster zu, verriegelten sie und nahmen die Griffe mit. Drinnen seid ihr, drinnen habt ihr zu bleiben mit Leib und Seele, und verboten ist's, auch nur die Nase dort hinauszustrecken, wo die anderen hausen, die noch arbeiten können und somit dem Vaterlande der Werktätigen Nutzen bringen.

Die Sonne brannte auf die Dächer aus schwarzer Dachpappe, die Luft wurde stickig, und der Geruch armer Leute, die von jeher hier gehaust und mit ihren Ausdünstungen jeden Gegenstand imprägniert hatten, machte sich selbständig, die Wanzen witterten Schweiß und Blut. Die Fülle reizte sie, aber die armen Männer verfielen. – Stundenlang tat sich nichts.

Schließlich machte die Küche einen Vorstoß; stämmige Köche, der Küchenchef an ihrer Spitze, trugen Kübel mit dem Abendkascha, Brot und Blechkannen mit Tee heran. Sie wollten an den Posten vorbei und das Abendessen drinnen austeilen. Sie wurden zurückgewiesen und weggejagt, jedoch ließen die Posten jeweils zwei der Eingeschlossenen heraustreten und eine Kanne oder einen Kübel hereinholen. Drinnen griffen sie nach Eßgeschirr, Becher und Blechschüssel, aßen, so gut sie konnten und ließen die Reste antrocknen. An Wasser konnten sie nicht heran. Die Kübel wurden herausgestellt und abgeholt. Der Versuch einer Verbindungsaufnahme war mißglückt.

Als es zu dämmern begann, kamen endlich die Lageroffiziere, mit ihnen auch die Magnitowa, herein, verteilten sich auf die Baracken und versuchten, Stimmung zu machen: "Bolnoi, die Kranken, nach Hause, alle nach Hause – Ihr auch bald, skoro."

Eine Stimmung voll Feindschaft und Haß schlug ihnen entgegen. "Warum denn Stacheldraht? Warum dann eingesperrt?"

Der Kommandant, dem diese Frage gestellt wurde, schlug sich lachend auf die Schenkel: "Gydri, Schlaukopf, hui ', nim, für Euch, nur für Euch. Daß Ihr nicht hinein könnt – ponimaite? Die Kranken hinausjagen und selbst nach Hause fahren. Russki klug, fährt nur, wer darf."

Das hatten wir allmählich gelernt und begriffen. Ein dumpfes Murren, das sich von Baracke zu Baracke fortpflanzte, erhob sich und griff auf die Eingeschlossenen über. Sie trampelten mit den Schuhen auf die Fußböden, schlugen rhythmisch gegen die Wände und brüllten immer lauter und lauter "Freiheit – swobodie – Freiheit – swobodie." Die Posten schlossen die Barackentüren und riegelten sie von außen ab. Dumpf schallte es zu uns heraus "Freiheit – swobodie". Ein Chor von 300 Männern, der die letzte Kraft in diese Rufe hineinlegte. Ein Fenster zersprang. Wir standen draußen, unsicher, ob wir sie herausholen sollten oder nicht, drängten uns näher an den Stacheldraht heran und schließlich fielen wir mit ein: "Freiheit – swobodie – Freiheit – swobodie."

Es glühte und funkelte und bedurfte nur eines Wutschreies, um alles im Chor aufgehen zu lassen. Die Russen hatten das Lager verlassen und sich zurückgezogen. Es mochte 9 oder 10 Uhr geworden sein, noch Helle für diese Breiten in dieser Zeit. Die Scheinwerfer an den Wachtürmen wurden angemacht und ins Lager hinein gerichtet. Sie blendeten. Das Lagertor wurde geöffnet, und ein Haufen von Kalmücken stürzte zu den Baracken, schlossen auf und verschwanden drinnen. Mit Geheul trieben sie dort die Gemarterten in eine Ecke, wo sie dicht gedrängt wie eine Hammelherde zu warten hatte. Ihre Rufe erstarben, sie konnten wohl kaum noch atmen, und auch wir draußen wurden einer nach dem anderen still, rührten uns aber nicht von der Stelle. In der Barackenmitte ging Licht an, die Scheiben waren trüb und beschlagen, wir konnten mehr ahnen als sehen, was geschah. Die große Filzung begann. Einer wurde vorgezerrt, von vier bis fünf Mann untersucht, die Blechschalen polterten, Glas wurde zertreten, Papier zerrissen, nichts, was als Waffe, als Instrument, zum Selbstmord oder zur Aufforderung um Hilfe nach außen hätte dienen können, wurde belassen. Diese Filzer waren Könner; kein Rocksaum, den sie nicht aufschnitten, keine Mütze, die sie nicht wendeten, keine Schuhsohlen, die sie nicht prüften. Sie ließen kein Buch, kein Blatt Papier übrig, kein Erinnerungsbild, so sehr es auch verteidigt wurde. Sie zerschlugen Brillen, nahmen vorhandene Prothesen weg und zerfetzten schließlich die Rucksäcke und Kästen. Auf russische Verbrecher abgerichtet, war es ihnen ein Leichtes, die harmlosen Versteckkünste der "Fritze" zu bewältigen. Noch hausten sie drinnen unter den Unsrigen. So wütend wir auch waren, konnten wir ihnen doch keine Hilfe bringen. Alle Bewachungsmannschaften vor den Toren schienen alarmiert. Als man den Eindruck hatte, auch wir seien geschockt und apathisch genug, kamen auch "unsere" Russen wieder und versuchten, uns ab und in die Baracken zurück zu drängen.

"Nitschewo" – es ist nichts zu machen. Ich erwischte die Feldscherin und bat, sie möchte doch wenigstens den Kranken Medizin bringen. Sie zuckte unschlüssig die Schultern, aber ich holte in der Eile einiges zusammen und drängte es ihr auf.

"Nehmt, bringt." Sie ging und ich folgte ihr mit einigen Schritten Abstand. Sie wurde nicht hineingelassen, einer der kalmückischen Soldaten nahm den Korb, höhnte, schüttete ihn aus und erging sich im Tanze über ihn, indem er Tabletten und Pillen zerstampfte. Da erst begriffen wir, daß selbst "unsere Russen" hier machtlos waren. Die Freunde drinnen waren denen überantwortet worden, die sie auf der Reise zu bewachen hatten, und denen gehörte auch, was sie während der Filzung an Brauchbarem fanden. Die Begleitkommandos waren gefürchteter als die Lagerkommandos und ein solches tobte sich drinnen an den Eingeschlossenen aus.

Wir lagen auf unseren Pritschen; noch etwa zwei Stunden lang hörten wir sie schreien und fluchen, hörten das Getöse ihres Fußballspieles mit

Blechdosen und als Untergrund das Seufzen und Stöhnen der durch die Filzung Gequälten. Jeder mußte, um beraubt zu werden, von einer Seite der Baracke in die andere hinüberwechseln; in der Mitte ergötzten sich die Räuber an ihm. Hatten sie das Spiel überstanden und waren "durch", dann ließen sie sich entwürdigt, tödlich ermüdet und entleert auf dem Fußboden nieder. Unvorstellbar, daß keiner in dieser Nacht starb. Nach Mitternacht war's zu Ende. Was ihnen brauchbar erschien, nahmen die Wilden bereichert mit; den zertretenen und zerrissenen Unrat fegten sie vor die Baracke. Die Eingeschlossenen konnten sich wieder auf den ganzen Barackenraum ausbreiten. Bald schliefen sie tief; und das ganze Lager verfiel in eine schwere, zermürbende, schreckliche Ruhe.

Verschlafen hockten die Posten auf den Treppen vor den Barackentüren und ließen es zu, daß den Abgesonderten Tee und Brot angebracht wurde. Die hatten keine Becher mehr; die Köche mußten Trinkgefäße mitbringen und zurückzählen. Dies war die einzige noch mögliche Berührung. Aus unserem Lager waren sie herauskommissioniert, sie gehörten nicht mehr zu ihm. Kranksein gab es, wenn überhaupt noch, erst wieder am neuen Ort, wenn sie irgendwo nackt zur Fleischbeschau und körperlichen Besichtigung anzutreten hatten.

Das Strandgut des Raubes lag in unserem Lagerbereich, und wir stocherten darin herum, um Andenken und Brauchbares aufzuheben. Was an Wäschestücken dem Lager zu gehören schien, holten die Russen in das Magazin. Jedem Gefilzten war an Staatsgut ein Hemd, eine Unterhose, sowie Sommerrock und -hose belassen worden. Was darüber hinausging, kam in den Lagerbestand. Der Magaziner grinste, er hatte seinen Vorteil davon. Mir brachte man das zersplitterte Holzkreuz, das bei der Messe den Altar geschmückt hatte. Ich gab es abends einem Theologiestudenten weiter, der Kühle verehrte. Er bewahrte es, bis er selbst abtransportiert wurde.

Die Arbeitskommandos rückten aus, und es verblieben im Lager selbst nicht mehr als 20 Mann; Köche, Schneider, Schuster, die Chefs der Werkstätten. Ihre Gehilfen hatten sie verloren. Am Vormittag kam der Kommandant mit dem Politoffizier und zwei fremden Uniformierten und den Personalkarten. Sie verschwanden in der Baracke. Mann für Mann mußte vortreten, wurde identifiziert und übergeben.

Zur üblichen Stunde eröffnete ich meine Sprechstunde; sie blieb leer. Nach Aspirin und Säften herrschte kein Bedarf.

Die Feldscherin hatte es nicht für nötig befunden, zu erscheinen. Aus seinem Hals-, Nasen-, Ohrenraum kam Professor Ohnacker; ebenfalls Invalide und hiergehalten, ebenfalls arbeitslos, und setzte sich auf den Untersuchungstisch. Ich riet ihm, sich hinzulegen, aber auch er fand keine Ruhe und sprang bald wieder herunter. "Gehen wir durch das Lager", schlug er vor, "hierher kommt heute doch keiner." Natürlich führte unser Weg zu den Eingeschlossenen; wir promenierten drei-, viermal langsam an den trüben Fenstern vorbei. Sie sahen es und zeigten sich abwechselnd. Wir grüßten zum Abschied; auch Kühle stand auf einmal da, durch das trübe und beschlagene Glas nur undeutlich zu sehen. Wir waren nur knapp drei Meter voneinander, aber durch eine Welt von Macht getrennt. Wir nickten und lächelten nicht; wir schauten. Dann hob er langsam die rechte Hand und machte das Kreuzzeichen, und ich, halb unbewußt, erwiderte mit der Bewegung der Äskulapschlange, als ich den Kopf markierte, ballte ich die Hand zur Faust und stieß sie nach vorn – es war keine Blasphemie, sondern mein Wunsch, er möge am Leben bleiben. Kraft und Mut! Er verstand, lächelte mit ernsten Augen und machte einem anderen Platz.

Erinnerung meldete sich stürmisch und bewegte mich doppelt. In fast gleicher Weise hatte auch ich im Elendsherbst 1945/46 an einem Fenster der Hindenburgkaserne in Frankfurt an der Oder gestanden. Wir waren im zweiten Stockwerk eingesperrt und konnten über die Grenzmauer hinweg auf die jenseitige Straßenseite sehen. Unter den Kastanienbäumen, deren Blätter fielen und deren stachelige Früchte auf der Erde platzend die braunen Samen freigaben, standen und gingen Frauen. Sie waren schlecht gekleidet, abgehärmt und verhungert sahen sie aus, aber sie wandelten langsam die Front des sich über die ganze Straßenlänge hinziehenden Gebäudes ab. Ihre Blicke hafteten an jedem Fenster. Wir konnten sie noch öffnen; sie riefen Namen herauf, mutiger geworden, warfen sie uns mit Steinen beschwerte Briefe zu. Sie suchten ihre Männer, ihre Söhne. Wir riefen, warfen ihnen unsere Antwort zu. Manchmal, ja manchmal konnten ihre Fragen beantwortet werden.

Dies ging einen Tag lang gut, dann schossen die aufgestörten Posten am Haus entlang und in die Fenster hinein, daß sie zersplitterten. Wir durften uns nicht mehr zeigen. Düstere Gestalten mischten sich unter die Frauen auf der Straße. Aber diese waren hellwach und gewitzt. Ungeachtet aller Gefahren hatten sie sich aus ganz Deutschland hierher durchgeschlagen und eine Odyssee bestanden. Vom äußersten Ort vertrieben, an dem sie noch etwas von den ihren erfahren könnten, und ohne Aufenthaltsmöglichkeit in der zerstörten Stadt, unternahmen sie das Wagnis der Rückkehr und nahmen Namen von Lebenden und Gestorbenen, die ihnen übermittelt worden waren, mit heim. Liebe und Sehnsucht kennen keine Furcht.

Sehr bedrückt wandten wir uns schließlich ab, gingen in die leere Ambulanz zurück und verbrachten die nächsten Stunden in dumpfem Warten.

Die Russen besitzen mit Gefangenen eine uralte Erfahrung. Die Obrigkeiten haben sie mindestens seit Iwan dem Schrecklichen gesammelt; die verbannten und deportierten Revolutionäre hatten von der Seite der Verfolgten her erfahren, was Gefangenen widerfährt, und als sie nun selbst zu Herren des Landes geworden waren, hatten sie Salz und Pfeffer aus der Zeit ihrer Leiden zu verwenden gewußt, um die Gefangenschaft der anderen nochmals in besonderer Weise zu würzen, sich aber das Gefangenenhalten mit Hilfe der Opfer selbst und genauer Kenntnis sowohl der Menschen, als auch Gelegenheiten, aus denen Brand, Aufruhr und Mord entstehen können, erleichtert. Eben deshalb hatten sie an diesem Tage alle Kommandos geschlossen hinausgeschickt und keine Arbeitsbefreiung zugelassen. Waren die Gesunden weg, dann konnten sie den Abtransport der Invaliden in Ruhe durchführen. Wir armen Hanseln, die außerhalb der eingedrahteten Baracken unsere humanen Pflichtübungen zu absolvieren hatten, machten ihnen keine Sorgen, sondern waren ihr Alibi für den Fall, daß aus übergroßer Erregung einer der Genötigten plötzlich stürbe – verenden würde.

Wir wußten es; denn wir hatten in über fünf Jahren genug Zeit und Gelegenheit gehabt, das Verhaltensschema zu studieren. Die Russen halten viel von den "eingefahrenen" Reflexen, die ihr wissenschaftlicher Altmeister Pawlow an Hunden studiert, die aber eine denkende und auf ihre wissenschaftliche Methodik überaus stolze Menschenführung zur Beherrschung von Menschen und Völkern weiterhin klüglich ausgearbeitet und ausgefeilt hatte.

Ich war deshalb nicht erstaunt, als gegen 1 Uhr – mithin lange vor Ende des Arbeitstages und dem Einrücken der Arbeiter – ein Friseur die Tür der Revierstube aufriß, hineinschrie "es geht los" und weiter zur Küche lief.

Ohnacker und ich sprangen auf, um wenigstens jetzt, wenn sie aus der Baracke auf die Straße treten mußten, einige Hände zu drücken und Abschiedsgrüße zu tauschen. Aber es war unmöglich. Von den Baracken bis zum Lagertor hin, die ganze Lagerstraße entlang, stand ein Kordon der fremden Truppe, deren Angehörige sie gestern abend ausgeraubt und deren Offiziere sie heute morgen übernommen hatten. Sie ließen niemanden heran und stießen auch mich zurück, als ich mich im blinden Vertrauen auf meinen weißen Arztkittel zu ihnen hin zu drängen versuchte. Sie kamen einzeln aus der Tür, jeder mit seinen wenigen Sachen und schlossen sich müde und abgeschlagen langsam zu Fünferreihen zusammen. Da standen sie mit gesenkten Köpfen, der Schweiß perlte von den Stirnen, und der Straßenstaub wirbelte unter ihren derben Schuhen oder Holzlatschen langsam hoch, daß sie bis zur Hüfte in einer grau-braunen Wolke zu stehen schienen. Sie hielten und warteten, bis sich alle eingefunden, aufgestellt hatten und der letzte Befehl, das "Marsch" oder "Dawai" kam. Wahrscheinlich empfanden sie gar nichts mehr, nicht Verzweiflung, nicht Trauer, nicht Entsetzen, sie marterten sich nicht mit den Gedanken an eine Flucht, die Pulse gingen nicht schneller, als es die Schwäche und Anstrengung des sich Aufrechterhaltens dem Herzen zumuteten. Sie dachten nicht einmal daran, sich fallen zu lassen und hinzusinken, sie waren Marionetten in der Hand derer geworden, die über sie befahlen. Und sie dahin zu bringen, das war der Zweck der Maßnahmen, die man mit dem Eindrahten der Baracken gegen sie in Gang gebracht hatte. Auf unblutige Weise waren sie seelisch entwaffnet worden, und diese Kapitulation würde bei Einsatz entsprechender Hilfen während der Tage anhalten, die zum Transport vorgesehen waren. Für Geschehnisse am neuen Ort, für Erweckung oder Vernichtung dort waren die Transportmeister nicht zuständig.

Da waren sie nun auf der Landstraße und schauten über den aus Posten gefügten Zaun nicht mehr hinweg. Das "Draußen", in dem sie noch 48 Stunden zuvor gelebt hatten, war für sie erstorben. Ein Erloschensein solchen Ausmaßes war unerträglich; ich blickte nach links, nach rechts – nirgends eine Lücke. Schließlich hatte ich's; eine Baracke stand nahe am Zaun, aber doch nicht so nahe, daß man nicht auf einem schmalen Streifen erlaubten Weges in die Nähe des Tores zu einem kleinen Hügel gelangen konnte, auf dem der Fahnenmast aufgerichtet war. Ich wandte mich, lief zur Baracke und schlich vorsichtig zu diesem Hügel hin. Der Posten auf dem Wachturm beachtete mich nicht. Ich war nicht in dem Bereich, in dem man auf Menschen schießen mußte. Die anderen wandten mir den Rücken zu und beobachteten die Vorbereitungen zum Abmarsch.

Außer mir kletterte ich keuchend die armseligen zwei, drei Meter empor und hielt mich an der Stange fest. Durch das offene Tor hindurch konnte ich einen Blick nach draußen tun. Überall Posten dicht am Tor und in weitem Bogen drum herum, zwischen ihnen, Hundeführer. Die starken Bluthunde zerrten an den Leinen und strebten ins Lager, andere lagen mit gespitzten Ohren und wachem Blick. Nirgends Lastwagen; keine angelassenen Motore, nicht der spezifische Geruch des russischen Benzins. Sie wurden nicht gefahren, sie mußten laufen, so wie sie waren und nun anmarschieren – wer weiß wie weit und wohin.

Das Herz schlug mir bis zum Hals hinauf. Hier kamen meine Leute an. Die Staubwolke, die ihre scharrenden Füße aufwirbelte stieg bereits über ihre Häupter und kündete Dürre. Wenn sie durch das Tor hindurch waren, wenn dieses hinter ihnen geschlossen wurde, wem waren sie dann ausgeliefert?

Die Spitze scharrte heran, weiter hinter ihnen zog sich die Postenkette bereits um die letzten zusammen. Hauchdünn war die Grenze zwischen dem Raum, in dem sie sich – und wenn es auch nur ein Vierteljahr gewesen war – behütet und geborgen gefühlt hatten, und dem Draußen des letzten Ausgeliefertseins – Ausgesetzte, Futter für Straf-, Zwangs-, Arbeits- und Besserungslager.

Jeder Schritt, den sie von hier aus zum Dort taten, war ein Schritt über glühende Kohlen und schneidende Messer, sie waren für Äußeres abgestorben und hatten sich im innersten Bereich eingesiegelt, in dem es Empfindung nicht mehr gibt, sondern sich lediglich das Faktum Leben hält.

Aber sie waren ja alle meine Kranken, meine Leute gewesen, ich ihr Arzt, ein Mann wie sie, für sie. Ich begriff, was sich tat nur wenige Schritte, bald nur einer – dann würde das Hier sich überspannt haben und mit lautlosem Lärm zerreißen. Man mußte den Atem, die Luft anhalten. Nichts konnte man doch für sie tun. Schon gingen sie wie im Gleichschritt; ohne es zu wissen oder zu merken, ordneten sie sich ein. Tränen, seit einer Unendlichkeit wieder Tränen, schossen mir aus den Augen; ich drückte mich an den Mast und hielt mich an ihm fest. Ich wußte so genau, was ihnen fehlte und was sie brauchten.

Nur ein paar Meter noch waren sie entfernt, ich stand über ihnen. Einige hoben den Blick, sie sahen den Mann, kein Ruf zu ihm empor, kein Erkennen, nichts. Da wußte ich, was zu tun war. Ich ließ die Fahnenstange, nahm Haltung an, wie ich es niemals vor einem Dienstherrn getan hatte. Alle Muskeln, die ich noch hatte, spannten sich, und während mir die Tränen über die Backe liefen, legte ich die linke Hand an die Seite des Kittels und salutierte mit der Rechten. Direkt unter mir zogen sie vorbei; sie mußten mich sehen, und während ich meinen Scheitel mit den Fingerspitzen berührte, blickte ich ihnen mit weit aufgerissenen Augen, lidschlaglos entgegen, Reihe um Reihe zog vorbei. Es war merkwürdig still – vielleicht nur deshalb, weil ich im Banne stand und nichts vermerkte. Wir waren verbunden, mein Mund war leicht geöffnet.

Ich sagte nichts zu ihnen, wie sie auch nicht zu mir heraufriefen; aber ich schrie nach innen, als könnte ich auf diese Weise Trost und Hilfe übertragen: "Bleibt am Leben, Ihr alle! – Euer Herz wird es aushalten –

behaltet ihr den Mut, behalten Sie den Mut, nur den Mut – Herr Kühle – auf Wiedersehen in Münster. Sie Armer, Sie wissen nicht, wie Sie gezeichnet sind ... Bleib am Leben, Löffelbrigade! "

Nun waren sie hinaus; den Letzten nach hatte ich mein Gesicht zum Tor gewandt. Erschlagen und ermüdet wie nie zuvor fiel ich schlaff auf mich selbst zurück. Dort zog der einzige mit, der meine so umständliche Geschichte kannte und in ihrem Innern verstanden hatte. Kommt er heim? Komme ich nicht heim? Kommt er nicht heim? Komme ich heim? Kommen wir beide nicht heim ... kommen wir beide ...? Ich hatte den rechten Daumen mit der linken Hand umfaßt.

Der aufgewirbelte Staub sank wieder, ich stand noch an meinem Platz. Sie waren längst draußen. Sergeanten stemmten sich gegen die Torflügel und drückten sie zu. Sie knarrten anhaltend, aber nun vernahm ich, wie sie draußen angetrieben wurden, die Hunde heulten auf, die Gewehre wurden durchgeladen, und die monotone Stimme des Postenführers gab die übliche Verwarnung, daß auf jeden geschossen würde, der einige Schritte aus der Reihe machte. Alle hätten zu schweigen, kein Wort. Aufheulen der Posten, die die Kolonne mit Schimpfen und Fluchen in Gang brachten, scharrendes Marschgeräusch, das sich langsam entfernte. Weg.

Da sah der Djurni mich auf meinem Stand und trieb mich fort. Ich schlich zu meinen Arzneien und Binden.

Die späteren Jahre

Die Baracken waren gesäubert, verschlossen und versiegelt worden. Stacheldrahtumzäunt lagen sie wie ein Pflock im Fleische des Lagers, in dem nach und nach jede Äußerung eines freieren und gehobeneren Geistes erstickte.

Strenger bewacht als im Sommer zogen die Kommandos aus dem Tor hinaus zu ihren Arbeitsstellen, freudlos und abgeschlafft marschierten die Männer abends wieder herein. Wir im Lager Verbleibenden hatten tagsüber kaum noch etwas zu tun. Sowjetische Offiziere zeigten sich nur noch zu den Zählungen. Die Feldscherin Mascha demonstrierte völlige Gleichgültigkeit, und wir verstanden, daß wir sie nichts mehr angingen. Die Magnitowa war auf einem "Kursus".

Der Herbst ähnelte dem einzigartigen Sommer. Die vorangegangene Trokkenheit bewirkte jedoch, daß die Blätter an Bäumen und Sträuchern vorschnell gelb wurden und abfielen. Die dunklen Stunden mehrten sich, und wir alle waren davon überzeugt, lediglich auf Abruf gehalten zu werden.

September, Oktober, November 1950.

Der Abruf erfolgte an einem Novembertag so überraschend, wie dies mit allen in der Sowjetunion eintretenden Veränderungen zu geschehen pflegt. Immer wieder überrascht die Vielzahl der Varianten, die für eine im Grunde sich doch immer wiederholende Sache ausgetüftelt werden kann. Dieses Mal begann das Fest der ersten Strophe des Liedes von Sibirien spät am Abend.

Der Lagerfunk begann zu knacken und wirre Geräusche auszusenden; aus ihnen schälte sich der Befehl an die Barackenältesten zum sofortigen Erscheinen an der Wache heraus. Alle hatten schon gelegen. Fluchend stürzten sie sich in Hosen und Buschlats und verschwanden. In den aufgeschreckt Zurückbleibenden explodierte, von diesem Funken gezündet, die Gewißheit, wieder einmal der Stunde Null ausgeliefert zu werden.

Die Ältesten kamen gerade zurück, um erregt zu verkünden, alle, ohne Ausnahme hätten sich fertig zu machen und mit ihren Siebensachen sofort die Baracken zu räumen, als schon eine Horde der anscheinend zum Sträflingstransport prädestinierten und ihren Vorteil dabei gewinnenden Sowjetkalmücken ins Lager einbrach. Einige machten sich an die feierliche Wiedereröffnung der gesperrten, extraterritorialen Baracken, die Mehrzahl jedoch tobte durch die Unterkünfte und trieb die aus dem Schlaf gerissenen verwirrten Männer roh von Pritschen und Plätzen in die schon winterliche Nacht hinaus. Dabei heulten sie unverständlich wie die Wölfe, beherrschten aber das allrussische "Dawai, dawai" als intrasowjetischen Ausdruck fürs Antreiben aufs Beste und untermalten es mit Tritten und Stößen.

Die nur schummriges Licht verbreitenden Lampen waren von den Wilden kaum zerschlagen, da waren die Baracken schon geräumt, und wir bisherigen Bewohner befanden uns auf dem Wege zur umdrahteten Stätte letzter Expropriierung. Ob wir in der Eile des Aufbruchs Eignes, ob wir Fremdes zusammengerafft hatten, wußten wir nicht –, aber es war auch nicht von Bedeutung. Was wir wenige Wochen zuvor bei den Invaliden von draußen hatten ansehen müssen, erfuhren wir nun drinnen an uns selbst.

Wir drängten in die ausgeleerten Räume; zu Fünft und Sechst stürmten die uniformierten Herren der Situation nach und pferchten uns in einer Ecke zusammen. Die Mitte der Stuben gehörten dem Akt, die Querseiten den Vergewaltigten. Nur mit "von hüben nach drüben" konnten sie ihr Geschäft ordnungsgemäß wahrnehmen. Einige von uns schoben sich sacht in den Hintergrund, um erst dann, wenn die Filzer Ermüdungserscheinungen zeigten, an die Reihe zu kommen, andere drängten sich nach vorne, um die Sache – koste es, was es wolle – schnell überstanden zu haben.

Die Kalmücken waren plünderungswütig, ja geradezu plünderungssüchtig. Sie griffen sich ihren Mann, ließen ihn sich nackt ausziehen – und schon hatten sie das Hemd, die Unterhose, die er sich doppelt angezogen hatte. Aus Kästen und Beuteln verschwand jegliche auf Vorrat und Verdacht gehamsterte Lumpenware. Was aus Glas oder Metall war, wurde als gefährlich weggenommen, Papiere und letzte Photographien zerrissen, Brillen und Prothesen lachend zertreten. Nach goldnen Trauringen wurde gnadenlos gesucht – aber wer hatte schon noch einen.

Unter Gebrüll wurde bereits mehrmals dezimierte Habe erbarmungslos von Menschen nochmals dezimiert, die sich wie in einem Rausch befanden. Hatten sie sich an einem hinreichend ausgelassen, ihn bis zum letzten ausgepowert, dann stolperte er unter einem jähen Stoß in den Haufen, in dem sich schließlich die von drüben wieder zusammenfanden, während sich unter den verriegelten Fenstern an den Längsseiten der Stube ein Berg von Lumpen, Fetzen, von Bechern, Kochgeschirren und Löffeln – Messer und Gabeln hatten wir schon seit langem nicht mehr – häufte.

Als ich mich dem Räuber stellte, konnte ich mein Zittern nicht unterdrükken. Er griff nach meiner doppelbödigen Holzkiste, riß ihren Deckel auf und schüttete den Inhalt auf den Fußboden, während er mir den Behälter wieder zuwarf. In jähem Reflex schleuderte ich ihn über ihn hinweg zum Haufen des belassenen Gutes. Mein Mann fand kaum etwas Überzähliges oder Überflüssiges, stieß aber im Leinensäckchen mit dem Waschlappen, dem Stück Seife und dem hochgefährlichen, sofort enteigneten Blechkamm auf einen kleinen runden Taschenspiegel. Lachend ließ er ihn auf den Boden fallen, zertrat ihn und schob die Glassplitter mit der Stiefelspitze auseinander. Dabei kamen einige kleine Papierstückchen zutage, die das Interesse des aufsichtsführenden Offiziers weckten. Als er sie aufhob, entfaltete und sich bemühte, zu entziffern, was in kyrillischer Schrift darauf geschrieben war, bekam ich den ersten und auch einzigen Tobsuchtsanfall meines Lebens. Ich schrie und schimpfte, was die Lunge hergab – entdeckte er doch die Zettel, die ich während aller Jahre hatte verborgen halten können, indem ich sie auf der Spiegelrückseite unter einer Heftpflasterschicht verschwinden ließ.

Mein außerordentliches Geschrei, das auch bei meinen Kameraden Schrekken erregte, schien den Mann zu beeindrucken; er las das Gedruckte, betrachtete mich genau und schob die zerknitterten Blätter in die Tasche. Er war fremd und konnte nicht wissen, daß ich der Lagerarzt war.

"Entgehen wirst Du ihm nicht; er wird schon eine Gelegenheit zur näheren Beschäftigung mit Dir finden", dachte ich bei mir, wie ich es fünf Jahre zuvor schon einmal gedacht hatte, als man entsprechende "bumaga" bei mir entdeckt hatte.

Das war noch in Frankfurt an der Oder gewesen. Wir hatten im März 1946, bereit für den Abtransport in die Sowjetunion, nackt auf einem Exerzierplatz gestanden und unser Eigentum auf einer Decke vor uns ausgebreitet. Es war mir gelungen, meine wichtigen Scheine dennoch zu verbergen. Aber man darf sowjetische Perfektion auf bestimmten Gebieten nicht unterschätzen. Wir hatten uns angezogen, waren um einen Kasernenblock marschiert, da ließ einer das gleiche Entkleidungsmanöver wiederholen. Hierbei kamen die "Papierchen" beim Abwickeln der Wickelgamasche zum Vorschein, und ein triumphierender Soldat stürmte damit zur Kommandantur. Wenige Minuten später wurde ich von zwei Posten herausgeholt und abgeführt. Aber heiliges Rußland! Der Politoffizier, vor den sie mich führten, sah kaum von seinem Stuhl, sondern sagte:

"Nasad, zurück in das Lazarett, dort arbeiten."

Das tat ich auch, 14 Tage lang, wobei ich nochmals einige dieser Papiere an mich bringen und verstecken konnte. Irgendwann, irgendwo würden sie einmal einem von Nutzen sein können, glaubte ich.

Mit den Zetteln hatte es folgende Bewandtnis. Während des Winters 45/46 hatte ich im Lazarett der Hornkaserne in Frankfurt an der Oder den Heimkehrern, die beim Rücktransport aus Rußland noch im Waggon verstorben und als Tote zu uns gebracht worden waren, oder die, ohne daß wir ihnen noch helfen konnten, ihr Leben unter unseren Händen aushauchten, die Entlassungsscheine abgenommen, die sie als kostbaren Schatz bei sich trugen.

Diese Hornkaserne war der Umschlagplatz und damals die einzige Stätte, an der sich zwei Ströme begegneten, einmal der der schwerstkranken, zuschanden gearbeiteten und damit unbrauchbar gewordenen Rückkehrer aus der Sowjetunion und der Nachschub für sie. Die Transportzüge, die die einen brachten, nahmen die anderen mit.

Mit Hilfe der Entlassungszettel Verstorbener – einfacher Formulare mit dem Stempel einer Kommandantur und dem Laut nach in kyrillischer Schrift eingetragenen deutschen Namen – und einigen zusätzlichen Tricks konnten wir nicht wenige Kameraden, jedoch niemals Offiziere, vor der Reise in das Innere Rußlands bewahren und statt dessen über das Zivillazarett Frankfurts in die Freiheit dirigieren. Verständlich also, daß ich in der Hoffnung auf eine Wiederholungsmöglichkeit damals nicht verwendete Entlassungsscheine aufhob und versteckte.

Hatte ihre Entdeckung damals keine unangenehmen Folgen für mich, so auch dieses Mal nicht. Mein Plünderer stieß mich wütend zu den Ausgefilzten und Entblößten, die sich umständlich ankleideten und ihre belassenen Besitztümer zusammenklaubten. Ich tat desgleichen, nahm meinen Holzkoffer, klappte den Deckel zu und hatte wenigstens einen Sitz – einen Sitz auf meinen wieder einmal geretteten Niederschriften.

Als sich die Kalmücken die begehrenswerten Dinge aus der Beute herausgefischt und lange nach Mitternacht die Baracken verlassen hatten, verfielen wir, wie wir lagen und saßen, in einen bleiernen Schlaf. Nicht anders mochte Kühle ein Vierteljahr zuvor entleert und wahrhaft todmüde über Stunden hin auf seinem Rucksack gesessen haben.

In der Frühe brachten unsere Quälgeister jedem ein Stück Brot und einige Schalen, aus denen wir reihum Teewasser schlürften, ehe sie sie wieder einsammelten.

Rauhes Drängen; der Sonderzug wartet nicht. Fünferreihen, letzte Zählung am Tor. Krasnogorsk übergibt, Sibirien übernimmt. Posten mit der Maschinenpistole vor dem Bauch, hechelnde Wolfshunde. Wir trotteten einige Kilometer; durften nicht sprechen und hatten auch nichts zu sagen.

Außerhalb eines Bahnhofs die Kette der 50-Tonnen-Waggons mit einladend geöffneter Tür in der Mitte; altgediente Menschentransporter mit einem Blechöfchen im Zentrum, einer Kohlen-, einer Holzkiste, zwei Etagen fest eingebauter Pritschen links und rechts. Jeder Waggon ist für 50, 60 Mann bestimmt – und so viele zählen sie auch hinein. Wir verteilen uns auf Boden und Pritschen. Bald kommen sie am Zug entlang, schieben die Türen zu, haken die Griffe ein, verdrahten, plombieren, klopfen mit ihren Gewehrkolben alle vier Seiten, die Decke, den Boden von außen ab. Das gleißende Licht eines Scheinwerfers bestreicht den Zug von vorne nach hinten. Zwei Lokomotiven; ihre Sirenen heulen, vorne zuerst, dann Antwort von hinten, unvergeßlicher Taigaschrei. Der Zug ruckt an und fährt.

Seit der Verurteilung waren 11 Monate vergangen. So lange hatten sie gewartet, bis sie sich zur Vollstreckung entschlossen. Eine unausmeßbare Zeit lag vor uns; kaum einer wird die 25 Jahre, in die man uns jetzt hineinstieß, überleben können.

Hätten wir auf dieser Fahrt nach Sibirien gewußt, daß bereits die Hälfte der Gefangenschaft hinter uns lag, unsere Empfindungen wären wohl nicht anders gewesen, als sie jetzt waren. Dem, der sich ausgeliefert fühlt, bedeutet Zeit nichts; jedes Jahr, der einzelne Tag schon erscheint unerträglich. Er treibt wie in einem Nichts dahin - nirgends ein Ufer; dann und wann möglicherweise über einem Riff Wellenberge, die sich gischtend aus einem bleiernem Ozean heben. Erinnerungen werden unwesentlicher, blasser; die Zeit verliert ihr Gesicht.

Tagelang froren wir Stein und Bein.

Immerhin war Stalin um Gewinnung eines neuen Eisenbahnministers bemüht gewesen, und der hatte die Reisegeschwindigkeit wesentlich erhöht. 1945/46 hatten Transporte nach Sibirien fünf oder sechs Wöchelchen gedauert; wir schafften es in sieben Tagen. Damals mußten die Überlebenden bei jedem Halt Tote hinauskippen, ohne sie auch nur verscharren zu können. Von uns starb keiner.

Dennoch strengte die Reise sehr an; wir fast erfrierenden Männer scharrten uns eng um den meist eben nur noch glutenden Ofen, für den etwas Kohle und Holz am Tender einer der Lokomotiven nur dann besorgt werden konnte, wenn der Zug irgendwann einmal hielt. Dann öffnete die Begleitmannschaft – viel zu langsam, schrieen wir – die Türen, und wir fielen mehr als daß wir sprangen von den hohen Trittbrettern auf die schon hoch von Schnee bedeckte Bahnböschung hinunter, hockten uns, eng von den Posten umstellt, dicht am Waggon nieder, während die Essensträger zum Küchenwaggon gerufen wurden. Mühselig balancierten sie mit ihren schweren Bottichen voll Suppe und Tschai den ganzen Zug entlang über Stock und Stein zu denen zurück, die ihr Stolpern und Gleiten mit angehaltenem Atem verfolgten und jedes verschüttete Quantum mit Seufzern begleiteten. Schnell Abfütterung, etwas Bewegung im Freien. Schon wurden wir wieder in die Waggons getrieben und zur Zählung von einer Ecke in die andere getrieben. Neuerliches Verriegeln, allseitige Kontrolle; der Scheinwerfer kreiste, um den in den Lichtkegel zu bekommen, der etwa fliehend über weites, weißes Feld lief, um im fernen Wald unterzutauchen.

Im Waggon selbst hatten wir uns inzwischen auf den beiden Pritschenetagen eng und enger zusammengedrängt; jeder ekelte sich vor dem Boden, auf dem der Urin, der durch eine Rinne unter der Tür hinweg hatte abfließen sollen, sich ausbreitete und mit Asche, verschütteter Suppe und Spülwasser zusammenfror.

Auch ich war der durchdringenden Kälte des Bodens entflohen und nach oben gestiegen, wo ich mit gutem Glück einen zwar zugigen, aber dennoch befriedigenden Liegeplatz am kleinen Seitenfenster erlangte, das, wenn auch wie alles verdrahtet, dennoch einen Ausblick auf Tag und Dämmerung bot. Der Zug hielt am Bahnhof von Kasan; er blieb verschlossen, und keiner draußen konnte vermuten, daß er Menschenfracht enthielt.

Wir wechselten uns am Fenster ab und warfen einen Blick in den hellerleuchteten Speisesaal, hörten aus dem Radio eine helle Sopranstimme. Wir hielten lange Stunden; langsam glitt der Sibirienexpress vorbei. Abteil um Abteil, überall Licht –, und die Menschen bewegten sich frei.

Mit Hügeln kündigte sich zwei Tage später der Ural an; ich hatte ein Loch in das Eis auf der Fensterscheibe gehaucht und sah inmitten eines Friedhofes eine kleine, blau angestrichene Holzkirche. Freundlich und sauber lag sie unterhalb der Trasse im Morgenschein und weckte irgend etwas wie Zuversicht in mir. Vielleicht würde Sibirien doch erträglicher sein, als wir erwarteten.

Am Ende der Welt, so kam es uns wenigstens vor, wurden wir bald darauf ausgeladen. Durch tiefen weißen Schnee stampfte ein Zug dunkelgekleideter Männer bergan und hinein in ein leeres, eiskaltes, verwahrlostes Lager.

Hatte man in Krasnogorsk rigoros verhindert, daß wir verbotene und gefährliche Dinge mit hinausnahmen, so unterband man jetzt in Perwouralsk, nahe der Großstadt Swerdlowsk, mit aller Strenge, daß wir Konterbande einführten. Lebhaft berichteten die Transportbegleiter, welch schwere Verbrecher sie bisher zusammengehalten hatten, und die neuen Herren faßten mit aller Härte an.

Nach einer Quarantäne von acht Tagen, in der das Lager "in Gang zu bringen" war, begannen wir mit dem Aufbau eines Eisenwerkes, dessen riesige Hallen und Maschinen den Sowjets in der Mandschurei als Kriegsbeute zugefallen war. Japanische Kriegsgefangene hatten sie dort demontieren müssen, und an uns war es, das Werk aus seinen unendlich vielen Bestandteilen nach unzulänglichen Plänen und Zeichnungen und mit unzulänglichen Mitteln wieder aufzubauen. Weitgehend blieb die Arbeit den Ingenieuren und Montagearbeitern unter uns überlassen; allenthalben angebrachte japanische Schriftzeichen konnte keiner von uns und auch kein russischer Natschalnik entziffern. Innerhalb von drei Jahren entstand das Werk in "Zech-Tscha' auf klassischem Industrieboden. Beim Ausgraben der Fundamente stießen wir allenthalben in der Erde auf schwere Eisenrohlinge, und man erzählte sich, hier hätten schon während des Krieges russische Frauen unter freiem Himmel Geschütze hergestellt.

Nun marschierten wir täglich frühmorgens fünf Kilometer hin und abends wieder zurück und arbeiteten im Freien. Nur wenn es kälter als -35° C war und die Windstärke mehr als 4 betrug, durften wir im Lager bleiben. Dabei lernten wir, daß man auch bei minus 25°C ohne Handschuhe auskommt, sich aber dabei schon Nase und Wangen erfrieren kann, wenn nicht der gute Nachbar rechtzeitig warnt. Auch konnte man sogar die Lungen erfrieren, wenn man keuchend und tief luftholend schwere Lasten zu schleppen hatte. Im Sommer 1951 munterte man uns mit dem Hinweis auf, wir könnten sicherlich bald nach Hause; denn die Lager würden für die zahllosen Engländer und Amerikaner benötigt, die bei ihrem fehlgeschlagenen Aggressionsversuch in Korea gefangengenommen worden seien.

In den ersten Märztagen 1953 stürzte einer unserer Schornsteinmaurer in "Zech-Tscha" vom Gerüst und brach die Wirbelsäule. Auf dem Sanitätspunkt der Baustelle fungierte ich auch als Sanitäter und begleitete den Verunglückten, den wir auf einen gerade frei gewordenen Kipper gehoben hatten, auf der Fahrt in das Lagerlazarett. Die Straße war schneeglatt und voller Schlaglöcher; der Fahrer mußte sobald wie möglich wieder zurück sein und fuhr so schnell er konnte. Um die schmerzhaften Stöße abzufangen, legte ich mich unter meinen Mann; der Kipper hatte zuvor Aushub geladen, und die Blechwanne war schmutzig, naß und kalt. Vor dem Tor warteten wir lange, bis wir hinein durften, und ein weiteres Mal wiederum, bis die Einfahrt in die Hospitalzone gestattet wurde. Der völlig ausgekühlte, arme Kerl zitterte vor Schmerzen und wärmte sich, indem er aus Leibeskräften schimpfte. Ich hielt mit.

Auch im Hospital wurde er nicht sofort zum Arzt, sondern trotz meines Protestes zur Eingangssäuberung in die Banja gebracht, wo wir ihm Wattejacke, -hose, Walinki und Unterwäsche vom Leibe schnitten, was die schließlich hinzukommende Feldscherin zu einem Wutausbruch veranlaßte, hatten wir doch zweifellos ein Sakrileg gegen die sowjetische Häftlingskleiderordnung begangen und abgenutztes Staatsgut völlig ruiniert. Sorgsam säuberten wir unseren Maurer. Der Kapitänarzt erschien, enteilte aber nach einem flüchtigen Blick auf den Verletzten wieder. Doch unser deutscher Chirurg, Gefährte vieler Gefangenschaftsjahre, hockte sich neben mich, und während er den vor Schmerzen wimmernden Mann sorgfältig abtastete, flüsterte er mir nach einem schnellen Blick rundum zu: "Stalin stirbt – eben kam es im Radio -Schlaganfall."

Ich schaute ihn von der Nachricht benommen an, gleichzeitig breitete sich ein Gefühl ungeheurer Erleichterung über meinen ganzen Körper aus, und eine uneingeschränkte Freude ergriff mich. Ohne weitere Bemerkungen bemühten wir uns um unseren Patienten, hoben ihn vorsichtig von der Bank auf eine Trage und brachten ihn zum Röntgen und Gipsen.

Zwei Tage später war Stalin tot. Nur 24 Stunden darauf ging der Kulturoffizier vom Tor aus direkt in den Speisesaal, nahm das Bild des tief betrauerten "Vaters aller Werktätigen" von der Wand und aus dem prächtigen Rahmen. Er zerriß es und äußerte sich klassisch kurz: "Nje bolsche nada – nicht mehr nötig." Dann ging er.

Im Juni 1953 schwirren Gerüchte über eine Vorbereitung von Heimattransporten durch das Lager; aber es wird von einem Tag zum anderen von der Außenwelt hermetisch abgeschlossen. Man hält die Post zurück, und auch das "Neue Deutschland", das Organ der Sozialistischen Einheitspartei Deutschlands, die wir bisher als einzige deutsche Zeitung in das Lager bekamen, wird nicht mehr ausgeliefert. Die Russen verhalten sich uns gegenüber feindselig wie lange nicht mehr und schimpfen: "In Deutschland wollen Reaktionäre und Faschisten die Volksdemokratie vernichten – Verbrecher wie Ihr. Für Euch gibt es kein 'damoi' mehr, niemals lassen wir Euch weg."

Im September des Jahres überfällt mich auf der Baustelle ein schwerer, anhaltender Schüttelfrost, der mich fast zu Boden wirft, so elend ist mir von einem Augenblick zum anderen zumute. Ich komme allein nicht mehr weiter, ein Wagen ist nicht da, so lassen es die Posten zu, daß ich zwischen zwei Kameraden hängend zum Lager geschleppt werde. Unstillbar, blutige Durchfälle stellten sich ein, und ich verfiel binnen weniger Stunden völlig. Die trockne Zunge versagte im speichellosen Mund ihren Dienst; ich konnte kaum noch sprechen. Die Augen traten tief in die Höhlen zurück, und Darmkrämpfe plagten mich unaufhörlich. Ich lag mit angezogenen Beinen, bemüht sauber zu bleiben, ohne daß es gelang. Von oben bis unten fühlte ich mich wund und winselte ab und zu tief aus dem Halse heraus.

Als Professor Ohnacker und die Sanitäter mich nachts aus der Ambulanz, in der sie mich gewärmt und mir Tee einzuflößen versucht hatten, in das Lazarett hinübertrugen, war kaum noch Staat mit mir zu machen, und ich fühlte mich selbst am Ende. Nicht anders waren mir schon genug Kameraden unter den Händen gestorben.

Über die erste Ruhr seit einigen Jahren geriet die Sanitätsabteilung der gesamten Lagerverwaltung in helle Aufregung, und ich wurde streng isoliert. Eine Ansteckungsquelle konnte nicht gefunden werden, und es erkrankte außer mir niemand.

Im Zentralhospital gab es das Erforderliche und deutsche Ärzte, die mich kannten. Eine Infusion von physiologischer Kochsalzlösung, zu der man viele Spritzen benötigte, ersetzte innerhalb einiger Tage den enormen Verlust an Körperflüssigkeit; der Darm wurde mit der guten, alten, gewöhnlich streng unter Aufsicht gehaltenen Opiumtinktur ruhig gestellt, ich fastete, und aus Swerdlowsk brachte man ein modernes sowjetisches Sulfonamid. So überstand ich, dämmerte Tage lang vor mich hin und war eingeschlossen im Isolator, den lediglich der Arzt und zwei Sanitäter betreten durften.

Von der Angst, die während dieser Zeit das gesamte Lager ergriffen hatte, erfuhr ich erst viel später. Die Hälfte der Gefangenen war urplötzlich zum Heimtransport aufgerufen worden, und alle mußten befürchten, daß daraus wieder einmal nichts würde, wenn alle des Ruhrfalles wegen unter Quarantäne gestellt würden. Aber irgendeine Dienststelle erwies sich als großzügig oder sagte: "Nitschewo". Sie durften durch das Tor und kamen zur Weihnachtszeit zuhaus an.

Ich hatte sowieso nicht auf der Liste gestanden, so daß mir nichts entgangen war; aber Ohnacker und viele Ärzte und andere gute Kameraden waren unter den Glücklichen.

Auch Heinrich Kühle fuhr mit dieser Entlassungswelle von Stalingrad nach Münster in Westfalen heim, wo eine Professur auf ihn wartete, die er nach besten Kräften versah, obgleich er niemals wieder gesund wurde. Seine Manuskripte über Albertus Magnus und Nikolaus von Cues, die er als verloren angesehen hatte, waren von einem Freund gerettet worden, und er konnte sie abschließen. Ungeschrieben blieben seine Briefe an große Deutsche, an Martin Luther, Goethe, Bismarck und andere; zu Fetzen zerrissen ließ er seine Sonette in einem der Lager zurück und konnte sie nicht mehr nachdichten. Als er 1966 zum Sterben kam, reiste der schwäbische Professor Holzapfel zu ihm, um für den katholischen Professor die Sterbegebete zu sprechen. Sie waren einander als Gefangene über die Reformation hinweg nahe gekommen. Wir setzten ihn im schlichten Geistlichengrab in Münster bei, dessen Dom dem Mann aus Duderstadt und Hildesheim, dem Alumnen und Studenten in Münster, dem Dozenten in München und Domherrn von Braunsberg, dem Armeegeistlichen und Kriegsgefangenen schließlich Heimat geworden war. Er hat mir mehr geholfen, als ich ihm hatte helfen können.

Habent sua fata – tempora! Die Zeitläufe haben ihren eigenen Gang; Geschehnisse verlieren sich unter Vorkommnissen; doch die weitereilende Zeit zeugt Perioden, in denen sie erneut Gewicht, Leben und Blut bekommen und ein gebieterisches Verlangen entsteht, sie zu erwecken und darzustellen. Wieder welche waren wenigstens zu Hause.

Ich fand mich einmal mehr zum Skelett abgemagert; Unterschenkel und Füße waren voller Wasser und unangenehm schwer. Mit Hilfe der Hände winkelte ich die Beine mühsam an, bis die Knie spitzig aufragten und verfolgte mit den Blicken die Fliegen, die im Isolator eigentlich nichts zu suchen hatten.

Ein Reifen preßte mir die Stirn zusammen, Nebel wallten vor den Augen; ich blieb apathisch und auf Hilfe angewiesen. Jedoch das Fieber ließ nach, die Krankheitsgriffe wurden ausgeschwemmt; Magen, Darm, Blase begannen zu funktionieren. Die Kanten von Kreuzbein und Beckenknochen stießen durch die Haut; Geschwüre bildeten sich, aber auch sie heilten ab. Man wendete mich von einer Seite auf die andere und äußerte sich zufrieden, als sie nicht mehr fünfmark-, sondern nur noch pfenniggroß waren. Die liebe kranke Lunge hatte in der allgemeinen Körperschwäche wieder einmal ihre Chance erkannt und sich gerührt. Ich spuckte Blut. Auf irgend-welch rätselhafte Weise wurden aber nach den Ruhr- auch die Tuberkelba-zillen aus dem Felde geschlagen. Die Diktatur der Reaktionslosigkeit schien sie zu bannen, und ausgehungert zogen sie sich in ihre alten Narbennester zurück. Ein kleiner Sieg folgte dem anderen. Ich lag da als ein von grauer, schuppender Haut überzogenes Gesperr, an dem nicht einmal die Nägel und kaum noch die Haare Nährstoffe zum Wachstum fanden, und das dennoch Wiederkehr der Lebenskraft fühlte.

Sulfonamide, in großen Dosen geschluckt, heilen Ruhr, und sie taten es auch bei mir, – aber häufig genug verursachen sie als Zugabe Nervenlähmungen. Eine solche blieb bei mir nicht aus. Beine, Bauch- und Rückenmuskeln versagten den Dienst. Was ich zunächst für Schwäche gehalten hatte, war Lähmung, und ich wartete, ob sie aufstieg und mir schließlich das Atmen und damit das Leben überhaupt unmöglich machen würde.

Unregistriert waren 1945/46 Unzählige gestorben, verscharrt und irgendwo im weiten Rußland bis auf die Knochen vermodert. Ich gehörte zu dem registrierten Rest, war gezählt worden, zählte und wollte mit einem Male zählen. Ein blutheißer Strom durchrann mich vom Kopf bis zu den Knien. Ich wollte wieder und überwand das Tief des völlig Abhängig- und Ausgeliefertseins. Wie Würmer krochen Muskelreste unter der Haut über die Schenkelknochen; kniff man sie, dann zogen sie sich unwillig-träge zusammen und wurden fest. Ich begann sie, ehe sie völlig verkümmerten, auf diese Weise zu trainieren und zu größerer Eile anzuregen. Als sie gehorchten, konzentrierte ich mich auf die großen Zehen und vermochte sie wirklich nach einigen Tagen ein wenig zu heben. Ich fühlte mich nicht mehr ganz gelähmt. Die Zehen, dann die Füße: auf – nieder – nach links, nach rechts –

jeden Tag etwas mehr. Krümmen, Greifversuche mit den anderen Zehen, Emporrutschen der Unterschenkel auf dem rauhen Nessel des Bettuches. Ich klopfte auf die schlaffe Rückseite der Oberschenkel, und die Kniegelenke bewegten sich. Zwar wurden die Muskeln selbst um keinen Deut umfangreicher, aber sie gehorchten, solange ich nicht allzusehr ermüdet war. Mit Hilfe der Ellbogen richtete ich mich auf; nach einigen Tagen ging es ohne ihre Unterstützung. Ich streckte mich, saß und fiel beglückt wieder auf das Kopfkissen zurück.

Währenddessen regierte draußen der Winter und warf an den Barackenwänden Schnee hoch; ich friere unter einer dünnen Decke und im kurzen Nesselunterzeug erbärmlich; denn das abseits gelegene Einzelzimmer kann kaum geheizt werden. Aber gerade dies zwang mich weiter; hatte ich zunächst lediglich können wollen, so wollte ich jetzt das Wiedererlernte auch nutzen. 10-, 20-, 100-, 200 Mal stemmte ich die Füße gegen das Brett am Fußende des Bettes, damit sie sich nicht nur bewegten, sondern auch Tragekraft gewännen. Eines Tages glaubte ich, stehen zu können. Allein glitt ich aus dem Bett, tastete mich auf den Fußboden hinunter und lag schon da; das Gebein trug das Skelett noch nicht. Atemlos rappelte ich mich irgendwie wieder ins Bett und unter die Decke. Beim nächsten Mal angelte ich mir meinen Stuhl, stützte mich auf seiner Lehne fest ab und schleuderte das linke, dann das rechte Bein nach vorn. Es gelang und ich konnte hinter der Stütze, die ich vor mir herschob, einige Schritte machen. Von der Stube wagte ich mich auf den Gang, wohin man den Isolierten zunächst nicht lassen wollte, bis ich es nachts versuchte, wenn der nachtwachende deutsche Sanitäter beide Augen zudrückte.

Große Fortschritte: 20, 40, 60 Schritte, hinter dem Stuhl, mit zwei Krücken, mit zwei, dann mit einem Stock, schließlich ohne ein Hilfsmittel; nur ab und zu stolperte und fiel ich, weil ich die Fußspitzen noch nicht mit ausreichender Sicherheit heben konnte. Als ich 100 Schritte zu gehen vermochte, meinte ich, das sei genug und betrieb meine Entlassung aus dem Isolator. Doch man ließ mich warten, bis alle Stuhlproben negativ waren; es könne mir wohl passen, Sabotage zu treiben und das ganze Lager zu infizieren.

Aber eines Tages wurde ich doch vor das Kollegium medicum sowjeticum gestellt und aus dem Lazarett hinauskommissioniert. Im Lager waren viele Plätze frei geworden; manch vertrauter Kamerad ist zu Hause.

Der Winter war noch lange nicht gebrochen; ja, die großen Schneefälle kamen erst im Januar und Februar 1954. Tag um Tag müssen die Wege von Baracke zu Baracke freigeschaufelt werden. Und ich, ein noch sehr Unbehilflicher kam nur mit großer Anstrengung hierhin und dorthin. Ein dicker Ast diente mir als Stütze, und ich wanderte von Baracke zu Baracke, zu einer Tür hinein, zur anderen hinaus, bis ich wieder an meinem Platz eintraf.

Als mit Frühlingsbeginn die Schneeschmelze einsetzte, konnte ich trotz Schlamm und Nässe innerhalb des Stacheldrahtzaunes die Runden um das Lager aufnehmen. Noch war ich unsicher, taumelte ich und glitt aus. Mein Gang glich dem eines plumpen Bären und nur mein stützender Ast bewahrte mich vor bösem Fall. Für einen Rundgang benötigte ich etwa 800 Schritte, nach und nach schaffte ich fünf, zehn, ja zwanzig Runden. Die Wiederkehr des Gefühls vollzog sich langsamer als die Beweglichkeit und Kraft. Immer noch stolperte ich über den eignen Fuß und stemmte mich, liegend oder knieend mit den Händen an den Oberschenkeln hinauf, bis ich zum Stand kam – schweißnaß, erschöpft, mit fliegendem Puls, aber stolz, daß ich es aus eigener Kraft geschafft hatte. Bald folgten Geschicklichkeitsübungen wie das Holen des Tees für die Stube, das Balancieren des Brettes mit den Brotrationen. Aber noch fehlte es mir an Kraft im Rücken, ich konnte mich, wie gesagt, nicht ohne Weiteres aufrichten.

So fragte ich den Banjawärter, Wäschereimeister und ehemaligen Major August Drießen, in dessen warmer Behausung ich auf meinen Übungswanderungen regelmäßig einkehrte, ob ich ihm beim Holzhacken behilflich sein könne. Bedenken wegen der Geschicklichkeit hatte ich nicht, da Arme und Oberkörper ja nicht gelähmt gewesen waren, allenfalls haperte es mit der Standfestigkeit beim Zuhauen. Zunächst begann ich mit der Zerkleinerung von Holzscheiten zu Spänen, wie sie zum Anheizen benötigt wurden. Das hierzu verwendete Tannen- und Fichtenholz splitterte gut.

Mit sparsamen und genauen Beilschlägen schichtete ich in kurzer Zeit hinreichende Mengen. Schon bald wagte ich mich an die Baumstämme, die mit der großen langstieligen Axt oder mit Hammer und Keil anzugehen waren. Zunächst fehlte mir die Kraft, und ich konnte nur ein- oder zweimal zuschlagen, ohne vom Schwung der Axt hintenüber gerissen zu werden. Doch wuchs mir allmählich eine gewisse Kunstfertigkeit beim Ausbalancieren zu, und ich vermochte fünf-, sechsmal zuzuhauen, bis die Pulse im Schädel klopften und ich mich, schwindlig geworden, abstützen mußte. Dabei nahm ich kaum an Gewicht zu, wurde aber insofern fester, als sich das Wasser aus den Beinen verlief und einem Fleischansatz Raum gab. Überhaupt baute sich mein Körper um; während andere Muskeln sich verschmächtigten, verstärkten sie sich an Oberarmen und Oberschenkeln. Ich mußte mich selbst darüber wundern, daß dies bei einem so geringen Vorrat an Fleisch überhaupt möglich war. Jedoch wuchs darüber meine

Zuversicht, und ich machte mich an die härteste Prüfungsarbeit für einen Holzhacker, nämlich an die Zerkleinerung von Wurzelstümpfen.

Offensichtlich gibt es eine Hierarchie für die Zuteilung von Holz, das allsommerlich in ungeheuren Mengen aus der Taiga für den Winterbedarf herangeflößt und gefahren wird. Je höher die Dienststellen, desto besser die Stämme und Hölzer, die ihnen zugeteilt werden. Also blieben verständlicherweise für Gefängnisse und Lager Pappeln mit ihrem nassen und minderen Holz, Espen und kleine Birken, die jedoch wegen ihrer gut brennenden Rinde geschätzt wurden, und vor allem die zum Teil monströsen Wurzelstöcke. Jeder von diesen wollte auf seine spezielle Weise behandelt werden, was, besonders wenn er gefroren war, einen Blick für Härte, Faserzüge und Risse, von denen aus er gespalten werden konnte, erforderte. Man konnte sich zu Tode hacken, auch übel verletzten, sich jedoch auch einfühlen und die hohe Schule der Holzzerkleinerung mit geringstnötigem Kraftaufwand erlernen. Als ich sie einigermaßen beherrschte, fühlte ich mich gesund. Seit Krankheitsbeginn waren sieben Monate vergangen. Der Frühling 1954 begann, und ich wurde wieder arbeitsfähig geschrieben. Das Lager war, wie gesagt, seit dem Herbsttransport schwach besetzt und rentierte sich anscheinend nicht mehr. So war es kein Wunder, daß wir eines Abends beim Einmarsch einige Baracken von den unseren abgetrennt und eng mit Neuankömmlingen besetzt fanden. Wir durften keine Verbindung zu ihnen aufnehmen, weil es sich um Schwerkriminelle handele, die zudem in Quarantäne waren.

Aber es ließ sich nur für wenige Stunden verheimlichen, daß es auch Deutsche waren, unsere Kameraden, die, 1950 von uns getrennt, nach Stalingrad verfrachtet und im Herbst 1953 einer Repatriierung für ebensowenig würdig gehalten worden waren wie auch wir. Auch sie hatte man vor uns Verbrechern gewarnt. Begrüßungsfreude, Neuigkeiten – gute Mitteilungen über die, die schon heimkamen, sehr traurige auch. Von Wangenheim war tot aufgefunden worden; wir dachten an seine Bemerkung, er werde sich nicht das Leben nehmen, auch wenn sie ihn allzusehr drangsalierten.

Die Umschichtung ging weiter; schon im Sommer wurde ein Teil der Mannschaft von Perwouralsk in das sogenannte "Gummilager RTJ" am Rande von Swerdlowsk verlegt, wo man Hilfsarbeiter benötigte. Ich kam mit hinüber und wurde, da die meisten deutschen Ärzte inzwischen heimgekommen waren, zum ersten Male seit dem Moskauer Sommer 1950 wieder ärztlich eingesetzt und übernahm die Ambulanz.

Hatte ich in den drei Jahren als Schwarzarbeiter draußen vornehmlich Krankheitsberatung betrieben, das heißt Ratschläge zur Vortäuschung arbeitsbefreiender Krankheitserscheinungen erteilt, so konnte ich mich jetzt von einer anderen Warte darum kümmern. ich entwickelte einige medizinisch-simulatorische Phantasie; denn ich wollte verhindern, daß auch nur einer der schon genügend Geschädigten weiterhin Schaden erfuhr.

Unerträglich langsam schlichen die Tage dahin. Daß sich durch die Pakete aus der Heimat unsere allgemeine Gesundheitssituation besserte, konnte Ungeduld und zunehmende Unruhe nicht mildern. Einer nach dem anderen setzte sich einen Tag, von dem an er nicht weiter leben wollte.

1955: eine Woche, zwei Wochen, drei, vier Wochen – Montag – Dienstag – Mittwoch – Sonntag, schließlich September!

Bundeskanzler Adenauer kommt nach Moskau. Man zeigt uns die Tagesschau. Ein alter Herr geht aufrecht die Gangway hinunter. Unsere Fahne, unsere Nationalhymne – zum ersten Male seit mehr als 10 Jahren, ohne daß sie geschmäht wird.

Die Augen brennen.

Morgens, mittags, abends: Bulganin sagt:

... das sind Menschen, die nach den humansten Normen und Regeln in Gewahrsam bleiben müssen. Das sind Menschen, die ihr Menschenantlitz verloren haben. Das sind Gewalttäter, Brandstifter, Mörder von Frauen, Kindern und Greisen.

Sie sind entsprechend durch das sowjetische Gericht verurteilt und können nicht als Kriegsgefangene betrachtet werden. Das sowjetische Volk kann nicht die schweren Verbrechen vergessen, die von diesen kriminellen Elementen verübt wurden.

Chronik einer verzögerten Heimfahrt

Am 21. Dezember 1955 diktierte Bundeskanzler Adenauer folgenden Brief:

Bundesrepublik Deutschland Bonn, den 21. Dezember 1955

Der Bundeskanzler

Sehr geehrter Herr Knappik!

Mit Schreiben vom 12. Dezember 1955 haben Sie – gleichzeitig im Namen der mit Ihnen heimgekehrten Kameraden – mir Ihre Grüße und guten Wün-sche übermittelt. Ich danke Ihnen und Ihren Kameraden herzlich für die aus Ihren Zeilen sprechende Gesinnung. Ihr Brief und auch die beiden mir übersandten Bilder von der am 26. November 1955 abgehaltenen Feierstunde haben mir aufrichtige Freude bereitet. Sie wissen, daß es für mich bei meinen Verhandlungen in Moskau ein echt menschliches Anliegen war, die Befreiung aller noch in der Sowjetunion zurückgehaltenen Deutschen zu erwirken.

Mit besten Grüßen an Sie und

alle Ihre Kameraden

Adenauer

Diesem Schreiben war ein anderes vorangegangen, das wir während unserer schließlichen Heimfahrt, am Tage vor Überschreiten der deutschen Grenze abgefaßt hatten.

In Friedland wurde der Brief dem Beauftragten der Bundesregierung mit der Bitte übergeben, ihn und zwei Bilder für den Bundeskanzler nach Bonn mitzunehmen. Er hatte folgenden Wortlaut:

Sehr verehrter Herr Bundeskanzler!

Mindestens zehn Jahre lebte ein jeder von uns als Gefangener, und keiner ist darunter, der nicht bereits mehrere Male sicher damit rechnete, zur Rückkehr in die Heimat aufgerufen zu werden, bis er dann plötzlich doch wieder furchtbar enttäuscht und in ein oft viel härteres Gefangendasein zurückgeworfen wurde als zuvor. Der Gedanke "Niemals wieder in die Heimat", Mißtrauen, Hoffnungslosigkeit neben irrlichternden Hoffnungsräuschen, das waren die Lasten, die wir immer neu auf uns zu nehmen hatten.

So haben wir auch jetzt am 14. Oktober auf der Heimreise, schon westlich Moskaus, die völlige Ungewißheit unseres Daseins noch einmal im ganzen Ausmaße zu fühlen bekommen, als wir unvermutet angehalten, ausgeladen und zwangsinterniert wurden.

Wieder einmal bestätigten sich unsere früheren Erfahrungen, und voller Mißtrauen sahen wir in die Zukunft. Dann aber begannen wir nach Überwindung des ersten Schocks um die Wiederherstellung unseres offenbar schwer verletzten Rechtes zu kämpfen; denn wir waren ja nicht mehr "Gefangene und Verbrecher", sondern amnestierte und freie deutsche Staatsbürger, die im Zuge eines politischen Schrittes zurückgehalten wurden, weil ihre Regierung angeblich gewisse Bedingungen nicht erfüllt habe.

Wir waren abgeschlossen, unterrichtet nur durch Nachrichtenfetzen aus Deutschland, aber wir wußten, daß in dieser Sache unser ganzes Volk hin-ter uns stand und von sich aus alles tun würde, um uns endgültig zur Heimkehr und Freiheit zu verhelfen.

Nach dem Beispiel, das Sie uns, Herr Bundeskanzler, in Moskau gaben, haben wir in unserem kleinerem Maßstabe offen, deutlich und sachlich in direktem Verkehr mit dem Ministerium des Inneren der UdSSR und brieflich bei den Leitern der sowjetischen Regierung insgesamt und einzeln unsere Überzeugung vertreten, daß es in Friedenszeiten unmöglich sei, Bürger eines Landes in einem anderen im Widerspruch mit eigenen Erklärungen als Geiseln zurückzuhalten, nur weil zwischen den Regierungen beider Länder Differenzen bestehen, an denen diese Bürger schuldlos sind. Wir haben auch versucht, unseren Botschafter oder den Herrn Außenminister der Bundesrepublik von unserer Situation zu unterrichten, nicht so sehr deshalb, daß er unsere Befreiung erwirke, sondern um unsere Isolierung zu durchbrechen. Denn wir waren zu sehr davon überzeugt, daß es, wenn wirklich solche Differenzen bestehen, um übergeordnete Interessen des Deutschen Volkes, um weitgreifende zukünftige Beziehungen ginge. Diese aber wollten wir niemals u n s e r e m persönlichem Interesse geopfert sehen.

Wir möchten es auch nicht unterlassen, Sie davon zu unterrichten, daß wir während dieser Internierungszeit von Seiten des Ministeriums des Inneren der UdSSR völlig korrekt und großzügig behandelt wurden. Das wurde von uns stets offen anerkannt.

Heute nun, Herr Bundeskanzler, in dem Augenblick, da wir deutsches Reichsgebiet betreten und auf alten deutschen Stationen warten, bis wir während der Nacht durch Ostdeutschland fahren können, vereinigen wir Heimkehrer des Moshaisker Lagers 5110/60 uns zum Dank an Sie mit unseren Unterschriften. Wir danken Ihnen nicht nur dafür, daß Sie während Ihres Besuches in Moskau den entscheidenden Anstoß für die Befreiung von uns letzten deutschen Gefangenen gaben, sondern auch für Ihre Worte und Ihr Wirken dort. In dem furchtbaren Auf und Ab der politischen Ereignisse in den letzten Jahren, das wir mit allen Fibern unserer Seele empfanden, weil ja unser Leben davon abhing, gaben Sie uns zum ersten Male in unsere Gefangenschaft hinein das Gefühl, daß unser Vaterland wieder Geltung bekommen hat und stark genug wurde, nach allen Seiten hin die Fol-gen des Krieges zu beseitigen.

Dürfen wir Ihnen deshalb, Herr Bundeskanzler, unseren Dank nicht nur mit diesem Brief abstatten, sondern auch mit dem kleinen Geschenk von zwei Bildern: einem Plakat, das uns am 26. November zur gleichen Stunde zusammenrief, als am Kriegsgefangenengedenktag die Heimat unserer gedachte, und der Wiedergabe unserer Versammlung, als wir seit zehn Jahren wieder unserer Toten in der Heimat und in Rußland gedenken konnten.

Wir haben nichts besseres als diese Gaben, wenn nicht die aus vollem Herzen kommenden Wünsche glücklicher Männer, daß Ihnen noch manche Jahre voller Gesundheit und Frische beschieden sein möchten zur Weiterführung und Vollendung Ihres Werkes, zum Nutzen und Glück unseres Volkes.

Im Namen und Auftrag von 596 Männern unseres Transportes, die anschließend unterzeichnen.

Ihre sehr ergebenen

(Unterschriften)

Dies ereignete sich ein Vierteljahr nach der Rückkehr des Bundeskanzlers von den Verhandlungen in Moskau, die fast gescheitert wären, als Bulganin jenes Pauschalurteil über 10.000 Männer aussprach.

Sein Faustschlag galt wahrscheinlich weniger diesen als Adenauer und sollte ihn zum Zurückweichen veranlassen. Aber er verfehlte seinen Zweck, und so gaben Chruschtschow und Bulganin schließlich ihr feierliches Ehrenwort, daß sie die letzten zurückgehaltenen Deutschen aus der Hand geben würden, wenn die Bundesrepublik Deutschland dem Austausch von Botschaftern zwischen Moskau und Bonn zustimmen würde.

Es gehörte zu den großen Leistungen Adenauers, erkannt zu haben, daß in diesem Fall das Ehrenwort der beiden Sowjetführer bindender war als ein ausgehandelter schriftlicher Vertrag.

Das Verdammungsurteil hatten wir zu hören bekommen, von dem Ehrenwort hingegen erfuhren wir nichts. Infolgedessen mußten wir die Verhandlungen für gescheitert und unser Schicksal auf die Dauer für besiegelt halten.

Dafür sprach auch, daß sich nach dem Abflug Adenauers am 14. September nicht änderte, die Tage nahmen ihren Verlauf, wie sie ihn seit fünf und zehn Jahren genommen hatten. Davon, daß sich dies bis zu unserem Lebensende nicht mehr ändern würde, waren wir jetzt überzeugt.

Dann aber kam die Wende in einer Weise, wie sie banaler nicht gedacht werden kann. Der russische Lagerkommandant, Major Simonowski, offenbarte einem seiner Günstlinge, er werde ein Faß Bier in das Lager bringen lassen; denn wir würden amnestiert und "skoro" nach Hause geschickt.

Der Mann, der diese Äußerung im Lager verbreitete, begegnete ungläubigem und zornigem Gelächter. Wir fühlten uns zusätzlich verhöhnt und zum Narren gehalten.

Aber am späten Abend des 25. September wurde doch ein Faß ins Lager gefahren und mitgeteilt, jeder könne einen halben Liter Bier kaufen.

Weniger das Bier, als dieses so außerordentliche Ereignis an sich, brachte alle auf die Beine, und von Baracke zu Baracke ging in der warmen Herbstnacht ein reger Verkehr.

Die Hoffnung des sich verlorengeglaubten Haufens stieg von einer Stunde zur anderen ins Ungemessene; alle waren von tiefer Erregung ergriffen, die erblassen machte und bis in die Herzen drang. Und dann ging es wahrhaftig Schlag auf Schlag. Der nächste Tag wurde zum letzten Arbeitstag, das

Werkzeug im Magazin der Fabrik abgeliefert, und von einem Kommando lediglich noch Holz für die Pritschen des Transportzuges geschnitten.

Der Hoffnung folgte alsbald der Rückschlag; denn die Hälfte der Belegschaft wurde aufgerufen. Die einen marschierten zum Tor hinaus; statt ihrer rückten andere ein, darunter Bekannte und Freunde aus früheren Jahren, die jetzt hier zusammengezogen wurden.

Wieder einmal das wohlbekannte und berüchtigte Spiel des "na laevo – nach links gehen". Eine Hälfte kam weg, die andere blieb zurück. Aber wer konnte ausmachen, welche die Teufel waren, die gebunden wurden, und welche – nein niemals Engel – sondern nur die mit den besseren Aussichten auf Heimfahrt?

Unergründbares Geheimnis; in diesem Reiche ist es nun einmal so, daß man zehn mitnimmt, wenn man einen haben will.

Doch schienen wir "richtig" zu liegen; von den 1000 Männern, die wieder zusammengekommen waren, wurden 600 am 28. September zum Transport aufgerufen. Ich war, wie noch stets, nicht dabei. In seltsamer Wiederholung eines Rituals, das ich bereits bei der Gefangennahme im Mai 1945 in Berlin kennengelernt hatte, schlug der bisher gezeigte Haß in die Demonstration von Freundschaft um. Wie damals wir Neugefangenen, so wurden die zur Heimkehr bestimmten Altgefangenen jetzt zu einem Bankett gebeten, zu welchem die Nahrungsmittel, Köche und Bedienerinnen aus Swerdlowsk herbeigebracht wurden.

Hohe Offiziere von der Zentralverwaltung stellten sich zur zeitweiligen Verbrüderung vor endgültiger Verabschiedung ein. Am Fest, das im Speisesaal stattfand, nahmen von den Deutschen nur diejenigen teil, die sich schon immer angebiedert und früher einmal zu speziellen Diensten gestanden hatten, sie, die immer bereit waren, in Gegenwart des Gegners zu vergessen, sich aber, waren sie ihm aus den Augen gekommen, lauthals und übelwollend zu erinnern.

Die Mehreren saßen in einem unguten Gefühl, weil sie die anscheinend Glücklicheren waren, in den Stuben neben den nicht Aufgerufenen. Namen, Adressen und Mitteilungen wurden ausgetauscht und ins Gedächtnis eingeprägt.

Am folgenden Tag zeigte sich: sie schienen wirklich heimzufahren. Sie waren zum Tor hinaus, und wir Verbliebenen kletterten auf die Dächer der Baracken, von denen aus man die Strecke erkennen konnte. Wirklich: in der hellen Mittagssonne fuhr der Zug vorbei. Die Freunde drängten sich in den offenen Türen der großen Waggons. Sie winkten, wir winkten, solange etwas zu sehen war.

Erneut lange Tage unruhiger Erwartung, unterbrochen von den Erzählungen derer, die mit sowjetischer Begleitung Swerdlowsk besichtigen durften. Sie waren im Kino, im Konzert, in Gastwirtschaften, hatten mit Russen gesprochen, die in ihnen zunächst Delegierte aus Ostdeutschland sahen, dann erstaunt waren, aber gesprächsbereit blieben, als sie erfuhren, daß zehn Jahre nach Kriegsende noch Kriegsgefangene vor ihnen standen.

Wer Geld hatte, konnte einkaufen; einige erstanden Radiogeräte, die sich wenige Wochen später als unheimlich dienlich und wertvoll erweisen sollten. Andere entzogen sich ihren Begleitern und suchten die Söhne volksdeutscher Familien auf, die sie bei der Arbeit in der Fabrik kennengelernt hatten. Diese stammten aus der Südukraine und waren bei Kriegsbeginn nach Swerdlowsk verbannt worden. Die Väter waren zumeist verschollen, einzelne sollten in Deutschland leben; geblieben waren die Mütter mit ihren inzwischen herangewachsenen Kindern. Insgesamt handelte es sich wohl um 3000 Seelen. Erst seit einem Jahr durften sie sich in und um Swerdlowsk "frei" bewegen, nachdem sie bis dahin hinter Stacheldraht gelebt hatten und unter Bewachung zur Arbeit geführt worden waren. Jetzt endlich konnten sie auch andere Berufe als die eines "Schwarzarbeiters" erlernen und ausüben. Nach wie vor lebten sie in großer Armut, nichtsdestoweniger nahmen sie die "Gefangenen" gastfreundlich auf, und diese fühlten sich in ihrer Mitte wohl.

Die Aufregung und Unruhe, die alle beherrschte, kam in meiner Sprechstunde zum Ausdruck. Ich hatte viel zu tun, viel zu beruhigen und war der zahlreichen Medikamente froh, die wir den an inzwischen weggekommene Ärzte gesandten Paketen entnahmen. Entgegen den Zusagen, daß weitere Verlegungen nicht mehr stattfinden sollten, kam es dennoch dazu, und wir fanden heraus, daß West- von Ostdeutschen getrennt wurden. Augenscheinlich wollte man damit eine weitere Panne von der Art verhindern, wie wir sie gerüchteweise erfahren hatten. Danach sollten für Ostdeutschland bestimmte Heimkehrer mit einem Sitzstreik auf einem Bahnsteig von Frankfurt an der Oder die Weiterfahrt nach Westdeutschland erzwungen haben.

Die einen kamen weg; andere, die zum Teil erst wenige Tage zuvor weggebracht worden waren, kehrten zurück. Wir waren wieder 600 Mann, hatten Transportstärke und wurden aufgerufen. Bankett und Verbrüderung lehnten wir ab und dankten der fortschrittlichen Sowjetunion nicht für die uns bezeugte Großmut.

Als wir am 10. Oktober nach nochmaliger sorgfältiger Musterung anscheinend wirklich ohne Wiederkehr durch ein Lagertor marschierten, gehörten wir Ärzte mit zu den Letzten. Es gab schwere Aufregungszustände und Zusammenbrüche unter unseren Männern. Einige glaubten, sterben zu müssen.

Kein Deutscher blieb zurück; als alle vorbeigestapft waren, stemmte der Wachoffizier die Torflügel zu, wie er es immer nach dem Hineinzählen hinter uns getan hatte und rief: "Alle sind draußen. Tor zu, keiner darf mehr hinein."

Der Weg führte eineinhalb Kilometer auf breiter, staubiger Landstraße um das Lager herum bis zu einer Rampe, längs derer eine Reihe der mächtigen 60-Tonnen-Güterwaggons und drei kleine 15-Tonnen-Wagen für Küche, Lazarett und sowjetische Begleitung hielten. Welch Luxus im Vergleich zur Herfahrt vor fünf Jahren! Wir empfingen Decken, Matratzen, Bettlaken, Teller, Löffel, Kerzen, Eimer, Besen, Kellen, ausreichend Holz und Kohlen. Schon im Lager waren wir eingekleidet worden. Die Posten brüllten nicht, als wir in die Waggons kletterten; die Türen wurden nicht verschlossen, vernagelt, verdrahtet, die Wagen nicht an allen Ecken und Enden mit den Gewehrkolben auf gelöste Bretter abgeklopft. Statt dessen stand auf der Ladefläche eines LKW ein General, der eine Abschiedsansprache hielt und dem der deutsche Transport knapp erwiderte.

Der Zug kam in Fahrt; wir standen dichtgedrängt in den offenen Türen und fuhren vorbei an einer Kapelle, an einem brüllenden General und einem mit beiden Händen winkenden Major Simonowski. "Glückliche Reise", rief er jedem vorbeigleitendem Wagen zu.

Wirklich; wir fuhren. Niemand gab ein Gegensignal. Es ging in die große Kurve um Swerdlowsk hinein. Aus einer Perspektive wie niemals zuvor schauten wir zur RTJ-Fabrik, zu den Baustellen, zum Lager hinüber, das wir von innen so genau kannten. Jetzt stand es leer, und keiner brauchte uns von dort nachzuwinken. Dann die ersten Posten unserer Volksdeutschen, die auf irgendeine geheimnisvolle Weise morgens von unserer Abreise unterrichtet worden waren. Ein rascher Zuruf. Was wir vorbereitet hatten, flog die Böschung hinab und wurde blitzschnell aufgesammelt. Es hatte sich unter uns nämlich schnell herumgesprochen, wie arm sie waren. Deshalb hatten wir aus den Heimatpaketen der letzten Jahre an Kleidungsstücken und Eßwaren für sie hergerichtet, was irgendmöglich war. Dem ersten Waggon gelang der Abwurf, dem mittleren, da die sowjetische Begleitung herausschaute, nicht, erst die letzten konnten ihre Gaben wieder loswerden, als es in die Kurve ging. "Grüßt in Deutschland, vergeßt uns nicht", rief, seine Mütze schwenkend, ein junger Mann dem rollenden Zug nach. Unser Transportführer bekam den Fahrplan. Er lautete:

11.10. morgens Krasnoufimsk. - Janaul, Sarapul (an der Kama), Agria, Kuzmar

12.10. 17.00 - 19.00 Judino bei Kasan an der Wolga.

13.10. 7.00 Schümerlija - Sergac

18.00 - 20.00 Arsamas - Murom - Schatura

14.10. 14.00 - 17.00 Perowo vor Moskau

23.00 beschleunigt nach Moskau.

15.10. 1.00 - 2.00 Moshaisk

5.00 - 6.30 Wjasma

10.00 - 11.00 Smolensk

20.00 - 22.00 Minsk

16.10. 7.45 Brest-Litowsk.

So war es vorgesehen, aber so sollte es nicht kommen. Seit Urzeiten nicht mehr empfundenes Gefühl von Freiheit! Nach dem Drama der vergangenen Jahre blieb diese Fahrt einem Intermezzo gleich in Erinnerung, in dem sich Allrußland breit gelagert, voller Menschen, Figuren und Gebäude darstellt – in Vorwegnahme kommender höchster Freude! Farben, Lichter, Gerüche, Geräusche kamen auf, wurden geradezu eingesaugt und zusätzlich vereinbart mit vielfältiger ärztlicher Tätigkeit, die an den eignen Leuten zu verrichten war und weniger Krankheit als eine bei einigen wenigen aufkommende, selbstzerstörerische Maßlosigkeit im Augenblick des Auftauchens aus völliger Verlorenheit betraf. Hielt der Zug, so hielt er niemals abseits, sondern direkt am Bahnhof, wir konnten die Wagen verlassen, uns unter die Bevölkerung mischen, tauschen, kaufen, verkaufen. Manche tranken und mußten mit Gewalt wieder in den Zug geholt werden. Es gab keine Differenzen mit Russen; ja diese zeigten lachend auf die letzten Plattformwagen, auf denen drei Panzer mitfuhren, und meinten, Stalin habe wohl großes Vertrauen zu den Deutschen. Erstmals wieder bekamen wir Einblick in die Weite des russischen Landes. Tag nach Tag unverändertes Bild einer Ebene; beiderseits der Bahnstrecke Wälder, mehr Busch- als Hochwald – goldgelb das Laub ihrer Birken, kahl schon fast das Geäst der Buchen und dunkel zwischen ihnen Nadelbäume. Vor Sarapul, ostwärts der Kama, parallel zum Fluß laufend erstreckte sich offenbar deren altes Strombett mit hochgetürmten Sanddünen und Dörfern auf der Höhe. Im Tartarenlande vor der Wolga entdeckten wir bisher niemals gesehene Häuser mit halbrunden Höfen, deren Mauern aus Feldsteinen zusammengeschichtet waren.

Nachts überquerten wir die Wolga auf einer von Posten gesicherten Brücke und fuhren nun inmitten gepflügter und wieder bestellter Felder, die bis zum Horizont reichten, allenthalben Strohmieten, Stallgebäude, Traktorenstationen und in den an sanft geneigten Höhen liegenden Dörfern überall Kirchenruinen mit zerfallenen Türmen und eingestürzten Kuppeln. Risse zogen sich durch das Gemäuer, und die Fensterhöhlen starrten öde. In der Ferne Herden, von berittenen Hirten betreut.

Auf dem Wege in die Freiheit vermochten wir mit Inbrunst vieles auf- und wahrzunehmen, was Gefangenen und Verschleppten verhängt, dunkel und gleichgültig bleibt.

Sie scheuten sich nicht, uns mitten durch Moskau reisen zu lassen. Mehrmals überquerten wir die Moskwa. Zur Rechten blitzten Dächer und Türme des Kreml in der Sonne. In seiner Nähe entstanden drei Hochhäuser. Sah man nach links, so blickte man auf den Hochhauskomplex der neuen Universität. An einem Arm des Flusses lagen inmitten eines schönen Gartens gut gepflegte Klostergebäude und Kirchen, der Sitz des Patriarchen. Aber daneben Schmutz, Armut, verfallene Häuser aus Blech und Brettern: Moskau von hinten.

Daß wir in der Stadt viel hin- und herrangiert wurden, wunderte uns nicht. Moskau war nun einmal der Knotenpunkt des ganzen Reiches. Abends standen wir nahe dem Dynamo-Stadion, das hell in den Himmel strahlte und in dem ein Spiel stattfand. Nach seinem Ende rollte lange Zeit eine ununterbrochene Kette von Fahrzeugen vor uns über eine Brücke.

Erst als es dunkel war, fuhren wir weiter; die von roten Lichtern wie von einer Girlande geschmückten Konturen der Universität blieben hinter uns. Es ging durch Vororte, vorbei an hellen, fast leeren Gaststätten. Die Fahrt wurde beschleunigt. Hier sagte der letzte Pessimist unter uns, Heinz Kress: "Allmählich glaube ich doch, daß wir nach Deutschland fahren." Einer nach dem anderen kroch auf seinen Pritschenplatz, um die Nacht zu überschlafen.

Kaum einer, der nicht wenige Stunden später auf das Schrecklichste überrascht aus dem Schlaf gerissen wurde. Einige, die sich der schönen Nacht wegen in die Bremserhäuschen über dem Waggon zurückgezogen hatten, beobachteten, wie das Unglück sich vorbereitete.

Sie berichteten später, nach etwa zwei Stunden schneller Fahrt sei der Zug allmählich langsamer geworden; auf der parallel zur Strecke führenden Landstraße seien Autos aufgetaucht, die den Zug begleitet und immer wieder angeleuchtet hätten. Als habe er keine "freie Fahrt", habe der Zug dann mehrmals angehalten, ruckte an, sei stehengeblieben, über eine Weiche geholpert. Die Lokomotive wurde gewechselt, hinter einer Rangierlokomotive ging es mühsam weiter. Lokomotivschaden? Achse heißgelaufen?

Die träumenden Männer nahmen es kaum zur Kenntnis, oder regt sich nicht doch schon im Untergrunde aufkeimende Angst?

Und dann auf scheinbar freier Strecke endgültig Halt. Automobile rundum; sie richten vollaufgeblendete Scheinwerfer auf den Zug. Draußen Geflüster, unterdrückte Befehle. Ein Mann stolperte von Waggon zu Waggon, klopfte mit der Faust an das Holz und schrie in den Wagen: "Waggonälteste zum russischen Transportleiter! "

Keiner, der nicht wenigstens jetzt aufschreckt; ein wilder, aus Zorn und Verzweiflung gemischter, langanhaltender Schrei von Wagen zu Wagen, als die Ältesten erregt wie nie wiederkommen: "Alles aussteigen; die Fahrt ist zuende. Gepäck mitnehmen; alles Gerät auf die Rampe werfen. Widerstand ohne Sinn; der Zug ist überall von Soldaten umstellt. Ein sowjetischer Oberst, der von Moskau aus nachgekommen ist, hat's befohlen."

Wer den Kopf aus dem Wagen streckte, sah im Licht der Scheinwerfer überall Soldaten und Streifen mit Hunden.

Wir drängten uns an den Türen und kletterten aus den Waggons, wie betäubt und mit einem Hammer vor den Kopf geschlagen, wiederum in den Abgrund der Ängstigung, der Hoffnungslosigkeit und völligen Ungewißheit geschleudert. Schienen die einen gelähmt, so waren die anderen von einer plötzlichen rasenden Wut erfüllt, die sinnlos war, konnten sie doch nichts unternehmen.

Wieder einmal reingefallen, diesmal auf die Freundschaftsschalmei, einmal mehr Spielzeug unenträtselbarer Willkür.

Langsam leerten sich die Waggons; die Männer hatten ihr Gepäck geschultert und zogen truppweise zu dem nur etwa einen Kilometer entfernten Lager; jeweils ein Posten führte und wies in der völligen Dunkelheit den Weg. Aber das Buschwerk beiderseits war besetzt; Hunde hechelten und bellten.

Lange nach Mitternacht waren schließlich alle in einigen Steinhäusern versammelt. Von der Aufregung mitgenommen und tödlich ermüdet ließen sie sich, wie sie kamen, auf den Boden irgendeiner Stube fallen, schliefen ein oder grübelten sich wund.

So endete der 14. Oktober 1955. Seit der Abreise des Bundeskanzlers Adenauer aus Moskau war genau ein Monat vergangen.

In jeder Hinsicht zerschlagen erhoben sich die Männer, als es hell wurde. Völlig hoffnungslos schlichen sie umher und empfingen aus der von Russinnen besorgten Küche irgend etwas Trinkbares. Die Köchinnen waren zurückgehalten worden, als erst am Tage zuvor das Lager urplötzlich von etwa 200 Frauen, die dort eine Strafe verbüßten, mit Kindern geräumt worden war.

Aber wie die Dinge auch immer liegen mochten und wie ihm zumute sein mochte, jeder erfahrene Kriegsgefangene bleibt bemüht, das neue Lager möglichst schnell zu erkunden, schon allein deshalb, um etwas ausfindig zu machen, was das Leben erleichtern kann. Und so erfuhren wir bald, daß wir uns nahe der Stadt Moshaisk in einem seinerzeit berühmt-berüchtigten Entlassungslager befanden, von dem aus bis Ende 1949 viele in die Heimat, viele aber, die die Abschlußprüfung nicht bestanden, zurück ins Lager oder zur Verurteilung in ein Gefängnis kamen. Mehrere bewunderten den inzwischen ausgeführten Ausbau von Erdbunkern zu Steingebäuden und einer wußte, daß die Stadt bereits 1941 umkämpft worden war.

Kranke und Sanitätspersonal wurden vom Zug weg in einem kleinen Omnibus in das Lager gefahren und kamen, nachdem die Wache sie aus formalen Gründen anfänglich nicht einmal hatte hineinlassen wollen, drinnen in die größte Unordnung hinein. Die Sanitätsbaracke war verschlossen und ein für die Öffnung Verantwortlicher zunächst nicht beizubringen. Erst etwa nach einer Stunde erschienen eine Ärztin und eine Schwester, die in der schon zum Überdruß bekannten Art herablassend freundlich waren und das Heft sofort in die Hand nehmen wollten: "Oh serr gut, deutsche Ärzte. Sie werden bei uns arbeiten. Wieviele Jahre schon Arzt? Spezialist?"

Wir hingegen konnten nur sehr unhöflich reagieren. Wir wollten unseren Beruf nicht mehr, wie wir es zehn Jahre lang hatten tun müssen, unter sowjetischer Aufsicht und Anleitung ausüben. Wir übergaben vielmehr unsere fünf Kranken, von denen keiner in Gefahr schwebte, und die von den Sowjets empfangenen Medikamente an die Russin mit den Worten: "Wir arbeiten nicht unter Ihnen. Sie tragen für alles, was wird, die Verantwortung."

Wir gingen, suchten uns unter Mitnahme unserer Koffer mit Medikamenten aus der Heimat im inzwischen überfüllten Lager Schlafplätze und fanden sie im Kofferraum - wieder einmal in Regalen, auf Brettern, in der zweiten Etage. Hatten wir die Tätigkeit in der Ambulanz unter sowjetischer Aufsicht zunächst nur instinktiv und vornehmlich emotionell bewegt abgelehnt, so blieben wir in den folgenden Tagen wohlüberlegt bei der Arbeitsverweigerung, weil wir argumentierten: "Wir sind nun einmal amnestiert, demnach angeblich frei und können deshalb nicht mehr gezwungen werden, unter sowjetischer Befehlsgewalt zu arbeiten. Solange uns Selbstverantwortlichkeit nicht zugestanden wird, übernehmen wir die Ambulanz nicht."

Die russische Ärztin kam zu uns, drohte und versprach. Sie hielt, von einigen aufgesucht, Sprechstunde. Wir hielten sie insgeheim in unserem Kofferraum. Nach vier Tagen wurde die Kapitänärztin abgezogen, lediglich die Schwester blieb, um unsere Medikamentenanforderung an den Stab weiterzugeben. Die Sanitätsbaracke wurde uns zugewiesen; unsere Sanitäter zogen zu den Kranken. Von da an rein deutsche Sprechstunde und Krankenbehandlung. Übrigens wurden wir hier so gut wie nie zuvor mit Arzneimitteln versorgt. Verschiedene, bisher nicht gesehene, brachte man heran, so daß wir unsere Patienten mit wohlschmeckenden und deshalb regelmäßig abgeholten Vitaminsirupen, Hustensäften usw. beglücken konnten. Auch Penizillin, Sulfonamide, Hormonpräparate und Schmerzmittel konnten wir nach Zusammensetzung und Aufmachung studieren. – Moskaus Nähe und die Aufmerksamkeit, die uns das Innenministerium entgegenbrachte, wirk-ten sich positiv aus.

Von den drei im Transport befindlichen Ärzten war ich der älteste und Transportarzt.

Wir teilten uns die Arbeit und hatten verständlicherweise viel zu tun, wenn wir auch keine Toten zu beklagen hatten, wie andere der gleich uns angehaltenen Transporte. Einen Kameraden, dessen Magenoperation wir bis zur Heimat hatten verschieben wollen, mußten wir wegen des Stops in ein Moskauer Gefängnislazarett verlegen, ohne daß ihn, wie beantragt, einer von uns begleiten durfte. Er kehrte nach glücklich verlaufenem Eingriff einige Wochen später heim.

Aber darum ging es weniger; vor fünf Jahren hatten wir als Verurteilte schon einmal in den "Siebenten Kreis der Hölle" hinuntergeschaut und nun wiederholte sich fast das Gleiche. Damals hatte man uns allmählich an den Abgrund der Existenzlosigkeit herangezerrt und mit Gerichtsbeschluß hinuntergekippt. Jetzt dagegen stießen sie uns urplötzlich, nachdem wir den

Himmel schon offen gesehen hatten, wieder nach unten – uns, die wir vielmals empfindsamer geworden waren als je zuvor; denn Bulganins Verfluchung hatte uns nachhaltig getroffen und erwies sich als wahrhaftige und tatsächliche Verdammung. So hatten wir es wie damals mit den gleichen allgemeinen Störungen zu tun, die sich an Körper und Seele zeigten; hinzu traten psychotische Erregungszustände, die wir unbedingt, – sollten sie nicht wie eine ansteckende Krankheit auf andere Labile übergreifen – beherrschen mußten.

Wiederum war mir also eine große ärztliche Aufgabe überantwortet worden, die über das hinausging, was mir vorher in Perwouralsk und 1945 in der Reichskanzlei aufgetragen worden war. Das wurde mir zwar auch jetzt ebensowenig bewußt, wie es vorher der Fall gewesen war. In solchen Zuständen hat man keine Zeit, nachzudenken und zu reflektieren. Man muß vielmehr zugreifen und zur Stelle sein, stetig, unentwegt, Tag und Nacht. Die Empfindung für das Erlebnis reift erst viel später.

Ach, ich hätte zunächst am liebsten die Hände in den Schoß gelegt und mich auf mich selbst zurückgezogen, war ich doch ebenso betroffen wie alle. Aber sie kamen, forderten, verlangten. Ich konnte mich nicht entziehen, und bald wollte ich es auch nicht mehr. War ich doch einer der Glücklichen, die etwas ausrichten konnten.

Nur der Transportführer Helmut Knappik und ich, der Transportarzt, hatten das Recht, für alle und im Namen aller zu den Sowjets zu sprechen; denn wir waren ja von ihnen in unsere Stellung eingesetzt worden. Zwar gab es zahlreiche ausgezeichnete Männer unter uns, mit denen wir eins waren und die auch für alle hätten sprechen können. Aber die Aussicht, daß sie überhaupt gehört wurden, war gering. In dem Augenblick, in dem sie unangenehm wurden, würde ihnen der sowjetische Verhandlungspartner sofort jede Befugnis absprechen und behaupten, daß sie für die antisowjetischen, reaktionären Cliquen, für die unbelehrbaren Feinde des Sowjetsystems sprächen, die seit ihrer faschistischen Zeit niemals etwas zugelernt hätten und auch niemals etwas zulernen würden. Damit waren sie mundtot gemacht und beiseite gewischt.

Uns beiden aber konnte man die Befugnis nicht absprechen, zumal sich schnell herausstellte, daß man Verhandlungspartner unter uns suchte. Unausweichlich wurden wir zu denen, die sich den Sowjets und denen sich die Sowjets zu stellen hatten. Bisher hatte ich niemals über meinen ärztlichen Bereich hinausgegriffen, jetzt mußte ich es notwendigerweise tun; jedoch empfand ich weiterhin jede Handlung, an der ich mich beteiligte, als eine ärztliche, mit der ich allen und über die Gemeinschaft hinweg dem Einzelnen hilfreich sein wollte.

Zunächst ereignete sich nichts; nicht einmal die Wachtürme waren besetzt, jedoch umkreisten Doppelposten mit Hunden die Zone. Auch die draußen schienen von der nächtlichen Arbeit erschöpft; kein Offizier und kein Sergeant zeigte sich im Lager. Verpflegung wurde nicht gebracht, nur die Küchenfrauen lieferten heißen Tee. Am zweiten Tag wurde Knappik morgens zur Wache bestellt, um Brot in Empfang zu nehmen. Er beorderte einige Kameraden zur Hilfe; sie erhielten das Brot, aber keine Antwort auf die drängenden Fragen nach der Ursache der neuerlichen Festsetzung. Die Wachen blieben in ihrer Stube und zuckten mit den Schultern: "Ihr werdet es schon merken."

Wir verfaßten das erste Protestschreiben und gaben es ab; man sagte, man werde es weitergeben.

Gegen Mittag erschien hoher Besuch aus Moskau. Der erstmals in Erscheinung tretende Lagerkommandant begrüßte ihn devot als Oberst Barabanow, stellvertretender Minister des Inneren, der vor Vertrauensleuten eine Erklärung abgeben werde.

Wir riefen die Stuben-, ehemals Waggonältesten zusammen und traten vor ihn hin, erfüllt von dem Gefühl, daß wir in unserem Recht schwerstens gekränkt waren und daß sich die Sowjets uns gegenüber wie nur einmal damals bei der Verurteilung – ins Unrecht gesetzt hatten. Dies verlieh uns Stärke, Beharrungsvermögen und Argumente, die wir nutzen konnten.

Der Oberst war mit großem Gefolge erschienen, gab vor, deutsch nicht sprechen zu können, und übermittelte durch einen Dolmetscher lediglich nochmals die uns beim Anhalten bereits bekanntgegebene Behauptung, unsere Regierung habe gewisse Verpflichtungen nicht erfüllt. Es sei also nicht Schuld der Sowjetunion, daß wir noch nicht zu Hause seien.

Dann fügte er hinzu, es würden jedoch Verhandlungen geführt, und er glaube, sein Wort geben zu können, daß wir in sieben oder acht Tagen weiterfahren würden. Zweifelsohne waren in seiner Begleitung etliche, die deutsch verstanden und schweigend unsere nicht eben unterdrückten Bemerkungen registrierten. Wir hatten es mit Männern anderer Rangord-nung zu tun als bisher. Bei ihnen konnte man auf die Art und Weise, in der man im Arbeitslager mit Konvois, Meistern, Offizieren gesprochen hatte, offensichtlich nichts erreichen. Einige unserer erregten Männer, die zu schreien, zu schimpfen und zu drohen begannen, wurden nur nebenbei zur Kenntnis genommen. Der Gesprächspartner blieb leise; die Situation, in die er auf Veranlassung seines Außenministeriums geraten war, schien ihm nicht gerade angenehm zu sein, doch ließ er keinen Zweifel daran, daß ihm Machtmittel jeder Art zur Gebote stünden und erforderlichenfalls auch angewendet werden würden.

Unsere zornigen Männer zogen sich in den Hintergrund zurück, und ich geriet wohl oder übel in die Rolle des Sprechers. Als solcher bemerkte ich, die vorgebrachte Erklärung könne nicht befriedigen und deshalb nicht angenommen werden; denn es liege offensichtlich eine Rechtsverletzung vor, und wir müßten auf Wiederherstellung unseres Rechtes, also sofortige Weiterfahrt nach Deutschland, drängen.

Der Oberst entgegnete, es handele sich beileibe nicht um einen Rechts-bruch – wie man einen solchen nur unterstellen könne! – sondern um einen diplomatischen Schritt. Darauf erfolgte die Antwort, es sei in Friedenszeiten nicht üblich, Bürger eines anderen Landes unter diplomatischen Schritten zu zertreten.

Auf die weitere Frage nach unserem derzeitigen Status sagte Barabanow lebhaft, wir seien nach wie vor amnestierte, also "freie, wenn auch zurückgehaltene deutsche Staatsbürger".

Damit war klargestellt, daß wir Geiseln für irgendein, uns nicht bekanntes politisches Geschäft darstellten. Bei einer solchen Sachlage konnten wir zunächst nur abwarten, mußten aber unentwegt protestieren, wobei jedoch alles zu vermeiden war, was die Stellung unserer Regierung erschwerte.

Nach dem theoretischen kamen wir zum praktischen Teil. Wir sagten zu, die Ordnung innerhalb des Lagers in die Hand nehmen zu wollen. Hierbei wurde die grundsätzliche Veränderung unserer Lage klar. Hatte man uns bisher niemals irgendwo Befehlsgewalt zugebilligt, so sagte man hier, als "freie Bürger" seien wir nunmehr für uns selbst verantwortlich und hätten damit die Pflicht etwaige "unruhige Elemente" und die "moralisch Schwachen" ruhig zu halten, damit ein Eingreifen sowjetischer Menschen nicht erforderlich werde.

Die Verhandlung wurde hart, aber in ruhigem Ton geführt. Während wir zusagten, "freiwillig" im Lager zu bleiben – was leicht fiel, da man auf der Gegenseite auf keinen Fall bereit schien, uns hinauszulassen – forderten wir die Möglichkeit einer Verbindungsaufnahme mit der Heimat, vor allem mit dem bundesdeutschen Botschafter, von dem wir freilich nicht wußten, ob er bereits in Moskau weilte, ferner eine verbindliche Äußerung über die Gründe für unsere Zwangsfestsetzung und schließlich Erleichterungen für das Leben im Lager, insbesondere eine erhebliche Verpflegungsverbesserung, die nicht mehr nach den Sätzen für Strafgefangene erfolgen solle. Um alle diese und weitere Forderungen setzte in der Folge ein zähes Ringen mit den verschiedensten Moskauer Abgesandten ein. Wir kamen schrittweise vorwärts und konnten unsere Lage nach und nach systematisch verbessern.

Vor allem kam es uns auf Protestaktionen an, um auf uns, die offenbar Verschollenen, aufmerksam zu machen und unseren "Rechtsboden" zu be-wahren. Von Victor H u g o stammt der Satz: "Sie haben zuviel gegen ihn getan, um ihm verzeihen zu können, und besitzen nur noch ein Mittel – das, ihn zu töten."

Wir waren so abgrundtief mißtrauisch, daß wir dies für möglich hielten, wollten es aber mit uns nicht soweit kommen lassen.

Mir fiel die Abfassung und Abzeichnung der Protestschreiben zu, die der im Lager eingesetzte ständige Vertreter des Ministeriums des Inneren entgegennahm und weiterzuleiten versprach. Ob dies auch geschah, konnten wir zwar niemals erfahren, aber sicher ist wohl, daß eine hohe sowjetische Stelle sie eingehend studierte und bewertete.

Es gingen Briefe an folgende Stellen:

– An das Ministerium des Innern der UdSSR, Stadt Moskau am 16.10.1955,

– an den Vorsitzenden des Präsidiums des Obersten Sowjets, Herrn K. Worochilow, Stadt Moskau, Kreml am 16.10.1955,

– an den Herrn Botschafter der Deutschen Bundesrepublik bei der Regierung der UdSSR – oder Vertreter im Amt oder den Herrn Botschafter der Macht, die gegenwärtig die Interessen der Deutschen Bundesrepublik in der UdSSR vertritt, Moskau, 16.10.1955,

– an den Herrn Oberst Barabanow, Ministerium des Inneren der UdSSR, Stadt Moskau, 27.10.1955,

– an den Vorsitzenden des Präsidiums des Obersten Sowjets der UdSSR, Herrn K. Worochilow, Stadt Moskau, Kreml 27.10.1955,

– an den Minister des Äußeren der Deutschen Bundesrepublik,

Herrn Dr. von Brentano, Bonn, 27.10.1955,

– an das Ministerium des Inneren der UdSSR, Stadt Moskau 11.11.1955,

– an den Minister des Äußeren der Bundesrepublik, Herrn

Dr. von Brentano, Bonn, 11.11.1955,

– an das Ministerium des Inneren der UdSSR, Stadt Moskau, 20.11.1955,

– an das Ministerium des Inneren der UdSSR, Stadt Moskau, 27.11.1955,

– an den Minister des Inneren der UdSSR, Stadt Moskau, 29.11.1955,

– an den stellvertretenden Minister des Äußeren der UdSSR

den außerordentlichen und bevollmächtigten Botschafter der UdSSR bei der Regierung der Bundesrepublik Deutschland, Herrn W.A. Sorin, Moskau, 29.11.1955.

Hinzu kam eine Protestresolution an das Präsidium des Obersten Sowjets vom 27.10.1955, die von den Angehörigen des Transportes unterzeichnet wurde und als Beispiel hier angeführt werden soll:

"Protestresolution an das Präsidium des Obersten Sowjets der UdSSR.

Moshaisk, 27.10.55. 600 freie deutsche Staatsbürger, amnestiert durch Ukas des Präsidiums des Obersten Sowjets vom 29.9.55, protestieren einmütig und nachdrücklich dagegen, daß sie auf dem Wege in die Heimat in der Nacht vom 14. zum 15.10.55 in Moskau unter Polizeiaufgebot auf dem Transport angehalten, ausgeladen und wiederum in einem Lager zwangsinterniert wurden. Die Führer der Sowjetregierung brachten im Laufe der Verhandlungen über das Kriegsgefangenenproblem wiederholt zum Ausdruck, daß Gesichtspunkte der Humanität bestimmend seien für die Amnestierung und vorzeitige Entlassung der verurteilten Kriegsgefangenen. Demzufolge befiehlt der Ukas vom 29.9.55 die Amnestie und Repatriierung ohne jeglichen Vorbehalt. Wir aber werden jetzt festgehalten, weil die Regierung der Deutschen Bundesrepublik gewissen Verpflichtungen nicht nachgekommen sein soll, wie uns von dem Beauftragten des Innenministeriums erklärt wurde. A l s o werden in Friedenszeiten freie Bürger eines Landes in einem anderen Land als Geiseln zurückbehalten, weil zwischen den Regierungen dieser Länder gewisse diplomatische Differenzen bestehen. Und das, obgleich wir, die Zurückgehaltenen, diese Differenzen nicht kennen, sie nicht geschaffen haben und daher auch für sie nicht verantwortlich gemacht werden können. Es treten also an die Stelle der humanitären Gesichtspunkte, die maßgebend waren, politische Gesichtspunkte, die ein unbeteiligtes, nicht schuldiges und daher auch nicht verantwortliches Kollektiv treffen und in schwerster Weise benachteiligen. – Wir erheben unsere Stimme jetzt erst, zwei Wochen nach unserer Zwangsinternierung, weil die Zusicherungen, die uns von dem Herrn Beauftragten des Innenministeriums gegeben worden sind, nicht eingehalten werden konnten und weil wir wieder lediglich mit Erklärungen hingehalten und über unser weiteres Schicksal völlig im Dunkeln gelassen werden. Wir richten an das Präsidium des Obersten Sowjets die Bitte, dafür Sorge tragen zu wollen, daß der Ukas vom 29.9.55 dem Wortlaut und Geiste nach erfüllt wird und wir jetzt endgültig in die Heimat zu unseren Angehörigen überführt werden.

Folgen die Unterschriften von 597 Angehörigen des Transportes."

Die wiederholte "Anregung" des Verbindungsoffiziers zum sowjetischen Innenministerium, den Brief an die Botschaft der Deutschen Demokratischen Republik zu richten und deren Hilfe zu erbitten, lehnten wir konsequent ab.

Eine Woche nach der Festsetzung war von einer Weiterfahrt, wie Oberst Barabanow versprochen hatte, noch keine Rede. Die Unruhe im Lager stieg ins Ungemessene und veranlaßte die oben wiedergegebene Protestresolution, zugleich wurde die Drohung laut, das Lager insgesamt werde, wie dies in Arbeits- und Besserungslagern immer wieder geschehen ist, in den Zustand der absoluten Passivität übergehen und keinerlei Leistungen vornehmen.

Nachdem der Vertreter des Obersten die Erregung der Inhaftierten durch Versprechungen und Hinhalten nicht mehr in Grenzen halten konnte und die Gefahr von Unruhen stieg, erschien Oberst Barabanow nochmals bei uns. Wir warfen ihm vor, daß er sein Wort vom 16. Oktober nicht gehalten habe. Er blieb ruhig, dialektisch klar und der schwierigen Situation gewachsen, ein sehr kluger und hervorragend geschulter Verhandlungspartner, der es auch verstand, mit hintergründigen Drohungen zu arbeiten. Er konnte und wollte keine Zusagen machen; denn es werde zwischen der Bundesrepublik und der Sowjetunion zur Zeit verhandelt. Jedoch wolle man uns in Sachfragen entgegenkommen, und wir sollten in dieser Hinsicht mit seinem Vertreter, dem Oberstleutnant Golubizkij, verhandeln. Dann verschwand er, erkrankte, wahrscheinlich diplomatisch, und nahm seinen Dienst und die Verbindung mit uns erst am 1. Dezember wieder auf, als sich die Heimfahrt abzeichnete. Sein Vertreter wurde schon vorher in das Ministerium zurückbeordert und als sich die Lage zu stabilisieren begann, durch einen weiteren, Major Prokowskij, abgelöst.

In den Sachverhandlungen erreichten wir erhebliche Erfolge; die erzielten Verbesserungen kamen, wie man uns sagte, nicht nur uns, sondern auch den drei oder vier anderen Transporten zugute, die auf der Strecke zwischen Swerdiowsk und Moskau angehalten worden oder aus dem Lager überhaupt noch nicht abgegangen waren.

Im Einzelnen wurde erwirkt, daß die Verpflegungssätze auf die für die sowjetische Armee geltenden angehoben wurden und 14%, statt zuvor 3% des Kontingents Diätverpflegung erhielt; die Hälfte des Brotes wurde als Weißbrot ausgegeben, dazu kamen täglich 10 Zigaretten. Je Kopf erfolgte eine einmalige Auszahlung von 50 Rubeln, die "Obsluga', das heißt, die Gruppe der angestellten und entlohnten Lagerdienste, wurde bis auf 53 Personen angehoben. Wir durften schreiben – freilich kam die Post niemals zu Hause an. Zeitungen und Zeitschriften, darunter sogar solche aus der Bundesrepublik, schließlich auch eine große Anzahl von deutschen Büchern wurden geliefert.

Dazu kamen Filme und schließlich, als die "Volkshochschule" die Arbeit aufnahm, Schreibhefte.

Hingegen erhielten wir, wie gesagt, niemals Antwort auf unsere Karten nach Hause, so daß wir schließlich ostentativ das weitere Schreiben verweigerten. Auch von den Heimatpaketen, die noch nach Swerdlowsk geschickt worden sein mußten, kamen nur einzelne nach Moshaisk und in die Hand der Adressaten.

Mit einer gewissen Schadenfreude errechneten wir, daß der Gegenwert für alles, was wir gefordert und erhalten hatten, für unser Lager allein etwa 850.000 Rubel ausmachte.

Am 4. Dezember wurde bekanntgegeben, daß am 9. Dezember die Fahrt endgültig heimwärts gehe. Damit war das Ringen mit dem Ministerium beendet.

Den Russen gegenüber behaupteten wir uns in dieser wohl einmaligen Situation, wie wir meinten, mit Anstand. Jedoch kam es dahin daß nach einiger Zeit ein Zweifrontenkrieg geführt werden mußte. Die Schwierigkeiten mit eigenen Kameraden wurden erheblich, mußten aber gemeistert werden; denn, wären sie offen und nach außen hin deutlich geworden, dann hätten wir den Sowjets gegenüber nicht so aufzutreten vermocht, wie wir es schließlich taten. Es bestand eine Verkettung zwischen hier und dort; und sehr wahrscheinlich wäre dem Ministerium ein offener Zwiespalt in unseren Reihen mehr als angenehm gewesen, hätte er doch zu massivem Eingriff berechtigt und Bulganins Verdammung als richtig erwiesen. "Die krimi-nellen Elemente, welche früher an Russen todeswürdige Verbrechen begingen, zerfleischen sich nun selbst untereinander und die Sowjetmacht mußte einschreiten."

In den ersten Tagen nach der Katastrophe waren die Männer, wie bereits berichtet, seelisch gelähmt und körperlich wie von Gewichten zu Boden gedrückt. Nur wer benötigt wurde und nicht anders konnte, ging lustlos seiner Tätigkeit nach. Nicht wenige schliefen den Schock aus, andere verarbeiteten ihn, indem sie sich, unentwegt wie Bären im Käfig hin und her streifend, bis zur Erschöpfung ermüdeten. Die meisten jedoch grübelten nur und fraßen ihre hilflose Wut still in sich hinein. Durch Grübeln, nicht durch Handeln waren sie erregt. Wie aufgerührt alle jedoch waren, merkten wir vor allem an den Besuchern unserer Sprechstunde. Keiner war bemüht, sich einzurichten; Koffer und Rucksäcke blieben unausgepackt. Jeder lebte aus dem Gepäck, im Augenblick bereit, es aufzunehmen, in den Zug zu steigen und weiter zu fahren – und dies, obgleich keiner daran glaubte, daß es geschehen werde. Die Küche, aus der die Frauen abgezogen wurden, kam nur schwer in Gang; unsere Köche arbeiteten von der Hand in den Mund und brachten nur Einerlei, aber nichts Schmackhaftes zusammen. Die Banja wurde nur soeben geheizt, Wäsche fürs erste nicht gewaschen, und der Latrinendienst ließ den Unrat sich häufen. Einige trieben einen Fußball vor sich her, ohne zu einem Spiel zusammenzufinden, und im Klub spielte ein Dilettant auf dem verstimmten Klavier immer wieder die gleiche Weise. Trostlosigkeit lagerte wie Dunst über allem, was hier hauste, aber nicht eigentlich mehr lebte. In dem Maße, wie das Schockerlebnis verblaßte, nahmen jedoch Unruhe und Unzufriedenheit zu und suchten ein Ventil. Hinzu kam, daß viele sich nicht oder nicht hinreichend kannten. Infolge der Verschiebungen zwischen den Lagern, die man, sicherlich wohlbedacht, vor dem großen Aufbruch vorgenommen hatte, war jeder Dritte ein Fremdling, von dem man nichts wußte, während die zwei anderen sich in den Lagern des Raumes Swerdlowsk immer wieder begegnet waren. Von den "Fremden" waren die meisten in Workuta und den Zwangslagern des Fernen Ostens gewesen.

Erst vor wenigen Wochen hatte man diese Vereinzelten aus einer Unzahl von Russen und Angehörigen vieler Völker herausgeklaubt. Dort hatten sie einen gnadenlosen Kampf ums Überleben bestanden, von dem sie sichtbar gezeichnet worden waren. Sie hatten es vielmals schwerer gehabt als wir. Auch wenn sie sich beim Eintreffen in einem von Deutschen bewohnten Lager grenzenlos erleichtert empfanden, verharrten sie doch in Mißtrauen vor allem den Sowjets, aber vielfach auch uns, den Behüteteren, gegenüber.

Jetzt, wiederum inhaftiert, fühlten sie sich an die gespannte Lage innerhalb des "Archipels Gulag" erinnert, die nach dem Tode des Väterchens 1953 entstanden war und zu Arbeitsverweigerung, Streiks, schließlich zu den dann blutig niedergeschlagenen Aufständen geführt hatte. Die Kunde hiervon war damals von Lager zu Lager gedrungen. Wo gab's hier einen Unterschied? Mußte man nicht die gleiche Lösung suchen? Lieber ein schnelles Ende mit Schrecken, als ein Schrecken ohne Ende!

Der Boden unter unseren Füßen bebte, und wir lebten unter der Häufung aufgestauter, ungeordneter Leidenschaften und unterdrückter Wut wie auf einem Vulkan. Der Ausbruch, der Anarchie über das Lager bringen mußte, konnte nicht ausbleiben. Es wurde herumagitiert:

"Wurden die, die jetzt das Sagen haben, wurden Transportführer, Transportarzt, Köche, überhaupt die ganze Obsluga nicht von den Sowjets ausgesucht und eingesetzt? Sind sie also nicht Russenknechte, von denen man nur Übles, Korruption und Arschkriecherei zu erwarten hat, niemals aber ein außergewöhnliches Wagnis zum Nutzen der Kameraden?"

"Sie müssen weg", flüsterten sie hier und dort, "und wenn sie weg sind, nehmen wir uns die Russen vor – so, wie damals in Workuta und Karaganda."

Die zwei Wochen nach der Inhaftierung am 26. Oktober in einer Gesamtversammlung vorgeschlagene, allgemein angenommene und unterschriebene Protestresolution an das Präsidium des Obersten Sowjets heizte die Stimmung nur an, als sie zwei, drei Tage lang unbeantwortet blieb. Immer lauter wurde die Forderung erhoben: "Die Sowjets haben uns gegen alles Recht festgesetzt. Nun sollen sie auch ganz und gar für uns sorgen, uns was zu essen geben oder verhungern lassen. Keiner im Lager rührt nur eine Hand, auch die Köche nicht."

Die Forderung schien der allgemeinen Stimmung im Lager zu entsprechen, deshalb erklärte der Lagerführer am 30. Oktober vor einer Filmvorführung öffentlich:

"Ab morgen ist der Laden zu. Es wird nicht mehr gekocht. Die Sowjets sollen sich selbst darum kümmern."

Die sowjetische Lagerleitung geriet in turbulente Aufregung, als die Schlüssel zur Vorratskammer zurückgegeben und die Verpflegungsvorräte abgerechnet wurden.

Schon ehe sich dies ereignete, war auf Veranlassung der Lagerärzte eine Reform der Küche und Verpflegung, sowie Personalveränderungen in der Obsluga in Angriff genommen worden. Wir hatten beschlossen, mit vertrauenswürdigeren Köchen zusammenzuarbeiten und uns so einzurichten, als ob wir längere Zeit hier verbringen müßten. Wir stellten uns damit zwar gegen die Meinung der, wie wir annehmen mußten, Mehrzahl. Unserer Ansicht nach mußte bei völliger Passivität des Lagers, was nur Einsetzung von russischem Küchenpersonal zur Folge haben konnte, mit Sicherheit und auf Dauer alles verloren gehen, was wir mit beharrlichem Druck bereits gewonnen hatten. Als die erregten Revolutionäre oder Nihilisten wahrnahmen, daß etwelche von den "Russenknechten" ihnen nicht folgen konnten, stürmten etwa 40 Aufständische um Mitternacht die Zusammenkunft von Köchen, Lagerleiter und Ärzten in der besten Laune, alle und alles zusammenzuschlagen und einen Pakt mit den Russen zu verhindern.

"Schluß mit allen; Tod auf den Barrikaden. Erst die und dann zur Wache!"

Offene Konfrontation zwischen denen, die zu retten suchten, was vielleicht noch zu retten war, und denen, die das Chaos suchten. Es gelang jedoch, Gewalttätigkeiten untereinander in Grenzen zu halten und den Marsch zur Wache zu verhindern.

Als am Morgen des 31. Oktober lediglich noch ein Rest von Brot verteilt, aber nichts Warmes mehr ausgegeben wurde, begann bereits die Ernüchterung. Zugleich regte sich bei den Besonnenen Widerstand gegen den alle gefährdenden Überrumpelungsversuch. Das Lager schwirrte wie ein Bienenschwarm auf der Suche nach der Königin, die alle um sich scharen konnte.

Als Ei des Kolumbus erwies sich der Vorschlag zu einer Abstimmung, mit deren Hilfe man die wirkliche Meinung erkunden und diese dann auch vertreten wollte. Lagerführung und Stubenälteste formulierten drei Fragen, zu denen sich jeder Mann äußern sollte:

1. Wollen wir uns weiterhin, wie begonnen, völlig passiv verhalten?
2. Wollen wir Lagerführung und Ambulanz weiterführen, aber alle weitere Verantwortung den Sowjetbehörden überlassen?
3. Wollen wir wie zur Zeit der Gefangenschaft die gesamte innere Lagerverwaltung und alle Lagereinrichtungen in der Hand behalten und zwar unter der jetzigen respektive bisherigen Leitung oder mit neugewählten Männern?

Während sich eine Stube mit 51 Mann nicht an der Abstimmung beteiligte, beantworteten 93 die Frage 1, 70 die Frage 2 und 386 Mann, also eine Mehrheit von 71%, die Frage 3 mit "ja" und "gleiche Führung". Unsere Vorstellungen wurden also von den meisten geteilt, und wir konnten unsere Arbeit in der bisherigen Weise fortsetzen und den Boykott beenden.

Andererseits brachte der Hinweis auf die starke Opposition im Lager verhandlungstaktische Vorteile bei den Verhandlungen mit sowjetischen Dienststellen.

Der Aufruhr war gleichsam das Ventil, durch das Emotionen abgelassen wurden, die Abstimmung das Regulans, das die Männer einander wieder näher brachte und sie in den folgenden Wochen nach und nach zu einer Einheit zusammenwachsen ließ, die viele einsichtige Männer förderten. Zu Ehren der Anführer sei gesagt, daß auch sie, freilich zum Teil murrend, zum Gros zurückfanden. Es zeigte sich unter ihnen keiner, der weiterhin als Spaltpilz gewirkt hätte. Wir meinten: Sollte unser Untergang beschlossen sein, so würde sowieso keiner vom Ende ausgeschlossen werden; sollten wir aber schließlich doch einmal heimfahren, dann sollte kein einziger bis dahin, auch durch eigene Unvernunft nicht, schwereren Schaden erleiden. Dies wurde zur Richtschnur aller sich in diesen Wochen einsichtig Erweisenden.

Einige Kameraden hatten sich, wie bereits berichtet, beim Ausflug nach Swerdlowsk Radiogeräte kaufen und auf die Reise mitnehmen können. Bereits am Tage nach dem Eintreffen im Lager waren die Sachverständigen eifrig daran, sie zum Empfang herzurichten. Dies geschah anfänglich in aller Heimlichkeit. Wachen wurden aufgestellt, in den Zimmern Geräuschkulissen entwickelt. Nach allen bisherigen Erfahrungen mußten wir die Wegnahme der Geräte befürchten, sollte ein Russe sie ausfindig machen. Wider Erwarten geschah dies jedoch nicht. Man beließ sie uns. Die so kundgetane stillschweigende Genehmigung veranlaßte unsere Elektriker zum Bau möglichst großer Antennen, wofür teilweise auch Lichtleitungen zweckentfremdet wurden. Die Aussicht, dergestalt zu einer Verbindung mit der Heimat zu gelangen, erschien allen lebenswichtig.

Die ersten Geräusche wurden mit Begeisterung aufgenommen. Sie stammten zunächst vor allem von Störsendern; aber dann gelang es, russische Stationen zu orten und auf einmal schälten sich aus dem Äthergewirr leise und nur bruchstückweise verständlich deutsche und englische Laute heraus. Nach und nach gelang es, die Sender zu identifizieren und die Zeiten zu ermitteln, zu denen sie Nachrichten und Kommentare ausstrahlten. Für jeden der sieben Apparate, die in den Stuben aufgestellt waren, wurde ein ständiger Abhördienst eingerichtet, der die Beobachter wegen der vielen Störgeräusche und der Schwäche des Empfangs erheblich anstrengte. Aber nach und nach spezialisierten sich die einzelnen Gruppen auf "ihre" Sender. Die fast immer nur verstümmelt empfangenen Meldungen konnten auf diese Weise gegenkontrolliert werden und wurden, wenn sie uns betrafen, nur dann allgemein bekanntgegeben, wenn sie mehrfach bestätigt waren. Dadurch konnte das Aufkommen schnellwuchernder Gerüchte unterdrückt werden. So erfuhren wir zu unserer Freude, daß zwei vor uns liegende Transporte, die beim Stoppbefehl bereits durch Polen fuhren, in Friedland angekommen waren. Die Namen guter Freunde wurden verlesen; wir waren erleichtert.

Eine Traube von Männern scharte sich in der Nacht vom 3. auf den 4. Dezember in höchster Spannung um jedes Gerät, als die Nachricht durchkam, der Bundestag in Bonn sei zu einer außenpolitischen Aussprache zusammengetreten. Erstmals bekamen wir einen Eindruck von den Männern, die die westdeutsche Politik bestimmten und deren Namen wir, mit "schmückenden" Beiworten versehen, bisher allenfalls in der ostzonalen Presse gelesen hatten. Immer wieder überrauschten die Störsender den Empfang; aber keiner wich, jeder wollte mitbekommen, wie die Redner sich zu uns stellten und was sie über die Sowjets äußerten. Für uns waren sie ja nicht so sehr Parteileute als Vertreter der ganzen Bundesrepublik: Adenauer, Ollenhauer, Kiesinger, Schmidt, Mende.

Wir, die wir seit Jahren nur haßvolle Polemik erlebt hatten, bejahten die Sachlichkeit und die Bemühung, einander gerecht zu werden. Daß man der Sowjetunion gegenüber keine unnütze Aggression an den Tag legte, hielten wir für richtig und zweckentsprechend. Man schien sie im Großen und Ganzen richtig einzuschätzen, wenn wir auch über die Naivität einiger Redner staunten. Wir, die wir am eigenen Leibe genugsam von ihnen erfahren und gerade wieder einmal eine Lehre bekommen hatten, glaubten, besser zu wissen, wie man mit ihnen verhandeln müsse – eine Aufgabe, die man nicht ernsthaft genug nehmen kann. Wir waren dankbar für die Art, in der man von uns sprach und begannen, die Heimat als Realität zu begreifen, von der wir uns in langen Jahren übersteigerte, ja oft wunderbar ausgefärbte Vorstellungen gebildet hatten. Wir mußten an unserem Bilde später nach und nach viel und dies mitunter auf schmerzhafte Weise korrigieren.

Als im November die Wiener Staatsoper mit Beethovens 'Fidelio' neu nach dem Kriege eröffnet wurde, hörten wir zu. Die Störgeräusche vernahmen wir nicht, wir vernahmen nur Vollkommenheit und den "Chor der Gefangenen" – ja, das waren wir.

Die technisch Interessierten waren allesamt mit den Radioapparaten beschäftigt und hatten immer etwas zu verbessern und umzustellen. Längst vergessen geglaubte Kenntnisse und Fähigkeiten stellten sich ein. Die "Obsluga" war ausgefüllt mit Arbeit im Innendienst des Lagers, und jeder "Lagerangestellte" erhielt Sold. Fast jeder – und dies war das ungemein Erfreuliche und vielleicht Einmalige in dieser ebenso einmaligen Situation – gab die ihm zustehenden Rubel in eine Lagerkasse.

Die ungeheure Kluft zwischen privilegierten Gefangenen und der "grauen Masse", die bis zum Jahre 1949 bestanden und bei den Ärmsten Haß geweckt hatte, war in der Zeit nach der Verurteilung bereits weitgehend verschwunden, jetzt wurde sie vollends ausgeglichen. Keiner wollte protzen, keiner konnte mit dem Finger auf einen Bevorzugten weisen. Gemeinschaftlichkeit war erreicht und damit Bereitschaft, jedes Schicksal mit jedem zu teilen.

Nicht nur Liebe, auch Zufriedenheit geht durch den Magen. Deshalb kamen die "Rubelchen" der Lagerkasse in erster Linie der Küche zugute, die in den ersten Wochen so kläglich versagt hatte. Schon dadurch, daß unser Verpflegungssatz auf den der Truppe aufgestockt wurde, kam es zu einer wesentlichen Verbesserung des Essens; und als nun Geldmittel hinzuflossen, vermochten die Köche ihrer Phantasie und ihrem Ehrgeiz freien Lauf zu lassen. Sie begannen Speisen höchster Güte und Vielfältigkeit herzuzaubern, obgleich sie doch zumeist lediglich aus der erhabenen Zunft der Kochnebenberufe stammten und vormals Fleischer, Bäcker oder Lebensmittelverkäufer gewesen waren. Viele meiner Patienten, die anfänglich erheblich an Gewicht verloren hatten, holten nunmehr wieder auf.

Die ehemaligen Handwerker begannen zuzugreifen und sich, wenn sie Material und Handwerksgerät fanden, zum Wohle des Ganzen nützlich zu machen.

So wurden nach und nach, von Woche zu Woche immer mehr Menschen tätig, aber es blieben mehr als genug, die sich nicht zu beschäftigen wußten, jedoch sich auch nicht selbst überlassen bleiben durften. Der Drang, aus Lethargie und Beschäftigungslosigkeit herauszukommen, wurde allmählich gerade bei den Jüngeren so stark, daß sie daran dachten, sich bei der sowjetischen Verwaltung um eine Arbeit außerhalb des Lagers zu bewerben, doch stießen sie hierbei auf Widerstand aus den eignen Reihen, insbesondere der Verantwortlichen. Wir konnten eine Tätigkeit unter russischer Aufsicht nicht zulassen; denn allzuleicht wäre die Ausnahme zur Regel geworden und hätte unserem Status als "Freie" geschadet. Der Gegenseite durfte keine Handhabe gegeben werden, mittels derer sie uns nach und nach wieder zu Zwangsarbeitern machen konnte. Unsere Lage war unsicher genug und in jeder Beziehung derart gefährdet, daß wir uns nur als geschlossener Block behaupten konnten. Deshalb unterbanden wir auch die Versuche Einzelner, "privat" zu einem sowjetischen Offizier zu gehen. Das Aufkommen eines Spitzelwesens mußte verhindert werden, und wir verlangten deshalb von den russischen Lageroffizieren, daß sie mit einem Deutschen nur in Gegenwart seines Stubenältesten verhandeln sollten. Sie gingen darauf ein. Unter diesen Umständen blieb es unsere Aufgabe, für die Unbeschäftigten zu sorgen, die grübelnd durch das Lager streiften oder, wie gesagt, die Tage verschliefen. Das anfänglich eifrig betriebene Fußballspiel wurde unmöglich, als das Wetter relativ früh im Oktober umschlug, stürmisch und winterlich wurde.

Wir verhandelten und verlangten mit größerem Erfolg, als wir jemals für möglich gehalten hätten, Filme, deutsche Bücher, Zeitungen und Zeitschriften.

In den zwei Monaten des Zwangsaufenthaltes wurden aus Moskau 180 verschiedene Filme ins Lager gebracht, von denen wir 18 als zu sowjetisch-politisch und agitatorisch ablehnten, einige weitere aus Protest und Trauer boykottierten. Das Material reichte für täglich zwei, sonntags auch für drei Vorführungen. Etwa die Hälfte der Lagerbelegschaft saß allabendlich auf nebeneinander gerückten Stühlen, Tischen und Bänken im Speisesaal vor der Leinwand und bekam den Durchschnitt dessen zu sehen, was auch das russische Volk zu sehen bekam. Wohlüberlegt zeigte man, als die endgültige Abreise feststand, die Wochenschauen mit der Ankunft des sowjetischen Botschafters Sorin in Bonn und nochmals die Verhandlungen Adenauers im September in Moskau, woraus erhellt, daß auf der Gegenseite selbst bei der Auswahl der Filme für uns Freie, aber Zurückgehaltene, gewiefte Psychologen am Werke waren.

Es waren schon mehrere Wochen unserer Neuhaft vergangen, als Kameraden mit dem Vorschlag kamen, man möchte doch eine "Lagervolkshochschule" gründen und einrichten, um mit Hilfe von Vorträgen und Kursen Vergessenes heraufzubewschören, Ungeschulte zu lehren und überhaupt – selbst wenn unsere Kenntnisse von ihr völlig unzulänglich seien – auf das Leben in der Heimat vorzubereiten.

Ähnliche Bestrebungen waren früher bei den Verurteilten brutal unterbunden worden, indem man die Initiatoren als Verschwörungsverdächtige aus dem Lager entfernte. Als sich jedoch der sowjetische Lagerkommandant äußerte, wir könnten innerhalb des Lagers treiben, was wir wollten, wenn wir es nur nicht demolierten, beschlossen wir gegen den ablehnenden Rat vieler Skeptiker, dennoch den Versuch zu machen. Entsprechende Räumlichkeiten wurden vom Lagerführer zur Verfügung gestellt und freigemacht. Unsere Handwerker richteten sie mit Stühlen und Tischen ein; erfreute und arbeitsfreudige Lehrkräfte stellten sich in hinreichender Zahl zur Verfügung.

Für die 13 Kurse, die Rechtschreibung, Rechnen, Stenographie, Geographie, Geschichte, Mathematik, Staatsbürgerkunde, Rechtsfragen, Handwerkskunde, Technik im Bauwesen und landwirtschaftliche Grundfragen behandeln sollten, lagen bei 600 Lagerangehörigen 800 Meldungen vor, darunter allein 130 für Rechtschreibung, Satzlehre und Satzbau. Dieser Kurs wurde von drei Lehrern betreut. 2000 mühsam beschaffte Schreibhefte wurden innerhalb von zwei Tagen verkauft. Ein alter schlesischer Volksschullehrer, der sich bereits 1950 in Krasnogorsk um die Kinder gekümmert hatte, nahm sich hier der Analphabeten an, die sich unter den Jugoslawien-Deutschen befanden. Das Interesse an der Heimat und am richtigen Verhalten, an der Form der bestmöglichen Eingliederung stieg in dem Maße, wie sich die anscheinend glückliche endgültige Lösung anbahnte. Wir kamen ihm mit Vorträgen für die Lagerbelegschaft entgegen, die stark besucht wurden. Einzelne Themen lauteten: Der Zivilversorgungsschein – Unsere Kinder und wir – Verkehrsbezeichnungen und Straßenverkehrsbestimmungen. Unsere Gesundheit – heute und morgen. Dabei konnten die Vortragenden, ebensolange der Heimat entfremdet wie jeder ihrer Hörer, nicht oder nur wenig mit eignen Kenntnissen und Erfahrungen aufwarten, aber sie nutzten die Möglichkeit, sich diese aus den Zeitungen und Zeitschriften anzueignen, die geliefert wurden, und altes Fachwissen aufzufrischen.

Einmal mehr zeigte sich, daß auch nach langer und gefährlicher Gefangenschaft Menschen, die hoffen, wieder zu streben beginnen.

Durch die ständige, einseitige Radio-Verbindung mit der Heimat erfuhren wir, daß am 26. November zuhause ein "Gedenktag für die Kriegsgefangenen" begangen wurde. Wie selbstverständlich erwachte in den meisten von uns der Wunsch, ihm mit einer eignen Feier zu entsprechen. Wir, die vor den Toren der Heimat Festgehaltenen, wollten uns versammeln und unseres Vaterlandes dankbar gedenken. Der Wunsch wurde zum Entschluß, ja bald zum Bedürfnis aller; die Feier wurde unter der Tarnung "Adventsveranstaltung" vorbereitet. Der Speisesaal wurde mit sämtlichen Grünpflanzen, die innerhalb des Lagers zu finden waren, und mit von draußen beschafften Tannenzweigen geschmückt; unter jeder Lampe hing ein rotgebänderter Kranz, und die Stirnseite des Podiums auf der Bühne zierte die Bundesfahne, die aus einem schwarzen Strohsack, einem Stück roten Tuchs aus dem Basar und aus einem mit Rivanol gelb gefärbten Bettlaken aus Nessel zusammengeheftet war. Sie bildete den Hintergrund für 10 Kerzen, jede Symbol für ein Jahr der Gefangenschaft. Eine elfte, die der Heimkehr, stand erhöht zur Seite des Sprechers. Das Orchester, das mit dem Festmarsch von Gluck die Feier eröffnete und mit der Festmusik von G.F. Händel beschloß, bestand aus drei Streichinstrumenten und einem Waldhorn; es klang uns in den Ohren, als spielten Philharmoniker.

Der sowjetische Lagerchef entdeckte auf einem unvermuteten Rundgang das an der Tür angeheftete Einladungsplakat unseres Malers. Es stellte vor den in der Ferne verschwimmenden Türmen einer deutschen Stadt einen Gefangenen dar, der mit seinen Händen eine Kette sprengt und mit den Füßen einen Stacheldrahtverhau niedertritt. Ein beflissener Begleiter übersetzte den Text, und Presnitzow vermutete Anstiftung zum Aufruhr.

Doch wir Vertrauensleute, unserer Sache völlig sicher, übernahmen jede Verantwortung für einen störungsfreien Verlauf unserer Feier. Dennoch waren abends um 20 Uhr, als sich alle in dem Speisesaal versammelten, draußen die Wachmannschaften alarmiert.

Die Ansprache vermittelte einen Eindruck, in welcher Weise wir sämtlich an- und aufgerührt waren.

"Meine Kameraden!

Heute ist der dritte Tag, daß die Heimat unserer gedenkt. An diesem Tage der Trauer, des Kriegsgefangenen-Gedenkens, hängen alle Fahnen auf Halbmast. Zwei Minuten ruhte heute mittag jeder Verkehr auf den Straßen und in den Betrieben. Am heutigen Abend brennen hunderttausende von blauen Kerzen, um in das Dunkel der Trennung hinauszustrahlen. Weiß man wohl, wohin sie leuchten müssen, um uns Verschollene zu finden? Gerade in dieser Stunde zünden unsere Angehörigen sie an und stellen sie in die Fenster der Häuser. Und zu gleicher Zeit wollen auch wir unsere Kerzen anbrennen. Möge sich ihr schwaches Licht im Glanze der Heimat weiterspiegeln.

Mit ungeheurem Ernst, mit tiefster Eindringlichkeit klopft unser ganzes Volk an die Tore dieses Landes und bittet durch den Mund seiner höchsten Vertreter um die endliche Heimführung von uns, den vier- bis fünftausend Männern und wenigen Frauen, die wir uns noch hier befinden.

Da wird es unsere Pflicht, diesen Ruf aufzunehmen und ihn mit der Würde weiterzutragen, die uns aus unserem Recht erwächst. Dazu haben wir uns heute hier versammelt, dazu haben wir hier die elf Kerzen angezündet, Symbole der Mindestzeit unseres Hierseins und des e i n e n Jahres der Heimkehr; dazu spielen wir noch einmal Musik. Deshalb sprechen wir zum ersten Male nach so vielen Jahren wieder zu unserer ganzen Schicksalsgemeinschaft. Und deshalb danken wir allen von Ihnen, die Anregungen und Gedanken für diesen Abend brachten. Zeigt sich doch darin die tiefe Gemeinschaftlichkeit unseres Empfindens.

Wir denken mit keiner Faser unseres Herzens daran, irgend etwas und irgendjemanden zu provozieren, und lehnen in der Lage, in der wir uns befinden, jede ordnungswidrige Tat als verhängnisvoll ab.

Aber wir wollen einmal geschlossen gegen unsere Internierung protestieren, nachdem wir es ebenso gemeinschaftlich bereits vor vier Wochen beim Obersten Sowjet der UdSSR taten, ohne bisher eine befriedigende Antwort erhalten zu haben. Wir erneuern diesen Protest aus der ganz festen

Überzeugung heraus, daß uns Unrecht getan wurde, ein Unrecht, das ganz sonnenklar zu Tage liegt. Sind wir doch als freie Bürger eines anderen Landes hier festgesetzt worden, ohne daß uns, ohne daß aber anscheinend auch unserer Regierung ein hinreichender Grund für diese Zwangsmaßnahme mitgeteilt wurde. Darum nehmen wir den Ruf unseres Volkes auf und geben ihn weiter an das ganze russische Volk, wenn ihn schon die Regierung überhören will. Dieses haben wir bei unserer Arbeit kennengelernt; gleich dem unseren hält es in Familien und Freundschaften eng zusammen. Deshalb rufen wir: "Russisches Volk, gib uns frei, ehe das Jahr endet! Gleich Deinen Menschen sind auch wir mit Angehörigen und Freunden tausendfach verknüpft. Gib Du uns unser Recht – und das ist unsere Freiheit – dann wird das, was uns jetzt unüberwindlich trennt, uns wohl einmal zueinander führen können.'

Dürfen wir etwa nicht so sprechen, meine Kameraden? Gibt es denn jemanden, der im Inneren freier ist als wir? Haben wir unseren Soldateneid nicht bis zuletzt gehalten, solange, bis er mit dem Zusammenbruch des Reichs von selbst zerfiel und wir ganz selbständig und zu neuer Gestaltung unseres Lebens bestimmt wurden? Lebten wir denn nicht auch alle länger als zehn Jahre außerhalb jeder größeren Gemeinschaft und müssen deshalb unser Leben, wenn wir die Kraft dazu haben, auch nach n e u e n Vorstellungen einrichten in einer Welt, die voll gegenwärtiger und zukünftiger Umwälzungen ist eines Ausmaßes, das wir kaum erst ahnen können!

Glaubt denn wirklich jemand, daß wir rachedurstig, wie man zu unterstellen pflegt, unsere Stimme für einen neuen Krieg erheben würden, wenn wir wissen, daß ein solcher Wahnsinn ist: Können doch die Atomwaffen in naher Zukunft in ihren Auswirkungen nicht nur zu Explosionen auf der Erde, sondern zu Explosionen der Erde selbst führen. Wir wollen doch keinen feurigen Erdenrest mit einem Kometenschweif, sondern eine Erde mit Brotgetreide für alle, mit einer Symphonie der Lebewesen auf ihr, der Menschen sowohl wie der Tiere und Pflanzen. Wir wollen positiv arbeiten, unser Leben aufbauen, unserem Volk nützen. Rachegefühle überlassen wir den rückwärts gerichteten, unschöpferischen, eingleisigen Hassern und Organisationsdrohnen, die sich da und dort überaus breit machen, uns allerlei Übles unterstellen und damit Geschäfte machend. Sie sollen uns nicht terrorisieren!

Das ist, glaube ich, allgemein unsere Überzeugung, und man sollte sie endlich einmal als echt annehmen.

W i r hier sind es, denen die Leitworte unserer Hymne: 'Einigkeit und Recht und Freiheit' bis in den Grund unserer Herzen eingemeißelt worden sind. Hängt doch unser vergangenes und zukünftiges Sein ganz von ihrer Verwirklichung ab. Wir wollen sie deshalb immer erstreben und beim ersten stets hinzudenken: "Ost und West niemals getrennt." Sind doch wiederum gerade w i r die einzigen Deutschen beider Teile, die ganz ohne Trennung zusammenleben. Bleiben wir auch weiterhin die Klammern!

Der Monat November ist ein Monat des Gedächtnisses: Allerseelen, Totensonntag, Volkstrauertag, Tag der Treue. Deswegen denken auch wir zurück an unsere Kameraden in Swerdlowsk und an den Kameraden, der in Moskau einer schweren Operation entgegensieht, die wir in der Heimat hatten machen lassen wollen. Wir gedenken ferner mancher Unbekannter, die fremd und verloren noch irgendwo in diesem Lande leben mögen.

Zum ersten Male nach so vielen Jahren dürfen wir gemeinschaftlich in Würde, Ernst und Erinnerung unsere Toten feiern:

Wir wollen uns erheben!

Wir beugen uns vor denen, die so bitter auf uns warteten und uns jetzt doch nicht mehr in die Arme schließen dürfen, vor ihnen, denen aus der Ferne und in der Verdüsterung aller Empfindungen unsere ganze Sehnsucht, alle unsere liebenden Gedanken galten. Ihr Eltern, Frauen, Geschwister, Kinder, die Ihr in der Heimat dahingehen mußtet, während wir gefangen waren, wir grüßen Eure Gräber. Wir wollen sie schmücken, wenn die Zeit sich erfüllt hat. Nun aber wenden wir uns. Und ich bitte Sie, es mit mir zu tun, dorthin, wo in nächster Nähe jenseits des Lagerzaunes tote deutsche Kameraden ruhen. Wir können sie auf unserem Wege nach Westen nicht mehr mitnehmen. Sie durften in der Stunde ihres Sterbens von der Heimat nur träumen. Unsere Kerzen leuchten auch ihnen.

Wir wollen uns heute hier zu dem Gelöbnis vereinigen, Sorge dafür zu tragen, daß für alle hier Ruhenden dereinst auf deutscher Erde eine Gedächtnisstätte errichtet werde. Wir brauchen eine solche auch für die, die noch immer so verzweiflungsvoll ihre vermißten Angehörigen suchen. Sie brauchen ein Mal von dem Ruhe und Frieden ausgeht und an dem sie beides endlich finden. Ich hatt' einen Kameraden."

Es gab keinen Grund zum Eingreifen. Mit Ausnahme eines einzigen waren wir alle zur Feier erschienen. Schweigend verließen wir den Saal, und schweigend gingen wir zur Ruhe.

Nun bleibt noch einiges über unser ärztliches Tun nachzutragen. Die anfänglichen schweren psychotischen Erregungszustände, die verschiedenartige Beschwerden und Störungen, Ausdruck erneuter seelischer Alteration, bedurften sorgfältiger Beachtung und mitgehender Betreuung. Je mehr sich jedoch die Lage stabilisierte, je mehr die Individuen zu einer gemeinsam empfindenden Mannschaft zusammenwuchsen, je mehr ins Bewußtsein drang, daß sich die Gegenseite uns gegenüber verhielt wie niemals zuvor, was die Hoffnungsflamme wieder aufflackern ließ, je mehr auch für Beschäftigung gesorgt werden konnte, desto mehr besserte sich der subjektive und objektive Gesundheitszustand. Es erwies sich als sehr richtig, daß wir uns bemüht hatten, alle Seiten und Möglichkeiten des Gefangenenlebens in den Griff zu bekommen. Allmählich keimte also die Hoffnung und immer mehr Männer stellten sich die Frage, was wird mit uns und aus uns werden? Werden wir in der Heimat jemals wieder richtig arbeiten können und in der Lage sein, in Deutschland zu leben, wie wir es vor dem Kriege gekonnt hatten – in der Familie, im Beruf, in der Öffentlichkeit?

Gewisse Eitelkeiten kamen auf, denen vor allem der Zahnarzt Dr. Haupt aus Lahr abzuhelfen vermochte, weil er, durch Heimatpakete mit Dentalgerät gut versehen, in der Lage war, Zähne zu sanieren und Brücken zu bauen.

Auch mir lag es am Herzen, einen Überblick über den allgemeinen Gesundheitszustand nach zehnjähriger Gefangenschaft zu erhalten, weshalb ich eine Reihenuntersuchung der ganzen Belegschaft vorschlug und organi-sierte. Diese konnte erst zwei Tage vor der anscheinend endgültigen Heim-fahrt begonnen und mußte als "Kommissionierung" getarnt werden. Hätten wir einen Tag mehr zur Verfügung gehabt, so hätten wir wohl alle Männer erfaßt, so beteiligten sich immerhin 55%. Für jeden Untersuchten legten wir ein Krankenblatt an, ich sammelte die Papiere bei mir und konnte sie mit den anderen Niederschriften nach Hause retten. In vielen Fällen erwiesen sich diese objektiven Urkunden bei späteren Versorgungsverfahren als wertvolle Zeugnisse.

Darüber zeichnete die zusammenfassende Auswertung der Befunde ein gutes Bild des Gesundheitszustandes unmittelbar v o r der Entlassung, also unverfälscht durch die zahlreichen Störungsfaktoren, die bei späteren Untersuchungen zuhause natürlicherweise auftraten. Schließlich wurden uns von allen Seiten Fragen gestellt, die die Gesundheit "später" betrafen. Ich beantwortete sie in dem Vortrag "Unsere Gesundheit, heute und morgen", der am Vorabend der Abfahrt in der "Volkshochschule" gehalten wurde. Glücklicherweise hatte ich außer dem, was ich bei den Mitgefangenen und mir beobachtet hatte, Wissen aus einigen Heften der Deutschen und Münchner Medizinischen Wochenschrift geschöpft, die zufälligerweise Abhandlungen über die gesundheitlichen Folgen der Gefangenschaft, deren Beurteilung und Behandlung enthielten. So konnte ich schon vom "Später" sprechen und habe nichts eigentlich Falsches gesagt.

Den Schluß fand ich auf einem Zettel niedergeschrieben:

"Meine lieben Kameraden! Die letzten Worte des Truppenarztes! Ja, wir wollen uns der Anteilnahme unseres Volkes an unserem Schicksal wert erweisen; wir wollen keine großen Aussprüche tun, keine großen Ansprüche stellen. Unser Volk hat genug Lasten zu tragen. Wir wollen nur einen anständigen Platz, von dem aus wir unser Leben selbst aufbauen können und wollen. Wir brauchen Hilfe nur solange, bis wir wieder eingelebt sind und auf eigenen Füßen stehen können. Nur die Invaliden bitten wir einzureihen in die Schar derer, für die die Gesamtheit sorgt.

Vergeßt aber in der Freude der Vereinigung mit Euren Familien nicht, daß Ihr alle zermürbt seid. Zum 1001. und letzten Male wiederhole ich: Ihr gleicht jetzt welken Pflanzen, denen zehn Jahre lang Licht, Luft, Freude, Ruhe und Erholung fehlten. Ursache und Heilung Eurer Krankheiten und Störungen liegen hierin beschlossen. Jede welke Pflanze, richtig gepflegt, treibt wieder Blüten, bringt noch Früchte. Glaubt Ihr fest hieran, unterzieht Euch den notwendigen Gesundheitsuntersuchungen und Kuren sorgfältig, geduldig und ohne Leichtsinn. Zugegebene Erholungswochen jetzt, sind gewonnene Lebensjahre später. Seid auch vernünftig in den ersten Wochen zu Hause: überfreßt, übertrinkt, überliebt Euch nicht!

Und damit: hinaus in die Freiheit zu unseren Lieben. Nach Hause, nach Hause!"

Keiner hatte viel zu packen und sich aufzubürden; dennoch verliefen die Vorbereitungen hektisch. Die Hochstimmung wurde gedrückt, als wenige Stunden vor der gesetzten Zeit drei Kameraden, die in Rußland geboren waren, an das Tor bestellt und weggebracht wurden. Monate später erst kamen auch sie nach Deutschland.

Mit Dezemberbeginn war der Winter mit Macht eingefallen; ein unangenehm schwerer Schnee trieb vor dem Winde. Langsam leerte sich im Laufe des Nachmittags das Lager. Wie früher schon immer hatten wir es mit Erregungszuständen einzelner zu tun, hatten zu beruhigen, aufzumuntern, Angst zu nehmen und konnten erst als Allerletzte zum Tor hinaus. Denn Sikorra, der uns mit psychotischen Zuständen bereits mehrmals Mühe gemacht hatte,

hatte sich in einem abgelegenen Zimmer verbarrikadiert und weigerte sich, mitzukommen.

"Sie bringen uns in den Wald und erschießen uns dann", schrie er. Wir brachen seine Höhle auf, fingen den sich wild Sträubenden ein und schleppten ihn im Dunkeln durch Schneeverwehungen an die Rampe zum Zuge, wo man ungeduldig auf die Nachzügler wartete.

Die verbleibende Zeit genügte nicht, um die Waggons abzugehen und nach dem Rechten zu sehen. Kerzen flackerten im Sanitätswagen; ich hatte Sikorra und sechs oder sieben andere bei mir. Wir horchten gespannt, als der Zug gegen 21 Uhr anfuhr. Geht's nach Westen oder doch wieder ostwärts? Der Grund unseres Mißtrauens: Tags zuvor hatte sich ein Offizier als Transportleiter vorgestellt und Verhaltensmaßregeln gegeben. Heute war er nicht mehr dabei, und andere Offiziere begleiteten den Zug. Das hatte uns aufmerken lassen.

Aber es ging nach Westen!

Vier Tage währte die Fahrt durch Weißrußland in bestmöglicher Freiheit – langer Aufenthalt in Orscha, wo einige unverständlicherweise ausschwärmten, um Quartierleute aus der Kriegszeit aufzusuchen, was für die armen Betroffenen nicht ohne Konsequenzen geblieben sein dürfte. Entlarvungen neuer Kollaborateure!

Wir konnten abmahnen, aber nichts verhindern.

Zittern in Brest-Litowsk – ich berichtete bereits darüber – als wir von Breitspur- auf Normalspurwaggons der Reichsbahn umgeladen wurden und die gründliche Abschlußfilzung erfolgte.

Sonntagsruhe bei der Fahrt durch Polen. Nirgends Arbeitende, nur Menschen in dunklen Kleidern, offensichtlich beim Kirchgang. Wir umfuhren Warschau südlich und überquerten die breite, flache Weichsel. Keine Schneedecke, aber ein eisiger Wind fegte über das flache, ärmliche, traurige Land und durch die Waggons. Wir froren.

Am 12. Dezember durchfuhren wir nachts um 2 Uhr Posen, um 7.30 Neu Beutschen und um 9 Uhr Schwiebus, das mit seiner Doppelturmkirche und dem seltsam hochgezogenen Zwischengiebel heimatlich anrührte. Dies tat auch die Landschaft; erstmals sehen wir äsende Rehe. Bei trotz der Kälte weit offenen Türen schauten wir und schauten. Der Zug fuhr langsam, die Halte mehrten sich. Bei einem solchen im Walde sprangen alle hinaus, brachen Zweige und schmückten die Wagen.

Hier wurde auch der schon erwähnte Brief an Bundeskanzler Adenauer auf zwei Seiten eines Heftes geschrieben und von allen unterzeichnet.

Wir warteten die Dunkelheit ab; dann ging es über die Oderbrücke in deutsches Land und nach Frankfurt an der Oder hinein. Auf einem von Volkspolizei allseits abgeriegelten Bahnsteig erwarteten uns Zivilisten, die dem geschulten Blick langjährig Gefangener sogleich auffielen. Mäntel, Anzüge und Hüte gleicher Art und von gewisser Mafia-Eleganz, von der Kammer für die Dauer des Dienstes am "Kriegsverbrecherzug" empfangen, wiesen sie als Funktionäre in Zivil aus. Sie strichen am Zug entlang, bis sie sich um einen lächelnden Ulbricht II. mit Spitzbart sammelten, der von der Großmut der Sowjetunion zu sprechen begann. Totenstille, eisige Abwehr, in einem Waggon stimmten sie das "Westerwaldlied" an. Nach Stunden, in denen wir in den Wagen blieben, ging es weiter – und: lähmendes Entsetzen überfiel jeden Mann.

Es ging nach Osten auf die Oderbrücke zu. Wir starrten auf die Strecke, nach den Sternen, auf die wenigen erleuchteten Fenster, holpern über Weichen. Atemlosigkeit. – Unüberwindliches Mißtrauen jeglichen Versprechungen gegenüber prägte sich in einem Jahrzehnt tief ein. Endlich biegen wir nach Süden ab; das Herz klopft wieder, und Blut kehrt in die Wangen zurück. Über den Süden in den Westen.

In dieser Nacht bleiben alle Türen weit offen; keiner schläft. In Mäntel und Decken gehüllt erleben wir die erste Fahrt durch das nächtliche wiedergeschenkte Deutschland. Stunde um Stunde; ab und zu Lichter in der Ferne. Aber welche Strecke wir fahren, ist nicht auszumachen. Geht es in einen Bahnhof, so erlischt dessen Beleuchtung. Irgendwo aber: helle Fenster, zwei Männer halten ein Schild: "Herzlich willkommen". Dann Dunkel.

Auf verschlungenen Wegen war die Nachricht von Deutschland nach Sibirien gelangt, vor uns Heimkehrende hatten alle irgendwie vorhandene Kleider und Nahrungsmittel einschließlich sowjetischen Staatsgutes wie Decken und Laken während der Fahrt durch die Zone abgeworfen. Dies taten wir nach. Aus Wattejacken und -hosen wurden Puppen gefertigt, diese mit Brot, Margarine, Zucker, Medikamenten, Rauchwaren, Bettzeug gefüllt und auf Figur gebracht. Wie überrascht waren die wenigen, die im Morgengrauen an einer Kreuzung, Schranke, an einem Wärterhaus unterwegs waren, wenn ein solches Paket vor ihnen niederfiel. Blick umher, schneller Zugriff, erfreutes Winken.

Im Morgengrauen erreichten wir "Eisenach". Endlich war ein Ortsname zu entziffern. Arbeiter warten auf den Frühzug, verstohlene Zurufe, heimlich heben sich Hände; Volkspolizisten blicken zur Seite. Jetzt kann die innerdeutsche Grenze nicht mehr weit entfernt sein. Halt in einer, auf der Kuppe allseits von Polizei umstellten Senke – dann zweimal schwarz-rot-goldene Fahnen. Die nähere mit Hammer und Sichel verziert; ihr benachbart die gleichweise veredelte rote.

Der geschmückte Zug fährt über die Fulda nach Herleshausen. Wir, wie wir sind, stehen und schauen schweigend. Vorm Bahnhof drängen sich die Menschen, die Unseren.

13. Dezember 1955 – 8 Uhr morgens – heimgekehrt.

Der sowjetische Begleitoffizier übergibt Mann für Mann an den Beauftragten der Bundesregierung. Wie wir aufgerufen werden, klettern wir nacheinander, betäubt und völlig verwirrt aus dem Waggon. Wohin Holzkoffer, wohin Rucksack, Taschen – wohin wir?

Herandrängen von überall, Rufen, Grüßen, Fragen, Suchen, Schilder mit Bildern der Vermißten vor der Brust der Mütter, Photographen, Journalisten. Alles läuft wohlorganisiert ab, die Kranken werden sofort verladen und fahren vorweg. Wir treten in eine Baracke, Geschenke.

Eine Rot-Kreuz-Schwester, die vor zehn Jahren im Hindenburg-Lazarett auf meiner Station gearbeitet hatte, erkennt mich wieder.

Autobusse stehen bereit. Vor dem Übermaß an Liebe und Zuneigung erstarrten wir in gleicher Weise wie vor Gefangennahme und Todesnähe, Erstarrung begleitet Aufbruch und Zusammenbruch.

Niobe erstarrte, Lots Weib erstarrte.

Von Polizei- und Funkwagen begleitet fuhr die Kolonne nach Friedland. Die Höhen glitzerten hell, die Äste der Bäume waren weiß bereift, bis die Sonne stieg, die das schneeige Geglitzer zu Wasser werden ließ, jedoch das schöne Heimatland mit Licht- und Schattenspiel ausschmückte. Hügelauf, hügelab zog sich die Straße an der Fulda entlang, nahe der durch Wachtürme gezeichneten Grenze zunächst, dann von ihr abschweifend und durch Dörfer und Städte führend. Achtzig Kilometer weit läuteten die Glocken von Turm zu Turm.

Nun waren wir doch noch nach Hause gekommen, zu uns gehörten die Kinder, die so gesund, frisch und fröhlich jubelten und grüßten. Sie wußten nichts mehr vom Kriege. Als wir vor zehn Jahren hinüber mußten, gab es sie noch gar nicht. Sie waren unbeschwert. Anderes Wissen lag hinter den Stirnen der Alten, denen wir uns bewegt zuneigten. Das Ihre war das

Unsere; nur daß wir die Grenzen hatten weiter hinaus stecken müssen. Frische Männer, blutvolle Mädchen, sie wurzelten in der Gegenwart, und die Vergangenheit berührte sie nur gerade eben, als wir vorbeikamen. Dichte Scharen, die ganze Strecke entlang, lebhaft winkend, feiernd, Blumen und Geschenke werfend. Unter ihnen wiederum Verzweifelte, Trauernde, Suchende, die uns die Bilder der Vermißten an Stangen entgegenhielten und fragten, wo sie drüben seien.

Wir sanken in den Schoß unseres Volkes zurück, und erfuhren zugleich, daß wir unser ganzes Leben lang zu einem Teil drüben bleiben würden. Heimkehr ist nicht Lösung, vielmehr neue und anderweitige Verstrickung.

Als letzte aller Glocken, die uns bisher begleitet hatten, fiel die Glocke des Lagers Friedland ein. Unter ihrem Klang versammelten wir uns zum Appell auf einem Platz, auf dem vor uns wohl Hunderttausende zusammengetreten waren, um ihn als freie Menschen zu verlassen.

Unter Geschrei, Gedränge, Beschimpfungen und unflätigen Flüchen waren wir zehn Jahre lang und weit über 7000mal gezählt worden; wir hatten aufbegehrt oder den jeweiligen Auftrieb dumpf hingenommen. Hier stellte sich einer still zum anderen, um – jeder, jeder – für das Ereignis der Heimkehr zu danken und – jeder, jeder – den Herrn zu loben. Der Himmel über uns wölbte sich uneingeschränkt weit und hell, unabgegrenzt lag das Vaterland vor uns. In diesem Augenblick lebten wir gleichsam außerhalb unserer selbst, außerhalb der einzelnen Personen; und die Männer, die zur Begrüßung und zum Willkommenheißen an das Pult traten, waren mehr als Vertreter der Regierung oder einer Organisation. Wir kannten sie vielleicht dem Namen nach, wie den großen Freund vom Evangelischen Hilfswerk, Bischof Heckel, aber keinen noch von Angesicht zu Angesicht; sie alle, nicht einer allein, verkörperten die Heimat Deutschland. Wir nahmen auf, was sie sagten.

Wegen der Notwendigkeit, die schwierigen Verhandlungen mit dem Beauftragten des sowjetischen Innenministeriums von einem "Befugten" führen zu lassen, war mir in Moshaisk eigentlich sehr gegen meinen Wunsch und Willen die Rolle des Sprechers zugewachsen. Ich hatte sie übernommen, weil sie in diesem einmaligen Falle zugleich doch ärztlicher Dienst an unserem verlorenen Haufen war.

Jetzt erwartete man auf die Begrüßung eine Antwort von uns, und meine Leute schoben mich nach vorne. Barhäuptig, in Wattejacke und -hose gekleidet verließ ich, ohne viel zu sehen und aufzunehmen, ja eigentlich ganz wortlos die Meinen und fand mich auf einmal inmitten aller freundlichen

Fremden hinter dem Rednerpult. Nur allmählich fand ich Worte, um unseren Dank für die Hilfe der Heimat, die uns von 1952 ab so reichlich zugeflossen war, auszusprechen und über die zwei Monate der erneuten Festsetzung während der Heimfahrt zu berichten.

Ich hing fest an dem ungewohnten Mikrofon, aber nach und nach fühlte ich mich freier, hob die Augen und bekam meine Kameraden in den Blick, die den Platz vor mir füllten und in weiter Runde von Teilnehmenden umgeben waren. Fast alle hatten die Mützen vom Kopf gezogen und standen da, Männer wie Männer eben sind: Schwache und Starke, Schwankende, Eigennützige und Hilfsbereite, Einzelgänger und Allerweltsfreunde, Schwätzer und Schweiger, Angeber und Stille, Tätige, Tatbereite und Lässige, Hoffende und Gebrochene, Tüchtige und Untüchtige, Mutige und Zurückweichende. Sie waren so vielgestaltig – und etwas von jeder Gestalt war auch in mir. Ja, wir steckten voller Fehler und Schwächen, waren mit mancher Schuld beladen, hatten auch manches Gute getan. Wir hatten oft schlechten Rat empfangen und gegeben, waren auch guten Beratern gefolgt und hatten sie stehen lassen. Immer wieder hatten wir versagt, aber doch auch Aufgaben gut erfüllt, waren Pflichten treu geblieben. Vieles belastete, manches erfreute uns; wir hatten ungute und böse Gedanken mitgeschleppt, waren aber auch von gutem Willen erfüllt gewesen und hatten ihn verwirklicht. Wie oft hatten wir fromm ins eigene Innere geschaut, wie häufig auch unfromm und maßlos geflucht, Gott und die Welt verdammt.

Von nichts konnte, ja wollte ich mich ausschließen –, ich war wie wir alle. Sie waren mir nicht fremd, vielmehr seit Jahren vertraut, und in den kurzen Wochen, die eben hinter uns lagen, waren wir zueinander, sie zu mir, dem Arzt, offen gewesen wie nie zuvor. Ich stand auf einem Podium etwas über ihnen und fand ihre Blicke auf mich gerichtet; ihre Augen waren von Erregung geweitet und feucht. Sie erwarteten mehr von mir als lediglich Worte des Dankes und Ausdruck allgemeiner Freude. Du mußt, fühlte ich wie körperlich herandrängen, etwas von dem merken lassen, was wir noch letztens an Schande erlitten. Sage: Hier kommen keine unehrlichen Männer heim, keine Unwürdigen, denen Ihr die Hände entgegenstrecken müßt, um sie huldvoll verzeihend zu Euch emporziehen zu können. Die Untaten und Verbrechen, die uns angelastet wurden, gibt es nicht, auch wenn Ihr denken mögt, daß es keinen Makel ohne Grund gebe. Aber I h r könnt wohl nicht verstehen, was w i r grausam genug haben lernen müssen, daß einem Schuldlosen Todesschuld zugesprochen werden kann und immer auch wird, weil einer will, daß es so sei.

Da stand ich – und wurde in einem Augenblick vom Sprecher meiner Männer zu ihrem Munde; Mut flog mir zu, und ich wagte das Außergewöhnliche, den Schwur:

"Vor dem deutschen Volk und bei den Toten der deutschen und sowjetischen Wehrmacht schwören wir, daß wir nicht gemordet, nicht geschändet und nicht geplündert haben. Wenn wir Leid und Not über andere Menschen gebracht haben, so geschah das nach den Gesetzen des Krieges."

Ich schaute über alle hin; gleich mir hatten alle in diesem Augenblick, da wir uns bloß und nackt fühlten und nichts mehr verhehlten, die Schwurhand gehoben.

Wir hatten viele Jahre hindurch hart kämpfen müssen, waren bis aufs Blut geprüft worden und nicht etwa am Leben geblieben, weil wir uns gedrückt hatten. Vielmehr waren wir immer wieder vorne vor und hintendran gestellt worden. Wir hatten die Heimkehr verdient und verdienten heimzukehren. Bedenke ich es heute, so erkenne ich, daß es nur in diesem einen Augenblick und vor einem solchen Erlebnishintergrund statthaft und glaubhaft war, einen solchen Schwur zu sprechen.

Was uns so außerordentlich betraf, war für Bulganin und Chruschtschow nur ein Spielchen gewesen, ein weiterer kleiner Erpressungsversuch. Nachdem es zum Austausch der Botschafter gekommen war, lösten die beiden ihr feierliches Ehrenwort ein, öffneten ihre mächtigen Fäuste und ließen die letzten Deutschen herausfallen – nicht ohne den Schlußakt spektakulär so zu inszenieren daß das Drama zur Farce wurde.

Einen Monat nach diesem Tag meldet die "Welt am Sonntag" und andere Zeitungen mit ihr am 15. Januar 1956:

Heimkehr unter Bajonett-Bewachung
Plombierte Güterwagen mit 450 Kriegsverurteilten
Sofortige Freilassung - Erst später Überprüfung.

Von 60 Rotarmisten mit Karabinern und aufgepflanztem Bajonett bewacht, traf am Sonnabend früh um 7.11 Uhr völlig überraschend ein Transport mit 450 'nichtamnestierten' Kriegsgefangenen auf dem Zonengrenzbahnhof Herleshausen ein. Die Ankunft war streng geheimgehalten worden. Die Güterwagen, in denen die Heimkehrer ankamen, waren plombiert. Das Bahnhofsgelände war von einer starken Polizeikette abgeriegelt. Niemand durfte an den Zug herantreten.

Nach den Übergabeformalitäten wurden die ehemaligen Soldaten und SS-Männer durch eine Doppelreihe von Polizisten in die bereitstehenden Autobusse geleitet, die die Heimkehrer geschlossen in die Kurhessen-Kaserne des Bundesgrenzschutzes in Hannoversch-Münden brachten. Hier wurden sie von dem in aller Eile herangeschafften Entlassungsstab aus Friedland registriert. Der größte Teil der Heimkehrer erhielt bereits Entlassungspapiere und wurde in die Heimatorte entlassen. Namenslisten von diesen Heimkehrern werden nicht veröffentlicht. Erst später, wenn ihre Heimatbehörden im Besitz der sowjetischen "Strafakten" sind, werden die Fälle einzeln überprüft.

Ein gespenstisches Bild hatte sich am Morgen den wenigen Augenzeugen bei der Ankunft des Transportes in Herleshausen geboten. Sämtliche Güterwagen waren von Scheinwerfern angestrahlt. Auch auf der Fahrt durch die Sowjetzone waren die Wagen von unten und oben beleuchtet worden. Schwere MG waren am Anfang und Ende des Zuges montiert. Ein durchgehendes Telefonkabel machte es den begleitenden Rotarmisten möglich, während der Fahrt mit jedem Wachtposten in den einzelnen Waggons zu telefonieren. Ungerührt verfolgten die sowjetischen Soldaten auf dem Bahnhofsgelände die Übergabeverhandlungen. Nur einer von ihnen erwiderte den Morgengruß eines Deutschen. Niedergeschlagen traten die Heimkehrer ins Freie, als ihnen die bis dahin plombierten Wagen geöffnet wurden. Sie berichteten, daß sie während des ganzen Transportes lediglich Wasser und Brot erhalten hätten.

Der Transport kommt aus dem Lager 5110/24 Refta bei Swerdlowsk. Erst einen Tag vor der Abfahrt war den Heimkehrern der Rücktransport, auf den sie seit Oktober warteten, bekanntgegeben worden. Der schwerbewachten Gruppe gehörten zu 90% Mannschaften an. Der Rest waren Offiziere, darunter vier Obersten.

Erstmals wurde an jenem Tage in der Bundesrepublik Außerordentliches augenscheinlich, nämlich ein typisch ausstaffierter Verbrecherzug, einer von vielen, die in der Sowjetunion von Peresilka zu Peresilka nach Sonderfahrplan verkehren. Er konnte nur von wenigen angeschaut werden; denn eine starke Kette deutscher Polizisten riegelte das Gelände weitherum ab.

Den deutschen Männern, die ihn bedrückt verließen, wurde lediglich unpersönliche Begrüßung, nicht aber die Ehre eines Empfanges in Friedland zuteil. Man brachte sie in eine Kaserne des Bundesgrenzschutzes. Ihre Namen wurden nicht, wie die aller anderen öffentlich bekanntgegeben, aber man entließ sie wenigstens bald nach Hause – weniger in die Freiheit, als in den

"Wartestand", das heißt, bis zu einer Vorladung vor Gericht. Jedoch soll dies nicht als Anklage gelten. Die Bundesregierung hätte diese Allerletzten wohl nicht heimbekommen, wenn sie nicht auf das Entlassungsschauspiel eingegangen wäre, das dem von Bulganin und Chruschtschow in fröhlicher Stimmung gegebenen Ehrenwort, zwar einigermaßen diente, aber gewährleistete, daß die große Sowjetunion ihr Gesicht wahrte.

Die Öffentlichkeit vergaß dies alles inzwischen und ging zu einer Tagesordnung über, in der Menschenleben auch keine besondere Bedeutung mehr zukommt. Aber das waren die Anfänge mit, die schließlich zur heutigen Wirklichkeit auswucherten. Indem man niemals über jene 450 "Nichtamnestierten", die in die Bundesrepublik kamen, und über jene 200, die in das Zuchthaus Bautzen eingeliefert wurden, nachdachte, überließ man diese Armen, die in den vier Monaten von Oktober 1955 bis Januar 1956 während der Hochstilisierung zu Höchstkriminellen Ungeheures gelitten haben müssen, mit einem selbstbefriedigenden mentalen Vorbehalt sich selbst. Denn wie sagte doch Chruschtschow zu Adenauer: "Sogar die realistisch denkenden Deutschen erheben ihre Proteststimmen gegen die Entlassung derjenigen Menschen, die soviel Übles der Menschheit zugefügt haben."

Aber wir wissen:

Sie waren wir, wir waren sie. Wir allen waren gleicherweise fünf Jahre nach Kriegsende noch durch Schnellgerichte verurteilt worden und hatten seitdem in den gleichen Lagergemeinschaften gelebt. Jeder von uns hätte als einer von ihnen, jeder von ihnen an unserer Stelle heimgefrachtet werden können. Nein, nicht nur jeder von uns, sondern "Jedermann" hätte in gleicher Weise behandelt werden können, wenn ein Zweck solch Behandlung geheiligt hätte.

Dies ist der erste Teil der Farce – und der zweite:

Die Heimkehr der Nichtamnestierten wurde von der sowjetischen Regierung unter der Bedingung gewährt, daß die Taten, welche von der Sowjetregierung den einzelnen zur Last gelegt wurden, von den deutschen Gerichtsbehörden untersucht würden. Die Verfahrensunterlagen sollten den deutschen Behörden zu einem späteren Zeitpunkt auf diplomatischem Wege überreicht werden. Wir wissen, daß die Unterlagen über die Kriegsgefangenen in einem von ebendiesen Kriegsgefangenen erbauten Archivgebäude nahe dem Lager Krasnogorsk 1 eingelagert werden sollten, doch habe ich niemals in Erfahrung bringen können, ob, wie angekündigt, die Strafakten der Nichtamnestierten jemals von den Sowjets an die Bundesregierung gegeben und von dieser an die jeweils zuständigen Gerichtsbehörden zwecks

Einleitung eines Verfahrens gegen einen Nichtamnestierten weitergeleitet wurden.

Ich persönlich weiß nur von einem Verfahren gegen einen dieser Gruppe. Es ging um Kameradenschinderei. Der Mann war sowjetischen Lagerführungen über Jahre hin zu Willen und zu Diensten gewesen.

Als ich Friedland verließ, hatte ich meine Niederschriften gerettet und trug sie im Rucksack bei mir.

Wenige Tage darauf saß ich an einem richtigen Schreibtisch und hatte sie alle offen ausgebreitet. Vorsicht – außer vorm Winde – mußte ich nicht mehr walten lassen; ich brauchte Papier nicht mehr zu knüllen, zu knittern, zu knicken und zu falten.

Zettel, Blätter und Rollen hatten den schimmligen Moderduft des Elendes unverlierbar angesogen. Die Tinte war an vielen Stellen verblaßt und verwischt, die Bleistiftschrift häufig kaum zu entziffern. Stockflecken hier und dort, das graue, grobe Holzpapier begann, zu Zunder zu zerfallen.

Ich strich, ordnete und begriff, daß alsbald alles, würde es nicht auf gutes Papier übertragen, unrettbar dahin wäre. So machte ich mich daran, das ganze, wie es geschrieben stand, abzuschreiben und verbrachte mehrere Krankheits- und Erholungsmonate dabei. Doch dann griff mein Beruf nach mir; ich mußte alles zur Seite legen und vergaß 20 Jahre lang, was ich um das Jahr 1946 im Glawgospital zu Moskau auf der Schanz und danach in den folgenden Lagerjahren bis 1955 gedacht und niedergeschrieben hatte. Was hatte ich für seine Bewahrung gewagt? – Alles, um es zu vergessen?

Habent sua fata – tempora.

Die Zeitläufe haben ihren eigenen Gang. Geschehnisse verlieren sich unter anderen, doch es kommen immer wieder Gezeiten, während der sie erneut Leben gewinnen und gebieterisch nach Darstellung verlangen.

Die Dinge sind so, wie sie sind.

Bücher zur Zeitgeschichte

Artur Axmann

„Das kann doch nicht das Ende sein"

Hitlers letzter Reichsjugendführer erinnert sich

564 S. und 16 Bilds., Ln. m. SU (ISBN 3-926584-33-5)

Preis: **DM 58,00**

Nach 50 Jahren, kurz vor seinem Tod, brach einer der wichtigsten Zeitzeugen des Dritten Reiches sein Schweigen. Artur Axmann, der letzte Reichsjugendführer Hitlers im Kriege, schildert erstmals seine Jugenderlebnisse in der Weimarer Republik, die Aufbauarbeit der HJ im 3. Reich mit dem Schwerpunkt der sozialen Errungenschaften und den hingebungsvollen Einsatz der Jugend im Krieg an der Front und in der Heimat.
Eine Dokumentation von bleibender Bedeutung, die die Ideale einer Jugend erklärt und ihrer Verteufelung entgegenwirkt.

Wilhelm Höttl

Einsatz für das Reich

Im Auslandsgeheimdienst des Dritten Reiches

Erinnerungen

520 Seiten, geb., Leinen mit Schutzumschlag (ISBN 3-926584-41-6)

Preis: **DM 48,00**

Mit Dr. Wilhelm Höttl legt einer der letzten Zeitzeugen des Dritten Reiches, der an führender Stelle tätig war, seine Autobiografie vor. Schon Anfang der 30er Jahre begann Höttl, den Sicherheitsdienst der in Österreich illegalen NSDAP mit aufzubauen. Die hier erworbenen Kenntnisse waren ihm bei seiner späteren Tätigkeit als Referatsleiter und engster Mitarbeiter Walter Schellenbergs für den Auslandsgeheimdienst des Reichssicherheitshauptamtes (RSHA) von großem Nutzen. Im RSHA war Höttls Zuständigkeitsbereich zunächst die Auslandsaufklärung in Südosteuropa, ab 1943 auch in Italien. Die brillanten, auf der geheimdienstlichen Aufklärungsarbeit beruhenden Lageanalysen des Historikers Dr. Höttl zeichneten häufig ein kritischeres Bild als das von der politischen Führung gewollte. Die unmittelbare Zusammenarbeit mit Heydrich, Kaltenbrunner, Eichmann und anderen Führungskräften des RSHA, zahlreiche persönliche Begegnungen mit den Mächtigen des Dritten Reiches und sein Detail- und Hintergrundwissen über geheime Verhandlungen (etwa zwischen SS-Stellen und Zionisten), Sabotage- und Zersetzungsaktionen (etwa die Fälschung britischer Pfundnoten) oder Kommandounternehmen (etwa die Befreiung Mussolinis und Graf Cianos unter Höttls Leitung) machen Höttls Buch zu einer Geschichtsquelle von herausragender Bedeutung. Ein ganz besonderes Gewicht erhalten die Erinnerungen Höttls auch dadurch, daß er als Internierter während des Nürnberger Prozesses Gelegenheit hatte, zu allen wichtigen Themen die Mitgefangenen und viele später Verurteilte zu befragen. Erstmals nach dem Kriege legt der hochrangige Geheimdienstoffizier Höttl ein umfassendes Zeugnis ab, das die Hintergründe des Zusammenbruchs des Reiches wesentlich erhellt.